Б. Г. Федоров

АНГЛО-РУССКИЙ БАНКОВСКИЙ ЭНЦИКЛОПЕДИЧЕСКИЙ СЛОВАРЬ

ENGLISH-RUSSIAN BANKING CYCLOPEDIA

10 000 терминов

Лимбус Пресс
Санкт-Петербург
1995

Федоров Б.Г.
Англо-русский банковский энциклопедический словарь /СПб.: Лимбус Пресс, 1995 - 496 с.

Новый толковый англо-русский словарь банковских терминов представляет и объясняет русскому читателю 10 000 терминов по экономике и финансам, находящихся в настоящее время в письменном и устном обращении в среде американских и европейских финансистов, экономистов и банковских работников.

Словарь призван задать стандарт в области терминологии валютных и кредитных отношений.

ISBN 5-8370-0343-6

© Федоров Б., 1995
© Веселов А., оформление, 1995

ПРЕДИСЛОВИЕ АВТОРА

Настоящий энциклопедический словарь выходит через 4 года после легшего в его основу словаря валютно-кредитных терминов, что обусловлено как спросом на такого рода литературу, так и тем фактом, что публикация первого издания заняла более четырех лет. Естественно, что за такой период произошло много событий, потребовавших внести в словарь существенные изменения.

Идея словаря зародилась еще в 1980 году, когда я пришел на работу в валютное управление Госбанка СССР и с удивлением обнаружил, что большое число терминов, встречающихся по работе, отсутствуют не только в наших, но и в зарубежных специальных словарях. Я начал в то время "коллекционировать" слова, термины и их значения, собирать справочники, делать выписки из газетных и журнальных статей.

Понятно, что поначалу это было лишь своего рода хобби. Оно пригодилось, когда я участвовал в составлении Финансово-кредитного словаря в 3-х томах, изданного в то время издательством "Финансы и статистика".

Однако, когда в 1987 году я перешел на работу в Институт мировой экономики и международных отношений Академии Наук, я обнаружил, что у многих сотрудников есть интерес к такого рода начинанию. Кроме того, уже велись разговоры о перестройке советской экономики, о создании коммерческих банков, о рынке ценных бумаг.

В результате институт издал небольшую брошюру-глоссарий тиражом в несколько сотен экземпляров с 1000 новых терминов и я решил, что пора подумать о настоящем словаре.

Через 2 года рукопись такого словаря была сдана в редакцию, и еще через 3 года он вышел. Словарь увидел свет, но книжные магазины не увидели словаря, так как он был скуплен перекупщиками, получившими на перепродаже на улицах сотни процентов прибыли. Даже в США, судя по объявлению в "Новом Русском Слове", кем-то вывезенные копии словаря продавались по вполне рыночной цене.

С момента подготовки первоначальной рукописи исчезли СССР и КПСС, появились сотни коммерческих банков и бирж, страна открыла границы и внезапно мое хобби стало крайне актуально, понадобилось десяткам тысяч людей.

После событий 1992 г. актуальность еще более повысилась, так как мы стали нормальными участниками международных экономических отношений, вступили в различные международные финансовые организации, началась приватизация, наши бизнесмены стали активно проникать на Запад, а иностранные инвесторы - к нам.

В этих условиях, чтобы быть конкурентоспособным и эффективным, надо быть хорошо образованным. Издания, подобные предлагаемому Вашему вниманию словарю, призваны прежде всего помочь разрушить профессиональные, культурные и прочие барьеры, которые столь долго изолировали Россию от всего остального мира.

Подготавливая новый словарь, я опирался как на дополнительно собранный материал, так и на приобретенный за опыт работы в Правительстве, в Европейском и Мировом банках реконструкции и развития.

Практика помогла лучше понять многие термины, "пощупать" их в живой жизни. Думаю, что это принесло словарю пользу, сотни терминов были уточнены, объяснения иногда были полностью изменены. Кроме того, оказалось, что многие термины, используемые профессионалами, существуют только в устной форме.

Новый словарь дополнен 3 тысячами терминов и сотнями сокращений и акронимов, но я продолжал избегать включения "простых слов", концентрируясь на понятиях и объяснениях. Например, читатель не найдет в словаре терминов business, pay, sell, хотя в последующих изданиях планируется постепенно отразить все слова, имеющие отношения к банкам, финансам, валютным и прочим рынкам.

В связи с указанной направленностью словаря изменено его название и он стал "энциклопедическим", чтобы отразить его отличие от лингвистических словарей.

Что касается сокращений, то я полагаю, что данное издание дает самое полное собрание всех сокращений, акронимов и условных обозначений по экономике и финансам в нашей стране даже при конкуренции со всеми другими словарями вместе.

В условиях перехода к рыночным отношениям в России только еще происходит становление новой терминологии и словарь играет в этом определенную роль, подчеркивая при этом приверженность интеграции в мировую экономику через привнесение зарубежного опыта. Некоторые термины даются в вариантах, которые мне кажутся правильными, хотя в литературе могут встречаться и другие.

За прошедшие годы в России появилось немало англо-русских справочников и словарей, претендующих на открытие рыночной терминологии. Большая часть указанных изданий не выдерживает критики и нередко опасна для читателя.

Предлагаемый Вашему вниманию энциклопедический словарь призван задать стандарт в области терминологии валютных и кредитных отношений. Кроме того, можно заметить, что он является самым полным по охвату специальной терминологии среди известных автору западных и тем более российских изданий подобного рода.

Желаю всем читателям с пользой применять данный словарь и буду признателен за замечания, предложения, информацию о неточностях.

Б. Г. Федоров

СОКРАЩЕНИЯ

г. – год
см. – смотри
гг. – годы, лет
т. д. – так далее
голл. – голландский
тр. – тройский
долл. – доллар США
тыс. – тысяч
жарг. – жаргон
франц. – французский
исп. – испанский
ф. ст. – фунт стерлингов
ит. – итальянский
швед. – шведский
млн. – миллион
яп. – японский
нем. – немецкий
NL – нидерландский
лат. – латинский
UK – характерный для Великобритании
нем. – немецкий
USA – характерный для США
разг. – разговорный
= – синоним

A

A+ высший рейтинг финансового положения страховых компаний агентства Беста; см. Best's ratings

A рейтинг хорошего качества (upper medium grade) облигаций агентств Стандард энд Пурз и Мудиз; см. Moody's ratings, Standard and Poor's ratings, bond ratings

AA (double A) рейтинг высокого качества (high quality) облигаций агентства Стандард энд Пурз; см. Standard and Poor's ratings, bond ratings

Aa рейтинг высокого качества облигаций (high quality) агентства Мудиз; см. Moody's ratings, bond ratings

Aaa рейтинг высшего качества (highest quality) облигаций агентства Мудиз; см. Moody's ratings, bond ratings

AAA (Triple A) рейтинг высшего качества (highest quality) облигаций и привилегированных акций агентства; см. Standard and Poor's ratings, bond ratings

A1 1) первоклассный, отличный; 2) первоклассный рейтинг судна в регистре Ллойда

AAA securities = Triple A securities

abacus счеты, абак(а)

abandon отказ, покидание: 1) добровольный отказ от права или собственности; например, отказ от использования права на получение новых акций при их размещении среди существующих акционеров; 2) выход из сделки путем уплаты штрафа или премии; 3) абандон: отказ страхователя от своих прав на застрахованное имущество в пользу страховщика для получения полной страховой суммы (морское страхование); 4) истечение срока опциона без его использования

abandonee 1) лицо, в пользу которого имеет место отказ от права; 2) страховщик, в пользу которого оставляется предмет страхования (морское страхование)

abandonment = abandon

abandonment policy страховой полис на случай отказа от какого-либо мероприятия (спектакля, спортивного матча) по непредвиденным причинам типа дождя

ABA transit number транзитный номер Американской банковской ассоциации: номер, присваиваемый банку или сберегательному институту; первая часть кода указывает на город, штат или территорию, где находится банк, вторая (через дефис) - на сам банк; используется на чеках и других документах; каждый банк имеет свой номер на основе списка, который ведется фирмой Рэнд МакНалли (Чикаго); см. American Banking Association, bank identification number

abatement 1) скидка, снижение (налога, цены); 2) аннулирование, прекращение; 3) незаконное завладение наследственной недвижимостью, до вступления наследника в свои права

ABC agreement соглашение АБЦ: соглашение между брокерской фирмой и ее служащим относительно прав фирмы при покупке ему места на фондовой бирже (США); членом Нью-Йоркской фондовой биржи может быть только физическое лицо и пределы его полномочий определяются заранее

ability to pay способность платить, выполнять обязательства, обслуживать долг

ab initio с начала (лат.)

above par 1) цена выше номинала; 2) ценная бумага с рыночной стоимостью выше номинала

above par issue "выше номинала": выпуск (эмиссия) ценных бумаг по цене выше номинала

above-the-line payments and receipts платежи и поступления "выше черты" (Великобритания): основная часть государственного бюджета страны (с 1965 г. термин не используется): поступления - налоги; платежи - расходы на оборону и гражданские статьи, услуги консолидированного фонда (министерство финансов не имеет полномочий осуществлять заимствования для таких платежей или использовать такие поступления для обслуживания государственного долга); см. Consolidated Fund standing services;

A

supply services; below-the-line payments and receipts

above the market "выше рынка": цена, превышающая текущий рыночный уровень

abrasion потеря монетами стандартного веса в результате износа в процессе обращения

absolute monopoly абсолютная монополия: полный контроль за всем производством данного товара или вида услуг (при отсутствии субститутов) со стороны одного производителя или поставщика

absolute priority rule правило абсолютного приоритета: приоритет обеспеченных кредиторов перед всеми другими в случае банкротства заемщика (США)

absolute title абсолютный титул собственности: титул без условий и дополнений, замещающий все другие титулы

absorbed абсорбированный: 1) поглощенный (о компании); 2) распроданный инвесторам (о займе); 3) косвенный (о производственных издержках)

absorption = amalgamation; merger; take-over

absorption costing определение цены путем включения постоянных и переменных издержек производства

abstainers insurance страхование трезвенников: страхование жизни, при котором клиент отказывается от рисков типа употребления алкоголя или курения и платит более низкие премии

abstract резюме, краткое изложение содержания, сборник

abstraction of bank funds = embezzlement, defalcation

abstract of statistics статистический сборник, выборочная статистика

abstract of title резюме титула собственности: документ, подтверждающий историю прав на определенную собственность, то есть перечисление прошлых владельцев вплоть до первичных документов (в Великобритании в случае недвижимости титул должен прослеживаться минимум на 15 лет назад); см. title; title company; title search

abusive tax shelter 1) товарищество с ограниченной ответственностью, требующее чрезмерных налоговых скидок; 2) использование незаконных методов уменьшения налогового бремени

accelerated cost recovery schedule (ACRS) график ускоренного восстановления стоимости: метод ускоренной амортизации (США)

accelerated depreciation ускоренная амортизация: ускоренное списание стоимости капитальных активов в первые годы владения ими; основана на теории, что активы имеют наибольшую стоимость в первые годы существования; государственные органы обычно должны утверждать методы ускоренной амортизации

acceleration ускорение: досрочное завершение операции

acceleration clause оговорка об ускорении: 1) оговорка в соглашении о займе, ипотечном кредите о досрочном наступлении срока погашения невыплаченной суммы в случае тех или иных событий (невыплаты процентов, нарушения графика); 2) оговорка в соглашении о свопе о досрочном совершении обратной операции при невыполнении определенных условий

acceptance акцепт: 1) акцепт, согласие на выполнение обязательства или его подтверждение; например, признание должником векселя путем нанесения на вексель надписи "акцептовано" с подписью и датой; после акцепта тратта становится равнозначной простому векселю; 2) акцептованный переводной вексель; 3) принятие предложения

acceptance company = sales finance company

acceptance credit акцептный кредит: метод платежа в международной торговле; экспортер выписывает векселя на банк, который их акцептует и часто сам учитывает на денежном рынке, то есть экспортер имеет возможность быстро получить платеж

acceptance cross-facility акцептная программа кросс-кредитования: соглашение между двумя банками, которые имеют одного и того же крупного клиента, акцептовать половину векселей последнего и учитывать векселя, акцептованные другим банком

acceptance facility 1) акцептная кредитная программа; 2) краткосрочное кредитование на основе акцепта и продажи векселей

acceptance for honor = acceptance supra protest

acceptance house 1) accepting house; 2) sales finance company

acceptance in blank бланковый акцепт, то есть акцепт без каких-либо условий

acceptance letter = allocation letter

acceptance price акцептная цена: цена, которую банки-андеррайтеры выплачивают эмитенту ценных бумаг (разница между этой ценой и ценой эмиссии, по которой инвесторы покупают бумаги, составляет прибыль банков (буквально: цена согласия между заемщиком и банками)

acceptance supra protest акцепт или оплата векселя после его опротестования

accepted "акцептовано": надпись на акцептованном векселе

accepting bank банк-акцептант; банк, который по условиям аккредитива акцептует тратты

accepting house акцептный дом (Великобритания): торговый банк, специализирующийся на финансировании внешней торговли (в т. ч. с помощью акцепта векселей), операциях на финансовых рынках; см. merchant bank

Accepting Houses Committee (AHC) Комитет акцептных домов (Великобритания): влиятельная профессиональная организация акцептных домов, закрытая для иностранных учреждений; основан в 1914 г., прекратил существование в 1987 г. в связи с созданием Британской ассоциации торговых банков и компаний по ценным бумагам; см. British Merchant Banks and Securities Houses Association

acceptor акцептант: тот, кто акцептует вексель

Access "Аксесс" ("доступ"): 1) кредитная карточка, принадлежащая британским банкам Нэшнл Вестминстер, Мидлэнд, Ллойдс и Вильямс энд Глинс; создана в 1972 г. (является членом систем "Мастеркард" и "Еврокард"); 2) электронная система глобальной торговли (24 часа в сутки) сырьевыми товарами, нефтяными фьючерсами и другими энергетическими финансовыми инструментами, связанными с энергоресурсами, созданная в 1973 г. при Нью-Йоркской товарной бирже

access доступ: возможность пользования банковскими услугами по предъявлении банковской карточки, кода; см. access device

access device средство доступа: банковская карточка или личный код, которые дают клиенту возможность делать депозиты, получать и переводить средства, оплачивать счета

accident insurance страхование людей или собственности от несчастных случаев (кроме рисков, покрываемых страхованием жизни, морским страхованием и страхованием от пожаров)

accommodation кредит или возможность его получить

accommodation bill "дружеский" вексель: вексель, который выставлен, акцептован или индоссирован бесплатно, с целью помочь получить кредит (путем переучета) или снизить стоимость заимствований

accommodation endorsement "дружеский" индоссамент: бесплатный индоссамент векселя, осуществленный с целью помочь получить под него кредит или снизить стоимость заимствований

accommodation endorser (party) "дружеский" индоссант: лицо, гарантирующее "дружеский" вексель

accommodation paper = accommodation bill

accommodation party лицо, гарантирующее "дружеский" вексель; см. accommodation bill

account (A/c; Acct) 1) счет, банковский вклад, запись о депонировании в банке определенной суммы на оговоренных условиях; 2) счет, бухгалтерская запись, статья в бухгалтерской книге (например, "кредиторская задолженность"); 3) = brokerage account; 4) операционный период (цикл) на Лондонской фондовой бирже по акциям (обычно 10 рабочих дней или 2 календарные недели; в году 24 операционных периода)

accountabilities подотчетные инструменты: депозиты, сертификаты акций и другие инструменты, которые находятся в управлении или на хранении в финансовом учреждении по поручению клиента

accountability отчетность, подотчетность, расчет, ответственность

account activity активность по счету: операции по банковскому счету в течение определенного периода (депозиты, изъятия, начисление процентов); отражается в выписке из счета, регулярно направляемой клиенту

account analysis анализ состояния счета: месячная оценка соответствия расходов банка по обслуживанию корпоративного клиента и уплачиваемой последним комиссии, минимального остатка на счете; если расходы банка больше, чем доходы, клиент выплачивает дополнительную комиссию

accountancy бухгалтерский учет, бухгалтерия, бухгалтерская профессия

accountant (Acct) 1) бухгалтер; квалифицированное лицо, имеющее диплом или лицензию на право заниматься учетом; 2) = auditor

accountant's opinion (USA) auditor's certificate

account day расчетный день на Лондонской фондовой бирже: день, когда проводятся расчеты по всем сделкам, заключенным в течение операционного периода (четвертый день операционного периода); см. settlement 2

account dealing купля-продажа ценных бумаг в пределах одного операционного периода на Лондонской фондовой бирже (клиент только получает или вносит разницу между ценами сделок и оплачивает услуги брокера; см. account 3

account executive (AE) registered representative

account history "история" счета: суммарная информация об операциях по банковскому счету за определенный период

account hold 1) чековый "холд": время, в течение которого банк может законно распоряжаться средствами клиента, поступившими по чеку, но не оформленными должным образом; в США по закону 1987 г. первые 100 долл. должны быть в полном распоряжении клиента утром рабочего дня после дня депонирования чека, а остальное - на третий день (чек на местный банк) или в течение 6 дней (чек на другие банки); 2) уведомление об ограничении свободы доступа к средствам на счете в ряде ситуаций (например, если сберегательный счет выступает гарантией кредита); = stopped account

accounting бухгалтерский учет: проведение операций компании по счетам для выявления ее реального финансового положения и эффективного управления

accounting bases базовые правила и методы учета, применяемые компанией для реализации принятых ею учетных принципов

accounting entry 1) бухгалтерская проводка, запись; 2) строка в отчетности

accounting period учетный период: период, за который составлена отчетность; = financial year 2

accounting principles учетные принципы: основные допущения, лежащие в основе бухгалтерской отчетности данной компании

accounting policies учетная политика: конкретный набор правил и методов бухгалтерского учета, используемый в данной фирме или банке

Accounting Standards Board (ASB) Совет по учетным стандартам; см. Accounting Standards Committee

Accounting Standards Committee (ASC) Комитет стандартов бухгалтерского учета (Великобритания): специальный комитет, созданный в 70-х годах для разработки стандартов бухгалтерского учета; правила данного комитета охватывают все стороны учета, хорошо детализированы и обязательны к исполнению; в настоящее время заменен Советом по учетным стандартам - Accounting Standards Board; см. Statements of Standard Accounting Practice

account inquiry запрос по счету: требование предоставить информацию об операциях по счету в связи с возобновлением кредитной линии, оценке платежеспособности клиента при выдаче ему кредитной карточки

account in trust трастовый или доверительный счет: счет, которым одно лицо распоряжается в интересах другого (бенефициара)

account number номер счета: числовой код, идентифицирующий владельца счета

account-only check = crossed check

account payee "счету получателя": надпись на чеке, инструктирующая инкассирующий банк кредитовать счет получателя по чеку суммой данного чека

account period = account 3

account reconcilement выверка счета: платная бухгалтерская услуга, предоставляемая банками клиентам для приведения счетов последних в порядок

accounts 1) = annual accounts; 2) счета, отчетность, бухгалтерские книги

account sales счет продаж: счет фактура, направляемый агентом владельцу товара с указанием проданных товаров и цен за вычетом издержек

accounts due to customers = accounts payable

accounts payable кредиторская задолженность: счета кредиторов, кредиторы по расчетам; ожидаемые платежи

accounts receivable дебиторская задолженность: счета дебиторов, ожидаемые поступления, суммы, которые должны быть получены от клиентов

accounts receivable financing финансирование на базе дебиторской задолженности: форма получения финансовых ресурсов путем продажи или залога ожидаемых поступлений (например, путем факторинга, учета обязательств); см. asset-based lending, factoring

accounts receivable turnover оборот дебиторской задолженности: отношение суммарных продаж в кредит к средней дебиторской задолженности за определенный период; мера возможности организации превратить запасы в наличные

account statement = bank statement

accounts uncollectable плохая и списанная задолженность: долги, которые списаны или будут списаны как убытки

accredited investor аккредитованный инвестор (США): инвестор, который по правилам комиссии по ценным бумагам и биржам допущен к участию в размещении ценных бумаг; см. placing

accretion прирост, наращивание, увеличение

accretion of discount наращивание дисконта: бухгалтерская процедура учета стоимости облигации, приобретенной со скидкой к номиналу; отражает наросшие проценты за период владения облигацией (например, оценка облигации, купленной за 90 % стоимости и погашаемой через 5 лет по номиналу, увеличивается в бухгалтерском учете на 2 пункта в год); см. amortization 3

accrual base = base 4

accrual basis принцип наращивания (начисления): принцип бухгалтерского учета, при котором доходы и расходы учитываются в момент их возникновения, хотя соответствующие суммы могут быть еще не получены или не оплачены (наиболее распространенный метод учета); см. cash basis

accrual bond долгосрочная обеспеченная ипотечная облигация с отсрочкой выплаты процентов до момента погашения ранее выпущенных аналогичных облигаций; такие облигации обеспечены пулом ипотек на жилые дома, имеют сроки 20-25 лет или даже 30 лет (США); сходны по сути с облигациями с нулевыми купонами, но имеют купонную ставку; = Z-bond

accruals concept = accrual basis

accrued charges = accrued liabilities

accrued dividend дивиденд, который еще не объявлен и не выплачен, но фактически существует и учитывается

accrued interest наросшие проценты: процентный доход, который еще не выплачен, но на который уже есть право

accrued liabilities (expenses) накопленные расходы: расходы, которые уже понесены, но еще не выплачены, например, невыплаченные зарплата, проценты, страховые премии; см. prepaid expenses

accrued taxes начисленные налоги

accumulated dividend начисленный (накопленный) дивиденд: сумма дивидендов, причитающаяся акционерам, но еще не выплаченная и отражаемая в балансе как обязательство

accumulated principal кумулятивная (увеличившаяся) сумма основного долга, на которую начисляются проценты

accumulation накопление, аккумуляция; аккумулирование; 1) трансформация части прибыли в капитал; 2) постепенная скупка большой суммы акций без негативного воздействия на цены; 3) наращивание капиталовложений путем реинвестирования прибыли или регулярных денежных взносов

accumulation area зона аккумуляции: движение цены (в техническом анализе) в определенном коридоре в период накопления покупателями акций, за которым следует резкий подъем

accumulation profits tax налог на прибыль, аккумулированную сверх определенного уровня (на резервы); некоторые компании не распределяют прибыль, чтобы избежать высоких подоходных налогов, и данный налог призван защитить от злоупотреблений

accumulative dividend кумулятивный (накапливаемый) дивиденд: дивиденд, который не был выплачен вовремя, превратился в пассив компании и должен быть распределен в будущем; см. cumulative preference share; non-cumulative dividend

ACE (AIBD, CEDEL, EUROCLEAR) settlement system электронная система расчетов по ценным бумагам (с подтверждением на следующий день), принадлежащая Ассоциации дилеров по международным облигациям, СЕДЕЛ и Юроклир

achat au comptant покупка за наличные (франц.)

achats de placement покупка инвестиций, акций (франц.)

acid-test ratio отношение текущих активов компании минус запасы и незавершенное производство к текущим пассивам: показатель ликвидности компании (буквально: коэффициент лакмусовой бумажки); см. current assets; current liabilities; current ratio; quick ratio

acknowledgment признание, подтверждение подписи на документе, операции, информации

acquired surplus приобретенный капитал: некапитализированная часть собственных средств компании (например, резервы), приобретенная при ее поглощении; см. capital surplus

acquirer покупатель: 1) компания, поглощающая другое юридическое лицо; 2) = merchant bank 2; 3) финансовое учреждение, которое выдает наличность через свои кассовые машины, получая при этом комиссию от банков, выпустивших пластиковые карточки

acquisition 1) приобретение, покупка; 2) поглощение компании; см. take-over, purchase acquisition, pooling of interest; 3) привлечение новых клиентов, счетов с помощью рекламы, маркетинга

acquittance "освобождение": документ (квитанция), свидетельствующий о полной оплате обязательства (в результате кредитор теряет все права на обеспечение ссуды)

acreage определенное количество акров: площадь, покрытая договором аренды в нефтеразведке

across the board "по всей бирже" (доске с ценами акций): движение цен на фондовом рынке, затрагивающее все акции

acting in concert "действуя сообща": совместные действия двух или более инвесторов (например, скупка акций компании с целью поглощения)

action gratuite бесплатная акция (франц.); = bonus share

action au porteur акция на предъявителя; = bearer share

active account активный счет: 1) счет, по которому регулярно проводятся операции (вклады, изъятия); 2) счет по кредитной карточке или кредитная линия, которые используются, то есть выписка показывает сумму задолженности и процентные платежи; см. inactive account, dormant account

active bond crowd дилеры, специализирующиеся на "активных" облигациях, т. е. с большим объемом торговли (США)

active box "активный сейф": обеспечение ссуд фондовых брокеров или позиций клиентов в форме ценных бумаг на хранении в сейфе

active circulation активное денежное обращение: часть банкнотной эмиссии Банка Англии, которая находится в обращении в данный момент

active market активный рынок: рынок по определенному виду ценных бумаг или товару, который является объектом частых и крупных сделок

active partner активный член товарищества: партнер, который участвует в управлении и несет материальную ответственность; см. sleeping partner

active stocks активные акции: регулярно публикуемый в финансовой прессе список ценных бумаг, по которым заключается наибольшее число сделок

active trust активный траст: трастовый счет, по которому попечитель имеет специфические функции; например, по завещательному трасту он может продавать активы, чтобы расплатиться с кредиторами и распределить наследство между бенефициарами; см. grantor trust, passive trust, testamentary trust

activity charge операционная комиссия: комиссия, уплачиваемая банку для покрытия расходов по обслуживанию счета; может уплачиваться при падении суммы остатка средств ниже определенного уровня или в виде фиксированной суммы по каждой операции

act of bankruptcy действие, равнозначное банкротству, например, невозможность выполнять финансовые обязательства; кредиторы, полагающие, что такое действие имело место, могут обратиться в суд с требованием принудительного банкротства должника, реализации активов последнего; в Великобритании по закону о банкротствах 1986 г. - петиция, поданная кредитором в случае невозврата должником необеспеченной ссуды свыше 750 ф. ст

act of God "акт провидения" ("Божья воля"): природные катаклизмы типа наводнений, землетрясений, ураганов, молний, вызывающие крупные материальные убытки (в страховании); никто не может предсказать такие явления заранее

actual price действительная (фактическая) цена (сделки)

actuals "реальные товары": наличные товары или финансовые инструменты на срочных товарных биржах в отличие от срочных контрактов

actuarial risk актуарный риск; риск, покрываемый страховой компанией в обмен на уплату премии

actuary актуарий: служащий страховой компании, специализирующийся на расчете страховых рисков и премий, а также на решении других инвестиционных и финансовых задач с помощью математических (теория вероятности) и статистических методов (в Великобритании должен быть лицензирован Институтом актуариев)

A-day день "А": 29 апреля 1988 г. - день принятия в Великобритании закона о финансовых услугах; см. Financial Service Act

add a fraction повыситься менее, чем на 1 долл. (о курсе акции)

addendum дополнение или приложение к документу

additional collateral = side collateral

additionality principle принцип "дополнительности"; правило, действующее в некоторых межгосударственных банках (например, ЕБРР), по которому они должны участвовать во всех проектах совместно с другими учреждениями и тем самым увеличивать свое воздействие (например, ЕБРР берет на себя не более 35 % любого проекта)

additional paid-in capital = paid-in capital

add-on interest добавленный или включенный процент: прибавление процентов к первоначальной основной сумме долга; каждый платеж основной суммы также является платежом процентов; общая сумма процентов = $(P \times R \times N)/12$, где P - основная сумма кредита, R - процентная ставка, N - число месяцев в сроке кредита; общая сумма процентов делится на количество платежей в погашение долга и прибавляется к ним; действительная годовая ставка в этом случае больше, чем в нормальном кредите, так как не учитывается постепенное погашение основной суммы (чем чаще платежи основной суммы, тем выше действительная ставка); см. simple interest; compound interest

ademption лишение, отмена дарения, завещания (завещательный отказ)

adequate notice достаточное предупреждение, адекватная информация: печатный документ, излагающий условия кредита (США); кредиторы по закону обязаны давать клиентам полную и достоверную информацию об условиях ссуды и их последующих изменениях; см. Truth in Lending Act

ad hoc для данного случая, для данной цели, специальный (лат.)

adjournment отсрочка (платежа)

adjudication 1) судебное решение, приговор; 2) вынесение судебного или арбитражного решения; 3) объявление кого-либо несостоятельным должником решением суда (Великобритания); 4) присуждение компенсации по суду

adjudication order решение суда, объявляющее несостоятельного должника банкротом; имущество банкрота передается попечителю-распорядителю, который завершает ликвидацию компании и ее активов в пользу кредиторов (Великобритания)

adjudicator третейский судья

adjust 1) корректировать, изменять курсы, цены; 2) исправлять ошибки

adjustable mortgage loan (AML) = adjustable rate mortgage

adjustable peg изменяемая привязка: гибкая система фиксации валютного курса, позволяющая периодически изменять базу или пределы колебания относительно "валюты-якоря"; см. crawling peg

adjustable rate mortgage (ARM) ипотека с плавающей ставкой: ипотека с плавающей ставкой (обычно 6 месяцев) или другими изменяющимися условиями; впервые появились в США в 60-х годах, законодательное одобрение получили в 80-х годах

adjustable rate preferred stocks (ARPS) привилегированные акции с плавающей процентной ставкой (впервые появились в США в 1981 г.)

adjustable rate refunding operation (ARRO) муниципальные облигации, которые выпускаются в виде краткосрочных ценных бумаг с плавающей ставкой и автоматически конвертируются в долгосрочные бумаги с фиксированной ставкой, когда среднее значение кратко- и долгосрочных рыночных процентных ставок достигает предусмотренного уровня

adjusted capital откорректированный капитал банка: определение капитала, включающее капитальную базу плюс резервы против сомнительных долгов, доходы или убытки от ценных бумаг минус сомнительные и безнадежные долги

adjusted capital base откорректированная "капитальная база" (собственные средства) банка: суммарный капитал минус оценка "престижа" (см. goodwill), оборудование, участие в капитале компаний, кредитование, по сути аналогичное капиталовложению, чрезмерные вложения в ценные бумаги других банков

adjusted capital ratio отношение суммы откорректированного капитала банка (см. adjusted capital) к суммарным активам; показатель достаточности капитала

adjusted gross estate откорректированное брутто-наследство: стоимость наследства за вычетом административных расходов, долгов, но до уплаты налогов (США)

adjusted gross income откорректированный брутто-доход: доход физического лица, декларируемый Службе внутренних доходов в США (форма 1040); из всех доходов вычитаются алименты, расходы на переезд, взносы в некоторые пенсионные и сберегательные планы (IRA, KEOGH)

adjustment 1) приспособление, уточнение, выравнивание, регулирование (об экономике); 2) корректировка, исправление ошибок (бухгалтерский учет, банковское дело)

adjustment bonds облигации урегулирования: облигации, выпущенные в обмен на старые облигации в ходе рекапитализации корпорации, которой грозит банкротство (выпускаются с согласия владельцев облигаций и приносят проценты только в случае наличия прибыли); см. recapitalization

adjustment credit регулирующий кредит: краткосрочный кредит одного из банков ФРС коммерческому банку под обеспечение простым векселем (срок до 15 дней); распространенная форма заимствований у ФРС для рефинансирования и выполнения резервных требований; см. Regulation A

adjustment of the average составление диспаши; см. average statement

adjustment on conversion сумма, выплачиваемая при конверсии займа держателю облигации или эмитенту ввиду несовпадения ставок процента и периодов его выплаты, выпуска новых бумаг не по номиналу

adjustment program стабилизационная программа: система экономических мер, являющаяся элементом и условием некоторых форм кредитования МВФ (включает денежно-кредитные, налоговые, ценовые меры); также любая программа оздоровления экономики

administrative receiver лицо, назначенное судом для управления имуществом несостоятельного должника от имени кредиторов по Закону о неплатежеспособности 1986 г. (Великобритания)

administration bond гарантия, выдаваемая для покрытия убытков от ошибок лица, управляющего чужой собственностью

administration of assets управление активами (собственностью) по поручению их владельца

administration order решение суда о назначении администратора: обращение в суд директоров компании или ее кредиторов о назначении администратора для управления компанией или внесения предложений по выходу из финансового кризиса (Великобритания)

administrator (Adv.) администратор: 1) лицо, назначенное судом для урегулирования дела о наследовании в случае отсутствия завещания или исполнителя воли умершего; 2) лицо, назначенное судом для выправления дел компании на грани банкротства (Великобритания); 3) менеджер; 4) лицо, отвечающее в компании за хозяйственные и организационные вопросы

Admission of Securities to Listing (ASL) "Допуск к биржевой котировке": буклет с требованиями к допуску к биржевой котировке, выпускаемый Лондонской фондовой биржей; по цвету обложки также называется "желтой книгой"; см. listing

admission to stock exchange trading = listing

ad valorem (Ad val) "адвалерный", "по стоимости" (лат.): метод расчета налога или комиссионного вознаграждения в форме фиксированного процента от стоимости товара, сделки

ad valorem tax адвалерный налог: пошлина (налог), исчисляемая в форме процента от стоимости товара

advance (Adv.) 1) кредит, ссуда; 2) аванс, авансовый платеж; 3) рост, повышение (цен, курсов)

advance against goods as security ссуда под обеспечение товарами: разновидность ломбардного кредита; см. lombard credit

advance commitment обязательство предоставить кредит, провести определенную операцию, участвовать в консорциуме

advance corporation tax (ACT) авансовый корпорационный налог (Великобритания): налог, уплачиваемый при выплате дивидендов и равный сумме нетто-дивидендов, умноженной на частное от деления базовой ставки подоходного налога на чистый доход акционеров (например, при ставке в 30 % сумма нетто-дивидендов умножается на 30/70); уплаченные суммы учитываются при исчислении налогов на акционеров, то есть они получают налоговый кредит; см. mainstream corporation tax; grossing up; corporation tax; tax credit

advance-decline (A-D) рост-падение: оценка числа акций, цены которых выросли или упали в течение определенного периода; соответствующий график демонстрирует общую тенденцию развития фондового рынка

advance freight авансовый фрахт: авансовая оплата перевозки груза

advance option кредитный опцион: возможность краткосрочного кредита эмитенту облигаций со стороны банка-андеррайтера на случай их неполного размещения среди инвесторов

advance purchase "обусловленная" закупка: тип связанной товарной сделки, в которой одна сторона покупает товары при обязательстве другой стороны купить позднее товары на равную сумму

advance refunding досрочное рефинансирование государственных облигаций с помощью новых выпусков

advances = receivables

advances portfolio кредитный портфель банка: все предоставленные кредиты

adverse action враждебное действие: отказ в потребительском кредите; по закону клиент имеет право знать причину, исследовать досье на себя и добиваться исправления неверной информации

adverse balance пассивный (платежный) баланс

adversely classified assets активы, классифицированные как рискованные (США): кредиты и другие активы, которые не удовлетворяют принятым кредитным стандартам и в квартальной отчетности банков проходят как отдельный раздел; такие активы включают потери или полные списания (loss), сомнительные долги (doubtful loans), субстандартные кредиты, когда при отсутствии действий вероятны частичные потери (substandard), "кредиты на заметку" (special mention), которые имеют потенциальные проблемы из-за отсутствующей документации или недостаточного обеспечения; при подсчете чистого капитала сомнительные долги списываются на 50 % и потери на 100 %, то есть на эту сумму создаются резервы

advice авизо, уведомление, извещение; credit advice, debit advice

advice of fate уведомление о судьбе (оплате или неоплате) чека, направляемое одним банком другому

advice note уведомление (авизо) адресата о совершении определенной операции

advised line кредитная линия, о которой клиент официально уведомлен; см. bank line

advise fate "сообщите о судьбе": просьба банка к другому банку сообщить об оплате чека

advisory assignment консультационный контракт, поручение: мандат на оказание консультационных услуг органу власти, компании по конкретной проблеме или проекту

advisory funds = discretionary funds

affidavit (Afft) аффидавит: юридически заверенный документ (например, относительно происхождения или принадлежности ценной бумаги)

affiliate = affiliated company

affiliated company аффилиированная компания: компания, в которой имеется пакет акций меньше контрольного (обычно 5-50 %), или одна из двух компаний, являющихся дочерними третьей

affiliated person аффилиированное лицо: физическое лицо (инвестор), способное оказывать прямое влияние на деятельность компании (директор, владелец более 10 % капитала)

affinity card "родственная" карточка: кредитная карточка, распространяемая по соглашению между спонсором и банком-эмитентом; в обмен на содействие в распространении карточки спонсор может получать определенный процент от нетто-доходов; эмитент может выпускать такие карточки на более привлекательных условиях, чем обычно; см. co-branded card

affirmative covenant положительное условие; см. covenant

a forfait "а форфэ" (отказ от права - франц.), "форфэтинг": финансирование торговли путем учета векселей без права регресса (покупатель векселя принимает на себя весь риск неплатежа импортера)

African Development Bank (AFDB)

Африканский банк развития (АФБР): региональный институт с участием стран ОЭСР, предоставляющий африканским странам кредиты (в основном на развитие сельского хозяйства и инфраструктуры) и другие услуги; финансируется главным образом развитыми странами-членами; основан в 1963 г. с местопребыванием в Абиджане; с 1982 г. включает неафриканские страны-доноры

African Development Fund (AFDF) Африканский фонд развития: филиал Африканского банка развития, предоставляющий льготные кредиты беднейшим странам (основан в 1973 г.); см. African Development Bank

after acquired clause условие ипотечного соглашения, по которому любая собственность, приобретенная заемщиком после подписания соглашения, становится дополнительным обеспечением ипотеки

after acquired property собственность, приобретенная (полученная) должником после объявления его банкротом; о такой собственности должно быть сообщено попечителю-распорядителю; см. adjudication order

after date (a/d) "после даты": надпись на векселе для обозначения срока оплаты (через столько-то дней после выставления)

after-hours dealings сделки, заключенные после официального закрытия биржи (считаются первыми сделками следующего рабочего дня): часть внебиржевого рынка; см. over-the-counter market

after market "после рынка": 1) = after-hours dealings; 2) = secondary market; 3) = over-the-counter market

after-payment доплата, последующий платеж

after sight bill вексель, подлежащий оплате через определенное время после предъявления для акцепта (с надписью "после предъявления")

after tax после уплаты налога; за вычетом налога

against actuals = exchange for physicals

against the box "против сейфа": "короткая" продажа владельца "длинной" позиции по тем же акциям (проданные бумаги находятся на хранении в банке (в сейфе), то есть продавец имеет бумаги, но не раскрывает этого факта и все равно берет акции взаймы для покрытия сделки); см. short selling; long position 2

aged fail просроченный контракт: сделка между двумя биржевиками, расчет по которой не проведен через 30 дней после заключения (США)

Agence economique et financiere (AGEFI) Агентство экономической и финансовой информации (АЖЕФИ) и его газета (Брюссель)

agencies "агентства": ценные бумаги федеральных агентств в США (учреждений, созданных при участии правительства)

agency (Agsy) 1) агентство, учреждение; 2) агентские услуги: купля-продажа финансовых инструментов или товаров по поручению и за счет клиента; представление интересов принципала агентом; 3) = agencies

agency bank банк-агентство: организационная форма, используемая иностранными банками в США; такие учреждения предлагают услуги своих материнских компаний и не могут сами давать кредиты или принимать депозиты, действуют на оптовом уровне, освобождены от ограничений на межштатную деятельность

Agency for International Development (AID) Агентство международного развития: федеральное агентство в США, созданное в 1961 г. для администрирования программ помощи развивающимся странам (кредиты на льготных условиях, техническое содействие, гранты, распределение продовольствия); действует через коммерческие банки при гарантии правительства

agent (Ag; Agt) агент: лицо, получившее право действовать от имени принципала (клиента); см. Register of Agents

agent bank банк-агент: 1) банк, которому члены синдиката поручают обслуживать кредит (вести документацию, информировать членов) в течение всего его срока; 2) банк, являющийся агентом других банков в документарном бизнесе, в обслуживании владельцев кредитных карточек

agent de change член фондовой биржи, брокер (Франция)

aggregate demand совокупный спрос: суммарный спрос или расходы всех экономических агентов, включая государство, на потребительские и капитальные товары в рамках данного рынка или экономики; индикатор экономической активности

aggregate exercise price суммарная цена исполнения: произведение количества акций в опционном контракте на цену исполнения (или номинальной стоимости инструмента, лежащего в основе опциона, на цену исполнения)

aggregate supply совокупное предложение: суммарное производство товаров и услуг в рамках данного рынка или экономики; индикатор экономической активности

aggregation агрегирование: 1) в Великобритании - суммирование стоимости дарений для определения ставки налога на передачу капитала; см. capital transfer tax; 2) расчет платежей при досрочном завершении свопов в рамках одного общего соглашения

aging schedule классификация активов (должников) банка или компании по срокам до погашения или числу дней просрочки

agio ажио, лаж, премия: разница в стоимости различных форм денег (например, бумажных и металлических, наличных и безналичных); см. premium 1

agio securities = discount securities

Agreed Minute многостороннее соглашение о пересмотре условий задолженности развивающихся стран

agreement соглашение, договор: контракт между двумя сторонами, описывающий условия и детали тех или иных действий, имеющих четкие юридические последствия

agreement among underwriters соглашение между андеррайтерами (участниками синдиката) о назначении менеджеров, распределении ответственности, сроке действия синдиката; см. также underwriting agreement

agreement corporation корпорации, зарегистрированные на уровне штатов и занимающиеся международными банковскими операциями; должны быть согласны ограничить свою активность рамками закона Эджа, но имеют более либеральные правила относительно капитала; см. Edge Act, Edge corporation

agreement value согласованная стоимость долгосрочных свопов, используемая в расчетах при досрочном завершении сделки или замене одной из сторон (средняя или минимальная котировка основных участников рынка)

aggressive portfolio агрессивный портфель ценных бумаг: содержит бумаги, курсы которых, как ожидается, будут расти (больший доход при большем риске)

agricultural credit сельскохозяйственный кредит: различные формы кредита для развития сельскохозяйственного производства (финансирование затрат, сбыта, инвестиций)

Agricultural Credit Corporation (ACC) Корпорация сельскохозяйственного кредита (Великобритания): учреждение, созданное в 1964 г. для предоставления фермерам среднесрочных ссуд на пополнение основного и оборотного капитала; в основном гарантирует банковские кредиты фермерам; спонсор - Национальная ассоциация фермеров; государство компенсирует часть убытков по гарантиям

Agricultural Mortgage Corporation (AMC) Корпорация сельскохозяйственного ипотечного кредита (Великобритания): кредитное учреждение, созданное в 1928 г. для средне- и долгосрочного кредитования фермеров (до 40 лет); капитал принадлежит Банку Англии и коммерческим банкам, а источником ресурсов служат государственные дотации и выпуск облигаций

AIBD basis метод расчета доходности облигаций Ассоциации международных дилеров по облигациям (годовая база в отличие от полугодовой в США); см. Association of International Bond Dealers; в настоящее время методика таких расчетов содержится в брошюре

"ISMA Formulae for Yield and Other Calculations"

aid-tying "привязка" помощи: обусловленность предоставления помощи определенными требованиями (например, об использовании полученных средств для закупок в стране-доноре)

air bill all risks страховой документ, покрывающий все обычные риски при перевозке груза авиатранспортом

air consignment note = airway bill

aircraft mortgage требование (кредит), обеспеченное закладной на самолет, внесенный в авиарегистр

air freight bill = airway bill

air pocket "воздушная яма": резкое падение курсов ценных бумаг после того или иного информационного сообщения негативного характера

air pocket stock акция, которая имеет тенденцию резко падать в цене после сообщения негативного характера

AIRS terms (Australian Interest Rate Swaps terms) условия процентных свопов в австралийских долларах (рекомендованные в Австралии)

airway bill (AWB) авианакладная: товарораспорядительный документ в авиаперевозках

Aktie акция (нем.)

Aktiebolaget (A/B) акционерное общество (Швеция)

Aktiengesellschaft (AG) акционерное общество (Германия, Швейцария)

a la criee "голосом", "путем выкрикивания" (франц.): метод биржевой торговли, при котором служащий биржи зачитывает названия ценных бумаг с ценой последнего закрытия, а дилеры выкрикивают свои цены продавца или покупателя (сделки тут же регистрируются, а цены указываются на табло); также зачитывается список валют и фиксируются курсы, при которых балансируются спрос и предложение (в основном в континентальной Европе); = open outcry; см. fixing 1; auction market

Aladdin bonds "Аладиновы облигации": новый выпуск облигаций, предлагаемый в обмен на старый (разг.)

alienation clause условие отчуждения: условие ипотечного кредита, требующее

его погашения при переходе заложенной собственности новому владельцу

alien corporation (USA) = foreign corporation

allied member ассоциированный член: старший менеджер фирмы - члена Нью-Йоркской фондовой биржи, который в личном качестве не является полным членом биржи (США)

alligator spread спред "аллигатор": опционный спред, который "ест инвестора живьем" из-за комиссионных расходов, практически исключающих прибыль инвестора даже при благоприятном движении конъюнктуры

all-in cost полная стоимость: 1) цена кредита, включающая все дополнительные элементы, например, комиссии, страховые премии; 2) полная стоимость свопа в виде абсолютной суммы или спреда в базисных пунктах

Allkonto "альконто": универсальный счет, позволяющий использовать чеки, получать проценты по остатку и пользоваться кредитом (впервые введен в середине 70-х годов Свенска Хандельсбанк)

allocated transfer risk reserve (ATRR) резервы против риска перевода средств: специальная часть резервов банка против потерь со стороны иностранных заемщиков, в том числе в результате запрета перевода средств

allocation 1) распределение ценных бумаг в полном или частичном объеме заявок; 2) передача фьючерсного контракта биржевым брокером или дилером третьему лицу

allocation letter (notice) документ, уведомляющий подписчика о числе выделенных ему бумаг и необходимости их оплатить

allonge аллонж: дополнение к ценной бумаге (например, векселю) при нехватке места для передаточных надписей

all or any part "все или любую часть": приказ клиента брокеру исполнить сделку в полной сумме или частично по его усмотрению

all-or-none (AON) 1) выпуск новых ценных бумаг, который может быть аннулирован в случае неудачи с гарантийной подпиской; 2) = all-or-none order

all-or-none order (AON) рыночный или ограниченный приказ клиента биржевому брокеру, который должен быть сразу выполнен в полной сумме (США); см. fill-or-kill order; limit order; market order
allotment = allocation
allotment letter = allocation letter
allotment subscribed = apportion
allowance 1) налоговая скидка; 2) денежное содержание, командировочные, карманные деньги; 3) допущение; 4) резерв против плохих долгов; 5) резерв для корректировки стоимости актива, амортизации в бухгалтерском учете
alloy 1) лигатура, примесь: примесь неблагородного металла в изделии из золота, серебра; 2) сплав
all risks страховой полис, покрывающий все риски
all savers certificate (ASC) "сберегательный-сертификат для-всех": сертификат, выпускавшийся сберегательными учреждениями США в 1981-82 гг. в рамках программы оздоровления экономики (фиксированная ставка, привязанная к казначейским векселям, срок 52 недели, доход не облагался налогом до суммы 1 тыс. долл.)
alphabetism алфавитизм: преимущество в рекламе, которое имеют компании с названиями, начинающимися с букв в верхней части алфавита, так как в различных списках они всегда впереди
alteration of a bill изменение векселя: изменение определенных реквизитов векселя, включая дату, сумму, срок платежа
altered check измененный (поддельный) чек: чек или другой свободно обращающийся инструмент, дата, сумма, имена на котором изменены или подделаны (обычно мошенничество)
alternate deposit вклад (счет) на два имени
alternative cost = opportunity cost
alternative investments альтернативные инвестиции: инвестиции, альтернативные недвижимости и ценным бумагам, — предметы искусства, марки, старинные монеты

alternative minimum tax (AMT) альтернативный минимальный налог: федеральный налог с единой ставкой, используемый для обеспечения уплаты минимального налога с физических и юридических лиц в определенных случаях (США); например, таким налогом облагаются различные налоговые льготы и вычеты (амортизация, резервы на покрытие убытков, прирост капитала при использовании опционов на покупку акций)
alternative mortgage instrument (AMI) альтернативный ипотечный инструмент: любая ипотека на жилой дом, которая отличается от традиционной ипотеки с фиксированной ставкой по ставке, периодичности платежей, условиям погашения
alternative order альтернативный приказ (клиента брокеру): приказ с выбором действий (выполнение одного отменяет другое)
alternative payee альтернативный получатель платежа по чеку или векселю (указывается два и более лиц, в пользу которых выставляется чек)
amalgamation слияние компаний (Великобритания); = merger
amendment поправка, изменение, дополнение (при правильном оформлении имеет полную силу оригинального документа)
American account "американский счет" (Великобритания): обозначение США, Канады и ряда латиноамериканских стран в системе британского валютного контроля до введения в 1958 г. обратимости фунта стерлингов (в этих странах фунт стерлингов был обратим в доллары США); см. transferable account
American Association of State Savings and Loan Supervisors Американская ассоциация органов надзора штатов за ссудно-сберегательными организациями (г. Вашингтон)
American Bankers' Association (ABA) Ассоциация американских банкиров: национальная организация банков США (12 тыс. членов), созданная в 1875 г.; ежегодно проводит конвенции и имеет собственный журнал и банковские школы

American depository receipt (ADR) американская депозитная расписка (АДР): свободно обращающаяся расписка на иностранные акции, депонированные в банке, ее выпустившем или в банке-агенте; форма торговли иностранными акциями в США с 1927 г.; в настоящее время резиденты США могут торговать в такой форме сотнями видов акций; АДР регистрируются Комиссией по ценным бумагам и биржам, дают те же права, что и акции, котируются в долларах на биржах и внебиржевом рынке, могут поддерживаться фирмами-эмитентами для более широкого распространения своих акций

American Eagles "американские орлы": вид американских золотых и серебряных монет (объект торговли в тезаврационных целях); см. Eagle; Double Eagle

American Express card карточка Американ Экспресс: дебитовая карточка фирмы Американ экспресс; выпускается с начала 60-х годов и наиболее популярна в качестве корпоративной карточки, не имеет фиксированного лимита платежей, но не предусматривает кредита

American-form type share certificate американская форма сертификата акции (Великобритания): разновидность сертификата, имеющая черты документа на предъявителя (сертификат выписывается на имя зарегистрированного владельца (часто банка), но с помощью индоссамента может перейти новому владельцу; зарегистрированный владелец подписывает специальную форму, позволяющую сертификату переходить из рук в руки, но дивиденд причитается зарегистрированному держателю и последующие владельцы должны обращаться к нему; см. marking names

American Loan = Washington Agreement

American option "американский опцион": опцион, который может быть исполнен в любой момент в течение оговоренного срока

American Plan = white Plan

American Institute of Banking (AIB) Американский институт банковского дела: образовательное подразделение Ассоциации американских банкиров (семинары, курсы, заочное обучение); насчитывает 600 местных отделений

American National Standards Institute (ANSI) Американский институт национальных стандартов: некоммерческая организация в США, разрабатывающая стандарты для передачи информации и финансовых коммуникаций между фирмами

American rule = prudent man rule

Americans "американцы": американские акции на Лондонской фондовой бирже

American Stock Exchange (Amex, ASE) Американская фондовая биржа (Амекс): вторая по значению (после Нью-Йоркской) фондовая биржа США (расположена в Нью-Йорке), специализируется на акциях средних и небольших компаний (свыше 1000), опционах (в том числе индексных); основана как "уличная" биржа (первое помещение - в 1921 г.), до 1953 г. носила название "Curb Exchange"

Americans Aandelen Amsterdamse Usance (NL) = American Shares Amsterdam System

Amex Options Switching System (AMOS) система оперативной связи клиентов с брокерами в торговом зале биржи для передачи приказов и деталей сделок с опционами, созданная Американской фондовой биржей; см. American Stock Exchange

amortization амортизация: 1) ежегодное списание стоимости актива в течение всего срока владения; = depreciation; 2) выплата, погашение кредита путем регулярных платежей кредитору или в фонд погашения по определенному графику; см. sinking fund; 3) корректировка учетной стоимости облигаций, купленных по цене выше номинала в течение срока владения ими (то есть уменьшение, по мере приближения к сроку погашения по номиналу); см. accretion of discount

amortization loan амортизационный кредит: кредит, выплачиваемый по частям (равномерными взносами)

amortization schedule график амортизации: таблица, показывающая месячные, квартальные или годовые платежи по кредиту или ипотеке с учетом процентов, а также остаток кредита к погашению на каждую дату

amortizing swap "амортизационный" своп: своп, по которому основная сумма уменьшается в соответствии с определенным графиком

amount financed профинансированная сумма: сумма кредита, реально выплаченная заемщику (номинальная сумма минус комиссии и другие технические расходы)

amounts differ "суммы не сходятся": надпись на чеке или векселе при несовпадении сумм прописью и цифрами (обычно документ возвращается, хотя по закону сумма прописью считается определяющей)

Amsterdam interbank offered rate (AIBOR) ставка предложения межбанковского депозитного рынка в Амстердаме (АИБОР)

Amsterdam Interprofessional Market System (AIMS) Амстердамская межпрофессиональная рыночная система для крупных сделок с ценными бумагами между кредитными институтами (свыше 1 млн. гульденов по акциям и 2,5 млн. гульденов по облигациям)

Amsterdam Security Account System (ASAS) система счетов по ценным бумагам в Амстердаме: система совершения сделок и расчетов по иностранным акциям (американским и японским) на условиях соответствующих внутренних рынков (основана в 1980 г.)

Amsterdam Stock Exchange Trading System (ASSET) торговая система Амстердамской фондовой биржи

Amsterdam Treasury Bond Market (ATM) Амстердамский рынок казначейских облигаций: международная система торговли правительственными ценными бумагами, основанная в Амстердаме в 1993 г

amtlicher Markt официальный рынок на фондовых биржах ФРГ (нем.): рынок акций и облигаций, допущенных к официальной котировке; см. Einheitskurs; variabler Kurs; Freiverkehr; geregelter Freiverkehr

analyst аналитик: 1) сотрудник банка или брокерской фирмы, анализирующий положение группы компаний, сектора финансового рынка, валюты и дающий рекомендации; 2) младшая должность в инвестиционных банках; = credit analyst

and interest "и проценты": обозначение котировки облигаций, означающее, что покупатель получит наросшие проценты

ancillary credit business вспомогательное кредитное учреждение: любое учреждение, которое в соответствии с Законом о потребительском кредите 1974 г. занимается посредничеством в получении кредита, кредитным консультированием, помощью во взимании долгов, проверкой кредитоспособности (Великобритания)

angel "ангел": облигация с рейтингом, приемлемым для инвесторов; см. fallen angel; investment grade securities

Anlagekapital инвестиционный капитал (нем.)

annual accounts годовая отчетность: отчетность, представляющая собой часть годового отчета (включает баланс на конец финансового года, счет прибылей и убытков, заключение внешнего аудитора)

annual basis годовое исчисление: приведение тех или иных данных к периоду в 12 месяцев

announcement date дата объявления: объявление лид-менеджером нового займа и приглашение андеррайтеров к участию в нем

announcement (signal) effect эффект объявления: реакция рынков на объявление (в том числе заранее) регулирующими органами тех или иных мер

annual cap годовой "потолок": условие ипотечного контракта с плавающей процентной ставкой, ограничивающее рост ставки в течение календарного года фиксированной суммой

annual clean up = clean up requirement

annual equivalent годовой эквивалент: приведение доходности по облигации с выплатой процентов несколько раз в год к годовой основе для сравнения с другими ценными бумагами

annual general meeting (AGM) ежегодное общее собрание акционеров (принимает отчет директоров, финансовую отчетность, устанавливает величину окончательного дивиденда, выбирает директоров и аудиторов)

annualization пересчет в годовое исчисление

annual(ized) percentage rate (APR) 1) фактическая годовая стоимость кредита, включающая помимо номинальной ставки комиссионные и другие расходы; выражается в форме процентной ставки; 2) процентная ставка в годовом исчислении; см. United States rule

annual report and accounts годовой отчет компании; включает собственно отчет совета директоров и соответствующую финансовую отчетность (баланс), заверенную аудиторами; см. annual accounts

annual return ежегодная отчетность, представляемая всеми компаниями в Великобритании Регистратору компаний; она включает адрес официального офиса, копию списка акционеров, данные о капитале и выпущенных облигациях, список директоров, копию годового баланса и счета прибылей и убытков; см. Registrar of Companies

annuitant (Annuit) лицо, получающее ренту

Annuities бессрочные облигации британского правительства ("рента"); в настоящее время существует два выпуска ренты с купонами 2,5 и 2,75 %

annuitize начать рентные платежи

annuity (Anny) 1) рента, регулярно поступающие платежи; 2) соглашение или контракт (обычно со страховой компанией), по которому физическое лицо приобретает право на регулярно поступающие суммы (часто пожизненно)

annuity bond = perpetual bond

annuity certain рента с фиксированным сроком

annuity income shares облигации с рентным доходом: облигации, по которым выплачивается повышенный доход, но при погашении выплачивается только символическая сумма по сравнению с номиналом (например, 1 пенни)

annuity tables статистические таблицы для расчета текущей стоимости финансового актива, реальной доходности ценной бумаги с фиксированной ставкой дохода

anomaly switch аномальный "свитч": "переброска" инвестиций из одних ценных бумаг в другие (со сходными сроками и фиксированными ставками) для получения прибыли от аномального движения конъюнктуры; см. switch 2

antecessor предыдущий владелец

antedate датировать задним числом; = backdating

antedated check чек, датированный более 6 месяцев назад; возвращается неоплаченным, если нет подтверждения его действительности (Великобритания); см. stale check

anticipated balance будущий остаток: остаток сберегательного или срочного счета на будущую дату с учетом наросших процентов (при условии, что счет не пополнялся)

anticipated holding period ожидаемый срок владения финансовым активом

anticipated interest будущие проценты: сумма процентов, которую сберегательный счет будет приносить на будущую дату с учетом прироста прошлых процентов и неизменности основной суммы

anticipation ожидание, предвосхищение: 1) досрочное погашение обязательства; 2) досрочная оплата векселя

anticipation bond = flower bond

anticipatory long hedge "предупреждающий" "длинный" хедж: срочное страхование планируемых покупок ценных бумаг, платежей, размещения депозитов; см. hedge

anticipatory short hedge "предупреждающий" "короткий" хедж: срочное страхование планируемых заимствований, продаж ценных бумаг; см. hedge

anti-dilution clause оговорка против разводнения: оговорка, защищающая инвестора, например, в варранты на акции от неблагоприятных изменений в акционерном капитале компании типа выпуска новых акций

anti-dumping duty анти-демпинговая пошлина: таможенный тариф, вводимый для борьбы с ввозом товаров по бросовым ценам

anti-trust laws антитрестовские законы: законодательство США, предназначенное для борьбы с монополистической деятельностью, ограничением нормальной рыночной конкуренции, а также для прекращения создания монополий; в США первым таким законом был закон Шермана (1890 г.), который запретил монополии и тресты, ограничение торговли и конкуренции; в 1914 г. был принят закон о Федеральной торговой комиссии, которая призвана регулировать межштатную торговлю, проводить расследования деловой практики и делать предписания; другие законы или поправки: Клейтона (1914 г.), который запретил переплетающиеся директораты, некоторые виды покупок фирм холдинговыми компаниями и др., Робинсона-Пэтмана (1936 г.), Селлера-Кефаувера (1950 г.); в банковской системе органом надзора за исполнением антитрестовского законодательства является министерство юстиции

Anton Piller order предписание Антона Пиллера: судебное решение, позволяющее проникнуть на собственность другого лица и забрать определенные документы

any-and-all-bid предложение заплатить одинаковую цену за акции, предъявленные в течение фиксированного срока (США)

"A" ordinary shares безголосые акции (Великобритания); см. non-voting shares

Appendix 39 приложение к 39 правилам Лондонской фондовой биржи со ставками минимальных комиссий брокеров (до 1986 г.); эти комиссии нельзя было делить с агентами, которые помогли найти клиента

Appendix 41 приложение 41 к правилам Лондонской фондовой биржи со ставками минимальных комиссий, используемыми в случае необходимости поделить их с агентами, которые помогли найти клиента и внесены в специальный регистр (до 1986 г.); брокер имел право уступить 20-25 % комиссионного вознаграждения; см. Register of Agents

application 1) обращение за кредитом или открытием счета, признанием в качестве банка, брокера; 2) заявка на приобретение вновь выпускаемых ценных бумаг

application for a letter of credit письменное обращение клиента к банку об открытии аккредитива

application form форма заявки: бланк заявки на получение акций при их публичной эмиссии (инвестор заполняет бланк, который находится в проспекте или публикуется в газетах)

application money денежная сумма, сопровождающая заявку на приобретение новых ценных бумаг

apportion 1) распределять ценные бумаги пропорционально заявкам; 2) пропорциональная доля в займе

apportionment распределение: 1) пропорциональное выделение ценных бумаг подписчику когда заявки превышают предложения (см. apportion); 2) пропорциональное распределение прав, собственности, расходов

appraisal оценка: оценка имущества (например, для целей страхования, ипотечного кредита) квалифицированным специалистом; = valuation

appraisal fee плата за оценку стоимости недвижимости, предложенной в качестве обеспечения (например, кредита)

appreciation 1) повышение стоимости актива; 2) повышение курса валюты; см. revaluation 1

appropriation 1) бюджетное или иное ассигнование на конкретную цель; 2) распределение прибыли компании после налогов на дивиденды и пополнение резервов

appropriation account распределительный счет: часть баланса компании, отражающая распределение чистой прибыли плюс остатка прибыли прошлых лет

approved delivery facility одобренное место поставки товара или финансового инструмента по фьючерскому контракту (банк, склад)

approved list одобренный список: ценные бумаги, в которые банки могут инвестировать деньги (обычно на базе их рейтингов); в США ФРС требует от банков вкладывать средства в бумаги инвестиционного уровня, то есть с рейтингом не ниже определенного уровня; см. investment grade securities; 2) ценные бумаги, в которые могут вкладывать средства доверительные институты (по закону или иному решению); 3) ценные бумаги, которые банки считают приемлемыми для инвестиций клиентов

approved profit sharing scheme схема участия в прибылях, одобренная налоговыми органами в Великобритании (с 1978 г.); участие в прибыли может быть в виде акций с соответствующими налоговыми льготами

approved securities одобренные ценные бумаги; см. approved list

approximate-limit order ограниченный приказ биржевому брокеру с определенной свободой действий при исполнении (желаемая цена указывается приблизительно)

appurtenance lien право или условие, тесно связанное с конкретной недвижимостью и обычно с ней переходящее к новому владельцу

aquacultural insurance аквакультурное страхование: страхование рисков фермерами, разводящими рыбу

Arab Bank for Economic Development of Africa (ABEDA) Арабский банк экономического развития Африки: институт, кредитующий неарабские страны Африки (создан в 1973 г. с местопребыванием в Хартуме)

Arab Currency-Related Unit (Acru) арабская денежная единица: искусственная денежная единица, базирующаяся на корзине валют 12 арабских стран (создана в 1974 г.)

Arabian Light Crude Oil арабская легкая сырая нефть: наиболее распространенная на мировом рынке нефть, чья цена является основой для определения цены на все другие виды нефти

Arab Monetary Fund (AMF) Арабский валютный фонд: кредитный орган стран-членов Лиги арабских государств (создан в 1976 г. со штаб-квартирой в Абу-Даби)

arb business арбитражный бизнес (операции)

arbitrage арбитраж: одновременная купля и продажа одного финансового инструмента (или сходных инструментов) на разных рынках с целью получения прибыли от расхождения цен; покупка стратегических участий в компаниях для спекуляции в случае их слияния или поглощения; см. interest rate arbitrage; currency arbitrage

arbitrage bonds арбитражные облигации: облигации, выпускаемые муниципалитетом в порядке досрочного рефинансирования других облигаций для получения выигрыша на разнице в процентных ставках (США)

arbitrage tunnel "арбитражный туннель": разница между ценами финансовых инструментов, позволяющая проводить арбитражные операции

arbitrage(u)r (Arb) арбитражер: лицо, занимающиеся арбитражными операциями

arbitration арбитраж: способ разрешения споров, при котором стороны обращаются к арбитрам (третейским судьям)

arm's length transaction сделка "на расстоянии вытянутой руки": сделка, проводимая так, что между сторонами нет никаких юридических и финансовых связей для избежания конфликта интересов

around около, вокруг: отклонение валютного курса от центрального уровня или цены от номинала (в обе стороны)

arrangement организация сделки, кредита, слияния, поглощения банком или другим учреждением для клиента

arrangement fee комиссия за организацию: комиссия, взимаемая банком за организацию получения некоторых видов кредитов сверх процентной ставки

arrangement with creditors or members договоренность с кредиторами или акционерами: предложение директоров неплатежеспособной компании кредиторам или акционерам об урегулировании положения

arrearage 1) сумма просроченного долгового обязательства; 2) невыплаченные проценты по облигации или дивиденды по кумулятивным акциям

arrears задолженность: вовремя не выплаченные дивиденды, проценты или другие суммы

arrestment наложение судом ареста на имущество должника, находящееся у третьего лица, в пользу кредиторов

Article 8 статья 8 устава МВФ, определяющая, что главным признаком обратимости валюты является отсутствие ограничений по текущим операциям

Article 8 currency "валюта статьи 8": свободно конвертируемая валюта (по крайней мере по текущим операциям)

Article 65 статья 65: положение японского законодательства, являющееся аналогом закона Гласс-Стиголла; см. Glass-Steagall

articles of association "статьи ассоциации": устав компании (Великобритания); документ, излагающий внутренние правила функционирования акционерного общества, включая процедуры голосования, созыва собраний акционеров, выбора директоров, их функций

articles of incorporation "статьи инкорпорации": заявка на создание корпорации (положения о ее целях, основателях и капитале), подаваемая основателями соответствующему регистрирующему органу в данном штате (США); утверждается властями штата путем выдачи сертификата об инкорпорации (лицензии), подтверждающего законность создания корпорации; см. charter

articles of partnership "статьи товарищества": устав товарищества; соглашение между членами товарищества в соответствии с законом о товариществах 1890 г. (Великобритания); определяет взаимоотношения между членами товарищества (права и обязанности), но не затрагивает их личные обязательства по отношению к третьим лицам

Article XII company "компания статьи 12": инвестиционная компания, которая по закону штата Нью-Йорк (соответствующая статья) уполномочена на финансирование международных банковских операций; такие компании не могут принимать депозиты и не включены в ФРС, но могут предоставлять отдельные банковские услуги и принадлежать иностранцам

ascending tops = ascending triangle

ascending triangle поднимающийся треугольник (в техническом анализе): несколько циклов повышения цены со все большей амплитудой и возвращением на прежний уровень, укладывающихся на графике в прямоугольный треугольник (прямой угол справа в основании треугольника); см. descending triangle

"A" shares = non-voting shares

Asian Clearing Union Азиатский клиринговый союз: система взаимных расчетов и кредитования, в которой участвуют Индия, Иран, Шри-Ланка, Пакистан, Бангладеш, Непал, Мьянма (основан в 1974 г.)

Asian currency market = Asian dollar market

Asian Currency Unit (ACU) азиатский валютный отдел: отдел банка в Сингапуре, уполномоченный на проведение международных (азиавалютных) операций

Asian Development Bank (ADB) Азиатский банк развития: региональный институт, представляющий азиатским странам-членам кредиты на развитие различных отраслей, технические и другие услуги; наименее развитым странам кредиты предоставляются на сроки 10-30 лет с 2-7 летним льготным периодом; основан в 1965 г. с местопребыванием в Маниле

Asian Development Fund (ADF) Азиатский фонд развития: филиал Азиатского банка развития, представляющий льготные кредиты беднейшим странам (основан в 1973 г.)

Asian dollar market рынок азиатских долларов (азиавалют): часть международного рынка ссудных капиталов (еврорынка), базирующаяся в Юго-Восточной Азии (главным образом в Сингапуре и Гонконге); примерно 90 % операций приходится на доллар США

Asian dollars азиатские доллары: доллары США, используемые для финансовых операций в Юго-Восточной Азии

(главным образом в Сингапуре и Гонконге)

Asian monetary unit (AMU) азиатская денежная единица, используемая для расчетов в Азиатском клиринговом союзе; равна 1 СДР

Asian option азиатский опцион: опцион, основанный на средней цене товара за определенный период (а не на конец периода)

Asian Pacific Economic Cooperation (APEC) Азиатско-тихоокеанское экономическое сотрудничество: группа из 15 стран региона, созданная в 1989 г. для развития экономического сотрудничества (США, Канада, Япония, Австралия, Новая Зеландия, Китай, Южная Корея, Тайвань, Гонконг, Малайзия, Сингапур); также называется Азиатско-тихоокеанская экономическая группа - Asia Pacific Economic Group (ASEG)

as if and when "если и когда": в эмиссии ценных бумаг термин, обозначающий само событие (эмиссию), возможность его ненаступления и дату операции

asked (price) = offered (price)

as per advice согласно уведомлению (авизо)

assay 1) проба драгоценного металла; 2) анализ чистоты металла, определение пробы

assent 1) согласие, подтверждение; 2) согласие владельца ценной бумаги на изменение условий займа или выпуска акций (процентных выплат, сроков погашения), а также на предложение приобрести акции

assented bonds "согласованные" облигации: облигации, по которым нарушен график выплаты процентов или погашения основной суммы с согласия инвесторов в рамках программы реорганизации компании или пересмотра условий задолженности (то есть держатели согласились на изменение условий займа)

assented shares "согласованные" акции: акции, владельцы которых согласились с условиями предложения о поглощении компании

assessed valuation оценка стоимости недвижимости для целей налогообложения

assessment оценка: 1) оценка имущества для взимания налогов; 2) обложение налогом; 3) размер налога

assessment of tax налоговая оценка: сумма налога, причитающаяся с физического лица (рассчитывается на базе представленной им налоговой декларации)

assessor оценщик: лицо, которое по страховому полису уполномочено оценить убыток и согласиться на выплату страховой суммы

asset актив, авуар: собственность юридического или физического лица, имеющая денежную оценку; активы могут быть финансовые (кредиты, ценные бумаги), капитальные (недвижимость, машины и оборудование), нематериальные (репутация, патенты)

Asset and Liability Management Committee (ALCO) Комитет по управлению активами и пассивами: комитет банка по управлению рисками или управлению балансом банка

asset allocation decision решение о распределении активов: решение о распределении средств между различными видами инвестиционных активов (элемент портфельной теории); см. portfolio theory

asset-backed securities (ABSs) 1) ценные бумаги, на основе других активов или обеспеченные активами; 2) ценные бумаги на основе пула кредитов (автомобильных, ипотечных, по кредитным карточкам) или с обеспечением; такие облигации дают неделимое право на участие в секьюритизированных активах и выплачивают доход за счет поступления процентов по кредитам в их основе

asset backing обеспечение активами: чистые активы, поделенные на число оплаченных акций; см. asset cover

asset-based financing кредитование под обеспечение активами компании; = secured lending

asset-based lending = asset-based financing

asset-based swap своп на основе активов: своп, позволяющий превратить один вид ценных бумаг в другой (например, инвестор обменивает фиксированный купон на плавающий и фактически приобретает новый вид бумаг); см. synthetic security

asset card активная карточка: операционная карточка, дающая доступ к определенному активу, например, дебетовая банковская карточка

asset cover(age) покрытие активами долга (компании): нетто-активы, поделенные на долг (или на привилегированные акции, весь собственный капитал); см. asset backing

asset deficiency нехватка активов: ситуация, когда активы компании меньше пассивов и она не может выполнить свои обязательства

asset ledger гросс-бух активов: отдельная книга учета операций, затрагивающих активы

asset-liability committee (ALCO) комитет по активам и пассивам: комитет банка, составленный из старших менеджеров, отвечающий за координацию заемной и ссудной политики для поддержания нормальной прибыльности в условиях изменения процентных ставок

asset-liability management управление активами и пассивами: установление между активами и пассивами банка определенных соотношений по срокам, уровню ставок и другим показателям для снижения риска и поддержания прибыльности

asset management управление активами: набор методов и принципов оптимизации дохода от размещенных средств без существенного увеличения их объема и на основе учета факторов риска, сроков, ликвидности

asset management account (AMA) счет управления активами: счет в банке или брокерской фирме, сочетающий банковские услуги (кредитные и дебетовые карточки, чеки) с возможностью совершать сделки с ценными бумагами (в том числе в долг) и обеспечивающий единство учета

asset play "игра активами": получение дешевого доступа к активам путем покупки ценных бумаг, текущая рыночная цена которых не отражает стоимость активов компании (занижена)

asset quality качество активов: оценка активов с точки зрения риска, ликвидности, доходности

assets активы: собственность в самой различной форме – недвижимость, машины и оборудование, кредитные требования, ценные бумаги (все, что имеет денежную оценку)

asset sale продажа активов: 1) продажа банковских активов без права регресса; = loan sale; 2) приватизация; = privatization

asset sale and repurchase продажа актива с последующим совершением обратной сделки; см. sale and repurchase agreement

asset stripping поглощение компании, чьи акции на рынке котируются ниже стоимости активов: активы, не приносящие прибыли распродаются, а остальная часть компании начинает действовать под новым руководством (буквально: "освобождение от активов")

asset swap обмен активами: обмен одних активов на другие для улучшения качества инвестиционного портфеля (например, активы с фиксированной ставкой в активы с плавающей ставкой, обмен товарами, обмен облигаций на акции); = asset-based swap, sovereign debt swap

asset value стоимость активов компании (текущая, балансовая, ожидаемая при реализации)

asset value per share = net assets worth

assignation 1) назначение; 2) отведение, предоставление в распоряжение; 3) передача, переуступка права или собственности; 4) приказ должнику перевести средства цессионарию за счет цедента

assignee (assigns plural) – цессионарий: лицо, приобретающее право или требование у его владельца (при сделке уступки)

assignment 1) цессия, уступка, передача любого права, собственности; 2) индоссамент на ценной бумаге о ее передаче новому владельцу; 3) уведомление продавца опциона о его использовании покупателем; 4) продажа соглашения о свопе (при согласии первоначального владельца); 5) продажа банковского кредита; 6) задание, поручение; 7) назначение (на должность); 8) ассигнование, выделение

assignment check чек, оплачиваемый через чужой почтовый чековый счет (в странах с почтовой чековой системой)

assignment credit кредит на базе переуступки требования

assignment in blank "бланковая уступка": уступка акции, облигации, права, при которой владелец актива не указывает на документе имя нового владельца и дату сделки

assignment notice уведомление об исполнении: формальное уведомление продавца опциона о его использовании покупателем

assignment of life policy передача полиса страхования жизни: передача застрахованным лицом права на получение сумм по полису страхования жизни другому лицу; направляется в письменном виде страховой компании

assignor цедент: владелец права или актива (требования), уступающий его третьему лицу

assimilation ассимиляция: абсорбция (приобретение) новых ценных бумаг инвесторами после их полной распродажи синдикатом андеррайтеров

associate коллега, партнер: в области слияний и поглощений лицо, которое связано с участниками операции (поглощаемой компанией и компанией, делающей предложение) и прямо заинтересовано в ее исходе (директор компании, пенсионного фонда, крупный акционер)

associate(d) bank ассоциированный банк: 1) банк, являющийся членом определенной ассоциации, корпорации, совместного предприятия, например, системы кредитных карточек; 2) банк, участие в капитале которого менее контрольного (обычно 20-50 %)

associate banker младший банкир, помощник банкира; младшая должность в инвестиционном банке, молодой сотрудник, работающий на опытного банкира; со временем он может стать "senior associate" и координировать деятельность менее опытных сотрудников

Associated Banks' of Europe Corporation (ABECOR) Корпорация ассоциированных банков Европы: банковская группировка, включающая 10 членов (в том числе Дрезднербанк, Барклайз бэнк, Альгемене банк Недерланд, Банка национале дель лаворо, Банк Брюссель Ламбер) из 8 стран (основана в 1974 г.; штаб-квартира в Брюсселе)

Associated Scottish Life Offices (ASLO) Ассоциированные шотландские страховщики жизни: профессиональная организация руководителей компаний по страхованию жизни в Шотландии, основанная в 1841 г.

associated states ассоциированные страны (заключившие с ЕЭС соглашение об ассоциации, дающие определенные льготы в торговле)

associate member ассоциированный член: 1) ассоциированный член фондовой биржи в Великобритании (имеет квалификацию, сдал экзамен и работает в фирме-члене биржи, но не является ее владельцем; может получать зарплату, половину комиссии, по организованной им сделке); 2) = associate bank

Association cambiste internationale (Forex-Club) Международная ассоциация валютных дилеров, основанная в 1955 г. в Цюрихе и включающая свыше 10 тыс. индивидуальных членов (дилеров)

association clause статья об ассоциации: статья в меморандуме об ассоциации, в которой основатели компании соглашаются на определенное количество акций (Великобритания); см. memorandum of association

Association for Payment Clearing Service (APACS) Ассоциация систем клиринговых платежей: организация, координирующая деятельность межбанковских клиринговых систем (создана в 1985 г. со штаб-квартирой в Лондоне в порядке выполнения рекомендаций Комитета Д. Чайлда по анализу клиринговой системы Великобритании); АПАКС координирует деятельность трех самостоятельных клиринговых систем, организованных как акционерные компании;

АПАКС насчитывает 20 членов, включая три строительных общества; см. Bankers' Automated Clearing Service; Cheque and Credit Clearing Co.; Clearing House Automated Payment System and Town Clearing

Association francaise des investisseurs en capital risque (AFIC) Французская ассоциация "рисковых" инвесторов

association number = ABA transit number

Association of Bank Holding Companies Ассоциация банковских холдинговых компаний: ассоциация американских банковских холдингов, зарегистрированных ФРС (г. Вашингтон)

Association of Banking Teachers (ABT) Ассоциация банковских преподавателей: профессиональная организация людей, преподающих в Великобритании банковские предметы (создана в 1978 г.)

Association of British Factors (ABF) Ассоциация британских факторинговых компаний (8 членов): профессиональная организация, занимающаяся анализом деловой практики, обучением, распространением информации (создана в 1976 г.)

Association of British Insurers (ABI) Ассоциация британских страховщиков: профессиональная организация страховых компаний в Великобритании, основанная в 1985 г

Association of Co-operative Saving and Credit Institutions of the European Economic Community Ассоциация кооперативных сберегательных и кредитных институтов Европейского экономического сообщества: организация, представляющая интересы кооперативных банков в отношениях с Комиссией и другими органами ЕС (создана в 1968 г.)

Association of Corporate Treasurers (ACT) Ассоциация казначеев (финансовых директоров) корпораций в Великобритании (создана в 1979 г.)

Association of Futures Brokers and Dealers (AFBD) Ассоциация фьючерских брокеров и дилеров: саморегулирующаяся организация участников фьючерского рынка в Великобритании, отвечающая за защиту инвесторов (создана в 1986 г.); в 1991 г. слилась с Ассоциацией рынка ценных бумаг и образовала Орган регулирования рынков ценных бумаг и фьючерсов; см. Securities and Futures Authority

Association of German Stock Exchanges Ассоциация немецких фондовых бирж: ассоциация 8 бирж ФРГ

Association of International Bond Dealers (AIBD) Ассоциация дилеров по международным облигациям, созданная в 1969 г. в Цюрихе для разработки правил и стандартов торговли на международном рынке ценных бумаг и насчитывающая свыше 650 членов-банков и специализированных компаний; переименована в Ассоциацию маркет-мейкеров по международным ценным бумагам; см. International Securities Marketmakers Association - ISMA

Association of Investment Trust Companies (AITS) Ассоциация инвестиционных трестов (Великобритания): организация, представляющая интересы примерно 175 компаний в отношениях с правительством, регулирующими органами и другими финансовыми институтами (создана в 1932 г.)

Association of Reserve City Bankers Ассоциация банкиров резервных городов: ассоциация менеджеров американских банков, которые расположены в резервных городах и держат у себя на корреспондентских счетах резервы других банков (г. Вашингтон)

Association of South East Asian Nations (ASEAN) Ассоциация юго-восточных наций: организация стран Юго-восточной Азии, включающая Малайзию, Индонезию, Таиланд, Бруней, Сингапур, Филиппины

Association of Thrift Holding Companies Ассоциация холдинговых компаний сберегательных учреждений: ассоциация компаний, которые владеют или контролируют ссудно-сберегательные ассоциации в США (г. Вашингтон)

Association of Tin Producing Countries (ATCP) Ассоциация стран, производящих олово: Австралия, Боливия, Индонезия, Малайзия, Нигерия, Таиланд, Заир, Китай

**Association of Unit Trusts and Investment Trusts (AUTIF) Ассоциация паевых фондов и инвестиционных трестов: профессиональная организация менеджеров инвестиций в Великобритании

assumable mortgage "переходящая" ипотека: ипотека, условия которой предусматривают возможность смены должника на тех же условиях, при этом новый заемщик должен удовлетворять определенному стандарту платежеспособности (США)

assumption принятие ответственности по обязательствам другой стороны: например, условие ипотеки, по которому она может быть передана другому лицу

assurance страхование: как правило страхование от событий, которые рано или поздно обязательно произойдут (прежде всего страхование жизни); см. insurance

assured страхователь: владелец страхового полиса при страховании жизни

assurer страховщик: компания, специализирующаяся на страховании жизни

asymmetrical regulation асимметричное (различное) регулирование внутренних и международных операций банков национальными властями

at a discount со скидкой: о цене акции, которая ниже цены эмиссии или номинальной стоимости, о котировке форвардного курса

at a premium с премией (о цене акции, которая выше цены эмиссии или номинальной стоимости)

at best = market order

at call = call money 1

at discretion приказ клиента брокеру заключить сделку по цене на его усмотрение

at limit = limit order

at market = market order

ATM network сеть автоматических кассовых машин, которая может принадлежать одному или нескольким банкам; см. automated teller machine

at or better приказ клиента биржевому брокеру о совершении сделки по указанной или лучшей цене

at par по номинальной стоимости

at risk под риском (об активе, инвестиции, по которым возможны убытки)

at short notice при коротком уведомлении: условие кредитного соглашения о погашении онкольной ссуды через 7 или 14 дней после требования кредитора

at(on) sight по первому требованию (об оплате векселя или другого обязательства: надпись на векселе "по предъявлению")

attached "приложенный", "прикрепленный": варрант или купон от определенной ценной бумаги

attachment 1) наложение ареста на имущество, судебный приказ о наложении ареста; 2) право кредитора на имущество заемщика; 3) вступление в силу

attest доказательство, свидетельское показание, заверенное заявление (в том числе завещание)

attested copy заверенная копия: копия оригинала документа, заверенная свидетелем

at the back door = back door

at the close (closing) при закрытии биржи (о сделке, операции)

at the front door = front door

at the market = market order

at the money (option) опцион, текущая цена финансового инструмента в основе которого примерно равна цене исполнения (то есть "внутренняя" стоимость опциона равна нулю); см. intrinsic value

at the opening при открытии биржи: 1) приказ брокеру о заключении сделки по лучшей цене при открытии биржи; 2) о сделке в начале утренней сессии

attorn 1) поручать, передавать права, доверять; 2) признание нового владельца; давать согласие новому владельцу имущества на продление аренды

attorney адвокат, юрист, поверенный

attorney at law юрист, получивший в определенном штате лицензию на предоставление юридических услуг (США)

attorney in fact лицо, уполномоченное другим лицом действовать по его поручению, представлять интересы (США)

attornment признание третьим лицом факта существования юридических взаимоотношений между двумя другими сторонами

attributable level относимый или итоговый уровень: 1) чистая прибыль или убыток компании за определенный период; 2) итоговая строка счета прибылей и убытков в годовом отчете; = bottom line

au comptant за наличные (франц.)

auction аукцион: разновидность публичного торга, при котором товар получает тот, кто предлагает наивысшую цену; см. Dutch auction

auctioneer аукционист: лицо, проводящее аукцион (выкрикивает начальную цену, принимает заявки, объявляет цену продажи или снятие товара с аукциона)

auction market аукционный рынок ценных бумаг: торговля ценными бумагами с помощью различных методов аукциона (торга); см. open outcry; a la criee; par casiers; par opposition; double auction market

auction value = liquidating value

audio response аудио ответ: инструкции голосом клиенту, пользующемуся услугами банка по телефону (как переводить средства, запрашивать сальдо счета); = audiotex

audit аудит: проверка отчетности компании квалифицированными бухгалтерами-ревизорами на предмет ее соответствия установленным правилам

audit committee внутренний аудиторский комитет банка или компании по проверке правильности отчетности и учета

audit department аудиторский отдел: отдел внутреннего аудита, ответственный за проверку отчетности департаментов и отделений банка; см. internal audit

audited accounts отчетность, проверенная аудитором

Auditing Practices Committee (APS) Комитет аудиторской практики (Великобритания)

auditing standards стандарты учета и аудита, утвержденные соответствующими регулирующими органами

auditor аудитор, бухгалтер-ревизор: независимая компания, удостоверяющая правильность отчетности ревизуемой фирмы акционерам последней

auditor's certificate (report) заключение внешнего аудитора, включаемое в годовой отчет (о соответствии отчетности требованиям закона и реальному положению дел в компании)

auditor's opinion = auditor's certificate

audit trail аудиторский "след": хронологическое отслеживание валютно-кредитных и других финансовых сделок регулирующими органами при проверках на основе бухгалтерской отчетности

Aufgeld премия (нем.)

au porteur на предъявителя (франц.)

Ausfuhrkredit-Gesellschaft mbH (AKA) - AKA: немецкая компания, принадлежащая 58 коммерческим банкам и специализирующаяся на представлении экспортных кредитов со сроками более 1 года (создана в 1952 г. во Франкфурте-на-Майне)

Ausgepreis цена предложения ценных бумаг (нем.). = issue price

Aussenborslichen Wertpapierhandels внебиржевой рынок ценных бумаг (нем.). = over-the-counter market

Aussie (dollar) "Осси": австралийский доллар (жаргон валютных дилеров)

Australian Associated Stock Exchanges (AASE) Австралийские ассоциированные фондовые биржи: координирующий орган 6 австралийских фондовых бирж (создан в 1937 г)

Australian Associated Stock Exchanges (AASE) Indices индексы австралийских ассоциированных фондовых бирж (введены в 1980 г.): базовое значение - 500, базовая дата - 31 декабря 1979 г

Austral Plan "план Аустраль": аргентинская стабилизационная программа, включавшая замену песо на новую денежную единицу (аустраль)

autarky автаркия: стремление отдельной страны к максимальной степени самообеспечения (независимости от внешней торговли)

au terme на срок, форвардный (франц.)

Autex system электронная система Аутекс для оповещения фондовых брокеров о намерении других брокеров совершить сделку с крупной партией акций (США)

authentication удостоверение подлинности документа или подписей путем их проверки уполномоченными специалистами

authority bonds облигации, выпущенные правительственным агентством по управлению государственным предприятием (например, портом) и оплачиваемые из его доходов (США)

authority to purchase полномочие покупать: авизо, уполномочивающее банк-корреспондент покупать тратты, выставленные на импортера, а не на банк импортера; многие банки добавляют свою гарантию и авизо имеет силу аккредитива (в дальневосточной торговле)

authorization одобрение, разрешение, санкция (на проведение операций, перевод средств); выдача полномочий, лицензии, разрешения (например, новому банку)

authorization code санкционирующий код: сообщение эмитента кредитной карточки организации, которая ее принимает, одобряющее сделку на основе данной карточки

authorized bank уполномоченный банк: банк, который имеет право совершать те или иные операции (например, валютные операции в условиях валютного контроля); в Великобритании: банки, признанные таковыми по Закону о банках 1987 г

authorized capital 1) уставный капитал: акционерный капитал, зафиксированный в уставе компании (меморандуме об ассоциации); не обязательно оплачен в полной сумме); максимальная номинальная сумма (число) акций, которые может выпустить компания

authorized clerk уполномоченный клерк (Великобритания): служащий фирмы – члена биржи, уполномоченный на заключение сделок от ее имени

authorized dealer = authorized bank

authorized depository уполномоченный депозитарий (Великобритания): учреждение, которое в период существования валютных ограничений было уполномочено хранить иностранные ценные бумаги, принадлежащие британским резидентам

authorized institution = authorized bank

authorized insurers уполномоченные страховщики: страховые компании, уполномоченные по Закону о страховых компаниях 1982 г. заниматься страхованием (Великобритания)

authorized investments разрешенные инвестиции (Великобритания): инвестиции, которые разрешено осуществлять попечителям (доверенным лицам) по закону 1961 г

authorized person уполномоченное лицо: лицо, уполномоченное заниматься инвестиционным бизнесом в Великобритании (должно удовлетворять определенным критериям)

authorized settlement agent уполномоченный агент по расчетам: 1) банк, уполномоченный представлять чеки и другие наличные инструменты для инкассации в федеральный резервный банк (США); 2) банк, уполномоченный осуществлять расчеты по карточкам, входящим в одну из объединенных систем (Виза, Аксесс)

auto-loan backed securities ценные бумаги, обеспеченные кредитами на покупку автомобилей (платежами в погашение этих кредитов)

authorized shares = authorized capital

authorized signatures (list of) (собранные в альбоме) образцы подписей сотрудников банка, уполномоченных от его имени подписывать платежные документы и корреспонденцию

automated bond system (ABS) автоматическая облигационная служба: служба Нью-Йоркской фондовой биржи, которая представляет котировки и другую информацию по 80 % облигаций, а также исполняет, накапливает и взаимозачитывает приказы о совершении сделок

automated clearing house (ACH) автоматизированная клиринговая палата: электронная система расчетов между банками-членами; в США палаты объединены в единую платежную систему

Automated Real-Time Investments Exchange (ARIEL) Автоматическая инвестиционная биржа в режиме реального времени (Ариель): компьютеризиро-

A

aut–ave

ванная система торговли акциями в Великобритании, с помощью которой можно торговать практически всеми видами ценных бумаг без посредничества брокеров (создана торговыми банками в 1974 г.)

automated teller (telling) machine (ATM) автоматическая кассовая машина: электронный терминал, с помощью которого можно на расстоянии проводить операции между банком и его клиентом (получение наличных денег, переводы, получение выписки со счета, заказ чековой книжки); "ключом" является пластиковая карточка с магнитной полосой и личный код; см. plastic card

automatic bill payment = telephone bill payment

automatic deposit = direct deposit

automatic exercise автоматическое исполнение опционных контрактов клиринговой палатой при наступлении их сроков

automatic telling machine (UK) = automated teller machine

automatic transfer of funds (savings) = automatic transfer service

automatic transfer service (ATS) автоматический перевод средств со сберегательного счета на чековый: деньги хранятся на сберегательном счете под более высокий процент, а на чековом счете поддерживается минимальный остаток и он автоматически пополняется со сберегательного при нехватке средств для оплаты изъятий

auxiliary capital вспомогательный капитал: все оборудование, используемое в производстве

availability доступность средств: срок (в днях) между депонированием средств на счет (например, чеком) и их отражением в кредите счета

availability schedule таблица доступности средств: таблица, показывающая максимальные сроки клиринга различных видов чеков или переводов, то есть сроки, когда эти деньги становятся доступными для использования клиентом (в США: в основном на следующий или второй рабочий день)

available balance доступный остаток: остаток по чековому счету, который клиент может использовать (текущий остаток минус неоформленные вклады)

available credit доступный кредит: сумма кредита, которую можно немедленно использовать; например, разница между лимитом и задолженностью по кредитной карточке, неиспользованная часть кредитной линии

available earnings чистая прибыль компании после вычета всех издержек, налогов, дивидендов по привилегированным акциям; может быть распределена в виде дивидендов по обыкновенным акциям

available funds доступные средства: 1) средства, которые банк может немедленно использовать для предоставления кредитов и других операций (наличные плюс платежи других банков); 2) = available balance

available reserves доступные резервы: нетто-разница между чрезмерными резервами на счете в ФРС и средствами, заимствованными через учетное окно; см. excess reserves, reserve account, discount window

aval аваль: гарантия по векселю (в виде надписи), которая превращает гаранта перед лицом закона в должника; такая гарантия обычно дается банком по просьбе клиента; "концепция аваля" характерна для стран континентальной Европы (кодекс Наполеона) и не признается британским законодательством

avalising bank = avalist

avalist авалист: банк, который гарантирует вексель путем нанесения надписи об авале; см. aval

average (Av) 1) средний, среднее: метод измерения движения фондовой конъюнктуры путем расчета индексов цен акций; см. share index; 2) авария: убыток от аварии судна или его распределение

average adjuster диспашер: специалист по оценке убытков по общей аварии и их распределению между владельцами судна и груза

average annual yield средняя годовая доходность: средняя доходность в год по депозитному сертификату (проценты реинвестируются) за весь срок его существования; она выше средней эффективной доходности, так как включает проценты за более длительный период; см. effective annual yield

average balance = average daily balance

average bond обязательство по аварии: при поступлении груза с частичной потерей владелец судна дает обязательство покрыть часть убытка по общей аварии после определения суммы потерь

average clause условие об аварии: условие в полисе морского страхования, устанавливающее, что определенные объекты не страхуются или страхуются в определенном проценте, если только полис не предусматривает общую аварию

average cleared credit balance средний остаток на счете, откорректированный на пока не отраженные суммы (например, на комиссию за ведение счета)

average collected balance средний инкассированный остаток по счету: средний остаток по счету за вычетом неинкассированных чеков (общая сумма, поделенная на число дней в учетном периоде)

average collection period средний срок получения платежа по определенным долгам (отношение годовых поступлений компании к продаже в кредит в расчете на один день)

average cost средние издержки: общая стоимость произведенной продукции, поделенная на количество изделий

average daily balance среднедневный остаток счета: сумма дневных остатков, поделенная на число дней в учетном периоде

average daily float среднедневная сумма чеков и векселей в процессе инкассации (то есть не отраженных в кредите счета); см. float 1; = items in collection

average down 1) стратегия снижения средней цены купленных акций (например, вместо покупки 1000 акций сначала покупаются 400, а остальные - блоками по 200 акций по мере снижения цены); 2) продажа акций ниже цены покупки для реализации убытка в налоговых целях

average due date средний срок платежа для нескольких сумм (векселей) с разными датами платежа

average equity средний дневной остаток на операционном счете клиента брокерской фирмы (США)

average life средний срок; число лет до момента, когда половина основной суммы облигации будет погашена; средневзвешенный срок непогашенной части кредита (суммы взвешиваются в соответствии с графиком погашения); например, 6-летний кредит в 12 млн. с выплатами 2 млн. в год: $2\times6 + 2\times5 + 2\times4 + 2\times3 + 2\times2 + 2\times1 = 42:12 = 3,5$ лет; используется при расчете сроков и доходности облигаций

average maturity средний срок корпорационных и муниципальных облигаций; см. average life

average outstanding balance средний непогашенный остаток: средняя задолженность клиента по кредитной карточке (общая сумма задолженности, поделенная на число клиентов)

average rate of tax средняя ставка налога (определяется путем деления суммы уплаченного налога на суммарный доход)

average statement (adjustment) диспаша: расчет убытков по общей аварии и их распределение между владельцами судна и груза

average term средний срок погашения облигационного займа: половина срока между конечной и самой ранней датами погашения

average ticket средний размер сделок с использованием кредитных карточек: общая сумма операций, поделенная на число сделок

average up покупки акций при подъеме конъюнктуры для снижения средней покупной цены (несколько покупок по разным ценам); тактика имеет математическую, но не экономическую основу

average yield средняя доходность: 1) средняя доходность портфеля инвестиций; 2) доходность на основе среднего расчетного срока облигации

averaging усреднение: 1) покупка ценных бумаг при падении конъюнктуры для снижения средней покупной цены; 2) продажа ценных бумаг при росте конъюнктуры для повышения средней продажной цены; 3) = constant dollar plan

award 1) принятие заявки на аукционе государственных ценных бумаг, выделение победителям определенного количества ценных бумаг; 2) решение арбитражного суда в пользу одной из сторон

away "в стороне": обозначение брокером сделок или котировок, которые предложены другим брокером

B

B рейтинг спекулятивных (speculative, low grade) облигаций агентств Стандард энд Пурз и Мудиз; см. Moody's ratings, Standard and Poor's ratings, bond ratings

Ba рейтинг облигаций со спекулятивным элементом (predominantly speculative) агентства Мудиз; см. Moody's ratings, bond ratings

Baa рейтинг облигаций среднего качества (medium grade) агентства Мудиз; см. Moody's ratings, bond ratings

baby bond "детская облигация": 1) в США: облигация номиналом менее 1 тысяч долл., обычно 25-500 долл. (такие облигации дают доступ к мелким инвесторам, но сопряжены с повышенными издержками по выпуску); 2) в Великобритании: разновидность безналоговых подарков детям на сумму до 300 ф. ст. в год; полное освобождение от налогов наступает через 10 лет

back bond 1) облигация, выпущенная в результате использования варранта к основной облигации, дающей право на приобретение дополнительных ценных бумаг; см. host bond; 2) документ, который удостоверяет, что титул собственности держится по доверенности

back contracts = back months

backdate проводить задним числом: установление в качестве законной даты документа или сделки прошедшего числа

back door "черный вход": метод повышения Банком Англии ликвидности денежного рынка через посредничество одного из учетных домов (анонимность снижает риск ненужного воздействия на процентные ставки); см. front door

back door listing получение биржевой котировки с "черного входа": поглощение компании, которая уже имеет биржевую котировку

back-end load(ing) разовый комиссионный сбор, который инвестор платит при реализации капиталовложения во взаимный фонд (для предотвращения оттока средств); см. front-end load(ing)

backing обеспечение, поддержка, гарантия

backing away идти на попятную (США): отказ участника рынка ценных бумаг от заключения сделки по прокотированной цене

backlog задолженность, невыполненная или просроченная работа, запасы (материальных средств), резерв

back months фьючерские капиталы с наибольшими сроками (обращающиеся в данный момент на рынке)

back-to-back letter of credit = back-to-back credit

BACS Ltd. = Bankers Automated Clearing Services Ltd

back office "бэкоффис", "подсобка": отдел банка или брокерской фирмы, занимающийся ведением счетов, оформлением различных операций, расчетами; см. front office

back office crush (crunch) операционная "давка": замедление оформления операций в период большой активности на рынке

back positions = deferred futures

back-to-back commitment двойное обязательство кредитора: кредит на строительство и долгосрочное обязательство предоставить ипотечный кредит под данную собственность

back-to-back letter of credit компенсационный аккредитив: два аккредитива, из которых один выставлен в пользу агента покупателя, а второй финансирует продавца; компенсационный аккредитив возникает в ситуации, когда экспортер, имеющий безотзывный аккредитив, убеждает банк покупателя (авизующий банк) открыть второй аккредитив в пользу поставщика; оба аккредитива почти идентичны по условиям и сумма второго меньше суммы первого на комиссию агента импортера; второй аккредитив выставляется на базе первого

back-to-back deal компенсационная операция (на базе одного контракта)

back-to-back loan компенсационный кредит: кредит, близкий по сути к валютным свопам - две компании в разных странах кредитуют друг друга на равную сумму (в одной стране компания-кредитор, в другой - заемщик); используется для защиты от валютного риска, освобождения заблокированных средств, обхода валютных ограничений

back up 1) поворот тенденции движения цен (обычно неожиданный); 2) поддержка, гарантия; 3) ситуация, когда доходность ценных бумаг на рынке растет, а цены падают; 4) обмен одной ценной бумаги на другую с меньшим сроком

back-up facility банковская поддержка в евронотных программах в виде гарантии (обязательства) купить евроноты, предоставить кредит

back up line кредитная линия банка в поддержку эмиссии коммерческих бумаг в США на случай невозможности продать их

backup withholding дополнительное удержание: правило Службы внутренних доходов США, требующее от банков удержания части процентов или дивидендов, причитающихся клиентам, которые не уплатили налоги на такие выплаты в прошлом финансовом году или не указали банку свой номер социального страхования

backwardation (back, Bk) "бэквардейшн"(депорт): 1) ценовая структура, при которой наличные или ближние срочные цены выше цен на более далекие сроки, и разница между этими ценами; 2) в Великобритании - возможность и стоимость отсрочки платежа (поставки) по "короткой" продаже на Лондонской фондовой бирже; см. contango

bad and doubtful debts "плохие" или "сомнительные" долги: долги, которые скорее всего не будут возвращены (для их покрытия создаются резервы)

bad bank "плохой" банк: банк, организованный банковским холдингом как самоликвидирующийся траст для сброса в него сомнительных активов банка, который застрахован на федеральном уровне; используется для улучшения качества активов банка-продавца плохих долгов (США); = collection bank

bad debt recovery возвращение плохих долгов: получение кредитов, которые ранее были списаны как безнадежные (добровольные действия должника, продажа активов должника, внесенных в качестве обеспечения, ареста активов, удержания зарплаты)

bad delivery "плохая поставка": ценная бумага (сертификат), которая оформлена неправильно

bad check "плохой" чек: любой чек, который опротестован и неоплачен из-за нехватки средств, неправильного оформления

Bahnhoftrasse Банховштрассе: улица в Цюрихе, где сосредоточены ведущие банковские учреждения

Bahrain interbank offered rate (BIBOR) ставка предложения межбанковского депозитного рынка в Бахрейне (БИБОР)

bail 1) залог, поручительство; 2) временное освобождение арестованного под залог

bail-bond 1) поручительство за явку ответной стороны в суд; 2) обязательство берущего кого-либо на поруки; 3) поручительство судовладельца для освобождения судна, арестованного за причинения ущерба другому судну

bailee депозитарий, ответственный хранитель, залогополучатель, арендатор

bailment 1) освобождение на поруки или под залог; 2) взятие на поруки, дача поручительства, внесение залога; 3) депонирование, залог, передача имущества на ответственное хранение; 4) залог, поручительство

bailor депонент, залогодатель, хозяин имущества, арендодатель

bailout спасение, выручка: операция по оказанию банку финансовой помощи в случае различного рода трудностей, проводимая государственными органами или группой частных учреждений (для предотвращения волны банкротств клиентов банка)

Baker Plan "план Бейкера": план бывшего министра финансов США Джеймса Бейкера по урегулированию долговой проблемы, включая возобновление кредитования развивающихся стран (осуществляется с 1985 г.)

balance (Bal) баланс: 1) баланс, сальдо, остаток, разница между дебетом и кредитом счета; 2) = balance sheet; 3) = balance due

balance an account 1) закрыть счет; 2) исчислить остаток средств на счете (включая проценты) на определенную дату

balance brought forward = balance carried forward

balance carried forward перенесенный остаток: остаток средств, не использованных в завершившемся периоде, перенесенный в новый отчетный период

balance certificate остаточный (балансовый) сертификат (Великобритания): сертификат на акции, выдаваемый инвестору, который продал часть своих акций, на оставшиеся у него акции; см. share certificate

balanced mutual fund сбалансированный взаимный фонд: фонд, который инвестирован в ценные бумаги с целью получить максимальный доход при низком риске путем диверсификации между обыкновенными и привилегированными акциями и облигациями

balance due причитающийся платеж: регулярный платеж по кредиту, ипотеке; минимальная сумма, которую нужно уплатить по получении выписки со счета кредитной карточки

balance of payments (BOP) 1) платежный баланс: учет всех платежей и поступлений резидентов государства относительно всех нерезидентов за определенный период; включает текущий баланс и баланс движения капиталов; см. current account 1; capital account; 2) сальдо расчетов по торговле товарами и услугами, движения капиталов

balance of trade (BOT) торговый баланс: учет торговых сделок резидентов с нерезидентами, то есть товарного экспорта и импорта страны за определенный период (часть текущего баланса)

balance reporting информирование об остатках на счетах: услуга банка клиенту-корпорации, заключающаяся в ежедневном информировании последнего о состоянии его счетов

balance sheet (BS) баланс компании: 1) активы и пассивы в разбивке по установленной форме на определенную дату; 2) отчет о финансовом положении компании (активы должны равняться пассивам плюс средства акционеров)

balance sheet analysis анализ баланса: оценка данных и соотношений баланса и счета прибылей и убытков для определения финансового положения, кредитоспособности компании, надежности ее ценных бумаг

balance sheet footings суммарные активы или пассивы

balance sheet ratios балансовые коэффициенты: 1) показатели финансового состояния банка, используемые как основа для принятия решений и банковского регулирования (обычно коэффициенты отражающие прибыльность, ликвидность, достаточность капитала и платежеспособность); см. cash ratio, liquidity ratio, lending ratio, reserve assets ratio, capital ratios; 2) коэффициенты, применяемые в бухгалтерском учете для оценки платежеспособности заемщика; см. acid-test ratio, current ratio, debt coverage ratio

balancing item балансирующая статья: статья в платежном балансе, вводимая для его сбалансирования (равна нетто-сумме ошибок и пропусков по всем другим статьям)

Balladur bonds облигации Балладюра: облигации, которые давали держателям преимущества при приобретении акций приватизированных предприятий во Франции после 1993 г. (по имени премьер-министра); имели доход в 6 %

годовых и предназначались для покрытия разрыва между текущими бюджетными потребностями и будущими доходами от приватизации)

balloon interest процентная ставка "воздушный шар": более высокий уровень процента по серийным облигациям с отдаленными сроками; см. serial bonds

balloon maturity "воздушный шар": облигационный заем или долгосрочный кредит, погашаемый одной суммой или постепенно возрастающими взносами

balloon mortgage ипотека "воздушный шар": ипотека, погашаемая одной суммой или постепенно возрастающими взносами

balloon payment платеж "воздушный шар": 1) большой разовый платеж для выплаты основной суммы кредита или аренды в конце оговоренного срока; 2) последний платеж в погашение кредита, который существенно больше предыдущих

ballot жеребьевка участников займа при избыточном числе заявок (крупные заявки обычно удовлетворяются частично, а среди мелких устраивается жеребьевка)

Baltic International Freight Futures Exchange (BIFFEX) Балтийская международная срочная фрахтовая биржа, созданная в 1985 г. в Лондоне (торгуют фьючерскими контрактами на фрахтовый индекс); слилась с Лондонской товарной биржей; см. London Commodity Exchange

Baltic Mercantile and Shipping Exchange (Baltic Exchange) Балтийская товарная и фрахтовая биржа в Лондоне (1700 индивидуальных членов из 600 фирм): рынок, специализирующийся на организации морских и воздушных перевозок (фрахта), а также включающий срочную биржу зерна и других сельскохозяйственных товаров и срочную фрахтовую биржу БИФФЕКС; см. Baltic International Freight Futures Exchange

Banca d'Italia Банк Италии: центральный банк Италии (создан в 1893 г.; единый эмиссионный банк с 1926 г.)

bancassurance банкострахование: предоставление банками таких услуг как страхование жизни и пенсионных фондов

Banco Ambrosiano Банко Амброзиано: один из крупнейших частных банков Италии, тесно связанный с Ватиканом и масонами; в 1982 г. обанкротился с долгами в 450 млн. долл., а его председатель Роберто Кальви был найден повешенным под мостом в Лондоне; на базе обанкротившегося банка был создан Нуово банко Амброзиано

Bancorp см. bank holding company

Banco de Espana Банк Испании: центральный банк Испании (создан в 1856 г.; единый эмиссионный банк с 1874 г.; национализирован в 1962 г.)

Banco de Portugal Банк Португалии: центральный банк Португалии (создан в 1846 г.; единый эмиссионный банк с 1931 г.; национализирован в 1974 г.)

Bancomat Банкомат: система автоматических кассовых аппаратов в Италии, Швейцарии, Лихтенштейне

Banco Nacional de Cuba Национальный банк Кубы: центральный банк республики Куба (основан в 1950 г.)

bancor банкор: международная денежная единица, которую в 1944 г. предлагал ввести Дж. М. Кейнс; см. Keynes Plan

Bancshares см. bank holding company

band диапазон, интервал: предел колебания курса

bang the market (to) "сбить" рынок: неосторожно продать акции и тем самым сбить на них цены

bank (Bk) 1) банк: компания, специализирующаяся на приеме вкладов, кредитовании, осуществлении расчетов и других финансовых операций; см. central bank, commercial bank, investment bank, merchant bank; 2) держать деньги в банке

bankable 1) приемлемый, "банкабельный"; проект, который может быть принят банком к финансированию, удовлетворяющий требованиям банка; 2) приемлемый или пригодный к учету в банке (например, вексель)

bank acceptance = bankers' acceptance

bank account банковский счет (текущий, депозитный или сберегательный);

см. current account 2; deposit account; savings account

Bank Administration Institute Институт банковской администрации: некоммерческая организация, содействующая распространению стандартов банковских операций и учета через подготовку кадров, семинары, исследования (США, Иллинойс); создан в 1924 г

bank advance банковский кредит, предоставляемый по овердрафту или ссудному счету; см. overdraft; loan account

bank balance остаток средств на счете в банке

bank balance sheet баланс банка: данные об активах и пассивах банка на определенную дату (на конец финансового года); крупные банки обязаны публиковать также промежуточный баланс (interim balance sheet)

bank bill = bankers' acceptance

bank-by-phone = telephone bill payment

bank call = call report

bank capital см. capital

Bank Capital Markets Association Банковская ассоциация рынков капитала: ассоциация банкиров в США, специализирующихся на операциях с финансовыми инструментами и валютой; базируется в Арлингтоне, Виргиния; в прошлом называлась Dealer Bank Association

bank card банковская карточка: кредитная, дебетовая или иная платежная карточка, выпущенная банком; см. store card; plastic card

Bank Card Association Ассоциация банковских карточек: организация типа Визы и Мастеркард, которая принадлежит финансовым учреждениям и выполняет функции лицензирования карточек, авторизации операций по карточкам, расчеты, установления размера комиссий за обработку сделок

bank charges банковские сборы: плата за услуги банка

bank check = bank draft

bank clearing (BC) банковский клиринг: зачет взаимной задолженности, возникающей в результате межбанковских платежей (через банковскую расчетную палату)

bank commission банковская комиссия: плата за услуги банка, покрытие риска

bank credit банковский кредит: финансовые ресурсы, предоставленные банком клиенту под процент или с дисконтом к номинальной сумме на определенный срок

bank debits дебетовые операции банка: оплаченные чеки и векселя, другие инструменты, выставленные против депозита в банке в течение определенного срока (обычно в течение дня)

bank declaration банковская декларация: документ, который что-либо удостоверяет или подтверждает

bank deposit банковский депозит: вклад клиента в банк, средства клиента в банке (обязательство банка перед клиентом)

bank discount rate банковская учетная ставка: ставка, по которой банки учитывают векселя и другие финансовые инструменты; заемщик получает номинальную стоимость инструмента за вычетом процентной ставки

bank draft (BD) банкирский чек: 1) чек, выписанный банком против своих средств в банке-корреспонденте; используется в случаях, когда это удобно клиенту, который оплачивает банку чек при его выписке (США); 2) чек, выписанный отделением банка на его головную контору; как правило оплачивается при предъявлении и приравнивается к наличным (Великобритания)

bank endorsement банковский индоссамент: индоссирование банком чеков, оплаченных и предъявляемых банку их автора для инкассации; все чеки, проходящие через банк, кроме чеков его клиентов, помечаются печатью с номером банка и датой оплаты

banker 1) банкир: физическое лицо, владеющее или управляющее банком, сотрудник банка, занимающийся банковскими операциями; 2) крупье, банкомет

Banker 1000 Бэнкер 1000: список 1000 (ранее 500) крупнейших международных банков, ежегодно публикуемый в июльском номере журнала Бэнкер (ранжирование по активам)

bankers' acceptance банковский (банкирский) акцепт: вексель, акцептованный банком (на который он выставлен) и используемый в финансировании торговли; высоколиквидный инструмент денежного рынка

Bankers Association for Foreign Trade (BAFT) Ассоциация банкиров для внешней торговли: ассоциация коммерческих банков в США, специализирующихся на международных операциях и финансировании внешней торговли; базируется в Вашингтоне

Bankers Automated Clearing Services Ltd. (BACS) Банкирская автоматическая клиринговая система (БАКС): межбанковская система электронных платежей в Лондоне, взаимозачитывающая платежи между банками-членами и примерно 50000 их контрагентами счета в Банке Англии; через БАКС проходят различные платежи, включая прямые дебеты (direct debits), постоянные поручения (standing orders) на базе магнитных носителей или электронной связи; первоначально создана британскими банками в 1968 г. как Межбанковское компьютерное бюро, с 1971 г. - под указанным выше названием, а с 1986 г. именуется только BACS Ltd. в связи с превращением в часть Association for Payment Clearing Services (см.)

bankers' bank банк банков: банк, обслуживающий другие кредитные институты; см. central bank

banker's blanket bond общая гарантия банка: страховка, покупаемая банком для защиты от мошенничества служащих, грабежа, фальсификации, воровства

banker's draft = bank draft

banker's lien право банка на арест имущества клиента-должника, находящегося в его руках в порядке нормальных деловых взаимоотношений (чеки, ценные бумаги и другие инструменты)

banker's order = standing order

bankerspeak банкирский язык (разг.): формальный и избегающий крайних оценок стиль деловых бумаг

bank examination банковская проверка: периодическая проверка банка органом надзора; прежде всего анализируется компетентность управляющих банка, качество активов, соблюдение законодательства

Bank Export Services Act Закон о банковских услугах 1982 г.: федеральный закон США, принятый в 1982 г. и разрешающий банковским холдингам, банкам банков и Эдж-корпорациям создавать дочерние компании по экспортным операциям; закон также поручил Эксим банку США предоставлять гарантии таким экспортным компаниям и разрешил коммерческим учреждениям акцептовать торговые векселя; см. Edge corporation

bank failure банковское банкротство: закрытие органом надзора неплатежеспособного банка

Bank for Foreign Economic Affairs of the USSR (Vnesheconombank of the USSR) Банк для внешнеэкономической деятельности СССР (до 1988 г. - Банк для внешней торговли СССР, основанный в 1924 г.); специализированный государственный банк для международных операций и обслуживания внешней торговли; в 1992 г. реорганизован для обслуживания внешнего долга бывшего СССР

Bank for Foreign Trade of the Socialist Republic of Vietnam Банк для внешней торговли СРВ (основан в 1963 г.)

Bank for Foreign Trade of Russia (Vneshtorgbank of Russia) Банк для внешней торговли России (Внешторгбанк России); государственный банк для обслуживания внешнеэкономических связей; создан в 1990 г. в виде акционерного общества при участии Центрального банка России, Минфина и ряда других органов

Bank for Foreign Trade of the USSR (Vneshtorgbank of the USSR) = Bank for Foreign economic Affairs of the USSR

Bank for International Settlements (BIS) Банк международных расчетов (БМР) в Базеле: созданный в 1930 г. по Гаагскому соглашению о германских репарациях орган консультаций и сотрудничества центральных банков, исследовательский центр; проводит различные валютно-кредитные операции, является агентом Европейского фонда валютного сотрудничества, центром координации систем банковского надзора, расчетным центром по операциям в ЭКЮ, источником чрезвычайных кредитов центральным банкам, помогает им управлять валютными резервами; акционерами БМР являются центральные банки основных развитых государств (США - через Ситибэнк и другие банки) и восточноевропейских стран, а также ряд частных лиц

Bank for Russian Trade Банк для русской торговли (первоначально назывался Аркос бэнкинг корпорейшн): коммерческий банк с советским капиталом, действовавший в Лондоне в 1923-1932 гг.; в 1932 г. был поглощен Московским народным банком

bank giro банковское жиро (перевод кредитовых сумм, кредитный перевод): электронная система платежей, используемая в Европе и Японии для потребительских целей; платежное поручение автоматически переводит средства на счет кредитора (альтернатива чекам, но базируется не на дебетовании, а на кредитовании)

bank holding company банковская холдинговая компания: компания, которая владеет или контролирует один или больше банков; в США часто имеют в названиях слова "Bancorp" или "Bancshares"; компании, которые контролируют более 25 % акций или большинство директоров банка, регистрируются в Совете управляющих ФРС

Bank Holding Company Act Закон о банковских холдинговых компаниях: федеральный закон США, принятый в 1956 г. и требующий регистрации банковских холдингов в Совете управляющих ФРС; закон запретил холдингам покупать более 5 % акций банков без разрешения ФПС, владеть или контролировать небанковские институты, а небанковским компаниям - владеть банками; поправка Дугласа в 1960 г. запретила холдингам приобретать банки более чем в одном штате, поправка 1966 г. ввела правила покупок банков

bank holiday банковский праздник: 1) общенациональные праздники, в которые банки не работают; в Великобритании - нерелигиозные праздники, обычно выпадают на понедельник и называются "банковский праздник" или "банковский день" (в основном установлены законом 1871 г.); 2) временное закрытие банка органами власти; в 1933 г. президент США Ф. Рузвельт закрыл все банки в стране на неделю для приостановки волны банкротств

bank hours часы работы банков: в Великобритании банки обычно работают с 9 утра до 3-4 часов дня

bank identification number (BIN) банковский идентификационный номер (БИН): 1) = ABA transit number; 2) числовой код, идентифицирующий банк-эмитент карточки в системе Виза или Аксесс; БИН - первые шесть цифр номера карточки

banking банковское дело, банковские операции

Banking Act 1979 Банковский закон 1979 г.: первый банковский закон в Великобритании, определивший критерии признанного банка и лицензированного депозитного учреждения, порядок регистрации и использования термина "банк" в названиях; см. recognized bank, licensed deposit institutions

Banking Act 1987 Банковский закон 1987 г.: действующий в Великобритании закон, определяющий правила создания, функционирования и надзора за банками; содержит полномочия Банка Англии и Совета банковского надзора, принципы привлечения депозитов и защиты вкладчиков; ликвидировал деление банков на признанные и депозитные институты; см. Board of Banking Supervision

Banking Act 1933 Банковский закон 1933 г.: важнейший закон, принятый Конгрессом США в 1933 г. для преодоления финансовой нестабильности; по этому закону были созданы Федеральная корпорация страхования депозитов, Федеральный комитет открытого рынка, он дал контроль за денежной политикой ФРС, разделил деятельность коммерческих и инвестиционных банков (последнее - статьи 16, 20 и 32, которые более известны как закон Гласс-Стиголла); см. Glass-Steagall Act

banking center банковский центр: город, в котором сосредоточено большое число банков (дочерних компаний, отделений, представительств)

banking club банковский клуб, группировка: объединение банков, созданное для сотрудничества и взаимопомощи в международных операциях, обслуживании клиентов (создание совместных дочерних компаний и представительств в третьих странах, представление интересов друг друга, корреспондентские отношения, реклама и публикации, обмен опытом, объединение информационных и операционных систем); обычно объединяются однотипные банки нескольких стран; банки-члены сохраняют полную самостоятельность; см. Associated Banks' of Europe Corporation; Europartners; European Banks' International Company S. A.; Inter-Alpha; Unico Banking Group

banking enterprise zone зона банковского предпринимательства: территория, где созданы специальные условия для привлечения банков (в основном для создания рабочих мест); см. International Banking Facilities

Banking Federation of the European Community Банковская федерация Европейского сообщества: организация, объединяющая банковские ассоциации стран ЕС (штаб-квартира в Брюсселе) и ставящая целью содействие развитию банковской системы в Европе

bank(ing) holding company банковская холдинговая компания: организация, которая имеет более 25 % акций в одном или нескольких банках; в США по закону 1956 г. такая компания обязана зарегистрироваться в Совете управляющих ФРС

banking house банк, банкирский дом

Banking, Insurance and Finance Union (BIFU) Союз банковских, страховых и финансовых работников (Великобритания): крупнейший банковский профсоюз страны, насчитывающий 150 тыс. членов (до 1979 г. - Союз банковских служащих)

banking law банковский закон: закон, регулирующий деятельность всей банковской системы или отдельных видов банков

Banking Ombudsman Банковский омбудсмен: неофициальный орган урегулирования споров между банками и клиентами, созданный в Великобритании в 1986 г.; банки участвуют в омбудсмане на основе индивидуального членства; омбудсмен может накладывать штрафы до 100 тыс. ф. ст.; клиент, который не удовлетворен решением омбудсмана, может обратиться в суд

banking power банковская сила, полномочия: 1) способность банка предоставлять кредиты и "создавать" деньги путем редепонирования части кредита у себя на счета; 2) операции, которые банкам разрешено осуществлять

Bank Insurance Fund (BIF) Фонд банковского страхования: фонд страхования депозитов, которым управляет Федеральная корпорация страхования депозитов (США); страхует депозиты (включая проценты) в сумме до 100 тысяч долл. на вкладчика; в 1989 г. по закону о реформе финансовых институтов все активы и пассивы корпорации были переданы фонду; см. Federal Deposit Insurance Corporation

Banking Insurance and Finance Union (BIFU) профсоюз банковских, страховых и финансовых работников: крупнейший банковский профсоюз Великобритании (свыше 150 тысяч членов); до 1979 г. - Союз банковских служащих

banking secrecy банковская тайна: обязательство банка и его служащих хранить в секрете информацию о клиенте

banking syndicate банковский синдикат; см. consortium 1

Banking Technology "Бэнкинг технолоджи" ("Банковская технология"): ежемесячный журнал, посвященный технологии, используемой банками и другими кредитно-финансовыми институтами; издается в Лондоне

Banking World "Бэнкинг Уорлд" ("Банковский мир"): банковский ежемесячный журнал, издаваемый в Великобритании Институтом банкиров с 1983 г. (образовался в результате слияния "Джорнал оф Иститьют оф бэнкерз" и "Бэнкерз мэгазин")

bank interest банковский процент: процентная ставка, взимаемая банком по кредиту или выплачиваемая по депозиту

bank interest certificate процентный сертификат: сертификат, выдаваемый банком клиенту как свидетельство уплаченных или полученных процентов (для представления в налоговые органы)

bank investment contract (BIC) банковский инвестиционный контракт: контракт, предоставляемый банком корпорационному клиенту и гарантирующий фиксированный доход в течение всего его срока (США); обычно такой контракт имеет срок 1-10 лет и связан со схемами участия в прибылях или сбережений, организуемыми корпорациями для служащих

bank-issued medium-term note банковская среднесрочная облигация: долговое обязательство (на 3-8 лет), выпускаемое банком на регулярной основе при наличии спроса (например, в Швейцарии для финансирования ипотечного бизнеса); см. Euro-medium-term note

bank line кредитная линия: моральное (не контрактное) обязательство кредитовать клиента до определенного максимума (обычно в течение года); как правило, клиент обязан держать в банке депозит в 10 % от суммы линии плюс 10 % от выбранных кредитов, а комиссия за обязательство не берется

Bank Marketing Association Банковская ассоциация маркетинга: ассоциация менеджеров коммерческих банков в США, занимающихся финансовым маркетингом (США); базируется в Чикаго

bank merger банковское слияние: консолидация двух и более банков в единое юридическое лицо; в США банки и банковские холдинги по Закону о банковских слияниях 1960 г. обязаны получить одобрение соответствующего органа надзора на приобретение другого банка

bank money банковские деньги: деньги, депонированные в банке; банковские депозиты

banknotes (BNs) банкноты; 1) обязательства центрального банка, представляющие собой простые векселя и выступающие в настоящее время бумажными деньгами; до отмены золотого стандарта представляли собой обязательство выплатить определенную сумму золотом и должны были в той или иной пропорции быть обеспечены металлом или другими активами; в Великобритании помимо Банка Англии ограниченное право эмиссии банкнот сохранили шотландские и североирландские банки; 2) среднесрочные банковские облигации, долговые обязательства

bankocracy банкократия: власть банков

Bank of Canada Банк Канады: центральный банк Канады (создан в 1934 г.; полностью национализирован в 1938 г.)

Bank of China (BoC) Банк Китая: специализированный внешнеэкономический банк КНР; имеет широкую сеть отделений и представительств в международных финансовых центрах (создан в 1912 г.)

Bank of Credit and Commerce International (BCCI) Банк международного кредита и коммерции; крупный британский коммерческий банк со значительным участием арабских и азиатских интересов и широкими международными операциями, закрытый в 1991 г. в связи с многочисленными злоупотреблениями, финансированием незаконных и сомнительных операций; вкладчики потеряли крупные суммы

Bank of England (BE, BoE) Банк Англии: центральный банк Великобритании; создан в 1694 г., национализирован в 1946 г.; с 1921 г. имеет монополию на банкнотную эмиссию в Англии и Уэльсе; проводит денежно-кредитную и валютную политику правительства; является банком правительства и коммерческих и других банков; осуществляет надзор за деятельностью банков и финансовых рынков; возглавляется управляющим и его заместителем, назначаемым на 5 лет вне зависимости от выборов; имеет 5 отделений, 3 агентства в ведущих городах страны, типографию для производства банкнот; свыше 5000 сотрудников; деятельность банка традиционно разделена на эмиссионный и банковский департаменты; см. Old Lady of Threadneedle Street, Governor of the Bank of England

bank of first deposit банк первоначального депонирования: банк, в котором чек был первоначально депонирован на счете (затем он предъявляется банку, на который выписан)

Bank of Greece Банк Греции: центральный банк Греции (создан в 1928 г.)

bank of issue эмиссионный банк: банк, который в законодательном порядке уполномочен выпускать деньги в обращение; см. central bank

Bank of Japan Банк Японии: центральный банк Японии (создан в 1882 г.; государству принадлежат 55 % капитала, остальные акционеры не имеют права голоса)

Bank of Russia = Central Bank of Russia

bank operations center = back office

bank paper 1) банкноты; 2) векселя и другие ценные бумаги банков

bank payment order банковское платежное поручение: приказ клиента банку осуществить платеж в пользу третьего лица

bank publicity банковская реклама: использование рекламы, проспектов, плакатов, телевидения для ознакомления публики с банком и теми или иными его услугами, стимулирования развития бизнеса

bank quality bonds облигации банковского качества: облигации, которым присвоен один из высших рейтингов; = investment grade securities

Bank Rate банковская ставка: официальная учетная ставка Банка Англии до 1972 г.; см. Minimum Lending Rate

bank reconciliation statement документ, разъясняющий разночтения между выпиской с банковского счета и записями в бухгалтерских книгах компании

Bank Rate Monitor Index индекс компании Бэнк Монитор: среднее значение ставок 100 коммерческих банков США по сберегательным и депозитным вкладам, публикуемое компанией Бэнк Монитор (Флорида) раз в неделю

bank reconciliation statement документ, разъясняющий разночтения между выпиской с банковского счета и бухгалтерским учетом компании

bank reserves банковские резервы: ресурсы банка, предназначенные для специальных целей: покрытия убытков, удовлетворения резервных требований центрального банка, а также показатели ликвидности банка; см. legal reserves: loan loss reserves; primary reserves; secondary reserves; earmarked reserves; reserve requirements

Bank Return еженедельный отчет о состоянии баланса Банка Англии, который в соответствии с законом публикуется в газетах

bank run = run on a bank

bankruptcy банкротство: юридические действия в отношении лица, не способного выполнять свои обязательства перед кредиторами по урегулированию его долгов; может включать добровольную или принудительную ликвидацию предприятия, реорганизацию; см. voluntary/involuntary bankruptcy/liquidation, reorganization, insolvency, ability to pay, default, hammering, winding-up

bankruptcy trustee поверенный в делах компании-банкрота: лицо, назначаемое судьей с согласия кредиторов для управления делами банкрота (США)

Bank Secrecy Act Закон о банковской тайне: закон США, принятый в 1970 г. и предназначенный для борьбы с незаконными операциями; по закону банки обязаны микрофильмировать все чеки с суммами более 100 долл. и докладывать в налоговые органы о всех операциях на суммы свыше 10000 долл. (о международных операциях - в таможенные органы)

banks for cooperatives банки для кооперативов: кооперативные кредитные институты, входящие в Федеральную систему фермерского кредита США и предоставляющие кредиты сельскохозяйственным кооперативам; см. Federal Farm Credit System

bank's right to vote for customers' deposited shares право банка голосовать по доверенности по акциям, помещенным в него клиентом на хранение или в порядке управления активами

bank statement 1) выписка с банковского счета: информация о платежах и поступлениях, сальдо, начисленных процентах, изъятиях с помощью кассовых автоматов и других операций за определенный период, предоставляемая банком клиенту (раз в месяц, квартал); 2) счет прибылей и убытков

bank supervision банковский надзор; система мер государственного регулирования банковской деятельности, призванная обеспечить интересы вкладчиков и клиентов, стабильность финансовой системы, пресечь злоупотребления; осуществляется центральным банком или специальным органом

bank trust department трастовый отдел банка: отдел, занятый операциями по доверенности, агентскими услугами, наследствами, управлением пенсионными планами

BankWire "БэнкУайр": система электронной связи, принадлежавшая коммерческим банкам США (250 банков из 75 городов) и использовавшаяся для межбанковских платежей, передачи финансовой информации; закрылась в 1986 г.

Banque commerciale pour l'Europe du Nord (Eurobank) Коммерческий банк для Северной Европы (Эйробанк): коммерческий банк в Париже, основанный в 1921 г.; капитал принадлежит центральному банку России (ранее Госбанку СССР) и другим российским организациям

banque d'affaire деловой банк (франц.): французское банковское учреждение, которое по своим функциям сходно с инвестиционными и торговыми банками в других странах

Banque de France (BF) Банк Франции: центральный банк Франции; создан в 1800 г.; единый эмиссионный банк с 1948 г., национализирован в 1945 г.

banque de virement клиринговый банк (франц.): коммерческий банк, играющий важную роль в системе расчетов во Франции

Banque Nationale de Belgique Национальный банк Бельгии: центральный банк Бельгии; создан в 1850 г., половина капитала выкуплена государством в 1948 г

Banxquote Money Markets Index индекс денежных рынков компании "Бэнксквоут он-лайн" (Нью-Йорк): еженедельный список ставок, выплачиваемых инвесторам по мелким (до 100000 долл.) депозитным сертификатам и высокопроцентным счетам группы банков и сберегательных институтов (США)

bar 1 миллион фунтов стерлингов (жаргон дилеров)

bar chart график на основе полосок: разновидность графика, используемого в техническом анализе, в котором еженедельная амплитуда колебаний цены (курса) отмечается вертикальной линией с фиксацией перпендикулярными черточками уровня на момент закрытия биржи (рынка); см. point-and-figure chart

barbell portfolio "портфель-гантель": портфель ценных бумаг, состоящий в основном из бумаг с очень короткими или очень длинными сроками

Barclaycard Барклайкард: старейшая в Великобритании кредитная карточка Барклайз банка (1966 г.)

bare shell "пустая раковина": 1) корпорация, которая юридически не ликвидирована, но не функционирует; 2) специально созданная компания-"почтовый ящик" с минимальным капиталом (например, для целей снижения налогового бремени); 3) сертификат акции или облигации без купонов и талона

bargain (Barg) 1) биржевая или торговая сделка (в том числе на Лондонской фондовой бирже); 2) выгодная, дешевая покупка

bargain hunting "охота" за дешевой покупкой: покупка акций, цены которых недавно упали (США)

barometer барометр: 1) набор экономических и чисто рыночных показателей, которые служат индикаторами тенденций в экономике и на рынках (например, показатели потребительских расходов и числа начатых строиться жилых домов, процентные ставки, фондовые индексы); 2) ценная бумага, курс которой отражает состояние конъюнктуры всего рынка; 3) фондовая биржа как барометр состояния экономики

barrator лицо, виновное в баратрии

barratry баратрия: ущерб, нанесённый грузу капитаном или командой по преступной небрежности или умышлению; действия капитана или команды корабля, наносящие ущерб владельцу корабля

barrel баррель: единица измерения веса нефти, равная 42 галлонам США, или 159 литрам

barren money "бесплодные" деньги: наличные деньги или деньги, которые не приносят процентов (например, резервные счета в центральном банке)

Barron's confidence index индекс "уверенности" Бэррона (США): индекс, публикуемый еженедельно финансовой газетой Бэррона (принадлежит фирме Доу Джонс); измеряет соотношение между ценами 10 первоклассных и 40 "средних" облигаций корпораций (при увеличении разрыва считается, что "уверенность" рынка в перспективах развития конъюнктуры уменьшается)

barter бартер: обмен товарами на базе одного контракта без каких-либо денежных расчётов; см. countertrade

barter-switch houses бартерно-свитчевые дома: компании, специализирующиеся на товарообменных операциях; см. switch

base drift "сдвиг (дрейф) базы": уменьшение государством целевой установки денежной массы на будущий год для создания иллюзии контроля за положением в условиях таргетирования роста денежной массы, когда реальные цифры обычно превышают запланированные (база нового года подстраивается под реальные результаты прошлого); см. targeting

base market value базовая рыночная стоимость: средняя рыночная цена группы ценных бумаг на данный момент времени, используемая в качестве базы для расчётов индексов

base metals неблагородные металлы

base period базовый период: временной период при расчёте экономических показателей или индексов (месяц, квартал, год)

base rate базовая ставка: 1) базовая ссудная ставка британских банков (меньше ставки для первоклассных заёмщиков на 1 %; более 60 % кредитов клиринговых банков привязано к этой ставке; 2) любая ставка, которая служит основой ссуды кредита

base year базовый год: год, который берётся за точку отсчёта при расчёте индекса

basic balance базисный платёжный баланс: текущий платёжный баланс и баланс движения долгосрочных капиталов (включая прямые инвестиции)

basic price = target price 1

basis базис: 1) разница между фьючерской и наличной ценами, между любыми двумя ценами одного инструмента; 2) доход облигации при погашении при данной рыночной цене; 3) первоначальная цена инвестиционного актива; 4) число дней в году (365 или 366) при расчёте процентов

basis grade базисный сорт товара во фьючерской торговле; базисный сорт лежит в основе срочного контракта и поставляется при исполнении сделки

basis point = minimum price fluctuation

basis price базисная цена: 1) цена исполнения опциона; = exercise price; 2) цена, используемая инвестором для расчёта капитального дохода по инвестициям; см. basis 3; 3) цена, устанавливаемая в конце торговой сессии официальным лицом биржи для нестандартной сделки в случае расхождения цен продавца и покупателя более чем на 2 долл. или отсутствия стандартных сделок (США); 4) цена облигации, выраженная в виде годовой процентной ставки

basis (rate) swap базисный своп: процентный своп, в котором происходит обмен обязательства с одной плавающей ставкой на обязательство с другой ставкой (например, ЛИБОР против казначейских векселей)

basis risk базисный риск: риск неблагоприятного изменения соотношения между срочной и наличной ценами, любыми двумя ценами одного инструмента

basket of currencies корзина валют: составная денежная единица, базирующаяся на ряде валют, взвешенных в соответствии с тем или иным критерием

Basle Committee Базельский комитет; = Committee on Banking Regulation and Supervisory Practices

Basle Concordat Базельский конкордат: документ, подготовленный Комитетом по банковскому надзору и регулирования при БМР и принятый управляющими ведущих центральных банков в декабре 1975 г.; устанавливает принципы банковского надзора за банками, действующими более чем в одной стране

batch партия, группа: партия чеков, векселей, предназначенных для обработки по окончании операционного дня; = block 1

BB (double B) рейтинг облигаций со спекулятивным элементом (predominantly speculative) агентства Стандард энд Пурз; см. Standard and Poor's ratings, bond ratings

BBB (Triple B) рейтинг облигаций среднего качества (medium grade), выплаты процентов и амортизация по которым стабильны агентства Стандард энд Пурз; см. Standard and Poor's ratings, bond ratings

bd (brought up to date) form постоянно обновляемый документ, который все участники рынка ценных бумаг в США должны подавать в Комиссию по ценным бумагам и биржам; содержит данные о финансовом положении и руководителях компании

bear "медведь": продавец финансового инструмента или биржевого товара, который надеется купить его обратно по более низкой цене через некоторое время (может не иметь инструмента или товара); участник рынка, который надеется на снижение цен и поэтому старается продавать (играет на понижение)

bear bond облигация "медведей": облигация, которая, как ожидается, упадёт в цене при росте процентных ставок

bear call spread "колл спред медведей" (колл спред на понижение): комбинация покупки опциона "колл" с меньшей "внутренней" стоимостью и продажи опциона "колл" с большей (сроки исполнения одинаковы); см. intrinsic value

bear closing закрытие позиций "медведей": обратная покупка "медведями" акций, которые они продали до этого в надежде на снижение цен, но реально не имели

bear covering = bear closing

bearer держатель: держатель любого финансового инструмента на предъявителя

bearer bond облигация на предъявителя, то есть любой держатель признаётся владельцем (например, все еврооблигации)

bearer eurodollar collateralized securities (BECS) евродолларовые облигации на предъявителя с фиксированной процентной ставкой, обеспеченные британскими государственными ценными бумагами

bearer mortgage note ипотечная ценная бумага на предъявителя

bearer policy страховой полис на предъявителя

bearer securities ценные бумаги на предъявителя: акции и облигации, эмитент которых не регистрирует держателей

bearer share акция на предъявителя; см. registered share

bearish (to be) 1) играть на понижение, проводить операции в расчете на понижение конъюнктуры; 2) считать, что конъюнктура понизится

bearish covered write продажа опциона "пут" против "короткой" форвардной позиции в условиях относительной устойчивости конъюнктуры

bearish opinion (view) мнение "медведя": расчёт на предстоящее повышение рыночной конъюнктуры

bear market рынок "медведей": период понижения фондовой конъюнктуры, от которого выигрывают "медведи"

bear position "медвежья" позиция (позиция на понижение): ситуация, когда продажи биржевика превышают его покупки и он выигрывает от снижения цен

bear put spread "пут спред медведей" (пут спред на понижение): комбинация покупки опциона "пут" с большей внутренней стоимостью и продажи опциона "пут" с меньшей (сроки исполнения одинаковы); см. intrinsic value

bear raid "налет медведей": активная продажа ценных бумаг или товаров определенного вида с целью сбивания их цен и последующей покупки на более выгодных условиях

bear spread "медвежий" спред (спред на понижение): 1) покупка комбинации опционов "колл" и "пут" на один финансовый инструмент с различной ценой исполнения или покупка опционов "пут" с короткими и длинными сроками (опционная стратегия для использования падения конъюнктуры); 2) продажа контрактов на ближние сроки и покупка контрактов на дальние сроки в надежде, что краткосрочные процентные ставки повышаются быстрее долгосрочных, а рыночные цены финансовых инструментов падают; = sell a spread

bear squeeze "сквиз медведей": ситуация на рынке, когда спекулянты, играющие на понижение ("медведи"), сталкиваются с повышением или стабильностью цен и вынуждены ликвидировать свои позиции с убытком (часто в результате официальных интервенций)

beat(ing) the index "превзойти индекс": ситуация, когда индивидуальный инвестиционный портфель растет в цене больше или падает меньше, чем в среднем весь рынок

beat the market "обогнать" рынок: получить больший прирост капитала в результате рыночных операций, чем большинство других участников рынка

beauty contest "конкурс красоты": презентация предложений банками и фирмами, участвующими в тендере на получение, например, мандата финансового советника

bed-and-breakfast(ing) "кровать и завтрак": практика краткосрочной купли-продажи акций в налоговых целях - инвестор, купивший акции по цене выше текущей, продает их за день до конца финансового года (5 апреля) для реализации убытка, учитываемого при уплате налога на прирост капитала, а назавтра покупает их и остается с неизменным инвестиционным портфелем (Великобритания); введение в 1982 г. индексации налога на прирост капитала уменьшило привлекательность этой практики; см. indexation of capital gains; capital gains tax

being short = short position

Belg "белг": бельгийский франк (жаргон)

Belgian Dentist "бельгийский дантист": традиционный индивидуальный инвестор в Западной Европе (разг.)

Belgian futures and options market (Belfox) бельгийский рынок фьючерсов и опционов (создан в 1991 г.)

bell "колокол": сигнал, который подается при открытии и закрытии биржи (настоящий колокол, гудок или звонок)

bellwether stocks "акции-лидеры": акции ведущих компаний, которые определяют общее движение конъюнктуры, растут в цене быстрее других, являются "барометром" рынка

belly up "брюхом к верху": о неплатежеспособном банке, компании, прогоревшем проекте (разг.)

below market ниже рынка: о цене, которая ниже текущей рыночной цены

below par ниже номинала: о ценной бумаге с рыночной стоимостью ниже номинала

below par issue выпуск ценных бумаг по цене ниже номинала, то есть цена эмиссии ниже номинальной цены

below-the-line payments and receipts платежи и поступления "ниже черты" (Великобритания): часть государственного бюджета страны до 1965 г., отражавшая движение капиталов (погашение государством кредитов, проценты по таким кредитам, госкредиты и капитальные платежи, часть процентов по госдолгу, оплачиваемая за счет получаемых процентов); по таким платежам министерство финансов имеет право осуществлять заимствования, по поступлениям - использовать для обслуживания долга; см. above-the-line payments and receipts

belt and suspenders "ремень и подтяжки": крайне осторожный кредитор, который требует не только обеспечения, но и личных гарантий заемщика, до буквы следует всем инструкциям

benchmark база, ориентир, отправная точка: процентная ставка-ориентир, например, ЛИБОР

beneficial owner подлинный владелец ценной бумаги, которая зарегистрирована в реестре компании на другое имя

beneficiary бенефициар, лицо, которому причитаются определенные суммы или имущественные права: 1) наследник по завещанию; 2) получатель возмещения по страховому полису; 3) лицо, в чью пользу выписан аккредитив; 4) получатель ренты; 5) лицо, в интересах которого попечитель управляет финансовыми ресурсами

benefit право, привилегия, польза: 1) право, которое дает владельцу акция (права на дивиденд, на участие в новом займе, на получение бесплатных акций); 2) налоговые скидка, исключение, зачет; 3) дополнительное неденежное вознаграждение при найме сотрудника (медицинская страховка, пенсионная схема, транспорт, обучение детей, компенсация в случае смерти)

Benelux (Belgium, Netherlands, Luxembourg) Бенилюкс: таможенный союз между Бельгией, Люксембургом и Нидерландами, созданный сразу после второй мировой войны

benign neglect policy политика позитивного невмешательства: политика невмешательства в формирование валютного курса и состояние внешних расчетов; обычно о политике США в послевоенный период в отношении курса доллара, дефицита платежного баланса

bequest наследство, подарок по завещанию

Bern Union = International Union of Credit and Investments Insurers

best (at best) = market order

best efforts bought deal 2; competitive bid; negotiated bid; non-competitive bid; firm commitment

best efforts syndication (syndicate) синдицирование на лучших условиях: синдицированный кредит или облигационный заем, в котором банки-менеджеры заранее не гарантируют получение средств ("не подписываются"); см. bought deal

best execution rule правило наилучшего исполнения: правило, по которому дилер по ценным бумагам обязан исполнить приказ клиента по наилучшей цене, имеющейся на рынке в момент заключения сделки

Best's ratings рейтинги Беста: рейтинги финансового положения страховых компаний, рассчитываемые и публикуемые рейтинговым агентством Беста в США (высший рейтинг - A+)

bet 1) заклад, пари; 2) делать ставки, заключать пари (например, на скачках)

Beta coefficient коэффициент "бета": показатель относительной неустойчивости цен акций - ковариация акции относительно остального рынка (индекс Стандард энд Пурз 500 имеет "бету" со значением 1; акция с "бетой" больше 1 - более неустойчива, меньше 1 - более устойчива; консервативные инвесторы предпочитают акции с низким уровнем "беты")

Beursplein 5 Берсплайн 5: фондовая биржа Амстердама (по названию улицы, где она находится)

Beurswet закон о фондовой бирже в Нидерландах (1914 г.)

biased view = naked writer

bid предложение: 1) предложение купить ценные бумаги, валюту, депозиты на соответствующем рынке; см. bid price; 2) предложение одной компании приобрести акции другой компании; см. take-over bid; merger

bid and asked = bid-asked spread

bid-and-offered price = bid-and-asked price

bid-asked spread 1) разница (спред) между ценами продавца и покупателя; 2) котировка ведущим участником рынка одновременно цен покупателя и продавца, по которым он готов вступить в сделку

bid bond гарантия предложения: обязательство, которое берет на себя продавец в случае принятия предложения покупателя; может быть гарантировано банком (например, в размере 1-10 % цены контракта); см. performance bond

bidder 1) покупатель, лицо, предлагающее цену; 2) участник торгов

bidding up практика постепенного повышения цены покупателя (например, в случае необходимости покупки инвестором по частям большой партии акций при повышении конъюнктуры)

bid invitation приглашение подавать заявки (например, на торги)

bid market = buyers' market

bid price цена покупателя: цена (курс), по которой покупатель согласен купить финансовый инструмент или товар

bid wanted (Bw) "необходимо предложение о покупке": объявление владельца ценных бумаг о желании продать их и приглашение потенциальным покупателям предлагать свои цены

Big Bang "Биг бэнг" ("большой взрыв"): реорганизация Лондонской фондовой биржи 27 октября 1986 г. - отмена минимальных фиксированных комиссий, допуск на биржу банков и иностранных учреждений, разрешение членам биржи совмещать функции брокера и джоббера (принципала); см. May Day

Big Board "большое табло": Нью-Йоркская фондовая биржа; термин отражает не столько размеры табло биржи, сколько присутствие на нем акций всех крупнейших компаний и лидирующее место биржи; см. New York Stock Exchange

big eight "большая восьмерка": восемь крупнейших аудиторских фирм: Артур Андерсен, Куперс энд Лайбренд, Эрнст энд Уинни, Делойт Хаскинс энд Селлз, Пит Марвик Митчелл, Прайс Уотерхайс, Туш Росс, Артур Янг; в последние годы в результате слияний это число уменьшилось - Эрнст энд Уинни и Артур Янг превратились в Эрнст энд Янг, Делойт слился с Туш Росс

big figure = big number

big five "большая пятерка": 1) крупнейшие лондонские клиринговые банки до 1968 г. - Барклайз бэнк, Мидлэнд бэнк, Ллойдс бэнк, Нэшнл провиншиал бэнк и Вестминстер бэнк; в 1968 г. два последних образовали Нэшнл Вестминстер бэнк и "пятерка" превратилась в "большую четверку"; см. big four; 2) в 90-х годах "большой пятеркой" стали называть "большую четверку" плюс Доверительно-сберегательный банк, преобразовавшийся в нормальный коммерческий банк

big five currencies пять ведущих валют: доллар США, немецкая марка, швейцарский франк, фунт стерлингов, японская иена

big four "большая четверка" лондонских клиринговых банков: Барклайз бэнк, Мидлэнд бэнк, Нэшнл Вестминстер бэнк, Ллойдс бэнк; до 1968 г. - "большая пятерка"; см. big five

Biggins, John Джон Биггинс: сотрудник Национального банка Нью-Йорка, который, как считают, изобрел в 1946 г. кредитную карточку

big number = tail 1

big ticket item дорогой потребительский товар долговременного пользования

big ticket leasing крупномасштабный лизинг: лизинг, осуществляемый консорциумами специализированных компаний и банков (обычно свыше нескольких миллионов долларов)

bilateral clearing двусторонний клиринг: взаимные расчеты двух стран на основе платежного соглашения с целью сбалансированного экспорта и импорта по стоимости (превышение допустимого сальдо должно погашаться свободно конвертируемой валютой)

bilateral monopoly двусторонняя монополия: рынок, на котором одному покупателю противостоит единственный продавец; см. monopoly

bilateral oligopoly двусторонняя олигополия: рынок, на котором немногие продавцы противостоят немногим покупателям; см. oligopoly

bilateral trade двусторонняя торговля: торговля между двумя государствами на основе соглашения о сбалансированности товарных потоков и платежей (клиринг)

bill 1) переводной вексель (тратта); казначейский вексель; 2) банкнота; 3) счет за услугу, купленный товар; 4) документ о передаче права собственности на товар; 5) документ о признании долга, используемый в операциях с ценными бумагами (например, акции продаются без права на дивиденд до его выплаты и покупатель выписывает на имя продавца документ на сумму дивиденда)

Bill and Ben "Билл энд Бен": японская иена (жаргон); по созвучию с английским названием японской иены

bill auction вексельный аукцион: первичная продажа векселей методом аукциона (например, казначейские векселя в США продаются на еженедельных аукционах); см. competitive bid, noncompetitive bid

bill broker = discount house

billets de tresorerie казначейские векселя компаний (франц.): французский вариант "коммерческих бумаг"; см. commercial paper

bill for collection вексель, предъявленный в банк для инкассации (а не для учета)

bill guarantee гарантия векселя: обязательство оплатить вексель в случае, если этого не сделает трассат

bill holdings = bill portfolio

bill in a set переводной вексель, выписанный в трех экземплярах

billing cycle периодичность выставления счетов за проданные товары и предоставленные услуги (обычно раз месяц)

billing error ошибка по счету: запись в выписке из счета, оспариваемая владельцем счета; ошибка может быть вызвана неверными подсчетами, неверным датированием операции

bill of credit = letter of credit

bill of exchange (BE) переводный вексель, тратта: безусловный приказ лицу, на которое выставлен вексель, выплатить предъявителю векселя определенную сумму (выписывается на заемщика)

bill of lading (B/L) коносамент: документ на отгружаемые товары, в котором приводятся описание товара и условия перевозки; подписывается владельцем судна и отправляется получателю груза (дает право на получение груза); может быть документом на предъявителя

bill of sale (BS) купчая: юридический документ о передаче собственности на определенный товар одним лицом другому

bill portfolio 1) вексельный портфель, набор векселей; 2) отдел банка, занимающийся векселями и чеками

bill rate вексельная ставка: процентная ставка, по которой учитывается вексель (дисконт); = discount rate

bill renewal пролонгирование срока векселя

bills payable = accounts payable

bills receivable = accounts receivable

bimetallism биметаллизм: денежная система, основанная на двух металлах (обычно золоте и серебре); оба металла являются законным платежным средством и обязательны к приему в неограниченных количествах, а соотношение между их весовыми количествами в денежной единице фиксируется; см. mint ratio

biweekly mortgage двухнедельная ипотека: ипотека с амортизационными выплатами раз в две недели

Black Friday "черная пятница": нарицательный термин для обозначения резкого падения конъюнктуры на финансовых рынках; происходит от "черного понедельника" 24 сентября 1869 г., когда группа финансистов попыталась поставить под контроль рынок золота и вызвала панику, за которой последовала депрессия (в 1873 г. паника началась в пятницу)

black market "черный" рынок: рынок товаров и валюты, на котором заключаются незаконные сделки по ценам и курсам, существенно отличающимся от зафиксированных государством

Black Monday "черный понедельник": 19 октября 1987 г., когда в Нью-Йорке и других финансовых центрах произошло резкое падение фондовой конъюнктуры (более 10 %), ознаменовавшее биржевой крах; см. crash

Black-Scholes Options Pricing Model модель опционного ценообразования Блэка-Шоулза (разработана в 1973 г. экономистами Ф. Блэком и М. Шоулзом), используемая для установления цен на опционы, оценки опционных портфелей

Black Thursday "черный четверг": 24 октября 1929 г. – начало биржевого краха 1929 г

Black Tuesday "черный вторник": 11 октября 1994 г. – день, когда курс рубля к доллару упал примерно на 20 %, вызвав панику и скачок инфляции; официальные власти пытались найти злой умысел, но причины были в их собственной инфляционной политике

Black Wednesday "черная среда": 16 сентября 1992 г. – день, когда фунт стерлингов был выведен из курсового механизма Европейской валютной системы и его курс упал примерно с 2 до 1,5 долл. за 1 ф. ст.; Дж.Сорос заработал на этом падении порядка 1 млрд. долл., заняв у банков примерно 9 млрд. долл. для проведения операции

blank бланковый: чистый, незаполненный

blank acceptance = acceptance in blank

blank check бланковый чек: подписанный чек, в котором не проставлена сумма (подразумевается, что ее впишет получатель средств); как правило, на чеке делается надпись, ограничивающая максимальную сумму

blank draft бланковая тратта: переводный вексель, который не полностью заполнен трассантом (по соглашению с ним окончательное оформление осуществляется получателем векселя)

blank endorsement бланковый индоссамент: передаточная надписью на векселе без указания имени бенефициара (индоссата), т. е. имеется только подпись индоссата

blanket общий, полный, всеобъемлющий

blanket assignment общая (полная) уступка прав (требований)

blanket credit line общая кредитная линия: кредитная линия, которой можно свободно пользоваться в рамках фиксированной максимальной суммы (в каждый конкретный момент заимствования не могут превышать эту сумму)

blanket fidelity bond общая гарантия доверия: страхование потерь от нечестности служащих; в США брокерские фирмы обязаны быть застрахованы от этого риска

blanket lien общее право ареста имущества: право ареста всего личного имущества заемщика кредитором (наиболее полное обеспечение); = Mother Hubbard clause, dragnet clause

blanket mortgage полная, общая ипотека: ипотека на всю собственность, предложенную в обеспечение кредита, а не на ее часть, хотя может быть несколько объектов, например, участков земли

blanket policy общий полис: страховой полис, покрывающий под одной суммой несколько страхуемых объектов

blanket recommendation общая рекомендация: советы покупать или продавать определенные ценные бумаги, рассылаемые брокером всем клиентам независимо от размера портфеля или инвестиционной стратегии

blank transfer бланковая передача акций: бумаги передаются не указанному лицу, и на документе передачи оставляется пропуск

blended rate смешанная ставка: 1) ставка рефинансирования, которая может быть более выгодна заемщику, чем рыночная при выполнении определенных условий; 2) средняя стоимость заемных средств (из различных источников); 3) новая ставка при смене заемщика по ипотеке; см. blended rate mortgage; 4) = effective rate

blended rate mortgage ипотека со смешанной ставкой (США): ипотека, по которой произошла смена заемщика и была изменена ставка, т. е. фактическая ставка является "смесью" старой и новой ставок

blind broker "слепой" брокер: брокер по ценным бумагам, который не раскрывает при заключении сделки имени своего клиента

blind pool "слепой" пул (США): товарищество с ограниченной ответственностью, не объявляющее заранее объект инвестиций; см. specified pool

blind trust "слепой" трастовый фонд: фонд, в который помещаются ценные бумаги физического лица, должность которого создает возможность конфликта интересов при принятии инвестиционных решений (например, политик); фонд управляется попечителями, не зависимыми от данного лица

blip "всплеск" конъюнктуры: внезапное незначительное движение цены вверх, а затем вниз (или наоборот)

block блок, партия: 1) группа чеков, инкассированных в течение рабочего дня и представляемая вместе с депозитными расписками (свидетельствами о депонировании) для сортировки и обработки, сопоставления депозитов и депозитных расписок; 2) партия акций как единица суммы сделки; обычной единицей является 10000 акций; 3) большое число акций в одних руках

blockbuster deal сделка-бестселлер: очень крупная сделка на рынке капиталов

blocked accounts блокированные (замороженные) счета: банковские счета, использование которых ограничено правительством (обычно для перевода средств за границу)

blocked assets блокированные (замороженные) активы: различная собственность, банковские счета и другие активы отдельных государств или лиц, которые находятся в юрисдикции данных национальных властей и по политическим и иным мотивам не могут быть реализованы, вывезены или переведены за границу, использованы в сделках

blocked currency замкнутая, блокированная валюта: валюта, которая в силу валютных ограничений и других причин не полностью конвертируема, может использоваться только на территории данного государства

blocked currency trading торговля замкнутыми (блокированными) валютами: торговля валютами с ограниченной конвертируемостью в результате валютных ограничений в той или иной стране

blocked funds = blocked assets

blocked period блокированный период: период, в течение которого владелец не может свободно распоряжаться своими ценными бумагами (например, при использовании их в качестве обеспечения кредита)

blocked units 1) ценные бумаги, которые по той или иной причине нельзя продать до определенной даты; 2) ценные бумаги, занесенные в список утерянных или похищенных

block of shares = block 2

block positioner биржевик, который открывает позиции по ценным бумагам в надежде выиграть от изменения цены

block trading торговля крупными партиями акций (США); см. block of shares

Bloombergs Блумбергс (США): электронная информационная система дает аналитическую количественную информацию по примерно 15000 компаниям; позволяет предсказывать поведение инвестиций на основе текущей информации; имеет примерно 20000 подписчиков в США и Европе (включая Россию)

blotter книга записей ("промокашка"): журнал записи текущих операций банка, служащий основанием для их отражения в бухгалтерской отчетности (устаревшая практика, заменяемая компьютерами)

blowout 1) быстрая продажа всех акций нового выпуска; 2) "горячий" заем, пользующийся повышенным спросом; = hot issue

Blue Button неуполномоченный клерк на Лондонской фондовой бирже: служащий фирмы – член биржи, который не имеет права заключать сделки от ее имени (букв.: "голубая пуговица", т. е. такие клерки должны носить голубой значок)

blue chip 1) первоклассный; 2) первоклассная промышленная акция или вообще ценная бумага (по цвету самой дорогой фишки в покере)

blue chip rate процентная ставка по кредиту банка первоклассному заемщику: базовая ставка плюс примерно 1 % (британский вариант прайм рейт)

blue-chip securities = Triple A securities

Blue List (of current municipal offerings) "голубой список": список муниципальных облигаций в США (около 40 % всех), публикуемый фирмой Стандард энд Пурз ежедневно с 1935 г.; содержит цены, доходность и другие данные по облигациям, предлагаемым 700 дилерами и банками

blue-sky laws "законы голубого неба" (США): законы ряда штатов, предназначенные для защиты от мошенничества в области эмиссии и торговли ценными бумагами (требуют регистрации и публикации необходимой информации); считается, что термин связан с высказыванием одного судьи о том, что определенный выпуск акций стоит столько же, сколько кусочек голубого неба

Blunden Committee = Committee on Banking Regulation and Supervisory Practices

board 1) совет (директоров, попечителей); 2) фондовая биржа; см. Big Board; 3) министерство, департамент; 4) торговая палата

board broker брокер: служащий Опционной биржи Чикаго, выполняющий приказы с ценами, которые далеки от текущего уровня; см. Chicago Board Options Exchange

board of arbitration арбитражная комиссия: в США 3-5 лиц, выбранных для разбора споров между биржевиками, любыми участниками рынка ценных бумаг

Board of Banking Supervision Совет банковского регулирования: высший орган банковского регулирования в Великобритании, в который входят управляющий, его заместитель и один из директоров Банка Англии, а также пять независимых членов

board of directors совет директоров: руководители корпорации, избранные общим собранием акционеров и имеющие закрепленные в уставе полномочия; директора могут быть "внутренними" (осуществляют текущее руководство) и "внешними" (советники); см. inside directors, outside directors

Board of Governors of the FRS = Federal Reserve Board

board room 1) помещение, в котором заседает совет директоров компании; 2) помещение в брокерской фирме, где клиенты могут наблюдать за электронным дисплеем с информацией о ценах и сделках

board of trustees совет попечителей: группа физических лиц, управляющих неакционерной корпорацией, фондом, университетом

bob 1) шиллинг; 2) доллар; 3) деньги (жаргон)

bobtail pool формальное объединение группы участников рынка, действующих практически независимо друг от друга (буквально: "пул с обрезанным хвостом")

Boesky, Ivan Иван Боески, известный американский финансист; в результате операций на фондовом рынке заработал около 110 млн. ф. ст.; в 1987 г. приговорен к 3 годам тюрьмы и штрафу в 70 млн. ф. ст. за сделки на основе "внутренней информации"; см. insider trading

boilerplate стандартные юридические положения и формулировки в контрактах или других документах (часто мелким шрифтом)

boiler room "котельная" (США): разговорное название комнаты, в которой работают дилеры по ценным бумагам, в том числе сомнительным

Bolsa Brasileira de Futuros Бразильская срочная биржа: срочная биржа в Рио-де-Жанейро (операции с местными казначейскими векселями, золотом)

Bolsa de Mercadorias de Sao Paulo срочная товарная биржа Сан-Пауло (операции с золотом)

bona fide добросовестный, честный, настоящий (лат.)

bona fide error настоящая ошибка: подлинная банковская ошибка в отличие от мошенничества

bonanza бонанза: доходное предприятие, "золотое дно"

bond 1) обязательство; 2) облигация, долговое обязательство: ценная бумага, эмитированная на определенных условиях для мобилизации финансовых ресурсов (с плавающей или фиксированной ставкой, именная и на предъявителя); 3) залог, закладная, в том числе таможенная

bond anticipation notes (BAN) бумаги, выпускаемые в ожидании эмиссии облигаций: краткосрочные долговые инструменты, выпускаемые штатами и муниципалитетами США в промежутках времени до эмиссии основных облигаций

bond broker облигационный брокер: брокер, специализирующийся на операциях с облигациями

bond-buy-back выкуп корпорацией собственных облигаций (при снижении их цен)

Bond Buyer "Бонд байер" ("Покупатель облигаций"): ежедневная газета в США, посвященная статистике и тенденциям рынка муниципальных и государственных облигаций с фиксированными ставками

Bond Buyer Index индекс цен первоклассных муниципальных облигаций, публикуемых в еженедельной газете "Бонд Байер" (США); публикуется три вида индекса – 11, 20 и 40 видов облигаций

bond certificate сертификат облигации: обращающаяся ценная бумага, удостоверяющая владение облигацией

bond circular проспект облигационного займа; см. prospectus

bond crowd члены фондовой биржи, торгующие облигациями (США)

bonded 1) обеспеченный облигациями (о долге); 2) товары, хранящиеся на таможенном складе до оплаты пошлины

bonded warehouse таможенный склад

bond equivalent yield доходность в облигационном эквиваленте: доходность дисконтной ценной бумаги (покупается с дисконтом, нет купона) в виде процента; например, для казначейского векселя со сроком 6 месяцев: номинал минус цена покупки, разделить на цену покупки, умножить на число оставшихся дней в году, поделенных на число дней до погашения

bondholder владелец (держатель) облигации

bond investment trust облигационный инвестиционный трест (фонд): учреждение, специализирующееся на инвестициях в облигации

bond issue in default облигационный заем, по которому нарушены условия выплаты процентов или погашения основной суммы

bond issue without fixed maturity облигационный заем без фиксированного срока: государственный или частный облигационный заем, по которому гарантируется выплата процентов, а основная сумма может быть погашена только по желанию эмитента

bond market рынок облигаций с фиксированной ставкой (обычно вторичный)

bond power полномочия по облигации: документ передачи права собственности на именные облигации (дает право перерегистрации облигации в реестре)

bond rating 1) рейтинг облигации: оценка возможности неплатежеспособности эмитента облигаций специальными агентствами (Мудиз, Стандард энд Пурз); 2) отношение суммы облигаций компании (со сроками более 1 года) к ее капитализации (облигации плюс акции); отношение свыше 33 % считается большим

bond stripping = coupon stripping

bond swap облигационный своп: продажа одних облигаций и одновременная купля других для достижения определенных целей; например, обмен облигаций с длинными сроками на облигации с короткими сроками для изменения структуры инвестиционного портфеля по срокам; это может быть своп для повышения качества портфеля (снижения риска), максимизации доходности или получения налоговых преимуществ; см. maturity swap, quality swap, tax swap, yield swap

bond tables облигационные таблицы: математические таблицы, показывающие цену, которую инвестор должен заплатить за облигацию, чтобы получить желаемую доходность

bond trustee облигационный попечитель: банк или другое учреждение, которому эмитент облигаций поручает контроль за соблюдением условий займа

bond warrant облигационный варрант, обычно дающий право на приобретение дополнительных облигаций, в том числе другого типа

bond-washing "стирка" облигаций: продажа ценных бумаг до выплаты дивидендов и процентов по ним и их покупка после такой выплаты (для выигрыша при уплате налогов: разница в цене бумаг облагается как прирост капитала по более низкой ставке, чем дивиденды); см. cum dividend; ex dividend

bond with put облигация с опционом "пут": облигация, которую инвестор имеет право продать эмитенту по фиксированной цене (обычно по номиналу) в течение оговоренного периода, после или на какую-то дату

bond yield доходность облигации; см. flat yield; redemption yield

BONEX (Bonos Externos) bonds облигации Бонекс (внешние облигации): долларовые облигации, выпускаемые центральным банком Аргентины в порядке урегулирования платежных проблем (с 1970 г.)

bons du tresor казначейские облигации (франц.): кратко- и среднесрочные ценные бумаги, выпускаемые правительством Франции (от 3 месяцев до 3 лет)

bonus issue = scrip issue

bonus share бесплатная акция: акция, выпущенная в порядке капитализации резервов компании; см. scrip issue

book 1) учет, записи операций; форма учета и носители информации, включая бухгалтерские книги; 2) = book value; 3) регистрировать, учитывать

book-building наполнение портфеля: предварительный сбор менеджером займа заявок инвесторов о намерении приобрести конкретное число ценных бумаг по определенной цене

book crowd = cabinet crowd

booked зарегистрированный, учтенный (в том числе о сделке, совершенной за рубежом)

book entry securities ценные бумаги, существующие только в форме бухгалтерских записей (в памяти ЭВМ)

book entry transfer (BET) система регистрации сделок с акциями путем соответствующих записей в регистре компании без использования сертификатов (например, в ФРГ, во Франции)

book-keeping = accounting

book loss "бумажный", книжный убыток: убыток, который образовался в результате переоценки активов по более низкой цене или пассивов по более высокой (то есть не реализована и существует только на бумаге)

boof profit "бумажная", книжная прибыль: прибыль, которая образовалась в результате переоценки активов по более высокой цене или пассивов по более низкой (то есть не реализована и существует только на бумаге)

book runner регистратор: банк, ведущий учет по облигационному займу (реестр владельцев, регистрация сделок)

book squaring балансирование бухгалтерских книг: точное балансирование продаж и покупок (нет открытой позиции)

book value 1) балансовая стоимость активов (обычно начальная стоимость за вычетом амортизации); 2) = net assets worth; 3) цена покупки актива

books of account бухгалтерские книги (также магнитные ленты, диски) компаний: различные формы учета повседневных операций компании

boom 1) = bull market; 2) бум, быстрый экономический подъем: значительный рост деловой активности, часто сопровождающийся усилением инфляции и увеличением спекуляции на финансовых и товарных рынках

borrowed funds заемные средства: все виды заимствований; = borrowings

borrowed reserves заемные резервы: средства, которые банк - член ФРС США занимает под ценные бумаги у одного из федеральных банков для поддержания требуемого уровня обязательных резервов; их также называют нетто-заемными резервами, если они больше свободных (избыточных) резервов; см. net borrowed reserves; excessive reserves; non-borrowed reserves

borrower заемщик: физическое или юридическое лицо, которое привлекает заемные средства путем получения кредита или выпуска ценных бумаг

borrower's note письменное безусловное обещание выплатить определенную сумму такому-то лицу в такой-то срок; см. I. O. U

Borrower's option for notes and underwritten stand-by (BONUS) = global note facility

Borrower's Option Lender's Option (BOLO) - опцион заемщика и опцион кредитора: заемщик имеет опцион выбора новой процентной ставки по облигации, а кредитор имеет право согласиться на эту ставку или предъявить облигацию к погашению

borrowing against bill (security) pledging заимствования под залог векселей (ценных бумаг); см. lombard credit

borrowing base заемная база: сумма, которую кредитор готов предоставить против данной стоимости обеспечения; размер дисконтирования обеспечения зависит от ликвидности последнего

borrowing power of securities заемная сила ценных бумаг: 1) сумма, которую клиенты могут инвестировать в ценные бумаги в форме маржи (вносится только определенный процент стоимости бумаг - 50 % по акциям и 30 % по облигациям); 2) кредит, который можно получить под обеспечение данными ценными бумагами

borrowing requirement потребность в заимствованиях (обычно о правительстве)

borrowing short to lend long заимствования на короткие сроки для кредитования на длинные сроки (приобретения долгосрочных активов)

borsa биржа (итал.); в Италии 10 фондовых бирж, но на Миланскую приходится 70-80 % оборота (также в Риме, Турине, Генуе, Флоренции, Болонье, Неаполе, Венеции, Триесте и Палермо)

Boerse биржа (нем.); в ФРГ 7 фондовых бирж, на крупнейшие во Франкфурте-на-Майне и Дюссельдорфе приходится около 80 % оборота (также в Бремене, Гамбурге, Ганновере, Мюнхене и Штутгарте)

Boersengesetz биржевой закон (нем.): закон 1986 г., по которому были созданы немецкие фондовые биржи

Boston interest бостонские проценты: расчет процентов на основе стандартного 30-дневного месяца независимо от фактического числа дней, как в случае нью-йоркских процентов

Boston option бостонский опцион: гибрид форвардной и опционной валютных сделок - форвардный контракт, который можно не исполнить (премия продавца закладывается в срочный курс); введен в Бэнк оф Бостон в 1984 г

bottleneck "узкое место": нехватка, слабое место, проблема

bottom "дно": 1) самый низкий уровень цены (в течение того или иного периода), деловой активности в экономическом цикле; 2) цена (уровень) поддержки в техническом анализе; см. bottom dropped out; bottomed out

bottom dropped out "дно выпало": ситуация на рынке, когда цена прошла уровень поддержки и начинает падать

bottomed out ситуация на рынке, когда цены достигли "дна" и возобновилась повышательная тенденция

bottom fisher инвестор, который ищет ценные бумаги с ценами, достигшими "дна" (буквально: "придонный рыбак")

bottom line = attributable level 2

bottom-up approach to investing подход к инвестициям, предполагающий выбор сначала конкретных ценных бумаг, а затем оценку воздействия экономических тенденций; см. top-down approach to investing

bought deal "купленная сделка": 1) организация инвестиционным банком или синдикатом выпуска ценных бумаг с гарантией их покупки по фиксированной цене в случае невозможности размещения; 2) в США - заем сразу весь покупается с последующей продажей инвесторам на других условиях (США); см. best efforts; competitive bid; negotiated bid; non-competitive bid; firm commitment; stand-by commitment

bought note уведомление, посылаемое брокером клиенту о совершении покупки по его поручению (указываются детали сделки, брокерская комиссия, гербовый сбор и срок платежа)

bouncing "рикошет": возврат чека, отказ от оплаты чека в связи с нехваткой средств на счете (e.g.: my check bounced)

bourse фондовая биржа (франц.) во Франции и в других странах континентальной Европы; во Франции 7 фондовых бирж, но на Парижскую приходится более 90 % оборота (также в Бордо, Лилле, Лионе, Марселе, Нанси, Нанте); в Бельгии помимо ведущей Брюссельской фондовой биржи существуют небольшие биржи в Генте, Антверпене, Льеже

bourse de commerce товарная биржа (франц.)

boutique "бутик" (франц.): маленькая высокоспециализированная брокерская фирма или инвестиционный банк с ограниченным кругом клиентов и предоставляемых услуг; см. financial supermarket

bow-tie loan кредит "галстук-бабочка": кредит с плавающей ставкой, по условиям которого все проценты сверх определенного уровня выплачивается по истечении срока всего кредита

box "коробка": 1) комбинация двух "вертикальных" спредов: купля и продажа двух опционов "колл" по разной цене и одновременная купля и продажа двух опционов "пут" также по разной цене ; см. vertical spread; 2) физическое место безопасного хранения ценностей в банке или другом финансовом институте (обычно сейф); см. safe custody

boycott бойкот: разновидность экономических санкций, применяемая по политическим или экономическим причинам, - отказ покупать товары и услуги какой-либо страны или продавать этой стране товары и услуги

bracket 1) перечень менеджеров и гарантов займов; 2) = tax bracket

bracket creep переход в новый налоговый разряд (с более высокой ставкой) по мере повышения доходов для компенсации инфляции; см. tax bracket

Bradburys "Брэдбериз" (Великобритания): казначейские бумаги, выпускавшиеся в 1914-1919 гг. (по имени секретаря казначейства Дж. Брэдбери)

Brady Commission комиссия Брейди по расследованию причин биржевого кризиса (США, 1987 г.)

Brady Plan план Брейди: план министра финансов США по урегулированию проблемы внешнего долга развивающихся стран, предусматривавший предоставление новых кредитов

branch отделение (банка): банковская контора с ограниченной самостоятельностью (не имеет акционерного капитала, результаты деятельности включаются в общий баланс банка)

branch banking банковская деятельность на основе отделений: тип банковской системы, в которой в результате слияний и поглощений немногие коммерческие банки имеют обширные сети отделений (Великобритания); см. chain banking; unit banking

brassage плата, которую монетный двор взимал за чеканку медной монеты из металла клиента (в Великобритании, отменена в 1666 г.)

breadth of a market "ширина рынка": 1) число котируемых бумаг, по которым регулярно заключаются сделки; 2) процент ценных бумаг, участвующих в том или ином движении рыночной конъюнктуры (под "хорошей шириной" имеется в виду 2/3 всех бумаг); см. depth of the market; liquidity 4

break 1) резкое и быстрое падение цен после подъема; 2) пробел в статистике; 3) удача в рыночных операциях; 4) скидка с цены в случае покупки определенного количества товара

breakaway gap "убегающий" разрыв в ценах (на графике технического анализа); наблюдается в ситуации, когда сильное давление покупателей или продавцов заставляет цены "оторваться" от предыдущего уровня

breakdown разбивка, распределение по статьям, классификация, анализ

break even (to) быть безубыточным

break-even-point точка "при своих": 1) уровень текущей стоимости финансового инструмента, при котором покупатель опциона только покрывает первоначальные затраты (премию); для опциона "колл" - цена исполнения плюс премия, для опциона "пут" - цена исполнения минус премия; 2) цена сделки, при которой нет ни прибыли, ни убытков; 3) цена, при которой продажи компании равны издержкам

break-even yield доходность "при своих": доходность, достаточная для покрытия вывода на рынок нового продукта или услуги; момент, когда поступления покрывают затраты

break-forward "брейк-форвард": форвардный валютный контракт, который может быть исполнен досрочно по специальному курсу (включающему премию); используется для получения прибыли при благоприятном развитии конъюнктуры (введен Мидлэнд бэнк в 1986 г.)

breaking the syndicate прекращение деятельности синдиката, созданного для гарантирования займа

breakout "побег": термин, используемый в техническом анализе рыночной конъюнктуры для обозначения нарушения устоявшегося "рисунка" движения цены; см. technical analysis

break point точка прерывания: 1) сумма депозитов банка, на которую не распространяются резервные требования; например, в США в конце 1988 г. она составляла 3,4 млн. долл. и ежегодно изменялась; 2) размер остатка на депозитном счете или размер кредита, при котором изменяется процентная ставка; обычно, чем больше остаток счета, тем выше ставка, а в кредите наоборот – чем больше кредит, тем ниже ставка; 3) размер вклада во взаимный инвестиционный фонд, при котором уменьшается размер взимаемой комиссии

break-up bid поглощение компании с целью распродажи ее акций по частям для получения прибыли (также распродажа ее дочерних компаний)

break-up fee комиссия за прекращение контракта, неустойка

break-up value = equity 1

Bretton Woods Conference Бреттон-Вудская конференция: конференция по валютно-финансовым вопросам 44 стран-союзниц ("объединенных наций") в июле 1944 г. в Бреттон-Вудсе (Нью-Гемпшир, США); завершилась принятием Бреттон-Вудских соглашений

Bretton Woods System Бреттон-Вудская валютная система: послевоенная международная валютная система, оформившаяся на основе соглашений, достигнутых на Бреттон-Вудской конференции; основные положения: золото-долларовый стандарт, фиксированные валютные курсы, обратимость валют, создание МВФ и МБРР; прекратила существование в 1971–1973 гг. (приостановка размена долларов на золото и введение плавающих курсов)

bricks and mortar "кирпич и раствор": фиксированные активы банка, включая здания и оборудование (разг.)

bridge bank "банк-мост": банк, созданный для приема активов и пассивов обанкротившегося банка; лицензии такому банку дает Федеральная корпорация страхования депозитов, которая через него может управлять банкротом до 3 лет до выхода на покупателя

bridge financing (loan) "промежуточное" финансирование: 1) краткосрочный кредит на период до начала действия основной схемы финансирования, выпуска акций; 2) кредит на покупку нового дома до продажи старого; 3) краткосрочный кредит на период между погашением одного кредита или облигационного займа и получением нового кредита, выпуском нового займа; = gap financing; swing loan; 4) краткосрочный кредит развивающейся стране, организованный МВФ и МБРР в ожидании долгосрочных кредитов частных банков

bridging loan = bridge financing

bring forward balances перенести кредитовое сальдо в новый отчетный период

Britannia Британия: золотые монеты в 1, 1/2, 1/4 и 1/10 унции; впервые выпущены в 1987 г. для целей тезаврации

British Bankers' Association (BBA) Ассоциация британских банкиров (создана в 1919 г.); с 1972 г. могут участвовать иностранные банки, действующие в Великобритании

British Bankers' Association Interest rate Swaps terms (BBAIRS terms) условия процентных свопов, рекомендованные Ассоциацией британских банкиров (1985 г.)

British Export Houses Association (BEHA) Ассоциация британских экспортных домов: организация факторных, финансовых компаний, специализирующихся на финансировании экспорта

British funds (BF) = gilt-edged securities 1

British Insurance Association Британская страховая ассоциация: профессиональная организация страховых компаний (создана в 1917 г.)

British Merchant Banking and Securities Houses Association Британская ассоциация торговых банков и компаний по ценным бумагам: профессиональная ассоциация инвестиционных банков в Великобритании (создана в 1987 г.)

British Overseas Banks = overseas banks 2

British Overseas Banks Association Ассоциация британских заморских банков: организация британских банков, имеющих штаб-квартиры в Лондоне, но действующих главным образом в других странах (создана в 1917 г.)

British savings bonds британские сберегательные облигации: беспроцентные государственные облигации с льготными условиями для мелких инвесторов (выпускались 1968-1987 гг., не обращались на рынке, продажа в одни руки ограничивалась)

broad tape "широкая лента": информационная служба, предоставляющая на ленте тикера помимо котировок финансовые и другие новости (США)

broken date = odd date

broken period interest процентный платеж за неполный период выплаты процентов (например, за 1 месяц вместо 3)

broker брокер, маклер: посредник в операциях с валютой, ценными бумагами, товарами, недвижимостью, в страховании за определенное вознаграждение (может заключать сделку от своего имени, но за счет клиента)

brokerage брокерская комиссия (куртаж): комиссионное вознаграждение, взимаемое брокером за выполнение поручения клиента

brokerage account брокерский счет; проведение брокером операций с финансовыми инструментами за счет и по поручению клиента (контрактные обязательства между сторонами)

broker-dealer (BD) брокер-дилер: компания, которая сочетает функции брокера и дилера-принципала; на большинстве ведущих финансовых рынков участники сегодня могут быть одновременно и брокерами и дилерами; см. dual capacity

brokered deposit депозит, прошедший через брокера: депозит (депозитный сертификат), приобретенный у брокера, который выступает агентом мелких вкладчиков, то есть собирает пул мелких вкладов и продает их одной суммой по более высоким ставкам на оптовом рынке за комиссию

broker's call loan брокерская ссуда до востребования: краткосрочная ссуда фондовому брокеру под залог ценных бумаг для финансирования операций андеррайтинга; процентная ставка обычно примерно на 1 % выше, чем ставка по федеральным фондам или казначейским векселям

broker's contract note уведомление брокером клиента после заключения сделки по поручению последнего; уведомление делается в тот же день или на следующий и содержит информацию о дате сделки, сумме, названии ценных бумаг, гербовом сборе, комиссионных брокера (Великобритания)

broker's loan брокерская ссуда: 1) ссуда под обеспечение легко реализуемыми ценными бумагами; см. lombard loan; 2) в США: ссуда, которую фондовый брокер получает под ценные бумаги у банков или других биржевиков для финансирования своих операций или предоставления кредита клиентам; поскольку обеспечением служат те же ценные бумаги, которыми обеспечены счета клиентов, то в качестве синонима используется термин "перезаклад" (rehypothecation)

broker's loan rate ставка по брокерской ссуде: ставке по онкольной ссуде банка фондовому брокеру

broker-trader брокер-трейдер: член срочной биржи (например, ЛИФФЕ), который проводит операции как за свой счет, так и по поручению клиентов; см. broker-dealer

broking commission = brokerage

bronze coins бронзовые монеты: в Великобритании: монеты мелкого достоинства (1/2, 1 и 2 пенса) из сплава меди (95 долей), олова (4) и цинка (1); являются средством платежа до суммы в 20 пенсов

Brussels Tariff Nomenclature (BTN) Брюссельская товарная классификация (тарифная номенклатура): стандартизированная классификация товаров, участвующих в международной торговле; см. Standard International Trade Classification

Brussels interbank offered rate (BIBOR) БИБОР: ставка предложения межбанковского депозитного рынка в Брюсселе

Buba Дойче Бундесбанк (жаргон); см. Deutsche Bundesbank

bubble "пузырь" (мыльный пузырь): ситуация, когда конъюнктура поднимается до уровня, не имеющего объективной основы (часто преднамеренно и незаконно вздутые цены); см. South Sea Bubble; Silver Bubble

buck доллар США, "бак" (жаргон)

bucket shop мелкая брокерская фирма, которая не является членом биржи, но занимается спекулятивными операциями с ценными бумагами и другими инструментами (первоначально термин означал игорный притон, сегодня также любую фирму, которая пытается конкурировать, например, в продаже авиабилетов, страхования, за счет низких цен)

buck the trend идти против течения: идти против тенденции развития конъюнктуры рынка (например, покупать при снижении цен)

budget бюджет: 1) план (предполагаемые размеры) расходов и доходов правительства на новый финансовый год; 2) прогноз финансового положения предприятия в течение определенного периода, расчет затрат и потребностей; 3) смета расходов по проекту, мероприятию

budget account бюджетный счет: банковский счет, позволяющий клиенту оплачивать крупные счета (при условии регулярных ежемесячных взносов могут производиться платежи в пределах 12 таких взносов, в том числе с овердрафтом)

budgeting составление бюджета, составление сметы доходов и расходов

budget surplus or deficit актив или дефицит бюджета: разница между доходами и расходами бюджета

budget outlays бюджетные расходы, ассигнования

budget receipts бюджетные доходы, поступления

Buergschaft гарантия (нем.): форма гарантии по векселям, которая действительна лишь при законности торговой операции, обеспечиваемой этими векселями; см. bill guarantee

Buffer Stock Financing Facility система финансирования буферных запасов, созданная в рамках МВФ в 1969 г.: странам - членам МВФ выдаются кредиты до 45 % квоты для финансирования взносов в буферные запасы в рамках международных соглашений по сахару, какао, олову (на 3-5 лет)

buffer stocks буферные запасы: запасы сырьевых товаров, используемые для сглаживания колебаний цен

building and loan association = savings and loan association

building society строительное общество: учреждение кооперативного типа в Великобритании (с начала XIX в.) и других странах, специализирующееся на привлечении сбережений населения и кредитовании жилищного строительства (в настоящее время крупные общества по своим функциям сблизились с банками, но регулируются специальным законодательством)

built-in inflation "встроенная" инфляция: средний уровень инфляции за определенный период времени

bulge "вздутие": краткосрочный подъем цены

bulge-bracket firms = special bracket firms

bulk filing учет чеков "навалом": чеки сортируются по срокам рассылки выписок со счетов, а не по номерам счетов

bull "бык": покупатель ценной бумаги или другого финансового инструмента, который надеется продать ее по более высокой цене через некоторое время

bull-and-bear-bonds облигации "быков и медведей": индексированные относительно определенного фондового индекса облигации, выпускаемые двумя равными траншами - первая транша (транша "быков") выгодна при повышении курса облигаций, вторая транша (транша "медведей") - при падении курса, таким образом эмитент в любом случае защищен от колебаний биржевой конъюнктуры

bull bond облигация "быков": облигация, которая, как ожидается, вырастет в цене при падении процентных ставок

bull call spread "колл" спред "быков": комбинация покупки опциона "колл" с большей "внутренней" стоимостью и продажи опциона "колл" с меньшей (сроки исполнения одинаковы); см. intrinsic value

Bulldog bond облигации "Бульдог": разновидность облигаций в фунтах стерлингов, выпущенных на лондонском рынке нерезидентами

bullet "пуля": облигация, погашение которой производится единовременно, то есть без долгосрочной амортизации или досрочного погашения

bullet loan ссуда "пуля": ссуда, выплачиваемая единовременно по истечении ее срока; источник погашения заранее не определяется

bull floater облигация "быка"; = yield curve adjustable note

bullion золото или серебро; как правило, значительная масса металла в форме стандартных слитков или другой форме

bullion coin золотая или серебряная полновесная монета

bullion market = gold market

bullion points = gold points of exchange

bullish (to be) 1) играть на повышение, проводить операции в расчете на повышение конъюнктуры; 2) считать, что конъюнктура повысится

bullish covered write продажа опциона "колл" против "длинной" форвардной позиции

bullish opinion (view) мнение "быка": расчет на повышение конъюнктуры

bull market "рынок быков": период повышения фондовой конъюнктуры, от которого выигрывают "быки"; см. bull

bull position позиция "быка": ситуация, когда покупки ценных бумаг биржевика превышают его продажи и он выигрывает от повышения цен

bull put spread "пут спред быков": комбинация покупки опциона "пут" с меньшей "внутренней" стоимостью и продажи опциона "пут" с большей (сроки исполнения одинаковы); см. intrinsic value

bull spread спред "быков": 1) комбинация покупок и продаж опционов, которая приносит прибыль при подъеме конъюнктуры; различают вертикальный, календарный, горизонтальный и вертикальный варианты; см. vertical spread, calendar spread, horizontal spread, diagonal spread; 2) покупка контрактов на ближние месяцы и продажа контрактов на дальние сроки в надежде на повышение рыночных цен финансовых инструментов; = buy a spread

bunching 1) практика суммирования нескольких приказов клиентов брокеру в одну сделку для исполнения в торговом зале биржи (США); 2) информация на ленте тикера о нескольких сделках с одним видом ценных бумаг

Bundesobligationen (BOBL) = Bunds

Bunds (Bundesobligationen; BOBL) Бундсы: облигации федерального правительства ФРГ; с 1988 г. - объект торговли на ЛИФФЕ в Лондоне

bundling совмещение, складывание: совмещение нескольких видов банковских услуг в одном счете, по которому клиент уплачивает месячную или годовую комиссию (например, чековая книжка, дебетовая карточка, сбережения)

bunny bonds "кроличьи облигации": облигации с варрантами, дающими право на реинвестирование купонного дохода в новые облигации того же типа (название в связи со способностью быстро увеличиваться в числе); см. reinvestment warrant

buoyancy оживление на рынке, повышательная тенденция

bureau de change бюро по обмену иностранной валюты, обменный пункт (франц.)

Bureau of the Mint Монетное бюро: подразделение Министерства финансов (Казначейства) США, которое управляет несколькими монетными дворами и пробирочными палатами (Treasury's Assay office), руководит производством монет, а также хранит золотые резервы Министерства финансов

burnout "конец горения": прекращение действия льгот данной компании по налогообложению

Business Conduct Committee Комитет делового поведения (США): комитет, который ежегодно создается в каждом из 13 округов Национальной ассоциации дилеров по ценным бумагам для разбора жалоб на членов ассоциации; см. National Association of Securities Dealers

business credit деловой кредит: кредит корпорациям и товариществам в отличие от потребительского или личного кредита

business cycle деловой цикл: период подъема и затем падения деловой активности (полный цикл), измеряемый изменениями ВВП страны; в США деловой цикл считается равным 52 месяцам

business day рабочий день: время работы рынков, банков, предприятий

Business Environment Risk Information Index (BERI index) индекс делового риска ("БЕРИ" индекс): показатель "странового" риска; см. sovereign risk

Business Expansion Scheme (BES) схема расширения бизнеса: правительственная программа поощрения капиталовложений в мелкие предприятия, существовавшая в Великобритании в 1983-1993 гг. по этой программе инвесторы получают скидки с налогов по суммам до 40 тыс. ф. ст.

business plan бизнес план: документ, описывающий цели, структуру, управление, предполагаемые финансовые результаты проекта, новой компании на ближайшие 3-5 лет, включая использование кредита, за которым обращаются в банк; обычно содержит примерную роспись источников средств компании и их использования на несколько лет вперед

business segment (line of business) reporting раздельный учет результатов деятельности частей компании или дочерних предприятий для целей сравнения

Business Week "Бизнес Уик" (Деловая неделя): ведущий еженедельный деловой журнал США; широко распространяется в других странах; основан в 1929 г., тираж около 800 тысяч экземпляров

butterfly = dumbbell

butterfly call spread спред "бабочка" для опционов "колл": опционная стратегия, позволяющая получать прибыль при неизменной или уменьшающейся неустойчивости цен; используются четыре опциона "колл" с одинаковым сроком исполнения: один покупается по низкой цене исполнения и один по высокой, а два продаются по средней; прибыль получается при движении наличной цены в запланированных рамках, а потери ограничены величиной разницы между уплаченными и полученными премиями; см. butterfly spread

butterfly put spread спред "бабочка" для опционов "пут"; см. butterfly spread

butterfly spread спред "бабочка": опционная стратегия на основе комбинации спреда "быков" и спреда "медведей" (два вида - "колл" и "пут"); см. spread; bear call spread; bull call; butterfly call spread; butterfly put spread

Buttonwood Tree Agreement "соглашение платанового дерева": (США): соглашение 24 фондовых брокеров о создании первой организованной фондовой биржи в Нью-Йорке, подписанное 17 мая 1792 г. под платаном на месте нынешней Уолл стрит (дом 68); см. New York Stock Exchange

buy 1) покупать, приобретать; 2) = bargain

buy and hold strategy стратегия купли-владения: инвестиционная стратегия, заключающаяся в покупке и владении акциями определенной компании в течение длительного времени

buy and write strategy стратегия купли-продажи: опционная стратегия, заключающаяся в покупке акций с последующей продажей покрытых опционов "колл" на них; инвесторы получают дивиденды и премии, но есть риск продажи акций по цене ниже рыночной

buy a spread купить спред (маржу): купить фьючерский контракт на близкий срок и продать на далекий; см. sell a spread

buy-back обратная покупка: 1) форма долгосрочной товарообменной операции, при которой поставки машин и оборудования оплачиваются произведенной с их помощью продукцией; обычно используется для строительства крупных предприятий и включает значительный кредитный элемент; 2) открытие "длинной" позиции для покрытия "короткой"; прикуп ценных бумаг для покрытия "короткой" продажи; = short cover; 3) = bond buy-back; share buy-back; 4) = sale and repurchase agreement

buy contract контракт на покупку: контракт на покупку финансовых инструментов

buydown средства, предоставляемые (обычно строительной компанией) для уменьшения платежей заемщика по ипотеке в первые годы; характерно для периодов высоких процентных ставок для поощрения приобретения новых домов

buyer of an option покупатель опциона: лицо, уплатившее премию за право купить или продать определенный финансовый инструмент в течение некоторого периода

buyer's credit кредит покупателя: средне- или долгосрочный экспортный кредит, который предоставляется банком продавца непосредственно иностранному покупателю на сумму до 85 % контракта, что дает последнему возможность расплатиться с экспортером наличными

buyer's market рынок покупателей: рынок, на котором производители, поставщики и торговцы испытывают трудности с реализацией продукции, то есть покупатели могут в какой-то степени диктовать свои условия; = soft market

buyer's option (BO) опцион покупателя: 1) право покупателя на определение отдельных условий контракта; 2) = call option

buy hedge = long hedge

buy-in 1) покупка продавцом опциона недостающих активов в случае необходимости исполнить свое обязательство (например, передать покупателю определенное количество ценных бумаг); 2) закрытие (зачет) "короткой" позиции; 3) покупка участия в капитале компании; 4) прикуп брокером ценных бумаг, если его партнер (продавец) не выполнил своего обязательства перед покупателем

buying climax "покупательская кульминация": резкий подъем цен акций после спокойного их повышения; в техническом анализе часто интерпретируется как предзнаменование скорого падения цен

buying forward форвардная (срочная) покупка: обязательство купить валюту, ценные бумаги или товары в будущем по фиксированной цене

buying-in 1) право Лондонской фондовой биржи в случае непоставки продавцом ценных бумаг поставить их покупателю и отнести на счет продавца дополнительные расходы, которые могут возникнуть при получении того же числа бумаг на рынке; 2) скупка центральным банком национальной валюты для поддержания ее курса; 3) покупка продавцом опциона равнозначного контракта для закрытия (зачета) позиции; = closing buy transaction

buying on margin покупать на марже: покупка актива с уплатой определенного аванса (маржи), а оставшаяся часть идет за счет кредита банка/брокера; при покупке ценных бумаг кредит банка/ брокера автоматический, но его размеры жестко регулируются государством, при покупке недвижимости он должен быть формально оформлен

buying on shoestring покупка "на шнурке": покупка ценных бумаг с минимальным доходом, то есть операция не приносит прибыли

buying on the bad news "покупка под влиянием плохих новостей": биржевая стратегия, основанная на допущении, что плохие новости приводят к снижению конъюнктуры, а затем следует ее подъем; см. selling on the good news

buying power покупательная способность рынка ценных бумаг: сумма денег в распоряжении инвесторов для покупки ценных бумаг (остаток средств инвесторов на счетах у брокеров, увеличенный на кредит, который может быть получен у последних)

buying price = bid price

buy minus "покупать с минусом": приказ клиента брокеру купить акцию по цене ниже рыночной

buy on closing (close) покупка, совершаемая в конце рабочего дня по ценам на момент закрытия биржи

buy on opening покупка, совершаемая в начале рабочего дня по ценам, близким к ценам на момент открытия биржи

buy or cancel "покупать или отменяю": приказ клиента биржевому брокеру, предусматривающий совершение сделки в тот же день, а в противном случае приказ отменяется

buy order приказ покупать: приказ клиента брокеру купить определенное число ценных бумаг по рыночной или другой цене

buy-out выкуп: приобретение по крайней мере контрольного пакета акций путем предложения с фиксированными условиями или переговоров

buy outright "простая" покупка: покупка финансового инструмента или товара с уплатой немедленно, наличными и в полном размере

buy-sell agreement соглашение о покупке-продаже: 1) соглашение между промежуточным и основным кредиторами проекта, по которому последний обязуется выкупить участие первого; обычно в отношении кредитов на период строительства объекта; 2) соглашение, по которому член товарищества делает предложение купить акции, принадлежавшие умершему партнеру

buy stop order приказ клиента брокеру совершать покупку при достижении рыночной ценой определенного уровня

buy the book "купить все бумаги": приказ клиента брокеру купить все акции данного типа, имеющиеся у брокеров по текущей цене

bylaws подзаконные акты, регламент: внутренние правила деятельности компании; дополняют устав и могут изменяться советом директоров

bypass trust "обходная" опека (траст): соглашение, позволяющее родителям при жизни передавать активы детям для снижения налогов на наследство, так как фиксированная сумма такой передачи не облагается налогом (Великобритания)

byproduct побочный продукт

by transfer переводом: передача денежных сумм через различные расчетные системы без использования наличных

C

C сто долларов (жаргон)

C рейтинг самого низкого качества (lowest quality, no interest paid) облигаций агентств Стандард энд Пурз и Мудиз; см. Moody's ratings, Standard and Poor's ratings, bond ratings

Ca рейтинг высокоспекулятивных облигаций (highest speculation) агентства Мудиз; см. Moody's ratings, bond ratings

Caa рейтинг низкого качества (poor quality) облигаций агентства Мудиз; см. Moody's ratings, bond ratings

cabinet bid "кабинетная" сделка: возможность избавиться от фондовых опционных контрактов с негативной "внутренней" стоимостью по символической цене (1 пенни за контракт) путем продажи основным участникам рынка; такая практика позволяет снизить налоговые обязательства (Великобритания); см. traded options; out-of-the-money

cabinet crowd "кабинетные" дилеры (США): группа дилеров Нью-Йоркской фондовой биржи, специализирующихся на "неактивных" облигациях (дилеры оставляют документ о намерении заключить сделку в специальном шкафу - "кабинете"); см. active bond crowd

cabinet stock (security) "кабинетная" ценная бумага (США): сравнительно "вялая" или малоактивная ценная бумага (в основном облигации), то есть с незначительным оборотом на рынке

cable "телеграмма": 1) курс фунта стерлингов к доллару США (напо-минание о временах, когда валютные сделки заключались с помощью телеграмм); = cable rate; 2) сделка фунт-доллар

cable desk рабочее место валютного дилера, специализирующегося на сделках доллар США - фунт стерлингов

cable rate валютный курс доллар США - фунт стерлингов

cable transfer = telegraphic transfer

Cadbury Committee (Committee on the Financial Aspects of Corporate Governance) Комитет Кэдбери; Комитет по финансовым аспектам корпоративного управления, работавший в 1991-1992 гг. под руководством сэра А. Кэдбери; выпустил рекомендации по улучшению распределения обязанностей в советах директоров, усилению прав неисполнительных директоров, контроле за вознаграждением высших менеджеров, совершенствовании внутреннего и внешнего аудита

cage "клетка": 1) учетно-расчетный отдел банка, брокерской фирмы; 2) касса (в интересах безопасности помещение, где находятся ценные бумаги и деньги, отгорожено)

calculating agent расчетный агент: учреждение, уполномоченное проводить расчеты по долгосрочному свопу

calculating date расчетная дата: дата уведомления о необходимости внесения регулярных сумм по долгосрочным свопам

calculating period процентный период в долгосрочном свопе

calendar 1) календарь, расписание выпуска новых ценных бумаг; 2) список ценных бумаг, которые будут предложены для продажи

calendar spread календарный спред: опционная стратегия, заключающаяся в одновременной покупке и продаже опционов одного класса с разными сроками; если цены опционов равны, то спред называется горизонтальным; если цены различны - диагональным; см. horizontal spread; diagonal spread; bull spread

call 1) = calls; 2) = call option; 3) требование банка к заемщику о досрочном погашении кредита в связи с нарушением его условий; 4) право эмитента досрочно погасить ценные бумаги

callable bond облигация, которая может быть погашена досрочно (эмитентом); при этом держателю выплачивается премия к номинальной цене

callable capital часть капитала международного банка развития, которая подписана странами-членами, но еще не оплачена и вносится по требованию банка для покрытия каких-либо обязательств (также служит гарантийным фондом); см. paid-in capital

callable fixture кредиты до востребования, предоставленные коммерческими банками учетным домам (Великобритания): обычно предоставляются на сроки до 3 месяцев, но могут отзываться в любое время

callable swap процентный своп, который можно завершить (расторгнуть соглашение) досрочно; такое право предоставлено плательщику процентов по фиксированной ставке

called away 1) досрочно погашенный (об облигации); 2) исполненный (об опционе, требующий поставки ценной бумаги); 3) требование поставки по "короткой" продаже

called-up capital 1) часть цены выпущенных акций, которую необходимо оплатить; при выпуске акций компания может потребовать оплаты только части их номинала (например, 60 пенсов при номинале в 1 ф. ст.); 2) общая сумма внесенного таким образом капитала; см. uncalled capital; issued capital

call feature условие займа, предусматривающее право эмитента досрочно выкупить ценные бумаги

call in debt потребовать полного погашения долга в связи с невыполнением должником определенных обязательств

call loan ссуда до востребования (может быть погашена заемщиком или истребована к погашению кредитором в любое время)

call loan rate ставка по кредиту до востребования

call money 1) деньги до востребования: ссуда или депозит, которые должны быть возвращены по требованию; см. money at call and short notice; 2) деньги, уплаченные за опцион "колл"; см. call option

call option опцион "колл": контракт (соглашение), дающий право купить определенный финансовый инструмент по фиксированной цене в течение оговоренного срока в обмен на уплату некоторой суммы (премии)

call over = a la criee

call premium 1) премия за досрочное погашение займа: любая дополнительная сумма, уплачиваемая эмитентом в случае досрочного погашения займа (выкупа ценных бумаг); 2) премия по опциону "колл" (уплачивается покупателем)

call price цена, по которой облигации могут быть досрочно выкуплены (обычно выше номинала)

call protection срок, в течение которого ценная бумага не может быть выкуплена эмитентом досрочно

call protection warrant облигационный варрант, защищающий инвестора от досрочного погашения бумаг; см. deferred call option

call provision = call feature

call rate онкольная ставка: процентная ставка по ссудам до востребования

call report квартальный отчет о доходах и финансовом положении (США): отчет, который национальные банки (зарегистрированные на федеральном уровне) должны представлять Валютному контролеру (Controller of the Currency), штатные банки-члены ФРС - региональным федеральным резервным банкам, застрахованные банки-не члены ФРС - Федеральной корпорации страхования депозитов, другие штатные банки и трастовые компании - органам банковского регулирования штатов

calls взносы в оплату акций; компания не требует сразу полной оплаты выпущенных акций, а затем по мере необходимости или по определенному графику просит делать взносы

cambist(e) камбист: валютный или вексельный дилер или брокер (также справочник валютного дилера)

CAMEL (capital adequacy, asset quality, management quality, earnings, liquidity) "Верблюд": акроним по заглавным буквам основных критериев "здоровья" банка - достаточности капитала, качества активов, качества управления, доходов, ликвидности

campaign for independent financial advice (CAMIFA) кампания за независимые финансовые консультации: пропагандистская кампания группы компаний страхования жизни среди населения о том, что они предоставляют консультационные услуги по страхованию, пенсиям, инвестициям (Великобритания)

Canada "Канада": канадский доллар (жаргон)

cancel former order (CFO) приказ клиента брокеру, отменяющий (заменяющий) предыдущий приказ

candlestick charting построение графиков с помощью "свечек": японская практика "чартизма с использованием изображений предметов при построении графиков; например, белая свечка означает повышение цены, а черная - понижение; среди технических терминов используются такие, как "покинутый ребенок", "золотые кресты", "капли дождя", "три наступающих солдата" и др. см. chartism

cancellation аннулирование: 1) аннулирование приказа брокеру; 2) аннулирование акций (облигаций), которые были обменены на новые или погашены (путем надписей, перфорации, уничтожения); 3) аннулирование (погашение) чека или векселя после его оплаты; 4) сторно: аннулирование или зачет бухгалтерской записи; 5) порча документа, делающая его недействительным

canceled check аннулированный чек: чек, который уже оплачен и недействителен

cap "кэп" (шапка): 1) фиксированный максимум процентной ставки в облигационном займе; это условие может отделяться от конкретной облигации и обращаться как самостоятельная ценная бумага; 2) = ceiling agreement

cap and collar "кэп" и "коллар" ("шапка и воротник"): условие кредита с плавающей процентной ставкой, по которому она не может превысить определенного максимума и опуститься ниже оговоренного минимума

capacity способность, потенциал; 1) право или способность принимать юридические обязательства, вступать в контрактные отношения; 2) роль или функции участника финансового рынка - либо агента (посредника, брокера), либо принципала; см. single capacity; dual capacity

Cape scrip южноафриканские акции

capital капитал: денежные средства в виде реальных и финансовых активов, инвестиции; см. authorized capital; circulating capital; callable capital; called-in capital; fixed capital; free capital; issued capital; liquid capital; non-specific capital; share capital; specific capital; paid-in capital; paid-up capital; subscribed capital; venture capital; working capital

capital account (C/a) капитальный счет: 1) баланс движения капиталов: часть платежного баланса, отражающая движение кратко- и долгосрочных капиталов (сделки с ценными бумагами, банковские депозиты, прямые инвестиции); 2) счет в балансе компании, отражающий внесенный капитал и резервы

capital adequacy достаточность собственного капитала (средств) банка для нормального функционирования; органы банковского надзора на национальном и международном уровнях устанавливают требования к достаточности банковского капитала; см. Basle Concordat; capital adequacy ratio

capital adequacy directive (CAD) директива ЕС о достаточности капитала: правило, устанавливающее стандарты достаточности капиталов банков для проведения различных операций (с 1 января 1996 г.)

capital adequacy ratio коэффициент достаточности собственного капитала банка: установленное законодательством или внутренними правилами банка соотношение собственных средств и активов

capital allowances налоговые скидки, которые могут получить компании, делающие инвестиции в основной капитал (машины, оборудование, здания)

capital appreciation = capital gain

capital assets = fixed capital (assets)

capital asset pricing model (CAPM) модель определения фиксированных активов (соотношения ожидаемого риска и дохода), основанная на допущении, что инвесторы требуют более высокого дохода при повышенном риске (премию за риск)

capital autorise (Fr.) = authorized capital

capital base "капитальная база": собственные средства банка - обыкновенные или другие акции, различные резервы и нераспределенная прибыль; см. primary capital

capital budget бюджет долгосрочных расходов компании (на расширение производства, научные разработки, рекламу)

capital clause статья в соглашении о создании акционерного общества, дающая детальное описание объявленного капитала

capital cover = capital ratio

capital currency units (CCUs) искусственные денежные единицы (на базе корзины валют), в которых выражены акции Скандинэвиан бэнк, Лондон (с 1987 г.)

capital expenditure (capex) расходы на приобретение или реновацию фиксированных активов (основного капитала)

capital exports экспорт (вывоз) капитала: перелив капитала из страны в страну в форме прямых инвестиций, кредитов, субсидий, покупки ценных бумаг

capital flight бегство капиталов за границу по политическим и экономическим причинам (например, для повышения безопасности или доходности)

capital formation создание или увеличение капитала или фиксированных активов, с помощью которых производятся другие товары и услуги (в результате происходит рост деловой активности)

capital gain прирост капитала: положительная разница между вложенной суммой и суммой, полученной при реализации актива (ценных бумаг, недвижимости); такой прирост капитала облагается специальным налогом; см. capital gains tax

capital gains distribution распределение между акционерами взаимного инвестиционного фонда прибыли от продажи ценных бумаг (США)

capital gains tax (CGT) налог на реализованный прирост капитала: в Великобритании введен в 1965 г. и взимается по ставке 30 % по сделкам с акциями, недвижимостью, предметами искусства (не облагается налогом фиксированная минимальная сумма, продажа личных вещей и жилища, а также государственных облигаций, если они куплены более года назад); с марта 1982 г. учитывается рост капитала сверх роста инфляции

capital gearing соотношение между собственным и заемным капиталом; = capital leverage

capital goods капитальные товары: средства производства (машины и оборудование)

capital increase увеличение капитала путем выпуска дополнительных акций или сертификатов участия (акционерная компания) или внесения дополнительного капитала (товарищество)

capital inflow приток капитала

Capital Intelligence Кэпитал Интеллидженс: аналитическая фирма в Женеве, специализирующаяся на присвоении банкам кредитных рейтингов

capital-intensive капиталоемкий (об отрасли или производстве, которые требуют больших инвестиций в фиксированные активы)

capital investment loan кредит на финансирование фиксированных активов (машин, оборудования, зданий)

capitalization капитализация: 1) = market capitalization; 2) = scrip issue; 3) = capital structure; 4) капитализация дохода: оценка стоимости актива (капитала) на основе дохода от него и оговоренной процентной ставки; 5) = capitalized value; 6) использование какого-либо события в своих интересах; см. capitalize

capitalization issue = scrip issue

capitalization of reserves = scrip issue

capitalization rate процентная ставка, используемая при капитализации дохода; см. capitalization 4

capitalization ratio процентное соотношение различных элементов структуры капитала компании; см. capital structure

capitalize капитализировать: 1) превращать регулярный доход в условную сумму капитала путем деления на текущую процентную ставку и умножения на 100; 2) выпускать ценные бумаги для финансирования фиксированных активов (основного капитала); 3) превратить арендованный актив в собственный; 4) использовать что-либо для получения экономической выгоды

capitalized income value = capitalized value

capitalized value капитализированная стоимость: оценка стоимости актива на основе приносимого дохода и процентной ставки по сходным активам – например, капитализированная стоимость актива с доходом в 100 долларов в год при процентной ставке 5 % равна 2000 долларов (100: 0, 05); капитализированная стоимость необязательно отражает рыночную стоимость актива

capital lease капитальная аренда: аренда, которая отражается в балансе как актив и соответствующее обязательство (когда арендатор получает все права и обязательства по данному имуществу); см. operating lease

capital leverage 1) соотношение между собственными и заемными средствами компании; 2) обеспечение дополнительных доходов путем привлечения дополнительных заемных средств; см. positive leverage; negative leverage

capital levy налог на капитал (иногда называется налогом на богатство, так как используется для перераспределения частного капитала); скрытой формой такого налога было обложение в Великобритании "незаработанных" доходов по ставке свыше 100 %; по политическим и техническим причинам (сопротивление имущих кругов и трудности оценки капитала) используется редко

capital loss капитальный убыток: убыток, возникший в результате продажи каких-либо активов (собственности) по цене, которая ниже цены их покупки (обесценение актива в силу износа, старения, порчи к такому убытку не относится); капитальный убыток может быть вычтен из суммы, облагаемой налогом на реализованный прирост капитала; см. capital gains tax; tax loss

capital market рынок капиталов: рынок, на котором аккумулируются средне- и долгосрочные капиталы (первичный рынок) и обращаются долговые обязательства (вторичный рынок); на внутреннем рынке капиталов заимствования производятся в основном в форме выпуска акций и облигаций

capital movements перелив капиталов из одной страны в другую: кратко- и долгосрочные заграничные инвестиции физических и юридических лиц

capital not paid in неоплаченная часть уставного капитала

capital outflow отток капитала

capital outlay = capital expenditure

capital profit капитальная прибыль: прибыль, полученная в результате продажи каких-либо активов (собственности) по цене, которая выше цены их покупки

capital ratio покрытие капитала банка; отношение капитала к активам

capital redemption reserve fund резервный фонд для погашения срочных привилегированных акций; ежегодно в фонд заносится сумма, необходимая для погашения акций с истекающими сроками

capital redemption yield доходность ценной бумаги при погашении (выплате капитала): рассчитывается как разница между покупной ценой бумаги и суммой, которая будет получена при погашении, поделенная на число лет до погашения; отличается от брутто дохода при погашении на величину текущего дохода; см. redemption yield; flat yield; gross redemption yield

capital repayment возврат капитала акционерам (если компания хочет уменьшить капитал в соответствии с сократившимся объемом операций)

capital requirements 1) постоянное финансирование, необходимое для нормального функционирования компании (долгосрочный и оборотный капитал); 2) оценка инвестиций в фиксированные активы (основной) и оборотный капитал; 3) требования к уровню собственных средств компании

capital reserves капитальные резервы: резервы компании или банка, которые не могут быть распределены между акционерами (включают доходы от продажи акций по цене сверх номинала); см. share premium account

capital resources = equity 1; net worth

capital risque "рисковый" капитал (франц.); = venture capital

capital shares "капитальные" акции (акции с нулевым дивидендом): акции инвестиционного фонда, по которым выплачивается прирост капитала на вложенные средства (доход выплачивается по "доходным" акциям того же фонда); = zero dividend share; см. income shares

capital stock 1) основные фонды (фиксированные активы) компании за вычетом амортизации и списаний (устаревшего оборудования); 2) = share capital; authorized capital

capital structure структура капитала (компании): включает обыкновенные и привилегированные акции, долгосрочные облигации; см. financial structure

capital surplus избыточный капитал: собственные средства компании за вычетом обыкновенных и привилегированных акций и нераспределенной прибыли (например, доходы от выпуска акций по цене выше номинальной, купле-перепродаже своих акций); см. acquired surplus; paid-in capital; donated surplus

"**capital, surplus and undivided profits**" = equity 1

capital transfer tax (CTT) налог на передачу капитала: налог на любую передачу капитала (собственности) одним физическим лицом другому (в том числе по завещанию) сверх определенной суммы, введенный в Великобритании в 1975 г.; объединяет понятия налога на дарения и налога на наследство; см. gift tax, inheritance tax

capital turnover оборот капитала: отношение годовых продаж компании к вложенному капиталу (средней сумме собственных средств)

capitation tax = roll tax

capped floating rate notes облигации с фиксированным максимумом плавающей ставки (кредитор отказывается от права на более высокий доход при повышении ставок, но получает более высокую маржу сверх ЛИБОР)

capping установление предела ставки по займу с плавающей процентной ставкой

caption "кэпцион": комбинация соглашения "кэп" и опциона (для управления процентным риском); см. cap (ceiling agreement); option

captive finance company "кэптивная" финансовая компания: дочерняя компания, существующая главным образом для финансирования закупок потребительских товаров (например, автомобилей) у материнской компании, а также для обслуживания ее финансовых потребностей; см. General Motors Acceptance Corporation

captive funds "кэптивные" фонды: "рисковый" капитал, вложенный в дочерние компании промышленных и торговых монополий, банков; см. venture capital

carat (CT) карат: 1) единица массы драгоценных камней; метрический карат равен 200 мг, английский – 205 мг; 2) единица измерения чистоты сплава драгоценного металла, равная 1/24 массы сплава (например, 19-каратное золото состоит из 19 частей чистого золота и 5 частей лигатуры)

Carey Street Кэри стрит; улица в Лондоне, название которой является синонимом банкротства; в прошлом там были расположены все юридические фирмы, специализирующиеся на банкротствах

Caribbean Development Bank Карибский банк развития, создан в 1970 г. (Бриджтаун)

carrot equity "капитал-морковка": наделение менеджеров или служащих акциями компании для повышения их материальной заинтересованности

carry стоимость финансирования срочной биржевой позиции

carry a loss зарегистрировать убыток: отнести актив к расходам, рассматривая его как источник негативного дохода

carry a position иметь позицию

carte a memoire (Fr.) = smart card

carryback/carryforward = tax loss carryback/carryforward

carrying charge 1) стоимость хранения товара во фьючерской торговле (складские расходы, страхование, проценты, упущенная выгода на вложенный капитал); 2) сумма, которую клиент платит брокеру при покупке ценных бумаг в кредит (стоимость финансирования срочной позиции); 3) стоимость кредита при продаже товара в рассрочку; 4) стоимость владения землей (налоги, проценты по кредиту)

carry-over 1) = contango 1; 2) запасы товара на начало года, то есть переходящий остаток; 3) = tax loss carryback/carryforward

cartel картель: объединение компаний в целях регулирования цен, объемов производства в какой-либо отрасли; картели могут быть национальными и международными; см. trust 2

Carter bond "облигация Картера" (США): среднесрочная облигация американского казначейства, выпущенная за пределами страны (при президенте Дж. Картере в конце 70-х годов)

carve-out подход к решению проблемы задолженности развивающихся государств, при котором реструктуризуется (пересматриваются условия) весь долг, а не отдельные кредиты (буквально: "полное вырезание")

cascading = turnover tax

cash наличность, наличный: 1) наличные деньги – банкноты, монета; 2) статья в балансе, отражающая банкноты, монету, чеки и другие активы, приравненные к наличности; 3) наличная сделка, то есть немедленный платеж

cash account наличный (кассовый) счет: 1) счет клиента у брокера с расчетом наличными (в отличие от маргинального счета, по которому предоставляется кредит; см. margin account); 2) счет в отчетности компании, учитывающий платежи и поступления в наличных деньгах и чеках

cash against documents (CAD) "наличные против документов": форма расчетов, при которой экспортер получает платеж после представления в банк отгрузочных документов или импортер получает документы на товар после оплаты

cash-against-documents client крупный инвестор, рассчитывающийся с брокером наличными против соответствующих документов (Великобритания)

cash and carry "наличные и уноси": 1) продажа за наличные без доставки товара на дом (США); 2) арбитраж между наличным и фьючерским рынками: покупка фьючерского контракта и одновременно наличного инструмента

cash and new форма продления фондовой сделки в Великобритании (разновидность контанго): перед расчетным днем инвестор заключает противоположную сделку и зачитывает позицию, а после расчетного дня возобновляет ее

cash at bank наличность в банке: средства на банковских счетах

cash basis на наличной основе, наличными: 1) немедленная оплата товаров при поставке, расчеты наличными; 2) бухгалтерский учет, в котором доходы признаются только тогда, когда деньги реально поступили (в отличие от момента совершения сделки); запрещено для корпораций с годовыми поступлениями свыше 5 млн. долл

cash bonus наличный бонус (премия): 1) премия сверх зарплаты за достижения в работе; 2) сумма, выплачиваемая страховой компанией держателю страхового полиса при увеличении прибыли

cash book кассовая книга: бухгалтерская книга, в которой учитываются наличные платежи и поступления компании; раз в неделю или в месяц записи в этой книге сверяются с выпиской из банковского счета

cash budget наличный бюджет: оценка будущих наличных платежей и поступлений компании

cash card наличная карточка: банковская карточка, используемая для получения наличности из кассовых автоматов

cash commodity наличный товар: товар, который следует принять или поставить в результате заключения наличного контракта (в отличие от фьючерского)

cash conversion cycle цикл конверсии наличности: срок в днях между датой выделения компанией наличных для покупки сырья и датой получения наличных за реализацию готовой продукции; чем короче цикл, тем меньше компании приходится занимать средств

cash cover наличное покрытие (валютного риска): купля-продажа наличной валюты с последующим помещением ее в депозит или привлечением депозита на срок

cash cow наличная "корова": бизнес, который дает непрерывный приток наличных денег, или надежная и доходная компания

cash dealings операции на Лондонской фондовой бирже, расчет по которым проводится на следующий рабочий день

cash delivery наличная поставка: 1) расчет на условиях наличной сделки; 2) расчет наличными по срочному товарному или другому контракту

cash discount скидка с цены товара розничному покупателю, который платит наличными или до определенного срока

cash dispenser раздатчик наличных: аппарат для автоматической выдачи наличных денег, действующий на основе пластиковых карточек; см. automated teller machine; cashpoint

cash dividend наличный дивиденд: дивиденд, выплачиваемый наличными, а не акциями или облигациями; см. scrip dividend

cash earnings наличные доходы: разница между наличными поступлениями и доходами (нетто-доход плюс амортизация)

cash equivalents эквивалент наличности: приравненные к наличности финансовые инструменты (например, казначейские векселя)

cash float запас наличности: минимальная сумма наличных денег, которую кассир должен постоянно иметь для выдачи сдачи, обналичивания чеков и других целей

cash flow "кэш флоу" ("поток наличности"): разница между всеми наличными поступлениями и платежами компании; отражает способность выполнять текущие обязательства; см. gross cash flow; net cash flow; negative cash flow; positive cash flow

cash flow projections прогноз поступлений и платежей компании (например, на 3-5 лет)

cashier кассир

cashiering department = cage 1

cashier's check кассирский чек: чек, который банк выписывает сам на себя (США); = banker's draft

cash in превратить в наличные; продать ценную бумагу, реализовать ее

cash in hand наличность в форме банкнот и монет, которые юридическое или физическое лицо хранит у себя, а не в банке

cash-in value = surrender value

cash letter наличное письмо: группа чеков и документ с их описанием и инструкциями, направляемые в клиринговую палату (США); = transit letter

cash limit лимит наличности: 1) максимальная сумма, которую можно получить из кассового аппарата по карточке; 2) предельная сумма расходов за определенный период; 3) предельная сумма овердрафта

cash management управление наличностью: набор методов эффективного использования свободных наличных средств компании

cash management account (CMA) счет управления наличностью: разновидность брокерского счета, введенная инвестиционной компанией Меррилл Линч для частных инвесторов в 1977 г. - клиент может его использовать как текущий счет (с чековой книжкой или кредитной карточкой), а остаток автоматически инвестируется в фонд денежного рынка

cash management bills векселя управления наличностью: векселя, выпускаемые Казначейством США на нерегулярной основе для финансирования кассовых потребностей бюджета в средствах до поступления налогов; краткосрочный инструмент (до 50 дней) с минимальным номиналом в 1 млн. долл.; см. tax anticipation bill

cash market наличный рынок: 1) исполнение сделки не позднее двух дней после заключения; 2) рынок реальных финансовых инструментов в отличие от рынка срочных контрактов

cash on delivery (COD) оплата наличными в момент поставки: 1) услуга, предоставляемая почтовыми системами компаниям, которые рассылают товары на дом (почтальон взимает плату при доставке); некоторые компании сами предоставляют такую услугу клиентам; 2) требование оплаты ценных бумаг наличными при поставке

cash option наличный опцион (в его основе лежит наличный финансовый инструмент, а не фьючерсный контракт)

cashpoint наличный терминал: компьютеризированный банковский автомат, выдающий наличные деньги и позволяющий получать данные о состоянии счета в банке; = automated teller machine

cash position 1) наличная позиция; 2) цена спот

cash price наличная цена: котировка, полученная на наличном рынке

cash ratio 1) коэффициент наличных средств (Великобритания): отношение наличности и депозитов коммерческих банков в Банке Англии (аналогичная категория в США называется резервами) к общей сумме депозитов коммерческих банков; с 1981 г. все банки должны держать в Банке Англии 0,5 % "приемлемых" обязательств (см. eligible liabilities), что равнозначно резервному требованию (на практике британские банки держат больше средств в форме наличности и счетов в Банке Англии); 2) коэффициент ликвидности: отношение наличности и легко реализуемых ценных бумаг к текущим обязательствам; см. liquidity ratio

cash receipts and disbursement statement (CRDS) отчет о состоянии наличных поступлений и платежей

cash reserve наличный резерв: часть капитала или активов, которую можно легко превратить в наличные

cash sale наличная продажа: сделка в торговом зале фондовой биржи с расчетом в тот же день (США) в отличие от обычной практики, подразумевающей расчет на 5-й день по акциям и на следующий день по облигациям; см. regular way delivery

cash settlement 1) расчет по биржевым сделкам наличными, а не соответствующими финансовыми инструментами (по некоторым фьючерским и опционным контрактам предусмотрен только такой расчет); 2) расчет на условиях "спот"

cash surrender value of life insurance (CSVLI) наличная сумма, которую страховая компания обязана вернуть владельцу полиса при аннулировании последнего

cash yield = flat yield

casualty loss финансовый убыток, вызванный порчей, разрушением или утерей собственности в результате непредсказуемого события; может покрываться специальным видом страхования и учитывается при налогообложении

casualty insurance страхование от убытков в результате непредвиденных событий

cats & dogs "кошки и собаки": спекулятивные акции

catastrophe insurance страхование от катастроф (землетрясения, наводнения, тайфуны, экологические катастрофы); обычно перестрахование самой страховой компанией, чтобы избежать непосильных убытков от одного катастрофического события

caveat 1) ходатайство о приостановке судебного процесса; 2) ходатайство о невыдаче патента другому лицу; 3) предостережение, предупреждение

caveat emptor "пусть покупатель остерегается" (лат.) или качество на риске покупателя: ответственность покупателя ценных бумаг (собственности) по проверке их качества, наличия дефектов (продавец не обязан по своей инициативе давать информацию, но должен правдиво отвечать на вопросы покупателя)

caveat venditor (subscriptor) "пусть продавец остерегается" (лат.): ответственность продавца ценных бумаг за их качество и другие аспекты сделки

CC (double C) рейтинг наиболее спекулятивных (highest speculation) облигаций агентства Стандард энд Пурз; см. Standard and Poor's ratings, bond ratings

CCC (Triple C) рейтинг низкого качества (poor quality) облигаций и привилегированных акций агентства; см. Standard and Poor's ratings, bond ratings

cease and desist order распоряжение регулирующих органов банку "прекратить и воздержаться впредь" от каких-либо действий

ceiling "потолок": предел кредитования, процентных ставок, установленный регулирующим органом

ceiling agreement соглашение "потолок": 1) соглашение сторон, по которому банк гарантирует клиенту фиксированную стоимость заемных средств за уплату премии (при повышении рыночных ставок выплачивает компенсацию); 2) серия опционов "колл" относительно ЛИБОР, другой процентной ставки или серия опционов "пут" на базе фьючерской цены для защиты от повышения ставок

ceiling/floor agreement соглашение "потолок/пол": 1) соглашение, по которому банк гарантирует клиенту стоимость заимствований в определенных пределах (оговариваются максимум и минимум ссудных ставок); при падении рыночных ставок ниже минимума клиент выплачивает компенсацию банку, при превышении максимума – банк клиенту

ceiling on credit growth "потолок" роста кредита: ограничение властями прироста кредитования в течение определенного периода

central bank центральный банк: 1) государственный банк, который реализует валютную и денежно-кредитную политику правительства, осуществляет эмиссию и управляет официальными валютными резервами, является банкиром правительства и всех других кредитных институтов; 2) коммерческий банк, который обслуживает группу небольших банков (кооперативных, сберегательных)

central bank money = monetary base

Central Bank of DPRK центральный банк КНДР (создан в 1946 г.)

Central Bank of Russia (Bank of Russia) Центральный банк России (Банк России); государственный банк России, выполняющий основные функции центрального банка для России и частично для стран рублевой зоны; создан в 1990 г. на основе Российской конторы Госбанка СССР, а с 1992 г. - правопреемник последнего на территории России и по основным международным обязательствам; действует на основе Закона о центральном банке (декабрь 1990 г.), формально независим от правительства

Centrale de Livraison de valeurs mobilieres (CEDEL S. A.) Центр поставки ценных бумаг ("СЕДЕЛ"): клиринговая система, учреждение для расчетов между банками на вторичном рынке еврооблигаций и других ценных бумаг (создана в Люксембурге в 1970 г.); через Ситибэнк предоставляет кредиты участникам рынка в сумме 80-90 % от стоимости облигаций

central exchange rates центральные валютные курсы (также средние курсы): курсы, относительно которых разрешены отклонения в ограниченных пределах (например, курсы, установленные "группой 10" в декабре 1971 г., а также центральные курсы в ЕВС); см. central rates

Central Gilts Office (CGO) Центральное бюро государственных облигаций: электронная система безналичных расчетов по государственным облигациям, созданная в 1986 году Банком Англии и Лондонской фондовой биржей

central government borrowing requirement (CGBR) потребность центрального правительства в заимствованиях: сумма государственных расходов, не покрываемая обычными доходами (налогами); показатель бюджетного дефицита в Великобритании

Central Liquidity Facility (CLF) централизованный фонд пополнения ликвидности: правительственная корпорация в рамках Национальной ассоциации кредитных союзов, специализирующаяся на кредитовании последних; создана в 1979 г. на основе добровольного членства

central market центральный рынок: рынок, имеющий физическое помещение (например, биржа)

Central Moneymarkets Office (CMO) Центральное бюро денежного рынка: электронная система безналичных расчетов по инструментам денежного рынка, созданная в 1990 году Банком Англии; членами системы являются банки и другие финансовые учреждения

central rates центральные курсы: фиксированные на договорной основе паритеты валют ЕВС к ЭКЮ; объявляются только членами курсового механизма ЕВС

Central Selling Organization (CSO) Центральная организация продаж: организация, которая занимается регулированием продаж необработанных алмазов через примерно 20 фирм во всем мире (Лондон); находится в значительной мере под контролем Де Бирс

Central Statistical Office (CSO) Центральное статистическое учреждение: британская государственная организация, занимающаяся публикацией экономической и финансовой статистики (1200 человек)

century сумма или банкнота в 100 долларов (жаргон)

certified transfer удостоверенный трансферт: документ о передаче права собственности на акции с пометкой о том, что сертификаты акций направлены соответствующей компании для перерегистрации (Великобритания)

certificate (Cert; Certif; CF) сертификат: 1) свидетельство о праве собственности (на депозит, акцию, облигацию) в письменной или печатной форме; см. certificate of deposit; share certificate; pond certificate; 2) заключение аудитора по балансу компании; 3) = certificate of origin; 4) = certificate of pledge

certificateless municipals муниципальные облигации без выпуска сертификатов собственности для каждого держателя (один сертификат на весь заем); см. book-entry securities

certificate of accounts заключение аудитора, удостоверяющее достоверность отчетности компании

certificate of deposit (CD) депозитный сертификат: ценная бумага на предъявителя, свидетельствующая о наличии в банке срочного депозита на определенную сумму (инструмент денежного рынка); впервые такие сертификаты начали выпускаться банками в США в 1961 г. (с 1966 г. - на еврорынке); имеют сроки в основном от 3 месяцев до 5 лет

certificate of incorporation сертификат инкорпорации: 1) лицензия (разрешение) на функционирование в качестве корпорации, выдаваемая властями штата (США); 2) свидетельство о регистрации, выдаваемое новой компании регистрационной палатой после проверки уставных документов; до получения этого документа банки не могут открывать компании счета (Великобритания)

certificate of origin сертификат происхождения товаров

certificate of pledge залоговый сертификат (расписка)

certificate of title = abstract of title; title deed

certificates for amortizing revolving debt (CARDs) сертификаты для амортизации возобновляемого долга: ценные бумаги (сертификаты), выпущенные на основе пула ссуд, предоставленных в США с помощью кредитных карточек

certificates for automobile receivables (CARs) ценные бумаги (сертификаты), выпущенные на основе пула кредитов на покупку автомобилей в США (то есть обеспеченные этими кредитами ("КАРЗ"- "машины")

Certificates of Accrual on Treasury Securities (CATS) разновидность облигаций с нулевыми купонами, выпускаемых в США Саломон Бразерс с 1984 г. на основе казначейских бумаг ("КЭТС" - "кошки"); см. stripped bonds

certified accountant лицензированный бухгалтер: бухгалтер, отвечающий определенным квалификационным требованиям и принятый в члены профессиональной ассоциации (Великобритания)

certified check чек клиента, гарантированный его банком, или банковский чек (США)

certified financial planner (CFP) дипломированный специалист по финансовому планированию (США): специалист по координации банковских, страховых, инвестиционных, налоговых дел клиента

certified public accountant (CPA) дипломированный бухгалтер, выдержавший необходимые экзамены (США)

certified transfer зарегистрированная передача акций от одного владельца другому

ceteris paribus при прочих равных условиях (лат.)

chain banking "цепная" (групповая) банковская деятельность: тип банковской системы, в которой банки объединены путем системы участий (контрольных пакетов) и переплетения директоратов (в США в прошлом таким образом преодолевались ограничения на открытие отделений; сегодня каждый крупный банк представляет собой группу дочерних компаний под контролем холдинга); см. bank(ing) holding company; branch banking; unit banking

chairman of the board председатель правления (совета директоров) корпорации; может совмещать пост главного исполнительного директора, но часто имеет незначительные полномочия и выполняет представительские функции; см. chief executive officer

chairman's statement отчет председателя: отчет председателя совета директоров компании, публикуемый вместе с годовым балансом и содержащий оценку прошедшего периода и перспектив компании

chamber of commerce торгово-промышленная палата: ассоциация бизнесменов для содействия торговле и промышленности на основе членства компаний данного города, региона, страны; прежде всего занимается предоставлением членам деловой информации

Chamber of Horrors комната ужасов; помещение в конторе Ллойда, где вывешиваются объявления о кораблекрушениях и несчастных случаях на судах; см. Lloyd's

Chambre syndicale de la Compagnie des agents de change Профсоюзная палата Ассоциации фондовых брокеров (Франция): руководящий орган французской Ассоциации фондовых брокеров (избирается ежегодно в составе 8 членов); следит за выполнением членами ассоциации ее правил, за нормальным функционированием бирж; см. Compagnie des agents de change

Chancellor of the Exchequer канцлер казначейства (казны): министр финансов Великобритании

change 1) изменение; 2) сдача (при покупке за наличные); 3) монеты, мелкие деньги

'Change разговорное название Лондонской фондовой биржи; см. London Stock Exchange

check hold = account hold

chain letter "цепное письмо"; вид мошенничества, предполагающий вовлечение жертвами новых обманутых, оплачивающих доходы инициаторов (например, письмо, предлагающее присылать некоторую сумму и привлечь новых участников, которые будут присылать деньги соблазнившемуся)

chalk up зарегистрировать (от записей мелом котировок на досках на фондовых биржах)

chamber of commerce (CC) торговая палата: ассоциация бизнесменов определенного региона, призванная защищать их общие интересы

character loan = signature loan

charge 1) плата, денежный сбор; 2) залог активов для получения кредита (конкретного актива или всех активов компании); 3) расход; 4) комиссия за услуги

chargeable assets облагаемые активы: активы, продажа которых будет обложена налогом на прирост капитала

charge account кредит по открытому счету (США): в торговом центре для оплаты покупок можно открыть счет, который предусматривает кредит на определенную сумму (также в ресторанах и т. д.)

charge card платежная карточка, владельцу которой ежемесячно представляется счет для оплаты в полной сумме; см. plastic card

charged дебетованный, отнесенный на счет, оплаченный

charged security = collateral

charitable company благотворительная компания: компания, не преследующая цель получения прибыли (поощрение науки, религии)

charitable trust благотворительный траст – инвестиционный фонд, доходы которого идут на благотворительность

charity благотворительность, благотворительный институт

chart график цен, курсов, ставок, используемый для анализа конъюнктуры

charter 1) уставные документы корпорации: устав и сертификат об инкорпорации (лицензия); см. articles of incorporation; certificate of incorporation; 2) зафрахтовать судно

chartered accountant лицензированный бухгалтер: бухгалтер, сдавший экзамен на членство в институте лицензированных бухгалтеров – профессиональной организации бухгалтеров в Великобритании

chartered bank 1) коммерческий банк, созданный на основе Закона о банках (Канада); 2) банк, созданный на основе королевского декрета (Великобритания)

chartered company компания в Великобритании, созданная на основе королевского декрета, а не закона о компаниях

Chartered Institute of Bankers (CIB) Институт банкиров: профессиональная организация банкиров в Великобритании; основан в 1879 г., в 1987 г. был издан соответствующий королевский декрет; более 120000 членов; занимается подготовкой кадров, публикациями, распространением информации

Chartered Institute of Bankers in Scotland Институт банкиров Шотландии: старейшая в мире профессиональная организация банкиров в Шотландии; основан в 1875 г., в 1976 г. был издан соответствующий королевский декрет

Chartered Institute of Public Finance and Accountancy (CIPFA) Институт государственных финансов и бухгалтерского учета: одна из профессиональных бухгалтерских организаций в Великобритании, специализирующаяся на финансах государственных органов

chartism чартизм: 1) один из методов технического анализа рыночной конъюнктуры на основе подробных графиков и системы представлений о повторяемости "рисунка" движения цен (в том числе усредненных) и других показателей; 2) разновидность методов инвестиционного анализа и прогнозирования (для ценных бумаг и товаров); см. primary trend; secondary trend; tertiary trend

chartist чартист: сотрудник банка или посреднической компании, специализирующийся на анализе рыночной конъюнктуры с помощью метода чартизма; см. chartism; fundamentalist

chattel(s) движимое имущество

chattel mortgage ипотечный кредит под движимое имущество (машины, оборудование)

cheap money = easy money

check (cheque) (Ck; chq) чек: 1) переводный вексель, выставленный на банк и оплачиваемый по предъявлении; 2) инструкция банку выплатить сумму означенному на документе лицу; обычно чек выписывают против депонированной на счете суммы, и он не может быть отозван и не требует акцепта; см. crossed check; uncrossed check

check account чековый (текущий) счет: счет в банке или другом кредитном учреждении, по которому можно выписывать чеки; = current account

checkbook (CBK) чековая книжка: книжка из 10, 25 или 60 бланков чеков, выданная банком клиенту

checkbook money деньги чековой книжки: средства на чековом счете в коммерческом банке

check (guarantee) card чековая карточка: разновидность пластиковой карточки, которую банки выпускают для своих клиентов в подтверждение их чеков (для сверки подписи и номера счета); при наличии карточки чек обязательно принимается на сумму в пределах указанного на карточке лимита в Великобритании - обычно на сумму 50-250 ф. ст.); см. credit card

check clearing чековый клиринг: система централизованных взаимных зачетов по расчетам с чеками (чеки пересылаются в банки, на которые они выписаны, а обратно идут денежные переводы); чековый клиринг осуществляется через клиринговые палаты, систему расчетов по чекам ФРС (США), непосредственно между банками

checking ежедневная компьютерная проверка (сверка) деталей операций биржевых дилеров до начала официального процесса расчетов (Великобритания)

checking account = check account

checking the market "проверка" рынка: запрос брокером котировок "делателей рынка" до принятия решения о том, с кем заключить сделку; см. market maker

check made out to cash чек, выписанный вкладчиком на свой счет для получения наличных

check rate чековый курс: стоимость в национальной валюте покупки чека или тратты до востребования, выписанных в валюте другой страны

check safekeeping безопасное хранение чеков: услуга, предоставляемая банком своим клиентам по хранению аннулированных чеков или копий чеков; = check retention; truncation

Cheque and Credit Clearing Co. Чек энд кредит клиринг Ко. (Великобритания): компания, специализирующаяся на чековых расчетах и кредитном клиринге (создана в 1985 г. со штаб-квартирой в Лондоне); см. credit clearing; Association for Payment Clearing Services

cherry-picking "сбор вишни": практика выбора лучших частей компании или группы в случае ликвидации

Chervonetz червонец: советская денежная единица 1922-47 гг. и золотая монета (7,74234 г.); с 70-х годов используются новоделы монет

Chicago Board of Trade (CBOT; CBT) Чикаго борд оф трейд (США): крупнейшая в мире срочная товарная биржа, специализирующаяся на зерновых и финансовых срочных сделках (основана в 1848 г.)

Chicago Board Options Exchange (CBOE) Чикаго борд опшнз иксчендж: опционная биржа в Чикаго при бирже Чикаго борд оф трейд, специализирующаяся на опционных сделках с акциями (основана в 1973 г.); см. traded options

Chicago Mercantile Exchange (CME; Merc) Чикагская товарная биржа (ЧМЕ): вторая по объему операций в Чикаго и в США срочная товарная биржа, специализирующаяся на продуктах животноводства и финансовых срочных сделках (основана в 1919 г.); финансовые сделки производятся через ИММ; см. International Monetary Market

chief executive officer (CEO) главный исполнительный директор (корпорации); отвечает за основную часть текущей деятельности корпорации, чисто совмещает также пост председателя правления, президента, заместителя председателя и т. д.; см. chairman of the board

chief financial officer (CFO) главный финансовый директор (корпорации): руководитель корпорации, отвечающий за финансовые вопросы (имеет титул вице-президента, казначея, контролера)

chief operating officer (COO) главный операционный директор (корпорации): руководитель корпорации, отвечающий за повседневные операции, текущую деятельность (США)

Chief Register of Friendly Societies главный регистратор "дружеских" обществ в Великобритании: лицо, отвечающее за надзор за деятельностью строительных обществ перед министерством финансов

children's assurance детское страхование (контракт обычно заключают родители в пользу детей до достижения ими определенного возраста или для оплаты будущего обучения)

China International Trust and Investment Corporation (CITIC) международная доверительно-инвестиционная корпорация Китая: финансово-кредитный институт КНР, специализирующийся на международных инвестиционных операциях; имеет заграничную сеть (основана в 1979 г.)

Chinese Walls принцип "китайских стен": разделение функций банка во избежание злоупотреблений (для этого создаются изолированные подразделения или специализированные дочерние компании, причем головной банк часто не может быть клиентом последних); = firewalls

chip card пластиковая (кредитная) карточка с микропроцессором; = memory card, smart card, integrated circuit (IC) card

choice "выбор": ситуация на Лондонской фондовой бирже, когда брокер может купить ценную бумагу по той же цене, по которой ему предлагают ее продать (в отношениях с разными партнерами)

chukoko инвестиционные тресты, вкладывающие средства в среднесрочные правительственные облигации (Япония)

churning сомнительная практика проведения фондовым брокером сделок за счет средств клиента для увеличения своих комиссионных (запрещена правилами бирж); = twisting

Cincinnati Stock Exchange (CSE) Фондовая биржа Цинциннати (основана в 1887 г.): первая полностью компьютеризированная биржа в США (торгового зала нет)

circle "круг" (США): обозначение потенциальных покупателей новых ценных бумаг и предполагаемых сумм покупок в течение периода регистрации займа; официально торговля в этот период запрещена

circuit breaker "предохранитель": форма контроля, предупреждающая неожиданное и чрезмерное движение цен акций компании

circular letter of credit циркулярный аккредитив: инструкция банка агентам

за границей оплачивать тратты клиента до определенной максимальной суммы
circulating capital = working capital
circus swap своп "цирк": простой процентный своп, заключающийся в обмене процентными платежами в разных валютах
citiplus "ситиплюс": инструмент срочного хеджирования, предлагаемый клиентам американским Ситибэнк; см. participating forward
citizen bond гражданская облигация (США): разновидность муниципальных облигаций без сертификатов; может котироваться на бирже
City (of London) Сити: центральная часть Лондона (площадью в 1 квадратную милю), где сосредоточены биржи, банки и другие кредитно-финансовые институты, - деловой и финансовый центр Великобритании и всего мира (наряду с Нью-Йорком и Токио), олицетворение британского финансового капитала
City bank городской банк (Япония): один из 12 универсальных коммерческих банков страны (особенно активны в обслуживании корпораций и международных операциях)
City Code (on Take-Overs and Mergers) "Кодекс Сити" (Великобритания): свод правил проведения слияний и поглощений - неофициальный документ, впервые опубликованный в 1968 г. специальным совещательным органом кредитно-финансовых институтов по слияниям и поглощениям
clad coin плакированная монета (с основой и покрытием из разных металлов для снижения себестоимости)
claim 1) требование; 2) право; 3) актив; 4) претензия
class класс: 1) класс ценных бумаг: акции и облигации, обыкновенные и привилегированные акции, обеспеченные и необеспеченные облигации и т. д.; 2) = class of options
class A/class B shares = classified stock
classified stock классифицированные акции: разделение акций на классы А и Б, которые могут иметь разное число голосов и другие привилегии (США)

class of options класс опционов: все опционы "колл" или все опционы "пут" на один и тот же финансовый инструмент; класс опционов с одинаковой ценой и сроком называется серией; см. option series
class of shares класс акций: все акции компании (эмитента), несущие одинаковые права и обязательства (например, все обыкновенные акции, все безголосые, все привилегированные)
clawback возврат ранее данного (Великобритания): изъятие налоговыми органами средств, которые остались у налогоплательщика благодаря тем или иным льготам (при изменении статуса плательщика или совершении им каких-либо действий)
Clayton Anti-Trust Act антитрестовский закон Клейтона (США); см. antitrust laws
clean чистый: 1) свободный от долгов (о балансе компании); 2) без приложения документов; 3) "чистая" сделка с ценными бумагами (совпадение приказов продать и купить); = clean trade
clean bill of exchange "чистая" тратта: переводный вексель без приложения каких-либо документов
clean bill of lading "чистый" коносамент: коносамент без каких-либо оговорок относительно качества товара или его упаковки
clean credit (letter or credit) "чистый" аккредитив: аккредитив, не требующий представления документов и не связанный с товарной поставкой
clean float(ing) "чистое" плавание валютных курсов: система плавающих курсов, при которой власти не пытаются воздействовать на рыночные спрос и предложение
clean price "чистая" цена: цена облигации с фиксированной процентной ставкой без учета процентов за период до оплаты очередного купона; см. accrued interest
clean title "чистый" титул: права собственности на недвижимость, не ограниченные какими-либо другими требованиями; = perfect title
clean trade "чистая" сделка (США):

C

cle–clo

сделка с ценными бумагами, в которой объемы покупок и продаж совпадают и брокеру (дилеру) не нужно поставлять или принимать ценные бумаги

clean up получить чистую прибыль в результате завершения финансовой сделки

clear 1) выплатить средства по чеку клиента; 2) чистый: об активе, который не использован в качестве обеспечения и не связан обязательствами; 3) получить прибыль; 4) сравнить детали финансовой сделки перед расчетом; 5) очистить товар: провести товар через таможенные формальности

clearance 1) распродажа; = sale; 2) очистка; = customs clearance; 3) таможенное свидетельство; 4) проведение расчетов через клиринговую палату; 5) оплата долга, урегулирование претензий

cleared funds чистые средства: остаток счета, по которому завершены расчеты, то есть прошло минимум 3 дня расчетов по последним чекам

clearer = clearing bank

clearing клиринг: расчеты, путем взаимного зачета требований

clearing account клиринговый счет: счет коммерческого банка в центральном банке для проведения расчетов с другими банками

clearing agreement = bilateral agreement

clearing bank клиринговый банк: банк, являющийся членом Лондонской клиринговой палаты и Комитета клиринговых банкиров (также банк - член Шотландского Комитета клиринговых банкиров)

clearing fees клиринговые комиссионные: комиссионные, которые "неклиринговый" член срочной биржи платит ее "клиринговому" члену за проведение расчетов; см. clearing members

clearing house (CH) клиринговая палата: 1) клиринговая (расчетная) палата срочной биржи: палата, регистрирующая, ведущая учет и взаимозачет операций (может быть частью биржи или самостоятельной акционерной компанией); 2) банковская клиринговая палата: учреждение, занимающееся взаимными расчетами между своими членами (например, по чекам)

Clearing House Automated Payment System (CHAPS) and Town Clearing компания "ЧЭПС энд таун клиринг", осуществляющая электронные клиринговые расчеты по суммам свыше 10 тыс. ф. ст. в Лондоне (создана в 1984 г. и принадлежит Лондонской клиринговой палате); включает традиционный "Городской клиринг"; см. Association for Payment Clearing Services; Town Clearing

clearing house funds средства клиринговой палаты: чеки, расчеты с которыми банки проводят через ФРС США (Нью-Йорк)

Clearing House Interbank Payments System (CHIPS) "ЧИПС": система межбанковских электронных клиринговых расчетов по крупным суммам в долларах США (Нью-Йорк)

clearing members "клиринговые" члены (биржи): члены клиринговой палаты срочной биржи (участники биржи, не являющиеся членами палаты, проводят расчеты через них)

clearing organization = clearing house 1

clearing system клиринговая система: система расчетов по платежам, чекам или ценным бумагам, созданная группой финансовых учреждений

clear title = just title

clients' accounts клиентские счета: 1) средства клиентов, которые временно находятся у брокера и должны учитываться отдельно от его собственных финансовых ресурсов; 2) счета, которые адвокат держит в банке от имени клиента без раскрытия его имени

climax кульминация повышательной или понижательной тенденции движения цены (высшая или низшая точка)

clone fund "отпочковавшийся" фонд: новый инвестиционный фонд, созданный для развития успеха существующего

close 1) закрытие биржи, период при закрытии (на срочных биржах обычно имеется в виду 30-минутный период в конце операционного дня); 2) последний (о цене последней сделки в конце рабочего дня); 3) завершение сделки, кредитного соглашения; 4) закрытие бухгалтерских книг в конце учетного периода

close a position закрыть позицию: 1) на рынке фьючерсов и опционов – заключить сделку для ликвидации определенного обязательства (зачет ранее заключенной срочной сделки); 2) продать ценные бумаги, то есть ликвидировать инвестиции

close(d) company "закрытая" компания (Великобритания): независимая компания под контролем пяти или менее акционеров или акционеров, которые являются директорами (должны иметь более 65 % акций); имеет особый налоговый режим

close(d) corporation "закрытая" корпорация (США): корпорация, акции которой принадлежат узкому кругу лиц (обычно управляющему или его семье) и не обращаются на рынке

closed-end credit кредит, предоставляемый на фиксированную сумму (то есть по данному кредитному соглашению сумма заимствований не может быть увеличена)

closed-end fund (UK) = closed-end investment trust

closed-end investment trust (company) "закрытый" инвестиционный трест: инвестиционное учреждение, которое выпускает паи (акции), то есть размер собственных средств зафиксирован как у акционерной компании (акции могут обращаться на бирже); см. open-end investment trust (company)

closed-end management company "закрытая" управленческая компания: инвестиционная компания, которая управляет взаимным фондом с ограниченным числом акций (паев); см. open-end management company

closed-end mortgage "закрытая" ипотека: ипотечный заем, при котором запрещено досрочное погашение облигаций, вторичное использование того же обеспечения; см. open-end mortgage

closed fund закрытый фонд: фонд, который полностью использован или инвестирован и по которому больше не проводится операций

closed indent заказ торговому агенту на покупку определенного импортного товара с указанием конкретного производителя

closed mortgage = closed-end mortgage

closed out закрытый, ликвидированный (о позиции)

closed position закрытая позиция: срочная позиция, которая зачтена обратной сделкой или по которой произведен расчет

closely held shares акции компании, находящиеся в основном в руках немногих лиц (обычно директоров и связанных с ними лиц); торговля оставшимися в свободном обращении акциями затруднена, так как даже небольшие сделки оказывают непропорционально сильное воздействие на цены

close-out basis базис при закрытии позиции: разница между наличной и срочной ценами (базис) в момент ликвидации срочной позиции для целей хеджирования (обычно уменьшается по сравнению с временем открытия срочной позиции)

close price "тесная" цена: минимальный разрыв между ценами покупателя и продавца по ценной бумаге

closing 1) проведение операции для зачета ранее заключенной сделки; 2) = close

closing accounts годовая отчетность компании: баланс и счет прибылей и убытков, подготовленные на конец года

closing bank банк, завершающий сделку, в которой участвовало несколько банков

closing buy transaction срочная сделка (покупка контрактов), ликвидирующая "короткую" позицию (позицию продавца), в том числе по опционам; = short cover; cover 2

closing costs издержки по передаче недвижимости от продавца к покупателю (расходы на адвоката, осмотр собственности, страхование, оформление документов)

closing out "закрытие" открытой позиции равнозначной обратной операцией; см. cover

closing price цена закрытия: цена,

зарегистрированная при закрытии срочной биржи, в конце рабочего дня (иногда цена последней сделки)

closing points "пункты" при закрытии: сумма, уплачиваемая при окончательном подписании ипотечного кредита для повышения эффективной ставки последнего; = discount points

closing price range наиболее высокие и низкие цены при закрытии биржи; см. closing price

closing purchase transaction = closing buy transaction

closing quote последняя котировка цены покупателя или продавца, зарегистрированная в конце рабочего дня биржи

closing range = closing price range

closing rate валютный курс на момент закрытия рынка

closing sale transaction срочная сделка (продажа контрактов), ликвидирующая "длинную" позицию (позицию покупателя), в том числе по опционам; = liquidation 2

closing the books 1) закрытие бухгалтерских книг: подведение итогов на определенную дату; 2) прекращение регистрации покупателей акций перед выплатой дивиденда

closing transaction = closing out

clouded title = cloud on title

cloud on title "облако на титуле": права собственности на недвижимость, которые ограничены какими-либо иными требованиями, судебными решениями; см. title defect; clean title

club клуб; = unincorporated association

club account клубный счет: 1) депозитные счета неинкорпорированных общественных объединений; 2) специальный процентный сберегательный счет на срок 1 год, призванный помочь сберегать деньги к празднику или отпуску; например: Christmas club, holiday club, vacation club

club-deal (credit) "клубная" сделка (кредит): международный банковский кредит, предоставляемый по предварительной договоренности небольшой группой (обычно до десяти) учреждений

club money "клубные деньги" (Великобритания): требование к британским банкам держать не менее 2,5 % активов в виде депозитов в учетных домах (для поддержания ликвидности денежного рынка); см. discount house

Club of Ten = Group of Ten

co-branded credit card совместная кредитная карточка: кредитная карточка, совместно выпускаемая банком и предприятием розничной торговли, например, крупным универмагом; банку такая карточка дает доступ к новым клиентам, а универмаг через скидки, связанные с использованием карточки, привлекает клиентов; см. affinity card

cock date = odd date

cocktail swap своп "коктейль": соглашение, включающее несколько разнотипных свопов (например, два валютных и один процентный) с различными партнерами; см. currency swap 1; interest rate swap

code 1) код: система слов или символов для кодирования сообщений (расшифровка требует "ключа"); 2) кодекс; закон; сборник правил

Code of Banking Practice Кодекс банковской практики: свод правил банковской практики, подготовленный Ассоциацией британских банкиров и Ассоциацией платежных и клиринговых услуг и вступивший в силу 16 марта 1992 г.; формулирует принципы взаимоотношений с клиентами, практику выпуска карточек и др.

Code of Dealing = Stock Exchange Code of Dealing

Coffee, Sugar & Cocoa Exchange (CSCE) Биржа кофе, сахара и какао (США); срочная товарная биржа в Нью-Йорке (помимо товарных котируется фьючерский контракт на основе индекса потребительских цен); основана в 1979 г. в результате слияния Биржи кофе и сахара (1882 г.) и Биржи какао (1925 г.)

co-financing совместное финансирование, осуществляемое коммерческими банками и международными организациями типа МБРР (с 1974 г.)

coin монета: стандартный денежный знак из металла (обычно небольшого достоинства)

coinage 1) металлические деньги; 2) чеканка монеты

coinage prerogative (monopoly) монопольное право на чеканку монеты в качестве законного платежного средства

coin of the realm монета королевства: монеты, являющиеся законным средством платежа в Великобритании; по закону 1971 г. монеты являются законным платежным средством до суммы 20 пенсов (монеты в 1 и 2 пенса), 5 ф. ст. (монеты в 5 и 10 пенсов), 10 ф. ст. (20 и 50 пенсов)

co-insurance совместное страхование: страховое покрытие одного риска несколькими страховыми компаниями; см. contribution

cold comfort letter = comfort letter

collar "ошейник", "воротник": 1) = ceiling floor agreement; 2) фиксированный максимум и минимум процентной ставки в облигационном займе; может быть отделен от облигации и обращаться как самостоятельная ценная бумага

collar bond = minimax bond

collar swap обмен обязательств по фиксированной ставке на обязательства по плавающей ставке, причем последняя имеет минимум и максимум

collateral (collat) обеспечение кредита: ценные бумаги и другая собственность (страховые полисы, товары), предлагаемые в качестве обеспечения (гарантии возвратности) кредита (собственность, легко превращаемая в наличные деньги)

collateral bill (note) обеспеченный вексель (обычно простой)

collateral bond обеспеченная облигация (США)

collateralize обеспечивать, гарантировать (кредит, облигационный заем)

collateralized bond обеспеченная облигация: облигация, для улучшения условий выпущенная с обеспечением в виде других ценных бумаг (например, ипотек, казначейских облигаций США)

collateralized mortgage obligation (CMO) облигация, обеспеченная пулом ипотек (на внутреннем рынке США); такие облигации выпускаются с фиксированной ставкой на основе ипотек с разными сроками (кратко-, средне- и долгосрочные)

collateralized RUF (CRUF) евронотная программа с обеспечением в виде ценных бумаг для улучшения условий (впервые осуществлена Меррилл Линч); см. revolving underwriting facility (RUF)

collateral loan (USA) = lombard credit

collateral security = collateral

collateral security margin разница между рыночной стоимостью обеспечения и суммой кредита, которую банк требует от клиента внести для защиты от риска

collateral trust bond облигация корпорации, обеспеченная ценными бумагами (которые находятся у банка или другого попечителя)

collectible предмет коллекционирования и вложения средств инвесторами (марки, монеты, антиквариат)

collecting banker инкассирующий банк: банк, инкассирующий по поручению клиента чеки, которые тот внес на свой счет (счет кредитуется после оплаты чеков банком, на который они выписаны)

collection инкассо, инкассация: 1) предъявление любого долгового обязательства, финансового документа для оплаты; 2) конверсия причитающихся сумм в наличные

collection-only check = crossed check

collection order приказ инкассации: письменные инструкции клиента банку по вопросу предъявления и оплаты определенных коммерческих документов

collection period = collection ratio

collection ratio средний срок инкассации поступлений: отношение поступлений компании к среднедневным продажам (в днях)

collective bargaining коллективные переговоры трудящихся через профсоюзы с работодателями

collective custody of securities совместное хранение в банке разных ценных бумаг одного или нескольких клиентов; см. separate custody of securities

collective fund коллективный фонд: краткосрочный инвестиционный фонд, вкладывающий средства в активы со сроками до 91 дня; средства могут изыматься по первому требованию

collective order общее платежное поручение: объединение нескольких платежных поручений в одно

collect on delivery (COD) = cash on delivery 1

collector сборщик (налогов, страховых премий)

collocation plan = creditor ranking

co-maker соподписант: лицо, которое подписывает простой вексель заемщика (в дополнение к подписи самого заемщика), чтобы повысить надежность обязательства; несет такую же ответственность как гарант или индоссант в случае невыполнения заемщиком своих обязательств

co-manager ко-менеджер: один из банков, входящих в группу организаторов займа (в отличие от простых участников консорциума); см. lead-manager; manager

combination комбинация: 1) покупка или продажа равного числа опционов "колл" или "пут" с разными ценами исполнения и/или датами; 2) объединение конкурирующих компаний для укрепления рыночных позиций; 3) объединение нескольких деловых предприятий в одно целое для целей бухгалтерского учета

combination bond комбинированная облигация: облигация, обеспеченная всем достоянием эмитента (обычно государственного учреждения) и доходами от проекта, финансируемого выпуском облигаций

combination order = alternative order

combined financial statement комбинированная финансовая отчетность двух и более аффилированных компаний за вычетом сделок между ними (не совпадает с консолидированной отчетностью материнской и дочерних компаний, так как в ней не урегулируются вопросы капитала и инвестиций)

combined statement комбинированная выписка с банковского счета: выписка по двум и более связанным счетам, которые имеют один и тот же номер; см. bank statement

COMECON = Council for Mutual Economic Assistance

Comecon banks банки СЭВ: Международный банк экономического сотрудничества и Международный инвестиционный банк

"come on" bid крайне льготное деловое предложение (даже в убыток предлагающему), имеющее целью завязать отношения и получить прибыльный бизнес на последующих стадиях

comfort letter 1) письмо независимого аудитора о том, что информация в проспекте и заявке на регистрацию ценных бумаг правильно подготовлена и нет оснований считать ее неверной ("холодное" (cold) письмо, так как аудитор не гарантирует правильности информации); 2) письмо одного партнера другому о том, что определенные действия, четко не оговоренные в соглашении между ними, будут или не будут предприняты

coming out price цена эмиссии (подписки): цена, по которой выпускаются новые акции (часто отличается от номинальной цены); = issue price

commercial bank коммерческий банк: банк, главным источником ресурсов которого являются депозиты компаний и населения, а основной специализацией - краткосрочное кредитование; в большинстве стран такие банки занимаются всеми видами банковской деятельности

commercial bill = bill of exchange

commercial discount = cash discount

commercial finance (credit) company коммерческая финансовая (кредитная) компания (США): финансовая компания, кредитующая производителей и оптовых торговцев под обеспечение различными активами; см. finance company, 2

commercial hedger коммерческий хеджер: компания, которая оперирует на фьючерском рынке для страхования рисков; = end user

commercial letter of credit коммерческий (торговый) аккредитив (используемый для расчетов по внешней торговле); см. documentary letter of credit

commercial loan коммерческая ссуда: краткосрочная (обычно 90 дней) возобновляемая ссуда для удовлетворения сезонной потребности компании в оборотном капитале (в США ставка базируется на прайм-рейт)

commercial paper (CP) "коммерческие бумаги" (векселя): 1) в США - необеспеченные свободно обращающиеся обязательства с большими номиналами и сроками от 2 до 270 дней, используемые корпорациями и банками для краткосрочных заимствований и инвестиций; часто выпускаются на возобновляемой основе в рамках среднесрочных кредитных программ и гарантируются кредитными линиями (банки не гарантируют их размещение); 2) векселя, имеющие торговое происхождение

commercial paper market рынок коммерческих бумаг: рынок краткосрочных обязательств компаний (США); см. commercial paper 1

commercial register коммерческий регистр: официальный регистр компаний, действующий на коммерческих началах

commercial risk коммерческий риск: риск неплатежеспособности

commercial user = end user

Commerzbank index индекс Коммерцбанка (ФРГ): индекс курсов 60 акций ведущих компаний, котируемых на биржах страны; рассчитывается ежедневно; базовый период - 1 декабря 1953 г. (= 100)

commingling смешение ценных бумаг клиента и брокера: использование обеспечения клиента с его согласия для обеспечения кредита брокера; см. rehypothecation

commingled funds смешанные средства: 1) смешение счета, на котором находится наличное обеспечение заемщика, с другими счетами кредитора (в сфере кредитования на базе активов); см. asset-based lending; 2) пул инвестиционных средств индивидуальных вкладчиков, например, владельцев индивидуальных пенсионных счетов или работников фирмы, участвующих в сберегательном плане; фактически разновидность взаимного фонда, управляемого трастовым департаментом банка (США)

commission комиссия, комиссионный сбор: плата, взимаемая посредником с клиента за совершение операции по его поручению или другую услугу (например, процент от стоимости недвижимости или ценных бумаг)

commission broker комиссионный брокер (США): биржевой брокер, осуществляющий сделки за комиссию; см. commission house

Commission des operations de Bourse (COB) Комиссия по биржевым операциям (Франция): государственный орган по надзору за фондовыми биржами (создан в 1967 г.); следит за предоставлением компаниями, чьи акции котируются на биржах, необходимой информации, предотвращает мошенничество, регистрирует жалобы на фондовые биржи, решает вопрос о допуске бумаг к котировке; см. Compagnie des Agents de Change

Commissione nazionale per la societa e la Borsa (Consob) Национальная комиссия по акционерным обществам и биржам (Италия): государственный орган, регулирующий торговлю ценными бумагами и биржи (создан в 1974 г.)

commission house комиссионный дом (розничный брокер): брокерская фирма, специализирующаяся на торговле срочными контрактами по поручению и за счет клиентов (за комиссионные); обычно имеет частные линии связи со своими отделениями и другими участниками рынка; = wire house

commitment обязательство: 1) в срочной биржевой торговле - обязательство поставить товар или финансовый инструмент; 2) в кредитовании - обязательство предоставить кредит на определенную сумму; 3) портфель ценных бумаг: обязательства, возникшие в связи с приобретением ценных бумаг

commitment fee комиссия за обязательство, выплачиваемая банку по неиспользованной части кредита (обычно менее 1 %)

commitment period период, в течение которого действует обязательство банка предоставить кредит

Committee of London Clearing Bankers (CLCB) Комитет лондонских клиринговых банкиров: комитет председателей лондонских клиринговых банков, который служит центром обсуждения проблем банковской системы страны и ее взаимоотношений с Банком Англии и министерством финансов (до 1 декабря 1985 г.)

Committee of London and Scottish Bankers (CLSB) Комитет лондонских и шотландских банкиров: орган Ассоциации британских банкиров, созданный 1 декабря 1985 г. на основе Комитета лондонских клиринговых банков в основном с теми же функциями

Committee on Banking Regulation and Supervisory Practices Комитет по банковскому надзору и регулированию (также Комитет Кука, а ранее Комитет Бландена - по именам председателей): Комитет при Банке международных расчетов (Базель), состоящий из представителей стран "группы 10" и Швейцарии и содействующий сотрудничеству регулирующих органов, координации и совершенствованию систем банковского регулирования этих стран; см. Basle Concordat

Committee on the Financial Aspects of Corporate Governance = Cadbury Committee

Committee on Uniform Securities Identification Procedures (CUSIP) Комитет по присвоению ценным бумагам стандартных номеров и кодов (США), например, акциям Интернэшнл бизнес машинз присвоен номер 45920010 и символ "IBM"

commodities pool товарный пул: группа торговцев, объединившихся для проведения операций (обычно в форме товарищества)

commodity товар (как правило, имеются в виду сельскохозяйственные товары, металлы и другие сырьевые товары)

commodity-backed bonds = commodity-linked bonds

commodity broker товарный брокер: компания, специализирующаяся на посредничестве в торговле сырьевыми товарами (в том числе на биржах)

Commodity Credit Corporation (CCC) Корпорация товарного кредита (США): государственное учреждение, занимающееся регулированием сельскохозяйственного производства и цен посредством кредитов и закупок, стимулированием экспорта сельскохозяйственной продукции, в том числе в порядке помощи (создано в 1933 г.)

commodity exchange товарная биржа: организованный рынок, на котором торгуют некоторыми видами товаров и финансовых инструментов (в форме контрактов, партий, в том числе на срок); см. commodity; commodity futures; financial futures; futures market; hedging

Commodity Exchange (COMEX) Товарная биржа (КОМЕКС): срочная товарная биржа в Нью-Йорке; крупнейший в мире срочный рынок золота

Commodity Exchange Center Центр товарных бирж: помещение Центра мировой торговли в Нью-Йорке, где расположены КОМЕКС, Биржа кофе, сахара и какао, Нью-Йоркская хлопковая биржа и НИМЕКС

commodity fund товарный фонд: инвестиционный фонд, вкладывающий средства в товары или срочные контракты на товары

commodity futures товарные фьючерсы: срочные биржевые операции с товарами и собственно фьючерские контракты на товары

Commodity Futures Trading Commission (CFTC) Комиссия по срочной биржевой торговле (США): независимое федеральное агентство регулирования биржевых операций - фьючерсов, опционов (создано в 1974 г.)

commodity-linked bond облигация, индексированная относительно цены какого-либо товара (золота, нефти и т.д.); проценты по таким облигациям выплачиваются с поправкой на изменение цены товара

commodity paper кредиты, обеспеченные товарами (товарораспорядительными документами)

commodity-product spread спред "товар - продукт переработки" на срочной бирже (например, "длинная" позиция по соевым бобам и "короткая" - по соевому маслу)

Commodity Research Bureau Index индекс бюро по изучению товарных рынков: наиболее популярный товарный индекс в США

commodity swap товарный своп: 1) обмен товарами; 2) условный финансовый своп между ЛИБОР и товарным индексом для фиксации финансовой позиции производителя или потребителя товара (на базе условных сумм)

common (USA) = ordinary share

Common Agricultural Policy (CAP) Общая сельскохозяйственная политика стран - членов ЕЭС; направлена главным образом на поддержку фермеров и сельскохозяйственных цен

common equity простые акции: капитал компании в форме простых акций

common (area) gap обычный разрыв в ценах (на графике), часто наблюдаемый на "вялом", неликвидном рынке и не имеющий большого смысла для технического анализа конъюнктуры рынка

Common Market Общий рынок: Европейское экономическое сообщество

common stock (USA) = ordinary share

common stock equivalent эквивалент обыкновенных акций: привилегированные акции или облигации, конвертируемые в обыкновенные акции (а также варранты на покупку акций)

common stock fund взаимный фонд, вкладывающий средства в обыкновенные акции

common stock ratio соотношение сумм обыкновенных акций и облигаций корпорации (всей капитализации); уровень этого показателя в значительной степени зависит от стабильности прибылей (менее 30 % с точки зрения аналитика требует проверки)

community bank местный банк: банк, обслуживающий небольшую местность, общину (США); = independent bank

community property совместная (общая) собственность: форма совместной собственности в некоторых штатах США, при которой муж и жена владеют половиной всего того, что зарабатывает вторая сторона; в большинстве штатов каждый сам владеет тем, что зарабатывает

Community Reinvestment Act (CRA) Закон о коммунальных реинвестициях (США): федеральный закон, принятый в 1977 г., требующий помимо прочего, чтобы ипотечные банкиры демонстрировали свое стремление финансировать покупки и строительство жилья в отсталых и бедных районах страны; запрещает предоставление кредитов по географическому принципу, выделение тех или иных районов; см. redlining

commutation замена: например, замена одного вида платежа (оплаты) другим

Compagnie des agents de change (CAC) Ассоциация фондовых брокеров (Франция); правила ассоциации официально признаны и обязательны для всех семи бирж страны; ассоциация действует в контакте с регулирующим органом - Комиссией по биржевым операциям (Commission des operations de Bourse); см. Chambre syndicale de la Compagnie des agents de change

Compagnie francaise d'assurance pour le commerce exterieur (COFACE) Французская компания страхования внешней торговли (КОФАСЕ): полугосударственная организация, специализирующаяся на страховании экспорта и предоставлении экспортных кредитов

Companies (Company) Act 1980 Закон о компаниях 1980 г. (Великобритания): закон, который ввел статус публичной компании с ограниченной ответственностью и сделал уголовно наказуемой торговлю ценными бумагами на основе "внутренней" информации; см. public limited company; insider trading; inside information

Companies (Company) Act 1981 Закон о компаниях 1981 г. (Великобритания): закон, который разрешил британским компаниям покупать на рынке собственные акции; см. share buy-back

company (Co; Coy) компания: юридическое лицо, представляющее собой ассоциацию вкладчиков капитала (акционеров) для осуществления той или иной деятельности (товарищество, акционерная компания); = corporation 2

company card карточка компании:

кредитная или дебетовая карточка, используемая для оплаты расходов за счет компании; выдается менеджерам и другим сотрудникам для оплаты деловых поездок, приема клиентов и т. д.; см. travel and entertainment card; plastic card

company doctor "доктор компании": человек, которого вводят в правление компании для спасения ее от банкротства; часто наделяется широкими полномочиями для принятия решительных действий (Великобритания)

company limited by guarantee компания с ответственностью, ограниченной гарантиями ее членов (редкая разновидность) в отличие от ограничения ответственности капиталом

company limited by shares компания, ответственность акционеров которой ограничена внесенным капиталом (акциями), - наиболее распространенная форма компаний

Companyline "Кампанилайн": электронная информационная система, созданная "MAID Systems" (Market Analysis Information Database); конкурирует с Рейтер, Диалог, Профиль, Датастар

comparative statements финансовая отчетность, которая составлена по одному принципу на разные даты и поэтому может использоваться для сопоставлений

comparison 1) проверка обеспечения кредита с помощью обмена информацией между брокерами или между брокером и банком; 2) = comparison ticket

comparison ticket (sheet) сопоставительная записка, которой обмениваются фондовые брокеры для проверки деталей сделки перед расчетом

compensation компенсация: 1) товарообменные операции, прежде всего на базе одного контракта; см. countertrade, partial compensation, triangular compensation; 2) вознаграждение, зарплата и другие выплаты

compensation agreements Intra-European Payments Agreement

compensation(ing) balance компенсационный остаток: часть кредита, которую заемщик обязуется держать в банке-кредиторе в качестве гарантии; принят остаток в 10 % суммы всего кредита плюс 10 % использованного кредита (фактически это увеличивает стоимость кредита)

compensation trade = countertrade

compensatory balance = compensation balance

Compensatory Financing Facility система компенсационного финансирования, введенная в МВФ в 1969 г. для помощи странам-членам в покрытии дефицитов платежного баланса в связи с непредвиденным снижением экспорта; с 1981 г. дополнена системой финансирования дефицитов, вызванных ростом стоимости зернового импорта; по каждой из систем можно получить до 83 % квоты страны в МВФ, по обеим сразу - до 105 %

competing (competitive) market maker system форма организации рынка ценных бумаг, при которой группа дилеров-принципалов конкурирует между собой в борьбе за бизнес участников рынка, являющихся агентами клиентов (Великобритания); см. market maker

Competition and Credit Control "Конкуренция и кредитный контроль" (Великобритания): пакет предложений Банка Англии по реформе денежно-кредитной политики, принятых в 1971 г.; в рамках реформы учетная ставка Банка Англии была заменена минимальной ссудной ставкой, привязанной к ставке еженедельного предложения казначейских векселей, уничтожен процентный картель клиринговых банков и модифицирована система резервных требований

competitive bid(ding) конкурентная заявка: метод эмиссии ценных бумаг, при котором мандат на организацию займа (контракт гарантии) получает банк, предложивший лучшие условия; см. negotiated bid; bought deal; best efforts; non-competitive bid

competitive devaluation "конкурентная" девальвация: девальвация с целью повышения конкурентоспособности национального экспорта

competitive trader член фондовой биржи Нью-Йорка, который полностью или частично торгует за свой счет (как принципал)

complete audit полный аудит: проверка аудитором всего бухгалтерского учета и системы внутреннего контроля (проверяются все доступные факты)

completed 1) исполненный (о приказе клиента биржевому брокеру); 2) осуществленный (о выпуске ценных бумаг)

completed contract method метод заключенного контракта: метод бухгалтерского учета, по которому доходы и расходы (в том числе налоги) по долгосрочному контракту учитываются в году заключения контракта (кроме убытков); см. percentage-of-completion method

completed period завершенный период (например, финансовый год)

compliance department департамент фондовой биржи (США), наблюдающий за выполнением правил торговли (ценная бумага может быть снята с котировки, а биржевик отстранен от торговли)

composite company смешанная или многоотраслевая компания: страховая компания, которая занимается несколькими видами страхования

composite currency составная валюта: валюта, основанная на корзине валют основных торговых партнеров (например, ЭКЮ)

composite currency unit = composite currency

composite index of 12 leading indicators составной индекс 12 ведущих индикаторов: ежемесячный индекс министерства торговли США, отражающий движение экономического цикла; см. leading indicators

composite rate составная ставка: налоговая ставка, по которой облагаются проценты по депозитам британских банков и строительных обществ; проценты выплачиваются за вычетом средней ставки налога для различных вкладчиков, которая обычно ниже базовой; считается, что налог взят по базовой ставке, но плательщики налога по ставке выше базовой должны внести дополнительные суммы, а возврат налога не предусмотрен; банки сами вносят налог, и государству это удобнее, чем брать налог с каждого отдельного вкладчика

composition agreement соглашение между Лондонской фондовой биржей и налоговыми органами, по которому биржа взимает гербовый сбор по акциям и делает платежи в государственный бюджет (буквально, "составное" соглашение, так как многочисленные платежи составляются в один)

compounded annual rate (CAR) кумулятивная годовая процентная ставка (с учетом процентов на проценты); коммерческий банк может котировать как простую, так и кумулятивную годовую ставку, если проценты начисляются чаще, чем 1 раз в год

compound growth rate сложный темп роста (за ряд лет); для определения тенденции роста прибыли компании аналитики берут данные за 5 лет

compound interest сложные проценты (на процентные доходы также начисляются проценты); 1) окончательная сумма процентов по депозиту $A = P(1+X)*N/100$, где P — первоначальная сумма, X — ставка процента, выплачиваемая каждый процентный период, N — число процентных периодов; 2) по кредитам сложные проценты имеют место только в случае неплатежа или задержки очередного платежа

compound journal entry сложная бухгалтерская запись (затрагивает три и более счетов)

comprehensive insurance policy страхование экспорта (экспортного кредита) одновременно от политического и кредитного рисков

comprehensive motor insurance см. motor insurance

compte courant (Fr.) = current account

Comptroller of the Currency валютный контролер (США); см. Office of Comptroller of the Currency

compulsory bankruptcy принудительное банкротство, объявление банкротом по суду

compulsory liquidation принудительная ликвидация компании (Великобритания): прекращение деятельности компании в случае неплатежеспособности, бездеятельности, падение числа членов до одного, не представление отчетности и т. д. по решению суда; см. dissolution

computer aided (assisted) trading торговля ценными бумагами, валютой и другими финансовыми инструментами с помощью компьютеров (специальных программ)

Computer Assisted Execution System (CAES) Компьютерная система выполнения приказов клиента биржевыми брокерами (США): система, созданная в 1981 г., дополняющая систему "НАСДАК" и обеспечивающая автоматическое осуществление и регистрацию сделок; с 1982 г. подключена к Межрыночной торговой системе; см. National Association of Securities Dealers Automated Quotations; Intermarket Trading System

Computer Assisted Trading System (CATS) Компьютерная торговая система: система, созданная на фондовой бирже Торонто в 1979 г., автоматически сопоставляющая приказы на куплю-продажу ценных бумаг и выполняющая их по принципу аукциона

computerized loan origination (CLO) компьютеризированная система инициирования кредитов: система, связывающая ипотечных кредиторов и агентов по недвижимости с помощью компьютерных терминалов для ускорения получения ипотечных кредитов и облегчения собирания кредитов в пулы для перепродажи

computerized market timing system компьютеризированная система анализа рыночной конъюнктуры, помогающая выбрать момент заключения сделок

concentration risk риск концентрации: риск, связанный с чрезмерной концентрацией бизнеса

concerted interventions согласованные интервенции: одновременные валютные операции двух и более центральных банков с целью повлиять на конъюнктуру валютного рынка

concert party физическое или юридическое лицо, активно сотрудничающее с другими в попытке получить контроль за той или иной компанией путем приобретения ее акций (Великобритания)

concession концессия (уступка): 1) уступка права пользования государственной собственностью в течение оговоренного срока; 2) вознаграждение банков, организующих продажу новых ценных бумаг (в расчете на одну акцию или облигацию); 3) участок территории (включая морскую), передаваемый собственником минеральных ресурсов физическому или юридическому лицу на оговоренный срок и на взаимно выгодных условиях для разведки или добычи нефти, газа, минералов

Concordat = Basle Concordat

conditional acceptance условный акцепт; акцепт, содержащий определенные условия; = qualified acceptance

conditionality обусловленность кредитов МВФ требованиями к заемщикам проводить определенную экономическую политику (конкретные условия зависят от вида кредита)

condominium ownership of an apartment (USA) = flat property

condor "кондор": стратегия покупки/продажи опционов на нефть и другие сырьевые товары с высокими/низкими ценами исполнения и одновременными покупками/продажами опционов со средними ценами

conduit "проводник": правительственная или частная организация, которая собирает ипотечные или другие кредиты в пулы и выпускает на их базе от своего имени ценные бумаги для инвесторов

Conference of State Ban Supervisors Конференция органов банковского надзора штатов: национальная ассоциация руководителей органов банковского надзора штатов с штаб-квартирой в г. Вашингтоне (США)

confidentiality letter письмо о конфиденциальности; обязательство не разглашать информацию, полученную в ходе деловых переговоров; например, может требоваться от потенциального инвестора или кредитора в период предварительных контактов для защиты от возможных действий конкурентов

confirmation подтверждение; уведомление: 1) сообщение брокером клиенту деталей сделки; 2) документ, который аудитор компании посылает ее клиентам и поставщикам с просьбой проверить платежи и поступления; см. positive confirmation; negative confirmation

confirmed copy копия оригинального документа, имеющая все юридические характеристики (подпись, печать)

confirmed letter of credit подтвержденный аккредитив: банк-эмитент просит корреспондента подтвердить безотзывный документарный аккредитив, то есть взять обязательство осуществить платеж против предъявления документов (либо эмитент гарантирует аккредитив)

confirmed line = advised line

confirming bank подтверждающий банк: банк, который принимает обязательство платить, акцептовать или вести переговоры по данному аккредитиву (помимо банка-эмитента)

confirming house конфирмационный дом (Великобритания): учреждение, выступающее посредником между иностранными покупателями и местными продавцами; заключает сделки от имени продавца или от своего имени

conflict of interest конфликт интересов: ситуация, когда интересы и обязанности кредитно-финансового учреждения не совпадают (например, интересы могут не совпадать у брокерской фирмы как агента клиентуры и принципала, торгующего финансовыми инструментами за свой счет)

conglomerate конгломерат: диверсифицированная корпорация, созданная на основе поглощения разнородных компаний (или с дочерними компаниями в разных отраслях)

conglomerate merger конгломератное слияние: слияние компаний, не имеющих горизонтальных и вертикальных связей (то есть из разных отраслей), - форма диверсификации деятельности

Consensus Консенсус; = International Agreement on Officially Supported Export Credit

consideration 1) денежное выражение фондовой сделки (например, произведение числа акций на их цены) до уплаты комиссий, гербового сбора, налогов; 2) определенная сумма, уплачиваемая одной стороной сделки другой в обмен на обязательство что-либо сделать (не оформленное юридически)

consignee 1) грузополучатель; 2) консигнатор, комиссионер

consignment 1) партия товаров, груз; 2) консигнация: передача комитентом товара для продажи комиссионеру без передачи права собственности на него

consignment note = waybill

consignor 1) грузоотправитель; 2) консигнант, комитент

consolidated accounts консолидированный баланс и счет прибылей и убытков корпорации и ее дочерних компаний (группы): финансовые результаты деятельности группы на конец отчетного периода

consolidated annuities = Consols

consolidated balance sheet = consolidated accounts

consolidated debt консолидированный долг: долгосрочный или бессрочный государственный долг

consolidated financial statement консолидированная отчетность корпорации и ее дочерних компаний (США); = consolidated accounts

Consolidated Fund консолидированный фонд (Великобритания): счет министерства финансов в Банке Англии, на который поступают налоги и с которого осуществляются расходы правительства; образован в 1787 г. в результате консолидации нескольких счетов правительства

Consolidated Fund standing services постоянные услуги консолидированного фонда: статья британского государственного бюджета, предусматривающая расходы, разрешенные специальным законодательством (не требующие ежегодного утверждения парламентом); включает оплату процентов по государственному долгу, расходы на содержание королевской семьи, зарплату судей; см. supply services

consolidated stock = Consol

consolidated tape тикер, который дает информацию по всем сделкам с ценными бумагами, котируемыми на: Нью-Йоркской фондовой бирже - сеть А, на Американской фондовой бирже - сеть

Б (система начала действовать в июне 1975 г.)

consolidated tax return консолидированная (сводная) налоговая отчетность группы аффилиированных компаний (США); критерий участия в группе - не менее 80 % акций

consolidation консолидация: 1) реинвестирование дохода, полученного в результате продажи акций, или всей суммы от их реализации в менее рискованные ценные бумаги (например, с фиксированным доходом); 2) конверсия краткосрочной задолженности в долгосрочную; 3) укрепление рыночной конъюнктуры; 4) консолидация, сведение воедино балансов компаний группы

consolidation loan консолидирующий кредит: кредит, который объединяет или рефинансирует другие кредиты или долг (обычно кредит для уменьшения ежемесячных долговых платежей физического лица)

consolidation patterns фигуры движения цен (в техническом анализе), сигнализирующие о консолидации тенденции; см. flag; pennant; rectangle; triangle

Consols консоли (Великобритания): выпускаемые с XVIII в. правительственные облигации без фиксированного срока (но могут быть погашены); имеют годовой доход в 2,5 % и обращаются на рынке по ценам, обеспечивающим доход, сопоставимый с доходом по другим государственным облигациям

consortium консорциум: 1) банковский консорциум (синдикат): группа банков, принимающих участие в предоставлении кредита или организации облигационного займа; 2) ассоциация независимых компаний для осуществления какого-либо проекта

consortium bank консорциальный банк: самостоятельный банк, принадлежащий двум и более кредитным учреждениям (обычно нескольких стран), причем доля каждого из них, как правило, не превышает 50 %; появились в основном после 1964 г. для операций на евровалютном рынке

constant dollar plan форма наращивания капиталовложений путем инвестирования фиксированной суммы в долларах через регулярные промежутки времени; при повышении цен инвестор покупает меньше акций, чем при более низких ценах, поэтому суммарные издержки ниже, чем при покупке фиксированного числа акций (США)

constant dollars (C $) постоянные доллары: доллары базового периода, используемые для определения реальной покупательной способности

constant prepayment rate = standard prepayment

construction loan строительный кредит: кредит на строительство или реновацию зданий под обеспечение земельным участком и зданием

constructive receipt date дата получения права на дивиденд или другой доход (даже если доход фактически не получен), используемая для целей налогообложения (США)

consular invoice (CI) консульский счет-фактура: форма счета-фактуры, законность которого удостоверяется консулом в стране-импортере для подтверждения происхождения товара (используется в Латинской Америке)

consumer bank = nonbank bank

Consumer Bankers Association Ассоциация потребительских банкиров: профессиональная организация, объединяющая коммерческие банки и сберегательные институты США, специализирующиеся на предоставлении розничных финансовых услуг (г. Арлингтон, Вирджиния)

consumer credit потребительский кредит: формы заимствования населения для приобретения потребительских товаров (кредитные карточки, оплата товаров в рассрочку); в Великобритании регулируется законом 1964 г.

consumer debenture потребительская облигация, выпускаемая финансовым учреждением для продажи широкой публике (США)

consumer finance company потребительская финансовая компания (США): финансовая компания, кредитующая физические лица; см. finance company 2

consumer goods потребительские товары: товары для личного, семейного потребления

consumer price index (CPI) индекс потребительских цен: показатель изменения цен потребительских товаров по определенному набору (также называется индексом стоимости жизни); см. consumer goods

consumer related receivables securities ценные бумаги на основе поступлений от потребителей: ценные бумаги, обеспеченные поступлениями от пула автомобильных или ипотечных кредитов, кредитных карточек; обычно называются ценными бумагами на основе пула кредитов, которые были секьюритизированы; см. asset-backed securities; securitization

consumption tax = value-added tax

contagion risk "риск заразиться": риск того, что проблемы дочерних или ассоциированных компаний перекинутся на материнскую компанию

contango (Cgo) контанго: 1) отсрочка платежа за купленные акции на Лондонской фондовой бирже до следующего расчетного периода; 2) процентная ставка, уплачиваемая "быком" за отсрочку платежа при покупке; см. backwardation; 3) процентная ставка, получаемая "медведем" при отсрочке платежа, если "быков" больше, чем "медведей"; в противном случае он платит "бэквардейшн"; 4) ситуация, когда фьючерские цены возрастают с увеличением сроков сделок; 5) расходы, которые следует учитывать в финансовых прогнозах

contango day день контанго: первый день расчетного периода на Лондонской фондовой бирже (последний день, когда можно организовать контанго); см. account day

contemporaneous reserves "современные" резервы: метод расчета минимальных резервных требований в США, при котором чековые счета и другие депозиты учитываются на ту же дату как средняя сумма депозитов за предшествующий двухнедельный период; см. lagged reserves

continental depository receipt (CDR) континентальная депозитная расписка: инструмент торговли акциями компаний США, Японии и Великобритании в Западной Европе

Continental Illinois Континентл Иллинойс: в прошлом крупнейший чикагский банк; в 1982 г. понес большие потери в связи с банкротством банка Пенн Скуэр, а в мае 1984 г. в результате массового изъятия вкладов его пришлось спасать Федеральной корпорации страхования депозитов

contingency reserve резерв на случай непредвиденных обстоятельств

contingent interest условный интерес: право, которое человек получает при определенных условиях; см. future interest; remainderman

contingent liability условное обязательство: обязательство, которое необходимо исполнить только при наступлении какого-либо события или совершения действия; = off-balance-sheet liability (см.)

contingent order условный приказ: 1) приказ клиента брокеру купить или продать ценные бумаги, который должен быть исполнен только после выполнения другого приказа; 2) приказ продать ценные бумаги с условием использования выручки для покупки других бумаг (могут быть указаны пределы цен)

contingent swap = option swap

continuation скидка с комиссионного вознаграждения фондового брокера в случае нескольких покупок акций одной компании в течение ограниченного периода времени (в Великобритании до отмены минимальных комиссий) – комиссия взималась по более низкой ставке общей суммы нескольких сделок

continuation day = contango day

continuation statement продолжающее заявление: изменение финансового заявления (документа на личные активы в обеспечении кредита), продлевающее его срок сверх стандартных 5 лет; см. financing statement

continuously-offered-long-term securities (COLTS) разновидность долгосрочных облигаций с нулевыми купонами на базе казначейских бумаг США, выпускаемых на регулярной основе ("КОЛЬТС" - "жеребята")

continuos net settlement (CNS) постоянные нетто-расчеты: метод клиринговых расчетов по ценным бумагам с использованием клиринговой палаты и депозитария ценных бумаг; сделки зачитываются относительно всего портфеля бумаг данного инвестора и постоянно выявляется нетто-позиция

continuous tender panel (CTP) форма размещения евронот, при которой евроноты, не размещенные банком-агентом, забирают участники специально созданного аукциона пропорционально своим обязательствам поддержки

contra account контрсчет: балансирующий счет, на котором накапливаются средства для последующего вычета из суммы основного счета (например, счет амортизации, резервы на покрытие сомнительных операций); избавляет от необходимости постоянных вычетов

contra broker контрброкер: брокер на другой стороне сделки

contract 1) контракт: устное или письменное соглашение, по которому одна из сторон берет обязательство что-либо сделать для другой стороны на определенных условиях; 2) единица торговли на срочных биржах (стандартное соглашение о купле-продаже товара)

contract bond = performance bond
contract date = trade date
contract grade конкретный тип товара или финансового инструмента в основе срочного контракта; указывается в спецификации контракта и при необходимости должен быть поставлен; = deliverable name

contract market = futures market
contract month контрактный месяц: месяц поставки по фьючерскому контракту (предоставления соответствующего финансового инструмента или товара), то есть месяц истечения его срока

contract note контрактное уведомление: уведомление, посылаемое брокером клиенту в подтверждение совершения какой-либо сделки в пользу последнего

contractor loan кредит строительному подрядчику на финансирование оборотного капитала (материалов, зарплаты)

contractual plan контрактный инвестиционный план (США): программа инвестирования фиксированных сумм в акции взаимных фондов путем регулярных взносов в течение 10–15 лет; такие фонды называются "плановыми" компаниями; см. plan company

contractual restrictions контрактные ограничения: ограничительные условия, изложенные в соглашении (например, ограничение свободы обращения векселей в форфэтинге)

contractual saving контрактная система сбережений (населения): система сбережений на основе контракта между трудящимися и сберегательным институтом (в том числе страховой полис, пенсионная программа)

contrarian "человек, который всегда против": инвестор, который действует вопреки общим настроениям рынка

contributory pension scheme пенсионная схема со взносами: пенсионный план, по которому нанятые работники делают регулярные денежные взносы

contributed capital внесенный (оплаченный) капитал

contribution участие: участие в выплате страхового вознаграждения в случае покрытия риска несколькими страховщиками (законом запрещено получать возмещение по нескольким полисам сверх реального убытка, и страховщики участвуют в расходах в определенной пропорции)

controlled amortization bond (CAB) облигация с контролируемой амортизацией: ипотечная облигация с условием создания фонда погашения; имеет предсказуемый средний срок существования и приоритетное право на денежные поступления от ипотек, лежащих в ее основе; см. average life; sinking fund

controlled commodities контролируемые товары (США): товары, срочная торговля которыми регулируется законом о товарных биржах 1926 г.

controlled disbursement контролируемая выплата денег: практика в управлении наличностью корпорации, предусматривающая максимально быстрый клиринг чеков для использования денег для краткосрочных инвестиций на денежных рынках и уменьшения "флоута"; см. float; delayed disbursement

controller (comptroller) контролер, главный бухгалтер компании (США)

controlling interest контрольный пакет акций: участие в капитале компании, обеспечивающее контроль за ее деятельностью; считается, что контроль даст более 50 % акций, но при наличии большого числа мелких акционеров (иногда сотен тысяч) для эффективного контроля обычно достаточно 20-30 %

control person = affiliated person

control stock участие в капитале компании, дающее контроль за ее деятельностью; = controlling interest

convention конвенция, соглашение (например, об унификации ставок комиссий по банковским операциям)

conventional options обычные опционы (в отличие от свободно обращающихся опционов не могут быть перепроданы и не имеют стандартных условий); см. traded options

convention mortgage обычная ипотека на жилой дом в США (без государственной гарантии); как правило, такие кредиты имеют фиксированную процентную ставку, сроки до 30 лет и погашаются ежемесячными взносами; выдаются банком и ссудно-сберегательными ассоциациями

convergence 1) сближение срочных и наличных цен по мере приближения срока исполнения срочного контракта; 2) сближение систем банковского регулирования

conversion конверсия: 1) конверсия займа: выпуск займа для замещения существующего (обычно в целях снижения издержек); 2) обмен облигаций на акции эмитента; 3) возобновление среднесрочного банковского кредита; 4) валютная конверсия: обмен одной валюты на другую; 5) арбитражная стратегия, заключающаяся в покупке форвардного контракта с одновременным открытием "короткой" "синтетической" позиции по опционам (покупка "пут" и продажа "колл"); см. synthetic position

conversion factor коэффициент пересчета, конверсии (например, коэффициент, по которому одни ценные бумаги конвертируются в другие)

conversion issue конверсионный выпуск (ценных бумаг): выпуск облигаций для замены займа с истекающим сроком или акций для обмена на конвертируемые облигации (общая сумма привлеченных средств не увеличивается)

conversion parity конверсионный паритет: цена акций, по которой конвертируемые облигации обмениваются на акции того же эмитента

conversion premium конверсионная премия: сумма, на которую цена конверсии конвертируемых облигаций превышает текущую цену акций (при незначительном уровне премии облигация обращается практически как акция); см. conversion issue

conversion price цена конверсии: цена, по которой облигации могут быть обменены на акции того же эмитента

conversion ratio конверсионное соотношение: фиксированное число акций, на которое может быть обменена конвертируемая облигация (привилегированная акция)

conversion rights конверсионные права: условия, на которых владелец ценной бумаги может обменять ее на другую

conversion stocks облигации британского правительства, выпущенные для замещения более ранних займов

conversion value конверсионная стоимость: 1) цена акций, по которой могут обменены конвертируемые облигации; 2) стоимость, созданная путем превращения одной формы собственности (актива) в другую (их обмена)

convertibility конвертируемость: 1) валютная обратимость: свобода обмена одной денежной единицы на другую по рыночному или официальному валютному курсу (подразумевается отсутствие валютных ограничений); в период золотого стандарта - разменность валюты на золото по фиксированной цене; см. Article 8; external convertibility; full convertibility; 2) конвертируемость одних ценных бумаг в другие (например, облигаций в акции); см. convertible bonds

convertible adjustable preferred stocks (CAPS) привилегированные акции с плавающей ставкой дивиденда и опционом конверсии в обыкновенные акции (введены в США в 1983 г.); обращаются на вторичном рынке по ценам, близким к номинальным

convertible bonds облигации, которые по желанию инвестора могут быть конвертированы в акции (по фиксированной цене)

convertible currency конвертируемая валюта: валюта, которая может быть свободно обменена на другие на рынке при отсутствии в данной стране ограничений, по крайней мере, по текущим операциям; см. hard currency 3; soft currency 2

convertible loan stocks = convertible securities

convertible preferred stocks привилегированные акции, которые в определенных условиях и в оговоренной пропорции могут быть обменены на обыкновенные акции

convertibles = convertible securities

convertible securities (Cvs) ценные бумаги корпораций (облигации или привилегированные акции), которые могут быть обменены на другие (как правило, на обыкновенные акции) по фиксированной цене или в фиксированной пропорции

conveyance 1) передача собственности одним лицом другому; 2) юридический документ о передаче собственности

Cooke Committee = Committee on Banking Regulation and Supervisory Practices

cook the books подтасовать бухгалтерские данные для создания неправильного впечатления о делах компании

cooling-off period 1) = waiting period; 2) период, в течение которого профсоюз не имеет права объявлять забастовку, а работодатель - производить увольнения

cooperative (co-operative, Co-op) кооператив: организация, принадлежащая своим членам и призванная обслуживать их (банк, потребительское общество, жилищный кооператив)

cooperative bank кооперативный банк: кредитный институт на кооперативной основе

cooperative financing facility (CFF) программа по которой Экспортно-импортный банк США финансирует американский экспорт совместно с иностранными кредитными институтами (обычно в равных долях)

Cooperative Transit Bank (Genossenschaftliche Transit Bank) Кооперативный транзитный банк (Рига): банк всероссийских кооперативных союзов, обслуживавший в 20-30-х годах торговлю, проходившую через Прибалтику

Coordinating Committee for East West Trade Policy (COCOM) Координационный комитет для торговой политики Восток-Запад (КОКОМ): комитет 15 развитых стран - членов НАТО (включая Турцию) для регулирования торговли со странами с централизованной плановой экономикой (создан в 1950 г.); публикует списки запрещенных к экспорту товаров

co-ownership совместная собственность двух или более лиц; каждое лицо сохраняет права на свою часть, но весь объект собственности может быть продан только с согласия всех сторон

Copy (Copey) "Коупи": датская крона (жаргон); от названия столицы Дании Копенгагена

corbeille "корзина" (франц.): традиционное место заключения сделок в торговом зале Парижской фондовой биржи (место сбора брокеров и дилеров); см. ring 2; pit

core capital "сердцевинный " капитал: основная часть собственных средств ("капитальной базы") банка, включающая обыкновенные акции и резервы, образованные за счет нераспределенного остатка прибыли (по методологии Базельского комитета); см. supplementary capital

core holding центральная часть инвестиционного портфеля, которая всегда остается неизменной (инвестиционная стратегия)

corner "корнер" ("угол"): 1) ситуация на бирже, когда один или группа членов контролируют определенные товары или финансовые инструменты в масштабах, достаточных для манипулирования ценами (что запрещено законом); 2) = ramping

corporate bond корпорационная облигация (в отличие от государственной или муниципальной); в США такие облигации имеют номинал в 1 тыс. долл., облагаются налогом, погашаются одной суммой и обращаются на биржах

corporate bond equivalent basis на основе эквивалента корпорационных облигаций: метод расчета процентов, при котором год принимается за 360 дней (государственные, муниципальные и корпорационные облигации США, инструменты на базе ЛИБОР); см. basis 4, money market basis

corporate card = company card

corporate debt securities облигации, выпущенные корпорациями

corporate doctor = company doctor

corporate equivalent yield доходность государственных облигаций, приведенная к эквивалентной доходности корпорационных облигаций, то есть с учетом налога (США)

corporate finance корпорационные финансы: термин, обозначающий совокупность валютно-кредитных операций торгово-промышленных корпораций (различные методы финансирования, управления ликвидностью, защиты от рисков)

corporate governance корпоративное управление, подчинение, власть; распределение властных полномочий в корпорации между менеджментом и акционерами

corporate insider = insider

corporate issue ценная бумага корпорации (акция или облигация)

corporate member корпорационный член компании: 1) акционер, который сам является корпорацией; 2) в Великобритании - член фондовой биржи или акционер фирмы-члена, которые имеют статус акционерной компании

corporate shell = shell corporation

corporate venturing создание и финансирование новых предприятий промышленными корпорациями; см. venture capital

corporation (Corp) корпорация: 1) в США - акционерная компания с ограниченной ответственностью; 2) в Великобритании - местный орган власти

corporation tax корпорационный налог: налог, взимаемый с прибыли корпорации (за определенный период); см. advance corporation tax; mainstream corporation tax

corpus тело (лат.): 1) собственность в руках попечителей; 2) основная сумма или капитал в отличие от дохода

correction коррекция: обратное движение цены или индекса (обычно снижение) - выправление тенденции (исправление отклонения) движения конъюнктуры

correspondent корреспондент: финансовый институт, который регулярно оказывает другому институту услуги на своем рынке

correspondent bank банк-корреспондент: банк - агент других банков, с которыми заключено соответствующее соглашение; выполняет для них определенные услуги, в т. ч. держит счета для расчетов, проводит чековый клиринг, валютные и иные операции, покупает у малых банков участие в кредитах, которые выше кредитного лимита последних; как правило, различают банки-корреспонденты в международных отношениях (банк-партнер в другом государстве) и банки-корреспонденты для обслуживания мелких местных банков в одной стране; = upstream bank; см. respondent bank

correspondent banking банковская деятельность на основе корреспондентских отношений: обмен информацией, проведение расчетов, совершение сделок по поручению; наличие сети корреспондентов освобождает от необходимости создания заграничных отделений, а для мелких банков дает доступ к оптовым финансовым рынкам

corset "корсет": разг. название дополнительных специальных депозитов в Банке Англии в 1973-1980 гг. (помещение избыточной банковской ликвидности на беспроцентные счета для ограничения кредитной экспансии); см. supplementary special deposits scheme

co-signor со-подписант: лицо, поставившее подпись на документе и делящее с другими подписавшимися ответственность

cost accounting учет издержек: коммерческий расчет (система учета производственных издержек)

cost and freight (C & F) стоимость и фрахт: условие внешнеторгового контракта, означающее, что экспортер несет расходы по доставке товара в порт отгрузки, погрузке и фрахту до порта назначения, а страхование груза оплачивает импортер

cost averaging = constant dollar plan

cost basis на основе затрат: первоначальная цена актива, используемая при расчете прироста капитала (обычно покупная цена)

cost-benefit analysis анализ издержек и прибыли: оценка эффективности инвестиционного решения путем сопоставления издержек и возможной прибыли

cost, insurance, freight (CIF) стоимость, страхование, фрахт (СИФ): условие контракта, означающее, что экспортер несет расходы по доставке товара в порт отгрузки, его страхованию, погрузке и фрахту до порта назначения; импортер оплачивает оговоренную цену товара после предъявления через банк документов (коносамента, страхового полиса, счета-фактуры)

cost of capital стоимость капитала: стоимость финансовых ресурсов, используемых в результате принятия инвестиционного решения

cost of carry издержки по поддержанию инвестиционной позиции

cost of living adjustment (COLA) учет роста стоимости жизни: автоматическое повышение заработной платы при росте стоимости жизни (обычное условие трудовых соглашений)

cost of living index = consumer price index

cost records 1) учет цен, по которым приобретены ценные бумаги для расчета прироста капитала; 2) документы, подтверждающие различные виды производственных издержек

cote officielle официальная котировка (франц.): курс ценной бумаги, которая допущена к котировке на Парижской фондовой бирже

COUGARs разновидность облигаций с нулевыми купонами

coulisse "кулиса" (франц.): неофициальный рынок при Парижской фондовой бирже; деление на официальный и неофициальный рынки существовало до 1962 г., когда они были слиты; см. parquet

Council for Mutual Economic Assistance (CMEA, COMECON) Совет экономической взаимопомощи (СЭВ): организация экономического сотрудничества восточноевропейских и ряда других государств (создана в 1949 г.)

Council of Economic Advisors (CEA) Совет экономических советников, назначаемый президентом США для помощи в разработке экономической политики

Council of Foreign Bond Holders Совет держателей иностранных облигаций: организация владельцев неоплаченных облигаций (в основном в связи с войнами и революциями), существовавшая в Великобритании в 1868-1988 гг.

Council for Securities Industry (CSI) Совет индустрии ценных бумаг (Великобритания): негосударственный орган надзора и регулирования рынков ценных бумаг (создан в 1978 г.); в совете представлены все основные ассоциации и органы саморегулирования кредитно-финансовых институтов, Совет фондовой биржи (Council of the Stock Exchange), Конфедерация британской промышленности

Council of the Stock Exchange Совет фондовой биржи (Великобритания): руководящий орган Лондонской фондовой биржи (56 членов); публикует правила торговли ценными бумагами в Великобритании и Ирландии; включает постоянные комитеты по котировке бумаг, членству, расчетам, техническим услугам; см. London Stock Exchange

counterfeit money поддельные (фальшивые) деньги

counterfoil корешок чека, остающийся в чековой книжке

countermand отменить приказ клиента биржевику

counterpurchase "контрпокупка": товарообменная операция на базе двух контрактов; см. parallel deal; gentlemen's agreement 1

countertrade "каунтертрейд", встречная торговля: товарообменные операции (оплата поставки одних товаров производится полностью или частично другими товарами); см. compensation 2

countertrade premium товарообменная премия: разница между ценой товара, получаемого в порядке компенсации поставки, и ценой этого товара при его переуступке конечному потребителю

countervailing credit (UK) = back-to-back credit

countervailing duty компенсирующая таможенная пошлина: пошлина, компенсирующая акцизный сбор (чтобы импортные и отечественные товары были в равном положении)

country bank провинциальный банк (Великобритания): самостоятельный коммерческий банк, обслуживающий конкретный район; в результате слияния с крупными клиринговыми банками такие банки перестали существовать в первой половине XX в.

country debt provisioning matrix матрица (система) для определения резервов по суверенным долгам, разработанная Банком Англии

country exposure суммарный объем кредитов за вычетом гарантий и обеспечения, предоставленных заемщикам одной страны: денежная оценка "странового" риска

country lending limit страновой кредитный лимит: максимальная сумма, на которую банк в принципе готов предоставить кредит всем заемщикам данной страны; см. legal lending limit

country risk = sovereign risk

country risk analysis анализ "странового" ("суверенного") риска (определение его уровня с помощью специальной модели и набора показателей); см. sovereign risk

coupon (Cpn) купон: 1) отрезная часть ценной бумаги на предъявителя (сертификата акции, облигации), обмениваемая на дивиденд или процентный платеж; к бумаге может быть прикреплен купонный лист, заменяемый по мере израсходования на новый; 2) доход по ценной бумаге; 3) ценная бумага с купоном

coupon bond купонная облигация: облигация на предъявителя, доход по которой выплачивается с помощью отрезных купонов (раз в полгода предъявляется для оплаты эмитенту или его агенту)

coupon collection инкассация купона: обмен купона с наступившим сроком на наличные

coupon equivalent yield = bond equivalent yield

coupon sheet купонный лист: лист отрезных купонов, прилагаемых к ценным бумагам на предъявителя

coupon-stripping отделение купонов: превращение обыкновенных облигаций в бумаги с нулевыми купонами путем отделения (секьюритизации) купонов от основной суммы облигаций и раздельной торговли ими в качестве самостоятельных ценных бумаг

coupon swap = plain vanilla swap

coupon switch купонный "свитч": переброска инвестиций из одних ценных бумаг в другие с целью воспользоваться возможностью немедленного получения прибыли; см. switch 2

coupon-washing "отмывка" купона: практика продажи облигаций незадолго до выплаты дохода и покупка обратно сразу после для уменьшения налогообложения (в Великобритании запрещена в 1988 г.)

coupon yield купонный доход: доход по облигации, обозначенный на купоне

courtage куртаж, комиссия (франц.): комиссионное вознаграждение брокера за проведение операции с ценными бумагами; = brokerage; commission

courtier куртье, биржевой дилер или брокер (франц.); первоначально (до 1962 г.) - только дилер неофициального рынка ("кулисы"); = agent de change; broker 1, stockbroker

covenant договор, условие или статья договора: 1) условие в кредитном соглашении, по которому заемщик обязуется что-либо делать или не делать; например, "положительное" условие (см. affirmative covenant) требует предоставить обеспечение, застраховаться, все делать в срок; ограничительное или негативное условие (см. restrictive or negative covenant) требует от заемщика не продавать активы, воздержаться от определенных действий, которые могут плохо сказаться на кредите и т. д.; обычно условие призвано защищать интересы кредитора; 2) условие контракта о покупке облигаций, защищающее их держателей; например, могут быть обязательства взимать достаточную плату за услуги (муниципальные облигации), получать требуемые доходы (rate covenant), не продавать и не обременять проект обязательствами (negative covenant), обеспечивать платежи по страхованию и обслуживанию долга (protective covenant)

cover (C'vr) покрытие: 1) = closing out; 2) зачет "короткой" позиции покупкой ценных бумаг или фьючерского контракта; 3) = dividend cover; 4) покрытие валютного риска; см. cash cover; 5) = collateral; 6) покрытие фиксированных выплат по обязательствам из доходов компании; 7) нетто-активы компании в расчете на одну акцию или облигацию

covered bear "покрытый медведь"; спекулянт, продающий ценные бумаги ("играющий на понижение"), которые у него есть в наличии; см. bear

covered call write покрытая продажа опциона "колл" на акции: опционный контракт, обеспеченный акциями в руках продавца

covered option покрытый опцион: опцион, обязательства продавца которого покрыты противоположной наличной или фьючерской позицией

covered writer продавец покрытых опционов: владелец финансового инструмента, который продает на него опционы "колл"

covered writing покрытая продажа опциона: обычно подразумевается продажа опциона "колл" при наличии равной или более крупной наличной позиции по тому же финансовому инструменту ради получения премии; см. covered option

covering option покрывающий опцион: покупка ценных бумаг для покрытия "короткой" продажи (закрытия позиции)

covering transaction сделка покрытия: сделка для покрытия риска или обязательств по "короткой" продаже

cover ratio коэффициент покрытия обязательств (пассивов) собственными средствами (капиталом)

cover shorts покрывать "короткие" позиции: покупать акции, заменить ранее позаимствованные или проданные в надежде на падение конъюнктуры

crawling peg "ползущая привязка": система фиксации уровня валютного курса с регулярным его изменением на определенную величину; см. adjustable peg

crash биржевой крах: резкое падение биржевой конъюнктуры (цен акций), приводящее к значительным убыткам участников рынка и инвесторов

costing расчет (калькуляция) себестоимости, расходов, издержек

credit (CT) кредит: 1) сделка ссуды (кредитор предоставляет заемщику на фиксированный срок наличную сумму или соглашается на отсрочку платежа за товар за вознаграждение в форме процента); предполагает возможность получить денежную сумму на условиях возвратности; 2) приходная часть бухгалтерских книг; запись (проводка) поступившей суммы в кредит; 3) аккредитив

credit advice кредитовое авизо; извещение банком клиента о кредитовой записи по его счету

credit agreement кредитное соглашение: соглашение между банком и клиентом о предоставлении кредита или кредитной линии

credit analyst кредитный аналитик: сотрудник, который анализирует финансовое положение физического или юридического лица для определения его платежеспособности, устанавливает рейтинги ценных бумаг

credit-bail лизинг (франц.); = leasing

credit balance кредитовое сальдо: кредитовый (положительный) остаток на счете

credit bureau = credit reporting agency

credit card (CC) кредитная карточка: документ в виде пластиковой пластины (с именем, подписью, кодовым номером владельца), позволяющий приобретать товары и услуги в кредит; платежи списываются со счета клиента по истечении нескольких недель (на это время предоставляется кредит); по каждой карточке установлена предельная сумма платежей; см. Biggins, John; plastic card

credit card backed securities ценные бумаги, обеспеченные платежами по кредитным карточкам (поступления по карточкам пойдут на погашение данных бумаг в случае неплатежеспособности заемщика)

credit clearing кредитный клиринг (Великобритания): система, введенная в Лондонской клиринговой палате в 1960-1961 гг. и позволяющая кредитовать счет в любом клиринговом банке через любой другой клиринговый банк; в составе самостоятельной компании Cheque and Credit Clearing Co с 1985 г.

credit clinic кредитная клиника: организация, помогающая клиентам улучшить свою кредитоспособность путем обжалования всех негативных заключений кредитных агентств в надежде, что последние не смогут ответить в установленные законом 60 дней и будут обязаны вычеркнуть негативный доклад о клиенте из архивов

credit controls кредитный контроль: официальные ограничения кредитования – лимиты кредитования определенных отраслей или категорий заемщиков, роста объемов кредитов, а также "потолки" процентных ставок; в развитых странах уступает место рыночным методам денежно-кредитного регулирования

credit crunch = credit squeeze

credit history досье заемщика, сведения о выполнении им обязательств по кредитам (для оценки риска при предоставлении нового кредита); в Великобритании такие данные собираются двумя специализированными компаниями, которые продают их всем желающим

credit insurance кредитное страхование: страхование продаж товаров в кредит, а также экспортных кредитов (от риска неплатежа)

credit interest кредитные проценты: проценты, выплачиваемые банком по депозитам клиентов (так как в бухгалтерском учете депозиты заносятся в кредит)

credit limit кредитный лимит: лимит кредитования любого индивидуального заемщика или конкретная кредитная линия; см. bank line

credit line = bank line

credit multiplier = multiplier 2

creditor кредитор: физическое или юридическое лицо, которому другое лицо должно вернуть определенную сумму денег или собственность

creditor nation страна-кредитор: страна, имеющая активный платежный баланс, экспортер капитала

creditor ranking ранжирование кредиторов (в случае банкротства компании)

creditor's committee кредиторский комитет: комитет, который представляет интересы фирм, имеющих претензии к компании, находящейся в сложном положении или обанкротившейся

credit overdrawing овердрафт: превышение кредитного лимита

credit policy кредитная политика: ограничения на заимствования и кредитование с целью воздействовать на темпы роста экономики (в отличие от экономических методов денежно-кредитной политики); см. monetary policy

credit rating = rating 1

credit reference = credit history

credit reins "кредитные вожжи"; инструменты денежно-кредитной политики (обязательные резервы, учетная ставка, рыночные операции); см. monetary policy

credit report кредитная справка: 1) документ о кредитоспособности заемщика, предоставляемый кредитным агентством кредитору или лицу, чье имя значится в справке; 2) форма, которая регулярно заполняется заемщиком в случае кредита под активы и дает представление о состоянии этих активов; см. asset-based lending

credit reporting agency кредитное агентство: частная организация, собирающая информацию о заемщиках, выполнении ими обязательств; предоставляет учреждениям-клиентам кредитные справки на заемщиков; см. = credit bureau

credit review рассмотрение кредита: рассмотрение ранее предоставленного кредита на предмет законности и соблюдения всех формальностей со стороны кредитного комитета банка, аудиторов или регулирующего органа

credit risk кредитный риск: риск невыполнения плательщиком или заемщиком своих обязательств (например, в результате банкротства)

credit sale = installment credit

credit scoring system система рейтинга заемщиков по их платежеспособности; основана на статистических методах и вероятности наступления того или иного события; оценивается вероятность возврата кредита или широкий круг показателей (если сумма набранных очков превышает определенный уровень, то кредит предоставляется); см. rating 1; Regulation B

credit secured by collateral кредит, обеспеченный ценными бумагами, товарами или недвижимостью

credits mixtes (Fr.) = mixed credits

credit solvency = creditworthiness

credit squeeze 1) "сжатие кредита": мероприятия государства по ограничению кредита потребителям (прямые ограничения на банковские кредиты, увеличение наличного взноса при покупках в рассрочку, сокращение сроков выплаты кредита) для предотвращения "перегрева" экономики; 2) ситуация в экономике, характеризующаяся высоким уровнем процентных ставок и трудностями с получением кредитов

credit spread кредитный спред: разница в стоимости двух опционов, когда стоимость проданного выше стоимости купленного; см. debit spread

credit tranches кредитные транши (МВФ): МВФ обычно предоставляет странам-членам средства (на сроки 3-5 лет для финансирования дефицитов платежных балансов) в размере четырех кредитных долей (траншей), каждая из которых равна 25 % квоты страны, с более жестким контролем для каждой последующей доли

credit transfer = bank giro

credit union кредитный союз: кооператив, принимающий вклады членов и предоставляющий им потребительский кредит; члены союза обычно связаны местом работы или жительства, участием в одном профсоюзе (США, Канада); может предоставлять полный набор банковских услуг на льготных условиях

Credit Union National Association (CUNA) Национальная ассоциация кредитных союзов (США): ассоциация, представляющая большинство кредитных союзов через лиги кредитных союзов штатов (г. Мэдисон, Висконсин)

creditworthiness платежеспособность: оценка возможности заемщика погасить кредит; показателем платежеспособности является кредитный рейтинг; см. rating 1

CREST "Крест": новая система безбумажных и более быстрых расчетов по ценным бумагам на Лондонской фондовой бирже, которую планируется ввести в 1996 г. (в результате неудачи системы "TAURUS" – см.)

crisis-at-maturity кризис при истечении срока: ситуация, когда при необходимости выплаты основной суммы долга не хватает ресурсов (не создавался фонд погашения)

cross = 1) cross rate; 2) crossing

cross-border leasing международный лизинг: лизинг машин и оборудования иностранным компаниям

cross-currency interest rate swap валютно-процентный своп: обмен обязательств по плавающей ставке в одной валюте на обязательства по фиксированной ставке в другой валюте

crossed market перекрещенный рынок: рыночная ситуация, когда цена заявок на покупку выше цен предложения (США); см. backwardation

cross-default "перекрестное" невыполнение обязательств: невыполнение одного кредитного соглашения, автоматически ведущее к невыполнению другого

crossed check кроссированный чек: чек, который в результате добавления двух параллельных полос имеет ограничение по оплате; см. general crossed check; special crossed check

crossed sale = crossed trade

crossed trade перекрестная сделка с ценными бумагами: зачет приказов купить и продать ценные бумаги без регистрации на бирже (это лишает инвестора возможности заключить сделку на более благоприятных условиях); данная практика запрещена на крупнейших биржах США

cross hedge "кросс-хедж", перекрестное хеджирование: хеджирование при помощи наиболее близкого финансового инструмента при отсутствии фьючерского или опционного контракта на данный инструмент

crossing кроссирование: одновременная покупка и продажа через одного брокера одного и того же пакета акций или других финансовых инструментов; обязательно проводится на рынке (бирже), и другие брокеры и дилеры имеют право принять участие в сделке

cross-listing "кросс-листинг": котировка ценной бумаги одновременно на нескольких фондовых биржах, в том числе разных стран

cross parity кросс-паритет: взаимный курс двух валют ЕВС, рассчитанный через их курсы к ЭКЮ

cross rate кросс-курс: курс одной валюты к другой, рассчитанный через их курсы к третьей валюте (обычно доллару США); различия между прямыми и кросс-курсами нивелируются валютным арбитражем

crowd "толпа": биржевые дилеры и брокеры, собирающиеся в определенном месте торгового зала для заключения сделок по конкретным финансовым инструментам или выполняющие особые функции

crowding out "вытеснение": крупные заимствования государства, ограничивающие возможности заимствований частных компаний через взвинчивание процентных ставок; вытеснение частного сектора с кредитного рынка может способствовать снижению деловой активности

crown крона: 1) монета в 5 шиллингов в Великобритании до введения десятичной системы; 2) денежная единица Норвегии, Швеции, Дании, Эстонии

crown-jewel option "вариант драгоценностей короны": политика угрозы продажи наиболее ценных дочерних компаний в случае попытки "враждебного поглощения" корпорации (такая продажа сделает поглощение бессмысленным); см. crown jewels; hostile takeover

crown jewels "драгоценности короны": наиболее привлекательные подразделения, дочерние компании корпорации (с точки зрения активов, деловых перспектив); обычно являются главной целью при поглощениях

crownhold "краунхолд": земля, которая была принудительно выкуплена Земельной комиссией ("короной", то есть государством), а затем сдана в аренду или продана (Великобритания)

Crown loan "ссуда Крауна": ссуда до востребования, предоставленная лицом с высоким доходом лицу с низким доходом (родственнику, ребенку) для инвестирования и получения прибыли на разнице в ставках налога (впервые использована промышленником из Чикаго Г. Крауном); в США до 1984 г. такие ссуды могли быть беспроцентными (теперь – по рыночным ставкам с уплатой налогов на дарение)

Cruzado Plan "План Крузадо" (Бразилия): стабилизационная программа, включающая замену крузейро на новую денежную единицу (крузадо)

cum с, включая (лат.): термин, указывающий на то, что покупатель ценной бумаги по данной цене имеет право на очередной дивиденд, процентный платеж, приобретение новых бумаг того же заемщика; см. cum all; cum bonus (capitalization); cum dividend; cum drawing; cum interest; cum rights

cum all "включая все права": обозначение цены акции, покупка по которой дает все права, имевшиеся у прежнего владельца

cum bonus (capitalization) "включая право на бесплатное получение акций, выпускаемых в порядке капитализации резервов": обозначение цены акции, покупка по которой дает указанное право; см. scrip issue

cum dividend (cum div; C. div) "включая дивиденд": обозначение цены акции, покупка по которой дает право на получение очередного дивиденда (до выплаты дивиденда должно быть не менее 2-4 недель)

cum drawing "включая право на выгоду от розыгрыша очередности погашения долга": обозначение цены ценной бумаги, покупка по которой дает указанное право; см. drawing 1

cum interest "включая текущие процентные выплаты": обозначение цены ценной бумаги, покупка по которой дает право на получение текущих процентных выплат

cum new = cum bonus

cum rights "включая право на покупку новых акций, предназначенных для продажи существующим акционерам": обозначение цены акции, покупка по которой дает указанное право; см. rights issue

cumulative preference share кумулятивная привилегированная акция, дающая право не только на текущий, но и на не выплаченный по тем или иным причинам ранее (до распределения прибыли между обыкновенными акциями) дивиденд; см. accumulated dividend

cumulative preferred stock (USA) cumulative preference share

cumulative voting кумулятивное голосование акционеров (США): разновидность голосования при выборах директоров компании, позволяющая акционеру суммировать свои голоса по всем выборным должностям и отдавать их в любой пропорции (например, владелец 10 акций при выборах 3 директоров имеет в сумме 30 голосов и может отдать их все одной кандидатуре)

cupro-nickel медно-никелевый сплав, который в основном используется для чеканки монет в послевоенный период (3/4 медь и 1/4 никель)

curb (on the) = curb market

Curb Exchange "Керб иксчендж" ("Уличная биржа"): историческое название Американской фондовой биржи (до 1953 г.); см. American Stock Exchange

curb market "рынок на обочине": торговля ценными бумагами вне фондовой биржи, внебиржевой рынок (в прошлом такая торговля велась на улице около биржи)

curb trading 1) = curb market; 2) на рынке финансовых фьючерсов и опционов - заключение сделок после официального закрытия

currency (C; cy) 1) валюта, денежная единица; 2) деньги в обращении; денежные инструменты; 3) срок (например, векселя)

currency arbitrage валютный арбитраж: одновременные операции на нескольких рынках или с разными финансовыми инструментами с целью получить прибыль в результате несогласованных колебаний валютных курсов

currency basket index индекс валютной корзины: индекс, рассчитываемый на основе корзины валют основных торговых партнеров по специальной формуле; синтетический показатель внешней конкурентоспособности экономики

currency bill = foreign bill

currency bonds облигации в иностранной валюте

currency clause валютная оговорка: условие внешнеторгового контракта, фиксирующее курс валюты с целью защиты от валютного риска

currency clearings расчеты в иностранных валютах; система взаимозачета платежей в иностранных валютах в Лондоне

currency coupon swap = cross-currency interest rate swap

currency fund валютный фонд: учреждение, специализирующееся на помещении средств небольших инвесторов в активы в различных валютах

currency futures валютные фьючерсы: срочные биржевые сделки (и сами контракты) на фиксированную сумму в иностранной валюте на срочной бирже;

используются главным образом для минимизации валютного риска и спекуляции

currency in circulation бумажные деньги и монета в обращении (часть денежной массы)

currency option валютный опцион: опцион, объектом которого является некоторая сумма в иностранной валюте (например, контракты на шесть валют против долларов, которыми с 1982 г. торгуют на Фондовой бирже Филадельфии)

currency option clause оговорка о валютном опционе: условие облигационного займа, позволяющее использовать для платежей несколько валют

currency snake = snake; snake in the tunnel

currency swap 1) валютный своп: обмен долгосрочными кредитными обязательствами в одной валюте на равные обязательства в другой валюте (учитываются и проценты, и основная сумма; ставки фиксированные); 2) = swap arrangement

currency warrant валютный варрант: облигационный варрант, дающий право на покупку дополнительных ценных бумаг того же заемщика в другой валюте (купон и цена этих бумаг фиксируются при эмиссии основных облигаций)

current account (A/c; C/a) 1) текущий платежный баланс: часть платежного баланса страны, включающая торговый баланс, экспорт и импорт услуг, односторонние переводы, проценты и другие доходы по заграничным инвестициям (в США в последние включаются услуги); 2) текущий счет: тип банковского счета до востребования, позволяющий выписывать чеки, и свободное использование средств в других формах (как правило, беспроцентный)

current account credit = overdraft

current assets текущие или оборотные активы, переменный капитал; см. working assets

current assets ratio = current ratio

current balance = current account 1

current cost accounting (CCA) учет на базе текущих затрат

current coupon bond облигация с купоном в пределах 0,5 % от текущего уровня процентных ставок

current liabilities текущие обязательства (пассивы): обязательства со сроками обычно менее 1 года (овердрафт и другие краткосрочные заимствования)

current market value (CMV) текущая рыночная стоимость инвестиционного портфеля (по текущим ценам)

current maturity текущий срок до погашения: срок, который остался до погашения ценной бумаги (от данного момента)

current production rate максимальная процентная ставка по ценным бумагам, обеспеченным пулом ипотек ГНМА; обычно на 0,5 % ниже текущей ипотечной ставки; см. Government National Mortgage Association

current ratio отношение текущих (оборотных) активов к текущим пассивам компании: показатель достаточности оборотного капитала и стабильности деятельности компании (достаточным считается, как правило, отношение 2:1)

current return (USA) = yield

current value accounting = mark-to-market accounting

current replacement cost (CRC) текущая цена замены: стоимость замены материальных активов в текущих ценах

current yield = flat yield

cushion "подушка": 1) защитный период: период между датой выпуска ценной бумаги и первой датой возможного погашения займа; = call protection; 2) резервные фонды, защищающие от потерь

cushion bond "облигация с подушкой": облигация с купоном выше текущих рыночных ставок и продаваемая с премией; стоимость таких облигаций в меньшей мере зависит от текущего уровня цен

cushion theory = short interest theory

CUSIP number число "КЬЮСИП": компьютеризированный номер, присваиваемый в США с 1970 г. каждой ценной бумаге для облегчения ее идентификации (по английской аббревиатуре соответствующего комитета; см. Committee on Uniform Securities Identification Procedures)

custodian попечитель, финансовый агент, хранитель: обычно банк, принимающий по письменному поручению клиента на хранение ценные бумаги и проводящий покупку и продажу бумаг для клиента; услуги хранителя также могут включать физическую поставку сертификатов ценных бумаг, получение дивидендов, но не дает рекомендаций об операциях на фондовом рынке

custodianship (custody) account = safe custody account

custody хранение, доверительное хранение; опека, попечительство

custody account счет доверительного хранения: 1) счет, который финансовый агент открывает для инвестора (пенсионного или инвестиционного фонда, корпорации) для покупки, продажи и хранения ценных бумаг, получения дивидендов в соответствии с инструкциями клиента; custodian; master trust; 2) счет, который находится в трасте у родителей для их несовершеннолетнего ребенка; дети не имеют права переводить деньги без согласия попечителей счета; счет, который родители открывают несовершеннолетнему в брокерской фирме (сделки с ценными бумагами совершаются с согласия попечителей)

customer activated terminal (CAT) терминал, активируемый клиентом: любой терминал, который активируется клиентом с помощью карточки и дает доступ к информации о счете; также любой диалоговый видеотерминал, дающий информацию о ставке и остатке по счету

customer information file (CIF) файл с информацией о клиентах: компьютеризированная банковская система, позволяющая накапливать и анализировать разнообразную информацию о клиентах

customer initiated entry (CIE) операция, инициированная клиентом: банковская операция, проведенная клиентом с терминала или по телефону

customer service representative (CSR) представитель по услугам клиентам: сотрудник банка, который открывает новые счета, принимает кредитные заявки и разъясняет клиентам всевозможные вопросы, касающиеся банковских услуг; сотрудник, который полностью "ведет" клиента, отвечает за все его операции называется личным банкиром; см. personal banker

customer's loan consent согласие клиента на использование фондовым брокером его ценных бумаг для покрытия новых сделок с ценными бумагами

customer's man = registered representative

customer's net debit balance нетто-дебетовый остаток клиента: суммарный кредит, предоставленный фондовым брокером клиенту для покупки ценных бумаг (США)

customs clearance (CCL) таможенная очистка: проведение товара через таможенные формальности, включая взимание пошлин

customs duty таможенная пошлина: налог на импортируемые товары (для защиты внутреннего производства, пополнения государственных доходов)

customs union таможенный союз: соглашение между двумя и более странами о ликвидации таможенных барьеров в торговле между ними (в отношении третьих стран вводится единый таможенный тариф)

custom-tailored services банковские услуги, разработанные применительно к нуждам крупных клиентов-корпораций (в отличие от стандартных услуг)

cut a dividend выплатить дивиденд, который меньше, чем предыдущий

cut off point минимально приемлемый уровень дохода по инвестициям

cycle цикл: 1) деловой цикл: периодическое (циклическое) расширение и сокращение деловой активности, измеряемое изменениями ВВП страны; для США деловой цикл считается равным 52 месяцам; = business cycle; 2) группировка чеков или расчетных документов, выписок по счетам и кредитным карточкам в равные группы для обработки как единое целое; = batch; 3) периодичность выставления счетов за проданные товары и предоставленные услуги (обычно раз месяц); = billing cycle

cyclical stocks "циклические" ценные бумаги: акции и облигации компаний, курсы которых подвержены колебаниям в силу цикличности производства в соответствующих отраслях (следуют за циклом)

cylinder option "цилиндрический" опцион: покупка валютного опциона "колл" с одновременной продажей опциона "пут" по более низкой цене; см. range forward; collar

D

D рейтинг облигаций сомнительного качества (questionable value) агентства Стандард энд Пурз; см. Standard and Poor's ratings; bond ratings

daily adjustable tax-exempt securities (DATES) необлагаемые налогом облигации с ежедневной фиксацией процентной ставки (впервые введены банком Саломон бразерс)

daily (price) limit ежедневный лимит цен: пределы колебания цен на срочных биржах в течение одного рабочего дня; см. limit down/up

daily settlement price ежедневная цена расчетов: ежедневная цена на закрытие срочной биржи, используемая расчетной палатой для расчета вариационной маржи; см. variation margin

daily trading limit = daily (price) limit

Daimyo bond облигация "даймио": гибрид облигаций Самурай и евроиеновых облигаций, которые выпускаются неяпонскими эмитентами и которыми торгуют одновременно в Японии и в Европе

daisy chain торговля между фондовыми дилерами с целью создания видимости рыночной активности и привлечения инвесторов (когда цены поднимается, они продают свои ценные бумаги и выходят из игры)

damages 1) убытки, ущерб; 2) денежное возмещение (компенсация) ущерба (по суду)

data encryption кодирование (шифровка) банковской информации, передаваемой по различным средствам связи, для защиты от мошенничества

dated date дата, с которой по новым облигациям рассчитываются проценты и включаются в цену

dated stock (security) процентная ценная бумага с фиксированным сроком погашения; обычно имеются в виду правительственные бумаги

date of record дата регистрации: дата, на которую акционер должен официально владеть акциями, чтобы иметь право на текущий дивиденд

dating продление коммерческого кредита сверх обычных сроков (особенно в сезонном производстве)

dawn raid "рейд на рассвете" (Великобритания): практика быстрой скупки крупного пакета акций сразу после открытия биржи для подготовки почвы для поглощения (обычно до 29,9 % капитала); поскольку к такой скупке акций было невозможно подготовиться, в 1980-1982 гг. были ужесточены правила покупки более 15 % акций (введены отсрочки, чтобы руководство компании - объекта поглощения успело принять необходимые меры)

daylight exposure limits лимиты валютных операций банка в течение рабочего дня

daylight overdraft дневной овердрафт: отрицательный остаток на счете финансового учреждения в центральном банке или в клиринговой палате в течение нескольких часов рабочего дня; как правило, устанавливается лимит такого овердрафта при расчетах через центральный банк или частные платежные системы; см. sender net debit cap

day loan дневная (или утренняя) ссуда: ссуда банка брокеру на покупку ценных бумаг до поставки бумаг после полудня (полученные бумаги становятся обеспечением ссуды)

day order приказ клиента биржевой фирме, действительный только в течение дня (США)

D   day–deb

days of grace льготные дни: 1) несколько дней, которые даются должнику после наступления срока погашения долга для выполнения обязательства (по переводным векселям в Великобритании дается три льготных дня); 2) определенный период после истечения срока страхового полиса, когда защита сохраняется, если премия будет уплачена до конца этого периода или страхование не прекращено по требованию клиента

day-to-day money = call money

day trade дневная сделка: покупка и продажа позиции в течение одного дня

day trading дневная торговля: практика открытия и закрытия позиций на бирже в течение одного дня

DD (double D) рейтинг облигаций, по которым просрочены платежи (in arrears), агентства Стандард энд Пурз; см. Standard and Poor's ratings, bond ratings

D-Day (Decimal Day) "день Д": 15 февраля 1971 г. – день введения в Великобритании десятичной денежной системы

D-D Day (Drop Dead Day) день, когда у компании полностью истощаются наличные денежные ресурсы (букв. "падает мертвой")

DDD (Triple DDD) рейтинг облигаций, по которым приостановлены платежи (in default), агентства Стандард энд Пурз; см. Standard and Poor's ratings, bond ratings

dead assets "мертвые" активы: активы, не приносящие дохода

dead loss полная потеря: безнадежный убыток

dead rent "мертвая" рента: арендная плата, которая выплачивается за неиспользуемую собственность (например, за неработающую шахту)

deal сделка, операция

dealer дилер: 1) компания или физическое лицо, которые оперируют на бирже (рынке) за собственный счет; 2) сотрудник банка, специализирующийся на проведении конверсионных, депозитных и других операций на финансовых рынках; 3) оптовый покупатель товаров и услуг для розничной перепродажи потребителям

dealer bank банк-дилер: банк, который постоянно котирует цены и готов вступить в сделку на рынке казначейских облигаций (США); см. market maker

dealer loan дилерский кредит: однодневный кредит, предоставляемый фондовому дилеру под залог ценных бумаг

dealing = dealing-room

dealing around the clock торговля валютой и другими финансовыми инструментами 24 часа в сутки, используя рынки и контрагентов в разных часовых поясах

dealing for new time = new time

dealing-room "дилинг", дилерская комната: помещение, где сотрудники банка или компании (дилеры) занимаются совершением сделок с валютой, депозитами, ценными бумагами, золотом с помощью телефонов, телекса и пр.

Dealing 2000 Дилинг 2000: дилинговая система компании Рейтер для торговли иностранной валютой (создана в 1992 г.)

dealing within the account сделки, совершаемые в течение одного операционного периода (на фондовой бирже)

deal slip бланк регистрации сделки: документ, заполняемый после заключения сделки в торговом зале биржи (представляется в клиринговую палату)

dear дорогой, дорогостоящий

dear money "дорогие деньги": ситуация, когда власти стремятся сдержать инфляцию и "перегрев" экономики с помощью высоких процентных ставок, поддерживаемых изъятием ликвидности из банковской системы; политика "дорогих денег" призвана уменьшить суммарный объем заимствований; см. easy money

death benefit сумма, выплачиваемая в случае смерти застрахованного лица

death duty estate duty; inheritance tax

Death Valley curve "кривая Долины смерти": стадия "рискового" финансирования, когда новая компания несет убытки; см. venture capital

debasement уменьшение содержания драгоценного металла в монетах, снижение реальной ценности монет

D

debenture 1) ссуда, обеспеченная фиксированными или другими активами компании; 2) обращающаяся ценная бумага (облигация), представляющая собой свидетельство на часть такой ссуды; 3) необеспеченное долговое обязательство (США)
  debenture bond облигация с фиксированной ставкой и сроком, но без обеспечения; такие облигации часто продаются со скидкой
  debenture conversion конверсия облигаций в акции
  debenture stock (DS) 1) = debenture 2; 2) в США привилегированные акции (редко)
  debit дебет: бухгалтерская запись, отражающая платеж, расход
  debit advice дебетовое авизо; извещение банком клиента о дебетовой записи по его счету
  debit balance 1) дебетовый остаток (задолженность); 2) в США - часть покупной цены финансового инструмента или товара, которая оплачена за счет кредита брокера клиенту
  debit card платежная (дебетовая) карточка: документ в форме пластиковой пластины, дающей возможность совершать безналичные покупки товаров и услуг с помощью электронных платежных терминалов; платежи списываются со счета клиента в течение короткого времени (2 дней); см. point-of-sale terminal system; plastic card
  debit interest дебетовые проценты: компенсация, получаемая банком от клиента за суммы, предоставленные в ссуду (т. к. в бухгалтерском учете кредиты заносятся в дебет)
  debit spread дебетовый спред: разница в стоимости двух опционов, когда стоимость купленного выше стоимости проданного; см. credit spread
  debt долг: 1) определенная денежная сумма или другой актив, который одно юридическое или физическое лицо должно возвратить другому; долг возникает в результате отсрочки платежа или предоставления кредита; 2) долговые инструменты
  debt capital = loan capital

debt capitalization капитализация долга; см. debt-equity swap
  debt certificate долговой сертификат: разновидность ценных бумаг с ограниченным вторичным оборотом
  debt collection взыскание долга: меры по получению денег от должника
  debt defeasance законное аннулирование долга
  debt-equity ratio = debt-to-equity ratio
  debt-equity swap своп долг/акции: обмен долговых обязательств на акции (в порядке погашения задолженности развивающихся стран)
  debt extinguishment ликвидация долга путем оплаты, зачета, переуступки
  debt for products swap (deal) своп долг/товары: погашение долговых обязательств поставками товаров (метод урегулирования задолженности); = goods-for-debt swap
  debt instrument долговой инструмент: письменное обещание выплатить долг - вексель, облигация, депозитный сертификат
  debt management управление долгом: размещение, рефинансирование, поддержание вторичного рынка долговых обязательств
  debt offering новый выпуск облигаций
  debtor должник: лицо, взявшее взаймы определенную сумму
  debtor nation страна-должник: страна, имеющая отрицательный платежный баланс; см. creditor nation
  debt ratio = debt-to-equity ratio
  debt rescheduling реструктуризация долга: пересмотр (продление) сроков кредитов для облегчения положения заемщика, который испытывает трудности с платежами (иногда изменяются и другие условия кредитов)
  debt restructuring = debt rescheduling
  debt retirement выплата (погашение) долга (облигации могут погашаться из специального фонда, в который регулярно делаются взносы, или сериями, в разные сроки)
  debt security ценная бумага, представляющая собой долговое свидетельство
  debt service обслуживание долга: еже-

годные процентные платежи и выплаты основной суммы долга (или взносы в фонд погашения)

debt service cost стоимость обслуживания долга (проценты, погашение основной суммы)

debt service fund фонд обслуживания долгового обязательства: резерв, создаваемый для выплаты процентов и основной суммы долга; = reserves 5

debt-service ratio коэффициент обслуживания долга (процентные платежи и амортизация основной суммы в отношении к поступлениям по экспорту): показатель ликвидности страны-заемщика при анализе "странового" риска (критический уровень – более 25 %); может также рассчитываться для корпораций (в отношении не экспорта, а доходов)

debt swap = sovereign debt swap

debt-to-equity ratio соотношение собственных и заемных средств банка: отношение суммарных обязательств и долгосрочных заимствований компании к акционерному капиталу (или долга плюс привилегированные акции к обыкновенным акциям); увеличение долга, как правило, усиливает неустойчивость дохода компании в расчете на одну акцию

debt to total assets ratio отношение суммарных обязательств компании к ее суммарным активам

debt warrant issue облигационный заем с варрантами, дающими право на покупку других облигаций заемщика (в том числе другого выпуска)

decimal currency валюта, базирующаяся на десятичной системе (как правило, такая денежная единица делится на 100); впервые такая валюта была введена в США в 1792 г. (в Великобритании в 1971 г.)

declaration day 1) день объявления дивиденда (с этого дня акционер получает право на дивиденд); 2) = expiration date

declaration of indemnity заявление клиента, получившего дубликаты ценных бумаг или документов (в связи с утерей), о гарантии возмещения банку убытков в случае неправильного использования утерянных бумаг

declare объявить дивиденд: объявление советом директоров компании размера и даты выплаты дивиденда (с этого момента выплата дивиденда становится обязательством)

declared reserves = disclosed reserves ■

decreasing term assurance временное страхование жизни, которое с течением времени уменьшается в сумме

deductible подлежащий вычету (например, при налогообложении)

deduction вычет: 1) разрешенный законом вычет из облагаемой налогом суммы (например, местные налоги); 2) изменение суммы счета-фактуры с согласия продавца (например, в связи с нехваткой товара)

deductions at source взимание подоходного налога у источника дохода до его получения физическим лицом (организация, собравшая налоги, передает их налоговым властям)

deed документ, скрепленный подписями и печатью, в котором излагаются соглашение, обязательство, право (их выполнение и реализация могут быть истребованы в судебном порядке)

deed of arrangement соглашение между неплатежеспособным должником и кредиторами о погашении долга (или его части) без объявления должника банкротом

Deed of Settlement документ, в котором изложены фундаментальные правила функционирования Лондонской фондовой биржи (1802 г.)

deed of transfer документ (соглашение) о покупке акций или облигаций (после его регистрации владелец получает от компании соответствующий сертификат)

deed of trust = trust deed

deep discount bonds "облигации с глубоким дисконтом": 1) ценные бумаги с купонами, которые на вторичном рынке продаются с дисконтом свыше 20 % (например, из-за повышения процентных ставок по сравнению со временем их эмиссии); 2) ценные бумаги, выпускаемые по низкой цене (по сравнению с номинальной и с минимальным купоном (доход инвестора заключается в приросте капитала); см. zero coupon bonds

deep in/out of the money опцион "колл", цена которого значительно ниже/выше текущей рыночной цены финансового инструмента, лежащего в его основе (для опциона "пут" - выше/ниже); премия за покупку такого опциона очень высокая или очень низкая; см. in-the-money; out-of-the-money

defalcation = embezzlement

default невыполнение условий кредитного соглашения или рыночной сделки: неспособность выплатить проценты или погасить кредит, непоставка ценных бумаг или товара

default interest процентная ставка по просроченному долгу с момента объявления неплатежеспособности до урегулирования долга

defeasance 1) условие долгового соглашения, по которому оно аннулируется при определенных условиях; 2) аннулирование старого займа, который котируется ниже номинала или приносит низкий доход, без его погашения (путем обмена на новый заем или, например, создания специального фонда для расчетов по займу вне баланса данной компании)

defective delivery дефектная поставка: поставка ценных бумаг в негодном состоянии или неправильно оформленных (реже поставка товаров, не соответствующих условиям контракта)

defense bond оборонная облигация: разновидность государственных ценных бумаг, существовавших в Великобритании в 1939-1964 гг.

defensive portfolio "оборонительный" инвестиционный портфель: портфель первоклассных устойчивых ценных бумаг (с низким уровнем риска)

defensive securities "оборонительные" ценные бумаги: бумаги, которые в меньшей степени обесцениваются при падении конъюнктуры в силу высокой доходности и слабой связи с экономическим циклом, - стабильные ценные бумаги, являющиеся надежным капиталовложением

deferral отсрочка

deferment = deferral

deferral of taxes отсрочка налоговых платежей

deferred account счет, который откладывает уплату налогов (различные виды пенсионных счетов, ренты, программ участия в прибыли)

deferred call option право заемщика на досрочное погашение облигаций, которое можно использовать только по истечении некоторого времени после их выпуска

deferred charge отсроченные расходы: расходы, которые учитываются в качестве активов до наступления сроков выплаты (например, арендной платы или страховой премии)

deferred deliveries отсроченные поставки товаров

deferred futures фьючерсные контракты с наиболее дальними сроками; см. nearby futures

deferred income досрочный доход: доход, полученный досрочно (в бухгалтерском учете)

deferred interest bond облигация с отсроченными процентными выплатами; по облигации с нулевыми купонами проценты и основная сумма выплачиваются одновременно по истечении срока займа (проценты фактически реинвестируются); цены таких облигаций отличаются повышенной неустойчивостью

deferred ordinary share отсроченная акция: обыкновенная акция, участвующая в распределении прибыли после привилегированных, обыкновенных и других типов акций и дающая право на дивиденд только после конкретной даты или достижения компанией определенного уровня прибыли

deferred payment annuity рента с отсроченными платежами (например, до достижения получателем определенного возраста)

deferred premium option опцион с отсроченной премией; см. Boston option

deferred share = deferred ordinary share
deferred stock = deferred ordinary share
deferred taxation отложенное налогообложение: суммы налогов, которые должны быть выплачены компанией

в будущем (указываются в годовом отчете)

deficiency letter письменное уведомление Комиссией по ценным бумагам и биржам (США) эмитента о том, что предварительный проспект займа требует пересмотра или расширения; см. Securities and Exchange Commission

deficit дефицит: 1) превышение обязательств компании над ее активами и доходами; 2) бюджетный дефицит; 3) дефицит платежного баланса

deficit financing дефицитное финансирование: государственные расходы в целях стимулирования деловой активности превышают бюджетные доходы, а разница между ними (дефицит) финансируется с помощью заимствований (расширения государственного долга)

deficit net worth избыток пассивов сверх активов и капитала компании (обычно в результате операционных убытков)

deficit spending дефицитное расходование: превышение правительственных расходов над доходами, приводящее к бюджетному дефициту и необходимости заимствований

defined benefit pension plan пенсионная программа, по которой участникам гарантируется фиксированная сумма выплат после оговоренной выслуги лет; взносы делаются работодателем и иногда частично служащими (США); см. final salary scheme

defined benefit scheme = final salary scheme

definitive certificate окончательный сертификат акции: выпускается после полной оплаты акции взамен временного сертификата

definitive note евронота на предъявителя

deflation дефляция: снижение уровня цен или повышение покупательной способности денег в связи с уменьшением количества денег в обращении относительно товарной массы; обычно сопровождается сокращением капиталовложений, производства и занятости

deflator дефлятор: статистический прием урегулирования разницы между реальной (постоянной) стоимостью и стоимостью в текущих ценах (затронутой инфляцией) - индекс цен для пересчета в неизменные цены

deflection of tax liability законный перенос налогового бремени на другое лицо

defray оплачивать (издержки, расходы)

defunct company компания, которая прекратила деятельность и юридически больше не существует

delayed cap FRN облигация с плавающей ставкой, у которой условие максимума процентной ставки ("кэп") начинает действовать по истечении некоторого времени; см. cap 1

delayed delivery запоздалая поставка ценных бумаг (позднее обычных пяти дней); как правило, по соглашению между покупателем и продавцом

delayed disbursement отложенная выплата денег: практика в управлении наличностью, когда фирмы делают платежи другим фирмам через банки удаленных местностях для максимизации чекового "флоута" или времени между выставлением чека и фактическим списанием денег со счета; = remote disbursement; см. controlled disbursement; float

delayed opening отсрочка начала торговли на бирже для урегулирования дисбаланса приказов на покупку и продажу акций (США)

delayed start swap "замедленный" своп: своп, который начинает действовать через некоторое время после заключения соглашения; см. currency swap 1; interest-rate swap

delayed (deferred) warrants отсроченные варранты: облигационные варранты, которые можно использовать только через определенное время после проведения выпуска ценных бумаг

del credere provisions = provisions for bad (doubtful) debts

del credere risk = credit risk

delete вычеркивать, стирать, уничтожать

delinquency неплатеж по обязательству, по которому наступил срок: просроченная задолженность

delisting лишение котировки: прекращение котировки ценной бумаги (из-за невыполнения компанией определенных правил)
deliverable bills казначейские векселя, отвечающие требованиям срочной биржи (США)
deliverable (grade) name = contract grade
deliverable supply имеющиеся в наличии для поставки по срочным биржевым контрактам финансовые инструменты или товары
delivery поставка: 1) поставка или получение конкретного финансового инструмента в случае исполнения срочного биржевого контракта; 2) передача ценной бумаги новому владельцу
delivery against cost (DAC) = cash on delivery 2
delivery date дата поставки: 1) дата исполнения биржевой сделки в данном месяце поставки (формально 1-е число, но может быть любой день); 2) дата поставки ценных бумаг на фондовой бирже; в Нью-Йорке – 5-й рабочий день, но по опциону продавца может быть до 60 дней
delivery month месяц поставки; = contract month
delivery notice уведомление о поставке: 1) письменное уведомление со стороны продавца о намерении произвести поставку финансового инструмента по срочному биржевому контракту (также о дате); 2) уведомление о намерении или факте поставки товаров
delivery points места поставки в срочной биржевой торговле: установленные в условиях контракта пункты (города, банки, склады), куда производится поставка финансового инструмента или товара
delivery risk риск поставки: риск того, что одна из сторон сделки не произведет поставку
delivery settlement price = exchange delivery settlement price
delivery versus payment (DVP) = cash on delivery 2
delta коэффициент "дельта": показатель отношения цены опциона к наличной цене финансового инструмента, лежащего в его основе (изменение премии делится на изменение наличной цены); например, для опциона "колл" дельта 0,5 означает рост премии на 0,5 доллара за 1 доллар прироста стоимости ценной бумаги, для "пут" – уменьшение на 1 доллар)
delta hedging "дельта"-хеджирование: страхование продавцами опционов своего риска путем купли или продажи наличного инструмента в соответствии с коэффициентом "дельта"; см. delta
delta neutral position "дельта"-нейтральная позиция: позиция продавца опциона, застрахованная в соответствии с коэффициентом "дельта"; см. delta
demand deposit депозит, счет (вклад) до востребования с возможностью выписывать чеки (варрант текущего счета); см. current account 2
demand line of credit кредитная линия до востребования: обязательство предоставить кредит до определенной суммы по первому требованию
demand loan = call loan
demand-pull inflation инфляция, вызванная несоответствием предложения спросу (избыточным спросом на товары и услуги, вызывающим рост спроса на кредит, кредитную экспансию и рост цен)
"de minimis clause" "минимальная" оговорка: пункт многостороннего соглашения о пересмотре задолженности, по которому на кредиторов с требованиями меньше суммы в 250–1000 млн. СДР данное соглашение не распространяется (такие требования должны быть погашены)
demonetization демонетизация: 1) лишение в законодательном порядке определенной формы денег статуса законного платежного средства; 2) лишение золота и других драгоценных металлов денежных функций
demurrage демередж (мор.): плата за задержку судна при погрузке (разгрузке) сверх оговоренного срока
demutialisation изменение статуса компании со взаимного на частный или акционерный

denomination деноминация: номинал ценной бумаги, банкноты, монеты

Department of Trade and Industry (DTI) Министерство торговли и промышленности (Великобритания); осуществляет общий надзор за функционированием рынков ценных бумаг

depletion истощение, исчерпание

depletion accounting учет истощения природных ресурсов: термин, используемый в бухгалтерском учете для обозначения практики вычета из доходов части суммы использованных ресурсов

depletion allowance "истощимая скидка": налоговая скидка с доходов от разработки истощимого природного ресурса

deport (Fr.) = backwardation 1

deposit депозит: 1) вклад клиента в кредитном учреждении (в виде денег или ценных бумаг; 2) краткосрочная межбанковская ссуда; 3) первый (гарантийный) взнос при покупке товара в рассрочку; 4) деньги, внесенные как свидетельство намерения заключить сделку

deposit account (DA) депозитный счет (в банке); счет, на который деньги кладутся для получения процентов, а изъятия могут осуществляться при предварительном уведомлении (обычно за 7 дней) путем перевода средств на текущий счет

depository (depositary) депозитарий: 1) лицо или учреждение, принимающее на хранение деньги, документы, ценности; хранитель, доверенное лицо; лицо, которому вверены вклады; 2) склад, хранилище, сокровищница, хранилище ценностей

depository receipt депозитная расписка: документ, подтверждающий право вкладчика на депозит или ценности, находящиеся на хранении в банке; см. American Depository Receipts

depository institutions депозитные учреждения: учреждения, которые принимают у компаний и населения депозиты или ценности на хранение

Depository Institutions Deregulation and Monetary Control Act (1980) Закон дерегулировании депозитных учреждений и денежно-кредитном контроле: федеральный закон США принятый в 1980 г.; включал дерегулирование процентных ставок по депозитам, расширение доступа к "учетному окну" ФРС, распространил резервные требования на все кредитные институты, увеличил сумму страхуемых депозитов с 40 до 100 тыс. долл., разрешил счета "нау" и др.

Depository Institutions Deregulation Committee (DIDC) Комитет дерегулирования депозитных учреждений: орган, наблюдающий за выполнением Закона о дерегулировании депозитных учреждений и денежно-кредитном контроле 1980 г. (США); см. Depository Institutions Deregulation and Monetary Control Act

Depository Trust Company (DTC) "Депозитори траст компани": центральный депозитарий ценных бумаг в США (крупнейший акционер - Нью-Йоркская фондовая биржа); расчеты осуществляются в форме электронных бухгалтерских записей и физическое движение ценных бумаг сведено к минимуму

deposit bank = commercial bank

deposit book депозитная книжка, выдаваемая банком вкладчику (в ней регистрируются операции)

deposit multiplier = multiplier 2

Deposit Protection Board Совет защиты депозитов: орган, управляющий Фондом защиты депозитов (Великобритания); см. Deposit Protection Fund

Deposit Protection Fund Фонд защиты депозитов: фонд, созданный в Великобритании по банковскому закону 1979 г. для компенсации убытков вкладчиков банков в случае банкротства последних; см. Deposit Protection Board

deposit receipt (DR) = depository receipt

deposits and borrowed funds депозиты и заемные средства: статьи пассива банка, включающие привлеченные депозиты и кредиты

deposit slip = depository receipt

depot (Fr.) = deposit

depreciated cost первоначальная стоимость фиксированного (капитального) актива минус аккумулированная амортизация

depreciation 1) снижение (списание) стоимости фиксированных (капитальных) активов: потребление капитала в процессе производства (износ машин и оборудования); 2) = devaluation 2; 3) амортизация основного капитала

depression депрессия: период вялой деловой активности – низкие темпы роста производства, инфляции, зарплаты, кредитования при высокой безработице, больших товарных запасах

depth of a market "глубина рынка": показатель степени, до которой рынок может абсорбировать покупки и продажи без значительного изменения цен; на Нью-Йоркской фондовой бирже "глубина" равна размеру сделки, при котором цены не меняются (при сделке в 1000 акций в Нью-Йорке цены стабильны в 85 % случаев); см. breadth of a market; liquidity 4

deregulation дерегулирование: уменьшение государственного регулирования кредитной системы, финансовых рынков для поощрения действия рыночных сил

descending tops = descending triangle

descending triangle опускающийся треугольник (в техническом анализе): несколько циклов повышения цены с затухающей амплитудой (общей понижательной тенденцией), укладывающихся на графике в прямоугольный треугольник (прямой угол слева в основании треугольника; см. ascending triangle

descriptive statement описательная выписка с банковского счета: выписка, дающая имена получателей платежей по счету (например, магазинов); см. bank statement

Designated Order Turnaround System (DOTS) "ДОТС" (США): электронная система расчетов по небольшим сделкам (до 599 акций), действующая на Нью-Йоркской фондовой бирже с 1975 г.; приказы о сделках через систему поступают в торговый зал, а об их исполнении сообщается члену биржи обычно не более чем через 2 минуты после заключения сделки

designer debt дизайнерский долг: схема привлечения капитала, созданная специально для данной компании

desk 1) департамент ценных бумаг Федерального резервного банка Нью-Йорка; осуществляет операции Комитета открытого рынка ФРС на денежном рынке и рынке государственных ценных бумаг и служит источником информации для министерства финансов; включает отдел, проводящий валютные операции (интервенции); 2) рабочее место валютного дилера (стол с коммуникационным оборудованием)

Deutsche Auslands Kassenverein Aktiengesellschaft (AKV) Депозитарий для иностранных ценных бумаг во Франкфурте-на-Майне (ФРГ); выступает доверенным лицом, участвует в международных расчетах по ценным бумагам (функционирует с 1970 г.)

Deutsche Boerse Немецкая биржа: холдинговая компания для всех фондовых бирж Германии

Deutsche Bundesbank Дойче Бундесбанк (Немецкий федеральный банк): центральный банк ФРГ (создан в 1957 г.)

Deutsche Kassenverein Немецкий кассовый союз: клиринговая палата для ценных бумаг в Германии

Deutsche Mark немецкая марка (нем.)

Deutsche Termin Boerse (DTB) Немецкая срочная биржа: рынок финансовых фьючерсов и опционов в ФРГ (Франкфурт-на-Майне)

devaluation девальвация валюты: 1) снижение курса валюты органами власти при той или иной форме фиксированных валютных курсов (относительно золота или других валют); 2) обесценивание данной валюты относительно валют других стран

developer организатор проекта в сфере недвижимости ("девелопер"); обычно фирма, которая находит финансирование и строительных подрядчиков и доводит проект до завершения; частично вкладывает в проект свои деньги

development bank банк развития; межгосударственное учреждение, созданное для финансового содействия развитию экономически слабых стран, в том числе конкретного региона (например, Азиатский банк развития); финансовыми донорами обычно являются развитые страны, кредиты предоставляются на льготных условиях, причем часто на государственные инфраструктурные проекты

development capital капитал развития: "рисковое" финансирование, предоставляемое на стадии, когда новая компания начала или скоро начнет получать прибыль; см. venture capital

diagonal spread диагональный спред: опционная стратегия (разновидность календарного спреда), заключающаяся в одновременной купле и продаже одинакового числа опционов одного класса по разным ценам и с разными сроками; см. calendar spread; bull spread

diamond investment trust бриллиантовый инвестиционный трест (фонд): инвестиционный фонд, вкладывающий средства в бриллианты (с начала 80-х годов в США)

dictum meum pactum "мое слово - моя гарантия"(лат.): девиз Лондонской фондовой биржи; = my word is my bond

difference разница: 1) разница в цене, выплачиваемая брокером клиенту или клиентом брокеру (в зависимости от движения конъюнктуры) в случае зачета одной сделки другой (на Лондонской фондовой бирже - в течение одного расчетного периода); 2) = differential; см. difference account

difference account счет разницы: 1) документ, направляемый членом срочной биржи клиринговой палате после зачета открытой позиции обратной операцией (для окончательного расчета); 2) = over and short

differential разница: 1) разница в цене, выплачиваемая при исполнении срочного контракта финансовыми инструментами, которые не соответствуют стандартным условиям; 2) разница в цене и брокерском вознаграждении в расчете на одну акцию между стандартной и нестандартной сделками; см. odd lot; round lot

dilution of capital уменьшение ("растворение") контроля и/или доходов существующих акционеров при выпуске новых акций; см. watering of stock

dime дайм: монета в 10 центов (США)

Diners Club Card международная кредитная карточка, выдаваемая индивидуальным членам Дайнерз клуба; дает возможность оплачивать билеты на транспорте, счета в ресторанах и других точках обслуживания, заключивших соглашение с клубом

DINGOS "ДИНГО": разновидность облигаций с нулевыми купонами на базе австралийских правительственных бумаг

dip небольшое падение цены в рамках общей повышательной тенденции

direct-bid facility = unsolicited bidding

direct debit прямой дебет: инструкция клиента банку автоматически дебетовать его счет регулярными, но обычно меняющимися суммами, например, за электричество, газ

direct debits прямое дебетование: система перевода средств, при которой поставщик по соглашению с покупателем кредитует свой банковский счет и дебетует счет покупателя на сумму поставленных товаров и услуг

direct insurance прямое страхование: страхование непосредственно в страховой компании, а не через агентов-посредников

direct investments прямые инвестиции: капиталовложения в реальные активы (производство) в другой стране

direct loan company = consumer finance company

director директор: лицо, уполномоченное акционерами управлять компанией; директора бывают исполнительные и неисполнительные (участвующие только в работе совета директоров); совет директоров выпускает годовой отчет компании и рекомендует собранию акционеров размер дивиденда

director's interest личная финансовая заинтересованность директора компании в ее деятельности (владение акциями, сделки с акциями и облигациями компании); директор имеет больше информации о положении компании, чем любой акционер, и может использовать ее в свою пользу; владение акциями своей компании обычно поощряется, но любые операции директоров находятся под строгим контролем; см. insider trading

direct overhead прямые издержки, относимые к издержкам производства: арендная плата, страхование, расходы на электроэнергию

direct paper коммерческие бумаги, продаваемые эмитентом непосредственно инвесторам

direct participation program программа прямого участия: прямое участие инвесторов в капиталовложениях (обычно в форме товарищества с ограниченной ответственностью)

direct-pay letter of credit банковский аккредитив для гарантирования ценных бумаг, предусматривающий оплату банком облигаций с истекающими сроками с последующим возмещением затрат заемщиком

direct placement прямое размещение ценных бумаг среди инвесторов; = private placement

direct quotation прямая котировка (курс) валюты: единица иностранной валюты, выраженная в местной валюте

direct taxation прямое налогообложение (физических и юридических лиц)

direct underwriting = firm underwriting

dirty bill of lading "грязный" коносамент: коносамент с оговорками относительно качества или упаковки товара

dirty float(ing) "грязное" плавание валютных курсов: система плавающих валютных курсов, при которой власти воздействуют на рыночный спрос и предложение валют для стабилизации курсов и изменения направления их движения; см. managed currency

dirty price "грязная" цена: цена облигаций с учетом наросших процентов

disagio дизажио: 1) комиссия, получаемая организатором "свитча"; см. switch 2; 2) отрицательная разница между рыночной ценой и номиналом

disappreciation снижение цены (курса, стоимости), корректирующее предшествующее чрезмерное повышение

disbursement 1) платеж, выплата; фактическое предоставление кредита, момент перевода денег; 2) расходы, издержки

discharge of bankruptcy судебный приказ, завершающий процедуру банкротства (обычно освобождает должника от юридической ответственности по определенным обязательствам)

disclosed reserves открытые, публикуемые резервы: резервы банка, опубликованные в его балансе

disclosure предоставление компанией информации о своей деятельности, конкретных сделках (в соответствии с законом)

discontinued hedge "прерванное" хеджирование (когда по тем или иным причинам срочная сделка превращается из страховой в спекулятивную)

discount (Dis; Disct) 1) дисконт, скидка: разница между ценой эмиссии ценной бумаги и ее текущей рыночной ценой или между наличным и срочным валютными курсами; будущее вознаграждение по векселю относительно номинала; 2) учет векселей: операция купли-продажи векселей по номиналу минус вознаграждение за оставшийся до погашения срок (например, вексель с номиналом в 100 долл. продается за 90 долл.); 3) скидка с цены товара; см. cash discount; trade discount; 4) учет информации об определенном событии в движении цен, ставок, в том числе до его наступления

discount bond облигация, текущая цена которой ниже стоимости при погашении или номинала

discount broker "дисконтный" брокер: посредническая фирма (в торговле фьючерсами, ценными бумагами), которая за счет специализации, ускорения совершения операций и больших оборотов может предоставлять клиентам скидки по комиссионным (не занимается консультированием, управлением портфелями); такие фирмы появились после отмены в США в 1975 г. фиксированных комиссионных ставок; см. May Day; full service broker

discount certificate of deposit дисконтный депозитный сертификат: депозитный сертификат, выпускаемый с дисконтом (как вексель)

discounted cash flow дисконтированный "кэш флоу": учетный метод оценки текущей (рыночной) стоимости будущих доходов; считается как дисконтированная текущая стоимость или внутренняя ставка доходности; см. discounted present value, internal rate of return

discount credit line учетная кредитная линия: кредитная линия в форме обязательства банка учитывать векселя клиента в пределах оговоренной суммы

discounted present value дисконтированная текущая стоимость: сегодняшняя стоимость суммы, которая будет получена в будущем, дисконтированная на основе той или иной процентной ставки

discount factoring = invoice discounting

discount house учетный дом: банк в Великобритании и некоторых других странах, специализирующийся на операциях на денежном рынке (в том числе на учете векселей); крупнейшие британские учетные дома - Юнион Дискаунт, Джеррард энд Нэшнл; см. London Discount Market Association

discount in advance заранее учесть: предвосхитить тенденцию развития цены инвестиционных активов путем увеличения или уменьшения их оценки (например, объявление дивиденда сразу учитывается в цене акции)

discount loan facility программа, по которой Экспортно-импортный банк США дает коммерческим банкам ссуды в размере до 100 % их кредитных обязательств, возникших в результате экспорта (может приобретать эти обязательства)

discount market учетный рынок: часть денежного рынка, охватывающая преимущественно операции по учету коммерческих и казначейских векселей

discount rate учетная ставка: 1) ставка, по которой центральный банк готов учитывать и переучитывать первоклассные векселя или предоставлять кредиты банкам (инструмент денежно-кредитной политики); 2) ставка, по которой на денежном рынке учитываются векселя; сумма дисконта = сумма векселя х учетная ставка х число дней до погашения: (100 х 260)

discount securities дисконтные ценные бумаги: ценные бумаги, которые выпускаются, покупаются и продаются по цене за вычетом из номинала будущего вознаграждения, которое зависит от сроков займа и ситуации на рынке (обращаются с дисконтом, а погашаются по номиналу)

discount window "учетное окно": "вливание" ликвидности в банковскую систему путем кредитования центральным банком кредитных институтов или проведения с ними операций по учету векселей (в прошлом Банк Англии взаимодействовал только с узкой группой учетных домов, которые выступали своеобразным "окном", через которое можно было воздействовать на всю систему)

discount without recourse учет (покупка) обращающихся ценных бумаг без права оборота на продавца

discount yield доходность дисконтной ценной бумаги (в годовом исчислении)

discretion сумма, на которую брокер может по своему усмотрению изменять цену приказа клиента (по предварительной договоренности с последним)

discretionary account счет клиента, дающий брокеру право покупать и продавать ценные бумаги без предварительного согласия данного клиента

discretionary income часть дохода потребителя, которая остается после удовлетворения первоочередных потребностей (может тратиться на любые цели); масштабы такого дохода являются важным экономическим показателем, т. к. он отражает возможность роста совокупного спроса

discretionary order приказ клиента брокеру купить ценную бумагу (товар), дающий свободу выбора времени и цены сделки

discretionary portfolio портфель "на усмотрение": портфель ценных бумаг, которым брокер уполномочен управлять от имени клиента

discretionary trust 1) взаимный инвестиционный фонд, который может вкладывать средства в широкий круг финансовых инструментов по выбору менеджеров; 2) личный фонд, попечитель которого определяет сумму дохода бенефициара

discretion funds (account) денежные средства, которые инвесторы доверяют брокерам для проведения капиталовложений; между брокером и клиентом заключается соглашение об условиях управления средствами, которые учитываются отдельно от средств самого брокера; брокер заключает сделки за счет клиента, а затем информирует его о деталях; см. in-house funds

disequilibrium несбалансированность (о внешних платежах государства)

dishoarding детезаврация: использование накопленных денег для инвестиций и потребления (в случае драгоценных металлов - реализация запасов)

dishonored bill = overdue bill

disinflation дезинфляция: снижение темпа роста цен в период рецессии, падения продаж; см. deflation

disintermediation дезинтермедиация: 1) отказ от посредничества банков на рынке ссудных капиталов в пользу прямого выпуска ценных бумаг (см. securitization); 2) изъятие клиентами депозитов из банков для помещения в инструменты денежного рынка в период роста процентных ставок; 3) уход части кредитных ресурсов за пределы национальной банковской системы; 4) ситуация, в которой финансовые институты не имеют возможности выполнять свои посреднические функции

disinvestment "дезинвестиции": негативные нетто-инвестиции - новые капиталовложения меньше износа и выбытия основного капитала компании

dispache диспаша: расчет по распределению убытков по общей аварии между судном, грузом и фрахтом

dispacheur диспашер: специалист в области морского права, поставляющий расчеты по распределению убытков по общей аварии

dispatch диспач (мор.): премия за досрочную погрузку или разгрузку судна

disposable personal income (DPI) доход, которым население располагает после уплаты налогов для потребления и сбережений

disposal value ликвидационная стоимость: предполагаемая сумма, которая может быть выручена от продажи актива

dissaving расходы сверх доходов ("проедание" сбережений)

dissolution роспуск (компании или товарищества): юридическое прекращение деятельности компании в добровольном или принудительном порядке; см. compulsory liquidation; voluntary liquidation

distant deliveries (distants) = deferred futures

distributed profit распределенная прибыль: прибыль, выплаченная в форме дивидендов акционерам

distributing syndicate синдикат размещения ценных бумаг (группа банков или брокеров)

distribution распределение части дохода компании между акционерами (как правило, в форме выплаты дивидендов); 2) = scrip issue; 3) = rights issue; 4) размещение ценных бумаг на рынке; см. primary distribution; secondary distribution; 5) продажа большой партии ценных бумаг без негативного воздействия на цены

distribution area зона "разброса" (цен): пределы, в которых двигается цена акции в течение длительного времени

distribution stock часть блока акций, продаваемая в течение определенного времени таким образом, чтобы не "сбить" цену

distributor оптовый торговец, продающий товары дилерам, специализирующимся на розничной торговле

distringas "дистрингас" (лат.): наложение судом ареста на ценные бумаги или выплату дивидендов, если какое-то лицо предъявляет на них претензии (путем уведомления, которое называется "дистрингас")

Ditchley Institute Институт Дитчли; = Institute for International Finance

divergence indicator индикатор отклонения: показатель, основанный на отклонении рыночного курса валюты в ЭКЮ от центрального курса в ЕВС; предназначен для подачи сигналов для начала интервенций; см. parity grid

divergence limit предел отклонения: официально зафиксированный предел отклонения курсов валют в ЕВС от центральных курсов к ЭКЮ

diversification диверсификация: 1) распределение инвестиционного портфеля между разными финансовыми инструментами и другими активами для снижения риска; 2) расширение сферы деятельности компании (в т. ч. путем поглощений и слияний) для уменьшения зависимости от одного вида продукции, циклических факторов; 3) повышение безопасности валютных резервов государства путем расширения круга используемых валют и финансовых инструментов

diversified investment company диверсифицированная инвестиционная компания: фонд, осуществляющий инвестиции в широкий круг ценных бумаг, товаров (в США - до 5 % в один вид активов)

divestiture реализация актива путем продажи

divided account = severally but not jointly

dividend (Div) дивиденд: часть прибыли компании, распределяемая среди акционеров; дивиденд объявляется директорами компании и утверждается собранием акционеров; в Великобритании объявляется и выплачивается за вычетом налогов

dividend-bearing securities ценные бумаги, приносящие дивиденд (акции, дивидендные сертификаты и сертификаты участия)

dividend check = dividend warrant

dividend control = dividend limitation

dividend cover покрытие дивиденда: отношение прибыли компании после уплаты налогов и других вычетов к сумме дивидендов (показатель покрытия дивиденда прибылью)

dividend equalization reserve резерв для выравнивания уровня дивиденда (для поддержания стабильного уровня дивиденда независимо от колебаний прибыли)

dividend exclusion исключение небольших сумм дивидендов (до 100 долларов) из обложения федеральными налогами (США)

dividend limitation ограничение размеров дивидендов компаний: инструмент экономической политики государства, используемый для борьбы с инфляцией (обычно параллельно замораживанию зарплаты)

dividend mandate дивидендный мандат: приказ акционера компании выплатить дивиденд третьему лицу или перевести на его банковский счет (Великобритания)

dividend pay-out ratio процентное отношение дивиденда к суммарной прибыли компании (в расчете на одну обыкновенную акцию)

dividend policy дивидендная политика (компании): принципы распределения прибыли компании на резервы и средства для выплаты акционерам в форме дивидендов

Dividend Record публикация агентства Стандард энд Пурз с информацией о дивидендной политике компаний (США)

dividend reinvestment plan программа реинвестирования дивидендов акционера в новые акции той же компании

dividend requirement сумма годового дохода компании, необходимая для выплаты фиксированного дивиденда по привилегированным акциям

dividend restraint = dividend limitation

dividend-right certificate сертификат, дающий право на участие в распределении прибыли (на дивиденд), но не являющийся титулом собственности (сертификат участия)

dividend rollover plan метод купли акций в период выплаты дивиденда (примерно за две недели до потери права на него) для получения дивиденда и последующей продажи акций

dividends payable дивиденды, подлежащие уплате (строка в пассиве отчетности)

dividend stripping "отрыв" дивидендов: 1) снижение налогового бремени путем включения частной компании в состав публичной и отказа от выплаты дивидендов; 2) = strip 7

dividend warrant чек, с помощью которого выплачивается дивиденд

dividend yield доходность ценной бумаги на базе дивиденда: последний годовой дивиденд по акции, деленный на рыночную цену акции; см. yield

divisional coins разменная монета: неполноценные монеты (номинал больше стоимости металла), обычно обязательны к приему в пределах определенной суммы

D-mark = Deutsche Mark

documentary acceptance credit документарный акцептный кредит: акцептный кредит, используемый во внешней торговле и, как правило, обеспеченный безотзывным документарным аккредитивом, открытым банком покупателя

documentary bill документарный вексель: переводный вексель, к которому приложены коносамент, счет-фактура и другие отгрузочные документы

documentary credit = documentary letter of credit

documentary letter of credit документарный аккредитив: форма коммерческого аккредитива - банк обязуется выплатить согласно инструкциям покупателя определенную сумму продавцу против предъявления документов (коносамента, накладных, сертификатов происхождения и качества, страховых документов); вместо платежа банк может взять обязательство акцептовать или учесть тратты; см. commercial letter of credit

documents against acceptance (D/A) документы против акцепта: метод платежа во внешней торговле, при котором отгрузочные документы приложены к векселю, отправляемому банку или агенту в порту назначения (передаются покупателю после акцепта векселя)

documents against payment (D/P) документы против платежа: надпись на векселе, указывающая, что передача товарных документов покупателю возможна только против их оплаты

documents against presentation = cash against documents

dollar доллар: денежная единица США (равна 100 центам); введена в 1786 г. (название происходит от серебряного европейского талера)

dollar bonds долларовые облигации: 1) = Yankee bonds; 2) евродолларовые облигации; = Eurobonds; 3) муниципальные облигации с ценами, котируемыми в долларах, а не в виде доходности

dollar cost averaging = constant dollar plan

dollar-day долларо-день: остаток средств в 1 доллар, который имеется в течение 1 одного дня; понятие используется для измерения плюсов и минусов в различных систем управления наличностью

dollar diplomacy долларовая дипломатия: использование администрацией США экономической мощи страны (в том числе доллара) для достижения политических целей

dollar drain утечка долларов: уменьшение долларовых ресурсов страны в результате пассивной торговли с США

dollar exchange acceptance акцепт для обмена долларов: срочная тратта, выписанная центральным банком за границей и принимаемая коммерческими банками для поставки иностранной валюты (США)

dollar gap долларовый "голод": в послевоенный период восстановление экономики стран Западной Европы шло в основном за счет закупок в США (единственной конвертируемой валюты в тот период), оттоку золотых запасов; некоторым странам и сегодня постоянно не хватает конвертируемой валюты

dollar glut избыток долларов: избыток долларов США, наблюдавшийся в международном обороте в 60-х годах

Dollar interest payment securities (DIPS) = foreign interest payment securities

dollarization долларизация: проникновение доллара США и других твердых валют во внутреннее денежное обращение стран со слабыми неконвертируемыми валютами (особенно характерно для Восточной Европы); является признаком и одной из причин расстройства денежного обращения, характеризует бегство от национальной денежной единицы

dollar overhang = overhang 2

dollar roll "катание" доллара: продажа ценной бумаги, обеспеченной ипотеками, с одновременным соглашением купить такую же бумагу в будущем по оговоренной цене; обычно это делается для получения краткосрочного финансирования или арбитражной прибыли (заимствования ниже ставки, уплачиваемой по ипотеке) см. reverse repurchase agreement

dollar shortage = dollar gap

dollar stocks долларовые ценные бумаги: общее обозначение американских и канадских акций

Dolly доллар США (жаргон)

domestic bills = inland bills

domestic bonds "внутренние" облигации (займы резидентов на национальном рынке)

domestic corporation национальная корпорация: корпорация в США, действующая в штате, где она зарегистрирована

domestic credit expansion (DCE) внутренняя кредитная экспансия: характеристика изменения денежной массы в обращении, используемая МВФ, - изменение денежной массы минус изменение в чистых валютных резервах правительства (изменение в резервах минус заграничные заимствования правительства)

domicile 1) постоянное место жительства; 2) юридический адрес; 3) место платежа по векселю

domiciled bill домицилированный вексель: вексель с указанием места оплаты (обычно банка акцептанта)

dominion and colonial banks = overseas banks 2

donated capital = donated surplus

donated stock оплаченная акция, бесплатно переданная компании-эмитенту

donated surplus часть капитала компании, переданная ей на безвозмездной основе (акции этой компании, недвижимость, наличные)

Donoghue's money fund average индекс Донохью доходности крупных фондов денежного рынка (США)

donor донор: тот, кто что-то отдает (в том числе бесплатно): 1) кредитор на льготных условиях, поставщик финансовых ресурсов в порядке помощи; 2) = settlor; trustor

do not reduce (DNR) "не снижать": приказ клиента брокеру не снижать цену акции при потере права на текущий дивиденд (в этот момент цены обычно падают)

don't fight the tape "не борись с тенденцией": принцип, по которому бессмысленно противодействовать господствующей тенденции (например, покупать при снижении цен)

don't know (DK) фондовая сделка, по которой обнаружены расхождения в данных при сверке (США; жаргон)

dormant company "спящая" компания: зарегистрированная, но не функционирующая компания; = sleeping company

double A = AA

double auction market рынок двойного аукциона: рынок, где много и продавцов и покупателей и они все могут выступать в роли аукционера; типичный пример - срочные и фондовые биржи США

double-barrelled "двуствольный": муниципальный заем с погашением за счет доходов от финансируемого проекта и гарантированный вышестоящим органом власти

double bottom "двойное дно": термин, используемый в техническом анализе для обозначения на графике ситуации, когда цена за короткое время дважды опустилась до низкого уровня, а затем снова повысилась (может предвещать улучшение цены); = W-formation; см. double top

double call право удвоить ежегодную сумму погашения облигаций

Double Eagle "двойной орел": американская золотая монета в 20 долл.; объект тезаврации; см. American Eagle

double entry (DE) двойная запись (в бухгалтерском учете): каждая операция учитывается с помощью двух записей (один счет дебетуется, другой кредитуется)

double indemnity двойное вознаграждение: выплаты по полису страхования жизни или от несчастных случаев, удваиваемые при определенных условиях

double name paper = two-name paper

double option двойной опцион: покупка опционов "колл" и "пут" с одинаковыми сроками и ценами; см. spread option

double taxation двойное налогообложение: ситуация, когда один доход подлежит обложению двумя налогами (в разных странах, на национальном и местном уровне, на уровне корпорации и акционеров)

double taxation agreement соглашение о ликвидации двойного налогообложения: двустороннее соглашение между странами о предотвращении обложения налогом одного дохода дважды

double taxation relief освобождение от двойного налогообложения

double top "двойная вершина": термин, используемый в техническом анализе для обозначения на графике ситуации, когда цена за короткое время дважды достигла "пика", а затем вернулась на более низкий уровень (может предвещать падение цены); см. double bottom

double whammy двойной удар: ситуация, в которой находится инвестор с портфелем обесценивающихся акций и "короткой" позицией по облигациям при росте их цен (США)

doubtful loans = bad debts

Dow, Jones & С "Доу, Джонс энд компани" (США): компания финансовой информации, основанная в конце XIX в. Ч. Доу (1851-1902) и Э. Джонсом; публикует индексы Доу-Джонса; см. Dow Jones Index

Dow Jones Index фондовый индекс Доу Джонса, рассчитываемый для промышленных и транспортных акций на Нью-Йоркской фондовой бирже с 1897 г. (для государственных коммунальных предприятий - с 1929 г.); наиболее известен промышленный индекс Доу Джонса, включающий акции 30 ведущих монополий (Dow Jones Industrial Average, DJIA), с базовым годом - 1928 г.

Dow Jones Investor Network (DJIN) Инвесторская сеть Доу Джонс: новая видеоинформационная система для инвесторов, созданная в 1993 г.; деловые новости и другая информация появляются на экране компьютеров

downside (risk) риск понести убытки, снижения цены или курса (например: to share downside - разделить с партнерами риск убытков); см. upside (potential)

down-stream "даунстрим" (буквально: вниз по течению): 1) в нефтяном и газовом бизнесе: добыча сырья в отличие от его переработки, производства конечных продуктов; 2) финансовые потоки от материнской к дочерней компании (обычно кредиты); см. upstream

downstream bank = respondent bank

down tick обозначение последней по времени биржевой сделки с конкретными ценными бумагами по цене ниже цены предыдущей сделки (США); цена такой сделки высвечивается на экране дисплея с минусом; см. up tick; zero plus tick; minus tick

downtrend понижательная тенденция движения цены: в техническом анализе после начала снижения наблюдается некоторый рост цены (не достигает прежнего уровня), а затем падение продолжается; см. uptrend

downturn = depression

Dow Theory теория Доу: теория анализа фондовой конъюнктуры, основанная на интерпретации движения индексов Доу Джонса для промышленных и транспортных акций; превышение обоими индексами предыдущего "пика" свидетельствует о повышательной тенденции, а падение ниже предшествующего минимального значения - о понижательной тенденции; см. primary trend; secondary trend; tertiary trend

draft (bill) = bill of exchange

dragnet clause = blanket lien

dragon bonds "драконовые облигации": облигации, выпущенные и синдицированные иностранными заемщиками в азиатском регионе Тихого океана (кроме Японии); такие облигации должны котироваться по крайней мере в двух из трех важнейших финансовых центрах региона - Гонконге, Сингапуре и Тайване

draining reserves изъятие резервов (США): действия ФРС по сокращению денежной массы путем ограничения кредитных ресурсов (резервов) банков (через резервные требования, повышение ставок, увеличения продаж государственных облигаций)

draw-back скидка с налога или тарифа на импортированные товары, которые реэкспортированы

drawdown "выборка" (использование) кредита

drawdown period период "выборки" кредита: период, в течение которого можно использовать кредит

drawdown swap своп с постепенной "выборкой": процентный или валютный своп, в котором основная сумма обязательств увеличивается с течением времени (например, при финансировании строительства крупного объекта)

drawee трассат: 1) плательщик по переводному векселю (на него выставляется вексель); 2) банк, на который выписан чек

drawer трассант: тот, кто выставляет переводный вексель (кредитор) или выписывает чек

drawing 1) определение очередности погашения требований кредитов путем жребия, розыгрыша очередности; выбор облигаций для очередного погашения (заем погашается поэтапно) путем жребия; 2) выписка тратты (чека)

drawn bond облигация с фиксированной ставкой, которая по жребию предназначена к погашению; см. drawing 1

dressed option "одетый" опцион: опцион, проданный для покрытия противоположной фьючерсной позиции

drive-in bank банк "драйв-ин": банковское учреждение, услугами которого можно пользоваться не выходя из машины

drop dead day = D-D Day

droplock bonds 1) облигации с фиксированным доходом, размещаемые среди группы учреждений при снижении ставок до определенного уровня (в том числе для конверсии краткосрочного долга

в долгосрочный); 2) облигации с плавающей ставкой, которые при достижении ставками определенного уровня превращаются в ценные бумаги с фиксированным доходом

drubbing (take a) убытки, потери (понести убытки)

Drysdale Government Securities "Драйсдейл Говернмент Секьюритиз": американская компания по торговле ценными бумагами, которая обанкротилась в 1982 г., нанеся большие убытки банку "Чейз Манхэттан"

dual banking system двухуровневая банковская система (США): "национальные" банки регистрируются и контролируются федеральными властями, а "штатные" банки - властями штатов; аналогичная система существует для ссудно-сберегательных ассоциаций, кредитных союзов и взаимных сберегательных банков

dual capacity совмещение ролей брокера и принципала (джоббера) в биржевой торговле акциями; см. single capacity

dual control двойной контроль: действия, требующие одобрения двух сторон, каждая из которых несет ответственность; например, могут требоваться две подписи на денежном документе; для доступа к арендованному сейфу в банке нужны два ключа - у клиента и у сотрудника банка

dual currency bonds (issue) двухвалютные облигации: облигации с номиналом в одной валюте, а купоном и/или погашением основной суммы в другой валюте по фиксированному курсу

dual currency security ценная бумага, деноминированная в нескольких валютах

dual listing котировка ценной бумаги более чем на одной бирже для повышения ликвидности рынка (в США запрещена одновременная котировка на Нью-Йоркской фондовой бирже и на Амекс)

dual purpose fund взаимный фонд закрытого типа с акциями двух типов, один из которых дает право на дивиденды и проценты, полученные фондом, а второй - на прирост капитала

dual trading = dual capacity
dud check поддельный чек
due bill вексель с наступившим сроком
due date = maturity date
due diligence "дью дилидженс", должная проверка: в работе западных инвестиционных банков обозначает набор действий, призванных обеспечить проекту минимальную защиту от неожиданностей: поездка на место, знакомство с контрагентами, изучение обстановки на месте, социальных и прочих рисков
due diligence meeting встреча, организуемая андеррайтером для ознакомления участников рынка с эмитентом ценных бумаг
due-on-sale clause условие, по которому кредитор может потребовать погашения ипотечного кредита, если залоговая собственность продана
dumbbell "гантель": замена среднесрочных ценных бумаг краткоили долгосрочных бумаг в рамках свопа с сохранением или улучшением доходности; = butterfly
dumping демпинг: 1) продажа товаров по бросовым ценам, в том числе ниже себестоимости; 2) предложение крупной партии ценных бумаг без необходимого учета фактора цены, спроса
Dun & Bradstreet (D&B) Дан энд Брэдстрит (США): компания, собирающая информацию о корпорациях в стране; продает и публикует финансовую и коммерческую информацию; владеет рейтинговым агентством Мудиз; см. Moody's Investors Service
Duncan, the Rev. Henry священник Генри Дункан (родился в 1774 г.), основавший в 1810 г. первый в мире сберегательный банк в Рутвелле (Шотландия)
Dun's market identifier (Dun's number) публикуемый фирмой Дан список корпораций с адресами, числом занятых, другой финансовой и коммерческой информацией (США)
duopoly дуополия: рынок, на котором действуют всего два продавца (которые не могут игнорировать друг друга) - простейшая форма олигополии; см. oligopoly

duosony = duopoly
durables товары долговременного пользования (например, бытовая техника); см. non-durables
duration = average life
Dutch auction голландский аукцион: метод торга, при котором предлагается заведомо завышенная цена, постепенно снижаемая до поступления заявки на покупку (так продают казначейские векселя в США и государственные облигации в Великобритании)
Dutch Auction Preferred Stock разновидность привилегированных акций с плавающим дивидендом, определяемым каждые семь дней на голландском аукционе; продаются по номиналу (100-500 тыс. долл.)
duty налог; сбор; таможенная пошлина
dynamic gap динамичный разрыв между активами и пассивами с одинаковыми сроками: метод измерения краткосрочного процентного риска, который принимает в расчет промежуточные денежные потоки, разницу между чувствительными к процентному риску активами и пассивами и другими факторами; см. static gap
dynamiter "динамитчик" (жаргон): дилер, продающий ненадежные ценные бумаги

E

each way комиссия, которую брокер получил от обеих сторон операции (от продавца и от покупателя)
Eagle "орел": американская золотая монета с номиналом в 10 долларов; см. American Eagles
early bargains (EB) = after-hours dealings
early withdrawal penalty штрафной сбор или потеря процентов за досрочное изъятие инвестиций с фиксированным сроком; = withdrawal penalty
earmark намечать, выделять денежные

средства целевым порядком (в том числе путем помещения на отдельный счет)

earmarked reserves целевые резервы: резервы, создаваемые под конкретную цель, например, на покрытие безнадежных долгов

earned income заработанный доход: доход, полученный от продажи рабочей силы и услуг (зарплата)

earned surplus = retained profits

earnest задаток: деньги, внесенные до получения товара или услуги в подтверждение намерения произвести покупку или для гарантирования их получения

earnest money = earnest

earning assets активы, приносящие доход (например, процентный доход)

earning power способность зарабатывать или приносить прибыль: прибыльность - соотношение чистой прибыли и собственных средств

earnings прибыль, доходы, поступления, заработок

earnings before taxes прибыль корпорации после выплаты процентов по облигациям, но до уплаты налогов

earnings per share (EPS) прибыль на 1 акцию: чистая прибыль компании после уплаты налогов, дивидендов по привилегированным акциям, платежей по займам в расчете на одну обыкновенную акцию; может быть распределена в виде дивидендов или переведена в резервы

earnings-price share = earnings yield

earnings related contribution взносы в зависимости от заработка: взносы на социальное страхование

earnings report (USA) = profit and loss account

earnings yield доход, который получил бы акционер при распределении всей прибыли компании после уплаты налогов в виде дивидендов (отношение прибыли на одну акцию к ее рыночной цене); см. yield; price/earnings ratio; earnings per share

earning the points "зарабатывать очки или пункты": ситуация на валютном рынке, когда форвардная покупка валюты дешевле продажи по наличному курсу; см. losing the points

ease off медленное (умеренное) понижение конъюнктуры

easier "легче", "слабее" (о рынке, на котором цены имеют тенденцию падать)

easily marketable assets легко реализуемые (ликвидные) активы: активы, которые можно продать в любой момент

easement право прохода или другое право, которое одно лицо имеет в отношении земельного участка другого лица

East Caribbean dollar восточно-карибский доллар: денежная единица государств и территорий, входящих в архипелаги Наветренных и Подветренных островов (Гренада, Доминика, Антигуа и Барбуда и другие); введен в 1965 г.

easy money "дешевые деньги": ситуация, когда власти стремятся стимулировать экономический рост с помощью низких процентных ставок; см. dear money

econometrics эконометрика: использование статистических и математических методов для описания взаимосвязей экономических показателей

economic growth rate темп экономического роста: темпы изменения ВНП в годовом исчислении (падение в течение двух кварталов подряд означает спад, повышение - подъем)

economic indicators экономические индикаторы: ключевые экономические показатели, отражающие тенденции развития экономики (безработица, инфляция, платежный баланс, использование производственных мощностей)

Economic Recovery Tax Act of 1981 (ERTA) Налоговый закон экономического возрождения 1981 г. (США): широкая программа снижения налогов для стимулирования деловой активности

economies of scale экономия на масштабах: снижение накладных и организационных расходов при значительных размерах предприятия, проекта по сравнению с несколькими равными по суммарным размерам предприятиям или проектам

Economist "Экономист": влиятельный еженедельный политикоэкономический журнал, издаваемый в Лондоне с 1843 г. (тираж около 100 тысяч экземпляров)

ECU Banking Association (EBA) Банковская ассоциация ЭКЮ: профессиональная ассоциация банков, специализирующихся на операциях в ЭКЮ

ECURUF, ECUSNIF, ECUNIF различные разновидности среднесрочных кредитных программ на основе впуска евронот в ЭКЮ; см. revolving underwriting facility; short-term NIF; note issuance facility

ECU Treasure Bills казначейские векселя, деноминированные в ЭКЮ; впервые выпущены в Великобритании в 1988 г.

Edge Act Закон Эджа (США, 1919 г.): закон, позволяющий американским банкам создавать внутри страны (в том числе в других штатах) отделения для проведения международных операций

Edge Corporation Эдж корпорейшн: банк, созданный в США в соответствии с законом Эджа для проведения международных кредитных операций (разрешение выдаётся ФРС); не может принимать депозиты и выдавать кредиты на внутреннем рынке, но имеет право на лизинг, факторинг, гарантирование займов

education loan кредит на образование: кредит на обучение в колледже, выплачиваемый после выпуска и часто дешевле рыночных кредитов; в США такие кредиты часто страхуются штатными агентствами, а затем перестраховываются Ассоциацией маркетинга студенческих кредитов (Сэлли Мэй); см. Student Loan Marketing Association; Stafford student loan

EE bonds см. savings bonds

Effekten акции, рыночные ценные бумаги (нем.)

Effectenclearing B. V. Эффектенклиринг: клиринговая организация, обслуживающая фондовую биржу Амстердама (расчёты без физической поставки ценных бумаг)

effective annual yield эффективная (реальная) годовая доходность: доходность срочного депозита в расчёте на год с учётом сложных процентов

effective date дата начала действия: 1) дата, когда можно начинать размещение нового займа (обычно через 20 дней после регистрации в Комиссии по ценным бумагам и биржам в США); 2) дата вступления в силу соглашения, страхового полиса, кредитной карточки; 3) дата начала нового процентного периода, когда начинает действовать новая ставка

effective debt суммарная задолженность компании (включая капитализированную стоимость арендных платежей)

effective exchange rate эффективный валютный курс: индекс валюты, взвешенный на базе корзины валют основных торговых партнёров и их удельного веса в товарообороте

effective net worth реальная чистая стоимость компании с точки зрения кредиторов (средства акционеров плюс субординированный долг); см. subordinated debt

effective rate эффективная (реальная) процентная ставка: 1) ставка по кредиту, включающая сложные проценты (в отличие от номинальной ставки); 2) ставка по кредиту, включающая банковские комиссии и другие издержки (обычно в отношении экспортных кредитов); 3) доходность долгового инструмента, исчисленная на основе цены его покупки и других факторов (купона, срока до погашения); 4) средневзвешенная стоимость федеральных фондов, используемая как ставка, взимаемая с банков, которые не выполняют резервные требования

effective sale цена последней стандартной сделки с ценными бумагами, на основе которой исчисляется цена очередной нестандартной операции (США)

effects личные вещи, товары

effects test тест воздействия: метод оценки дискриминационного воздействия; при выяснении дела о дискриминации, например, при получении кредита по расе, полу и др. необходимо доказать, что то или иное действие имело дискриминационное воздействие (США); см. Regulation B

efficient market hypothesis (EMH) гипотеза эффективного рынка: гипотеза, согласно которой при полном доступе рынка к информации цена акции на

E eff–ele

данный момент является лучшей оценкой будущей цены; рынки считаются эффективными, если быстро реагируют на информацию

efficient portfolio эффективный инвестиционный портфель: портфель с максимальным ожидаемым доходом при любом уровне риска или с минимальным риском при любом ожидаемом доходе (определяется на основе математических расчетов)

80-20 law = Pareto's law

Einheitskurs единый курс (нем.): система разовой котировки цен на фондовых биржах ФРГ – для каждой ценной бумаги маклером фиксируется одна цена для ежедневной торговой сессии (сделки заключаются в 11^{45}); см. variabler Kurs

either-or-order = alternative order

either way market двусторонний рынок: рынок, на котором цены покупателя и продавца равны

elasticity of demand and supply эластичность спроса и предложения: гибкость реакции спроса (покупателей) и предложения (производства) на изменение цен

elect "выбрать": превратить условный биржевой приказ в рыночный (при достижении определенного уровня цены); см. contingent order; market order

electricity futures электрические фьючерсы: предполагаемые контракты для страхования от изменения цены электричества (Великобритания)

Electronic Audit Trail электронная система сбора данных о всех сделках на Нью-Йоркской фондовой бирже (для автоматического контроля за операциями)

electronic banking электронные банковские услуги: перевод денежных средств и другие банковские услуги, осуществляемые с помощью электронных сигналов, на расстоянии (телефонные линии, терминалы)

electronic data interchange (EDI) электронный обмен информацией: обмен коммерческими документами в стандартной форме через электронные средства коммуникаций

electronic funds transfer (EFT) электронные платежи: платежи, совершаемые с помощью электронных средств коммуникаций (телефон, электронная почта и т. д.); см. FedWire, Clearing House Interbank Payments System, automated teller machine

Electronic Funds Transfer Act Закон об электронных платежах 1978 г. (США): закон, регулирующий электронные платежи, включая обязанности банков по достоверному информированию клиентов о всех правах, предоставлению письменной отчетности по всем операциям, защите клиентов (например, ограничивает ответственность клиента при несанкционированном изъятии средств с его счета 50 долларами, если банк был своевременно уведомлен), созданию процедур устранения ошибок и др.; см. Regulation E

Electronic Funds Transfer Association Ассоциация электронного перевода средств (США): организация финансовых институтов, производителей, предприятий сферы услуг, заинтересованных в развитии систем электронного перевода средств (г. Александрия, Вирджиния)

electronic funds transfer at point of sale (EFTPOS) система электронных платежей в пункте продажи: система, позволяющая использовать пластиковую карточку с помощью терминала в магазине или другом пункте продажи для прямого занесения в компьютер эмитента карточки информации о сделке; см. plastic card

electronic fund transfer system (EFTS) электронная система платежей: система расчетов, заключения сделок, перевода средств и информации с помощью электронных средств связи; см. automated clearing house; automated teller machine; debit card; point-of-sale terminal system

electronic handshake "электронное рукопожатие": фондовая сделка, которую принял к исполнению брокер другой биржи по просьбе биржевика, направленной через Межрыночную торговую систему (США); см. Intermarket trading system

Electronic Price Information Computer (EPIC) электронная система распространения информации о ценах на Лондонской фондовой бирже (на машинных носителях и через внутреннюю телевизионную систему биржи)

Electronic Trade Confirmation (ETC) электронное подтверждение сделок: система немедленного безбумажного подтверждения сделок на финансовых рынках в настоящее время существует три независимые системы - "OASYS Global", "TRAX", "SEQUAL" (Великобритания)

eligibility rule правило "приемлемости" (Великобритания): правило, определяющее круг ценных бумаг, с которыми проводит операции Банк Англии (казначейские векселя, государственные облигации со сроками менее 5 лет, векселя местных властей, коммерческие векселя, акцептованные первоклассными банками); см. eligible bill; eligible bank; eligible paper

eligible bank банк, чьи акцепты пригодны для переучета в центральном банке; в Великобритании на такие банки (более 120) распространяется правило держать часть средств у учетных домов; см. eligibility rule

eligible bill первоклассный коммерческий вексель, акцептованный первоклассным банком и пригодный для переучета в Банке Англии; см. eligibility rule

eligible liabilities "приемлемые" обязательства (Великобритания): категория банковских обязательств, используемая в системе денежно-кредитного регулирования; включает стерлинговые депозиты сроком до двух лет и средства, полученные в результате конверсии валюты в фунты стерлингов, минус краткосрочные ссуды банкам и денежным брокерам

eligible paper ценные бумаги, с которыми проводят операции Банк Англии, ФРС и любой другой центральный банк; см. eligibility rule

eligible reserve assets = reserve assets

embargo эмбарго: законодательно введенный запрет на экспорт или импорт определенных товаров и услуг (в отношении той или иной страны)

embezzlement растрата, присвоение чужих денег (например, кассиром – денег банка)

emergency credit чрезвычайный кредит: кредит ФРС небанковскому финансовому институту на срок обычно более 30 дней, если он не может получить помощь в другом месте (США); см. Regulation A

emolument вознаграждение, плата

Employee Retirement Income Security Act (ERISA) закон о пенсионном обеспечении трудящихся, не охваченных льготными пенсионными программами и схемами участия в прибылях (США, 1974 г.); позволил им открывать в банках и других финансовых институтах индивидуальные пенсионные счета на льготных условиях (с 1982 г. такое право получили все трудящиеся); см. individual retirement account

employee savings plan сберегательная программа для служащих: групповая сберегательная программа, на основе индивидуальных вкладов служащих с отсрочкой уплаты налогов и часто с корреспондирующими вкладами нанимателей (США)

Employee Stock Ownership Plan (ESOP) план владения служащими акциями своих компаний (США): программа участия в прибылях компаний, основанная на законодательстве 1974 г.; компания помещает определенное количество акций в фонд, из которого они постепенно (на протяжении 10-15 лет) переходят в собственность служащих

Employee Share Option Schemes (ES-OPS) схемы опционов на акции для служащих компании; система поощрения служащих (Великобритания)

employee trust фонд (траст) для служащих: пенсионная программа или программа участий в прибылях, организуемая работодателем для своих служащих (США)

employer's liability insurance страхование обязательств работодателей в случае увечья или болезни работников, связанных с работой

EMS parity grid = parity grid

encoding кодирование: надпечатка суммы чека на инкассируемом чеке в форме для машинного считывания (США)

encryption кодирование: представление особо важной информации в форме, которая недоступна для использования для лиц, не имеющих к ней официального доступа

encumbrance помеха, бремя: права или обязанности, которые переходят вместе с титулом собственности и могут снижать ее рыночную стоимость

encumbered обремененный законными требованиями (например, о собственности, используемый в качестве обеспечения)

end account торговля в конце операционного периода на Лондонской фондовой бирже

end of month (EOM) dating соглашение об оплате товаров, купленных до 25-го числа текущего месяца, в течение 30 дней после окончания следующего месяца (например, покупка 20 апреля должна быть оплачена до конца июня)

endorsee индоссат: тот, в чью пользу делается передаточная надпись на векселе или чеке

endorsement индоссамент: передаточная надпись на векселе или чеке (обычно на обороте) - надпись, посредством которой осуществляется передача ценной бумаги новому владельцу или дается инструкция банку; см. blank endorsement

endorser индоссант: тот, кто делает передаточную надпись на векселе или чеке

endowment assurance полис страхования жизни, по которому выплачивается определенная сумма по истечении определенного срока или в случае смерти застрахованного (в зависимости от того, что случится раньше)

endowment capital донорский капитал: капитал-дотация (например, переводимый компанией своему отделению)

endowment effect "даровой" эффект: прибыль, получаемая банками от размещения "бесплатных" ресурсов клиентов (например, на беспроцентных текущих счетах)

endowment mortgage ипотека, обеспечением которой служит полис страхования жизни; заемщик платит проценты, а основная сумма погашается за счет страхового полиса в конце срока

end-to-end "конец к концу": в валютных операциях означает срок сделки с последнего дня одного месяца до последнего дня другого месяца независимо от реального числа дней между ними (если падает на нерабочий день, то учитывается следующий рабочий); см. fixed date

Enhanced Artificial Gold-linked Eurobond (EAGLE) "орел": схема выпуска еврооблигаций, использованная в 1989 г. Свенск Экспорткредит (привязка основной суммы к цене золота)

end-user "конечный" пользователь: корпорация или учреждение, которые используют свопы, фьючерсы или другие финансовые инструменты для обеспечения своей основной деятельности, например, страхования рисков (в отличие от посредников и спекулянтов)

energy mutual fund взаимный фонд, вкладывающий средства только в акции компаний энергетического сектора (нефть, уголь, солнечная энергия)

enfranchissement (Fr.) предоставление права голоса владельцам безголосых акций (под давлением инвесторов практика выпуска безголосых акций становится все менее распространенной и пересматриваются условия старых выпусков)

Enhanced Structural Adjustment Facility (ESAF) Расширенные кредиты для структурного урегулирования: специальный фонд МВФ для кредитования самых слаборазвитых стран

Enlarged Access Policy политика расширенного доступа к ресурсам МВФ, введенная в 1981 г. для стран, дефициты платежных балансов которых намного превышают их квоты; финансирование обычно предоставляется на 1-3 года на базе резервных или расширенных кредитов, обусловленных выполнением программ преобразований; см. Extended Arrangement, Stand-by Arrangement

en nom participation "именное" участие (в облигационном займе): упоминание банка в проспекте займа в качестве участника синдиката

en pension bill transaction = loan against pledged bills

enterprise предприятие; компания (часто новая)
entity юридическое лицо: самостоятельная компания, организация
entrepot склад, транзитное помещение
entrepot business транзитный бизнес: операции, в которых банки берут у нерезидентов депозиты в иностранной валюте для предоставления кредитов другим нерезидентам
entrepot trade транзитная торговля: реэкспорт импортируемых товаров
entrepreneur антрепренер: предприниматель – лицо, принимающее на себя риск основания нового бизнеса (компании)
enterprise предприятие, компания
Enterprise Market Рынок предприятий: предполагаемая замена закрытого в 1993 г. рынка некотируемых ценных бумаг для небольших компаний (Великобритания); см. Unlisted Securities Market
enterprise zones зоны предпринимательства: районы с низким уровнем развития, в которых правительство предоставляет существенные льготы для инвестиций (Великобритания)
entry бухгалтерская запись, статья, строка
entry cost 1) стоимость доступа к операциям на рынке, бирже: стоимость покупки места на бирже, необходимого оборудования, регистрации; 2) первоначальная маржа по фьючерскому контракту
environmental (green) audit "зеленый аудит"; проверка проекта на соответствие определенным стандартам защиты окружающей среды
Equal Credit Opportunity Act Закон о равном доступе к кредиту (США): федеральный закон, запрещающий дискриминацию при получении кредита на основании расы, пола, религии (принят в 1974 г.)
equilibrium равновесие: сбалансированность внешних расчетов страны
equilibrium exchange rate валютный курс равновесия: курс, соответствующий паритету покупательной способности и другим факторам

equilibrium price цена равновесия: 1) цена товара при совпадении спроса и предложения; 2) цена, при которой прибыль производителя достигает максимума
Equipment Leasing Association ассоциация лизинга оборудования: профессиональная организация специалистов по лизингу оборудования (Великобритания, 1971 г.)
equipment leasing partnership товарищество с ограниченной ответственностью, которое покупает оборудование для сдачи его в аренду (США)
equipment trust certificate доверительный сертификат на оборудование (США): разновидность ценных бумаг, используемая для оплаты оборудования (часто железнодорожными компаниями) и обеспеченная этим оборудованием; до полной оплаты сертификатов документ на право собственности на оборудование находится в руках у доверенного лица
equities = ordinary shares
equity 1) капитал компании: разница между активами и текущими обязательствами, заемным капиталом и привилегированными акциями; фактически состоит из средств обыкновенных акций и резервов (при продаже компании также денежной оценки деловой репутации), нераспределенной прибыли; см. goodwill; current liabilities; 2) на рынке финансовых фьючерсов – остаточная стоимость первоначальной и вариационной маржи при ликвидации контракта по текущей цене (может быть отрицательной); см. margin 2; 3) реальная рыночная стоимость недвижимости за вычетом суммы ипотечного кредита; см. negative equity trap; 4) вклад члена кредитного союза (акционерный счет)
equity and debt warrant issue заем (облигации) с варрантами двух типов – на покупку акций и облигаций заемщика
equity capital = 1) equity 1; 2) share capital
Equity Capital for Industry (ECI) Капитал для промышленности (Великобритания): организация, созданная в 1976 г. для помощи в аккумуляции акционерного капитала мелким и средним

фирмам (за счет средств пенсионных и инвестиционных фондов, страховых компаний); в 1983 г. слилась с организацией Финансы для промышленности в группу Инвесторы в промышленности; см. Finance for Industry; Investors in Industry

equity commitment notes долговые обязательства, выпускаемые банком под будущее размещение простых акций; погашаются за счет выручки от продажи новых акций (США); = capital notes

equity contract notes долговые обязательства с последующей конверсией в акции по фиксированной цене (США); = capital notes

equity credit line = home equity credit

equity financing мобилизация капитала с помощью выпуска акций

equity funding комбинация капиталовложений в страховой полис (страхование жизни) и взаимный фонд; акции фонда служат обеспечением кредита, взятого для оплаты страховых премий

equity index options опционы, базирующиеся на фондовых индексах

equity interest участие в акционерном капитале компании

equity issue новые акции

equity kicker 1) предложение акций (участие в капитале) заемщика в сделке, предусматривающей кредиты (для снижения процентной ставки); 2) право конверсии облигаций в акции (для привлечения инвесторов); 3) в финансировании недвижимости: участие в будущих доходах от собственности (в обмен на получение кредита для осуществления проекта)

equity-linked (related) issues займы, связанные с акциями: займы (облигации), которые могут быть конвертированы в акции или имеют варранты на покупку акций

equity-linked policy полис связанный с акциями: полис страхования жизни, выплаты по которому рассчитываются в связи со стоимостью каких-либо акций

equity market фондовый рынок

equity option опцион, объектом которого являются акции

equity participation = equity interest

equity REIT (real estate investment trust) инвестиционный фонд, вкладывающий средства в недвижимость путем ее покупки (акционеры получают дивиденды и прирост капитала); см. mortgage REIT

equity share = ordinary share

equity swap обмен акциями

equity turnover = capital turnover

equity warrant issue заем (облигации) с варрантами, дающими право на покупку акций заемщика

equity warrants облигационные варранты, дающие право на покупку акций заемщика по оговоренной цене

equivalent bond yield = bond equivalent yield

equivalent taxable yield эквивалентный доход, облагаемый налогом: приведение доходности муниципальной облигации (не облагаемой налогом) к форме доходности корпорационной облигации (облагаемой налогом); = taxable equivalent yield

erratic items случайные статьи; экспорт и импорт, который имеет место нерегулярно (самолеты, танкеры, алмазы); такие статьи искажают месячные данные о торговом балансе

error ошибка, неправильно сделанная банковская проводка

error resolution исправление ошибки: процедура исправления банковской ошибки по счету в соответствии с правилом "И" ФРС США; клиент уведомляет банк о неверном списании со счета и банк имеет 10-45 дней для исправления ошибки; уведомление банка ограничивает потери клиента 50 долларами; см. Regulation E

errors and omissions excepted (E&OE) "за исключением ошибок и пропусков": надпись на счете-фактуре или выписке, означающая, что явные ошибки и пропуски не признаются и выдается новый документ

errors and omissions insurance страхование от ошибок и пропусков: страхование кредитора от непреднамеренных ошибок, пропусков в документации, но не от преднамеренного подлога

escalator(tion) clause "эскалаторная" оговорка: условие контракта, позволяющее учитывать рост издержек (цен)

escheat передача собственности (умершего без завещания и наследников человека или просто бесхозной) государству

escrow контракт, соглашение или документ, который находится на хранении у третьего лица в запечатанном виде и вскрывается и вступает в силу только при выполнении определенного условия; см. escrow account

escrow account счет эскроу, залоговый счет: 1) счет в банке, на котором блокируются средства за покупку товара в качестве гарантии завершения товарообменной операции (продажи другого товара); см. advance purchase; escrow; 2) счет, который находится в руках третьей стороны до урегулирования отношений между двумя принципалами (выполнения сделки); например, счет с иранскими активами в Банке Англии в период переговоров об освобождении американских заложников в 1980 г.

estate 1) все имущество человека в момент смерти; состояние (недвижимость, финансовые активы); 2) усадьба, имение, поместье

estate agent агент по продаже и аренде недвижимости

estate duty (tax) налог на наследства (в Великобритании в 1894-1975 гг.); см. inheritance tax; capital transfer tax

estate in tail см. tail 4

estate tax anticipation bond = flower bond

estoppel процессуальный отвод: лишение одной стороны права отрицать истинность своего заявления, если на основе этого заявления другая сторона произвела определенные действия (даже при ложности заявления)

estoppel certificate сертификат или оговорка контракта о том, что все условия верны на момент заключения контракта или кредита (например, чтобы заемщик позднее не заявил об обратном)

estoppel clause = estoppel certificate

Eurasco Юраско: совместная финансовая компания в Цюрихе (создана в 1988 г.); 30 % капитала принадлежит Внешэкономбанку, 30 % - Донау банк, 20 % - Цюрихер индустрикредит (Швейцария) и 20 % - Ландесбанк Райланд-Пфальц (ФРГ)

Eurobank 1) евробанк: международный банк, активно действующий на еврорынке (особенно в отношении специально созданных компаний и отделений, консорциальных банков); 2) Banque commerciale pour l'Europe du Nord

Eurobond option еврооблигационный опцион; может быть исполнен после фиксированной даты или в один из оговоренных дней

Eurobonds еврооблигации: средне- и долгосрочные облигации в евровалютах (как правило с фиксированной процентной ставкой); выпускаются с начала 60-х годов вне страны происхождения валюты для размещения среди зарубежных инвесторов; см. Eurocurrency

Eurocard "Еврокарточка": кредитная карточка, выпускаемая международной организацией "Еврокард" (Брюссель) через банки и специализированные компании; принимается во всех странах мира; связана с "Мастеркард"

EuroCD (certificate of deposit) депозитный сертификат в евровалюте; см. Eurocurrency

Eurocheque (EC) еврочек: стандартная международная форма чека и чековой гарантийной карточки, используемая более чем в 40 странах для безналичных платежей и получения наличных денег свыше чем в 200 тыс. банковских учреждений (до определенной суммы автоматически, без запросов); введена в 1968 г.

Euroclear (Euroclear Clearance Systems Limited) "ЮроКлир": клиринговая система, учреждение для расчетов между банками на вторичном рынке еврооблигаций и других ценных бумаг; создана в 1968 г. в Брюсселе американским банком "Морган гэрэнти траст компани"; в настоящее время система принадлежит более 100 банкам и имеет 2700 членов

Euro-commercial paper (ECP) "еврокоммерческие векселя": краткосрочные долларовые бумаги, выпускаемые за пределами США (стандартных сроков нет)

Euro-commercial paper facility (ECP facility) среднесрочная кредитная программа на базе регулярного выпуска "еврокоммерческих векселей" без банковской гарантии

Euro-commercial paper index (ECP index) индекс текущей стоимости "еврокоммерческих векселей", служащий ориентиром для новых эмиссий; см. Euro-commercial paper

Eurocredit еврокредит: среднесрочный банковский кредит в одной из евровалют, обычно предоставляемый синдикатом банков по плавающей ставке

Eurocurrency евровалюта: депозит или ссуда в той или иной валюте вне страны ее происхождения (например, долларовый депозит в банке в Лондоне), причем в любом международном финансовом центре, а не только в европейских

Eurocurrency market евровалютный рынок, международный рынок ссудных капиталов: рынок, на котором совершаются операции в евровалютах; начал формироваться в середине 50-х годов; включает денежный рынок, рынок кредитов и рынок капиталов (облигаций); охватывает все ведущие международные финансовые центры и отличается относительной свободой от регулирования

Eurodisaster clause условие в кредитном соглашении, защищающее от чрезвычайных событий на еврорынке

Eurodollar bond евродолларовая облигация: долларовая облигация, выпущенная за пределами США

Eurodollar certificates of deposit депозитные сертификаты, выпускаемые банками за пределами США в долларах; минимальные номиналы – 100 тыс. долл., сроки обычно до двух лет, ставка прикреплена к ЛИБОР

Eurodollar market евродолларовый рынок: 1) рынок операций в долларах США (в том числе операции заграничных отделений и дочерних компаний банков США); 2) сеть банков, специализирующихся на операциях с евродолларами

Eurodollars евродоллары: доллары (долларовые депозиты), находящиеся в банках за пределами США (вне прямого национального регулирования США) или специальных офф-шорных банковских зонах на территории США

Euroequities "евроакции": ценные бумаги, впускаемые за пределами страны происхождения заемщика

Eurofeds еврофедеральные фонды: евродоллары, проходящие через систему "Федуаер" (между американскими банками в США и заграницей), а не "ЧИПС"; см. FedWire; Clearing House Interbank Payment System

Euroline евролиния: кредитная линия в евровалюте

Euromarket = Eurocurrency market

Euro medium-term note (EuroMTN) среднесрочная евронота: разновидность среднесрочных ценных бумаг (1-5 лет), призванная восполнить пробел между евронотами и еврооблигациями; обычно размещаются небольшими траншами на регулярной основе

Euromoney "Юромани" ("Евроденьги"): ежемесячный журнал по проблемам международного рынка ссудных капиталов и валютно-кредитных отношений; издается в Лондоне и широко распространяется во всем мире

Euronote Association Евронотная Ассоциация: профессиональная Ассоциация более 40 участников евронотного рынка (штаб-квартира в Лондоне)

Euronote clearing systems клиринговые системы по операциям с евронотами: "СЕДЕЛ" и "ЮРОКЛИР", Чейз Манхэттен бэнк и Ферст Чикаго бэнк; см. Centrale de livraison de valeur mobilieres Euroclear

Euronote facility среднесрочная кредитная программа на основе регулярного выпуска евронот с банковской поддержкой; см. note issuance facility; revolving underwriting facility

Euronotes евроноты: 1-6-месячные векселя или депозитные сертификаты (сроки могут быть от 7 до 365 дней), выпускаемые первоклассными заемщиками вне страны происхождения валюты в рамках среднесрочных кредитных программ с банковской гарантией; см. note issuance facility; revolving underwriting facility

Europartners Юропартнерз (Европартнеры): банковская группировка (клуб), созданная в 1970-1971 гг. в составе: Коммерцбанк, Банко ди Рома, Банко испано американо, Креди лионнэ

European Bank for Reconstruction and Development (EBRD) Европейский банк реконструкции и развития (ЕБРР): международный банк, созданный в 1990 г. правительствами 42 стран и рядом международных организаций для финансирования перестройки экономики стран Восточной Европы; начал операции в 1991 г.

European Banking Federation Европейская банковская федерация: организация, объединяющая профессиональные банковские ассоциации стран-членов ЕЭС; представляет их интересы во взаимодействии с органами ЕЭС

European Banks' International Company S. A. (EBIC) Международная компания европейских банков (ЭБИК): старейшая банковская группировка, созданная в конце 50-х годов в составе: Дойче банк, Амробанк, Банка коммерчиале италиана, Кредитаншталь-банкферайн, Женераль банк, Сосьете женераль, Мидлэнд бэнк

European Central Bank (ECB) Европейский центральный банк: общий центральный банк, который страны ЕС намерены создать для управления единой валютой

European Community (EC) Европейское сообщество (ЕС): экономический союз, до 1 ноября 1993 г. называвшийся Европейским экономическим сообществом; см. European Economic Community

European composite currency unit (EURCO) европейская составная валютная единица (ЮРКО): искусственная денежная единица на базе валют стран – членов ЕЭС (создана в 1973 г.)

European currency snake = snake; snake in the tunnel; European Monetary System

European Currency Unit (ECU) Европейская валютная единица (ЭКЮ): коллективная денежная единица стран-членов ЕЭС на основе корзины валют (создана в 1979 г.); см. European Monetary System; private ECU; official ECU; unbundle

European Depository Receipts (EDRs) европейские депозитные расписки на иностранные акции: форма международной торговли акциями

European Economic Area Европейская экономическая зона: крупнейшая в мире зона свободной торговли, созданная в 1994 г. 17 странами ЕС и ЕАСТ

European Economic Community (EEC) Европейское экономическое сообщество (ЕЭС): экономический союз, созданный в 1957 г. Бельгией, Францией, Италией, Люксембургом, Нидерландами и ФРГ для развития торговли и сотрудничества; в 1973 г. присоединились Великобритания, Ирландия, Дания, в 1984г. - Греция, в 1986 г. - Испания и Португалия; с 1 ноября 1993 г. называет Европейским сообществом

European Free Trade Association (EFTA) Европейская ассоциация свободной торговли (ЕАСТ): организация, созданная в 1960 г. Австрией, Данией, Норвегией, Швецией, Португалией, Швейцарией и Великобританией для уничтожения ограничений в торговле друг с другом; в настоящее время включает также Исландию и Финляндию (ассоциированный член), а Великобритания и Дания вышли в связи со вступлением в ЕЭС; в 1972 г. ЕАСТ и ЕЭС заключили договор о таможенном союзе, а в 1994 г. создали Европейскую экономическую зону - крупнейшую в мире зону свободной торговли; см. European Economic Area

European Fund for Monetary Cooperation (EFMC) Европейский фонд валютного сотрудничества (ЕФВС): фонд для финансирования валютной политики ЕВС (создан в 1973 г.); осуществляет официальную эмиссию ЭКЮ, предоставляет краткосрочные кредиты для покрытия дефицитов платежных балансов; см. European Monetary System

European Investment Bank (EIB) Европейский инвестиционный банк (ЕИБ): банк, созданный в 1958 г. по Римскому договору для поддержки проектов, имеющих значение для нескольких стран-членов, а также финансирования развития отсталых регионов

European Monetary Institute (EMI) Европейский валютный институт: организация, созданная в 1994 г. и призванная перерасти в Европейский центральный банк к 1999 г. (Франкфурт)

European Monetary System (EMS) Европейская валютная система (ЕВС): организация, созданная в 1979 г. странами - членами ЕЭС для поддержания стабильности взаимных курсов валют, усиления координации экономической политики, развития региональной торговли; основные элементы ЕВС: ЭКЮ, центральные курсы и ограничение взаимных курсовых колебаний +-2, 25 % (+-6 % для итальянской лиры) с помощью официальных валютных интервенций, Европейский фонд валютного сотрудничества

European Monetary Union (EMU) Европейский валютный союз: завершающая стадия процесса европейской экономической и валютной интеграции; цель поставлена в 1962 г., а реализация намечена на 1999 г.

European option "европейский опцион": опцион, который может быть исполнен только в строго определенный срок (обычно при 7-дневном уведомлении)

European Options Exchange (EOE) Европейская опционная биржа в Амстердаме (опционы на валюту, акции, облигации, золото); основана в 1978 г

European Payments Union (EPU) Европейский платежный союз (ЕПС): платежная система, действовавшая между странами - членами Организации для европейского экономического сотрудничества (см. Organization for European Economic Cooperation) в 1950-1958 гг., - форма многостороннего клиринга, роль расчетной палаты в котором выполнял БМР; ежемесячное сальдо должно было погашаться золотом или долларами; с введением обратимости был заменен многосторонней системой платежей в рамках Европейского валютного соглашения; см. European Monetary Agreement

European recovery program = Marshall Plan

European Regional Development Fund Европейский фонд регионального развития: фонд, созданный ЕЭС в 1975г. для стимулирования развития отсталых районов в странах-членах путем финансирования промышленных и других проектов

European System of Central Banks (ESCB) Европейская система центральных банков: проект взаимодействия национальных центральных банков ЕС в качестве элементов единой системы на завершающем этапе валютной интеграции

European Unit of Account (EUA) Европейская расчетная единица (ЕРЕ): 1) расчетная единица Европейского валютного соглашения (1961-1972 гг.) с золотым содержанием 0,8887 г.; 2) расчетная единица 9 стран ЕЭС в 1974-1979 гг. (на базе валютной корзины)

European Venture Capital Association (EVCA) Европейская ассоциация "рискового" капитала: профессиональное объединение банков и фирм, специализирующихся на "рисковом" финансировании (свыше 170 членов из более чем 20 стран)

European warrant "европейский" варрант; = window warrant

Euro Ratings "Еврорейтинги": аналитическая западноевропейская фирма, специализирующаяся на присвоении ценным бумагам кредитных рейтингов (возникла в Лондоне в 1987 г.)

Eurospeak жаргон еврорынка

Eurosyndicated credit евросиндицированный кредит: среднесрочный кредит в евровалюте, предоставленный группой (синдикатом) банков по плавающей ставке

Eurotop 100 "евротоп 100": фондовый индекс 100 ведущих европейских компаний

Eurotrack 100 "евротрэк 100": 1) совокупный индекс конъюнктуры ведущих фондовых рынков Европы на основе акций 100 крупнейших компаний; рассчитывается ежечасно с 6 июня 1991г.; 2) фьючерский или опционный контракт на основе индекса "евротрэк"

Eurotrack 200 "евротрэк 200": 1) совокупный индекс конъюнктуры ведущих фондовых рынков Европы и Великобритании на базе "евротрэк 100" и индекса акций 100 ведущих британских компаний (см. FT-SE); 2) фьючерский или опционный контракт на основе индекса "евротрэк 200"

Euro-Treasuries еврооблигации, которые дают право на приобретение американских казначейских облигаций по фиксированной цене

Euro-Treasury warrants "евроказначейские" варранты: варранты, выпускаемые с евронотами и дающие право покупки в оговоренный срок казначейских векселей США по фиксированной цене

evaluator оценщик: независимый специалист по оценке собственности, для которой нет развитого рынка

evening up выравнивание: 1) купля-продажа срочных биржевых контрактов для ликвидации (зачета) существующей позиции и реализации прибыли; 2) операции для выравнивания конъюнктуры рынка

even lot = round lot

evenkeel выравнивать; вливать ликвидность в периоды новых заимствований государства для сглаживания конъюнктуры (США)

evergreen credit "вечнозеленый" кредит: регулярно возобновляемая "револьверная" кредитная линия без требования периодического полного погашения и с фиксированным общим сроком, после чего она может быть снова возобновлена; см. revolving credit

evidence accounts "свидетельские" счета в банках, используемые в товарообменных операциях (через них проходят все расчеты)

ex "без", "исключая" (лат.): термин, указывающий на то, что покупатель ценной бумаги не имеет права на очередной дивиденд, процентный платеж, приобретение новых бумаг того же заемщика; см. ex all; ex dividend; ex bonus; ex interest; ex rights

exact interest "точный" процент: процентный платеж, рассчитанный на основе года в 365 дней (в отличие от "обычного" процента на основе 360 дней); отношение "обычного" к "точному" проценту составляет 1,0139; см. ordinary interest

ex all (XA) "исключая все права": обозначение цены акции, покупка по которой не дает никаких дополнительных прав

ex ante ожидаемый, предполагаемый (об уровне сбережений, капиталовложений, в отличие от фактического); см. ex post

ex bonus (capitalization) "без права на бесплатное получение акций, выпускаемых в порядке капитализации резервов": обозначение цены акции, покупка по которой не дает указанного права; см. scrip issue

ex capitalization (ex cap; XC) = ex bonus

exception item чек, который не может быть оплачен по той или иной причине (закрытие счета, приказ остановить чек)

excess cash flow чрезмерный поток наличности: поступления средств, превышающее ту или иную потребность в результате ошибок в планировании (например, больше, чем нужно для обслуживания долга)

excessive purchases чрезмерные покупки: необычайно активное использование кредитной карточки за короткий период, сильно отличное от сложившейся практики; такая активность по карточке может быть признаком того, что карточка была украдена

excess liquidity избыточная ликвидность: ликвидные активы банков сверх обычной потребности

excess loans избыточные кредиты: кредиты сверх лимита кредитования одного заемщика (обычно 10-15 %)

excess margin чрезмерная маржа: средства клиента на счете у брокера сверх установленного законом или правилами уровня (при оплате части стоимости купленных ценных бумаг)

excess profits tax (duty) (EPT; EPD) дополнительный налог на прибыль корпораций для пополнения государственных доходов в случае чрезвычайных обстоятельств (например, войны)

excess reserves избыточные резервы: банковские резервы в виде наличных и средств в центральном банке сверх официально установленных резервных требований

excess shares избыточные акции: акции, оставшиеся невыкупленными в случае новой эмиссии для размещения среди акционеров; такие акции получают акционеры, желающие увеличить свою квоту (Великобритания)

exchange (Exch.) 1) обмен; 2) размен денег; 3) валюта; 4) валютный курс; 5) биржа: учреждение, которое обеспечивает своих членов (уплативших определенный взнос) торговым залом, средствами связи, т. е. всем необходимым для проведения биржевых сделок

exchange acquisition приобретение крупного пакета акций через биржу; брокер накапливает приказы о продаже и затем оформляет сделку

exchange bourses валютные биржи в континентальной Европе (обычно подразделения фондовых бирж)

exchange control = foreign exchange control

exchange delivery settlement price (EDSP) = settlement price

exchange distribution биржевое размещение: продажа крупной партии акций через фондового брокера, который набирает необходимое число заказов среди своих клиентов (комиссию платит только продавец); фактически сделка заключается между клиентами брокера и лишь объявляется и регистрируется на бирже

Exchange Equalization Account Валютный уравнительный счет (фонд): счет в Банке Англии, открытый в 1932 г. министерством финансов для стабилизации курса фунта стерлингов; оперативное распоряжение счетом осуществляется Банком Англии; средства счета (официальные валютные резервы) используются для рыночных валютных интервенций

exchange fee = transaction charges

exchange for physicals (EFP) обмен на физические товары (наличные финансовые инструменты): предложение брокера одновременно провести разнонаправленные наличную и фьючерскую сделки с фиксированной разницей между ценами

exchange gain/loss курсовые прибыль и убыток: разница, возникающая при пересчете сумм из одной валюты в другую в случае изменения курса за отчетный период

exchange of data carriers обмен носителями информации (например, на дисках) между банками и клиентами

exchange office (bureau) пункт обмена иностранной валюты

exchange of futures for physicals = exchange for physicals

exchange privilege привилегия обмена: право акционера взаимного фонда перевести свои капиталовложения в другой фонд той же группы (в том числе без дополнительной платы)

exchange rate валютный (обменный) курс: цена одной денежной единицы, выраженная в другой (обычно за 1, 100 или 1000 единиц), - цена, по которой обмениваются денежные единицы разных стран (в прошлом также на золото); формируется на рынке или устанавливается в административном порядке

exchange rate agreement (ERA) соглашение о валютном курсе: схема валютного хеджирования, предлагаемая клиентам Барклайз Бэнк (производится только окончательный расчет)

exchange rate futures = currency futures

exchange rate mechanism (ERM) курсовой механизм ЕВС; ограничение взаимных колебаний курсов большинства валют ЕВС на основе паритетной сетки и интервенций

exchange rate parity валютный паритет: официально зафиксированный курс между двумя валютами

exchange restrictions = foreign exchange control

exchange risk валютный риск; риск потерь в результате изменения валютного курса; см. transaction risk, translation risk

Exchange Stabilization Fund (ESF) Фонд валютной стабилизации (США): специальный фонд под контролем министра финансов через Федеральный резервный банк Нью-Йорка, созданный в 1934 г. для стабилизации курса доллара через сделки с золотом, валютой, ценными бумагами; управляет резервами и операциями США в СДР, а также отвечает за использование США ресурсов МВФ

exchange traded options опционы, которыми торгуют на биржах

exchange swap = currency swap

Exchequer казна, казначейство: центральный счет британского правительства в Банке Англии (управляется министерством финансов); на счет поступают доходы центрального правительства и с него осуществляются основные расходы

Exchequer bond казначейская облигация: разновидность краткосрочных казначейских облигаций в Великобритании

excise duty (tax) акциз, акцизный сбор: налог на продажу товаров и услуг; наиболее часто акцизные сборы устанавливаются на алкогольные напитки и сигареты

exclusion исключение: 1) положение, условие, событие, не оговоренное в контракте; 2) доход, который не облагается налогом (но сообщается налоговым властям)

ex coupon (XC; X.cp.) "без права на купон": обозначение цены облигации, покупка по которой не дает права на только что выплаченный купон

ex dividend (ex div; XD; X. div) "исключая дивиденд": обозначение цены акции, покупка по которой не дает права на получение очередного дивиденда (дивиденд достается продавцу акции)

ex dividend date дата, когда акция теряет право на дивиденд (обычно за 3 недели до выплаты дивиденда); после этой даты новый покупатель не получит очередной дивиденд

ex drawing "без права на выгоду от розыгрыша очередности погашения долга": обозначение цены ценной бума-

ги, покупка по которой не дает указанного права; см. drawing 1

execution 1) исполнение сделки, приказа биржевому брокеру; 2) юридическое оформление контракта или соглашения

execution by outcry исполнение сделки непосредственно в торговом зале биржи

executive руководитель, администратор, ответственный служащий; сотрудник, имеющий право принимать деловые решения в пределах своей компетенции

executor исполнитель завещания (душеприказчик)

exempt dealers фондовые дилеры, на которых не распространяется действие Закона о предотвращении мошенничества в инвестиционной сфере 1958г. (Великобритания); банки и брокеры, деятельность которых регулируется другими законами; см. Prevention of Fraud (Investments) Act

exemption освобождение от налогов, пошлин

exempt securities ценные бумаги, на которые не распространяются некоторые правила Комиссии по ценным бумагам и биржам (США); например, государственные и муниципальные облигации освобождены от регистрационных требований

exercise использование права, исполнение опциона: использование покупателем опциона права купить или продать финансовые инструменты по фиксированной цене

exercise date = expiration date

exercise limit лимит исполнения опциона: число опционных контрактов одного класса, которые можно исполнить в течение 5 рабочих дней; для опционов на акции такой лимит обычно составляет 2000 контрактов (США)

exercise notice уведомление об исполнении: формальное уведомление о намерении владельца опционного контракта использовать свое право (передается продавцу опциона)

exercise price цена исполнения: фиксированная цена (курс), по которой покупатель опциона может использовать свое право купить или продать определенные финансовые инструменты

ex-gratia payment выплата страховой компанией определенной суммы без согласия с тем, что она должна отвечать по обязательству (в порядке доброй воли без признания обязательств)

exhaustion gap разрыв "истощения": разрыв в ценах (на графике технического анализа), знаменующий перемену тенденции; наблюдается в конце длительного цикла движения цены

exhaust price цена ликвидации фондовой позиции клиента в случае нехватки средств для внесения дополнительной маржи из-за неблагоприятного движения цены

ex interest (X; X1; X. int) "без права на получение текущих процентных выплат": обозначение цены облигации, покупка по которой не дает указанного права

exit "выход": завершающая стадия "рискового" финансирования, когда инвестор реализует вклад в новую компанию путем продажи акций по повышенной цене; см. venture capital

exit bonds облигации "выхода": облигации (низкопроцентные, долгосрочные), которые предлагают банкам-кредиторам развивающиеся страны для частичного урегулирования долга

ex-legal bond муниципальная облигация, на которой не напечатано мнение юридической фирмы относительно ее надежности

ex new (XN) = 1) ex rights; 2) ex bonus

exotic currencies "экзотические" валюты: валюты, с которыми редко проводятся операции; см. peripheral currencies

exotic options "экзотические" опционы: опционы с очень необычными условиями

Expanded Co-Financing Operation (ECO) расширенные операции кофинансирования Мирового банка для стран, которые не имели проблем с выплатой внешнего долга в предыдущие 5 лет

expectations theory теория ожиданий: теория, которая говорит о том, что ожи- даемая доходность одного финансового инструмента на разные сроки определяется ожиданиями инвесторов относительно будущих процентных ставок

expected return = mean return

Expedited Funds Availability Act Закон об ускоренной доступности средств: закон, принятый Конгрессом США в 1987 г. и устанавливающий стандарты времени доступа клиентам к средствам после депонирования чеков в банке; первые 100 долл. от суммы чека, наличные взносы, правительственные и сертифицированные чеки должны быть доступны на следующий рабочий день, остальные - в течение 6 дней; см. Regulation CC

expense account счет представительских расходов; сумма расходов, которые менеджер может делать при выполнении своих функций (рестораны, автомобили, подарки, путешествия)

expense ratio отношение расходов акционеров взаимного фонда (комиссии) к общей сумме капиталовложений

expenses расходы, издержки; см. out-of-the-pocket expenses

expiration date 1) истечение срока действия контракта; 2) истечение срока опциона: дата, после которой опцион нельзя перепродать или исполнить; 3) истечение срока действия кредитной карточки

expiration cycle цикл истечения сроков опционных контрактов; различают три цикла: январь, апрель, июль, октябрь; февраль, май, август, ноябрь; март, июнь, сентябрь, декабрь (США)

expiring contract фьючерский контракт с приближающимся сроком исполнения

expiry date = expiration date

ex-pit transaction внебиржевая сделка: покупка товаров или финансовых инструментов вне торгового зала биржи

explicit pricing жесткое ценообразование на банковские услуги: себестоимость плюс нормальная прибыль (то есть не на основе спроса и предложения)

export concentration концентрация экспорта: удельный вес основного экспортного товара или основных клиентов в суммарном экспорте; высокий уровень свидетельствует об уязвимости экономики

export credit экспортный кредит: кредит в целях финансирования экспортных поставок

export credit insurance страхование (гарантирование) экспортных кредитов (на случай убытков в результате непоставки товара или неплатежа по политическим или коммерческим причинам)

Export Credits Guarantee Department (ECGD) Департамент гарантирования экспортных кредитов (ДГЭК): государственная организация Великобритании, специализирующаяся на страховании экспортных кредитов (создана в 1919 г.)

Export Development Corporation (EDC) Корпорация развития экспорта (Канада): государственная организация, специализирующаяся на страховании и предоставлении экспортных кредитов

exporter retention часть стоимости экспортного контракта (10-15 %), которую экспортер финансирует сам; например, 10 % оплачивает наличными импортер, 80 % финансирует банк и 10 % - экспортер

exporter tender risk avoidance (Extra) "Экстра": разновидность валютного опциона, приспособленного к нуждам клиентов, участвующих в торгах; в случае неудачи и неполучения контракта банк возвращает примерно 50 % премии (введен "Хамброс бэнк")

export factoring экспортный факторинг: факторинговые операции во внешней торговле без регресса (включают гарантию от кредитного и валютного рисков); см. factoring

export finance house дом экспортного финансирования: фирма, специализирующаяся на кратко- и среднесрочном финансировании экспорта

export financing экспортное финансирование: финансирование экспортных поставок путем кредитов покупателю и поставщику, форфэтинга, факторинга

export house = export trading company

Export-Import Bank (Eximbank) Экспортно-импортный банк (Эксимбанк):

1) независимое федеральное агентство США, созданное Конгрессом в 1934 г. для стимулирования американского экспорта с помощью средне- и долгосрочных кредитов, гарантий и страхования, когда их невозможно получить в частном секторе; средства занимает у министерства финансов; 2) государственный банк Японии, осуществляющий кредитование экспорта

Export Insurance Division (EID) Управление страхования экспорта (Япония): государственная организация (подразделение министерства торговли и промышленности, специализирующаяся на страховании и предоставлении экспортных кредитов; покрывает примерно 45 % экспорта страны

Export-Kreditnamden (EKN) "Экспорт кредитнамден" (Швеция): государственная организация, специализирующаяся на страховании и предоставлении экспортных кредитов

export leasing экспортный лизинг; оборудование приобретается лизинговой компанией и сдается в аренду заграничному покупателю

export license экспортная лицензия: инструмент контроля за вывозом из страны объектов, представляющих культурную, историческую или стратегическую ценность

Exportrisikogarantie (ERG) "Экспорт ризикогаранти" (Швейцария): полугосударственная организация, специализирующаяся на страховании экспортных кредитов и рисков

export risk guarantee гарантия по экспортному риску: гарантия, покрывающая валютный, политический, производственный и другие риски

export trading company (ETC) компания, специализирующаяся на экспорте, предоставлении услуг по развитию экспорта (маркетинг, реклама, страхование, валютно-кредитное услуги, склады)

ex post реализованный, реальный (об уровне сбережений, капиталовложений, в отличие от ожидаемого); см. ex ante

ex post monitoring мониторинг объема кредитования после его осуществления: компьютеризированная система в банке, позволяющая отслеживать все операции на предмет соответствия правилам банковского регулирования

exposure 1) риск потенциальных убытков: максимальная сумма, которую банк может потерять в результате банкротства контрагента, изменения валютного курса, процентных ставок; 2) суммарный объем кредита, выданного одному заемщику; 3) риск, который несет банк при кредитовании счета клиента до получения средств от плательщика

ex quay = free on quay

ex rights (XR) "исключая право на покупку новых акций, предназначенных для продажи существующим акционерам": обозначение цены акции, покупка по которой не дает указанного права; см. rights issue

ex scrip = ex bonus

ex ship = free overside (board)

ex-stock dividend дивиденд без акции: дивиденд, получаемый бывшим владельцем акции, который продал ее в период, когда новый владелец уже не имеет права на текущий дивиденд (примерно в течение 3 недель до его выплаты)

EXTEL (Extel Statistical Services Limited) "Экстель": британская информационная система по финансовым проблемам

extendable maturity ценная бумага с возможностью пролонгирования срока

extendable swap продлеваемый своп: кредитный своп с правом продления срока действия

Extended Arrangement расширенный кредит: кредитная линия МВФ одной из стран-членов, используемая в рамках системы расширенного финансирования или политики расширенного доступа к ресурсам МВФ (см. Enlarged Access Policy; Extended Facility); кредиты могут предоставляться по частям в течение 3 лет при условии выполнения программы экономических преобразований

extended credit продленный кредит: кредит, предоставляемый резервными банками ФРС на сроки обычно более 30 дней и с премией к обычной ставке для покрытия сезонных нужд мелких банков, которые не имеют доступа к денежному рынку (США); см. Regulation A

Extended Facility система расширенного финансирования МВФ (создана в 1974 г.) для стран со структурными дефицитами платежных балансов; кредиты предоставляются в объеме до 140 % квоты в течение 3 лет с выплатой 12 равными долями в течение 4, 5-10 лет

extension agreement соглашение о продлении срока кредита; в некоторых случаях кредиторы согласны на пролонгацию, так как рассчитывают на улучшение финансового положения заемщика; см. standstill agreement

extension swap своп с целью пролонгирования позиции (например, продажа ценной бумаги и одновременная покупка другой с более длительным сроком)

external accounts = non-resident accounts

external audit внешний аудит: аудит, проводимый независимыми аудиторами (не являющимися служащими данной компании)

external convertibility внешняя конвертируемость валюты: свободная обратимость национальной валюты для нерезидентов (по крайней мере по текущим операциям)

external debt внешний долг: 1) суммарный долг государства кредиторам-нерезидентам; 2) заемные средства компании, то есть не акционерный капитал и резервы; см. internal debt

external debt/exports отношение внешнего долга к экспорту; показатель состояния внешней задолженности; критический уровень - более 150, критическое изменение - рост на 25 % в течение года

external debt service обслуживание внешнего долга: ежегодные расходы на выплату процентов и амортизацию основной суммы долга

external financing limit (EFL) предел внешнего финансирования; официально устанавливаемый предел заимствований для компаний (в виде соотношения с использованием собственных средств)

external funds внешние финансовые ресурсы компании (кредиты, выпуски ценных бумаг)

external public debt внешний государственный долг; часть национального долга, обязательства местных властей и государственных предприятий, которые страна должна иностранным правительствам, банкам и международным организациям

external sterling "внешний стерлинг": стерлинговые авуары нерезидентов стерлинговой зоны в период валютных ограничений

extra dividend дополнительный дивиденд: дивиденд, который может быть выплачен наличными или в форме акций в дополнение к обычному дивиденду в случае получения большой прибыли (США)

extraordinary charge = non-recurring charge

extraordinary general meeting (EGM) чрезвычайное общее собрание акционеров компании; созывается директорами или владельцами более 10 % акций для решения чрезвычайных вопросов

extraordinary item чрезвычайное событие в деятельности компании, которое должно быть объяснено акционерам в годовом или квартальном отчете (например, поглощение другой компании)

extraordinary resolution чрезвычайная резолюция общего собрания акционеров; должна получить поддержку 75 % голосов (для решения наиболее важных вопросов)

ex warrants (XW) "без варрантов": о ценной бумаге (и цене сделки с ней), не дающей права на варранты на покупку дополнительных акций, обычно после определенной даты

ex works "франко-завод": условие контракта, по которому продавец грузит за свой счет товар на транспортное средство, дальнейшие расходы несет покупатель

F

face-amount certificate сертификат с номинальной суммой: долговой инструмент, выпускаемый одной из разновидностей взаимных фондов в США (погашается по номиналу)

face value номинальная стоимость: сумма, обозначенная на ценной бумаге; = par value 1

facilities management управление департаментом банка по обработке информации посторонней компанией на основе долгосрочного контракта (США); маленькому банку это выгодно, так как нет необходимости содержать дорогостоящую технику

facility 1) кредит, ссуда; 2) схема или договор кредитования

facility fee комиссия банку за предоставление кредита

facility letter письмо кредитора заемщику с согласием предоставить кредит на определенных условиях

facsimile signature факсимильная подпись: факсимиле подписи на резиновом штампе

factor = factor-company

factorage = factoring fee

factor-company факторинговая компания ("фактор"): 1) компания, специализирующаяся на факторинге как покупке требований в торговле; см. factoring; 2) агент, продающий или покупающий товары по поручению клиента, но от своего имени

factor cost фактор-цена: цена товара, уплачиваемая потребителем минус налоги, включенные в цену

factoring факторинг: разновидность финансирования торговли (внешней и внутренней), при которой специализированная компания приобретает требования на должника (обычно на 80 % суммы контракта) с определенной скидкой и сама взыскивает долг; сделка может заключаться обычно без права регресса, а требования, как правило, имеют сроки 1-3 месяца; продавцу требований факторинг позволяет ускорить оборот средств; различают срочный факторинг и учет счетов-фактур; см. maturity factoring; invoice discounting (discount factoring)

factoring fee факторинговая комиссия: вознаграждение факторинговой компании

Factors Chain International (FCI) Международная факторинговая цепь: международное объединение факторинговых компаний (из 27 стран)

factory cost фабричные затраты: производственные затраты (в отличие от административных, финансовых, торговых)

Faculty of Actuaries Факультет актуариев: профессиональная организация актуариев в Шотландии

fail position непоставленные ценные бумаги, невозможность расчета по фондовой сделке из-за непоставки продавцом ценных бумаг; часто имеется в виду нетто-позиция брокера по данным бумагам (США)

fail to deliver не выполнить обязательство поставить ценные бумаги

fail to receive не "принять" ранее купленные ценные бумаги (следовательно, покупатель не будет платить)

failure невозможность выполнить обязательство, неплатежеспособность, банкротство

fair 1) ярмарка; организованная встреча продавцов и потенциальных покупателей для демонстрации образцов товаров и заключения контрактов; 2) честный, добросовестный (например, конкуренция)

Fair Credit Billing Act федеральный закон о справедливом разрешении споров по расчетам кредитными карточками в США (1974 г.); по этому закону ошибки по расчетам должны быть исправлены в течение 90 дней после получения жалобы, а эмитенты карточек не имеют права списывать деньги должников по карточкам с депозитных счетов последних без судебного решения

Fair Credit Reporting Act федеральный закон о предоставлении точной информации о заемщиках в США (1970 г.); дает право проверять и оспаривать информацию, которой располагают специализированные кредитные агентства и банки; запрещает предоставление информации не для целей оценки клиентов при заключении кредитного или страхового соглашения

fair market price (value) обоснованная рыночная цена: цена в ситуации, когда продавец и покупатель обладают всей необходимой информацией или спрос и предложение относительно стабильны

fair price amendment поправка о справедливой цене: поправка к уставу компании, отменяющая требование сверхбольшинства при голосовании по предложению о поглощении, если цена расценена как справедливая; см. supermajority amendment

fair rate of return обоснованный уровень дохода: максимальный уровень прибыли, установленный властями для коммунальных предприятий (США)

Fair Trade Acts законы о честной конкуренции в различных штатах США, защищающие производителей от чрезмерного снижения цен

fair trading добросовестная (честная) конкуренция

Fair Trading Act Закон о добросовестной конкуренции (Великобритания; 1973 г.): закон, направленный против попыток монополизации отрасли, различного рода ограничений конкуренции; для наблюдения за исполнением закона был создан специальный орган - Управление добросовестной конкуренции; против компании, замеченной в недобросовестной конкуренции, может быть начато судебное преследование (в случае продолжения); см. Office of Fair Trading

fair wear and tear нормальный износ: нормальная амортизация актива в течение некоторого периода, не покрываемая страховкой

fallen angel "падший ангел" (США): 1) высокодоходная облигация, потерявшая по той или иной причине уровень рейтинга, приемлемый для инвесторов; 2) компания, рейтинг ценных бумаг которой понижен

falling coupon bond облигация с уменьшающимся во времени размером ставки купона

fall-off падение конъюнктуры

false accounting фальсифицированный учет: подделка, искажение и другие манипуляции с учетной информацией для получения выгоды

falsification = forgery

family income benefit выплаты для пополнения дохода семьи: выплаты семье между датой смерти застрахованного и конечной датой страхового полиса в случае страхования с выплатой оговоренной суммы в конце срока; см. endowment assurance

family of funds "семья фондов": группа взаимных инвестиционных фондов под управлением одной компании; каждый фонд в группе имеет различную специализацию

Fannie Mae "Фэнни Мэй": 1) = Federal National Mortgage Association; 2) = FNMA certificate

Far Eastern Bank Дальневосточный банк: банк с советским капиталом, действовавший в Харбине в 20-30-е годы

Far Eastern Stock Exchange (FESE) Дальневосточная фондовая биржа: крупнейшая биржа Гонконга (создана в 1969 г.)

Far Eastern Index (FEI) дальневосточный фондовый индекс: показатель движения курсов 52 акций на Дальневосточной фондовой бирже (25 % оборота); базовый год - 1971 г., базовое значение - 1000; также рассчитываются 9 субиндексов

Farm Credit System (FCS) = Federal Farm Credit System

Farmer Mac = Federal Agricultural Mortgage Corporation

Farmers Home Administration (FmHA) Фермерская жилищная администрация: агентство Министерства сельского хозяйства США, специализирующееся на предоставлении кредитов и гарантировании кредитов фермерам на жилищное строительство и производственные цели

farthing фартинг: монета в 1/4 пенни в Великобритании до введения десятичной системы

fast buck funds фонды "быстрого доллара": спекулятивные товарные фонды, которые покупают и продают на краткосрочной основе (США)

fast pay bond быстро погашаемая облигация: обеспеченная ипотечная облигация со сроком до 5 лет

fat cat "жирный кот": в "рисковом" финансировании финансирующая фирма, получающая сверхвысокие прибыли

fate "судьба" чека, т. е. отказ или принятие к платежу; см. advice fate

father and sons "отец и сыновья": облигационный заем с последующим выпуском новых траншей

favorable fifty = nifty fifty

favorable trade balance положительный (активный) торговый баланс

FAZ index фондовый индекс, публикуемый газетой "Франкфуртер альгемайне цайтунг" (акции компаний ФРГ)

feasibility study технико-экономическое обоснование (ТЭО): изучение возможности осуществления проекта (технико-экономических характеристик) перед принятием решения о финансировании или создании совместного предприятия

feature "гвоздь программы": акция или сектор фондового рынка, который в течение дня характеризовался особенно активным заключением сделок и колебанием цен

Fed "Фед": Федеральная резервная система (ФРС); = Federal Reserve System

Federal Advisory Council Федеральный консультативный совет: 12 человек, обычно банкиров, избираемых Советами директоров всех 12 резервных округов ФРС США; встречается не реже 4 раз в год с Советом управляющих ФРС для обсуждения важнейших проблем, имеющих отношение к банкам и бизнесу в целом

federal agency федеральное агентство (США): 1) агентство иностранного банка в США, открытое с одобрения валютного контролера (Comptroller of the currency); в отличие от отделения не может принимать депозиты или заниматься доверительными операциями, но имеет право на кредитную деятельность; 2) агентство федерального правительства (самостоятельная государственная организация)

federal agency securities ценные бумаги федеральных агентств в США; как правило, не являются прямыми долговыми обязательствами правительства; см. FNMA; GNMA; FHA; Export-import Bank

Federal Agricultural Mortgage Corporation Федеральная сельскохозяйственная ипотечная корпорация: полугосударственное агентство в США, созданное в 1987 г. для гарантирования кредитов на сумму до 2, 5 млн. долл., продаваемых в виде пулов на вторичном рынке; действует аналогично Ginnie Mae; = Farmer Mac

federal branch отделение иностранного банка в США, открытое с одобрения валютного контролера (Conptroller of the currency); по кругу операций и системе регулирования приравнивается к национальному банку; см. national bank 2

Federal Cartel Office Федеральный департамент по картелям (ФРГ): учреждение, контролирующее изменения в собственности компаний; получает информацию о всех крупных слияниях и поглощениях и может приостанавливать их

federal credit program федеральная кредитная программа (США), предусматривающая кредитную поддержку с прямым или косвенным субсидированием стоимости кредита для заемщика (прямые кредиты, кредитные гарантии, страхование кредитов)

federal credit unions (FCUs) федеральные кредитные союзы: потребительские кредитные кооперативы, зарегистрированные Национальной администрацией кредитных союзов; см. National Credit Union Administration

federal deficit федеральный дефицит: дефицит федерального бюджета (США)

Federal Deposit Insurance Corporation (FDIC) Федеральная корпорация страхования депозитов (США): организация, занимающаяся страхованием депозитов в банках и других кредитных институтах – гарантирует возвратность депозитов до 100 тыс. долл. (создана в 1933 г.); для национальных банков страхование депозитов обязательно; является регулирующим органом для банков штатов, не входящих в ФРС

Federal Farm Credit System (FFCS) Федеральная система фермерского кредита (США): кооперативная система, принадлежащая фермерам и фермерским кооперативам, которые выступают основными вкладчиками и заемщиками (создана в 1971 г.); разделена на 12 округов, включает 12 банков фермерского кредита (созданы на основе бывших земельных банков и банков среднесрочного кредита), 12 банков для кооперативов и Федеральной корпорации финансирования банков фермерского кредита (Federal Farm Credit Banks Funding Corp.), через которую выпускаются облигации на рынке капиталов; общее руководство осуществляется Правлением фермерского кредита, текущее – Администрацией фермерского кредита; для страхования обязательств фермерских банков создана страховая корпорация, а для гарантий по кредитам – Федеральная сельскохозяйственная ипотечная корпорация; см. Federal Agricultural Mortgage Corporation

Federal Financial Institutions Examination Council (FFIEC) Федеральный совет по надзору за финансовыми учреждениями (США): межведомственный орган, разрабатывающий принципы, стандарты, отчетные формы для надзора и проверки застрахованных депозитных институтов, банковских и ссудно-сберегательных холдинговых компаний (создан в 1979 г.); состоит из валютного контролера, представителей ФРС и других регулирующих органов

Federal Financing Bank (FFB) Федеральный банк финансирования (США): учреждение в рамках министерства финансов для централизации заимствований федеральных агентств (создано в 1973 г.); скупает их обязательства по льготной цене для перепродажи на рынке

federal funds (Fed funds) "федеральные фонды" (США): 1) свободные резервы банков – членов ФРС в одном из федеральных резервных банков; могут быть в любой момент использованы для краткосрочных (обычно overnight) необеспеченных межбанковских ссуд, что позволяет другим банкам поддерживать необходимый уровень резервов; см. term funds; 2) средства, которыми ФРС оплачивает покупки государственных ценных бумаг

federal funds market рынок "федеральных фондов" (США): рынок необеспеченных краткосрочных межбанковских ссуд (на базе резервов в федеральных резервных банках); см. federal funds 1

federal funds rate процентная ставка по "федеральным фондам": ставка, по которой банки США кредитуют друг друга на короткие сроки за счет свободных средств в федеральных резервных банках; наиболее чувствительный показатель состояния рынка

Federal Home Loan Bank Board (FHLBB) Федеральный совет банков жилищного кредита (США): орган, регулирующий зарегистрированные на федеральном уровне ссудно-сберегательные ассоциации и сберегательные банки (создан в 1932 г.); в 1989 г. ликвидирован и его полномочия переданы Офису надзора за бесприбыльными сберегательными учреждениями (подразделение Казначейства); см. Office of Thrift Supervision

Federal home loan banks федеральные банки жилищного кредита (США): 12 институтов, входящих в Федеральную систему банков жилищного кредита (созданы в 1932 г.); эти институты аккумулируют средства за счет выпуска ценных бумаг и предоставляют кредиты и другие услуги ссудно-сберегательным ассоциациям и сберегательным банкам, которые должны быть членами своих региональных банков жилищного кредита

Federal Home Loan Bank System Федеральная система банков жилищного кредита США (создана в 1932 г.): включает Федеральный совет, 11 федеральных банков жилищного кредита, Федеральную корпорацию страхования ссудно-сберегательных ассоциаций, Федеральную корпорацию жилищного ипотечного кредита, ссудно-сберегательные ассоциации и сберегательные банки, зарегистрированные на федеральном уровне; в 1989 г. система была реформирована и региональные банки были поставлены под контроль Федерального совета по финансированию жилищного строительства; см. Federal Housing Finance Board

Federal Home Loan Mortgage Corporation (FHLMC) Федеральная корпорация жилищного ипотечного кредита США (создана в 1970 г.): полугосударственное учреждение в рамках Федеральной системы банков жилищного кредита, поддерживающее вторичный рынок обычных ипотек (не гарантированных государством) и выпускающее ценные бумаги под обеспечение пулом ипотек (сертификаты ФХЛМК); в 1989 г. реорганизована в акционерное общество; = Freddie Mac; см. FHLMC certificate

Federal Housing Administration (FHA) Федеральная жилищная администрация США (создана в 1934 г.): федеральное агентство, страхующее кредиторов от потерь по ипотечным и другим кредитам в случае заемщиков, которые не могут получить кредит без такой страховки; является подразделением Департамента (министерства) жилищного и городского развития; см. FHA-insured mortgage

Federal Housing Finance Board (FHFB) Федеральный совет по жилищному финансированию (США): федеральное агентство, регулирующее деятельность 11 федеральных банков жилищного кредита; создан в 1989 г. и возглавляется министром жилищного и городского развития

Federal National Mortgage Association (FNMA; Fannie Mae) Федеральная национальная ипотечная ассоциация (ФНМА): частная корпорация в США с федеральной поддержкой (создана в 1938 г. как государственный орган, но в 1968 г. стала частным учреждением); поддерживает вторичный рынок ипотек - инвестирует в ипотеки, гарантирует и выпускает ценные бумаги под обеспечение ипотеками (сертификаты ФНМА); см. FNMA certificate

Federal Open Market Committee (FOMC) Комитет по операциям на открытом рынке ФРС (США): состоит из 7 членов Совета управляющих ФРС и президентов Нью-Йоркского и 5 других федеральных резервных банков (по принципу ротации; остальные президенты присутствуют); председатель Совета управляющих является председателем Комитета; Комитет собирается раз в 4-6 недель для выработки политики ФРС на открытом (денежном) рынке для воздействия на денежное обращение, объем кредитования, процентные ставки, а также на валютном рынке. На практике это означает выпуск директив специальному отделу (Open Market Desk) Федерального резервного банка Нью-Йорка по проведению операций с государственными ценными бумагами по особому счету открытого рынка

Federal reserve banks (FRBs) федеральные резервные банки (США): 12 государственных кредитно-финансовых институтов и их отделения, являющиеся частью Федеральной резервной системы и выполняющие функции центральных банков в особых округах (из нескольких штатов); осуществляют практические функции ФРС под руководством Совета управляющих ФРС и Комитета открытого рынка; наиболее важным является Федеральный резервный банк Нью-Йорка, отвечающий за международные операции; каждый банк имеет Совет Управляющих из 9 членов, назначаемых на 3 года, а текущее руководство осуществляется президентом и вице-президентом; формально банки находятся в собственности акционеров - коммерческих банков в каждом округе; резервные банки хранят резервы банков, предоставляют рефинансирование, платежные услуги, размещают государственные ценные бумаги, устанавливают учетную ставку при одобрении Совета Управляющих ФРС, выпускают в обращение банкноты (со своих штампов, но ничем не отличающиеся от других)

Federal Reserve Board (Board of Governors of the FRS; FRB) Совет управляющих ФРС (США): руководящий орган ФРС, состоящий из 7 членов, назначаемый президентом США на 14 лет; отвечает за денежно-кредитную политику, регулирование банковской системы (в частности банковских холдингов) и исполнение законов, относящихся к банкам и кредитным операциям; см. Humphrey Hawkins report

Federal reserve float временный чековый кредит, предоставляемый ФРС США депозитным учреждениям при проведении чекового клиринга; ФРС оплачивает чеки на инкассации в фиксированный срок, хотя деньги от банков-плательщиков могут еще не поступить, т. е. на определенный срок предоставляется кредит

Federal reserve notes федеральные резервные банкноты: банкноты с номиналом 1-100 долларов, выпускаемые в обращение федеральными резервными банками (США); законное средство платежа; являются пассивом баланса соответствующего резервного банка (специальный код: А - Бостона, В - Нью-Йорка и т. д.)

Federal Reserve System (FRS; Fed) Федеральная резервная система: центральный банк США, сочетающий федеральный и региональные элементы (создан в 1913 г.); включает Совет управляющих, 12 региональных резервных банков в специальных округах из нескольких штатов, 24 отделения резервных банков и около 5600 коммерческих банков - членов системы (банки национального уровня обязаны быть членами, штатного - по желанию); ФРС через Совет управляющих, резервные банки, Комитет по операциям на открытом рынке осуществляет мероприятия денежно-кредитной политики США

federal savings and loan (S&L) associations ссудно-сберегательные ассоциации, зарегистрированные на федеральном уровне (США): сберегательные институты, принимающие вклады населения и предоставляющие ипотечные кредиты; в последние годы все больше приобретают черты коммерческих банков; входят в Федеральную систему банков жилищного кредита; см. Federal Home Loan Bank System

Federal Savings and Loan Insurance Corporation (FSLIC) Федеральная корпорация страхования ссудно-сберегательных ассоциаций (США): федеральное агентство, страхующее депозиты в сберегательных институтах-членах (создано в 1934 г.); ликвидировано в 1989 г. в результате банкротства многих ссудно-сберегательных ассоциаций; функции перешли Федеральной корпорации страхования депозитов; см. Financial Institutions Reform, Recovery and Enforcement Act

Federal savings banks (FSBs) федеральные сберегательные банки (США): сберегательные банки, зарегистрированные на федеральном уровне Офисом надзора за бесприбыльными сберегательными учреждениями; см. Federal Home Loan Bank System, Office of Thrift Supervision

Federal Trade Commission (FTC) Федеральная торговая комиссия (США): федеральное агентство, контролирующее соблюдение антитрестовского законодательства и законов о защите прав потребителей (создано в 1914 г.)

Federation internationale des Bourses de valeurs (FIBV) Международная Федерация фондовых бирж (франц.): объединение ведущих фондовых бирж, созданное в 1961 г. для обсуждения общих проблем, координации исследований, сбора информации (штаб-квартира в Париже)

FedWire "ФедУайер" (США): система электронной связи, принадлежащая ФРС; объединяет ФРС, министерство финансов, государственные учреждения, 5,5 тыс. коммерческих банков, а также ряд иностранных центральных банков и международных организаций; используется для денежных переводов (например, по бюджету) и расчетов по сделкам с ценными бумагами, передачи распоряжений и информации ФРС

fee плата (комиссия) за услугу, проведение операции (в виде процента от цены или фиксированной суммы)

fee schedule прейскурант комиссионных сборов банка по операциям (например, инкассации чеков и векселей)

felin de capital (Fr.) = zero coupon bond

fence 1) ограда; 2) скупщик краденого; 3) синтетическая комбинация опционов "колл" и "пут" на нефть и другие сырьевые товары

FHA-insured mortgage ипотека на жилой дом в США, застрахованная Федеральной жилищной администрацией; см. Federal Housing Administration

fhex (Fridays and holidays excluded) "пятницы и праздники исключаются" (мор.): запрет погрузочно-разгрузочных работ в странах ислама по пятницам и праздникам

FHLMC certificate сертификат ФХЛМК ("Фредди Мэк"): ценная бумага, выпущенная и гарантированная Федеральной корпорацией жилищного ипотечного кредита (под обеспечение пулом ипотек; сертификаты обращаются на вторичном рынке); см. pass-through securities; Federal Home Loan Mortgage Corporation

fiat money деньги, которые государство объявило законным платежным средством, хотя они не имеют собственной стоимости, неразменны ни на золото (любые современные бумажные деньги)

fictitious asset фиктивный актив: актив, который не может быть продан, фиктивная запись в балансе

fictitious credit фиктивный кредит: кредитовый остаток на маргинальном счете клиента у брокера; эти средства служат обеспечением заимствований брокера и не могут быть свободно изъяты; см. margin account

fictitious payee фиктивный получатель платежа: несуществующий бенефициар по векселю; в случае отсутствия фиктивности имени бенефициара на векселе им считается держатель векселя

fidelity bond гарантия лояльности: обязательное страхование компании (например, фондового брокера) от мошенничества со стороны его служащих

fidelity guarantee insurance = fidelity bond

fiduciary (Fid) 1) доверенный, порученный, фидуциарный; 2) основанный на доверии, необеспеченный; 3) доверенное лицо, фидуциар: лицо или учреждение, которому доверено управление инвестициями

fiduciary account фидуциарный счет: счет, которым банк или трастовая фирма управляют по доверенности; счет остается за балансом банка, весь риск несет клиент, а банк получает комиссионные; такие счета являются специализацией швейцарских банков

fiduciary issue фидуциарная денежная эмиссия: деньги в обращении, не обеспеченные золотом или серебром; в настоящее время практически вся денежная эмиссия является фидуциарной

fiduciary loan кредит без обеспечения

fiduciary relationship доверительные отношения

fiduciary transactions доверительные (фидуциарные) операции: операции, которые банк или трастовая компания проводит от своего имени, но по поручению и за счет клиентов (как правило, управление инвестициями)

fief поместье (лен), собственность на которое в прошлом накладывало обязанность воинской службы (Великобритания)

fill исполнить биржевой приказ клиента

fill-or-kill order (FOK) приказ "исполни или отмени": приказ клиента биржевому брокеру, который должен быть немедленно исполнен или аннулируется

final accounts окончательная отчетность (счет прибылей и убытков, баланс) компании, подготавливаемая в конце финансового года; см. annual accounts

final dividend (Fin. div.) окончательный дивиденд: дивиденд, выплачиваемый за завершающую часть финансового года по рекомендации директората компании при утверждении общим собранием акционеров

finality of payment завершенность платежа (США): платеж по электронной системе расчетов считается завершенным после дебетования резервного счета банка-плательщика в ФРС или в случае "ФедУайер" - в момент передачи платежа

final salary scheme схема пенсионного обеспечения, при которой размер пенсии зависит от последней зарплаты и выслуги лет; = defined benefit scheme

finance финансы, финансирование: термин для обозначения сферы финансово-кредитных отношений - аккумулирование финансовых ресурсов (банковский и фирменный кредиты, покупка в рассрочку, выпуск ценных бумаг), совокупность финансовых отношений государства, компаний и др.; см. corporate finance; public finance

Finance Act Финансовый акт (Великобритания): закон, принимаемый парламентом для реализации налоговых мер, которые ежегодно вносятся правительством в бюджет

Finance Bill Финансовый билль (Великобритания): законопроект по бюджетным и другим финансовым вопросам, который после прохождения парламентского обсуждения (первое и второе чтение, специальный комитет, доклад и третье чтение, палата лордов, королевское согласие) становится Финансовым актом; см. Finance Act

finance bill финансовый вексель: вексель, используемый для мобилизации заемных средств и не связанный с конкретными торговыми сделками; = accommodation bill, working capital acceptance

finance charge стоимость потребительского кредита, включающая все проценты, комиссии и другие элементы (США)

finance company финансовая компания: 1) компания, занимающаяся организацией выпуска ценных бумаг, фондовыми операциями и другими финансовыми сделками; 2) в США - компания, специализирующаяся на кредитовании физических и юридических лиц, но не принимающая депозиты, т. е. функционирующая только за счет заемных средств; сходна с финансовыми домами в Великобритании; см. finance house; captive finance company, sales finance company; consumer finance company; commercial finance company

Finance Corporation for Industry (FCI) Финансовая корпорация для промышленности (Великобритания): организация, созданная в 1945 г. и предоставляющая долгосрочные капиталы промышленности; в 1973 г. слилась с Промышленной и торговой финансовой корпорацией в организацию Финансы для промышленности; см. Finance for Industry

financed portion финансируемая часть экспортного контракта (оплачивается за счет кредита)

Finance for Industry (FFI) Финансы для промышленности (Великобритания): организация, созданная в 1973 г. (в результате слияния Финансовой корпорации для промышленности и Промышленной и торговой финансовой корпорации) для кредитования промышленности на сроки до 15 лет; в 1983 г. после слияния с компанией Капитал для промышленности преобразована в группу Инвесторы в промышленность; см. Investors in Industry

finance house финансовый дом (Великобритания): финансовое учреждение, специализирующееся на лизинге и кредитовании продажи в рассрочку машин и оборудования, потребительских товаров, принимающее также депозиты и оказывающее клиентам банковские услуги; некоторые дома именуют себя "промышленными банками" (возникли в 1860-х гг.); см. industrial bank; hirepurchase

Finance Houses Association (FHA) Ассоциация финансовых домов (Великобритания): организация, представляющая интересы 47 ведущих финансовых домов (создана в 1945 г.)

finance lease финансовый лизинг (аренда): аренда оборудования на фиксированный срок без права расторжения соглашения арендодатель финансирует только покупку оборудования, а арендатор оплачивает все издержки и имеет опцион покупки актива в конце срока аренды по номинальной цене; стоимость актива полностью амортизируется в течение срока аренды; см. operating lease; = full-payout lease

financial accounting финансовый учет: отражение финансовых операций в бухгалтерском учете

Financial Accounting Standards Board (FASB) Совет по стандартам финансового учета (США): независимый орган по разработке принципов бухгалтерского учета (создан в 1973 г.)

financial adviser финансовый советник; обычно инвестиционный банк, который помогает клиенту найти инвестора или кредитора, разработать схему слияния, приватизации, перестройки управления, выхода из кризиса

Financial and Operational Combined Uniform Single (FOCUS) Report финансовый и операционный стандартный единый отчет (отчет ФОКУС): форма отчетности, которую все фондовые брокеры в США ежемесячно или ежеквартально представляют бирже или своей ассоциации (содержит данные о финансовом положении фирмы)

financial center финансовый центр: город, в котором по историческим или налоговым причинам сосредоточено большое число финансово-кредитных институтов, совершается значительный объем операций

financial condition = financial position

financial constitution финансовая конституция: свод принципов организации финансово-кредитной системы, которые не может изменить правительство (эмиссионная монополия, отделение центрального банка от бюджета, добровольное размещение госдолга)

financial covenant условие в кредитном соглашении, согласно которому заемщик обязуется поддерживать на определенном уровне некоторые финансовые показатели

financial credit финансовый кредит: кредит, предоставленный одним банком другому без прямой связи с товарной сделкой

financial discount = discount 2

financial document финансовый документ: документ, имеющий денежную стоимость и позволяющий приобретать товары и услуги

financial engineering финансовый инжиниринг: разработка новых финансовых инструментов и операционных схем

financial futures финансовые фьючерсы: срочные биржевые (фьючерские) контракты на финансовые инструменты; впервые торговля финансовыми фьючерсами началась в США в 1972 г. (валютные контракты), а затем появились контракты на кредитные инструменты, индексы

financial futures exchange биржа финансовых фьючерсов: организованный рынок для торговли фьючерскими контрактами на финансовые инструменты

financial guarantee финансовая гарантия: гарантия своевременной выплаты процентов и основной суммы по финансовому обязательству

financial innovation финансовая инновация: процесс создания новых финансовых инструментов, видов операций, платежных систем и технических приемов в целях снижения рисков и издержек, получения прибыли, ускорения операций

financial institutions финансовые учреждения: компании, которые принимают вклады, вкладывают средства преимущественно в финансовые активы (кредиты, акции и другие ценные бумаги), предоставляют финансовые услуги, торгуют финансовыми инструментами; различаются по характеру инвестиций и источникам ресурсов, например, депозитные (банки, сберегательные институты) и недепозитные учреждения (брокерские и биржевые фирмы, страховые, инвестиционные компании)

Financial Institutions Reform, Recovery and Enforcement Act (FIRREA) федеральный закон о реформе финансовых институтов, поддержке и исполнении США: закон, по которому была предоставлена государственная помощь обанкротившимся ссудно-сберегательным ассоциациям, произведены значительные изменения в системе надзора за этими учреждениями, в том числе усилены стандарты собственного капитала; полномочия Federal Home Loan Board были переданы новому учреждению по надзору за бесприбыльными институтами (Office of Thrift Supervision), 12 федеральных банков жилищного кредита были переданы под контроль Федерального совета по жилищному финансированию (Federal Housing Finance Board)

Financial Institutions Regulatory Act закон о регулировании финансовых учреждений: федеральный закон США (1978 г.), внесший серьезные изменения в механизм надзора и регулирования финансовых учреждений, в том числе создал Федеральный совет по надзору за финансовыми учреждениями для координации действий федеральных органов, обязал банки предоставлять кредиты своим сотрудникам и акционерам на чисто коммерческой основе, ввел федеральное регулирование электронных платежей, разрешил регулирующим органам издавать в отношении руководства банков распоряжения "прекратить и воздержаться впредь"(cease and desist order) от каких-либо действий, а также создал централизованный фонд пополнения ликвидности кредитных союзов; см. cease and desist order; Central Liquidity Facility; Federal Financial Institutions Examination Council; Electronic Funds Transfer Act

financial instrument финансовый инструмент: валюта, ценные бумаги, депозиты

Financial Instruments Exchange (FINEX) Биржа финансовых инструментов (США): финансовое подразделение Нью-Йоркской фондовой биржи

Financial Intermediaries, Managers and Brokers Regulatory Association (FIMBRA) Регулирующая ассоциация финансовых посредников, менеджеров фондов и брокеров (Великобритания): организация саморегулирования финансового рынка, в которую входят в основном фирмы (всего около 8000), имеющие дело непосредственно с публикой; создана по Закону о финансовых услугах 1986 г.

financial intermediary финансовый посредник: финансовое учреждение, которое выступает посредником между конечным заемщиком и источником финансовых ресурсов; такие учреждения нередко выступают принципалами, т. е. привлекают депозиты и используют их для предоставления кредитов от собственного имени; преобразуют мелкие и часто краткосрочные вклады в более крупные и долгосрочные кредиты, т. е. ускоряют и делают более рациональным процесс перераспределения финансовых ресурсов в экономике

financial lease финансовая аренда: договор об аренде, по которому все расходы и доходы, связанные с владением активом, переходят арендатору независимо от того, кто является настоящим собственником; см. operating lease

financial leasing финансовый лизинг: приобретение оборудования специализированной компанией за свой счет (часто в кредит) и сдача его в средне- и долгосрочную аренду

financial leverage отношение капитала компании к заемным средствам (привилегированным акциям, долгосрочным облигациям); см. debt-to-equity ratio

financial loan финансовый кредит: банковский кредит на фиксированную сумму и срок (обычно среднесрочный), прямо не связанный с торговой сделкой

Financial Management Service (FMS) Служба финансового менеджмента Казначейства США: фискальный агент правительства в отношениях с большинством организаций, имеющих деловые отношения с федеральными учреждениями; см. Vendor Express

financial market финансовый рынок: рынок, на котором происходит обмен деньгами, предоставление кредита и мобилизация капитала; обобщающий термин для рынка капиталов, денежного рынка, валютного рынка

financial menu "финансовое меню": подход к проблеме задолженности развивающихся государств, когда кредиторы и должники предлагают использовать набор вариантов финансового урегулирования

financial options финансовые опционы: опционные операции с финансовыми инструментами; см. currency option; interest rate option; index option

financial paper = finance bills

financial planning финансовое планирование: консультации на предмет максимально эффективного использования активов для достижения определенной цели, например, финансирования обучения детей или пенсионного обеспечения

financial position финансовая позиция (компании): состояние активов, пассивов компании на определенную дату; см. financial statement 2

financial privacy финансовая частная жизнь: в США по закону о праве на защиту финансовой частной жизни информация о клиенте финансового учреждения может правоохранительным и иным государственным органам только с разрешения клиента или после соответствующим образом оформленного запроса или ордера

financial pyramid "финансовая пирамида": 1) распределение активов компании по уровню риска, при котором размеры капиталовложений уменьшаются с увеличением риска (у основания пирамиды риск минимален, у вершины - максимален); 2) приобретение активов с помощью заемных средств

financial savings ratio норма финансовых сбережений: пропорция личных сбережений, вкладываемых в финансовые активы

Financial Services Act 1986 Закон о финансовых услугах 1986 г., вступивший в силу в Великобритании 29 апреля 1988г. (см. A-Day); узаконил обязательное лицензирование инвестиционных учреждений саморегулирующимися органами; укрепил систему защиты интересов инвесторов; см. Securities and Investment Board; self-regulation organizations; recognized investment exchanges

Financial Statement and Budget Report финансовый доклад, представляемый министром финансов Великобритании в день принятия государственного бюджета (содержит данные за отчетный период, прогноз расходов, изменения в системе налогообложения и другие мероприятия экономической политики)

financial statement финансовый отчет: отчет о финансовом положении компании за определенный период

financial structure финансовая структура (компании); включает все источники финансирования активов (в отличие от капитальной структуры, учитывающей только долгосрочные источники); см. capital structure

financial supermarket финансовый "супермаркет": учреждение, которое стремится предоставить своим клиентам всевозможные финансовые услуги (банковские, страховые, инвестиционные и др.) под одной крышей

financial system финансовая система: все финансовые посредники, занятые опосредованием движения денег и кредита в экономике

Financial Times (FT) "Файненшл Таймс": ведущая ежедневная финансовая и деловая газета Великобритании и Европы; распространяется во многих странах мира; основана в 1889 г. и в 1893 г. впервые начала печататься на розовой бумаге; в 1945 г. слилась с "Файненшл Ньюс" (основана в 1884 г.); тираж - 300 тыс. экземпляров

Financial Times Actuaries All Share Index (FTA) фондовый индекс всех акций, который с 1962 г. публикуется газетой "Файненшл Таймс", Институтом актуариев (Англия) и Факультетом актуариев (Шотландия): самый широкий индекс в Великобритании - охватывает около 750 акций (90 % капитализации рынка); рассчитывается один раз в день (1962 = 100)

Financial Times World Index фондовый индекс примерно 2400 акций из 24 стран, который с 1987 г. публикуется газетой "Файненшл Таймс"

Financial Times Industrial Ordinary Shares Index (FTO; FT Index; FT 30 Index) фондовый индекс промышленных обыкновенных акций, публикуемый газетой "Файненшл Таймс" (Великобритания): индекс акций 30 крупнейших промышленных компаний, который рассчитывается ежечасно с 1935 г. (1935 = 100); впервые опубликован 1 июля 1935 г. в предшественнике нынешней "ФТ" - газете "Файненшл Ньюс" по предложению сэра Ричарда Кларка, ведущего сотрудника газеты; размер компаний не является главным критерием, так как они должны представлять разные отрасли; лишь 6 компаний из первоначальных 30 остаются в индексе

Financial Times Stock Exchange Index (FTSE; FOOTSIE) фондовый индекс "Файненшл Таймс" - Лондонской фондовой биржи (Великобритания): индекс, основанный на курсах 100 ведущих акций (70 % оборота Лондонской фондовой биржи по акциям британских компаний); базовый период - 30 декабря 1984 г. (1984 = 1000); рассчитывается как арифметическое взвешенное среднее (ежеминутно)

Financial Times Stock Indices фондовые индексы газеты "Файненшл Таймс" (Великобритания): индексы, которые ежедневно, кроме понедельника, печатаются в "Файненшл Таймс", - по государственным облигациям (1926 = 100), по ценным бумагам с фиксированным процентом (1928 = 100), по акциям золотых рудников (1955 = 100), по обыкновенным акциям промышленных компаний (1935 = 100), по всем акциям (1962 = 100), по 100 ведущим акциям (1984 = 1000)

financial year (FY) финансовый год: 1) бюджетный год: период в 12 месяцев, на который составляется государственный бюджет; может совпадать или не совпадать с календарным годом (Великобритания - с 1 апреля по 31 марта; США - с 1 октября по 31 сентября); 2) учетный период деятельности компании: период подведения итогов, уплаты налогов (отчетный и налоговый годы не обязательно совпадают)

Financiele Termijnmarkt Amsterdam (FTA) Срочный финансовый рынок Амстердама (голл.): созданная в 1988 г. фьючерская биржа с контрактами на облигации; принадлежит Европейской опционной бирже; см. European Options Exchange

financing финансирование: различные методы получения и предоставления кредита (включая выпуск ценных бумаг)

financing statement финансовое заявление: заявление об обеспечении кредита, которое регистрируется в местных органах власти (США); документ, в котором дается вся необходимая информация об обеспечении (личной собственности), представленном заемщиком кредитору; стандартный документ по Единому коммерческому кодексу; часто называется "UCC-1 statement"; см. continuation statement; priority of lien; termination statement; Uniform Commercial Code

finder's fee комиссия, уплачиваемая посреднику, который способствовал заключению сделки, получению кредита, привлечению новых клиентов

finding both sides нахождение брокером обеих сторон сделки: фондовый брокер не исполняет сделку на бирже, а находит клиента с противоположным приказом

fine 1) штраф, пеня; взимать штраф за невыполнение обязательств или правил; 2) точный, тонкий; 3) первоклассный

fine bank bill первоклассный банковский вексель: вексель, выставленный или акцептованный первоклассным банком; = prime bank bill; см. eligible bill

fineness of coin проба монеты: содержание чистого металла в монете (в пропорции от чистого веса)

fine price "хорошая" (точная) цена: 1) курс ценной бумаги на рынке, где существует незначительная разница между ценами продавца и покупателя; 2) курс первоклассной ценной бумаги; 3) процентная ставка по кредитам первоклассным заемщикам

fine rates = fine prices

fine trade bill первоклассный торговый вексель, акцептованный банком или финансовой компанией с безупречной деловой репутацией (принимается к переучету Банком Англии); = bankers' acceptance

fine tuning "точная настройка": использование инструментов денежно-кредитной и фискальной политики для регулирования краткосрочных колебаний производства, инфляционных тенденций или платежного баланса

finite life real estate trust (FREIT) инвестиционная компания, вкладывающая средства в недвижимость и обещающая реализовать капиталовложения через фиксированный срок

Fin(e)y финляндская марка (жарг.)

fire insurance страхование от пожара: страхование убытков от пожаров

firewalls "огненные" стены: жесткое разделение различных видов банковской деятельности, средств клиента и самого банка для избежания конфликта интересов; = Chinese walls

firm 1) фирма: по британскому законодательству – товарищество (закон о товариществах 1890 г.), но термин часто используется для обозначения любой компании; 2) твердая, устойчивая или повышательная (о тенденции развития конъюнктуры); 3) твердый (о приказе, заказе); см. firm order

firm commitment твердое обязательство: 1) обязательство купить ценные бумаги банком – организатором займа, который затем продает их инвесторам по более высокой цене (США); равнозначно "предложению для продажи" (Великобритания); см. offer for sale; 2) безусловное обязательство предоставить кредит на определенных условиях

firm hands, in "в твердых руках": владение акциями инвесторами, которые рассматривают их в качестве долгосрочного капиталовложения

firm offer твердое предложение совершить сделку (например, купить недвижимость)

firm order твердый приказ (США): 1) приказ, который член фондовой биржи исполнил за свой счет; 2) приказ клиента биржевому брокеру, который действителен до отмены или истечения фиксированного срока и не требует подтверждения; 3) заказ на товары, который подтвержден и не может быть отменен

firm quote твердая котировка: цена, прокотированная участником рынка без условий

firm underwriting твердая гарантия займа: банк или синдикат банков приобретают всю сумму эмиссии, а затем размещают ценные бумаги на рынке на свой риск

first call первый взнос: требование первого взноса (в оплату приобретенных акций)

first call date первая возможная дата досрочного погашения части или всего облигационного займа по фиксированной цене

first class bill = fine bank bill

First European Exchange (FEX) Первая европейская биржа: кооперационное соглашение между Европейской биржей опционов и рядом других бирж о совместной торговле производными финансовыми инструментами

first generation of financial instruments первое поколение финансовых инструментов: валютные сделки спот и форвард, межбанковские депозиты

first in, first out (FIFO) ФИФО (буквально: первый внутрь, первый наружу): оценка и учет запасов компании или портфеля ценных бумаг в порядке их поступления (подразумевается, что купленные раньше запасы или бумаги потребляются или продаются тоже раньше); см. last in, first out; last in, last out

First Lord of the Treasury первый лорд казначейства (Великобритания): формальный глава казначейства (министерства финансов) в лице премьер-министра

first market первый рынок: ведущие фондовые биржи США (Нью-Йоркская фондовая биржа и Амекс) в отличие от региональных бирж и внебиржевого рынка; см. second market; third market

first mortgage первая ипотека: ссуда, которая дает кредитору преимущественное право на собственность, предложенную в качестве обеспечения (до этого собственность не закладывалась); см. second mortgage; junior mortgage

first mortgage bond первая ипотечная облигация (США): облигация компании, дающая преимущественное право ее держателю на активы компании-эмитента

first notice day первый день уведомления: в области финансовых фьючерсов - первая дата, когда может быть сделано заявление о намерении поставить по контракту конкретные финансовые инструменты

first of exchange первый оригинальный экземпляр переводного векселя; векселя могут выписываться в 2-3 экземплярах, но оплачивается только один; в случае, если должен оплачиваться первый экземпляр, делается надпись "pay this first of exchange, second/third unpaid" (после его предъявления и оплаты копии уничтожаются); см. bills in set

first party insurance страхование первого лица: страхование, выплаты от которого идут застрахованному лицу; см. third-party insurance

first preferred stock первая привилегированная акция: акция, имеющая преимущество перед другими привилегированными и обыкновенными акциями на прибыль и активы компании

first round financing "рисковое" финансирование первого этапа деятельности компании, то есть после финансирования создания новой компании; см. seed capital; start-up; second round financing

First Section "первая" секция (подразделение) фондовых бирж Токио, Нагои, Осаки (Япония): подразделение биржи, имеющее более строгие правила котировки ценных бумаг, чем "второе" (срок существования компании не менее 5 лет, прибыльность - не менее 2 лет, число акционеров - не менее 2 тыс., число акций - более 10 млн., капитал - свыше 500 млн. иен.); см. Second Section

fiscal фискальный (финансовый, налоговый): имеющий отношение к аккумулированию государственных доходов

fiscal agent фискальный агент: 1) банк или трастовая компания, выполняющая для корпорации услуги типа выпуска ценных бумаг, выплаты процентов и дивидендов, уплаты арендной платы; 2) агент правительства или государственного учреждения, организующий выпуск и погашение облигаций, ведущий счета, оплачивающий чеки, проводящий расчеты (обычно центральный банк), собирающий налоги

fiscal drag фискальный тормоз: сдерживание роста экономики из-за увеличения массы налогов (из-за инфляции или повышения налоговых ставок)

fiscal policy фискальная или финансовая политика (также бюджетная и налоговая): мероприятия правительства в области бюджетных расходов, налогов, финансирования дефицита, призванные регулировать уровень деловой активности

fiscal year (FY) = financial year

fishing expedition "поездка на рыбалку": 1) обращение клиента банка за информацией о финансовом положении другого лица в деловых целях; 2) обращение в несколько банков для выявления наилучших условий предоставления определенных услуг

fit "пригодный" (жарг.): финансовый актив, отвечающий требованиям инвестора

Fitch Investors Services "Фитч инвесторз сервисез" (США): фирма по установлению рейтингов ценных бумаг; создана в Нью-Йорке в 1913 г.; специализируется на облигациях, привилегированных акциях, коммерческих бумагах

Fitch ratings рейтинги ценных бумаг агентства Фитч; в основном сходны с рейтингами Стандард энд Пурз; см. Standard Poor's

Fitch sheet листок Фитча: бюллетень котировок цен сделок на крупнейших фондовых биржах США

five c's of credit пять "С" кредита: определение кредитоспособности потенциального заемщика на основе пяти критериев – характер (character), капитал (capital), способность (capacity), обеспечение (collateral), условия (conditions); первые четыре критерия относятся к способности заемщика платить, последний – к общим условиям в экономике; см. ability to pay

five hundred dollar rule правило 500 долларов (США): правило ФРС (в рамках правила Т), позволяющее не принимать немедленных мер в случае нехватки менее 500 долл. на счете клиента для обеспечения покупки акций в кредит (гарантийный взнос недостаточен); см. Regulation T

five percent policy (rule) политика пяти процентов (США): рекомендации Национальной ассоциации дилеров по ценным бумагам (впервые выпущены в 1943 г.), согласно которым надбавка цены при перепродаже бумаг не должна превышать 5 % (разница между ценой покупателя и продавца)

fiver сумма или банкнота в 5 ф. ст. (жарг.)

five-spot (five) сумма или банкнота в 5 долл. (жарг.)

fix фиксировать валютный курс или ставку

fixation установление цены товара (наличной или будущей)

fixed advance кредит с фиксированным сроком

fixed annuity фиксированная рента: инвестиционный контракт, продаваемый страховой компанией и гарантирующий фиксированный доход в течение оговоренного срока или пожизненно

fixed assets = fixed capital

fixed assets turnover оборот фиксированных (капитальных) активов: отношение нетто-продаж компании к чистым фиксированным активам

fixed capital (assets) фиксированный (основной) капитал (активы): средства производства, машины и другие активы, предназначенные не для потребления, а для обеспечения функционирования компании – основные фонды с длительными сроками амортизации

fixed charge coverage покрытие фиксированных расходов (по обслуживанию долгосрочного долга): отношение прибыли до уплаты и процентов к сумме процентов по облигациям и другим долгосрочным заимствованиям и арендным платежам

fixed charges (USA) = prior charges

fixed commissions фиксированные комиссии: фиксированные (обычно минимальные) ставки комиссионного вознаграждения на фондовой бирже

fixed costs фиксированные расходы (издержки): расходы компании, не зависящие от объема производства

fixed date стандартный фиксированный срок валютной или депозитной операции (спот, 7 дней, 1, 2, 3, 6, 12 месяцев)

fixed-date bill = after sight bill

fixed debenture ссуда с фиксированной ставкой, обеспеченная активами компании

fixed deposit срочный депозит: депозит с фиксированным сроком и ставкой процента

fixed exchange rate фиксированный валютный курс: курс, уровень которого законодательно или по международному соглашению зафиксирован относительно золота, СДР и других валют (власти берут обязательство поддерживать такой курс)

fixed income investments инвестиции с фиксированным доходом (в основном облигации и привилегированные акции)

fixed income security = straight bond

fixed interest (rate) фиксированная процентная ставка

fixed interest debt задолженность (обязательства) компании с фиксированной процентной ставкой

fixed interest security = straight bond

fixed price фиксированная цена: 1) фиксированная цена предложения новых ценных бумаг; = fixed price offer for sale; 2) коммерческий контракт с фиксированной ценой, которая не зависит от фактических издержек производства

fixed price offer for sale предложение ценных бумаг для продажи по фиксированной цене (Великобритания): цена не зависит от спроса, но в случае избыточного числа заявок большие заказы могут уменьшиться, а среди мелких возможно распределение бумаг по жребию

fixed rate фиксированная процентная ставка; = fixed interest

fixed-rate loan кредит с фиксированной процентной ставкой

fixed-rate security = straight bond

fixed term agreements of short term call option on Netherlands securities (FASCONS) соглашения о краткосрочных опционах "колл" на голландские правительственные облигации (Нидерланды): предложения о покупке этих облигаций в форме варрантов (впервые введены Морган бэнк Недерланд)

fixed term assurance страхование жизни с фиксированным сроком, по окончании которого выплачивается определенная сумма

fixed trust "фиксированный" паевой фонд (трест): фонд, менеджеры которого могут осуществлять инвестиции только в определенные ценные бумаги и другие активы; см. flexible trust

Fixer биржевой медведь (нем.)

fixing фиксинг: установление (фиксация) валютного курса или цены золота; фиксинг валютного курса осуществляется на ежедневных встречах представителей центрального банка и других участников рынка на фондовой бирже, а золотой фиксинг — в Лондоне на встречах (в 10^{30} и 15^{00}) специализированных лондонских банков и компаний в помещении Банка Ротшильда, а также в ряде других финансовых центров)

fixture составная часть недвижимости, отделение которой нанесет ущерб (например, система водоснабжения здания)

flag consolidation pattern

flash "вспышка": обозначение текущей цены важнейших акций на ленте тикера (или дисплее), когда информация запаздывает более чем на 5 минут

flat 1) разовый (окончательный); например, разовая комиссия по кредиту (в отличие от ежегодной); 2) единообразный (о ставке налога, комиссии и т.д.); 3) обозначение цены облигации без учета наросших процентов; 4) обозначение облигации, по которой не выплачиваются проценты; 5) нулевая — о позиции участника финансового рынка, которая не является ни "длинной", ни "короткой", или гаранта займа, если все ценные бумаги проданы

flat income bond разновидность облигаций, которыми торгуют по окончательной цене (включается сумма всех процентов); обычно имеются в виду доходные облигации или просроченные ценные бумаги (США); см. income bond

flat market "вялый" рынок: рынок, на котором заключается относительно мало сделок и цены почти не изменяются

flat property собственность на квартиру или этаж многосемейного дома (кондоминиум)

flat scale "плоская" шкала (доходности): ситуация, когда разница в доходности по муниципальным облигациям на различные сроки невелика

flat tax фиксированный подоходный налог: налог, который взимается по единой ставке с любого дохода

flat yield текущий доход по ценным бумагам (в отличие от дохода при погашении или перепродаже): отношение годового дивиденда или суммы процентов к рыночной цене бумаги (в Великобритании рассчитывается для теоретического вклада в ценные бумаги на сумму в 100 ф. ст.); текущий доход может быть брутто (до вычета налога) и нетто (после вычета); см. gross flat yield, net flat yield, redemption yield

flat yield curve "плоская" кривая доходности (разница между ставками на разные сроки минимальна)

fleet policy флотский полис: страховой полис, распространяющийся на суда, принадлежащие одному владельцу

flexible exchange rate = floating exchange rate

flexible rate mortgage ипотека с плавающей процентной ставкой (фиксируется раз в 6, 12 или 24 месяца)

flexible trust "гибкий" паевой фонд (трест): фонд, менеджеры которого могут осуществлять инвестиции по своему усмотрению в любые активы; см. fixed trust

flight capital "беглый" капитал: капитал, который вывозится в другую страну с нарушением национального валютного законодательства

flight from currency бегство (уход от валюты): продажа валюты в ожидании снижения ее курса

flight of capital бегство капитала: помещение финансовых ресурсов в иностранные ценные бумаги и другие активы (в т. ч. непосредственно за границей) из-за боязни обесценения национальной валюты, экономического и политического риска

flight to quality "бегство в качество": стремление инвесторов перевести свои средства в первоклассные ценные бумаги с минимальным риском в ущерб доходности (обычно в правительственные облигации); характерно для периодов резких потрясений на финансовых рынках

flip-flop maturity ценная бумага, условия которой допускают переход от первоначального к более короткому сроку или от фиксированной к плавающей процентной ставке

flip flop note облигация с опционом конверсии в акции и обратно в облигации (обычно с плавающей процентной ставкой)

float "флоут": 1) срок между предъявлением чека в банк и его оплатой, то есть фактическим списанием денег со счета (время чекового клиринга); в этот период наблюдается двойной счет чеков; 2) число акций корпорации, выпущенных на рынок (чем оно больше, тем стабильнее цены); 3) банкноты и монета в кассе

float a company организовать новую компанию и выпустить ее акции на рынок

floatation = floating 1; flotation

floater = floating rate note

floating 1) привлечение капитала путем выпуска на рынок долговых обязательств; выпуск акций через биржу; 2) плавание (о валютном курсе)

floating assets = liquid assets

floating bond = floating rate notes

floating capital = working capital

floating charge право кредитора на ликвидные активы компании, представленные в обеспечение ссуды

floating debenture ссуда, обеспеченная ликвидными активами компании

floating debt "плавающий" долг: 1) в Великобритании – часть неконсолидированного национального долга, включающая краткосрочные заимствования (казначейские векселя, ссуды Банка Англии правительству); см. national debt; funded debt 1; unfunded debt 1; 2) постоянно рефинансируемый краткосрочный долг компании; 3) муниципальные облигации со сроками 1-5 лет, выпущенные для финансирования краткосрочных нужд (США)

floating exchange rate плавающий валютный курс: курс, уровень которого определяется на рынке под воздействием спроса и предложения; факторы спроса и предложения включают состояние платежного баланса, соотношение процентных ставок и темпов инфляции, ожидания участников рынка, официальные валютные интервенции

floating interest rate плавающая процентная ставка: ставка по кредиту, которая периодически (например, раз в месяц, квартал) изменяется в соответствии с изменением той или иной базовой рыночной ставки

floating interest rate short tranche securities (FIRSTS) разновидность секьюритизированных кредитов с плавающей процентной ставкой

floating rate 1) плавающая процентная ставка: регулярно пересматриваемая ставка, привязанная к ориентиру типа ЛИБОР или прайм рейт; 2) плавающий валютный курс

floating rate bond облигация с плавающей ставкой (преимущественно на внутреннем рынке)

floating rate certificate of deposit (FRCD) депозитный сертификат с плавающей ставкой

floating rate CMO (FRCMO) облигация с плавающей ставкой, обеспеченная пулом ипотек (США); см. collateralized mortgage obligation

floating rate loan = variable rate loan

floating rate note (FRN) облигация с плавающей ставкой (преимущественно на международном рынке); купоны по таким облигациям устанавливаются на уровне определённой ставки денежного рынка плюс (иногда минус) маржа

floating rate optional level installment credit (FROLIC) долгосрочный кредит с плавающей процентной ставкой и погашением по частям

floating securities "плавающие" ценные бумаги: 1) ценные бумаги, купленные для быстрой перепродажи и зарегистрированные на имя брокера; 2) акции компании в свободном обращении (не в руках основных акционеров); 3) нераспроданные новые ценные бумаги

floating supply "плавающее" предложение ценных бумаг: ценные бумаги, которые имеются в наличии на рынке для купли-продажи

flood insurance страхование от наводнений: страхование с федеральными субсидиями владельцев домов от убытков, связанных с наводнениями (США)

floor 1) торговый зал биржи; 2) "пол", минимальный уровень цены, процентной ставки

floor agreement соглашение "пол": серия опционов "пут" относительно ЛИБОР, другой процентной ставки или серия опционов "колл" на базе фьючерского контракта, защищающие покупателя от снижения процентных ставок (продавец возмещает разницу между текущей и более высокой фиксированной ценами)

floor broker брокер - член биржи, который непосредственно участвует в торге на бирже (в торговом зале биржи)

floor official служащий фондовой биржи в США, занимающийся урегулированием споров между членами биржи

floor ticket документ с деталями приказа клиента брокеру, который получает брокер непосредственно в торговом зале биржи

floor trader член биржи, непосредственно участвующий в торге за свой счет

floor transaction сделка, заключенная между продавцом и покупателем непосредственно в торговом зале (в "яме") срочной биржи; см. pit

florin флорин: 1) денежная единица Нидерландов; равнозначно гульдену (gulden); 2) монета в 2 шиллинга в Великобритании до введения десятичной системы; в настоящее время приравнена к 10 пенсам

flotation выпуск новых акций или облигаций на свободный рынок; = floating 1

flotation cost стоимость выпуска новых акций, облигаций; включает комиссии организаторов и гаранта эмиссии (в т. ч. в виде разницы в ценах, которые получают эмитенты и платят инвесторы) и расходы на юридические, учетные, издательские услуги

flowback обратный приток: возвращение акций, выпущенных на международном рынке, в страны заемщиков (в результате покупок национальными инвесторами)

flower bond "цветочная облигация": казначейская облигация США, которая принимается налоговыми властями в уплату налогов на наследство (после смерти владельца имущества) по номинальной стоимости

flow of funds финансовые потоки: 1) перелив финансовых ресурсов через посредников, в т. ч. из капиталоизбыточных секторов экономики в сектора, ощущающие нехватку капитала (население, финансовые институты, производство, (правительство); 2) направления использования финансовых ресурсов

fluctuation колебание: подъем и падение курсов или цен на рынке, а также изменение экономической конъюнктуры

fluctuation limit = daily (price) limit

flurry внезапное возрастание активности на рынке

FNMA certificate сертификат ФНМА ("Фэнни Мэй"): ценная бумага, выпущенная и гарантированная Федеральной национальной ипотечной ассоциацией США (под обеспечение пулом ипотек); см. pass-through securities; Federal National Mortgage Association

Fond Europeen pour Cooperation Monetaire (FECOM) (Fr.) = European Fund for Monetary Cooperation

footing итог, сумма цифр в столбце

Footsie (жарг.) = Financial Times Stock Exchange Index

foot the bill (to) оплатить счет, платить по счету

forbearance 1) решение кредитора не начинать юридическое преследование заемщика, нарушившего условия соглашения в обмен на обещание выправить ситуацию; 2) временное разрешение регулирующего органа банку не соблюдать установленные стандарты собственного капитала в экономически слабых районах (США)

Forbes 500 список 500 крупнейших американских компаний, ежегодно публикуемый журналом "Форбс" (классификация по продажам, активам, прибыли, рыночной капитализации); см. Fortune 500

for cash за наличные: в Великобритании - расчет по сделкам с ценными бумагами в течение 48 часов после их заключения, а не в конце расчетного периода; см. for the account

forced conversion вынужденная конверсия: конверсия одних ценных бумаг в другие (или досрочное погашение займа) по требованию эмитента

forced loan 1) принудительный заем (органы власти принуждают давать кредит); 2) вынужденный заем компании при чрезвычайных обстоятельствах (в отличие от запланированного)

forced sale вынужденная продажа: продажа ценных бумаг в результате давления кредиторов, а не по собственному выбору

forced sale of collateral принудительная продажа обеспечения в случае невыполнения должником обязательств по погашению кредита

forced savings принудительные сбережения: искусственное ограничение государством расходов населения на потребление посредством принудительной подписки на государственные займы, налогов на потребление, увеличения обязательных взносов по программам пенсионного обеспечения; аналогичный результат достигается повышением цен при неизменности доходов населения

force majeure "форс-мажор": обстоятельства, не зависящие от сторон контракта, "непреодолимая сила" (стихийные бедствия)

for deposit only "только на депозит": надпись на чеке, означающая, что сумма не может быть выплачена наличными (допускается только кредитование депозитного счета)

foreclosure лишение заемщика, нарушившего условия кредита, права собственности на заложенную собственность (через суд) в пользу кредитора

foreign assets иностранные активы: требования на нерезидентов, заграничные инвестиции

foreign bank иностранный банк: банк, зарегистрированный в другой стране

foreign bill иностранный вексель: любой переводный вексель, оплачиваемый за границей или выставленный и оплачиваемый за границей

foreign bond иностранная облигация: облигация, выпущенная нерезидентом на внутреннем рынке иностранного государства

foreign branches иностранные отделения: отделения иностранных банков, которые по соглашению между центральными банками обязаны подчиняться банковскому регулированию принимающей страны

foreign corporation 1) корпорация, зарегистрированная в другом штате (США); = out-of-state corporation; 2) иностранная корпорация (зарегистрированная в другом государстве)

Foreign Credit Insurance Association (FCIA) Ассоциация страхования иностранных кредитов (США): ассоциация 50 страховых компаний, созданная в 1961 г. при содействии Экспортно-импортного банка США; страхует кредиты, предоставленные американскими экспортерами иностранным покупателям (политический риск берет на себя ЭИБ)

foreign credit иностранный кредит (нерезидента на внутреннем рынке)

foreign crowd "иностранная толпа": члены Нью-Йоркской фондовой биржи, специализирующиеся на иностранных облигациях

foreign currency иностранная валюта: денежная единица иностранного государства

foreign currency account банковский счет в иностранной валюте; счета банков-резидентов в иностранных банках - счета "ностро"

foreign currency securities ценные бумаги в иностранной валюте

foreign currency translation пересчет суммы из одной валюты в другую для целей бухгалтерского учета

foreign draft "иностранный" вексель: переводной вексель, выставленный на банк за границей (часто в иностранной валюте)

foreign exchange (forex; fx) иностранная валюта: денежные единицы иностранных государств; требования на нерезидентов, выраженные в иностранных денежных единицах и оплачиваемые за границей (векселя, чеки, банковские счета и т. д.)

foreign exchange broker валютный брокер: финансовое учреждение, специализирующееся на посредничестве в валютных операциях (обычно также на депозитных и других)

foreign exchange contract валютный контракт (соглашение): соглашение об обмене одной валюты на другую через определенный срок по оговоренному курсу

foreign exchange control валютный контроль: мероприятия по экономии иностранной валюты, улучшению состояния платежного баланса, предотвращению спекулятивного перелива капиталов (ограничение обратимости валюты и круга учреждений, уполномоченных совершать валютные сделки, фиксация курса и рационирование валютных ресурсов, сдача валютной выручки в центральный банк, выдача разрешений на перевод капиталов)

foreign exchange futures = currency futures

foreign exchange market валютный рынок: рынок, на котором совершаются валютные сделки; основой рынка являются банки и другие кредитно-финансовые учреждения, связанные телефоном и телексом (межбанковский валютный рынок); в некоторых финансовых центрах валютой торгуют на срочных и фондовых биржах

foreign exchange mismatching валютная несбалансированность: несовпадение активов и пассивов по данной валюте; открытая валютная позиция

foreign exchange option = currency option

foreign exchange rate = exchange rate

foreign exchange restrictions = foreign exchange control

foreign exchange risk = exchange risk

foreign exchange risk management управление валютным риском: совокупность методов и инструментов защиты от валютного риска

foreign exchange transactions (forex; fx) валютные (конверсионные) операции: обмен (купля-продажа) одной валюты на другую

foreign interest payment securities (FIPS) ценные бумаги с процентными платежами в иностранной валюте: разновидность двухвалютных облигаций

foreign investment заграничные инвестиции

foreign items "иностранные" платежные документы: 1) векселя, чеки с или без товарораспорядительных документов, направляемые за границу для инкассации или платежа; 2) чеки, выписанные на любой банк кроме банка, в который они представлены для оплаты (США)
foreign liabilities иностранные пассивы: обязательства перед нерезидентами (например, по кредитам, предоставленным иностранными банками)
foreign trade внешняя торговля
forex = foreign exchange
forfaiting = a forfait
forfeit 1) штраф, конфискация, потеря, неустойка, сумма, которая выплачивается в случае невыполнения обязательства; 2) потерять право
forfeiture потеря, конфискация
forfeiture of shares потеря права на акции, если покупатель вовремя не оплатил подписную цену или не сделал взноса по частично оплаченным акциям (вычеркивается из реестра акционеров)
forgery подделка, фальсификация денежных документов в корыстных целях (чеков, банкнот, монет, ценных бумаг, кредитных карточек)
forgoing оставляя, не беря: добровольное сокращение зарплаты на суммы, которые наниматель использует для покупки пенсионного обеспечения или страхования жизни
form 3 форма 3 (США): учетная форма, которую представляют Комиссии по ценным бумагам и биржам и соответствующим биржам все владельцы более 10 % акций компании и ее директорами в случае изменения в их портфеле акций этой компании (в течение 10 дней после окончания месяца, когда имело место изменение)
form 4 форма 4 (США): форма, представляемая Комиссии по ценным бумагам и биржам и соответствующим биржам владельцами более 10 % акций компании и ее директорами в случае изменений в их портфеле акций этой компании (в течение 10 дней после окончания месяца, когда имело место изменение)

form 8-k форма 8-к (США): форма, представляемая в Комиссию по ценным бумагам и биржам любой корпорацией, выпустившей на рынок ценные бумаги; содержит детали любого существенного события в деятельности компании и представляется в течение 30 дней после дня, когда произошло это событие
form 10-k форма 10-к (США): форма ежегодной отчетности корпораций перед Комиссией по ценным бумагам и биржам (дополнение к годовому отчету); требуется от корпораций с котируемыми на биржах акциями или имеющих активы свыше 2 млн. долл. или число акционеров свыше 500; включает данные о продажах, доходах, прибыли за последние 2 года
form 1099 форма 1099 (США): отчет о процентах, выплаченных по соответствующим счетам; направляется всеми банками клиентам для налоговых целей
form 10-Q форма 10-кью (США): квартальный отчет корпорации, чьи акции котируются на биржах, перед Комиссией по ценным бумагам и биржам (основные данные о деятельности в сравнении с тем же периодом прошлого года)
form of charge документ залога: юридический документ, с помощью которого заемщик закладывает у кредитора свои активы
form of renunciation = letter of renunciation
formula investing инвестиции по формуле (США): термин, используемый для инвестиций по определенной формуле (например, при оговоренном движении конъюнктуры инвестор перебрасывает средства из обыкновенных акций в привилегированные или в облигации)
for the account покупка акций на Лондонской фондовой бирже с намерением продать их в том же расчетном периоде (деньги не вносятся, и в расчетах участвует только разница между начальной и конечной ценами)
Fortune 500 список 500 крупнейших американских промышленных компаний, ежегодно публикуемый журналом "Форчун" (классификация по уровню

продаж); журнал также публикует список 500 ведущих компаний в сфере услуг; см. Forbes 500

for valuation only (FVO) = for your information

forward book нетто-позиция банка по срочным валютным операциям (по конкретной валюте или по всем валютам)

forward commitment будущее (форвардное) обязательство: обязательство в будущем предоставить кредит или купить/продать долг на вторичном рынке по оговоренной цене

forward contract (deal) форвардный контракт: соглашение о купле-продаже товара или финансового инструмента с поставкой и расчетом в будущем

forward cover срочное (форвардное) покрытие (валютного риска): купля-продажа валюты на срок для защиты будущих поступлений и платежей от риска

forward delivery будущая (форвардная) поставка: 1) соглашение между двумя сторонами о поставке иностранной валюты или другого финансового инструмента через два и более дней в будущем; 2) согласие банка, предоставившего ипотечный кредит, продать ипотеку покупателю на вторичном рынке через 30, 60, 120 дней; = deferred delivery

forward discount форвардная скидка: срочная скидка с курса "спот", определяемая разницей в процентных ставках по двум валютам; результат представляет собой форвардный валютный курс ("аутрайт"); валюта, котируемая с форвардной скидкой, является более дешевой, то есть цена поставки валюты в будущем ниже текущей наличной цены; см. forward premium; outright; swap rate

forwarder экспедитор: человек, принимающий, отправляющий и оформляющий грузы

forward exchange иностранная валюта, проданная или купленная с поставкой в будущем

forward exchange rate = forward rate

forward exchange transaction форвардная валютная сделка: купля-продажа валюты с поставкой в будущем (обычно до 1 года) по курсу, оговоренному в момент заключения сделки

forward-forward сделка "форвард-форвард": открытие двух противоположных форвардных позиций, например, покупка трехмесячных долларов и одновременная продажа шестимесячных долларов; также привлечение межбанковского депозита, например, на 6 месяцев и одновременное его размещение на 3 месяца

forwarding отправлять, пересылать (грузы)

forwarding agent = forwarder

forward intervention форвардная интервенция: операции центрального банка на форвардном валютном рынке с целью воздействия на курсы

forward margin форвардная маржа: скидка или премия к наличному курсу при заключении сделки на срок

forward market форвардный рынок: рынок, на котором участники договариваются о поставке, валюты, финансовых инструментов или товаров на некоторую дату в будущем

forward maturities сроки форвардных операций: даты погашения (расчетов) срочных сделок

forward P/E (price/earnings) отношение рыночной цены акции к прогнозируемой в текущем году прибыли в расчете на 1 акцию; см. price/earnings ratio

forward premium форвардная премия: срочная надбавка к курсу "спот", определяемая разницей в процентных ставках по двум валютам; премия и курс "спот" в сумме дают форвардный валютный курс ("аутрайт"); валюта, котируемая с форвардной премией, является более дорогой, то есть цена поставки валюты в будущем выше текущей наличной цены; см. forward discount; outright; swap rate

forward pricing форвардное ценообразование (США): требование Комиссии по ценным бумагам и биржам, чтобы инвестиционные компании открытого типа покупали и продавали свои акции на основе очередной оценки их стоимости (рассчитываемой на закрытие рынка); см. open-end management company

forward purchase форвардная покупка: покупка на срок, т. е. с поставкой и расчетом в будущем по заранее оговоренной цене

forward rate форвардный (срочный) валютный курс: курс, по которому заключается срочная валютная сделка; равен курсу "спот" и премии/скидке, определяющейся в основном разницей в процентных ставках между валютами

forward rate agreement (FRA) соглашение о будущей процентной ставке: соглашение между двумя сторонами о процентной ставке, уплачиваемой в будущем на оговоренную сумму; например, соглашение о ставке по трехмесячному депозиту через шесть месяцев; основная сумма контрактов никогда не поставляется, расчет идет наличными на сумму разницы между согласованной и реальной процентной ставкой на момент исполнения соглашения; фактически речь идет о межбанковском соглашении о взаимной компенсации изменения процентных ставок как инструменте защиты от процентного риска

forward reversing option (FRO) гибридный валютный опцион, дающий возможность неисполнения форвардного контракта; см. Boston option

forward sale форвардная продажа: продажа на срок, т. е. с поставкой и расчетом в будущем по заранее оговоренной цене

forward spread форвардный спред (срочная маржа): разница между наличным валютным курсом (спот) и одномесячным срочным курсом (форвард)

forward spread agreement (FSA) форвардное соглашение о спреде: разновидность страховой операции, в которой гарантируется разница в процентных ставках по двум валютам (введена в 1986 г.)

forward spread contract форвардный контракт, который гарантирует "коридор" вокруг определенного валютного курса (введен Банк Эндосюэз)

forward swap = delayed start swap

forward with optional exit (FOX) форвардный контракт с опционом аннулирования (ФОКС): гибрид форвардной сделки и опциона, позволяющий защищаться от валютного риска и использо-

вать движение валютного курса (введен Хамброс бэнк)

for your information (FYI) "для вашей информации": рыночная котировка, которая дается только для информации и не является твердым предложением о заключении сделки

Fosiegedragsregelscade правила проведения слияний и поглощений в Нидерландах (введены в 1975 г.)

Fotra (free of all taxes to residents abroad) stocks ценные бумаги "Фотра": британские государственные ценные бумаги, выпускаемые для иностранных инвесторов и доход по которым не облагается налогами и выплачивается нерезидентам в брутто-форме (резидентам - за вычетом налогов)

foul bill of lading = dirty bill of lading

founders' share = deferred ordinary share

fourchette (Fr.) = spread

four eyes requirement требование "четырех глаз" (Великобритания): требование регулирующих органов о том, чтобы деятельностью банка управляли как минимум два менеджера

401(k) plan план 401(к): сберегательный план, позволяющий работнику фирмы вносить часть зарплаты до налогообложения в инвестиционный пул под управлением нанимателя (название по разделу налогового кодекса, посвященного таким планам); работник может вносить до 7000 долл. в год или 10 % своей зарплаты, а наниматель может добавлять свои средства; федеральные налоги отсрочены до ухода на пенсию или увольнения с фирмы; накопленные средства могут инвестироваться в депозитные сертификаты, взаимные фонды, акции, облигации; = salary reduction plan

fourth market "четвертый" рынок: прямая торговля крупными партиями ценных бумаг между институциональными инвесторами (для экономии на брокерских комиссиях); в США базируется на компьютеризированных системах типа "ИНСТИНЕТ"; см. Institutional Networks Corporation

FRABBA (Forward Rate Agreement British Bankers' Association) terms стандартные условия соглашений о будущей процентной ставке, принятые Ассоциацией британских банкиров

fraction фракция, часть: 1) часть акции; частичная акция; = fractional share; 2) = odd lot

fractional discretion order приказ клиента брокеру о совершении сделки, который дает брокеру право выбора цены в пределах оговоренной части одного пункта

fractional reserves частичные резервы: часть депозитов банка, которая должна поддерживаться в качестве установленных законом резервных требований (США); см. bank reserves; reserve requirements

fractional rights частичные права: права при подписке на новые акции, которые недостаточны для покупки целых бумаг

fractional share частичная (дробная) акция: участие в капитале компании, которое меньше одной целой акции; например, при осуществлении программы реинвестирования дивидендов очередной дивиденд может быть недостаточен для покупки целой акции (также при эмиссии акций пропорционально уже имеющимся и капитализации резервов)

frame contract "рамочный" контракт: обязательство экспортера произвести "контрпокупку" в "параллельной" товарообменной операции; см. parallel deal

framework agreement "рамочное" соглашение: разновидность регулярных товарообменных операций – ряд поставок разных подразделений монополии могут компенсироваться крупными разовыми покупками с выдерживанием в течение определенного срока фиксированного соотношения между ними

Franc des comptoirs Francais du Pacifique (CPF-Franc) франк КПФ: франк французских контор в Тихом океане; выпускается Францией для Новой Каледонии, Французской Полинезии, Уоллиса и Футуны; привязан к французскому франку

Franc de la Communaute financiere Africaine (CFA-Franc) франк КФА: франк Африканского финансового общества, выпускаемый Центральным банком государств Западной Африки (Бенин, Кот-д'Ивуар, Буркина-Фасо, Мали, Нигер, Сенегал, Того); равен франку финансового сотрудничества в Африке и привязан к французскому франку

Franc de la cooperation en Afrique Centrale (CFA-Franc) франк КФА: франк финансового сотрудничества в Африке, выпускаемый Банком государств Центральной Африки (Габон, Камерун, Конго, ЦАР, Чад, Экваториальная Гвинея); равен франку Африканского финансового сообщества и привязан к французскому франку

franchise франшиза (лицензия); право: 1) право на производство или продажу продукции другой компании; 2) лицензия, которая выдается властями компании или отдельному лицу в порядке разрешения той или иной деятельности; 3) право участвовать в выборах; 4) привилегия

franchise tax франшизный налог (США): налог штата (обычно регрессивный) на зарегистрированную в данном штате корпорацию за право заниматься бизнесом

franchising франшизинг: выдача компанией кому-либо лицензии (франшизы) на производство или продажу товаров или услуг под фирменной маркой данной компании (обычно на фиксированный период и на ограниченной территории в обмен на разовый платеж или периодические отчисления)

franco бесплатно

franc zone зона франка: зона французского франка, в которую входят бывшие французские колонии в Африке и заморские территории в Тихом океане; в качестве валюты используются франки КФА и КФП, привязанные к французскому франку

frank франкировать письмо: ставить штамп, указывающий, что оно имеет право быть доставлено бесплатно (официальная привилегия), или что доставка оплачена

franked income доходы или дивиденды, полученные от компании, уже уплатившей с них подоходный или корпорационный налог, и не подлежащие налогообложению

franked investment income (FII) = franked income

Frankfurter Wertpapierboerse фондовая биржа Франкфурта

Frankfurt interbank offered rate (FIBOR) ставка предложения на межбанковском депозитном рынке Франкфурта-на-Майне (ФИБОР); фиксируется с 1985 г. на основе котировок 12 банков на 11 часов утра

Franklin National Bank Фрэнклин Нэшнл Бэнк: крупный американский банк, обанкротившийся в 1974 г.; использовался главным акционером М. Синдона для незаконных операций; поглощен консорциальным банком Юропиан Америкэн

fraud мошенничество, фальсификация: сознательное искажение или сокрытие правды в ущерб какому-либо лицу для получения денежной выгоды

Freddie Mac "Фредди Мэк": 1) = Federal Home Loan Mortgage Corporation; 2) = FHLMC certificate

free франко: бесплатно; условие внешнеторгового контракта, по которому расходы по доставке товара к определенному пункту (борт, причал, порт) оплачиваются поставщиком

free alongside ship (FAS) "франко у борта судна": условие внешнеторгового контракта, означающее, что транспортные и страховые расходы по доставке товара к борту судна в порту погрузки несет экспортер (то есть они включаются в цену)

free and open market свободный и открытый рынок: рынок, на котором спрос и предложение ничем не ограничиваются и свободно формируют цены (в отличие от контролируемого рынка)

free banking 1) бесплатные банковские операции, осуществляемые для постоянных клиентов (при определенном минимальном уровне вкладов); 2) нерегулируемая банковская деятельность

free box надежное место хранения (сейф) для оплаченных ценных бумаг клиентов брокера (США); см. free securities

free capital свободный капитал: капитал в форме наличных средств (оборотные средства)

free capital ratio коэффициент свободного капитала: удельный вес капитала, который не находится в форме фиксированных активов; один из важных показателей положения банков, учитываемых регулирующими органами в Великобритании и Японии

free coinage свободная чеканка монет из металла частного лица (т. е. отсутствуют юридические ограничения в условиях золотого стандарта; см. gratuitous coinage

freed up "освобождены" (жарг.): освобождение членов гарантийного синдиката от их обязательств (в результате чего они могут торговать данной ценной бумагой по любой цене, а не по цене соглашения)

free exchange rate = floating exchange rate

freehold, buy "фригольд": покупка недвижимости на правах полной бессрочной собственности (Великобритания); покупатель выплачивает разовую сумму и получает неограниченные полномочия распоряжаться собственностью; см. leasehold, buy

free issue = scrip issue

free market свободный рынок: рынок, на котором торговля ценными бумагами может осуществляться быстро, дешево и без заметного воздействия на цены

free of particular average (FPA) разновидность полиса в морском страховании, не покрывающая полную потерю груза в связи с морскими рисками; см. with particular average

free of tax (FOT) за вычетом налога: выплата дивидендов за вычетом налога на дивиденды (уплачиваемого самой компанией)

free on board (FOB) "франко-борт судна" (ФОБ): условие внешнеторгового контракта, означающее, что транспортные, страховые и погрузочные расходы вплоть до завершения погрузки товара несет экспортер (т. е. они включаются в цену)

free on quay (FOQ) "франко-причал": условие контракта, по которому продавец за свой счет доставляет товар на причал в порту отгрузки (дальнейшие транспортные расходы, в т. ч. перегрузка на судно – за счет покупателя)

free on rail (FOR) "франко-железнодорожный вагон": условие внешнеторгового контракта, означающее, что транспортные, страховые и другие расходы вплоть до завершения погрузки товара в вагон несет экспортер (т. е. они включаются в цену)

free on truck (FOT) "франко-грузовик": условие внешнеторгового контракта, означающее, что транспортные, страховые и другие расходы вплоть до завершения погрузки товара на грузовик несет экспортер (т. е. они включаются в цену)

free overside (board) "франко за борт": условие контракта, по которому продавец оплачивает все расходы до порта разгрузки

free period бесплатный (льготный) период: период, в течение которого на не погашенные платежи по кредитной карточке не начисляются проценты – обычно от 10 до 25 дней; = grace period, days of grace

free port свободный порт: порт, где товары не облагаются таможенными пошлинами

free reserves свободные резервы банков (США): резервы банков сверх обязательных резервных требований и за вычетом заимствований у ФРС

freeriding "свободная езда" (США): 1) запрещенная практика оставления организаторами эмиссии части новых акций в своем распоряжении в надежде получить повышенную прибыль; 2) практика быстрой купли-продажи ценных бумаг клиентом брокера без внесения денег в нарушение "правила Т" Совета управляющих ФРС (за это счет клиента замораживается на 90 дней); см. Regulation T

free right of exchange право перерегистрации ценных бумаг на другое имя без уплаты сборов, характерных для сделки купли и продажи

free securities свободные ценные бумаги (жарг., США): полностью оплаченные клиентами ценные бумаги, находящиеся в руках брокера

free trade свободная торговля: торговля, которая не регулируется тарифами, пошлинами, квотами и другими средствами

free zone свободная зона; зона беспошлинной торговли

freie Makler "свободный" маклер (нем.): независимый дилер на биржах ФРГ, торгующий за свой счет на неофициальном рынке (может также заключать сделки на официальном рынке)

freight фрахт: плата за перевозку груза на судне

freight collect/forward/ payable at destination котировка цены, означающая, что фрахт оплачивает покупатель в пункте назначения

freight prepaid (Frt/ppd) котировка цены, означающая, что продавец оплатил фрахт (перевозку) вперед

Freiverkehr "свободный" рынок: регулируемый неофициальный рынок на фондовых биржах ФРГ (нем.); торговля ведется "свободными" маклерами ценными бумагами, которые не могут котироваться на официальном рынке; см. geregelter Freiverkehr; amtlicher Markt

friendly societies дружеские общества (Великобритания): первоначально общества взаимной помощи, а в настоящее время различные взаимные сберегательные институты (например, строительные общества); по организации близки к кооперативам

fringe bank = secondary bank

fringe banks второстепенные банки; = secondary banks

fringe benefits дополнительные льготы; выплаты и льготы, которые дополняют основной заработок служащего или рабочего

FRN with upside-down pricing = yield curve adjustable note

front door "парадный вход" (Великобритания): метод повышения Банком Англии ликвидности денежного рынка путем операций непосредственно с учетными домами и коммерческими банками; см. back door

front end fee разовая (однократная) комиссия (например, банку за предоставление кредита)

front-end finance 1) финансирование на первом этапе выполнения экспортного контракта; 2) финансирование части контракта, не покрытой экспортными кредитами; кредит британского банка импортеру на 80 % контракта; обычно с гарантией ДГЭК (Великобритания); см. Export Credits Guarantee Department

front-end load(ing) 1) разовый комиссионный сбор, взимаемый при продаже инвестору акций взаимного инвестиционного фонда, товарищества и т. д.; см. back-end load(ing); 2) кредит, который выдается неравными суммами – сначала крупными порциями, а затем более мелкими (например, в строительстве); 3) кредит с более высоким уровнем комиссионных в первые годы использования; 4) страхование жизни с более высоким уровнем премий в первые годы

front money = seed money 2

front office дилерская комната ("франт офис"): отдел банка (брокерской фирмы), занимающийся заключением сделок с валютой, депозитами, ценными бумагами; см. back office

front running "опережающий бег" (жарг., США): биржевая практика, при которой дилер, располагающий информацией о предстоящей крупной операции, заранее заключает опционную сделку для получения прибыли от изменения цен

frozen account замороженный счет: 1) банковский счет, средства с которого могут быть изъяты только после выполнения определенного условия или по разрешению (властей, суда); 2) счет клиента у брокера, замороженный на 90 дней за нарушение "правила Т" Совета управляющих ФРС (США); см. freeriding; Regulation T

frozen assets = blocked assets

frustration of contract расстройство контракта: неисполнение контракта по не зависящим от сторон причинам

FT indices = Financial Times Stock Indices

fugo bond облигация "фуго" (Япония): облигация "суши" очень плохого качества, то есть с рейтингом ниже инвестиционного; см. sushi bond

full accounts полная отчетность: счет прибылей и убытков, баланс, отчет директоров, заключение аудиторов (Великобритания; закон о компаниях 1980 г.)

full compensation полная компенсация: разновидность компенсационных сделок, при которой компенсирующая покупка равна или превышает стоимость проданного товара

full convertibility полная конвертируемость валюты: свободная обратимость национальной валюты для резидентов и нерезидентов по всем видам операций

full coupon bond облигация с полным купоном: облигация со ставкой купона, которая близка или выше текущих рыночных процентных ставок

full disclosure полное раскрытие (предоставление) информации о сделке, эмитенте ценной бумаги (в соответствии с требованием закона)

full faith and credit обозначение обеспечения государственных или муниципальных облигаций всеми доходами и возможными заимствованиями эмитента (США)

full legal tender coins монеты, которые обязательны к приему в качестве платежного средства в любой сумме

full pay out lease = finance lease

full recourse полный регресс: разновидность косвенного кредитования, при котором дилер продает банку или финансовой компании контракт продажи товара в рассрочку при безусловной гарантии; дилер несет полную ответственность при невыполнении заемщиком (покупателем товара) своих обязательств

full service bank универсальный банк: банк, предоставляющий все основные виды банковских услуг, в т. ч. характерные как для коммерческих, так и для инвестиционных банков

full service broker фондовый брокер, предоставляющий клиентам полный набор услуг, включая управление денежными средствами, консультирование, исследования (США); см. discount broker

full set полный набор документов, или все их необходимые копии (например, коносамент, выставленный в трех экземплярах)

fully amortizing loan полностью амортизируемый кредит: кредит, регулярные платежи по которому достаточны для полного погашения кредита в установленный срок

fully circled loan новый заем, организатор которого (брокер) уже в период регистрации нашел потенциальных покупателей на всю его сумму; см. underbooked loan; circle

fully diluted earnings per share прибыль компании в расчете на одну акцию, исчисленная путем деления чистой прибыли на все акции, которые уже выпущены или могут быть выпущены в случае использования права конверсии облигаций или опционов на приобретение акций этой компании

fully distributed securities полностью размещенные новые ценные бумаги

fully funded полностью фундированная пенсия: пенсионный план, полностью обеспеченный средствами; см. pay-as-you-go

fully paid shares полностью оплаченные акции; см. partly paid shares

fully subscribed issue полностью подписанный заем: заем, заявки на который покрывают всю сумму, на которую выпущены соответствующие ценные бумаги

fully valued security ценная бумага с обоснованным курсом (согласно расчетам рыночных анализов)

functional cost analysis функциональный анализ затрат: годовой обзор ФРС США стоимости банковских услуг (на добровольной основе)

functional regulation функциональное регулирование: концепция государственного регулирования финансовых учреждений, согласно которой регулировать надо конкретные функции, операции, виды деятельности, а не учреждения в целом; подразумевается, что, например, у банков может быть несколько регулирующих органов, а не один

fund 1) фонд; сберегательное или инвестиционное учреждение; 2) сумма денег, финансовые ресурсы

fundamental analysis фундаментальный анализ конъюнктуры и положения компаний: анализ, основанный на общеэкономических факторах или факторах положения компании (продукция, рынки, управление); используется для прогнозирования различных показателей, в т. ч. курсов акций

fundamental equilibrium exchange rate валютный курс фундаментального равновесия; валютный курс, при котором внешние расчеты страны уравновешены (текущий баланс и движение капиталов), если торговля не ограничивается в целях регулирования и внутри страны также проводится курс на сбалансированность

fundamentalist фундаменталист: сотрудник банка или посреднической компании, специализирующийся на анализе рыночной конъюнктуры на основе общеэкономических (фундаментальных) показателей и факторов (т. е. конъюнктура должна отражать состояние экономики); см. chartist

fundamental research = fundamental analysis

funded debenture фундированная ссуда: ссуда, погашение которой обеспечивается ежегодными взносами в специальный фонд

funded debt 1) бессрочный консолидированный государственный долг: различные виды облигаций без фиксированной даты погашения; погашаются только, если правительство примет такое решение (Великобритания); см. unfunded debt; Consols; 2) различные виды облигаций компании, а иногда даже долгосрочные займы у банков, исключая краткосрочные кредиты и акции (США); 3) облигационный заем, предусматривающий фонд погашения

Fund for Special Operations (FSO) Фонд для специальных операций Межамериканского банка развития: специальный фонд для предоставления кредитов на льготных условиях

funding фундирование; консолидирование: 1) рефинансирование: конверсия краткосрочного долга в долгосрочный; 2) фундирование (финансирование) долга: продажа государством или компаниями долгосрочных облигаций; 3) капиталовложения, создание резервов для обеспечения будущей пенсии, благотворительности; 4) изыскание ресурсов для финансирования проекта

funding loans различные выпуски государственных долгосрочных облигаций, используемые для фундирования (финансирования) государственного долга (Великобритания)

funding operations операции по конверсии краткосрочной задолженности в долгосрочную

funds 1) "фонды", государственные ценные бумаги в Великобритании; = gilt-edged securities; 2) наличные деньги, векселя, платежные поручения и другие инструменты, легко превращаемые в наличные; 3) канадский доллар (жаргон); = Can$, C$

funds management управление денежными ресурсами; операции по приведению в соответствие потребностей банка в наличности со структурой его депозитов по срокам в зависимости от увеличения или уменьшения спроса на кредиты (в отличие от управления активами и пассивами, которое в основном связано с управлением процентным риском и риском ликвидности, определением цены кредита в конкретные периоды); см. asset-liability management

funds transfer перевод денежных средств: перевод денег с одного счета на другой, от одного лица или учреждения другому с помощью различных средств платежа

fund switching обмен акций одного взаимного инвестиционного фонда в той же группе фондов

fungibility взаимозаменяемость: 1) взаимозаменяемость срочных биржевых контрактов, позволяющая объединить операционные системы двух бирж (позицию на одной бирже можно закрыть сделкой на другой); 2) взаимозаменяемость любых финансовых инструментов или товаров

fungible взаимозаменяемый, однородный

fungible items взаимозаменяемые товары или финансовые инструменты, ценные бумаги

fungible options взаимозаменяемые опционы (покупку на одной бирже можно зачесть на другой)

fungibles 1) ценные бумаги в процессе расчетов (Великобритания); 2) = fungible items

funk money = hot money 1

furthest month самый далекий месяц, на который в данный момент существует фьючерский контракт

future = futures contract

future advance будущий кредит (аванс): условие ипотечного кредита, согласно которому можно предоставлять дополнительный кредит после предоставления первоначального без заключения дополнительного соглашения или обеспечения (например, в строительстве)

future income and growth securities (FIGS) разновидность облигаций с нулевым купоном и опционом конверсии в процентные бумаги (США)

future interest будущий интерес: участие в земле, недвижимости или личном имуществе, которое дает право пользования, но не собственности; contingent interest; vested interest; remainderman

futures commission merchant (FCM) фирма (или физическое лицо), уполномоченная на посредничество в срочных биржевых операциях (США); должен получить лицензию Комиссии по срочной товарной торговле

futures contract фьючерский контракт: обязательство купить или продать определенное число финансовых инструментов или оговоренное количество товара по цене, согласованной в свободном биржевом торге; сроки исполнения сделок колеблются от нескольких месяцев до нескольких недель; все условия контрактов унифицированы; см. contract 2

futures exchange = futures market

Futures Industry Association (FIA) Ассоциация фьючерской торговли (США): организация участников срочной биржевой торговли; представляет интересы своих членов и занимается обучением специалистов

futures market фьючерский рынок: срочная товарная или финансовая биржа, торговля на которой ведется на основе стандартных контрактов

futures option = option on a futures contract

futures position фьючерская позиция: неисполненный контракт на покупку или продажу

G

G тысяча долларов (жаргон)
G-5 = Group of Five
G-7 = Group of Seven
G-10 = Group of Ten
G-24 = Organization for Economic Cooperation and Development
G-30 = Group of 30
G-20 = Group of Twenty
gaejingi иностранные операции по покупке ценных бумаг на рынке Японии
gage залог, обеспечение кредита
gain 1) повышение, рост цены, курса, ставки; 2) прибыль, доход, в том числе от повышения цены
gainer акция с повышающимся курсом
gallon галлон: мера измерения веса жидкостей 1 галлон США = 3, 785 литра, 1 британский (имперский) галлон = 4,546 литра или 1, 201 галлона США
gamble заниматься азартными играми (как правило, карточные игры, рулетка, бега); 2) рисковать, пускаться в рискованные предприятия
Gaming Act 1845 Закон об азартных играх 1845 г. (Великобритания): закон не признает контракты, проистекающие из азартных игр и пари
gaming contract игорный контракт, пари: соглашение между сторонами о выплате определенной суммы в зависимости от результата какой-либо игры, наступления какого-либо события
gamma "гамма": изменение показателя "дельта" на единицу изменения наличной цены финансового инструмента, лежащего в основе опционного контракта; см. delta

gap 1) нехватка финансовых ресурсов; например, нехватка средств у государства для обслуживания внешнего долга; 2) разрыв в сроках между активами и пассивами; 3) разрыв в ценах вследствие отсутствия сделок на рынке (следует повышение или снижение цен); например, разрыв между самой высокой ценой вчера и самой низкой ценой сегодня; см. common area gap; runaway gap; break away gap; exhaustion gap; 4) = interest rate mismatch

gap financing = bridge financing

gap management анализ и управление разницей в сроках между активами и пассивами для получения максимальной прибыли при разумном уровне риска

gapping сознательная несбалансированность операций банка по срокам и ставкам: приобретение активов со сроками, которые длиннее или короче пассивов, с помощью которых они финансируются; например, привлечение краткосрочных депозитов для предоставления среднесрочных кредитов

garage "гараж": 1) площадка для совершения сделок в северной части основного торгового зала Нью-Йоркской фондовой биржи; 2) "ставить в гараж": переводить операции в другой финансовый центр для уменьшения налогового бремени

Garantie und Kredit Bank fuer den Osten (Garkrebo) Гарантийный и кредитный банк для Востока (Гаркребо): советский банк в Берлине в 1921-1941 гг. (имел также отделение в Гамбурге)

garnishee order судебный приказ, запрещающий банку выплачивать средства со счета клиента до погашения им долга третьему лицу (Великобритания)

garnishment судебный приказ работодателю (компании) об удержании части зарплаты служащего в пользу третьей стороны (США)

Garn-St. Germain Depository Institutions Act of 1982 Закон Гарна - Сент

G

gat–gen

Жермена о депозитных учреждениях: федеральный закон США (1982 г.), разрешивший банкам и сберегательным институтам открывать счета денежного рынка, ссудно-сберегательным ассоциациям – предоставлять коммерческие кредиты до 10 % своих активов и открывать клиентам чековые счета, регулирующим органам – санкционировать межштатные покупки обанкротившихся банков; закон содержал и ряд других нововведений: отмена ограничения по процентным ставкам для сберегательных учреждений, разрешение открывать банки, принадлежащие другим банкам, увеличение лимита кредитования для банков национального уровня с 10 до 15 % капитала (см. legal lending limit), увеличение для сберегательных учреждений лимита потребительских кредитов с 20 до 30 %, инвестиций в нежилищную недвижимость с 20 до 40 % активов, разрешение инвестировать до 100 % активов в государственные и муниципальные облигации и 10 % – в кредиты на образование

gather in the stops "собирать стоп-приказы": тактика биржевой торговли, которая предполагает игру на понижение или повышение для использования приказов "стоп" (с фиксированными ценами), о которых есть информация, и дальнейшего усиления давления на цены; см. snowballing

Gaucho "гаучо": искусственная денежная единица в двусторонних экономических отношениях Аргентины и Бразилии

gazumping "гэзампинг" (разг.): практика передачи продавцом права на покупку дома покупателю, который предложил более высокую цену уже после подписания контракта другим покупателем, но до официального обмена подписанными копиями контракта (Великобритания)

gearing (UK) = leverage
gear(ing) ratio = debt-to-equity ratio
Geisha bonds облигации "гейша" (Япония): облигации нерезидентов в иностранной валюте, выпущенные методом частного размещения

general acceptance = acceptance in blank

general account общий счет (США): термин ФРС для обозначения маргинальных счетов клиентов у брокеров, по которым последние могут предоставлять кредиты в соответствии с "правилом Т"; см. Regulation T; margin account

General Accounting Office (GAO) Центральное финансово-контрольное управление (США)

general agent генеральный агент: агент, нанятый для выполнения определенных функций и располагающий полномочиями на все действия, связанные с этими функциями

general agreement on trade in services (Gats) генеральное соглашение о торговле услугами: часть переговорного механизма в рамках Всемирной торговой организации; см. World Trade Organization

General Agreement on Tariffs and Trade (GATT) Генеральное соглашение о тарифах и торговле (ГАТТ): международное соглашение, направленное на развитие торговли, ликвидацию ограничений и дискриминации, снижение тарифов (подписано 23 странами в 1947 г.); фактически является международной организацией с постоянным штатом

General Agreements to Borrow (GAB) Общее соглашение о займах в МВФ (заключено в 1962 г.); обязательство стран "группы десяти" и Швейцарии кредитовать друг друга в национальных валютах в случае угрозы стабильности международной валютной системы; в 1983 г. сумма соглашения увеличена с 6,5 млрд. до 17 млрд. СДР и им на определенных условиях могут воспользоваться все члены МВФ

general assignment = blanket assignment

general average loss убытки при общей аварии (в морском страховании): убытки от действий по спасению судна или груза (делятся между владельцами всех грузов и судовладельцем)

general conditions of the banks общие принципы и условия взаимоотношений банков с клиентами (типы услуг, их условия, расценки)

general crossed check обычный кроссированный чек (с двумя параллельными полосами); банк, на который он выписан, оплачивает его одному из своих клиентов (а не любому предъявителю) или другому банку; см. crossed check

general endorsement = blank endorsement

general ledger основная бухгалтерская книга компании (содержит всю информацию о ее финансовом положении)

general lien право на арест личного имущества должника до уплаты долгов

general loan and collateral agreement общее соглашение о кредите и обеспечении: соглашение между фондовым брокером и банком, по которому первый может непрерывно занимать под залог ценных бумаг

generally accepted accounting principles (GAAP) общепринятые принципы и правила бухгалтерского учета в США

general meeting = annual general meeting

general mortgage bond облигация, обеспеченная полной ипотекой (на всю собственность) корпорации (США); другие ипотеки могут иметь преимущественные права по сравнению с такой ипотекой

General Motors Acceptance Corporation (GMAC) Акцептная корпорация Дженерал Моторз (США): финансово-кредитная дочерняя компания Дженерал Моторз, являющаяся крупнейшим эмитентом коммерческих бумаг в стране

general obligation bonds (GOs; G-O bonds) муниципальные облигации (США), обеспеченные общей (безусловной) гарантией штатных или муниципальных властей (в пределах общей суммы доходов и возможностей заимствования этих властей)

general partner полный ("общий") партнер: 1) один из участников полного товарищества, все члены которого несут индивидуальную и солидарную ответственность); 2) менеджер-член товарищества с ограниченной ответственностью, который несет личную неограниченную ответственность

general partnership полное (общее) товарищество: товарищество, члены которого несут как индивидуальную (личную), так и солидарную ответственность

general policy генеральный полис: страховой полис, покрывающий все поставки товаров (например, экспортером) в течение года, а не каждую отдельную поставку (за это уплачивается дополнительная премия)

general provisions "общие" резервы: резервы на покрытие сомнительных долгов и некоторые другие цели; устанавливаются в размере определенного процента от общей суммы активов, которые они покрывают; см. provisions for bad debts

general purpose credit = financial credit

general reserve общий резерв: нераспределенная прибыль, резервируемая для целей расширения или улучшения структуры баланса компании (в отличие от прибыли на конкретные цели типа покрытия плохих долгов)

general revenue общие доходы штатных и местных властей в США (в основном налоги, а не прибыль, например, от коммунальных услуг)

generic securities "новорожденные" ценные бумаги; ценные бумаги без истории вторичной торговли, с пока непредсказуемым рыночным поведением; см. seasoned securities

Gen-saki market рынок "Ген-саки" (Япония): рынок краткосрочных операций по купле-продаже облигаций с последующим совершением обратной операции, то есть сделки "репо" (с 50-х годов)

gentlemen's agreement джентельменское соглашение: 1) добровольное, неформальное соглашение между сторонами, скрепленное только словом; 2) разновидность "контрпокупки": товарообменная операция, в которой обязательство компенсирующей покупки юридически не закреплено; 3) = Consensus

Genusschein сертификат участия, дающий владельцу право на дивиденд или участие в прибыли, но не право собственности (нем.)

geodemographic marketing геодемографический (целевой) маркетинг: техника маркетинга финансовых и иных услуг на основе данных переписей по конкретным районам; например, данные о распределении населения по возрасту, доходам и другим критериям помогают успешно продавать услуги; = target marketing

Geraschenko, Victor Виктор Владимирович Геращенко: председатель Госбанка СССР в 1989-91 гг. и Центрального банка России в 1992-94 гг.; по словам специалистов - самый плохой центральный банкир в мире

geregelter Freiverkehr регулируемый "свободный" рынок (нем.): полуофициальный рынок на фондовых биржах ФРГ, занимающий промежуточное место между официальным и неофициальным рынками; см. Freiverkehr; amtlicher Markt

gift causa mortis дарение, сделанное человеком, предчувствующим смерть; юридически событие дарения наступает после смерти и это может снизить налог на наследство

gift inter vivos дарение, сделанное ныне живущими лицами; в Великобритании налог на такие дарения ниже, чем на имущество по завещанию

gift tax налог на дарения (США): налог на безвозмездную передачу собственности на какое-либо имущество; в Великобритании налог на дарения заменен налогом на передачу капитала; см. capital transfer tax

GI loan "кредит Джи Ай": разговорное обозначение кредитов ветеранам армии в США; ипотечные кредиты, гарантированные Департаментом по делам ветеранов

gilt auction золотообрезный аукцион: продажа правительственных ценных бумаг методом аукциона

gilt-bund yield spread разница в доходности между британскими и немецкими государственными облигациями; см. gilt-edged securities; Bunds

Gilt-Edged Market Makers (GEMM) 19 ведущих участников рынка правительственных облигаций ("делателей рынка") в Великобритании, назначенные Банком Англии в 1986 г.; могут покупать ценные бумаги напрямую у Банка Англии, а также занимать у него деньги при условии непрерывной котировки твердых цен по сделкам

Gilt-Edged Market Makers Association (GEMMA) Ассоциация ведущих участников рынка правительственных облигаций ("делателей рынка") в Великобритании

gilt-edged (Je) securities золотообрезные ценные бумаги: 1) в Великобритании - правительственные облигации и ценные бумаги с государственной гарантией; несут минимальный риск и считаются одним из наиболее надежных инвестиционных активов; на золотообрезные бумаги приходится 70-80 % биржевого оборота в стране; 2) в США - первоклассные облигации самых надежных корпораций

gilts = gilt-edged securities

Ginnie Mae = 1) Government National Mortgage Association; 2) GNMA certificate

Ginnie Mae pass-through = GNMA certificate

giro = 1) bank giro; 2) giro system

giro account жиро счет: счет в почтовом отделении, используемый для расчетов в рамках жиро системы; см. giro system

Girobank Жиробанк; см. National Girobank

giro system жиро система: система платежей через счета в почтовых отделениях, действующая во многих европейских странах и Японии; любое лицо может открыть счет и переводить средства с него другим владельцам почтовых и банковских счетов; система обычно имеет центральное звено для ускорения расчетов

giro transfer advice авизо о жиро переводе: уведомление о переводе денежных средств с одного жиро счета на другой

give-on = contango

giver "дающий": покупатель акций, который хочет провести операцию контанго и отложить платеж до следующего расчетного дня

G

give up "отказаться": 1) на фьючерсном рынке: передача заключенной сделки одним членом биржи другому; 2) в США - раскрыть имя члена Нью-Йоркской фондовой биржи, по поручению которого другой член заключил сделку; 3) разместить приказ через одного биржевого брокера с требованием расчета через другого; 4) потерять в доходе в результате продажи ценных бумаг с высоким доходом и покупки бумаг на равную сумму с более низким доходом

glamour stocks = growth stocks

Glass-Steagall Act Закон Гласса-Стиголла (США; 1933 г.): закон, по которому коммерческим банкам запрещено заниматься операциями с ценными бумагами (посредничество, гарантия и организация займов), то есть разделена деятельность коммерческих и инвестиционных банков; этим же законом была создана Федеральная корпорация страхования депозитов и установлены "потолки" процентных ставок по банковским депозитам

Glider "глайдер" ("планер"): голландский гульден (жарг.)

global arrangement "глобальное" соглашение: соглашение о регулярных товарообменных сделках в течение некоторого периода (определяются общие суммы обмена и категории товаров); см. framework agreement; letter of intent 1

globalization (of the markets) "глобализация" финансовых рынков: процесс стирания барьеров между рынками (временных, технических, законодательных)

global note "глобальная" евронота: евронота на всю сумму займа; инвесторам продается часть евроноты в виде регистрации клиринговой системой акта перехода права собственности (не делится на отдельные ценные бумаги)

global note facility "глобальная" среднесрочная кредитная программа, которая может осуществляться в США на базе "коммерческих бумаг" или на международном рынке на базе евронот (в случае затруднений на одном рынке подключается другой)

global share offering "глобальное" предложение акций: размещение акций одновременно на рынках нескольких стран (на базе одного или нескольких консорциумов банков)

glut перенасыщение рынка товарами, определенными финансовыми инструментами, ведущее к существенному снижению цен

GNMA certificate сертификат ГНМА ("Джинни Мэй"): ценная бумага, гарантированная Правительственной национальной ипотечной ассоциацией США и выпущенная под обеспечение пулом ипотек; широко используется на вторичном рынке ценных бумаг; доход от мелких ипотек через эти сертификаты "передается" крупным инвесторам; см. pass-through securities; Government National Mortgage Association

GNP (price) deflator ценовой дефлятор ВНП: широкий показатель инфляции, рассчитанный на основе изменения ВНП

gnomes "гномы": разговорное обозначение "Фредди-Мэк" - 15-летних сертификатов участия, выпускаемых Федеральной корпорацией жилищного ипотечного кредита США под обеспечение пулом ипотек (сертификаты ФХЛМК); см. FHLMC certificate

Gnomes of Zurich "цюрихские гномы": обозначение швейцарских банков, введенное лейбористами в Великобритании в 1964 г. во время стерлингового кризиса (швейцарские банки активно участвовали в спекуляциях)

go-around "обход": опрос дилерами ФРС США банков и брокеров об их котировках при покупке-продаже ценных бумаг на открытом рынке

go-go fund инвестиционный фонд, который очень активно манипулирует своими активами для достижения максимально высокой прибыли, вкладывающий средства в относительно более рискованные ценные бумаги

go-go stocks = growth stocks

going ahead "идти вперед" (США): запрещенная практика торговли брокером за свой счет до выполнения приказа клиента

going away = blowout 2; hot issue

going concern функционирующее (действующее) предприятие

going concern value стоимость компании в качестве действующего предприятия для другой компании или физического лица; складывается из стоимости активов компании плюс денежная оценка ее престижа, деловых контактов ("добрая воля"); см. goodwill

going long = long position 1

going naked = naked option

going out price "выходная цена" (Великобритания): курс ценной бумаги, публикуемый в ежедневном официальном бюллетене фондовой биржи

going private превращение публичной компании в частную в результате выкупа компанией собственных акций или их скупки немногими инвесторами в тех или иных целях; в этом случае делаются изменения в уставе и акции прекращают свободно обращаться на рынке

going public превращение частной компании в публичную путем выпуска акций на свободный рынок; см. flotation

going short = short position 1

gold золото: драгоценный металл, который в настоящее время выступает по традиции резервным средством и объектом тезаврации; более 1/5 мировых запасов золота находится в хранилище Федерального резервного банка Нью-Йорка на Манхэттене

gold and foreign exchange reserves официальные золото-валютные резервы государства (в форме золотых слитков, депозитов в конвертируемых валютах в иностранных банках, ценных бумаг); обычно находятся в управлении центрального банка

Gold Area (Bloc) золотая зона (блок): группировка с участием Франции, Бельгии, Швейцарии, Нидерландов и некоторых других стран, которые придерживались той или иной формы золотого стандарта в 1933-1936 гг. (Великобритания отказалась от золотого стандарта в 1931 г. и ее примеру последовало примерно 40 государств)

gold auctions золотые аукционы: продажа золота с аукциона; в период ускоренной демонетизации золота свои запасы распродавали с аукционов США (1975-1979 гг.) и МВФ (1976-1980 гг.)

gold bond золотая облигация: облигация, обеспеченная золотом (процентные платежи могут быть привязаны к цене золота); такие облигации обычно выпускаются золотодобывающими компаниями

gold bug "золотой жук": человек, считающий золото самым надежным капиталовложением и средством защиты от инфляции и депрессии, или призывающий к восстановлению золотого стандарта

gold bullion золотые слитки, используемые для официальных резервов; обычно стандартного веса в 400 тройских унций или 11,3 кг

gold bullion standard золотослитковый денежный стандарт: форма золотого стандарта, при которой центральный банк не разменивает банкноты на золото, но обязуется продавать стандартные слитки по золотому содержанию денежной единицы (в Великобритании в 1925-1931 гг. - слитки в 400 тройских унций)

gold card золотая карточка: кредитная карточка с очень большим лимитом кредита (или без формального лимита) и различными привилегиями, предназначенная для людей с высокими доходами; см. platinum card; plastic card

gold certificate золотой сертификат: документ, удостоверяющий право собственности на золото, которое депонировано в банке

gold clause золотая оговорка: 1) условие соглашения об осуществлении платежей золотом (монетами или слитками); 2) = gold value clause

gold coins золотые монеты: монеты, изготовленные из золота стандартной пробы; в некоторых странах продолжают считаться законным платежным средством, но на практике покупаются и продаются по рыночной цене металла; в Великобритании золотые монеты начали чеканить в 1257 г. и они остаются законным платежным средством

gold coverage золотое покрытие наличного денежного обращения: процент

G

gol–gol

покрытия банкнот в обращении официальными золотыми резервами

gold credit card золотая кредитная карточка: кредитная карточка с повышенным статусом, например, с большим лимитом автоматическим страхованием жизни при поездках и другими привилегиями

Golden Boys = Whiz kids

golden handcuffs "золотые наручники": соглашение между фирмой и сотрудником, по которому последний получает различные виды вознаграждения, но при переходе в другую фирму обязан вернуть значительные суммы; применяется для привлечения или удержания полезных сотрудников

golden handshake "золотое рукопожатие": 1) увольнение одного из руководителей компании с уплатой ему значительной финансовой компенсации (например, чтобы избежать публичного скандала; 2) вознаграждение при уходе на пенсию ранее оговоренного срока; 3) вознаграждение бывших партнеров фирмы, согласившихся остаться на оговоренный срок после поглощения компании

golden hello "золотое приветствие": разовое вознаграждение при привлечении особо полезного сотрудника в новую фирму

golden parachutes "золотые парашюты": 1) в случае попытки "враждебного" поглощения менеджеры корпорации заключают с ней соглашения, по которым при увольнении они должны получить крупные суммы, то есть потенциальным покупателям корпорации заранее связываются руки и они могут отказаться от идеи поглощения; 2) = golden handshake 1

golden rule of banking "золотое" правило банковского бизнеса: кредиты и депозиты должны балансироваться по срокам

golden rule of public finance "золотое" правило государственных финансов: максимальное увеличение заимствований на длительные сроки при сокращении удельного веса краткосрочных заимствований

golden share "золотая" акция: акция с особым правом голоса, которое в определенных условиях можно использовать для наложения вето (Великобритания); обычно имеются в виду акции, которые правительство оставляет себе при продаже национализированного предприятия

gold exchange standard золотодевизный стандарт: урезанная форма золотого стандарта, при которой центральный банк обязуется обменивать национальные денежные единицы не на золото, а на валюту стран, придерживающихся полной формы золотого стандарта (например, Скандинавских стран в 1925–1931 гг. или США до 1971 г.)

gold export point "золотая экспортная точка": валютный курс при котором становится выгодно экспортировать золото (при золотом стандарте)

gold fixing золотой фиксинг: ежедневная фиксация членами рынка цены золота на основе соотношения спроса и предложения (в Лондоне, Париже и Цюрихе); в Лондоне фиксинг проводится по рабочим дням в 10^{30} и 15^{00} представителями пяти ведущих золотых дилеров (банков и компаний)

gold franc золотой франк: счетная единица многих международных соглашений, используемая для ограничения потерь от колебаний валютных курсов; различают "франк жерминаля" (введен во Франции в 1799 г; 0,290323 грамма чистого золота) и "франк Пуанкаре" (1928 г.; 0,05895 г); в связи с отменой официальной цены золота оговорки в золотых франках реализуются по разному (на базе бывшей официальной цены золота, СДР и др.)

gold futures "золотые фьючерсы": срочные биржевые (фьючерские) контракты на фиксированное количество золота (например, контракт на 100 тройских унций золота на бирже Комекс в Нью-Йорке)

gold import point золотая импортная точка: валютный курс, при котором становится выгодно импортировать золото (при золотом стандарте)

gold-indexed bond золотоиндексированная облигация, т. е. основная сумма и процентные платежи по которой индексированы относительно цены золота

gold market рынок золота: рынок, на котором совершаются наличные, срочные и иные операции с золотом (сделки со стандартными слитками); основная масса операций с физическим золотом осуществляется между банками и специализированными фирмами (Лондон, Цюрих и др.), а фьючерская и опционная торговля сконцентрирована на срочных биржах (прежде всего в США)

gold mutual fund золотой взаимный фонд: инвестиционный фонд, вкладывающий средства в акции золотодобывающих компаний

gold options золотые опционы: опционные операции (контракты) с золотом; например, на бирже Комекс в Нью-Йорке торгуют золотыми опционами на фьючерские контракты (100 тройских унций)

gold parity золотой паритет: 1) установленное законом золотое содержание национальной денежной единицы; 2) соотношение между двумя валютами по их золотому содержанию (в условиях золотого стандарта)

gold points of exchange "золотые точки": в условиях золотого стандарта курс валюты может отклоняться от паритета лишь на небольшую величину (до "золотых точек"), определяемую стоимостью перевозки золота (в противном случае выгодно экспортировать или импортировать металл)

Gold Pool = International Gold Pool

gold reserves золотые резервы: часть официальных золотовалютных резервов государства в форме стандартных слитков (обычно в управлении центрального банка); gold and foreign exchange reserves

gold shares золотые акции: акции золотодобывающих компаний (главным образом ЮАР и Австралии)

goldsmiths ювелиры: мастера, ремесленники, работающие по золоту и другим драгоценным металлам; в Великобритании в XVII веке постепенно перешли к приему золота в залог и на хранение, выписке векселей под хранящееся у них золото (первые банкноты), а затем и к кредитованию, превратившись в банкиров

gold specie points = gold points of exchange

gold standard золотой стандарт: денежная система, при которой все денежные единицы имеют установленное законом золотое содержание и разменяются на золото; при золотом стандарте валютные курсы стабильны и сальдо внешних платежей регулируется ввозом и вывозом золота; в полной форме практиковался до 1914 г., в 1925–31 гг. делались попытки возродить его в золотослитковой и золотодевизной форме

gold stock золотые резервы Казначейства США; включают слитки и золотые сертификаты, но не золотую подписку в МВФ и золото в Фонде валютной стабилизации; см. Exchange Stabilization Fund

gold tranche золотая транша (квота) в МВФ: часть взноса страны-члена МВФ, которая оплачивалась золотом (25 % взноса) до отмены официального размена долларов на золото в начале 70-х годов; в настоящее время золотая квота заменена резервной квотой; см. reserve tranche

gold value clause золотая оговорка: условие соглашения, по которому размер платежа привязан к цене золота или выражен в золоте (форма защиты от обесценивания валют; в настоящее время применяется редко); см. gold-indexed bond

golfers insurance страхование игроков в гольф: страхование от потери клюшек, ущерба третьим лицам, увечий и т. д.

gone concern не действующее предприятие: оценка предприятия по ликвидационной стоимости, то есть без расчета на его дальнейшее нормальное функционирование

good and marketable title "хороший и рыночный актив": обозначение актива, который приемлем в качестве обеспечения кредита

G

good delivery "хорошая поставка": 1) стандартные слитки драгоценных металлов в хорошем состоянии с очень высокой пробой и с клеймами солидных аффинажных компаний; 2) ценные бумаги в хорошем состоянии, правильно оформленные и поставленные в соответствии с условиями сделки в срок и без каких-либо проблем

good faith добрая воля, доверие, честность, без злого умысла

good faith deposit депозит доброй воли: 1) депозит, который свидетельствует о намерении довести сделку до завершения, гарантийный взнос; 2) = initial margin 1

good faith loan кредит доброй воли: кредит без обеспечения, предоставляемый на основе хорошей репутации заемщика; = character loan; signature loan

good faith money задаток, деньги вносимые как символ твердых намерений исполнить сделку; = earnest money

good for "способен на", "заслуживает доверия на": сумма, на которую тому или иному лицу можно доверять без дополнительной проверки

good leasehold title качественный контракт аренды: по Закону о регистрации земель 1925 г. качественным или полноправным (дающим абсолютный титул собственности) контрактом аренды является контракт со сроком не менее 21 года (Великобритания)

good marking names = marking names

good money "хорошие" деньги: 1) в США — федеральные фонды, которые можно использовать в тот же день; см. federal funds; 2) полноценные деньги; см. Gresham's Law

goods-for-debt swap = debt-for-products deal

goods in bond = bonded 2)

good this month (GTM) приказ клиента биржевому брокеру о заключении сделки, действительный в течение месяца

good this week (GTW) приказ клиента биржевому брокеру о заключении сделки, действительный в течение недели

good through "годен до": приказ клиента брокеру купить или продать ценные бумаги по фиксированной цене, действительный до определенной даты

good'til canceled (GTC) приказ клиента брокеру о совершении сделки, действительный до уведомления об отмене; на срочной бирже такой приказ автоматически отменяется в последний день торговли соответствующим контрактом

good title = just title

good trader ценная бумага, пользующаяся хорошим спросом на рынке

goodwill "добрая воля": престиж, деловая репутация, контакты, клиенты и кадры компании как ее актив, который может быть оценен и занесен на специальный счет (стоимость компании сверх ее балансовых активов); не имеет самостоятельной рыночной стоимости и играет роль главным образом при поглощениях и слияниях; см. going concern value

goodwill clause оговорка доброй воли: пункт многостороннего соглашения о пересмотре задолженности и согласии кредиторов пойти на дальнейшие уступки в случае выполнения страной-заемщицей определенных условий

Government Accounting Service (GAS) Правительственная учетная (бухгалтерская) служба: государственный орган регулирования сферы бухгалтерского учета в Великобритании

Governmental Accounting Standards Board (GASB) Правительственное управление стандартов бухгалтерского учета: государственный орган регулирования сферы бухгалтерского учета в США

government bond правительственная облигация: ценная бумага, выпускаемая правительством

government broker правительственный брокер: представитель брокерской фирмы, проводивший операции с государственными облигациями по поручению Банка Англии (по традиции с 1786 г. им был старший компаньон фирмы Малленз); данная система участия Банка Англии в биржевых операциях отменена в 1984 г.

government depository правительственный депозитарий: банковское учреждение, имеющее право принимать депозиты и проводить расчеты с государственными средствами (например, налоговые платежи); в США такими банками являются резервные банки, национальные и штатные банки-члены ФРС

government-guaranteed stocks ценные бумаги, гарантированные британским правительством (заемщиками обычно являются национализированные компании)

Government National Mortgage Association (GNMA) Правительственная национальная ипотечная ассоциация (ГНМА): государственная корпорация (США), которая гарантирует ценные бумаги, обеспеченные ипотеками ветеранской и федеральной жилищной администрациями (сертификаты ГНМА), а также занимается куплей-продажей ипотек (основана в 1968 г.); см. GNMA certificate

governments = government securities

government securities правительственные ценные бумаги: облигации, векселя и другие ценные бумаги правительства или государственных учреждений

government stocks = gilt-edged securities

Governor of the Bank of England управляющий Банка Англии: глава центрального банка Великобритании; назначается на 5 лет независимо от сроков всеобщих выборов; первым управляющим был Дж. Хублон (1632-1712), на месте дома которого теперь находится Банк Англии (технический персонал банка до сих пор носит ливреи слуг Хублона); после первой мировой войны управляющими были: У. Канлифф (1913-18), Б. Кокейн (1918-20), лорд Норман (1920-44), лорд Катто (1944-49), лорд Коббольд (1949-61), граф Кромер (1961-66), лорд О'Брайен (1966-73), лорд Ричардсон (1973-83), Р. Ли-Пембертон (1983-93), Джордж (с 1993)

Gower Report доклад Гоувера (Великобритания): доклад профессора Д. Гоувера о защите интересов инвесторов, подготовленный в 1984 г. для министерства торговли; призывал к принятию законодательства о защите инвесторов, введению лицензирования всех инвестиционных учреждений, созданию саморегулирующихся объединений инвестиционных институтов; рекомендации были частично реализованы в Законе о финансовых услугах (1988 г.); см. Financial Services Act

grace period льготный период: 1) период, в течение которого не производится погашение основной суммы кредита (например, первые три из десяти лет срока кредита); 2) период, в течение которого кредитный или страховой контракт не считается нарушенным, несмотря на просроченные платежи (обычно 10-15 дней); 3) 10-25 дней, в течение которых не взимается процент по произведенным платежам по кредитной карточке; после этого долг должен быть погашен или взимается процент

grade 1) сорт, класс, тип, качество (товара); 2) класс служащего (в сетке оплаты труда)

grading градация товаров на товарных биржах по сортам и качеству; позволяет торговать стандартными контрактами признанного сорта без дополнительной проверки качества

graduated payment mortgage (GPM; Jeep) ипотека с дифференцированными платежами: ипотечный кредит с фиксированной ставкой, платежи в погашение которого ежегодно увеличиваются (риск кредитора компенсируется более высокой ставкой); график погашения в целом не изменяется, но выплаты постепенно возрастают

graduated security ценная бумага "выпускник": акция, получившая котировку на более крупной и престижной бирже (например, на Нью-Йоркской фондовой бирже после биржи Амекс)

graduated tax = progressive tax

Graham and Dodd method of investing метод инвестиций Б. Грэхэма и Д. Додда, выдвинутый в 30-х годах; включает рекомендации покупать акции компаний с недооцененными активами, акции с низким соотношением рыночной цены и доходов в расчете на одну акцию, акции, которые продаются ниже ликвидационной стоимости активов компании, а также продавать бумаги

G

после получения прибыли в пределах 50–100 %

Gramm-Rudman Act Закон Грэма-Рудмана: федеральный закон, принятый Конгрессом США в декабре 1985 г. с целью уничтожения бюджетного дефицита к 1991 г. (не был выполнен)

grandfather clause условия договора, закона, по которому его действие не имеет обратной силы; в некоторых случаях обратного действия могут не иметь налоги на определенные финансовые операции; см. grandfathered activities

grandfathered activities банковская деятельность, которой могут заниматься учреждения, занимавшиеся ею до принятия соответствующего закона (то есть закон не имел обратной силы); в США к такой деятельности относятся некоторые виды небанковских операций, владение дочерними банками более, чем в одном штате

Granny bonds "бабушкины облигации" (Великобритания): индексированные облигации, которые правительство выпускало в 70-х годах для поощрения сбережений пенсионеров; необращающиеся сберегательные облигации были призваны защитить население от инфляции (впоследствии стали доступны всем желающим)

grant грант, дар, передача права, дотация, субсидия

grantee лицо, которому что-либо передается

grant-in-aid субвенция, субсидия: финансовая помощь центрального правительства местным властям

granting = writing

grantor лицо, которое что-либо передает; = 1) settlor; 2) writer 1

gratuitous coinage бесплатная чеканка монет из металла частного лица государственным монетным двором в условиях золотого стандарта (при условии ограничений на чеканку); см. free coinage

gratuity денежное вознаграждение, подарок, чаевые (например, за услугу)

graveyard market "рынок-кладбище": ситуация, когда участники рынка не могут его покинуть (выйти из сделок), а

другие биржевики или банки не хотят выходить на рынок (заключать сделки); обычно имеется в виду рынок "медведей"

green audit = environmental audit

greenbacks "зеленые спины" (США): бумажные доллары; первоначально - фидуциарная казначейская денежная эмиссия

green baize door = Chinese Walls

green book "зеленая книга": 1) экономический прогноз с различными сценариями, подготавливаемый ФРС для членов Федерального комитета открытого рынка; 2) публикация Казначейства США, излагающая процедуры прямого депонирования средств через систему автоматических клиринговых палат

green card зеленая карта: документ, свидетельствующий о страховом покрытии от ущерба третьим лицам при путешествии заграницей

greenfield "гринфилд": новое предприятие, дочерняя компания, создаваемое с нуля (в отличие от слияния, поглощения, совместного предприятия)

greenmail(ing) "зеленый шантаж": 1) покупка акций компании, которая будет объектом поглощения, с целью вынудить ее выкупить свои акции по высокой цене; 2) выкуп компанией своих акций по повышенной цене у фирмы, скупившей значительное число ее акций и угрожающей поглощением

green paper "зеленый доклад": доклад правительственной комиссии, распространяемый для обсуждения какого-либо важного вопроса (Великобритания)

green pound "зеленый" фунт; см. green rates of exchange

green rates of exchange "зеленые" валютные курсы в ЕЭС (с 1969 г.): курсы валют стран-членов ЕЭС, фиксируемые к ЭКЮ и используемые для пересчета цен на сельскохозяйственную продукцию (изменяются по согласованию между всеми странами)

green shoe clause оговорка "зеленого ботинка" (США): условие гарантийного соглашения (гарантия размещения выпуска), по которому эмиссионный синдикат имеет право купить дополнительные акции по цене первоначального соглашения

Gresham's Law закон Грэшема: "плохие деньги вытесняют из обращения хорошие"; в условиях золотого стандарта неполноценные деньги вытесняют полноценные, если официальное соотношение между ними не отражает их металлического содержания, а "хорошие" деньги тезаврируются (сэр Т. Грэшем - финансовый советник королевы Елизаветы I, основатель Королевской биржи в Лондоне)

grey market серый рынок: 1) рынок новых облигаций; 2) нерегулируемый денежный рынок (обычно кредитов корпораций в странах с жестким регулированием банковского кредита); 3) = over-the-counter market

grey wave серая волна: новые компании (проекты) далекие от вступления в стадию прибыльности (в "рисковом" финансировании)

grida биржевой круг (итал.); = ring; pit

gridlock "стопор": ситуация в системе электронных платежей, когда неспособность одного банка выполнить свои обязательства может привести к цепочке неплатежей других банков-участников

gridnote евронота без физического воплощения в ценную бумагу (в форме бухгалтерских записей в памяти ЭВМ)

gross брутто: сумма без вычетов, например, налогов

Grossbanken гроссбанки (большие банки - нем.): крупные коммерческие банки в ряде западноевропейских стран

gross cash flow брутто-"кэш флоу": разница между наличными поступлениями и платежами компании (брутто-прибыль) плюс амортизационные отчисления (обычно на конец финансового года); деньги, которые остаются у компании для инвестиций, выплаты дивидендов, уплаты налогов; см. cash flow

gross coupon брутто-купон: процентная ставка по ипотекам, под обеспечение которыми выпущена ценная бумага

gross dividend брутто-дивиденд: дивиденд до вычета налогов

gross domestic product (GDP) валовой внутренний продукт (ВВП): совокупная стоимость товаров и услуг, созданных внутри страны за определенный период; см. gross national product

grossed-up redemption yield нетто-доходность при погашении, пересчитанная с учетом налоговых обязательств для получения эквивалентной суммы брутто-доходности при погашении; см. grossing up 2; gross redemption yield

gross estate суммарная стоимость активов умершего физического лица до различного рода вычетов (выплаты долгов и налогов); см. net estate

gross flat yield текущий брутто-доход по ценной бумаге до вычета налогов (в процентах)

gross income брутто доход физического лица из всех источников до вычета налогов

grossing up 1) расчет суммы, которая понадобится в случае облагаемых налогом инвестиций для получения дохода, который был бы равен доходу по не облагаемым налогом инвестициям; 2) расчет общей суммы дохода до уплаты налогов в случае его получения за вычетом налогов

gross interest брутто-проценты: процентные платежи до вычета налогов, взимаемых у источника дохода

gross interest income брутто-процентный доход: суммарный процентный доход банка по кредитам (размещенным ресурсам)

gross lease брутто-аренда: соглашение об аренде, по которому арендодатель оплачивает все текущие расходы по обслуживанию его собственности (страхование, налоги, ремонт); см. net lease

gross margin = 1) gross profit; 2) spread

gross national product (GNP) валовой национальный продукт (ВНП): суммарная стоимость товаров и услуг, произведенных как внутри страны, так и за ее пределами за определенный период (обычно за год); от ВВП отличается на величину, равную сальдо расчетов с зарубежными странами; см. gross domestic product

gross profit брутто-прибыль: стоимость нетто-продаж за вычетом издержек производства (включая амортизацию), но до уплаты налогов и других затрат; см. net income

gross redemption yield брутто-доход по ценной бумаге при ее погашении (до вычета налогов): общая доходность ценной бумаги с учетом ожидаемого дохода и прироста капитала вплоть до даты погашения

gross sales брутто-продажи компании: суммарные продажи компании по стоимости счетов-фактур без учета скидок и других поправок; см. net sales

gross spread брутто-"спред": разница между ценой публичного предложения новых ценных бумаг и ценой, которую заплатили эмитенту андеррайтеры (включает различные виды комиссий; см. flotation cost; concession 2

gross yield брутто-доход: доход по капиталовложениям в ценные бумаги или недвижимость до любых вычетов, включая налоги

ground rent земельная рента: ежегодная плата владельцу земли в течение периода действия контракта аренды

group группа, концерн: объединение юридически самостоятельных компаний под единым руководством путем системы участий в капитале

group accounts = group balance sheet

group balance sheet баланс группы: консолидированный баланс группы компаний - сумма их финансовых показателей и результатов минус внутрифирменный оборот

group banking = chain banking

group insurance групповое страхование: страхование жизни всех сотрудников компании (дешевле в результате снижения административных расходов)

Group of Five (G-5) "группа пяти": группа пяти ведущих стран Запада (США, ФРГ, Япония, Великобритания, Франция)

Group of Seven (G-7) "группа семи":) группа семи ведущих индустриальных тран (США, ФРГ, Великобритания, Франция, Япония, Италия, Канада); ежегодно проводит встречи на высшем уровне при участии руководства ЕС (то есть фактически "восьмерка"); 2) регулярные совещания министров финансов "большой семерки"; СССР впервые принял участие в экономической части встречи в 1991 г. в Лондоне, Россия участвует с 1992 г.

Group of Ten (G-10) "группа десяти": группа ведущих стран Запада - членов МВФ (США, ФРГ, Великобритания, Франция, Япония, Италия, Канада, Бельгия, Нидерланды, Швеция), принявших в 1962 г. обязательства в рамках общего соглашения о займах кредитовать друг друга в национальных валютах; в 1984 г. присоединилась Швейцария (в 1964-83 гг. - ассоциированный член), хотя она вошла в МВФ только в 1992 г.; группа играет заметную роль в международной валютной системе; см. General Arrangements to Borrow

Group of 24 = Organization for Economic Cooperation and Development

Group of 30 (G-30) "группа 30": некоммерческая организация на базе группы 30 ведущих западных центральных и коммерческих банкиров, экономистов и бизнесменов, созданная для обсуждения ключевых экономических проблем, неофициального обмена мнений, консультаций, исследований, публикации обзоров (возглавляет Пол Волкер, бывший Председатель ФРС)

Group of Twenty (G-20) "группа двадцати": группа ведущих стран Запада (включая группу десяти), договорившихся в конце 1972 г. о сотрудничестве в решении вопросов будущего международной валютной системы

group sales 1) суммарные продажи группы компаний; 2) крупная партия ценных бумаг, продаваемая институциональным инвестором от имени всего эмиссионного синдиката (затем относится на счета синдиката соответственно их квотам)

growing equity mortgage (GEM) ипотечный кредит, платежи по которому возрастают в течение определенного периода для ускорения погашения основной суммы

growth and income securities (GAINS) "ценные бумаги роста и дохода" (США): разновидность облигаций с нулевым купоном и опционом конверсии в процентные бумаги

growth fund фонд роста: взаимный инвестиционный фонд, который вкладывает средства в акции с повышательной тенденцией изменения курсов (или наиболее быстро растущими курсами)

growth share (USA) = growth stock

growth stock "акция роста" (Великобритания): акция, цена которой повышается и, как ожидается, будет повышаться

guarantee гарантия: принятие на себя обязательства в пользу другого лица (например, гарантия выплаты долга как условие получения кредита); представляет собой забалансовое обязательство гаранта

guaranteed bonds = guaranteed debentures

guaranteed credit гарантированный кредит: 1) банковский кредит, обеспеченный гарантией третьей стороны; 2) экспортный кредит, гарантированный (застрахованный) правительством или специализированной организацией; 3) кредит, гарантированный одним из специализированных агентств в США (например, Департаментом по делам ветеранов)

guaranteed debentures гарантированные облигации: облигации компании, обеспеченные гарантией третьей стороны (например, материнской компании, правительства)

guaranteed income contract контракт с гарантированным доходом: контракт между пенсионным фондом или программой участия в прибылях и страховой компанией, по которому последняя гарантирует в течение некоторого срока фиксированный доход на вложенный капитал

guaranteed issue гарантированный выпуск акций или облигаций: акции или облигации, основная сумма, выплаты по которым гарантированы юридическим лицом помимо заемщика

guaranteed loan = guaranteed credit

guaranteed mortgage certificate (GMC) гарантированный ипотечный сертификат; ценная бумага, выпущенная под обеспечение пулом ипотек и гарантированная Федеральной корпорацией жилищного ипотечного кредита (с 1975 г.); см. Federal Home Loan Mortgage Corporation

guaranteed recovery of investment principle (GRIP) гарантированный возврат основной суммы капиталовложения: гарантия инвестору при участии в проекте Международной финансовой корпорации

guaranteed stocks = guaranteed debentures

guarantee facility = letter of credit

guarantee fund гарантийный фонд; 1) компенсационный фонд биржи на случай банкротства одного из членов (для возмещения клиентам убытков); 2) фонд страхования депозитов; 3) резервы, создаваемые взаимными сберегательными банками против краткосрочных потерь в некоторых штатах США

guarantee letter гарантийное письмо: письмо коммерческого банка, гарантирующее обязательства клиента

guarantee letter of credit = standby letter of credit

guarantee of signature гарантия подписи: сертификат, с помощью которого банк или брокер гарантирует подлинность подписи того или иного лица

guarantor гарант: лицо, выдающее гарантию по платежу или выполнению обязательств другого лица; полностью отвечает по обязательствам, если это лицо по какой-то причине их не выполнило

guaranty = guarantee

guardian попечитель: лицо, которому доверено управление имуществом или забота о недееспособном лице (например, о малолетнем ребенке)

guidance line кредитная линия, определенная клиенту в рамках внутренней политики банка (клиенту об этом могут не сообщать)

guild гильдия: профессиональная организация (купцов, актеров)

guinea (G) гинея: сумма в 21 шиллинг (1 фунт плюс 1 шиллинг) в Великобритании до введения десятичной системы или 105 пенсов сегодня (исторически – золотая монета, отчеканенная в 1717 г.); понятие используется при установлении гонорара, стоимости подписки на печатные издания

gun jumping "прыгать на пистолет", "нарываться": 1) торговля ценными бумагами на основе информации, которая еще не обнародована; 2) незаконное принятие брокером приказов на покупку новых ценных бумаг до окончания регистрации займа (США)

gyration резкое колебание конъюнктуры или показателей

H

Hague rules "гаагские правила": правила международных перевозок грузов, принятые на конференции в Гааге в 1924 г.; по этим правилам коносамент является свидетельством собственности на товар

haircut "стрижка": 1) фактор риска, используемый для оценки ценных бумаг при расчете нетто-капитала биржевика; например, для государственных облигаций фактор риска может быть равен нулю (бумаги полностью засчитываются в капитал дилера), а для непоставленных в срок акций – 100 (полностью исключается); 2) в кредитовании: разница между суммой кредита и рыночной стоимостью предложенных в обеспечение активов; = haircut finance; 3) в соглашении об обратной покупке: разница между ценой соглашения и текущей рыночной ценой инструмента

haircut finance "кредит-стрижка": кредит на сумму, которая меньше стоимости обеспечения (США)

half a bar полмиллиона: валютная сделка на сумму 0,5 млн. ф. ст.

half-commission man "человек полкомиссии": служащий брокерской фирмы, получающий половину комиссии по организованным им сделкам (фиксированной зарплаты может совсем не быть); см. associate member

half-crown полкроны: монета в два с половиной шиллинга (30 пенсов) Великобритании до введения десятичной системы

half life "половина жизни": период в течение которого погашается половина основной суммы ценной бумаги, обеспеченной ипотеками (США)

halfpenny полпенни: монета номиналом в 1/2 пенса (Великобритания)

half sovereign полусоверен: британская золотая монета в 1/2 фунта стерлингов

half-stock половинная акция (США): обыкновенная или привилегированная акция с номиналом в 50 долл. вместо обычных 100 долл

hammering официальное объявление о банкротстве члена Лондонской фондовой биржи (до 1986 г. для привлечения внимания сотрудник биржи делал три удара специальным молотком)

hammering the market активная продажа акций спекулянтами, ожидающими падения конъюнктуры (обычно равнозначно "коротким" продажам)

handle "ручка", "рукоятка": обозначение рыночной котировки без упоминания о целом числе, так как оно и так известно; например, 1/16 вместо 8 1/16; = big number

handling charge = interchange rate

hands-off "рисковое" финансирование без активного участия инвестора непосредственно в осуществлении проекта; см. venture capital

hands-on "рисковое" финансирование с активным участием инвестора непосредственно в осуществлении проекта на всех этапах; см. venture capital

Hang Seng Index (HSI) индекс Ханг Сенг: индекс движения курсов акций на фондовой бирже Гонконга (33 акции; рассчитывается с 1969 г.; базовый период – 1964 г.)

Hara Kiri swap своп "харакири": валютный своп доллар США/японская иена на условиях, которые не соответствуют состоянию рыночной конъюнктуры (т. е. очень рискованный)

harbor dues арендная плата за пребывание судна в порту (у причала)

H

hard arbitrage = round tripping

hard currency "твёрдая" валюта: 1) валюта со стабильным или повышающимся курсом; 2) золото или монета в отличие от банкнот; 3) конвертируемая валюта; см. soft currency

hard dollars "твёрдые" доллары (США): комиссионное вознаграждение брокера или банка в денежной (наличной) форме за конкретные услуги по конкретным ставкам; см. soft dollars

hard ECU "твёрдая" экю: предложения зафиксировать тем или иным способом стоимость экю, чтобы курсы валют стран-членов изменялись относительно экю, а не экю — относительно валют этих членов; предполагается, что в таком случае экю перестанет обесцениваться относительно сильных валют

harden укрепляться (о конъюнктуре)

hardening укрепление конъюнктуры (цены медленно поднимаются или стабилизируются)

hard landing "жёсткое приземление": резкое снижение курса валюты до экономически обоснованного уровня (после подъёма) с негативными последствиями для экономики и участников рынков; см. soft landing

hard money = hard currency

hard sell "жёсткая продажа": энергичный и даже агрессивный метод продажи товаров и услуг, "навязывание" клиенту ненужного

harmless warrants "безвредные" варранты: варранты, защищающие инвестора от досрочного погашения облигаций, а заёмщика от увеличения задолженности (использование варрантов влечёт за собой возврат первоначально выпущенных бумаг)

harmonization гармонизация, согласование, согласованность

harmonization of regulation гармонизация (унификация) регулирования рынка ссудных капиталов или банковской деятельности

hash total итог, общая сумма, необходимая только как контрольная величина в учёте

Hatry Crash 1929 крах Хэтри: кризис на Лондонской фондовой бирже, вызванный мошенничеством (произошел в 1929 г., но до начала общего фондового спада)

haulage перевозка или стоимость перевозки

hazard insurance страхование собственности (недвижимости) от риска пожара, природных явлений, вандализма и др.

head and shoulders (top/bottom) "голова и плечи": фигура движения цен (в техническом анализе), напоминающая голову и плечи, — стабильный уровень цен сменяется подъёмом, который выливается в сохранение цены на более высоком уровне в течение некоторого времени, а затем следует возврат на прежний уровень и новая стабилизация (возможна также перевёрнутая фигура "голова и плечи"); обычная фигура ("top"), как правило, предвещает падение, перевёрнутая ("bottom") — подъём

head teller главный кассир: сотрудник банка, контролирующий других кассиров, отвечающий за сохранность наличности, подготавливающий сводные данные по наличным операциям

heaven and hell (heaven-or-hell) bond "облигация рай и ад": разновидность двухвалютных облигаций (доллар/иена), основная сумма которых изменяется в зависимости от изменения валютного курса

heavy market "тяжёлый" рынок: финансовый или товарный рынок, цены на котором падают в результате превышения предложения над спросом

heavy-priced share акция с высокой ценой по сравнению с общим уровнем цен на фондовом рынке

hedge хедж: 1) хеджирование; = hedging; 2) инструмент, используемый для хеджирования (зачёта риска) или защиты от инфляции

hedge clause "хеджевая" оговорка: оговорка в публикациях по вопросам инвестиций, предупреждающая, что правильность информации не гарантируется

hedged tender застрахованное предложение: "короткая" продажа акций, предлагаемых для размещения, в целях защиты от падения их цен в случае, если не все акции будут распроданы

hedge fund "хеджевый" фонд: взаимный инвестиционный фонд, использующий технику хеджирования для ограничения риска потерь; обычно имеются в виду спекулятивные фонды, использующие производные финансовые инструменты

hedger хеджер: юридическое или физическое лицо, использующее срочные и опционные операции для минимизации ценового риска (хеджирования)

hedge ratio "хеджевый" коэффициент: соотношение между фьючерской и наличной позициями, обеспечивающее оптимальное хеджирование (особенно при отсутствии фьючерского контракта на данный финансовый инструмент)

hedging хеджирование: минимизация (зачет) ценового риска по наличной позиции путем открытия противоположной – срочной или опционной – позиции по тому же товару или финансовому инструменту с последующим ее зачетом (задача состоит в фиксации определенного уровня цены); техника хеджирования включает форвардные, фьючерские, опционные операции, процентные свопы; см. lock in

Helsinki interbank offered rate (HELIBOR) межбанковская ставка предложения на денежном рынке Хельсинки (ХЕЛИБОР); публикуется Банком Финляндии с 1987 г

hemline theory теория "длины дамских юбок": шуточная теория о том, что цены акций движутся в одном направлении с длиной дамских юбок (например, короткие юбки в 20-х и 60-х годах рассматривались как признаки рынка "быков")

Herfindahl index индекс Херфиндаля: математический индекс для оценки воздействия слияния банков на конкуренцию; определяется как сумма квадратов долей рынка, приходящихся на каждый банк; затем сравнивается с суммой квадратов долей сливающихся банков; весьма условный показатель концентрации бизнеса, разработанный экономистом О. Херфиндалем

Hermes Kreditversicherungs Гермес (ФРГ): государственная организация, специализирующаяся на страховании экспортных и внутренних кредитов

Herstatt crisis кризис Херштатта: банкротство кельнского частного банка Херштатт в июне 1974 г. (в результате валютных потерь на 100 млн. марок), ознаменовавшее крупные потери ряда банков в разных странах и поворот к сотрудничеству в межгосударственном банковском регулировании; председатель банка И. Херштатт был осужден в феврале 1984 г. за сокрытие убытков

HH bonds см. savings bonds

hiccup "икота"; внезапное небольшое отклонение конъюнктуры в противоположную сторону от долгосрочной тенденции

hidden reserves скрытые резервы: 1) непубликуемые резервы банков (обычно частных банков, чьи акции не котируются на биржах); 2) резервы, образовавшиеся в результате завышенной оценки пассивов и недооценки активов

higgledy-piggledly growth относительно непредсказуемый рост курсов ценных бумаг, дивидендов, доходов участников фондового рынка (термин изобретен в 60-х годах)

higgling "уторговывание" цены между продавцом и покупателем до взаимоприемлемого уровня

high coupon большой купон: высокая номинальная процентная ставка, уплачиваемая по облигациям с фиксированной ставкой

high credit 1) максимальный размер кредитов, предоставленных на определенную дату банком клиенту за весь период их взаимоотношений; 2) максимальный размер единовременного фирменного кредита, полученного данной компанией от поставщика

high finance "высокие финансы": 1) крупномасштабные финансовые операции; 2) влиятельные финансовые круги

high fliers спекулятивные акции, отличающиеся высокими ценами или их резким подъемом

high-grade bond облигация, с высоким уровнем рейтинга в США (ААА или AA, Aaa или Aa по системам Стандард энд Пурз или Мудиз)

high interest checking account (HICA) чековый счет с высоким процентным доходом: разновидность чековых счетов, по которым выплачивается довольно высокий процент; число выписываемых без потери процентов чеков обычно ограничено (например, 1-5 в месяц)

high net worth individual лицо с крупным чистым капиталом; надежный клиент банка, который много зарабатывает, путешествует и нуждается в финансовых консультациях

high-powered money = monetary base; central bank money

high premium convertible debenture облигация, которая может быть конвертируема в обыкновенные акции по курсу существенно выше текущей рыночной цены (одновременно приносит достаточно высокий процентный доход)

high priced shares "дорогие" акции: акции с высоким уровнем рыночных цен (значительно выше среднего)

high ratio loan кредит с большим коэффициентом: ипотечный кредит на сумму, близкую стоимости недвижимости (как правило, свыше 80 %)

highs акции, цены которых в текущем году достигли новых рекордных уровней

high-street banking = retail banking

high street banks коммерческие или розничные банки в Великобритании, специализирующиеся на операциях с физическими лицами (буквально: банки с центральной улицы); см. retail banking

high-tech stocks акции компаний высокой технологии (компьютеры, биотехнологи, роботы)

high yield bonds облигации с высоким доходом; = junk bonds

hire наем, прокат; договор, по которому одно лицо обязуется предоставить другому услуги (по оговоренной цене, в течение определенного периода)

hire-purchase аренда товаров с опционом их покупки: в момент аренды вносится определенная сумма, а остаток постепенно погашается равными взносами, после чего арендатор имеет право купить товар (главным образом потребительские товары долговременного пользования); отличие от покупки в рассрочку заключается в том, что продавцом выступает не торговая фирма, а финансовая компания, и в соглашении о данной сделке речь идет не о покупке товара, а о его сдаче в наем; см. credit sale

hire-purchase company = finance house

hire-purchase finance house = finance house

historical trading range амплитуда колебания цен акций, облигаций, товаров за весь период регистрации данных - самая высокая и самая низкая цены (в техническом анализе рассматриваются как точки поддержки и сопротивления)

historical yield "историческая" доходность: средняя доходность взаимного фонда за определенный период времени (например, 1 год)

historic(al) cost первоначальная (фиксированная, историческая) стоимость актива в отличие от текущей

historic value (cost) accounting учет в фиксированных ценах (по фиксированным курсам, ставкам)

hit the bid выражение готовности продавца принять предложение о покупке ценной бумаги по цене, предложенной покупателем

hive-off = spin-out

hoard запас, накопление, сокровищница, казна

hoarding тезаврация: накопление золота или бумажных денег в отличие от их траты, инвестирования, сбережения (см. saving) или другого активного использования

hoeklieden (NL) = hoekman

hoekman дилеры голландского фондового рынка, торгующие за свой счет ("специалисты") и в качестве брокеров (голл.)

holdback "задержанный кредит": часть кредита на строительство, которая не выплачивается до определенного момента, например, до завершения работ, заключения соглашений об аренде будущего здания

H   hol–hon

holder держатель (владелец) ценной бумаги, контракта, покупатель опциона
holder of record зарегистрированный владелец (держатель) ценных бумаг компании (только такие владельцы имеют право на дивиденд)
holding капиталовложение: участие в капитале компании
holding company холдинговая компания: компания, контролирующая другие компании (дочерние) через участие в их капитале
holding company affiliate дочерняя фирма холдинговой компании (то есть последняя владеет контрольным пакетом акций)
holding over 1) отсрочка расчета по фондовой сделке до следующего расчетного периода; 2) отсрочка решения
holding period период владения активом (например, ценными бумагами)
holdovers транзитные чеки на инкассации, обработка которых задержалась до следующего рабочего дня
hold the market "держать рынок": выйти на рынок с достаточным числом приказов на покупку ценных бумаг (товаров) для поддержки цен (в США считается незаконным манипулированием, если Комиссия по ценным бумагам и биржам не дала разрешение на поддержку нового займа)
holiday float "праздничный флоут": денежные суммы, образовавшиеся в результате задержки расчетов по чекам в дни праздников, когда банки закрыты; см. float
HOMAC (Home Mortgage Access Corp.) Корпорация доступа к жилищным ипотекам: частный "проводник" пулов ипотечных кредитов, организованный Национальной ассоциацией жилищного строительства (США); см. private conduit
home banking домашние банковские услуги: электронные системы, позволяющие пользоваться некоторыми банковскими услугами (проверка счета, оплата счетов, переводы), не выходя из дома, с помощью терминала компьютера или телевизора
home equity credit кредит, обеспеченный жилым домом по рыночной стоимости минус сумма первой ипотеки; такой кредит обычно предоставляется в размере 60-80 % стоимости дома минус первая ипотека
home improvement loan кредит на усовершенствование жилья; потребительский кредит под обеспечение, предоставляемый на ремонт, переоборудование, реновацию жилья
Home Owner Mortgage Eurosecurities (HOMES) разновидность еврооблигаций, обеспеченных ипотеками
homeowner's equity account кредитная линия, предоставляемая банком или брокером домовладельцу под обеспечение недвижимостью (США); кредит берется путем выписки чека, и банк автоматически приобретает право на дом
home regulation "домашнее" регулирование: регулирование банковской деятельности государственными органами по месту головного учреждения банка (в отличие от регулирования, которому подвергаются его отделения в других странах)
home run получение инвестором крупной прибыли за короткий срок; для этого средства обычно вкладываются в акции компании, являющейся потенциальным объектом поглощения
homestead association = savings and loan association
Hong Kong Federation of Stock Exchanges Федерация фондовых бирж Гонконга: орган, объединяющий все 4 фондовые биржи Гонконга и призванный помочь их объединению (создан в 1973 г.)
Hong Kong Futures Exchange Срочная биржа Гонконга (основана в 1984 г.); специализируется на финансовых фьючерсах и опционах, металлах, сельскохозяйственной продукции
Hong Kong interbank offered rate (HIBOR) межбанковская ставка предложения на денежном рынке Гонконга
Hong Kong Stock Exchange (HKSE) Фондовая биржа Гонконга: старейшая международная биржа (третья по размерам) Гонконга; торговля ведется стандартными партиями ценных бумаг на

H   hon-hou

основе аукциона, расчет – на следующий рабочий день

honor 1) оплатить или согласиться оплатить чек или вексель; 2) согласиться принять в оплату за товары или услуги кредитную или дебетовую карточку; 3) выполнить обязательство

honorary market officials почетные официальные лица рынка: лица, назначенные советом Лондонской фондовой биржи арбитрами для разбора споров и наблюдения за выполнением правил торговли

horizon analysis анализ "горизонта": анализ доходности за весь срок существования финансового инструмента

horizon spread горизонтальный спред: продажа опциона с одновременной покупкой другого с той же ценой исполнения, но другим сроком

horizontal combination = horizontal integration

horizontal integration (merger) горизонтальная интеграция: слияние компаний, занимающихся одной и той же деятельностью, с целью усиления влияния и повышения прибыльности

horizontal price movement горизонтальное движение цены: незначительное изменение цены в течение определенного периода (горизонтальная линия на графике)

horizontal spread горизонтальный спред: опционная стратегия (разновидность календарного спреда), заключающаяся в одновременной купле и продаже одинакового числа опционов одного класса по одинаковым ценам, но с разными сроками; см. calendar spread; bull spread

hospital and medical insurance частное страхование на покрытие медицинских расходов и оплаты пребывания в больнице

hospital revenue bond облигация госпитальных доходов: разновидность облигаций, выпускаемых местными властями в США для финансирования строительства больниц или других лечебных учреждений, которые затем сдаются в аренду (т. е. облигации погашаются за счет арендных платежей)

host bond "облигация-хозяин": еврооблигация, к которой присоединен варрант или опцион

hostile take-over враждебное поглощение: попытка овладеть контролем над компанией путем скупки ее акций на рынке (т. е. против воли руководства или ведущих акционеров)

host regulation регулирование принимающей страны: регулирование банковской деятельности государственными органами по месту нахождения заграничного отделения или дочерней компании банка (в отличие от "домашнего" регулирования в стране происхождения банка)

hot card "горячая" карточка: кредитная или дебетовая карточка, которая была утеряна или украдена и находится в специальном совместном бюллетене систем Визы и Мастеркард

hotel financing финансирование, специально разработанное для целей гостиничного бизнеса

hot issue "горячий" заем: ценные бумаги, которые как ожидается, будут пользоваться большим спросом и резко поднимутся в цене (термин Национальной ассоциации дилеров по ценным бумагам США); = blowout 2

hot money "горячие" деньги: 1) краткосрочные потоки капиталов, обусловленные стремлением воспользоваться более высоким уровнем процентных ставок, арбитражными возможностями; 2) = flight capital; 3) деньги-приманка: специально помеченные деньги в кассе, призванные помочь расследованию в случае банкротства

hot stock "горячая" акция: 1) украденная акция; 2) = hot issue

hot treasury bill "горячий" казначейский вексель (только что выпущенный)

House "дом": 1) разговорное название Лондонской фондовой биржи; торговый зал биржи; 2) фирма, компания (в т. ч. банковская, брокерская)

house account счет, который ведется в штаб-квартире брокерской фирмы, а не в одном из ее территориальных отделений

house bill вексель, выставленный компанией на саму себя

house call уведомление брокером клиента о том, что остаток средств на маржинальном счете последнего недостаточен и не соответствует правилам этой фирмы; см. margin account

house check = on-us item

householder's insurance страхование владельца дома на случай воровства, пожара и другого ущерба

house maintenance requirements внутренние требования брокерской фирмы к размеру остатка средств на счете клиента; такие требования обычно выше требований регулирующих органов и бирж

house of issue эмиссионный "дом": инвестиционный банк, организующий и гарантирующий выпуск нового займа

house purchase assurance страхование жизни для гарантии выплаты ипотечного кредита в конце срока полиса или в случае смерти застрахованного

house rules внутренние правила взаимоотношений с клиентами конкретной брокерской фирмы

Housing and Urban Development (HUD) Department Департамент жилья и городского развития; федеральное агентство на уровне кабинета в США, занимающееся финансированием и страхованием жилищного строительства; включает в свой состав Federal Housing Administration, Government National Mortgage Association (см.)

housing authority bond = housing bond

housing bond жилищная облигация (США): разновидность краткосрочных (1, 5-4 года) и долгосрочных облигаций, выпускаемых местными властями для финансирования жилищного и иного строительства, как правило, не облагаются налогами и гарантированы Департаментом жилья и городского развития

housing starts строительные начала: разрешения на строительство жилья; один из 12 ведущих экономических показателей, публикуемых Департаментом торговли США; отражает потребительский спрос и экономическую активность в целом

Hulbert Rating рейтинг Халберта (США): рейтинг различных изданий инвестиционных консультантов (ранжирует их по степени успеха рекомендаций); рассчитывается и публикуется "Финансовым дайджестом Халберта"

humped yield curve "горбатая" кривая доходности: редкая ситуация, когда среднесрочные ставки выше кратко- и долгосрочных ставок; = bell-shaped curve

Humphrey Hawkins report "доклад имени Хамфри Хокинса": доклад, который председатель Совета управляющих ФРС дважды в год делает перед конгрессом (по имени конгрессмена, внесшего проект закона по этому поводу); доклад содержит информацию о денежно-кредитной политике ФРС; см. Federal Reserve System

hundred group "сотня": ассоциация финансовых директоров первых 100 крупнейших компаний Великобритании

hung up "подвешенный": положение инвестора, ценные бумаги которого заметно упали в цене (ниже цены покупки)

hurdle rate of return 1) минимальная доходность, при которой проект принимается к реализации; = internal rate of return; 2) = break-even yield

hybrid annuity гибридная рента: предлагаемый страховыми компаниями контракт, который сочетает характеристики фиксированной ренты и ренты с плавающим доходом

hybrid securities гибридные ценные бумаги: ценные бумаги с характеристиками различных финансовых инструментов

hyperinflation гиперинфляция: крайне высокая инфляция, полностью вышедшая из-под контроля и угрожающая развалом всей экономики; обычно имеется в виду инфляция свыше 50 % в месяц; = runaway inflation

hypothecation ипотека, залог: помещение ценных бумаг или собственности в заклад в качестве обеспечения кредита, в т. ч. при покупке других ценных бумаг в кредит (США); обычно передается только право на актив, а сам он физически остается у владельца; см. rehypothecation

Hypothekenbanken ипотечные банки (нем.): ипотечные банки в некоторых европейских странах (ФРГ, Дания); см. mortgage banks

I

identification идентификация: распознавание клиента, банка, владельца актива с помощью таких методов как персональный номер, подпись, код, знаки для машинной считки, конфиденциальная или личная информация, номер социального страхования или налоговой регистрации и т. д.

identification rules правила идентификации ценных бумаг для целей индексации налога на реализованный прирост капитала (Великобритания): 1) проданными (реализованными) считаются прежде всего бумаги, которые были куплены в течение предшествующих 12 месяцев; 2) если в этот период было сделано несколько покупок, применяется принцип ФИФО; 3) для покупок, осуществленных более года назад, применяется принцип ЛИФО; см. indexation of capital gains tax; first in, first out; last in, first out

illegal dividend незаконный дивиденд: дивиденд, объявленный с нарушением закона

illiquid assets неликвидные активы: активы, которые сложно быстро реализовать (превратить в наличные); см. liquid assets

illiquidity неликвидность: 1) отсутствие ликвидности (легко реализуемых активов); 2) невозможность выполнения обязательств в срок

imbalance of orders дисбаланс биржевых приказов: чрезмерное количество приказов одного типа, не позволяющее их выполнить

immediate beneficiary ближайший бенефициар: бенефициар по трасту, получающий выгоду по нему немедленно в отличие от лица, которое обозначено как получатель всей выгоды в конце его срока (конечный бенефициар)

immediate credit немедленный кредит: возможность использовать деньги в день депонирования чека в отличие от обычного срока в два дня

immediate order = fill or kill order

immediate-or-cancel order (IOC) биржевой приказ, который должен быть выполнен немедленно (полностью или частично), или автоматически аннулируется; = fill or kill order

immediate payment annuity рента с немедленной оплатой: рента, которая покупается на основе одноразового платежа

immobilization иммобилизация: остановка, фиксация, изъятие из обращение (монеты)

immovables недвижимое имущество, недвижимость; = real estate

immunization иммунизация: инвестиция активов таким образом, чтобы защитить существующий бизнес инвестора от изменения процентных ставок и других рисков

impact day "ударный" день: день, когда компания публикует информацию о своем новом займе; в Великобритании Банк Англии регулирует очередность займов и назначает "ударный" день

impaired capital "испорченный" или "ослабленный" капитал банка: капитал, который меньше объявленной или номинальной суммы

impaired credit "испорченный кредит": кредит, погашение которого считается сомнительным; может рассматриваться как сомнительный кредит, кредит ниже стандарта или убытком в зависимости от конкретных обстоятельств; см. doubtful loans; substandard; loss

imperfect hedge несовершенный хедж: захеджированная позиция, цены по двум сторонам которой по каким-то причинам изменяются в неблагоприятную сторону

implied forward rate будущая срочная процентная ставка, рассчитанная на основе временной структуры процентных ставок: ставка, например, на трехмесячный депозит, который будет привлечен (размещен) через 3, 6 и более месяцев (взвешенная разница ставок на разные сроки)

implied volatility подразумеваемая неустойчивость цены или степень неустойчивости, заложенная в рыночной цене опциона: ожидаемое стандартное отклонение цены финансового инструмента, лежащего в основе опциона (в процентах)

import cover импортное покрытие: расчетный индикатор (официальные резервы делятся на среднемесячный импорт), показывающий сколько месяцев импорт может финансироваться за счет резервов, и используемый для анализа "странового" риска (критический уровень – 3 месяца)

import deposits импортные депозиты: инструмент ограничения импорта – импортер обязан заранее вносить часть стоимости ввозимых товаров в конвертируемой валюте (в условиях валютных ограничений по текущим операциям)

import duty импортная таможенная пошлина

import license (I/L) импортная лицензия: официальное разрешение на импорт определенных товаров (на один или несколько товаров, с или без ограничения размеров импорта)

import quota импортная квота: максимальное количество определенного товара, которое может быть импортировано в данную страну

import restrictions импортные ограничения: мероприятия по сдерживанию импорта (импортные депозиты, квоты, лицензии)

impost налог, пошлина, сбор

imprest аванс, подотчетная сумма

imprest account счет, остаток средств на котором всегда должен равняться определенной сумме

imputed value оценочная или расчетная стоимость

inactive account неактивный (пассивный, "спящий") счет: счет, по которому редко проводятся операции

inactive asset "неактивный" актив: актив, который не используется производительно на регулярной основе (например, вспомогательный электрогенератор)

inactive bond crowd = cabinet crowd

inactive post "неактивный" пост (США): место в торговом зале Нью-Йоркской фондовой биржи, где торгуют непопулярными акциями (партиями по 10, а не 100 штук)

inactive security "неактивная" ценная бумага: ценная бумага, с которой сравнительно редко заключаются сделки

inadvertent error случайная (непреднамеренная) ошибка в банковской операции

in-and-out policy страхование компании по ценным бумагам от мошенничества, воровства, потерь документов, неправильных действий сотрудников по распоряжению финансовыми средствами

in-and-out trader биржевик, покупающий ценные бумаги в течение дня (т. е. ежедневно ликвидирующий свою позицию)

in-and-out trading (USA) = day trading

in arrears 1) в конце заемного периода; 2) см. arrears

incentive fee поощрительная премия: премия за достижение результатов выше среднего уровня

incentive pricing стимулирующее ценоопределение: определение цен на банковские услуги в зависимости от необходимости стимулировать использование тех или иных из них

incentive shares поощрительные акции, распределяемые компанией среди менеджеров и других служащих по специальным программам; см. share incentive schemes

incentive stock option = qualifying stock option

incestuous share dealing "кровосмесительная" торговля акциями: купля-продажа компаниями акций друг друга

incidence охват, сфера распространения или действия

income available for fixed charges = fixed charge coverage

income capital certificate (ICC) сертификат "доходного" капитала: сертификат, который выпускается ссудно-сберегательными учреждениями, испытывающими финансовые трудности, для пополнения своего капитала (США); сертификат передается Federal Savings and Loan Insurance Corporation в обмен на наличные или простые векселя; сертификат погашается по мере восстановления финансовой стабильности учреждения

income bond доходная облигация: 1) в Великобритании – финансовый инструмент, призванный обеспечить владельцу высокий доход, а не прирост капитала; 2) в США – облигация корпорации, доход по которой выплачивается только при условии получения прибыли; в некоторых случаях невыплаченный доход может накапливаться

income debentures облигации компаний, процентный доход по которым выплачивается только из прибыли

income investment company инвестиционная компания (взаимный фонд), ориентированная на получение дохода на вложенные средства, а не на прирост капитала

income limited partnership инвестиционное товарищество с ограниченной ответственностью, ставящее целью получение высоких доходов (США)

income limits пределы доходов: уровень доходов, который позволяет семье получить право на субсидируемое жилье или льготный ипотечный кредит (США); зависит от размера семьи и места проживания

income property недвижимость, приобретенная для получения дохода, который она приносит

income received in advance = accrued liabilities

income rights права на доход: финансовый инструмент, дающий владельцу право на регулярный доход (разновидность облигационного варранта)

income shares "доходные" акции: акции инвестиционного фонда, по которым выплачивается доход от капиталовложений (проценты, дивиденды); прирост капитала на вложенные средства выплачивается по "капитальным" акциям фонда; см. capital (zero dividend) shares

incomes policy политика доходов: мероприятия по контролю за инфляционными процессами путем ограничения роста зарплаты и других форм доходов

income statement отчет о доходах: отчет о финансовых операциях фирмы за определенный период, включая прибыль и убытки (США); включается в квартальные отчеты 10Q и годовые отчеты 10K, предоставляемые Комиссии по ценным бумагам и биржам; = profit and loss account

income tax (IT) подоходный налог: налог на доходы отдельных лиц и семей, взимаемый по прогрессивной шкале (сверх определенной необлагаемой суммы)

income velocity = velocity of money circulation

income warrant доходный варрант: облигационный варрант, приносящий проценты на свою номинальную стоимость

income yield 1) суммарный доход инвестора за весь период владения активом (или период существования актива); 2) = flat yield

inconvertible неконвертируемый: 1) валюта, которая не может быть обменена на другие валюты, на золото в период золотого стандарта; 2) ценная бумага, которая не может быть обменена на другую бумагу того же эмитента или продана за наличные

inconvertible stocks (bonds) неконвертируемые облигации: ценные бумаги, которые не могут конвертироваться в другие

incorporated (inc) инкорпорированный: зарегистрированный как корпорация (акционерная компания) в США

incorporated trustee инкорпорированный попечитель: трастовая компания или банк, выступающее фидуциаром по доверительному счету (в отличие от физического лица-попечителя)

incorporation инкорпорация: процесс регистрации в качестве корпорации (США)

increment увеличение, прирост (единица прироста)

incremental cost of capital (funds) маргинальная стоимость капитала: стоимость привлечения дополнительного капитала; теоретически по мере расширения операций стоимость привлечения дополнительного капитала снижается; 1) взвешенная стоимость дополнительного капитала, привлеченного за определенный период; = marginal cost of capital (funds); 2) средневзвешенная стоимость капитала компании (различных элементов капитальной структуры)

Incubator Exchange = American Stock Exchange

incur нести, терпеть (расходы, убытки)

indebtedness задолженность, сумма долга

indemnification возмещение (убытка): компенсация, в т. ч. по страховому контракту

indemnity гарантия возмещения убытка от порчи, потери (в т. ч. по контрактам страхования, кроме страхования жизни); банки могут гарантировать возмещение при утрате сертификата акции, коносамента; возмещение может производиться в форме выплаты денежной суммы, предоставления дубликата или ремонта объекта гарантии

indemnity bond = surety bond

indent заказ торговому агенту на покупку определенного импортного товара; см. open indent; closed indent

indenture 1) письменное соглашение об эмиссии облигаций, заключенное между эмитентом и держателем бумаги; содержит такие условия как срок, сумма, ставка процента, обеспечение, порядок погашения, обязательства эмитента (США); 2) ипотека или доверительное соглашение, дающие право на реальную собственность; содержит условия, согласованные между сторонами сделки

independent bank независимый банк: коммерческий банк, который действует только в конкретной местности и принадлежит местным акционерам (США); местный банк; = community bank

Independent Bankers Association of America (IBAA) Ассоциация независимых банкиров Америки (США): ассоциация независимых коммерческих банков, в которую входят примерно половина из 13000 банков США (г. Вашингтон)

independent broker независимый брокер (США): член Нью-Йоркской фондовой биржи, который выполняет приказы других членов непосредственно в торговом зале в период наибольшей активности; = two-dollar broker

independent financial advisor независимый финансовый советник: лицо, которое консультирует по финансовым вопросам и помогает клиентам проводить переговоры с банками и другими финансовыми учреждениями

index (Ind) индекс: 1) статистический показатель (индикатор) в форме изменений относительно базового периода (принимаемого за 100 или за 1000); 2) процентная ставка, принимаемая за базу при расчете стоимости кредита или финансового инструмента; 3) фондовый индекс: показатель движения фондовой конъюнктуры, рассчитанный по определенной формуле на базе текущих цен конкретных ценных бумаг

indexation = index-linking

indexation of capital gains tax индексация налога на реализованный прирост капитала, введенная в Великобритании в 1982 г.; налогом облагается только реальный прирост капитала (за вычетом инфляционного при условии владения активом не менее 12 месяцев; при индексации используется индекс розничных цен)

index currency option note (ICON) разновидность облигаций с валютным опционом

indexed annuity индексированная рента: стоимость ренты периодически пересчитывается в соответствии с индексом розничных цен

indexed (index-linked) bond индексированная облигация: облигация, основная сумма и процентные платежи по которой индексированы относительно того или иного вида цен

index fund индексированный фонд: инвестиционный фонд, портфель которого привязан к определенному фондовому индексу (капиталовложения делаются в ценные бумаги, учитываемые в индексе)

index futures индексные фьючерсы: срочные биржевые сделки с контрактами на базе фондовых или других индексов (также сами эти контракты)

indexing = index-linking
index-linked индексированный (о доходе, цене, стоимости, привязанных к тому или иному индексу)
index-linked stock разновидность индексированных государственных облигаций в Великобритании, впервые выпущенных в 1981 г.; такие облигации имеют небольшие купоны (2-2,5 %), индексированные, как и номинал, по розничным ценам; в отличие от других государственных индексированных облигаций могут свободно обращаться
index-linking индексация, привязка к индексу: 1) метод защиты зарплаты, суммы кредитов от инфляции путем привязки к индексам цен; 2) привязка инвестиционного портфеля к фондовому индексу (капиталовложения делаются в ценные бумаги, учитываемые в индексе)
index of coincident indicators индекс совпадающих индикаторов (США): правительственный индекс, предназначенный для отражения в агрегированной форме текущей экономической активности (рассчитывается ежемесячно); в прошлом поворот индекса совпадал с поворотом цикла
index of lagging indicators индекс запаздывающих индикаторов (США): правительственный индекс, предназначенный отражать экономическую активность с временным запозданием (чтобы подтверждать совпадающий индекс)
index of leading indicators индекс опережающих индикаторов (США): правительственный индекс, предназначенный предсказывать движение экономической конъюнктуры; в прошлом на несколько месяцев опережал поворот цикла
index of longer leading indicators индекс долгосрочных опережающих индикаторов (Великобритания): правительственный индекс, предназначенный для предсказания развития экономической конъюнктуры примерно на 1 год вперед
index of shorter leading indicators индекс краткосрочных опережающих индикаторов (Великобритания): правительственный индекс, предназначенный для предсказания развития экономической конъюнктуры на 6 месяцев вперед
index option индексный опцион: опцион, объектом которого является некоторая сумма (обычно 100-500 долл.), умноженная на значение фондового или другого индекса
Index-tracking funds = stock-indexed funds
indicated yield "указанная" доходность: отношение дивидендной или купонной ставки к текущей рыночной цене акции или облигации в процентах; для облигаций с фиксированным доходом равнозначно текущей доходности
indication индикация (США): 1) оценка цен продавца и покупателя, которые будут котироваться после возобновления торговли на фондовой бирже, прерванной из-за дисбаланса приказов или другой причины; 2) котировка для информации, то есть без обязательства совершить сделку
indication of interest проявление биржевиком или инвестором интереса к новым ценным бумагам на стадии регистрации (США): сообщение о намерении (но не обязательстве) приобрести бумаги
indicative rate = information rate
indicator индикатор: показатель, используемый для прогнозирования конъюнктуры (например, объем автомобильных продаж может быть индикатором темпов экономического роста)
indice Borsa valory di Milano (MIB) индекс Фондовой биржи Милана (две разновидности с разбивкой по 15 отраслям); текущий индекс включает все ценные бумаги, котируемые на бирже (3 января 1983 г. = 1000), а "исторический" индекс - 129 ведущих (2 января 1975 г. = 1000)
indice Mediobanca фондовый индекс, публикуемый Медиобанка (ведущим итальянским институтом среднесрочного кредитования)
indirect cost and expense косвенные издержки и расходы (не включаются в издержки производства)
indirect liability = off-balance-sheet liability

indirect loan косвенный кредит: кредит, который был первоначально предоставлен продавцом товара покупателю (продажа в рассрочку), а затем перепродан финансовому учреждению со скидкой; финансовое учреждение взыскивает кредит

indirect mortgage loan косвенная ипотечная ссуда: ипотечный кредит, обеспеченный долговыми инструментами, которые в свою очередь обеспечены недвижимостью

indirect parity = cross rate

indirect taxation косвенное налогообложение (товаров и услуг)

individual assignment уступка конкретных прав (требований)

individual capital индивидуальный (личный) капитал: капитал, служащий источником дохода (независимо от формы использования)

individual proprietor = sole proprietor

Individual Retirement Account (IRA) индивидуальный пенсионный счет (ИПС): система пенсионного обеспечения в США, основанная на законе 1974 г. и с 1982 г. доступная всем гражданам; любой человек может открыть в банке индивидуальный пенсионный счет, и его ежегодные взносы до 2000 долл. вычитаются из совокупного обложения налогами; не облагаются налогами и проценты по такому счету; за досрочное использование средств взимается штраф в 10 %; с 1986-87 гг. введены различные ограничения, связанные с совокупным доходом гражданина или семьи или наличием другого пенсионного обеспечения; средства на ИПС могут инвестироваться в банковские счета, ценные бумаги, взаимные фонды и другие инструменты; см. Employee Retirement Income Security Act

Individual Retirement Account Rollover ролловер индивидуального пенсионного счета: положение налогового кодекса США, позволяющее переводить средства с одного пенсионного счета на другой или в иную пенсионную схему без уплаты штрафа за досрочное использование, если это делается в течение 60 дней; = IRA rollover

indorsement = endorsement

industrial промышленная корпорация (США): на фондовом рынке - любая корпорация, которая не может быть отнесена к коммунальным, финансовым или транспортным компаниям

Industrial and Commercial Finance Corporation (ICFC) Промышленная и торговая финансовая корпорация (Великобритания), организация, созданная в 1945 г. клиринговыми банками и Банком Англии для средне- и долгосрочного кредитования на суммы до 1 млн. ф. ст. мелких и средних компаний; в 1973 г. слилась с Финансовой корпорацией для промышленности в организацию Финансы для промышленности; см. Finance for Industry

industrial bank промышленный банк: финансовое учреждение (США и Великобритания), предоставляющее потребительские ссуды (в т. ч. для приобретения товаров и оборудования в рассрочку) и привлекающее депозиты населения и компаний; промышленные банки в обслуживании клиентов часто не отличаются от коммерческих банков (открывают текущие счета, проводят расчеты, предоставляют кредит по овердрафту); в США продают инвестиционные сертификаты и акции для аккумулирования ресурсов; впервые были созданы в США предпринимателем Артуром Моррисом; = industrial loan company; см. finance house

Industrial Bankers' Association Ассоциация промышленных банков в Великобритании (основана в 1956 г.); представляет интересы около 25 своих членов (преимущественно небольших финансовых домов)

industrial development bond (IDB) облигация промышленного развития (США): разновидность муниципальных облигаций, выпускаемых для финансирования строительства общественно полезных частных или муниципальных промышленных объектов, которые затем сдаются в аренду частным фирмам; погашение осуществляется за счет увеличения налоговых поступлений или арендных платежей; различают собственно облигации развития (development bond), когда погашение осуществляется муниципалитетом, и облигации промышленных доходов (revenue bond), когда за погашение отвечает частная фирма

industrial revenue bond = industrial development bond

inelastic demand/supply неэластичный спрос (предложение): спрос и предложение, которые слабо реагируют на изменение цен

ineligible bill вексель, непригодный к переучету в центральном банке; см. eligible bill

in escrow на хранении у третьего лица до выполнения определенного условия (о документе, ценных бумагах, денежных суммах)

inflation инфляция: ситуация в экономике, характеризуемая ростом цен товаров и услуг; причины инфляции могут быть в эмиссии денег, дефиците бюджета, увеличении спроса на кредит, росте издержек предприятий, например, из-за требований повышения зарплаты; в результате денежная масса в обращении становится больше товарной и это ведет к росту цен; см. cost-push inflation, demand-pull inflation

inflation accounting учет воздействия инфляции в бухгалтерской отчетности компании

inflation risk инфляционный риск: риск обесценивания активов или доходов в результате роста цен

information rate (info rate) курс (ставка) для сведения: курс, который дилер сообщает для информации (не обязуется заключать по нему сделку)

information technology информационная технология: управление информацией на основе вычислительной техники и современных средств связи; информационные технологии позволяют финансовым учреждениям обрабатывать данные о рынках, клиентах, операциях, рисках таким образом, что принимаемые решения становятся более обоснованными и рациональными; информация о деньгах и тенденциях на рынках часто важнее собственно денег

infraction нарушение, несоблюдение (правила, контракта)

ingot слиток металла (обычно драгоценного)

inherent worth внутренняя стоимость: стоимость акции, рассчитанная на основе финансового положения компании

inheritance tax налог на наследства: налог на имущество, полученное по завещанию физическими лицами (иногда возрастает при уменьшении степени родства или близости к умершему); в Великобритании налог на наследства (estate duty) заменен налогом на передачу капитала; см. capital transfer tax

in-house bank "внутренний" банк: финансовое учреждение крупной торгово-промышленной корпорации - специализированная финансовая дочерняя компания, обслуживающая корпорацию

in-house funds "внутренние" средства: собственные финансовые средства фирмы, занимающейся управлением чужими ресурсами (т. е. фирма участвует в рыночных операциях также и за свой счет); см. discretionary funds

initial margin первоначальная маржа: 1) гарантийный депозит (маржа), вносимый по срочному биржевому контракту в клиринговую палату; обычно устанавливается в виде конкретной суммы или процента от суммы контракта (2-10 %); 2) сумма, которую надо внести брокеру наличными или ценными бумагами при проведении фондовых сделок в кредит; по "правилу Т" ФРС в США первоначальная маржа равна 2000 долл. (кроме того, по операциям взимается 50 % покупной цены бумаг или 50 % суммы "короткой" продажи); = security deposit; minimum maintenance; Regulation T

initial public offering (IPO) первоначальное публичное предложение акций: первый выпуск корпорацией своих акций на рынок

initiative clause "инициативная" оговорка: пункт многостороннего соглашения о пересмотре задолженности, по которому должник должен урегулировать все проблемы с кредиторами, не участвующими в соглашении, на сравнимых условиях

injunction постановление суда, требующее от ответчика воздержаться от действий, которые могут нанести ущерб истцу

inland bill переводный вексель, выставленный и оплаченный в пределах одного государства (штата в США)

inner reserves = hidden reserves

in play "в игре": ценная бумага, на торговлю которой оказывают воздействие слухи о возможном поглощении компании эмитента (или реальные действия в этом направлении)

input(s) затраты, потребляемые материалы, ингредиенты

inscribed stock ценные бумаги, которые существуют только в виде записей в регистре (т. е. владельцам не выдаются сертификаты); как правило, государственные облигации в Великобритании

inside directors "внутренние" директора: директора, которые непосредственно руководят деятельностью корпорации, являются членами внутреннего управленческого комитета (в отличие от посторонних или внешних директоров); операции таких директоров с акциями своей корпорации жестко регулируются

inside(r) information "внутренняя" информация: информация о корпорации, которая имеется у директоров и служащих, но не опубликована для общего пользования; торговля акциями на основе такой информации запрещена, например, правилом 10b-5 Комиссии по ценным бумагам и биржам США, а любые сделки инсайдеров, владеющих более 10 % акций компании, должны дополнительно сообщаться комиссии

inside market "внутренний" рынок: рынок, на котором продавцами и покупателями выступают дилеры за свой счет (не за счет клиентов); равнозначно оптовому рынку

insider "инсайдер", "внутренник": лицо, совершающее прибыльную сделку на основе информации, которая недоступна широкой публике, т. е. лицо, имеющее доступ к "внутренней" (необнародованной) информации корпорации

insider dealings = insider trading

insider lending "внутреннее" кредитование: кредиты директорам и сотрудникам банка; такие кредиты должны предоставляться на тех же условиях, что и любым другим заемщикам, а информация о них – сообщаться регулирующим органам

insider trading незаконные операции с ценными бумагами на основе "внутренней" информации о деятельности компании-эмитента

insolvency неплатежеспособность: неспособность своевременно выполнить коммерческие обязательства, погасить долги; плательщик может при этом иметь достаточные активы, которые не удается превратить в наличные; финансовое учреждение считается неплатежеспособным в том случае, если соотношение капитала к активам близко или равно нулю или если капитальные активы практически потеряли ценность

instal(l)ment 1) взнос, платеж (очередной, частичный); 2) часть, партия

installment buying = installment credit

installment contract контракт, по которому покупатель обещает платить за товар равными долями в течение оговоренного срока

installment credit потребительский кредит, выплачиваемый равными долями в течение оговоренного срока: продажа товаров в рассрочку; может требоваться обеспечение; = credit sale

installment note простой вексель, на основе которого предоставляется кредит на покупку товара в рассрочку

installment sale = installment credit

instant (inst.) "текущего месяца" (термин деловой переписки); например, "5 inst", – пятого числа текущего месяца

Instant Link "Инстант линк" (Великобритания): электронная система заключения и подтверждения сделок с ценными бумагами (принадлежит агентству "Рейтер")

Instinet Инстинет: электронная система торговли акциями, принадлежащая Рейтер

Institute for International Finance (Ditchley Institute) Институт международных финансов (создан в 1984 г.): организация ведущих кредиторов (200

учреждений из 40 стран), занимающаяся сбором и анализом информации по суверенным заемщикам; также называется Институтом Дитчли (по месту учреждения)

Institute of Actuaries Институт актуариев: профессиональная ассоциация актуариев в Англии и Уэльсе (основана в 1848 г.)

Institute of Bankers Институт Банкиров: старейшая профессиональная организация банкиров в мире (1879 г.); насчитывает свыше 110 тысяч индивидуальных членов во многих странах мира; занимается обучением и выдачей дипломов, распространением информации

institutional broker институциональный брокер: брокер, обслуживающий институциональных инвесторов (обычно взимает более низкие комиссии, т. к. сделки имеют большие размеры)

Institutional Investor "Институтьюшнл инвестор": ежемесячный деловой журнал, издаваемый в Нью-Йорке преимущественно в расчете на институциональных инвесторов

institutional investors институциональные инвесторы: юридические лица, активно инвестирующие свои средства и средства клиентов в акции и другие финансовые активы (страховые компании, пенсионные и паевые фонды, корпорации); на них приходится 50-70 % ежедневного оборота Нью-Йоркской фондовой биржи (остальное – на индивидуальных инвесторов и биржевиков)

Institutional Networks Corporation (INSTINET) Институтьюшнл нетуоркс корпорейшн ("ИНСТИНЕТ"): электронная система торговли акциями в США для институциональных инвесторов (зарегистрирована как биржа); собирает котировки на биржах и на межбанковском рынке и информирует о них инвесторов, которые имеют возможность заключать сделки на лучших условиях; также называется "четвертым" рынком; см. fourth market

instructing bank инструктирующий банк: банк, осуществляющий по поручению клиента платеж, перевод средств в отличие от банка, информирующего отправителя денег о совершении платежа (advising bank); = ordering bank

instrument инструмент: 1) инструмент денежно-кредитной или экономической политики (учетная ставка и операции центрального банка, резервные требования, налоги и т. д.); 2) юридически оформленный документ, отражающий какое-либо право или обязательство; 3) финансовый актив или обязательство, являющиеся объектом торговли на рынке (ценные бумаги, депозиты, контракты и т. д.); см. = financial instrument

instrumentality федеральное агентство, обязательства (рыночные ценные бумаги) которого гарантируются правительством США, но не являются его прямыми обязательствами; см. Export-Import Bank, Small Business Administration, Federal National Mortgage Association; Student Loan Marketing Association

instruments to order "инструменты приказу": ценные бумаги, которые могут переходить из рук в руки с помощью передаточной надписи последнего владельца (т. е. по его "приказу")

insufficient funds недостаточные средства: обозначение чека на сумму большую, чем сумма на счете эмитента; = non sufficient funds

insurance страхование: система финансовой компенсации в случае наступления определенных обстоятельств в обмен на регулярную уплату небольших сумм (премий), из которых образуется компенсационный фонд, вкладываемый в приносящие доход активы; размеры премий рассчитываются на основе данных о вероятности наступления страхового случая

insurance agent страховой агент: лицо, которое сводит потенциальных клиентов со страховой компанией (за вознаграждение)

insurance broker страховой брокер: лицо, которое от имени клиента договаривается со страховой компанией о покрытии риска, а также консультирует по вопросам страхования

insurance policy страховой полис:

документ, в котором изложены условия договора страхования (договор страхователя со страховщиком)

insurance premium страховая премия: сумма, выплачиваемая ежегодно владельцам полиса (страхователем) страховой компании

insurance trust страховой траст: безотзывный траст, созданный для получения суммы страховки жизни (обычно для уклонения от налога на наследство); активы передаются бенефициару после смерти застрахованного лица

insured страхователь: владелец страхового полиса – лицо, которое при наступлении страхового случая имеет право обратиться к страховщику за возмещением убытка

insured account застрахованный счет: счет в банке или кредитно-финансовом учреждении, участвующем в системе страхования депозитов (например, в Федеральной корпорации страхования депозитов США); владелец счета имеет право на компенсацию в случае банкротства банка

insured financial institution застрахованное финансовое учреждение: учреждение, являющееся членом системы страхования депозитов клиентов

insured loan застрахованный кредит: кредит, по которому гарант возмещает кредитору потери в случае отказа заемщика выполнить свои обязательства; например, кредитный риск по жилищной ипотеке в США может быть частично или полностью застрахован Федеральной жилищной администрацией; см. Federal Housing Association

insurer страховщик: компания, специализирующаяся на страховании от различных рисков

intangible assets "неосязаемые" или "нереальные" активы: активы без физического воплощения, но имеющие реальную ценность, прежде всего в связи с компанией-владельцем (репутация, престиж, патенты, различные права; см. goodwill

intangible cost "неосязаемый" расход: издержки, которые могут быть на законном основании вычтены из суммы налогообложения

integrated circuit card = smart card

Interagency Country Exposure Review Committee Межведомственный комитет по оценке странового риска (США): комитет из представителей различных органов банковского надзора и регулирования, созданный для унификации системы оценки странового риска, классификации плохих долгов для целей создания резервов; см. country risk

Inter-Alpha Интер-Альфа: западноевропейская банковская группировка, включающая Берлинер Хандельс унд Франкфуртер банк, Креди коммерсьяль де Франс, Кредитбанк, Недерландше мидденштандсбанк, Приват банкен, Вильямс энд Глинс бэнк (создана в 1972 г.)

Inter-American Development Bank (IDB) Межамериканский банк развития: региональный финансовый институт, финансирующий приоритетные проекты в развивающихся странах Западного полушария, предоставляющий технические и другие услуги (создан в 1959 г. со штаб-квартирой в Вашингтоне); членами банка являются 26 латиноамериканских стран, 14 европейских стран, США и Япония

interbank deposits межбанковские депозиты: депозиты, размещенные одним банком в другом; могут также называться межбанковскими кредитами, то есть краткосрочными кредитами, предоставляемыми банками друг другу; как правило имеются в виду достаточно крупные суммы (например, 1 млн. долл.) на стандартных условиях; = reciprocal deposits

interbank market межбанковский рынок: рынок краткосрочных необеспеченных ссуд (депозитов) или валюты, в котором участвуют банки с помощью средств связи (телекса и телефона)

Inter Bank On-line System (IBOS) Межбанковская он-лайновая система: международная система межбанковских платежей, созданная Ройал бэнк оф Скотланд и Банко Сантандер; позволяет рассчитываться в течение 7 секунд; дешевле и конкурирует со СВИФТ

inter-bank overnight rate межбанковская однодневная процентная ставка

interbank rate межбанковская процентная ставка: ставка по краткосрочным межбанковским депозитам

Inter-Bank Research Organization Межбанковская исследовательская организация: орган, созданный в 1968 г. британскими клиринговыми банками для совместного изучения важнейших проблем

inter-broker dealers дилеры финансового рынка, специализирующиеся на сделках с другими дилерами и брокерами, а не инвесторами

interchange обмен сделками между финансовыми учреждениями, участвующими в системе банковских карточек на основе согласованных правил; это означает, что клиент банка может получить карточку в любом из участвующих банков и других учреждениях

interchange rate ставка обмена: комиссия, уплачиваемая одним банком другому в обмен на принятие кредитного риска и расходов по осуществлению операции по кредитной карточке; = issuer's reimbursement fee

interchangeable bonds 1) облигации на предъявителя, которые могут трансформироваться в именные бумаги; 2) взаимозаменяемые бумаги

interchangeable items = fungible items

inter-commodity spread межтоварный спред: спред на срочной бирже между двумя товарами с близкими характеристиками (например, "длинная" позиция по пшенице и "короткая" по кукурузе)

inter-company loans market рынок межфирменных кредитов: краткосрочный денежный рынок, возникший в Лондоне в конце 60-х годов между крупными компаниями для обхода ограничений на банковское кредитование (в 70-х годах потерял свое значение)

inter-company participation взаимное участие компаний в капитале друг друга

inter-dealer broker междилерский брокер: категория участников рынка британских правительственных облигаций, специализирующихся на посредничестве между финансовыми институтами

inter-dealer market = inside market

interdelivery spread спред между разными сроками поставки: покупка фьючерсного или опционного контракта на один месяц и продажа такого же контракта с поставкой в другом месяце в надежде на прибыль от сужения или расширения разницы между ценами двух контрактов

interest (Int) 1) процент: сумма, уплачиваемая должником кредитору за пользование деньгами последнего; выражается в виде процентной ставки за определенный период, обычно 1 год; 2) участие в капитале; капиталовложение

interest arbitrage = interest rate arbitrage

interest-bearing (earning) assets процентные активы, приносящие процентный доход (ценные бумаги, депозиты)

interest cover(age) процентное покрытие: 1) отношение сальдо текущего платежного баланса минус процентные платежи иностранным кредиторам к сумме процентных платежей (в процентах); доходы заемщика к сумме процентных платежей; показатель способности заемщика обслуживать долг; 100 % и более означает достаточность ресурсов для оплаты процентов; 0 и менее – невозможность платить даже часть процентов; 2) накопленные резервы для оплаты процентов; 3) = fixed-charge coverage

interest deductions процентный вычет: в сберегательном деле снижение процентного дохода вкладчика при нарушении оговоренного срока изъятия депозита

interest divisor процентный делитель: расчетная постоянная для облегчения исчисления процентного дохода

interest-earning asset актив, приносящий процентный доход

Interest Equalization Tax (IET) уравнительный налог (США): налог на процентные доходы, принятый в 1963 г. в размере 15 % для ограничения покупок резидентами иностранных ценных бумаг, выпущенных на американском рынке; был призван уменьшить иностранные заимствования в США и способствовал развитию еврооблигационного рынка

interest formula процентная формула: формула исчисления процентов

interest free беспроцентный: не приносящий проценты

interest make-up schemes программы, по которым государство возмещает банкам разницу между льготными ставками по экспортным кредитам и рыночными процентными ставками (для поддержки национального экспорта)

interest margin процентная маржа: 1) разница между процентными ставками по активным и пассивным операциям; 2) разница между двумя процентными ставками; 3) = net interest margin

interest only loan кредит, по которому до истечения его срока выплачиваются только проценты, а основная сумма погашается в конце срока одним платежом; может быть также кредит с отсроченным началом амортизации основной суммы; = bullet loan

interest-only (IO) strip часть ценной бумаги, обеспеченной ипотеками, представляющей только процентные платежи (в отличие от основной суммы); см. principal-only strip; stripped bond

interest paid выплаченные проценты: статья баланса банка, показывающая процентные выплаты по привлечённым депозитам – пассивные проценты (отражаются в пассиве)

interest parity процентный паритет: соотношение в процентных ставках между двумя валютами, прямо отражающееся в форвардном курсе (премия или скидка)

interest period процентный период: период начисления процентов

interest rate процентная ставка: плата за кредит в процентном выражении к сумме кредита в расчёте на один год

interest rate arbitrage процентный арбитраж: одновременные операции на нескольких рынках или с несколькими финансовыми инструментами для получения прибыли на разнице процентных ставок

interest rate cap (IRC) процентный "кэп": соглашение о защите заёмщика от повышения процентных ставок, по которому он платит определённую комиссию кредитору в обмен на обязательство не повышать ставку сверх определённого уровня; соглашение о максимальной ставке по облигациям с плавающей процентной ставкой (может быть превращено в самостоятельную ценную бумагу и продаваться отдельно от облигации)

interest-rate differentials разница в процентных ставках между двумя странами, сроками финансовых инструментов

interest rate exposure открытая процентная позиция: риск убытков или возможность получения прибыли в связи с изменением процентных ставок

interest rate futures "процентные фьючерсы": срочные биржевые сделки с кредитными инструментами (депозитами, ценными бумагами); также контракты, дающие владельцу право купить или продать тот или иной инструмент по оговорённой цене на дату в будущем

interest rate gap = interest rate mismatch

interest rate guarantee (IRG) гарантия процентной ставки (ИРГ): межбанковский процентный опцион (с уплатой премии)

interest rate mismatch несоответствие уровней процентных ставок по активам и пассивам банка

interest rate option процентный опцион: опцион, объектом которого является кредитный инструмент (облигация, вексель, депозит), то есть право, но не обязательство его купить или продать в будущем в обмен на уплату сегодня определённой суммы (премии); = debt option

interest-rate risk процентный риск: риск потерь в результате изменения процентных ставок; например, стоимость облигации с фиксированной ставкой уменьшается по мере общего повышения процентных ставок

interest rate risk management управление процентным риском

interest rate sensitivity чувствительность к процентным ставкам: зависимость цены финансового инструмента от изменения процентных ставок

interest rate swap процентный своп: соглашение между двумя сторонами об обмене процентными платежами по кредитным обязательствам, разным по условиям, но равным по сумме (например, плавающие ставки против фиксированных); расчет производится по разнице, а основная сумма операции никогда реально не меняет владельцев

interest received (earned) полученные проценты: проценты, полученные банком, по выданным кредитам, - активные кредиты (отражаются в активе)

interest sensitive assets активы, чувствительные к изменению процентных ставок; например, кредиты, ставка по которым регулярно пересматривается в соответствии с изменением рыночной ставки-ориентира типа ЛИБОР

interest sensitive liabilities пассивы, чувствительные к изменению процентных ставок; например, краткосрочные депозиты, выплачиваемая по которым процентная ставка регулярно пересматривается в соответствии с изменением рыночной ставки-ориентира

interest-sensitive stock акция, чувствительная к изменению процентных ставок: акция компании, доходы которой изменяются с изменением ставок (например, банка)

interest spread процентный спред: разница между средними процентными ставками по активам и пассивам, приносящим проценты

interest warrant процентный варрант: чек на сумму процентов и квитанция с указанием общей суммы и налоговых вычетов

interest yield = flat yield

interim account = suspense account

interim budget промежуточный бюджет: бюджет, который в силу чрезвычайных обстоятельств принимается до окончания бюджетного года

interim credit (loan) = bridge financing

interim dividend промежуточный дивиденд: дивиденд, выплачиваемый ежеквартально или за первую часть финансового года по решению директората компании до объявления общей суммы дивиденда

interim statement промежуточный отчет: 1) отчет компании за квартал или первую половину финансового года (данные баланса и иногда заявление председателя правления компании); 2) данные об операциях по счету со времени высылки по почте регулярного отчета, выдаваемые клиенту автоматической кассовой машиной; = snapshot statement; mini statement

interlocking directorates "переплетенные" директораты: система, при которой одно лицо может являться директором нескольких компаний, в том числе компаний-конкурентов

inter-market spread межрыночный спред: 1) спред между одинаковыми или сходными контрактами на разных срочных биржах; 2) = interdelivery spread

Inter-Market Trading System (ITS) Межрыночная торговая система (США): компьютерная система, соединяющая дилеров семи фондовых бирж США (создана в 1980 г.); система сообщает о твердых котировках по сделкам минимум в 100 акций; дилер может направить приказ на биржу, где цены выгоднее (сама сделка заключается по телексу или телефону); см. electronic handshake

intermediary посредник, агент, брокер: финансовое учреждение, выступающее посредником между поставщиками и потребителями финансовых ресурсов; лицо, уполномоченное на совершение операций за счет клиента; = financial intermediary

intermediate targets промежуточные цели: ориентиры изменения процентных ставок и агрегатов денежной массы, на достижение которых направлена денежно-кредитная политика центрального банка

intermediate term средний срок: период, который не является ни краткосрочным, ни долгосрочным; фондовые аналитики обычно называют среднесрочными периоды в 6-12 месяцев, облигационные аналитики - 3-10 лет; государственные облигации в Великобритании считаются среднесрочными, если они имеют сроки 5-15 лет

intermediation 1) посредничество; 2) размещение денежных средств у финансовых посредников (банков, брокеров), которые затем осуществляют кредитование, инвестиции от своего имени; процесс доведения финансовых ресурсов от их изначального источника, например, граждан, до конечных пользователей, например, предприятий; см. disintermediation

internal audit внутренний аудит: проверка бухгалтерских книг и всей деятельности компании ее сотрудниками на предмет правильности принятых решений, для выявления мошенничества, ошибок

internal capital generation rate внутренняя ставка создания капитала: темп прироста акционерного капитала банка; результат деления нераспределенной прибыли на средний остаток средств акционеров за данный отчетный период

internal control внутренний контроль: средства и методы обеспечения эффективной деятельности корпорации

internal convertibility внутренняя конвертируемость валюты: возможность для резидентов свободно обменивать национальную денежную единицу на иностранную валюту

internal debt внутренний долг: часть национального долга, которая принадлежит резидентам (они являются кредиторами); см. external debt

internal finance внутренние финансы компании: нераспределенная прибыль в отличие от кредитов и займов; в Великобритании на внутренние источники приходится 2/3 потребностей компании

internal rate of return (IRR) внутренняя ставка дохода: средняя ежегодная доходность финансового инструмента; это может быть: 1) эффективная ставка процента по кредиту; см. annual percentage rate; effective interest rate; 2) дисконтная ставка в анализе "discounted cash flow" (см.); 3) ставка, при которой доход от капиталовложения равен расходам по нему; минимальная или внутренняя ставка дохода; = hurdle rate

Internal Revenue Service (IRS) Служба внутренних доходов: федеральное агентство США, занимающееся сбором налогов, контролем за соблюдением налогового законодательства, расследованием налогового мошенничества

International Agreement on Officially Supported Export Credit международное соглашение по экспортным кредитам с официальной поддержкой (Консенсус): соглашение 22 стран ОЭСР о минимальных процентных ставках по кредитам на 2-5 и свыше 5 лет по трем категориям стран в зависимости от уровня ВНП на душу населения; до 2 лет экспортные кредиты должны предоставляться на рыночных условиях и в любом случае сумма кредита не должна превышать 85 % цены контракта

International Bank for Economic Cooperation (IBEC) Международный банк экономического сотрудничества (МБЭС): коллективный банк стран – членов СЭВ, осуществлявший многосторонние расчеты в переводных рублях, а также широкий круг банковских операций (создан в 1963 г. с местопребыванием в Москве)

International Bank for Reconstruction and Development (IBRD; World Bank) Международный банк реконструкции и развития (МБРР; Мировой или Всемирный банк); учрежден в результате Бреттон-Вудской конференции в 1944 г.; первоначально ориентировался на восстановление экономики стран Западной Европы, а сегодня главным образом кредитует на рыночных условиях

International Banking Act Закон о международных банковских операциях (США): закон 1978 г., призванный уравнять в правах иностранные и национальные банки на территории США

International Banking Facilities (IBFs) международные (свободные или оффшорные) банковские зоны в США (с декабря 1981 г. в Нью-Йорке, а затем и в других штатах): подразделения американских и иностранных банков на территории США, которые формально считаются заграничными (нерезидентами) и поэтому могут проводить евродолларовые операции между собой и с иностранными клиентами и не подпадают под резервные требования, "потолки" процентных ставок и другое банковское регулирование; существуют фактически как регистрационные центры, отделения, почтовые ящики; см. off-shore banking unit

international bonds международные облигации (еврооблигации и иностранные займы)

International Chamber of Commerce Международная торговая палата: организация, созданная в 1920 г. в Париже для обмена информацией между национальными и двусторонними торговыми палатами в интересах развития международного экономического сотрудничества

International Commodities Clearing House (ICCH) Международная товарная клиринговая палата: компания (принадлежащая британским банкам), предоставляющая клиринговые услуги срочным биржам в Великобритании, Австралии, Гонконге и Малайзии; основана в 1888 г. (современное название - с 1973 г.)

International Correspondent Banker (ICB) "Интернэшнл корреспондент бэнкер": международный журнал, специализирующийся на проблемах межбанковских деловых отношений; издается в Великобритании

international credits международные кредиты (еврокредиты и иностранные кредиты)

international dealers (IDs) международные дилеры (Великобритания): категория членов Лондонской фондовой биржи, введенная в апреле 1984 г.; торгуют в качестве принципалов иностранными ценными бумагами и должны иметь капитал не менее 500 тыс. ф. ст.

international depositary receipt (IDR) международная депозитная расписка: сертификат, удостоверяющий собственность на акции инвестора, который не является нерезидентом данной страны; сами ценные бумаги остаются депонированными в банке-эмитенте расписки; инструмент международной торговли акциями

International Development Association (IDA) Международная ассоциация развития (МАР): филиал МБРР, созданный в 1960 г. для кредитования беднейших развивающихся стран на льготных условиях (на длительные сроки, с льготными периодами до 10 лет); кредитует только конкретные проекты

International Development Cooperation Agency (IDCA) Агентство по международному сотрудничеству для развития (США): независимое федеральное агентство для координирования программ заграничной помощи США (создано в 1979 г.)

international equities международные акции: акции, которые выпускаются одновременно по крайней мере на двух фондовых рынках; евроакции

International Finance Corporation (IFC) Международная финансовая корпорация (МФК): филиал МБРР, созданный в 1956 г. для содействия развитию частных предприятий путем прямых инвестиций (в некоторых случаях дополняемых долгосрочными кредитами) главным образом в развивающихся странах

international financial institutions (IFIs) международные финансовые учреждения (МВФ, МБРР)

International Futures Exchange (INTEX) Международная срочная биржа: срочная компьютеризированная биржа в г. Гамильтон (Бермудские о-ва); специализируется на сделках с золотом, индексах (основана в 1984 г.)

International Gold Pool международный золотой пул: соглашение, заключенное в 1961 г. центральными банками Великобритании, США, ФРГ, Италии, Бельгии, Нидерландов, Франции, Швейцарии для поддержки цены золота на лондонском рынке выше на уровне 35 долл. за унцию (с помощью продаж и покупок через Банк Англии); в июле 1967 г. в пуле прекратила участвовать Франция, а в марте 1968 г. он распался

International Investment Bank (IIB) Международный инвестиционный банк (МИБ): коллективный банк стран - членов СЭВ, специализируется на кредитовании инвестиционных проектов (создан в 1971 г. с местопребыванием в Москве)

internationalization of a currency интернационализация валюты: процесс расширения использования национальной валюты в международных торговых и кредитных операциях, в т. ч. нерезидентами, а также снятие соответствующих ограничений

international liquidity международная ликвидность: способность государств выполнять свои международные обязательства, погашать долги; средства международной ликвидности – иностранная валюта, золото, СДР, резервная позиция в МВФ

International Monetary Fund (IMF) Международный валютный фонд (МВФ): ведущая международная валютно-финансовая организация, учрежденная в 1944 г. в результате Бреттон-Вудских соглашений с целью поддержания стабильности международной валютной системы; координирует международное сотрудничество в валютно-финансовой сфере, финансирует страны-члены и консультирует их по различным экономическим вопросам, выпускает СДР; ресурсы МВФ состоят из взносов стран-членов и рыночных заимствований

International Monetary Market (IMM) Международный валютный рынок (ИММ): подразделение Чикагской торговой биржи, специализирующееся на финансовых фьючерсах (основано в 1972 г.); см. Chicago Mercantile Exchange

international monetary reform реформа международной валютной системы: предложения об упорядочении регулирования международных отношений (решение проблем курсовой стабильности, ликвидности, роли золота и доллара, несбалансированности платежей)

international monetary system международная валютная система: совокупность международных валютных и кредитных отношений и форм их межгосударственного регулирования; в настоящее время не имеет четкого юридического оформления и характеризуется плавающими валютными курсами, отменой официальной цены золота, отсутствием жесткого регулирования; см. Bretton Woods System; Jamaica Agreement

international mutual fund международный взаимный фонд: фонд, вкладывающий средства в ценные бумаги различных стран (в т. ч. в разных валютах) для диверсификации риска

International Organization of Securities Commissions (IOSCO) Международная организация комиссий по ценным бумагам: международное объединение органов, занимающихся регулированием рынков ценных бумаг

International Petroleum Exchange (IPE) Международная нефтяная биржа: лондонская биржа, специализирующаяся на торговле срочными контрактами на нефть и нефтепродукты; основана в 1980 г.

International Primary Market Association (IPMA) Ассоциация участников первичного рынка международных облигаций: орган саморегулирования первичного рынка

international reserves международные резервы (резервные средства): общепринятые международные средства платежа, включая золото, свободно конвертируемые валюты, СДР, резервную позицию в МВФ

international securities международные ценные бумаги: ценные бумаги, которыми торгуют на биржах разных стран и которые широко покупают нерезиденты

International Securities Market Association (ISMA) Ассоциация международного рынка ценных бумаг: ассоциация участников вторичного рынка еврооблигаций, осуществляющая его саморегулирование; основана в 1969 г. в Цюрихе как "Association of International Bond Dealers", сменила название с 1 января 1992 г.; свыше 900 членов из 30 стран

International Standards of Accounting and Reporting (ISAR) международные стандарты учета и отчетности

International Stock Exchange of the UK and the Republic of Ireland (ISE) Международная фондовая биржа Соединенного Королевства и Ирландской Республики: официальное название британо-ирландской фондовой биржи; включает Лондонскую и ряд провинциальных бирж (объединение произошло в 1973 г.)

International Swap Dealers Association (ISDA) Международная ассоциация дилеров по свопам: ассоциация банков, специализирующихся на процентных и валютных свопах (создана в 1985 г.)

international trading certificate (ITC) международный торговый сертификат: свободно обращающаяся импортная лицензия, дающая право покупателю товаров страны с неконвертируемой валютой продать в этой стране товары на оговоренную сумму в твердой валюте

International Union of Credit and Investment Insurers (Bern Union) Международный союз страховщиков кредитов и инвестиций (Бернский союз): международная ассоциация частных и государственных институтов страхования экспортных кредитов и инвестиций (создана в 1934 г. в Лондоне); разрабатывает общие принципы страхования экспортных кредитов и инвестиций, способствует сотрудничеству и обмену информацией; члены союза соблюдают джентльменское соглашение по экспортным кредитам, чтобы избежать чрезмерной конкуренции (кредиты, как правило, должны иметь сроки менее 5 лет)

Internet "Интернет": международная система связи между владельцами персональных компьютеров

inter-operability операционная совместимость: возможность использовать пластиковую карточку одного эмитента в автоматических кассовых аппаратах и электронных терминалах платежной системы другого эмитента; см. plastic card

interpositioning участие второго брокера в фондовых сделках между двумя принципалами

interpretive letter "интерпретирующее", разъясняющее письмо органов банковского надзора; документ, дающий толкование законодательству или определяющий правила по проблемам, которые не подпадают под существующие законы

interrogation device информационное устройство: компьютерный терминал, дающий рыночную информацию (цену последней сделки, котировки продавца и покупателя, объемы операций) на ленте или видеоэкране

interstate banking банковская деятельность в нескольких штатах (США): согласно поправки Дугласа к закону о банковских холдингах последние имеют право приобретать банковские учреждения в других штатах, если это разрешено законодательством этих штатов

intervention интервенция (валютная): купля-продажа центральным банком валюты для воздействия на курс национальной денежной единицы; валютные интервенции финансируются за счет резервов, заимствований у МВФ и центральных банков, выпуска облигаций в иностранной валюте, денежной эмиссии (для продажи на инвалюту)

intervention points интервенционные точки: в системе фиксированных валютных курсов пределы свободного колебания курсов, превышение которых вызывает необходимость валютных интервенций центрального банка

intervention price интервенционная цена: уровень цены, при котором государство или международная организация начинает поддерживать конъюнктуру

intervention rates интервенционные курсы: пределы колебания курсов валют ЕВС относительно ЭКЮ (2,25 %, а для итальянской лиры 6 %), которые поддерживаются с помощью интервенций

inter vivos trust "между живыми": подарок, завещание, доверенность, опека, попечительский фонд при жизни доверителя; = living trust; см. testamentary trust

intestate лицо, умершее без завещания

in the Bank "в Банке" (Великобритания): ситуация, когда банки могут получить наличные только путем учета ценных бумаг в Банке Англии (т. е. денежный рынок перемещается в Банк Англии)

in the black без убытков (в бухгалтерских книгах безубыточные операции в прошлом записывались черными чернилами); см. in the red

in the box "в коробке": получение известия о том, что ценные бумаги были поставлены (США)

in the money опцион, цена исполнения которого более выгодна покупателю, чем текущая цена финансового инструмента, лежащего в его основе (т. е. опцион имеет "внутреннюю" стоимость: "пут" - положительную, "колл" - отрицательную); см. intrinsic value

in the red с убытком (в бухгалтерских книгах убытки в прошлом записывались красными чернилами); см. in the black

in the tank быстрое падение цен на фондовом рынке (жарг.)

intra-commodity spread "внутритоварный" спред: одновременная купля-продажа контрактов на один товар на той же бирже с разными сроками поставки

intra-Community trade торговля в рамках ЕС (между странами-членами)

intra-day highs/lows наиболее высокие и низкие цены товаров, акций, облигаций в течение рабочего дня

intra-day limit дневной лимит: лимит, устанавливаемый дилеру по валютным операциям в течение операционного дня (в целом и по каждой валюте в отдельности); такие лимиты могут значительно превышать лимиты на конец дня

intra-day price range = intra-day highs/lows

Intra-European Payments Agreement (IEPA) Внутриевропейское платежное соглашение: соглашение о расчетах между странами, получавшими помощь по плану Маршалла; расчеты осуществлялись через банк международных расчетов, а их сальдо погашалось средствами по плану помощи; действовало в 1948-1950 гг. и было заменено Европейским платежным союзом; см. European Payments Union

intra-marginal interventions "интрамаргинальные" интервенции: валютные интервенции, практикуемые центральными банками стран ЕВС для поддержания курсов валют в оговоренных пределах взаимных колебаний

intra-market spread "внутрирыночный" спред; = intra-commodity spread

intrinsic value 1) "внутренняя" стоимость опциона: разница между ценой исполнения опциона и текущей ценой соответствующего финансового инструмента (положительная в случае опциона

"пут" и отрицательного в случае "колл"); см. in-the-money; at-the-money; out-of-the-money; 2) = inherent worth

introduction представление ценных бумаг через биржу в Великобритании: получение биржевой котировки для ценных бумаг, которые уже обращаются на рынке, для расширения круга акционеров и поддержки цен

invalid недействительный, недействующий, незаконный

inventory 1) запасы товаров, сырья и готовой продукции компании; 2) портфель ценных бумаг (физического лица); 3) нетто-позиция биржевого брокера или дилера

inventory financing финансирование запасов товаров (под обеспечение этими товарами), финансирование оборотных средств

inventory rate цена (валютный курс), по которой активы (ценные бумаги, валюта, золото) учитываются в балансе банка

inventory risk инвентарный риск: риск обесценения запасов компании в результате снижения цен, морального устаревания товара

inventory turnover оборачиваемость запасов: стоимость продаж компании за год к запасам материалов и готовой продукции на конец этого года

inventory utilization ratio = inventory turnover

inventory value 1) балансовая стоимость; 2) рыночная стоимость акций инвестиционного фонда на определенную дату на основе стоимости активов фонда и числа выпущенных акций

inverse floater "перевернутая" облигация с плавающей ставкой: облигация, обеспеченная ипотеками, процентная ставка по которой уменьшается при росте ставки-индикатора, например, ЛИБОР; = reverse floater

inverse saucer = saucer top/bottom

inverted market "перевернутый" (обратный) рынок: ситуация во фьючерсной торговле, когда цены на более далекие сроки ниже, чем на более близкие; см. normal market

inverted scale = inverted yield curve

inverted yield curve "перевернутая" (обратная) кривая доходности: ситуация, когда краткосрочные процентные ставки выше долгосрочных (обычно в результате резкого повышения спроса на краткосрочный кредит)

inverted V-formation = V-top

inverted W-formation "обратная форма дубль-в"; = double top

investment капиталовложение (инвестиция): 1) помещение средств в финансовые активы для получения процентов и дивидендов, а также в надежде на рост стоимости активов; 2) покупка машин, оборудования, недвижимости

investment advisor инвестиционный советник: банк или фирма, сотрудник банка или брокерской фирмы, дающий клиентам советы по управлению инвестициями; в США инвестиционные советники обязаны зарегистрироваться в Комиссии по ценным бумагам и биржам и раскрыть всю информацию о возможном конфликте интересов

investment advisory service служба инвестиционного консультирования; см. investment advisor

investment bank инвестиционный банк: 1) в США - банк, специализирующийся на организации выпуска, гарантировании размещения и торговле ценными бумагами; консультирует клиентов по различным финансовым вопросам; в основном ориентирован на оптовые финансовые рынки; 2) в Великобритании - неклиринговый банк, специализирующийся на средне- и долгосрочных инвестициях в мелкие и средние компании (кредиты, покупка акций)

investment banker инвестиционный банкир: инвестиционный банк, партнер (в случае организации в форме частной корпорации) или менеджер такого банка; см. investment bank

investment banking firm = investment bank

investment certificate инвестиционный сертификат (США): свидетельство на вклад капитала в ссудно-сберегательную ассоциацию (не дает права голоса и не накладывает каких-либо обязательств)

investment club инвестиционный клуб: группа людей, объединивших свои финансовые ресурсы для совместных инвестиций (объединение снижает расходы на брокеров и других посредников)

investment company инвестиционная компания: компания, инвестирующая в ценные бумаги других компаний и продающая свои акции индивидуальным инвесторам (США); = investment trust

Investment Company Act of 1940 Закон об инвестиционных компаниях 1940: федеральный закон США, требующий, чтобы инвестиционные компании регистрировались в Комиссии по ценным бумагам и биржам; закон также установил стандарты раскрытия информации и установления цен на акции, предлагаемые инвесторам, а также запретил им менять свою инвестиционную политику без одобрения акционеров

investment counsel (USA) = investment advisor

investment (tax) credit (ITC) инвестиционный налоговый кредит: вычет из налогов расходов на капитальное оборудование; в США отменен в 1986 г.

investment currency инвестиционная валюта (Великобритания): валюта для инвестиций за границей, которую до отмены в стране в 1979 г. валютных ограничений можно было купить только из специального фонда (обычно с премией), куда поступали доходы от продажи заграничных инвестиций

investment currency premium премия к текущему курсу, которую до 1979 г. резиденты Великобритании должны были платить при покупке валюты для заграничных инвестиций; см. investment currency

investment decision инвестиционное решение: решение о вложении финансовых ресурсов на достаточно длительный срок и при значительном риске

investment dollars инвестиционные доллары (Великобритания): разновидность долларовых авуаров в стране в период существования валютных ограничений, которые могли свободно приобретаться для проведения инвестиций в нестерлинговые ценные бумаги

investment grade securities ценные

бумаги инвестиционного уровня: облигационные бумаги, рекомендуемые для покупки инвесторам типа пенсионных фондов, т. е. с рейтингом от Ааа до Ваа (Мудиз) или от ААА до ВВВ (Стандард энд Пурз или Фитч)

investment incentives меры, стимулирующие капиталовложения (налоговые и др. льготы, прямые дотации)

investment income инвестиционный доход: доход (проценты, дивиденды) по инвестициям в ценные бумаги и другие финансовые активы (в отличие от операционной прибыли)

investment income surcharge дополнительный налог на доходы от инвестиций в Великобритании (15 % сумм свыше 7.1 тыс. ф. ст.), отмененный в 1984 г.

investment letter инвестиционное письмо: письмо инвестора эмитенту о намерении купить ценные бумаги для помещения капитала, а не для перепродажи (в случае частного размещения); см. letter bond; = letter of intent

investment list инвестиционный лист: регулярно выпускаемый банком список ценных бумаг, рекомендуемых клиентам для помещения капитала

investment manager инвестиционный менеджер: сотрудник финансово-кредитного института, управляющий инвестициями, в т. ч. по поручению клиентов

Investment Managers Regulation Organization (IMRO) Организация регулирования деятельности инвестиционных менеджеров (Великобритания)

investment multiplier = multiplier 1

investment paper инвестиционные бумаги: ценные бумаги, наиболее пригодные для долгосрочных инвестиций

investment plan инвестиционный план: программа инвестиций путем регулярных взносов в течение длительного срока; обычно имеется в виду приобретение дополнительных акций в инвестиционном фонде

investment policy инвестиционная политика: система мероприятий по оптимальному размещению капиталовложениий с целью достижения желаемой доходности, обеспечения безопасности и ликвидности инвестиций

investment portfolio инвестиционный портфель; см. portfolio

Investment Protection Committees Комитеты защиты инвестиций (Великобритания), созданные ведущими группами институциональных инвесторов для взаимодействия и обсуждения различных вопросов с компаниями, в чьи акции они вкладывают средства

investment ratio инвестиционный коэффициент: отношение капиталовложений к валовому внутреннему продукту - доля ресурсов страны, которая идет на капиталовложения

investment risk инвестиционный риск: риск обесценения капиталовложений в результате действий органов власти или других причин; см. political risk; sovereign risk

investment risk guarantee гарантия от инвестиционного риска: как правило, гарантия, защищающая инвестиции (главным образом в развивающихся странах) от неплатежеспособности государств, принятия различного рода ограничительных мер, политических событий

investment savings account инвестиционный сберегательный счет (ограничение изъятия средств более длительным сроком предварительного уведомления)

investment savings book инвестиционная сберегательная книжка: сберкнижка по долгосрочным сберегательным счетам (процентная ставка выше, а срок уведомления об изъятии средств - больше, чем по срочным вкладам)

investment securities инвестиционные ценные бумаги: ценные бумаги, которые банк держит как активы в своем балансе для получения дохода и повышения ликвидности банка; в США банкам разрешено владеть в основном государственными и муниципальными ценными бумагами, а также бумагами других банков

investment strategy = investment policy

investment tax credit (ITC) инвестиционный налоговый кредит (США): снижение налоговых платежей в случае реинвестирования прибыли компании в оборудование и некоторые другие активы (применялся в 1962-1986 гг.)

investment trust инвестиционный трест (Великобритания): учреждение, специализирующееся на инвестициях в ценные бумаги и другие финансовые активы; с помощью инвестиционных трестов их акционеры или вкладчики со сравнительно небольшими ресурсами получают доступ к капиталовложениям на оптовых финансовых рынках; могут быть "открытыми" и "закрытыми"; см. closed-end/open-end investment trust (company)

investment trust share (unit) акция или пай инвестиционного фонда: ценная бумага, свидетельствующая об участии в инвестиционном фонде

investment value of convertible security инвестиционная стоимость конвертируемой облигации: оценка рыночной цены такой облигации при допущении, что у нее нет опциона конверсии

investor инвестор: физическое или юридическое лицо, помещающее свои средства в финансовые или реальные активы в расчете на доход и/или прирост капитала

investor in Industry (III; 3I) Инвесторы в промышленность (Великобритания): крупнейшее в стране учреждение, специализирующееся на кредитовании мелких и средних компаний и помощи им в выпуске акций; образовано в 1983 г. в результате слияния компаний Финансы для промышленности и Капитал для промышленности; капитал на 85 % принадлежит клиринговым банкам, на 15 % - Банку Англии; см. Finance for Industry; Equity Capital for Industry

Investors Compensation Scheme (ICS) Компенсационная схема для инвесторов: компенсационный фонд для вкладчиков зарегистрированных инвестиционных фирм, созданный в Великобритании по закону 1986 г.; инвесторы защищены на сумму до 100 % первых 30 тыс. ф. ст. и 90 % следующих 20 тыс. ф. ст., но не более 48 тыс. ф. ст. в совокупности; выплаты производятся после признания фирмы банкротом

invisible asset = intangible asset

invisible balance "невидимый" баланс: баланс по торговле услугами (часть текущего платежного баланса); см. invisibles; current account

invisible exports "невидимый" экспорт: экспорт услуг (доходы от туризма, страхования, банков, транспорта, консультаций и т. д.)

invisibles "невидимые" статьи платежного баланса: торговля услугами (доходы от судоходства, страхования, банковского дела, туризма, авиации, а также переводы заграничных прибылей, процентных доходов и т. д.); см. invisible balance

invitation приглашение: телекс лид-менеджера предполагаемым участникам синдиката с приглашением принять участие в займе (оговариваются условия займа); см. lead manager

invoice счет-фактура: документ с деталями сделки, выставляемый продавцом покупателю

invoice discounting дисконтирование (учет) счетов-фактур: разновидность факторинга, при которой поставщик продает счет-фактуру факторинговой компании с правом регресса, на конфиденциальной основе и со скидкой (процентная ставка обычно на 2-3 % выше прайм-рейт); см. factoring

involuntary bankruptcy = compulsory bankruptcy

involuntary lien принудительный арест кредитором имущества должника до выплаты долга (например, за неуплату налогов); см. mortgage lien

I. O. U. (I owe you) необращающийся документ с надписью "я вам должен такую-то сумму": простейший долговой документ

irrevocable letter of credit безотзывный аккредитив: аккредитив, который до истечения его срока может быть аннулирован только по обоюдному согласию сторон, включая бенефициара

irrevocable trust безотзывный траст: траст, который может быть отменен только с согласия бенефициара

Irish gilt облигация, выпущенная правительством Ирландии

irredeemable bond 1) бессрочная облигация; 2) облигация без права досрочного погашения эмитентом или досрочной продажи инвестором эмитенту

irredeemable debenture обеспеченная облигация без срока погашения
irredeemables = irredeemable securities
irredeemable securities бессрочные ценные бумаги: акции, облигации и другие ценные бумаги без фиксированной даты погашения; см. perpetual bond
irredeemable stock бессрочная правительственная облигация (Великобритания); см. Consols; funded debt 1
irrevocable letter of credit безотзывный аккредитив (банк-эмитент не имеет права его отозвать при выполнении всех условий соглашения)
irrevocable revolving credit agreement безотзывное обязательство банка предоставить кредит клиенту
irrevocable trust безотзывное завещание приносящей доход собственности наследникам; может быть аннулировано или модифицировано только с согласия бенефициара
Islamic banking исламское банковское дело: в соответствии с принципами шариата недопустима прибыль, не основанная на личном труде, и исламские банки вместо процента применяют формы комиссионного вознаграждения, участия в прибыли
Islamic bank исламский банк: банк, руководствующийся принципами исламского банковского дела; см. Islamic banking
Islamic Development Bank Исламский банк развития (г. Джидда, Саудовская Аравия): банк, созданный в 1976 г. для финансирования проектов развития в исламских странах
ISO (International Standardization Organization) currency codes валютные коды Международной организации стандартизации: унифицированные буквенные обозначения валют
issue выпуск, эмиссия: 1) денежная эмиссия; количество наличных денег в обращении; 2) заем, выпуск ценных бумаг; процесс размещения ценных бумаг;) общая сумма акций компании, котируемых на фондовой бирже; 4) выпуск кредитной карточки; 5) открытие аккредитива
issue by tender выпуск ценных бумаг с помощью торга: желающие получить ценные бумаги подают заявки и размещение производится по наиболее высоким ценам; минимальная цена заявок может с самого начала оговариваться; см. offer for sale by tender
issued and outstanding shares выпущенные в размере уставного капитала акции компании, не выкупленные самой компанией
issued (share) capital выпущенный капитал компании (по номинальной стоимости): часть или весь уставный капитал в форме акций, выданных акционерам; выпущенный капитал может быть полностью оплачен или состоять из частично оплаченных акций
issue for cash эмиссия за наличные: эмиссия ценных бумаг, по условиям которой требуется плата наличными (в отличие от капитализации резервов или выпуска акций в порядке платы за приобретение другой компании)
issue price цена эмиссии: цена, по которой впервые выпускаются акции и другие ценные бумаги; = coming out price
issue prospectus = prospectus
issuer эмитент: 1) эмитент ценных бумаг, заемщик; 2) эмитент кредитных и дебетовых карточек; 3) банк, открывающий аккредитив по поручению клиента
issuing house эмиссионный дом: 1) банк, организующий выпуск ценных бумаг (менеджер); в Великобритании - обычно торговый банк, входящий в Ассоциацию эмиссионных домов и специализирующийся на торговле и организации эмиссии ценных бумаг; 2) банк-эмитент аккредитива
Issuing Houses Association (IHA) Ассоциация эмиссионных домов (Великобритания): организация, включающая 60 ведущих торговых банков, занимающихся эмиссией ценных бумаг (основана в 1945 г.)
Istituto per le Opere di Religione Институто пер ле Опере ди Релиджионе: банк Ватикана
item 1) бухгалтерская запись, статья баланса; 2) в расчетах: чек, вексель, операция (единица учета)

itemized statement выписка со счета, отчет с разбивкой по отдельным операциям (приход и расход) с соответствующими суммами и датами проведения

items carried forward статьи текущего счета клиента, перенесенные в новый процентный период

Iwato период подъема на фондовом рынке Японии в 1958-61 гг.

Izanagi период подъема на фондовом рынке Японии в 60-х годах

J

jacket custody = separate custody of securities

Jamaica Agreement Ямайское соглашение, достигнутое на встрече временного комитета МВФ в 1976 г.; формально закрепило переход к плавающим валютным курсам и демонетизацию золота

Jason clause оговорка Джасона: риск, который не может быть предусмотрен (в морском страховании)

jawbone (jawboning) моральное уговаривание: призывы и рекомендации банкам и рынкам со стороны центральных банков или правительств, в более широком плане – "психологическое" воздействие, неформальное давление с целью убедить банкиров делать или не делать что-либо на рынке; такие действия представляют собой форму селективного кредитного контроля; (буквально: челюсть)

J-curve effect эффект "кривой Джи": явление запаздывания положительного воздействия (или же усиления негативной тенденции) снижения курса валюты на торговый баланс

Jeep = graduated payment mortgage

jeopardy clause условие "опасности": условие кредитного соглашения, согласно которому условия кредита могут быть пересмотрены, если произойдут непредвиденные внешние события

Jimmu период подъема на фондовом рынке Японии в 1956-57 гг. (по имени одного из императоров)

jobber джоббер: 1) фирма, специализирующаяся на сделках с ценными бумагами за свой счет; до 1986 г. на Лондонской фондовой бирже существовало формальное разделение функций джобберов и брокеров; в США джобберами также называют дилеров, торгующих сомнительными ценными бумагами; см. dual capacity; dealer 1; broker; specia-lists; 2) мелкий оптовый торговец, специализирующийся на перепродаже товаров розничным торговцам

jobber's book позиция джоббера, состояние его портфеля и операций; "длинная" позиция – по определенным бумагам не найден покупатель, "короткая" – проданы бумаги, которых нет в наличии

Jobbers' Index "Индекс джобберов": справочник джобберов на Лондонской фондовой бирже (сведения о том, кто и по каким ценным бумагам поддерживает рынок)

jobber's pitch постоянное место джоббера: место в торговом зале Лондонской фондовой биржи, где собираются джобберы по конкретным ценным бумагам

jobber's price spread agreement = opening price convention

jobber's quote джобберская котировка: спред (разница) между ценами покупателя и продавца, котируемыми джоббером

jobber's spread = jobber's quote

jobber's touch = touch

jobber's turn прибыль джоббера, состоящая в разнице между ценами покупки и продажи им ценных бумаг (эти цены необязательно совпадают с котируемыми джоббером ценами продавца и покупателя)

jobber trade джобберская сделка: покупка и продажа в течение одного и того же срока одинаковых контрактов на ЛИФФЕ; см. London International Financial Futures Exchange

jobbing firm = jobber

jobbing in and out игра на фондовой бирже: купля-продажа ценных бумаг ради получения прибыли на цене

job lock "работа-западня": ситуация, когда человек не может покинуть работу из-за возможности потери медицинской страховки или пенсионных прав (это затрудняет смену работы)

job lot отдельная партия товара (больше или меньше единицы сделки, предусмотренной контрактом)

joint account (JA) совместный счет: 1) счет, принадлежащий двум и более владельцам; 2) соглашение о распределении риска при покупке или подписке на новые ценные бумаги

joint account agreement соглашение о совместном счете: документ, составляемый сторонами для открытия совместного счета; см. joint account 1

joint and several bond = joint bond

joint and several guarantee солидарная и индивидуальная гарантия: гарант может быть привлечен к ответственности по суду даже ранее основного должника, если последний явно неплатежеспособен

joint and several liability солидарная и индивидуальная ответственность: при совместном обязательстве двух и более лиц, банк будет настаивать и на индивидуальной ответственности

joint and survivor annuity пожизненная рента в пользу двух и более лиц (до смерти последнего)

joint annuity совместная рента: рента, выплачиваемая пожизненно двум людям (обычно мужу и жене)

joint bond совместная облигация: облигация, являющаяся обязательством двух или более заемщиков или гарантированная каким-то другим лицом (например, материнская компания гарантирует облигации дочерней компании)

Joint Credit Card Company Компания совместной кредитной карточки: компания, распространяющая карточку системы Аксесс; компания принадлежит банкам Мидлэнд, Нэшнл Вестминстер, Ллойдс и Ройал бэнк оф Скотланд (Великобритания)

joint custody совместный счет в банке для хранения ценностей (любой из владельцев может свободно распоряжаться счетом); см. custodial account (custody); = dual control

joint endorsement совместная подпись: подписи на чеке двух и более владельцев счета или бенефициаров чека, если он выставлен более чем на одного человека

joint float совместное "плавание" двух и более валют (например, ЕВС)

joint guarantee = joint and several guarantee

joint heir совместный наследник: лицо, делящее право наследования с другим лицом

joint liability солидарная ответственность (делится между ответчиками)

joint life and survivors annuity рента, которая выплачивается в течение жизни нескольких лиц до смерти последнего из них

joint lives policy совместный полис страхования жизни: полис страхования жизни, оплачиваемый при смерти первого из совместных владельцев

jointly and severally 1) = joint and several guarantee; 2) = severally but not jointly

joint promissory note совместный простой вексель: простой вексель, выданный двумя и более лицами, которые совместно несут юридическую ответственность по нему

joint property совместная (неделимая) собственность; распоряжение такой собственностью возможно только по согласию всех совладельцев

joint stock = share capital

joint-stock bank акционерный банк: коммерческий (депозитный) банк в Великобритании

joint-stock company акционерная компания (Великобритания); = corporation 1

joint tenants with right of survivorship владение счетом, недвижимостью или другой собственностью двумя и более лицами с полным и равным правом распоряжения

joint venture (JV) совместное (смешанное) предприятие (СП): реализация проекта двумя и более юридическими или физическими лицами на основе контракта или создания акционерного общества

joint venture bank совместный (смешанный) банк; = consortium bank

judgmental credit analysis оценочный кредитный анализ: анализ кредитного риска, не основанный на статистической модели, оценивающей риск непогашения долга

jumbo certificate of deposit крупный депозитный сертификат: депозитный сертификат с номиналом в 100 тыс. долл. и выше

jumbo credit крупный синдицированный банковский кредит: кредит свыше 1 млрд. долл

jumbo mortgage крупная ипотека: ипотека, которая по размерам превосходит максимальный лимит, установленный на том или ином сегменте вторичного рынка (США)

junctim = advance purchase

jungle-market рынок-джунгли: рынок акций западноафриканских компаний на Лондонской фондовой бирже

junior bonds "младшие" облигации: 1) облигации с невысокими рейтингами по сравнению с другими облигациями; 2) субординированные облигации, облигации, имеющие меньше прав, чем другие облигации, на активы, которыми они обеспечены, на дивиденды и т. д.; см. subordinated debt

junior issue = junior bonds

junior mortgage "младшая" (вторая, третья) ипотека: ипотека, которая по правам уступает первой и по этому имеет более высокую процентную ставку; см. first mortgage

junior refunding "младшее" рефинансирование: рефинансирование гособлигаций со сроками 1-5 лет более долгосрочными ценными бумагами

junior security "младшая" ценная бумага: ценная бумага с меньшими правами на доход, чем другие ценные бумаги (например, обыкновенные акции "младше" всех других ценных бумаг в распределении прибыли); см. senior security

junk bond "мусорная" ("бросовая") облигация: высокодоходные облигации с кредитным рейтингом ниже инвестиционного уровня (ниже BB); обычно выпускаются компаниями, не имеющими длительной истории и солидной деловой репутации; часто используются при проведении поглощений и выкупов; см. investment grade securities; = high yield bond

junk CP "мусорные коммерческие бумаги" (США): "коммерческие бумаги, выпущенные непервоклассными заемщиками и не имеющие кредитного рейтинга и какой-либо кредитной поддержки; см. commercial paper

jurat лицо, принявшее присягу

jurisdiction юрисдикция: например, сфера полномочий регулирующего органа

justified price обоснованная (реалистичная) рыночная цена товара или финансового инструмента

just title законный титул собственности: право на какое-либо имущество, недвижимость, имеющее юридическое подтверждение

K

K тысяч(а): при обозначении годовой зарплаты, стоимости дома по аналогии с километром, килограммом, килобайтом (например, $81K - 81 тысяче долларов)

Kaffir Circus "цирк каффиров": рынок акций южноафриканских золотодобывающих (горных) компаний на Лондонской фондовой бирже (жарг.)

Kaffirs "каффиры": акции южноафриканских золотодобывающих (горных) компаний на Лондонской фондовой бирже (жарг.)

Kam Ngan Index (KNI) индекс Кам Нган: индекс курсов акций, котируемых на бирже Кам Нган в Гонконге

Kam Ngan Stock Exchange Фондовая биржа Кам Нган: вторая по значению биржа в Гонконге (основана в 1971 г.)

Kampa страховой фонд Почты Японии; очень крупный инвестор

Kangaroo bonds = Kangaroos 2.

Kangaroos "кенгуру": 1) австралийские

акции на Лондонской фондовой бирже (жарг.); 2) австралийские облигации в долларах в США, выпущенные на американском рынке

Kansas-City Board of Trade (KCBT) срочная товарная биржа Канзаса (индексные и зерновые фьючерсы); основана 1857 г.

Keefe Bank Index банковский индекс Кифа: индекс движения курсов акций 24 коммерческих банков США, публикуемый инвестиционной фирмой Киф, Брюитт энд Вудс (Нью-Йорк)

keepwell "доброе слово": одна из форм поддержки дочерней компании со стороны материнской с целью побудить банк предоставить последней кредит (слабая гарантия и часто юридически не оформлена)

Kennedy Round Раунд Кеннеди: один из этапов многосторонних торговых переговоров о снижении таможенных тарифов в рамках Генерального соглашения о тарифах и торговле (ГАТТ) в 1964-1967 гг. на 36-39 % для развитых стран (был инициирован Дж. Кеннеди)

Keogh Plan План Кеога (США): пенсионная схема с налоговыми льготами для лиц, не работающих по найму (налогом облагаются не пенсионные взносы, а только изъятия средств из системы, причем обычно после ухода на пенсию)

kerb (on the) = curb market
kerb market = curb market
kerb trading = curb trading
key ключ: инструкции по кодированию и расшифровке сообщений; = test number

key currency ключевая, резервная валюта; = reserve currency

key man clause условие "ключевого человека": условие в соглашении о создании фонда, компании, сделки, увязывающее его действительность с участием в проекте конкретного человека; если этот человек увольняется, то соглашение может быть расторгнуто

key man insurance страхование ключевого человека: страхование компанией жизни узкого круга своих руководителей или сотрудников, чья смерть может крайне неблагоприятно сказаться на ее финансовом положении (полис отражается в активе баланса); часто может быть условием банка к небольшой компании для предоставления кредита

Keynesian economics кейнсианство: экономическое учение британского экономиста Джона Мейнарда Кейнса (1883-1946), основанное в значительной мере на ключевой роли государственных расходов и налогов в поддержании экономического роста и стабильности

Keynesian multiplier = multiplier 1
Keynes Plan план Дж. М. Кейнса, выдвинутый Великобританией перед Бреттон-Вудской конференцией в 1944 г.; предусматривал создание международного валютного фонда и международной денежной единицы ("банкор"), обратимость валют и стабильность их курсов; см. White Plan

key rate ключевая ставка: процентная ставка, оказывающая определяющее влияние на общий уровень ставок денежного рынка (обычно ставка центрального банка или прайм-рейт)

key ratio ключевой коэффициент: один из основных коэффициентов, характеризующих финансовое положение банка (например, капитал к активам, резервы к суммарным кредитам, доходы к активам или к капиталу, доходы в расчете на одну акцию)

kick шестипенсовик (разг.); = sixpence
kickback 1) вознаграждение; 2) взятка (в том числе регулярная)

kicker "привлекалочка": дополнительное условие облигационного займа (кредита), призванное повысить его привлекательность для инвесторов, а также ликвидность (конвертируемость в акции, специальные права, варранты); = sweetener

killer bees "пчелы-убийцы": специалисты, помогающие компании защититься от попытки недоброжелательного поглощения; обычно имеются в виду инвестиционные банки, разрабатывающие стратегию, целью которой является затруднить поглощение или сделать его как можно менее привлекательным

killing (make a) "сорвать куш": получить значительную спекулятивную прибыль

KISS (keep it simple stupid) принцип "просто и примитивно": принцип, по которому проект, схему, документ нужно представлять как можно проще и примитивнее, чтобы партнер, начальник или кто-либо другой все понял

kite = accommodation bill

kiteflying использование "дружеских" векселей для получения денежных средств или подержания кредитной репутации; см. accommodation bill

kiting (checks) 1) использование фиктивных чеков для получения средств до их инкассации (так как чек вносится в кредит счета); 2) изменение (подделка) суммы чека

kiting stocks взвинчивание цен акций до необоснованного уровня (например, в результате сговора продавца и покупателя, использующих одни и те же финансовые средства)

Kiwi (dollar) "Киви": новозеландский доллар (жарг.); по названию птицы, являющейся символом Новой Зеландии

Kiwi bond облигация "Киви": еврооблигация с номиналом в новозеландских долларах

Knight Ridder "Найт Риддер": электронная информационная система, специализирующаяся на финансовых новостях, ценных бумагах, товарных рынках

knocked-down (KD) 1) сбитая (о цене); 2) минимальная цена на аукционе

knock-for-knock соглашение между страховыми компаниями компенсировать своих клиентов и не пытаться перенести расходы на страховые компании других лиц, связанных с данным страховым случаем

knockout warrants варранты "нокаут": варранты, дающие право на покупку облигаций, но если цены облигаций падают ниже определенного уровня, то варранты теряют силу

know your customer rules (KYC) правила "знай своего клиента": этические принципы взаимоотношений клиентов и биржевиков, брокеров, входящих в

сборники правил бирж и другие регулирующие документы в США (например, правила Национальной ассоциации дилеров по ценным бумагам); брокеры должны иметь достаточную информацию о клиентах, чтобы давать оптимальные рекомендации; см. Rule 405

Kondratieff wave (cycle) theory теория больших циклов, выдвинутая в 20-х годах Н. Я. Кондратьевым; согласно этой теории, экономика Запада развивается с циклами в 50-60 лет (от одного крупного кризиса до другого)

Kowloon Stock Exchange Фондовая биржа Каулун; самая маленькая и новая биржа в Гонконге (с 1972 г.)

Kreditanstalt fuer Wiederaufbau (KfW) Кредитанштальт фюр Видерауфбау (кредитное учреждение для восстановления экономики): немецкое государственное учреждение долгосрочного кредитования, в том числе экспорта машин и оборудования

Krugerrand крюгерранд: южноафриканская золотая монета (объект торговли и тезаврации); содержит 1/2, 1/4 или 1/10 тройской унции чистого золота (чеканятся с 1967 г.)

Kulisse "кулисса": различные учреждения и брокеры, торгующие на фондовом рынке за собственный счет (нем.)

Kursmakler ценовой маклер (нем.): официальный брокер на фондовых биржах ФРГ, отвечающий за определение курсов ценных бумаг; специализируется на определенных ценных бумагах и действует только в качестве посредника между другими членами биржи; см. freie Makler

Kux акция горнодобывающей компании (нем.)

L

L 1) ликвидность: мера ликвидности, используемая ФРС США; включает активы, которые могут быть легко превращены в наличные средства (М3 плюс краткосрочные ценные бумаги); 2) денежный агрегат Λ: в США - показатель денежной массы, отражающий ликвидные средства (включает М3, казначейские векселя, коммерческие бумаги, банковские акцепты, евродолларовые вклады резидентов)

laddered portfolio инвестиционный портфель, в котором находятся равные количества каждой ценной бумаги (облигации) со сроками, например, свыше 10 лет; выстраивание активов по срокам ("портфель-лестница"); см. barbell portfolio

laddering выстраивание активов по срокам ("портфель-лестница")

Laffer curve кривая Лаффера: кривая зависимости экономического роста от снижения налогов (по имени американского профессора А. Лаффера)

laggard акция, курс которой ниже среднего индекса для всего фондового рынка (Великобритания)

lagged reserves "запаздывающие" резервы: метод расчета минимальных резервных требований в США, при котором чековые счета и другие депозиты учитываются с двухнедельным лагом; с 1984 г. - только для срочных депозитов; см. contemporaneous reserves

lagging indicator "отстающий" индикатор: индикатор экономической активности, который следует с лагом за деловым циклом (например, процентные ставки, коммерческие и потребительские кредиты, потребительские цены, запасы готовой продукции, ВНП); в США министерство торговли публикует 6 таких индикаторов

laissez-faire "позволить делать" (франц.): экономическая доктрина, проповедующая минимальное вмешательство государства в экономику

lame duck "хромая утка": 1) компания в тяжелом финансовом положении, нуждающаяся в поддержке государства; 2) джоббер, не способный выполнить обязательства по заключенным сделкам (Великобритания)

land agent земельный агент: лицо, нанятое владельцем земли для сбора арендной платы, сдачи в аренду ферм (Великобритания)

land certificate земельный сертификат: документ, содержащий все данные относительно данного участка земли (Великобритания)

Landesbank Ландесбанк (земельный банк): региональный банк, являющийся центральным банком для местных сберегательных институтов; с 70-х годов практически не отличаются от универсальных банков (ФРГ)

land flip разновидность мошенничества с недвижимостью, при которой собственность несколько раз перепродается по завышенным ценам

land register земельный регистр: регистр, в который заносятся права на владение земельными участками и недвижимостью

lapsed offer истекшее по сроку предложение

lapsed option опционный контракт, который не был исполнен и срок которого истек

large exposures активные операции, ставящие под риск значительную часть капитала банка (британские банки обязаны сообщать Банку Англии о всех кредитах объемом свыше 10 % капитала и о предполагаемых операциях на сумму свыше 25 % капитала)

last in, first out (LIFO) метод оценки и учета запасов компании или портфеля ценных бумаг, при котором подразумевается, что первыми потребляются товары или продаются ценные бумаги, поступившие последними; см. first in, first out; last in, last out

last in, last out (LILO) метод оценки и учета запасов компании или портфеля ценных бумаг, при котором подразумевается, что поступившие последними товары или ценные бумаги потребляются или продаются последними; см. last in, first out; first in, first out

last sale = last trade

last trade самая последняя сделка с данным видом ценных бумаг (США)

last trading day последний день торговли фьючерским контрактом до наступления срока расчета и поставки товара или финансового инструмента

late charge штраф за поздний платеж по ипотечному или потребительскому кредиту

late tape задержка отражения данных о сделках на ленте тикера телетайпа в связи с большим объемом операций (США); при задержке более 5 минут первая цифра цены акции не печатается (например, вместо 62 печатается 2); см. consolidated tape

Latin Monetary Union Латинский монетный (валютный) союз: союз, созданный в 1865 г. Бельгией, Францией и Италией (позднее присоединились Швейцария и Греция) с целью поддержания единого денежного стандарта на основе биметаллизма; просуществовал до 1927 г.; launch - выпустить новый заем

launch a company = float a company

laundering "отмывание" ("отбеливание") денег: операции, призванные скрыть источник возникновения или предназначения денежных сумм, придать им законный характер

lay off 1) снижение риска по гарантии размещения акций путем их "короткой" продажи (применительно к акциям, на которые имеют право существующие акционеры компании, еще не принявшие решения о его использовании); 2) увольнение рабочих в связи с сокращением производства

lay out выделять средства для каких-либо расходов

LDC loan swap = sovereign debt swap

lead bank 1) = lead manager; 2) основной банк компании: банк, который осуществляет основную часть банковского обслуживания данной компании

leader лидер: 1) акция, которая одной из первых реагирует на общий подъем или падение курсов на фондовом рынке; 2) товар, финансовый инструмент, имеющий высокий удельный вес в обороте рынка

leading indicators "опережающие" (ведущие) индикаторы (США): показатели экономической активности, предвосхищающие движение делового цикла; 12 показателей движения экономического цикла, включаемые в индекс, который ежемесячно публикует министерство торговли (фондовые цены, денежная масса, заимствования, разрешения на новое строительство, средняя продолжительность рабочей недели, изменения в товарных запасах и т. д.)

lead-manager лид-менеджер (ведущий менеджер): банк, являющийся главным организатором и гарантом займа; представляет интересы членов синдиката кредиторов и гарантов; см. co-manager; manager

leads and lags "лидс энд лэгс": ускорение или задержка платежей в международной торговле для защиты от валютного риска или получения выигрыша от изменения валютных курсов

lean against the wind (LAW) "опора на ветер": тактика официальных валютных интервенций, при которой власти покупают или продают валюту в противовес господствующей тенденции движения курса в целях сглаживания курсовых колебаний

lease аренда: контракт, дающий право владеть и распоряжаться машинами и оборудованием, недвижимостью на оговоренный срок и за фиксированную плату

lease-back "лиз-бэк": продажа актива, например, недвижимости, оборудования или другой собственности с условием получения ее обратно в аренду на долгосрочной основе: обычно это делается для мобилизации денежных средств и укрепления капитальной базы продавца, но при этом могут теряться амортизационные и налоговые льготы; для банков типичны такие операции с собственными зданиями; = sale and leaseback

leasehold "лизголд": 1) арендованная собственность; 2) право использования арендованной собственности

leasehold, buy "лизголд": покупка недвижимости на правах аренды (Великобритания): покупатель выплачивает разовую сумму за весь срок аренды (до 999 лет), но его права распоряжаться собственностью несколько ограничены по сравнению с "фригольдом"; см. freehold

leasehold improvement улучшение (изменение) арендованной собственности

leasing лизинг: средне- и долгосрочная аренда машин, оборудования, транспортных средств; машины обычно приобретаются специализированной лизинговой компанией и сдаются в аренду потребителю (финансовый лизинг); лизинг позволяет сохранять ликвидность (не нужно покупать оборудование) и ускоряет обновление оборудования; см. financial leasing

leasing company лизинговая компания: компания (обычно дочерняя фирма банка), специализирующаяся на предоставлении машин и оборудования в долгосрочную аренду; см. financial leasing

leasing package лизинговая программа: форма кредитования, при которой финансовый институт приобретает машины и оборудование и сдает их в аренду пользователю, который таким образом избегает задолженности и часто получает налоговые льготы

lease-purchase agreement соглашение об аренде собственности с последующей ее покупкой (часть арендных платежей засчитывается в цену покупки)

ledger бухгалтерская книга, гроссбух

ledger balance остаток на счете по бухгалтерскому учету (в отличие от остатка средств, которые могут быть реально использованы владельцем счета)

leg "нога": 1) устойчивая тенденция движения фондовой конъюнктуры; 2) = legs of a spread

legacy наследство

legacy duty = inheritance tax

LEGAL "ЛЕГАЛ": компьютерный банк данных Нью-Йоркской фондовой биржи о фирмах-членах (данные аудита, жалобы клиентов, дисциплинарные меры)

legal entity физическое или юридическое лицо, имеющее законный статус для вступления в сделки (например, ребенок не имеет такого статуса)

legal investments законные инвестиции: инвестиции, разрешенные фидуциарным институтом для защиты интересов инвесторов; см. legal list

legalization = authentication

legal lending limit установленные законом пределы кредитования одного заемщика; обычно составляют 10-25 % от собственных средств банка в зависимости от обеспечения кредита и типа заемщика; см. country lending limit

legal lien законное право кредитора на собственность заемщика (он может арестовать его имущество до выплаты долга)

legal list законный список: список активов, в которые могут вкладывать средства различные фидуциарные учреждения (страховые компании, банки, доверительные фонды); устанавливаются на штатном уровне (США); см. prudent man rule; trustee securities

legal monopoly законная монополия на предложение тех или иных услуг (водоснабжение, электричество) на определенной территории; органы власти обычно регулируют цены на такие услуги

legal opinion удостоверение законности того или иного действия, финансовой операции, например, муниципального займа юридической фирмой, официальным лицом

legal rate of interest законная процентная ставка (США): 1) самая высокая процентная ставка по кредиту, разрешенная в данном штате; сверх этой ставки действуют штрафные санкции для ограничения ростовщичества; 2) процентная ставка, установленная для начисления процентов по обязательствам, для которых ставка не была зафиксирована

legal reserves законные резервы: резервы, создаваемые банками в соответствии с законодательством для поддержания уровня обязательных резервных требований (США) или других целей; например, в Швейцарии в законные резервы включается учредительская прибыль от выпуска акций, а также 10 % чистой прибыли, причитающейся акционерам после создания обычных резервов и выплаты акционерам 5 % прибыли; см. reserve requirements

legal tender законное средство платежа: бумажные и металлические деньги, которые по закону обязательны к приему на территории данного государства по всем видам платежей, как правило, только до определенной суммы; = lawful money

legal transfer сделка передачи ценных бумаг из рук в руки, требующая специального юридического оформления (например, в случае смерти владельца)

legs of a spread (straddle) "ноги" спреда: две стороны (самостоятельные сделки) операции спред; см. straddle

lender кредитор, заимодавец: физическое или юридическое лицо, предоставляющее деньги на срок за определенное вознаграждение

lender of last resort кредитор последней инстанции: 1) функции центрального банка по поддержанию ликвидности банковской системы, предотвращению финансовой паники: центральный банк обязуется учитывать векселя или предоставлять кредит по официальной учетной ставке; 2) государственная кредитная программа, условием доступа к которой является невозможность получения кредита из других источников

lender's option borrower's option (LOBO) - опцион кредитора - опцион заемщика: ценная бумага, держатель которой может выбирать процентную ставку, а заемщик - соглашаться с ней или погашать долг

lending предоставление кредитов, кредитная деятельность

lending at a premium ссуда ценных бумаг одним фондовым брокером другому за определенное вознаграждение (обычно такой кредит предоставляется бесплатно)

lending business ссудный (кредитный) бизнес: банковские кредиты, ипотеки, учет векселей

lending limit кредитный лимит: 1) максимальная стоимость того или иного предмета (например, ценной бумаги) при его использовании в качестве обеспечения кредита (ограничивает сумму кредита); 2) лимит кредитования одного заемщика

lending margin ссудная маржа (спред):

разница между стоимостью привлеченных средств банка и доходом от кредитования

lending ratio кредитный коэффициент: соотношение между депозитами и кредитами

lending securities предоставление ценных бумаг взаймы на фондовом рынке (обычно бесплатно)

lend-lease ленд-лиз: поставки США союзникам взаймы и в аренду вооружений и другой техники, различных товаров и услуг в период второй мировой войны

Less developed countries (LDC) развивающиеся (менее развитые) страны; страны с низким уровнем национального дохода, высоким темпом роста населения и безработицы, зависимостью от сырьевого экспорта; как правило, имеются в виду страны "третьего мира"

lessee арендатор, съемщик (в т. ч. места на бирже)

lessor сдающий в аренду

letter bond (stock) облигация, выпущенная в порядке частного размещения и официально не зарегистрированная (США); инвестор направляет эмитенту письмо о том, что не будет перепродавать такие облигации; см. investment letter

letter of advice авизо: 1) письменные инструкции одного банка другому произвести платеж; 2) письменное подтверждение осуществления платежа

letter of allotment документ, в котором указано выделяемое инвестору число вновь выпускаемых ценных бумаг

letter of application = application form

letter of attorney доверенность (документ); см. warrant of attorney

letter of comfort "комфортное письмо": письмо, подтверждающее определенные намерения; например, письмо материнской компании банку своей дочерней компании, разъясняющее намерения относительно последней

letter of concern "письмо озабоченности": письмо, выражающее озабоченность; например, письмо банка клиенту, с выражением беспокойства относительно действий последнего

letter of credit (L/C) аккредитив ("кредитное письмо"): 1) приказ банка корреспонденту за границей выплатить определенную сумму указанному лицу (например, в форме учета векселей); 2) форма платежа во внешней торговле: экспортер оговаривает в контракте открытие импортером аккредитива в его пользу с оплатой при предъявлении отгрузочных документов; 3) обязательство банка погасить ценные бумаги клиента в случае банкротства последнего; при любой форме аккредитива банк берет на себя обязательство в пользу клиента; см. traveler's/revocable/irrevocable /standby/ documentary/commercial /confirmed/ direct-pay/revolving/ limited letter of credit

letter of credit opening письмо банка принципала, уведомляющее бенефициара об открытии аккредитива в его пользу

letter of guarantee гарантийное письмо: гарантия по векселю в виде отдельного документа (обычно распространяется на серию векселей)

letter of hypothecation залоговое письмо: письмо клиента банку, передающее права на товар или товарные документы; = letter of pledge

letter of indemnity гарантийное письмо: обращение к компании заменить утерянный сертификат акции с обязательством возместить любой связанный с этим убыток (обычно требуется гарантия банка или страховой компании)

letter of intent (L/I) письмо о намерении совершить сделку: 1) письмо о намерении проводить товарообменные операции в течение 2-3 лет на основе согласованных списков товаров и объема годовой компенсации; 2) письмо о намерении создать совместное предприятие (также о слиянии компаний); 3) обязательство акционера взаимного фонда делать регулярные инвестиции в него в обмен на скидку с цены акций; 4) = investment letter

letter of regret письмо с выражением сожаления, посылаемое инвестору при невозможности удовлетворить его заявку на новые ценные бумаги

letter of renunciation письмо-отказ: письмо инвестора об отказе от ценных бумаг, которые ему выделены в новом займе, в т. ч. в пользу другого лица (Великобритания)

letter security = letter bond

level payment amortization амортизация кредита равными долями: выплата кредита регулярными равными суммами в течение всего его срока (часть идет на выплату процентов, а остальное – основной суммы кредита)

level term assurance страхование жизни с фиксированным сроком, при котором страховая сумма выплачивается только в случае смерти застрахованного лица

leverage (= gearing, UK) 1) возможность более высокой прибыли или убытков в результате непропорциональной зависимости двух факторов (например, в срочной сделке для получения равной прибыли нужно иметь меньше средств, чем в наличной), т. е. увеличение дохода или стоимости без увеличения капиталовложений; 2) = debt-to-equity ratio; financial leverage; 3) = operating leverage

leveraged buy-out (LBO) покупка контрольного пакета акций корпорации, финансируемая выпуском новых акций или с помощью кредитов, которые должна погасить сама корпорация (обеспечением служат ее активы); такой выкуп корпорации может быть организован ее менеджерами

leveraged company компания с относительно высокой долей долгосрочных заимствований в ее капитализации (обычно более 1/3)

leveraged investment company 1) инвестиционная компания, имеющая право пользоваться кредитами; 2) = dual purpose fund

leveraged lease кредитный лизинг: аренда актива, который частично приобретен в кредит; кредит погашается за счет арендных платежей и арендодатель пользуется налоговыми скидками, в том числе по амортизации

leveraged program программа покупки собственности товариществом с ограниченной ответственностью в США, финансируемая более чем на 50 % за счет заемных средств; см. unleveraged program

leveraged stock ценная бумага, купленная в кредит
leverage firm фирма, специализирующаяся на заключении с клиентами срочных сделок с товарами на длительные сроки
leverage trading (contracts) срочные (10 и более лет) операции с драгоценными металлами и другими товарами на внебиржевом рынке (покупатель уплачивает небольшую часть номинальной суммы)
liability обязательство, задолженность, пассив; денежные средства и иные ресурсы, которые данное юридическое лицо кому-то должно; см. secured liability; off-balance sheet liability
liability management управление пассивами: набор методов снижения стоимости и улучшения структуры привлекаемых средств
liability swap обмен обязательствами для улучшения их структуры и удешевления; см. interest rate swap
licenc(s)e лицензия, разрешение, патент
licensed dealer in securities лицензированный дилер по ценным бумагам: учреждение, которому саморегулирующейся организацией фондового рынка разрешено покупать и продавать ценные бумаги для клиентов (Великобритания)
licensed deposit taking institution лицензированные депозитные учреждения; категория банковских институтов, предусмотренная банковским законом 1979 г. и отмененная законом 1987 г.; такой статус имело примерно 300 банков, в основном только привлекающих депозиты и предоставляющих кредиты (Великобритания)
lien 1) право ареста кредитором имущества должника до выплаты долга; 2) залог
lien in rem = lien
life 1) срок службы фиксированного (капитального) актива, условно принятый для учета, амортизации, планирования; 2) срок ценной бумаги (общий или оставшийся до погашения)
life annuity пожизненная рента; см. annuity

life assurance = assurance
Life Assurance and Unit Trust Regulatory Organization (LAUTRO) Регулирующая организация компаний по страхованию жизни и паевых фондов (Великобритания)
life assurance policy полис страхования жизни: документ, содержащий условия контракта страхования жизни
life-belt "ремень безопасности": обеспечение кредита
lifeboat "спасательная лодка": операция по спасению испытывающих финансовые трудности банков или компаний (обычно в отношении программы "спасения" банков под эгидой Банка Англии в 1973-1974 гг.)
life companies компании страхования жизни
life insurance (USA) = assurance
life insurance in force общая сумма страхования жизни, предоставленного данной страховой компанией
life insurance policy (LIP)(USA) = life assurance policy
lift подъем фондовой конъюнктуры (обычно в отношении фондового индекса)
lifting a leg закрытие (завершение) одной стороны арбитражной операции, спреда, операции хеджирования; = legging out
lift insurance страхование лифтов от поломки
light trading "легкая" торговля: низкая активность на рынке
limit лимит, предел: 1) предел допустимого колебания цен; 2) лимит кредитования одного заемщика, проведения тех или иных финансовых операций; например, лимит валютных или депозитных операций с конкретным банком, лимит кредитования на страну; 3) = limit order
limit down/up достижение ценой в течение дня верхнего или нижнего допустимого предела (на срочной бирже); см. daily (price) limit
limited (Ltd.) ограниченная ответственность акционеров: обозначение, используемое в названиях частных и публичных компаний с ограниченной от-

ветственностью; см. limited liability; private limited company; public limited company

limited company = company limited by shares

limited convertibility ограниченная, или частичная, конвертируемость валюты (по определенным операциям и с разрешения властей)

limited corporate member (LCM) корпорационный член биржи с ограниченной ответственностью (Великобритания): компания с ограниченной ответственностью (или ее акционер), являющаяся членом биржи; см. unlimited corporate member

limited discretion соглашение между клиентом и фондовым брокером, дающее последнему право проводить некоторые операции без консультаций с клиентом

limited letter of credit ограниченный циркулярный аккредитив: аккредитив, который может быть оплачен в ограниченном числе мест

limited liability ограниченная ответственность акционеров компании (Великобритания): принцип организации компании, применяющийся с 1855 г., - акционеры отвечают только в размере акционерного капитала или предоставленных ими гарантий (сама компания - всеми активами)

limited market ограниченный рынок: ситуация на рынке, когда определенные ценные бумаги трудно продать

limited partnership (LP) ограниченное товарищество: товарищество, включающее "общего" партнера, занимающегося повседневным управлением компанией, и партнеров с ограниченной ответственностью ("пассивных"), которые не принимают активного участия в управлении компанией

limited risk ограниченный риск; например, риск в покупке опционного контракта ограничен размером премии; см. unlimited risk

limited service bank банк с ограниченным кругом предоставляемых услуг

limited tax bond ограниченная налоговая облигация (США): муниципальная облигация, обеспеченная частью налоговых полномочий данного органа власти в виде доходов от конкретных видов налогов

limit order лимитный (ограниченный) приказ: приказ клиента биржевому брокеру с определенным ограничительным условием (например, с максимальной или минимальной ценой)

limit order system система биржевых приказов с ограничительным условием (США): система автоматического размещения приказов при достижении ценой определенного уровня; также распространяется на приказы, действующие в течение дня или до отмены

limping standard "хромающий" стандарт: денежная система, которая именуется биметаллизмом, но практически представляет собой монометаллизм (одна из валют сохраняет все права лишь формально)

line-item veto вето на конкретную строчку или статью в бюджете: предложение дать Президенту США право вето на любые расходные решения или налоговые льготы, принимаемые Конгрессом

line of credit = bank line

line of shares (UK) = block of shares

linked (linkage) deal = advance purchase

linked savings account соединенный сберегательный счет: сберегательный счет, соединенный с чековым счетом; основная сумма денег находится на сберегательном счете и между ними свободно производится перевод средств; = package account

liquid ликвидный: способный быстро и без потерь превратиться в наличные

liquid assets ликвидные активы: наличные деньги и активы, которые могут быть превращены в наличные (казначейские векселя, вклады до востребования и т. д.); см. illiquid assets

liquid assets ratio коэффициент ликвидных активов (ликвидности): отношение ликвидных активов к текущим пассивам (депозитам) либо отношение ликвидных активов ко всем активам

liquidating a position ликвидация "длинной" срочной биржевой позиции и реализация прибыли или убытка (путем обратной сделки)

liquidating dividend ликвидационный дивиденд: распределение активов прекратившей деятельность компании в форме дивиденда

liquidating value ликвидационная стоимость: оценка стоимости актива компании, которая прекращает свою деятельность; предполагается, что активы распродаются раздельно

liquidation ликвидация: 1) ликвидация компании (официальное закрытие); 2) закрытие "длинной" срочной позиции (продажа ценных бумаг или срочных контрактов); 3) процесс превращения ценных бумаг в наличные; 4) выплата долга

liquidation date = settlement day 1

liquidator ликвидатор: лицо, уполномоченное провести ликвидацию компании

liquid capital = liquid assets

liquid funds = liquid assets

liquidity ликвидность: 1) способность компании (банка) своевременно выполнять обязательства; 2) ликвидные средства (наличность и близкие к наличности активы); 3) возможность превращения активов или пассивов в наличность и другие ликвидные средства, а также получения последних на финансовых рынках или в более широком контексте (например, в рамках всей экономики); 4) ликвидность рынка (высокий уровень активности торговли, достаточное число покупателей и продавцов), возможность заключения сделки без заметного воздействия на цены

liquidity diversification диверсификация ликвидности: диверсификация инвестиций по срокам с целью обеспечения ликвидности

liquidity fund фонд ликвидности (США): компания, покупающая за наличные паи в товариществах со скидкой в 25-30 % от оценочной стоимости (это позволяет продавцу в сложной ситуации быстро получить наличные деньги)

liquidity preference предпочтение ликвидности: предпочтение наличным деньгам перед ценными бумагами (при необходимости выполнения обязательств, создания резервов, спекуляциях)

liquidity ratio коэффициент ликвидности: 1) в Великобритании - отношение ликвидных активов банков (наличности, ссуд до востребования казначейских и коммерческих векселей) к суммарным депозитам, которые банки должны были поддерживать до 1971 г. на уровне 28 % (до 1963 г. - 30 %); с 1971 г. применялся коэффициент резервных активов; см. reserve assets ratio; 2) финансовый показатель, определяющий использования пассивов для увеличения кредитов; например, отношение наличности и рыночных ценных бумаг к суммарным активам, суммарные депозиты к заемным средствам, все кредиты ко всем депозитам; см. acid-test ratio

liquidity risk риск ликвидности: риск невозможности рефинансирования активов в нужный момент, то есть того, что активы придется продать для выполнения обязательств

liquid market ликвидный рынок: рынок, на котором легко заключить сделку, купить или продать ценную бумагу, получить кредит без нарушения уровня цен, т. е. активный рынок с уравновешенными спросом и предложением

liquid yield option note (LYON) облигация с нулевыми купонами (США), имеющая опцион конверсии в акции эмитента (в течение 3 лет после выпуска)

listed company компания, акции которой котируются на фондовой бирже (полная котировка)

listed options = exchange-traded options

listed securities = quoted securities

listing допуск ценной бумаги к официальной торговле на фондовой бирже (получение котировки); для получения котировки на Лондонской фондовой бирже компании надо выпустить на рынок не менее 25 % акций, иметь срок существования не менее 5 лет, публиковать информацию о своей деятельности; см. listing requirements

listing agreement соглашение о котировке акций на бирже: документ, принимаемый правлением компании как условие получения биржевой котировки (оговаривает публикацию всей необходимой информации)

listing fee стоимость получения биржевой котировки: плата за допуск ценных бумаг на биржу

listing requirements условия получения биржевой котировки; каждая фондовая биржа имеет свои требования: Лондон – срок существования компании не менее 5 лет, капитализация свыше 500 тыс. ф. ст., на рынок выпускается не менее 25 % акций; Нью-Йоркская фондовая биржа – не менее 1 млн. акций и 2000 тыс. акционеров, минимальная капитализация – 16 млн. долл. и прибыль до вычета налогов – 2.5 млн. долл. (2 млн. долл. в 2 предшествующих года); Париж – минимум 300 тыс. акций с номинальной стоимостью 40 млн. франков, прибыльность в последние 3 года, не менее 25 % акций должно быть в свободном обращении (все указанные требования являются минимальными)

listing committee = quotations committee 1

list of drawings 1) список номеров облигаций, выпавших к погашению; 2) список номеров выигравших облигаций

lists closed закрытие подписки на новый заем после получения достаточно большого числа заявок (Великобритания)

Liverpool Cotton Exchange Хлопковая биржа Ливерпуля: крупный рынок хлопка, сделки на котором заключаются на условиях немедленной или будущей поставки

livestock insurance страхование скота от падежа

living dead "живой мертвый": в "рисковом" финансировании новая компания, которая близка к стадии прибыльности; см. venture capital

living trust = inter vivos trust

Lloyd's Ллойд: лондонская ассоциация 6000 страховщиков и 200 страховых брокеров, специализирующихся на морском и другом страховании; основана в 1734 г., с 1871 г. имеет статус компании, но операции проводятся синдикатами индивидуальных страховщиков

Lloyd's List "Лист Ллойда": ежедневная газета, в которой публикуются передвижения судов во всем мире (издается лондонским Ллойдом)

Lloyd's Register of Shipping Судоходный регистр Ллойда: общество страховщиков, судовладельцев и торговцев, публикующее полный список всех судов в мире водоизмещением свыше 100 тонн, определяющее и следящее за стандартами судостроения (дает оценку состоянию судна)

load "груз" (США): надбавка к рыночной цене предложения ценной бумаги взаимного (паевого) инвестиционного фонда открытого типа; используется для покрытия административных расходов фонда и взимается обычно только при покупке; = front-end load; см. sales charge; load fund; back-end load; no-load fund

load fund взаимный инвестиционный фонд (США), акции которого продаются с уплатой специальной надбавки (комиссионных); см. load; sales charge; no-load fund

loan ссуда, кредит: сумма денег, предоставленная на срок или до востребования за определенную плату (процент)

loan account ссудный счет: счет, с которого банк кредитует клиента (ссудный счет дебетуется, а счет клиента кредитуется)

loan against pledge = lombard credit

loan against pledged bills банковский кредит под залог векселей с бланковым индоссаментом клиента

loan agreement кредитное соглашение: 1) соглашение между кредитором и заемщиком; 2) соглашение между эмитентом ценных бумаг и синдикатом гарантов

loan capital заемный капитал банка (компании); состоит главным образом из долгосрочных облигационных займов

loan crowd члены фондовой биржи, которые ссужают и занимают ценные бумаги (США)

loan docket документ (кредитная квитанция), выдаваемый расчетным центром биржи в Великобритании брокеру при депонировании ценных бумаг, под которые брокер выдал кредит (содержит детали такого кредита)

loaned flat бесплатно выданный взаймы (о ссуде ценных бумаг фондовыми брокерами)

loan grading классификация кредитов по качеству и другим параметрам

loan guarantee гарантия по кредиту, кредитная гарантия

Loan Guarantee Scheme Программа гарантий по кредитам мелким предприятиям, созданная правительством Великобритании и 30 банками в 1981 г. (правительство гарантирует 70 % суммы кредита)

loan limit = legal lending limit

loan loss provision = loan loss reserves; = provisions for bad debts

loan loss reserves резервы против потерь по кредитам: процент от кредитного портфеля, который держится на специальном резервном счете для покрытия ожидаемых убытков от сомнительных кредитов; если кредит списывается, то на эту сумму уменьшаются активы (кредитный портфель) и пассивы (резервы); если кредит позднее возвращен, то вновь увеличиваются резервы

loan participation участие в кредите: 1) участие одного из членов банковского консорциума в случае международных синдицированных кредитов; 2) участие банков-корреспондентов в кредите, который слишком велик для одного банка из-за недостаточного размера собственного капитала или превышения установленного законом лимита кредитования (США); см. legal lending limit; = participation financing

loan production offices (LPOs) учреждения банков США, создаваемые в других штатах (помимо своего) для обхода ограничений, поиска ценных заемщиков (депозиты принимать не могут)

loan register реестр кредитов: запись кредитов банка в хронологическом порядке

loan reserve = provisions for bad debts

loan sale продажа, передача, перепоручение кредита или участия в кредите третьим лицом без или с уведомлением заемщика

loan securities = loan stock(s)

loan shark "кредитная акула": юридическое или физическое лицо, которое занимается предоставлением кредитов по ставкам сверх разрешенного законом уровня без наличия лицензии соответствующего органа государственного регулирования

loan stock облигация: ценная бумага компании (как правило, не обеспеченная); см. lending securities

loan stripping разделение кредита: продажа банковского кредита в форме краткосрочных элементов; например, предоставление 90-дневного кредита в рамках 5-летней кредитной линии; см. strip

loan-to-value ratio соотношение в процентах между основной суммой кредита и оценочной стоимостью актива, предоставленного в его обеспечение

loan value размер кредита: 1) сумма, которую кредитор готов предоставить под данное обеспечение; 2) в США - максимальный размер кредита брокера клиенту в форме процента от стоимости ценных бумаг (по "правилу Т"); см. Regulation T

local "местный": биржевик, торгующий за свой счет (США)

local authority bonds облигации, выпускаемые местными властями (Великобритания); обычно имеют фиксированную процентную ставку и не могут обращаться; предлагаются непосредственно инвесторам с помощью объявлений в газетах; см. local authority stocks; yearling bonds

local authority stocks долгосрочные (до 25 лет) облигации местных властей в Великобритании; свободно обращаются и котируются на бирже; обычно выпускаются с фиксированной ставкой, но есть займы с плавающей ставкой и индексацией процентных платежей и основной суммы; см. local authority bonds; yearling bonds

local authority yearling bonds = yearling bonds

local bill местный вексель (Великобритания): вексель, принятый банком к инкассации или учету и оплачиваемый в том же городе, где находится акцептующий банк

lock box 1) сейф, в т. ч. сдаваемый банком в аренду клиенту для хранения ценностей; 2) личный почтовый ящик на почте; в том числе ящик, предоставляемый банком клиенту, в который поступают все чеки, которые тут же обрабатываются банком для ускорения прохождения средств (США)

locked in 1) "замороженный": термин, используемый, когда инвестор не может продать ценные бумаги; торговля данным видом бумаг может быть приостановлена, иначе их продажа принесет убыток; например, на фьючерском рынке торговля может быть приостановлена после превышения лимита колебаний цен; 2) зафиксированный (о гарантированном доходе в случае покупки бумаг с фиксированной ставкой; о цене в случае сделки хеджирования)

locked-in period зафиксированный период: 1) период в 30-60 дней, в течение которых ипотечный кредитор согласен не изменять процентную ставку, прокотированную при обращении за кредитом, то есть до завершения всех формальностей; 2) период времени, когда заемщик не имеет права рефинансировать ипотеку без уплаты кредитору штрафа

locked market "закрытый" рынок: курс покупателя равен курсу продавца

lock in зафиксировать с помощью срочной сделки определенный уровень цены и курса (существо сделки хеджирования)

lock-up CDs депозитные сертификаты с ограничением обращения; покупатель дает согласие не перепродавать эти ценные бумаги (банк-эмитент может также просто держать проданные бумаги у себя)

lock-up option предоставление права дружественной компании (инвестору) приобрести пакет акций или одну из конкурентоспособных дочерних компаний для защиты от попытки нежелательного поглощения; см. white knight; crown jewels; hostile take-over

Loi Monory закон Монори (франц.): закон, принятый по инициативе министра финансов Франции Р. Монори в 1978 г. для поощрения инвестиций населения в ценные бумаги компаний с помощью налоговых льгот

lombard credit (loan) ломбардный кредит: кредит под обеспечение легко реализуемыми ценными бумагами (= broker's loan 1) или под залог товаров (= advance against goods as security), в т. ч. кредит центрального банка коммерческим банкам

lombard rate ломбардная ставка, ставка по ломбардным кредитам: 1) официальная ставка центрального банка по кредитам коммерческим банкам, обеспеченным ценными бумагами (ФРГ); 2) ставка по обеспеченному кредиту коммерческого банка клиенту

Lombard Street "Ломбард стрит": лондонский денежный рынок (по названию улицы в Лондоне, где сосредоточены финансово-кредитные учреждения); 2) классический труд У. Бэджхота о денежном рынке и денежно-кредитной политике Банка Англии (выходцы из Ломбардии были первыми финансистами Великобритании после изгнания евреев в 1290 г.)

London Club Лондонский клуб: клуб коммерческих банков-кредиторов, созданный для переговоров с официальными заемщиками; например в случае России объединяет свыше 600 банков, деятельность которых координируется Банковским консультационным комитетом во главе с Дойче банком (собирается во Франкфурте)

London Commodity Exchange (LCE) Лондонская товарная биржа (основана в 1811 г.): один из крупнейших в мире срочных рынков сырьевых товаров (кроме металлов); в 1993 г. слилась с Лондонской биржей фьючерсов и опционов и Балтийской фьючерской биржей; специализируется на наличной и срочной торговле сахаром, кофе, какао, рисе, а также контрактах на базе фрахта, недвижимости и др.

London Derivatives Exchange (LDE) Лондонская биржа производных финансовых инструментов: биржа, образовавшаяся в результате слияния ЛИФФЕ и Лондонского рынка опционов; однако чаще продолжает использоваться название ЛИФФЕ

London discount market лондонский учетный рынок: традиционная часть денежного рынка, на которой оперируют учетные дома, коммерческие и торговые банки, Банк Англии; см. London Discount Market Association; discount house

London Discount Market Association (LDMA) Ассоциация лондонского учетного рынка: ассоциация учетных домов; см. discount house

London FOX (Futures and Options) Лондонская биржа фьючерсов и опционов: рынок товарных фьючерсов и опционов, который слился с Лондонской товарной биржей; см. London Commodity Exchange

London gold market лондонский рынок золота: один из крупнейших международных рынков физического золота, в основе которого находятся ежедневные встречи пяти ведущих фирм (на них утром и днем фиксируются цены золота в долларах); см. fixing; good delivery 1; gold market

London interbank bid rate (LIBID) ставка покупателя на лондонском межбанковском рынке депозитов (ЛИБИД)

London interbank currency options market (LICOM) межбанковский рынок валютных опционов в Лондоне

London interbank mean/median average rate (LIMEAN) среднее арифметическое между ЛИБОР и ЛИБИД: средняя ставка межбанковского рынка депозитов в Лондоне

London interbank offered rate (LIBOR) ставка предложения (продавца) на лондонском межбанковском рынке депозитов (ЛИБОР): важнейший ориентир процентных ставок на международном рынке ссудных капиталов; фиксируется на основе ставок ведущих банков на 11 часов утра

London International Financial Futures Exchange (LIFFE) Лондонская международная биржа финансовых фьючерсов (ЛИФФЕ; читается "лайф"): крупнейшая в Западной Европе срочная финансовая биржа (основана в 1982 г.); первоначально находится в здании бывшей Королевской биржи; в 1992 г. слилась с Лондонским рынком опционов: см. Royal Exchange

London Metal Exchange (LME) Лондонская биржа металлов (основана в 1881 г.): крупнейший международный рынок цветных металлов (медь, олово, цинк и др.), серебра и платины

London money markets лондонские денежные рынки: краткосрочные рынки в Лондоне – традиционный учетный, межбанковский (стерлинговый и евровалютный), депозитных сертификатов, обязательств местных властей, финансовых компаний; более новые рынки, которые с 50-х годов сосуществуют с учетным рынком, называются "параллельными"; см. discount market

London Stock Exchange (LSE) Лондонская фондовая биржа (основана в 1773 г.): третья в мире по объему операций и капитализации фондовая биржа; в 1973 г. объединилась с провинциальными биржами и теперь представляет собой часть Международной фондовой биржи Соединенного Королевства и Республики Ирландии; не имеет торгового зала и все сделки осуществляются на электронной основе; см. International Stock Exchange of the UK and the Republic of Ireland

London Traded Options Market (LTOM) лондонский рынок свободно обращающихся опционов на акции (основан в 1978 г.) при Лондонской фондовой бирже; слился с биржей ЛИФФЕ

long = 1) long dated; 2) long(s); 3) long position

long bill "длинный" вексель: вексель со сроком 3 и более месяцев

long bit монета в 15 центов

long bond долгосрочная облигация; в США – казначейская облигация со сроком 30 лет или любая другая облигация со сроком погашения свыше 10 лет

long coupon "длинный купон": 1) купонный доход за период свыше обычных 6 месяцев (первый купон в связи с выпуском займа более чем за полгода до первого платежа); 2) облигация со сроком более 10-15 лет

long dated (stock) долгосрочная (ценная бумага): со сроком свыше 10-15 лет

long dated currency swap долгосрочный валютный своп; см. currency swap 1

long date forward форвардный валютный контракт со сроком свыше 1 года

long end of the market "долгосрочный конец рынка": рынок британских государственных облигаций со сроками более 15 лет

long exchange = long bill

long gilt contract фьючерский контракт на долгосрочные британские государственные облигации (на ЛИФФЕ); см. London International Financial Futures Exchange

long hedge "длинный" хедж: покупка срочного контракта для нейтрализации ценового риска (для защиты от повышения стоимости выполнения будущего обязательства); = buy hedge

long hundred "длинная сотня": сто двадцать

long leg одна из сторон опционного спреда ("длинная нога"): обязательство купить финансовый инструмент

long liquidation = liquidation 2

long option position "длинная" опционная позиция: позиция, образовавшаяся в результате покупки опциона "пут" или "колл"

long position "длинная" позиция: 1) срочная позиция, образовавшаяся в результате покупки фьючерских или опционных контрактов; 2) портфель ценных бумаг: ценные бумаги, принадлежащие инвестору; 3) наличие у банка определенной суммы в иностранной валюте (т. е. банк является ее владельцем)

long rate "длинный курс": цена покупки "длинного" векселя, который выставлен и будет оплачиваться в другой стране

longs (long gilts) государственные облигации со сроками свыше 15 лет (Великобритания)

long straddle "длинный стрэддл": одновременная покупка опционов "пут" и "колл" с одинаковыми ценами и сроками исполнения в расчете на неустойчивость конъюнктуры (прибыль получается при изменении цены финансового инструмента в любую сторону больше величины премии)

long strangle "длинный стрэнгл": одновременная покупка опционов "пут" и "колл" с разными ценами и одинаковыми сроками исполнения ("внутренняя" стоимость опционов обычно отрицательна) в расчете на неустойчивость конъюнктуры; см. strangle; intrinsic value

long-tail claims "длиннохвостые" требования: страховые требования, которые удовлетворены через длительное время после истечения срока страхования

long tap долгосрочные государственные облигации, выпускаемые на регулярной основе для удовлетворения спроса на долгосрочные бумаги (Великобритания)

long-term долгосрочный: 1) об инвестиционной стратегии, предусматривающей покупку ценных бумаг на сроки более 1 года; 2) о ценных бумагах, кредитах со сроками более 10-15 лет; 3) о задолженности со сроками более 1 года

long-term compensation долгосрочные компенсационные операции; см. buyback 1

long-term debt долгосрочный долг: обязательства со сроками более 1 года или облигации со сроками свыше 5-10 лет

long-term debt to total capitalization ratio отношение долгосрочных заимствований к суммарной капитализации компании

long-term financing долгосрочное финансирование: обязательства со сроками свыше 1 года и весь акционерный капитал

loophole лазейка, уловка: технический прием обхода закона без нарушения его буквы; см. tax shelter

loophole bank = nonbank bank

loro account корреспондентский счет "лоро" ("их" счет): 1) счет третьего банка у банка-корреспондента данного кредитного учреждения; 2) = vostro account

loser "проигравший": акция с падающим курсом

losing the points "терять очки": ситуация на валютном рынке, когда цена покупки на форвардном рынке выше наличной цены продажи; см. earning the points

loss and gain account (USA) = profit and loss account

losses убытки, потери: 1) списанный кредит (как невозвратный); 2) продажа актива по цене ниже рынка или цены покупки; 3) операционный убыток при превышении затрат над поступлениями

losses on receivables дебиторские потери: убытки по требованиям, кредитам и т. д.

loss ratio коэффициент убытков: отношение выплат страховой компании к сумме полученных премий (за год)

loss reserve = loan loss provision

lost card утерянная или неполученная банковская карточка; для получения новой надо подписать соответствующие юридические документы

lost profits упущенная прибыль: потенциальная прибыль, которая не была реализована

lot лот: 1) стандартный размер сделки, контракта, партии товара (на аукционе, на бирже); 2) любая партия товара, составляющая предмет операции

lottery лотерея: разовый розыгрыш денежных и вещевых призов по специально выпущенным билетам (мобилизованные средства обычно идут на конкретные цели)

Louvre accord Луврское соглашение: соглашение между странами "группы пяти" и Канадой в феврале 1987 г. в Париже о продолжении координации валютных интервенций для достижения валютной стабильности

low самый низкий (о цене ценной бумаги или товара за год или за весь период котировки)

low coupon stock государственная облигация с низкой купонной ставкой (Великобритания); такие облигации выпускаются для привлечения инвесторов, заинтересованных в приросте капитала, а не в доходе

lower-of-cost-or-market (LCM) rule метод оценки материальных производственных запасов (инвестиций) по наинизшей из оценок себестоимости или рыночной стоимости

low interest rate countries scheme (LIRC) дополнительная схема к соглашению Консенсус для стран с низким уровнем процентных ставок; см. International Agreement on Officially Supported Export Credit

low-par stocks ценные бумаги с небольшими номиналами; большинство акций выпускается с низкими номиналами или без номинала, т. к. значение имеет цена эмиссии и не должно возникать путаницы между номинальной и рыночной стоимостью акций

low-priced shares акции с низкой рыночной ценой, "дешевые" акции: акции с небольшими номиналами, которые на рынке стоят сравнительно недорого и широко распространены среди мелких инвесторов

lump sum 1) общая сумма нескольких платежей; 2) единовременно выплачиваемая (разовая) сумма

lump-sum distribution единовременная выплата бенефициару всей суммы по пенсионной или инвестиционной программе, по схеме участия в прибылях

lump-sum investment инвестиционная программа, участник которой делает разовый взнос (в отличие от регулярных взносов)

Lutine Bell колокол с британского корабля "Лутин", который потерпел крушение в 1799 г.; в настоящее время находится в здании Ллойда и оповещает о хороших новостях (один удар) и плохих, типа кораблекрушения (два удара)

Luxembourg interbank offered rate (LUXIBOR) межбанковская ставка предложения депозитов на денежном рынке Люксембурга (ЛЮКСИБОР)

luxury tax налог на предметы роскоши: налог на товары, которые не считаются необходимыми для широких масс

M

Mo денежный агрегат Мо: в Великобритании – самый узкий показатель денежной массы в обращении (иногда называется "широкой денежной базой"); введен в 1983 г.; включает банкноты и монету в обращении, кассовую наличность банков и остатки средств на счетах коммерческих банков в Банке Англии; = monetary base

M1 денежный агрегат M1 в Великобритании – показатель денежной массы, включающий наличные деньги в обращении плюс стерлинговые счета до востребования частного сектора в банках; в США – наличность в обращении, счета до востребования в коммерческих и взаимно-сберегательных банках, счета НАУ, небанковские дорожные чеки и т. д.

M2 денежный агрегат M2: в Великобритании – показатель денежной массы, включающий наличность в обращении, стерлинговые текущие и процентные счета частного сектора в банках, вклады в строительные общества и сбербанки (M1 плюс срочные сберегательные счета); в США – M1 плюс сберегательные счета, срочные счета до 100 тыс. долл., однодневные евродолларовые депозиты, акции взаимных фондов денежного рынка и др.

LM3 стерлинговый денежный агрегат M3 (Великобритания): показатель денежной массы, включающий M1 плюс срочные счета частного сектора в фунтах стерлингов в банках

M3 денежный агрегат M3: в Великобритании – показатель денежной массы, включающий стерлинговый агрегат M3 плюс банковские депозиты частного сектора в иностранной валюте; в США – M2 плюс срочные депозиты свыше 100 тыс. долл. и срочные соглашения о продаже и последующем выкупе ценных бумаг

Maastricht Treaty Маастрихтский договор: договор стран ЕС об углублении политической и экономической интеграции, включая единую валюту и Европейский центральный банк; вступил в силу в конце 1993 г., когда ЕЭС было переименовано в Европейское Сообщество; в 1999 г. предполагается создание Европейского Валютного Союза

Macmillan Gap нехватка долгосрочного капитала для образования мелких и средних компаний в Великобритании в 20-30 годы, отмеченная в докладе Макмиллана о финансировании британской промышленности в 1931 г.

Macmillan Repört доклад Макмиллана: доклад Комитета по проблемам финансовой системы и промышленности Великобритании (1931 г.)

macroeconomics макроэкономика: экономика в целом (как единое целое), характеризуемая такими агрегированными показателями, как доходы, промышленное производство, инфляция, безработица; часть экономической теории, изучающая воздействие на указанные показатели фискальной и денежно-кредитной политики; см. microeconomics

made bill вексель, выставленный в данной стране, но подлежащий оплате в другом государстве

Magic = Mortgage Guaranty Insurance Corp.; см. mortgage insurance

Maggie Mae "Мэгги Мэй": компания – частный "проводник" пулов ипотечных кредитов, созданная ипотечной страховой компанией "Mortgage Guaranty Insurance Corp." (США)

magnetic ink character recognition (MICR) распознавание знаков, оставленных магнитными чернилами: кодирование чеков специальными знаками, распознаваемыми электронными машинами

mag(netic) stripe магнитная полоса черного или иного цвета на оборотной стороне кредитной карточки; содержит закодированную информацию об эмитенте и владельце карточки, сообщаемую компьютеру в момент проведе-ния сделки; см. plastic card

Maiden issue "девственный" заем: первый выпуск облигаций данной компанией

mail float срок между предъявлением чека и его оплатой банком-плательщиком, то есть время пересылки чека или время чекового клиринга; см. float

mail order почтовый перевод: платежное поручение банка по просьбе клиента в пользу какого-либо лица, направляемое банку корреспонденту по почте (форма платежа)

mail teller "почтовый" кассир: сотрудник банка, отвечающий за получение, сортировку и проверку депозитов, поступающих по почте

mail transfer (MT) = mail order

mainstream corporation tax (MCT) основная сумма корпорационного налога: разница между всей суммой корпорационного налога, уплачиваемого компаниями, и авансовым корпорационным налогом (Великобритания); см. advance corporation tax; corporation tax

maintain a market = make a market

maintenance поддержание: поддержание оборудования в порядке, в рабочем состоянии, средства поддержки

maintenance bond гарантия качества товара в течение некоторого времени после его приобретения

maintenance call требование внесения клиентом дополнительных средств (наличных или ценных бумаг) в случае падения остатка на его счете у фондового брокера ниже определенного уровня; см. Regulation T

maintenance fee комиссия за поддержание: ежегодная комиссия по некоторым видам счетов клиентов (кредитные карточки, чековые счета, счета у фондовых брокеров)

maintenance margin "маржа поддержки": 1) минимальная сумма, которую клиент должен иметь на счете у своего брокера по ценным бумагам плюс 50 % покупной цены ценной бумаги; 2) минимальный гарантийный депозит в срочной биржевой торговле; см. initial margin; variation margin; minimum maintenance; Regulation T

maintenance requirement = minimum maintenance

major industry identifier идентификатор отрасли эмитента карточки США: первая цифра в номере кредитной или дебитовой карточки (4 или 5 для банков и других финансовых институтов, 3 для туристических и развлекательных компаний)

majority interest участие в капитале компании, дающее право контроля: контрольный пакет акций (может быть меньше 51 %)

majority shareholder акционер, который имеет контрольный пакет акций компании (часто менее 51 %)

Major Market Index (MMI) синтетический индекс курсов акций 20 ведущих американских корпораций (используется во фьючерской и опционной торговле)

make a market "делать рынок": постоянно котировать цены продавца и покупателя с готовностью вступить в сделки по ним; см. market maker

make a price = make a market

maker (of a promissory note) = drawer

make-up day день представления банком центральному банку ежемесячной отчетности

making up подведение итогов, расчет, компенсация

making up day = contango day

Makler маклер, биржевой брокер или дилер (нем.); см. Kursmakler; freie Makler

Maklergebur брокерское вознаграждение, комиссия (нем.); в ФРГ размер брокерской комиссии составляет 1 % суммы сделки по акциям и 0.75-0.0075 % по облигациям (в зависимости от суммы)

malfeasance совершение неправомерного действия; должностное преступление

Maloney Act Закон Мэлоуни (США, 1938 г.): поправка к Закону о ценных бумагах 1933 г., разрешающая создание саморегулирующихся ассоциаций фондовых брокеров и дилеров при условии их регистрации в Комиссии по ценным бумагам и биржам; единственная организация, созданная по этому закону, - Национальная ассоциация дилеров по ценным бумагам (1939 г.)

managed account управляемый счет: инвестиционный счет одного или нескольких клиентов, доверенный менеджеру (банку, брокеру) для осуществления капиталовложений

managed bonds управляемые облигации: программа, по которой управление инвестициями доверено финансовому учреждению и средства переводятся, например, в облигации по усмотрению управляющего

managed currency управляемая валюта: валюта, на курс которой власти оказывают влияние с помощью рыночных операций и других методов; см. dirty floating

managed float = dirty floating

managed fund управляемый фонд: фонд, созданный банком или другим кредитно-финансовым институтом для управления определенными активами по поручению инвестора-клиента

managed liabilities управляемые пассивы: пассивы, которые могут быть увеличены по желанию банка для регулирования ликвидности - межбанковские депозиты и аналогичные инструменты

management менеджмент: 1) управление: политика и методы управления деятельностью корпорации; 2) управляющие корпорации

management buy-in приобретение группой профессиональных менеджеров контрольного пакета акций какой-либо компании

management buy-out 1) выкуп контрольного пакета акций корпорации ее управляющими и служащими; 2) выкуп части конгломерата для создания самостоятельной компании

management company = investment company

management fee комиссия за управление: 1) плата банком за организацию выпуска ценных бумаг или предоставление синдицированного кредита; 2) комиссия за управление инвестициями, взимаемая взаимным фондом (обычно 1 % от стоимости активов в год)

management group группа управления: банки, тесно взаимодействующие с ведущим менеджером займа при распределении ценных бумаг

management quality качество управления: оценка банка или компании с точки зрения квалификации управляющих, обоснованности принимаемых решений

management share = deferred ordinary share

manager менеджер, управляющий: 1) лицо, осуществляющее оперативное руководство компанией или ее подразделением; 2) банк-организатор займа в отличие от простого участника синдиката; может быть главным организатором (лид-менеджер) или одним из организаторов (ко-менеджер); см. lead-manager; co-manager

managing underwriter главный андеррайтер: ведущий член гарантийного синдиката, выступающий представителем или агентом других банков при покупке и размещении ценных бумаг, отвечает за все формальности

M&A (mergers and acquisitions) department отдел банка (обычно инвестиционного), занимающийся организацией слияний и поглощений компаний

mandate мандат: право на организацию синдицированного займа, предоставляемое заемщиком банку

mandatory convertible debenture облигация, которая через определенное время обязательно конвертируется в акции

mandatory sharing обязательное совместное использование (США): многие штаты обязывают финансовые учреждения давать клиентам других учреждений пользоваться их автоматическими кассовыми машинами

manipulation манипуляция, манипулирование: в США - купля-продажа ценных бумаг для создания иллюзии рыночной активности и воздействия на цены (незаконные действия)

manual руководство, справочник

manufacturing risk производственный риск: риск на стадии производства до экспортной поставки

Maple Leaf "кленовый лист": канадская золотая монета (объект торговли в тезаврационных целях); номинал - 50 долл., содержание чистого золота - 1 тр. унция

marche a terme срочный рынок

(франц.): срочный биржевой или валютный рынок; на Парижской фондовой бирже срочный рынок отделен от наличного рынка и с 1983 г. ценные бумаги могут котироваться только на одном из них; по всем сделкам требуется внесение гарантийного депозита (размер зависит от покрытия - наличность, ценные бумаги); помимо сделок с отсрочкой платежа в Париже заключаются различные виды опционных сделок

marche a terme d'instruments financiers (MATIF) МАТИФ (франц.): срочная финансовая биржа в Париже (фьючерские сделки с облигациями и казначейскими векселями); открыта в 1986 г.

marche au comptant наличный рынок (франц.): рынок сделок с немедленными расчетом и поставкой

marche de l'argent денежный рынок (франц.)

marche des capitaux рынок капиталов (франц.)

marche des valeurs рынок ценных бумаг (франц.)

marche hors cote внебиржевой (неофициальный) рынок (франц.): рынок "некотируемых" акций при французских фондовых биржах; см. Second marche

marche monetaire = marche de l'argent

marches conditionneles условные рынки (франц.): рынки различных видов опционов на фондовых биржах во Франции

mare-to-foal policy страховой полис "от кобылы до жеребенка": разновидность страхования хозяйственных животных, покрывающего возможность смерти одного или другого животного

margin маржа: 1) разница между ценами, курсами, ставками; см. interest margin; 2) гарантийный взнос (депозит) в срочной биржевой (фьючерской и опционной) торговле; см. initial margin 1; variation margin; maintenance 3) часть цены акции, вносимая клиентом наличными при совершении покупки за счет кредита брокера (в США - минимум 50 %); см. Regulation T; 4) разница между текущей рыночной стоимостью обеспечения кредита и номинальной суммой кредита; см. haircut

margin account маргинальный счет: счет клиента у брокера, по которому ценные бумаги можно покупать в кредит (вносится только маржа); на счете необходимо иметь определенную сумму; в США маргинальные счета регулируются ФРС ("правило Т"), Национальной ассоциацией дилеров по ценным бумагам, биржами; см. minimum maintenance; Regulation T

margin agreement соглашение, в котором оговорены правила ведения маргинального счета; см. margin account

marginal cost of capital (funds) маргинальная стоимость капитала: стоимость привлечения дополнительного капитала; теоретически по мере расширения операций стоимость привлечения дополнительного капитала снижается; = incremental cost of capital; см. pooled cost of funds

margin credit маргинальный кредит: кредит на покупку ценных бумаг; см. margin account

marginal inefficiency of capital маргинальная эффективность капитала: годовая доходность последнего по времени прибавления элемента капитала

marginal rate of tax маргинальная ставка налога: ставка налога по наиболее высокой части дохода при прогрессивной системе налогообложения (максимальная ставка, применяемая к данному плательщику)

margin calls 1) дополнительные гарантийные депозиты, ежедневно уплачиваемые сторонами срочной биржевой сделки при неблагоприятном движении цен (в виде разницы между прошлой и новой расчетной стоимостью контракта); см. mark-to-market 1; = variation margin; 2) требование внесения гарантийного депозита наличными или ценными бумагами по фондовой сделке, совершаемой в кредит (США); см. margin account; minimum maintenance; maintenance margin

margin department отдел брокерской фирмы, занимающийся ведением маргинальных счетов клиентов; см. margin account

margin of profit (ratio) маржа прибыли: отношение брутто-прибыли к нетто-продажам компании; см. gross profit

margin requirements требования внесения гарантийных депозитов на биржах или по счетам клиентов у брокеров; см. initial margin; margin calls; margin account; maintenance margin; minimum maintenance; variation margin; Regulation T

margin securities маргинальные ценные бумаги: ценные бумаги, частично купленные в кредит по маргинальному счету у брокера; в кредит в США можно покупать только бумаги, которые официально утверждены ФРС: они должны быть зарегистрированы и котироваться на биржах, а также государственные и муниципальные облигации, обязательства МБРР; по другим бумагам расчеты должны вестись наличными; см. margin account; Regulation T

marine insurance морское страхование: страхование судна или груза от полной или частичной потери в период морского плавания

marital deduction супружеский налоговый вычет: 1) освобождение от налогообложения перехода собственности от одного супруга к другому в порядке наследования; 2) снижение подоходного налога гражданина при наличии неработающего супруга

Mark немецкая марка (жарг.)

mark down 1) снижение цены акции или облигации для привлечения покупателей или сдерживания продавцов, стимулирования торговли (часто как реакция на поступление той или иной информации); 2) комиссия, взимаемая дилером с клиента при продаже последним ценных бумаг на внебиржевом рынке (обычно 5 % в США)

market (Mkt; mart) рынок: 1) организованная или неформальная система торговли товарами или финансовыми инструментами на основе четких правил; 2) рыночные цены, состояние конъюнктуры; 3) рыночная цена; 4) основные участники финансового рынка: дилеры, торгующие за свой счет; 5) физическое место торговли; 6) столкновение спроса и предложения покупателей и продавцов, в результате которого определяется цена товара

marketability возможность быстро и без помех купить или продать ценную бумагу или товар (необязательно по обоснованной цене)

marketable collateral легко реализуемое обеспечение кредита (активы, которые можно без потерь продать)

marketable eurodollar collateralized securities (MECS) = bearer eurodollar collateralized securities

marketable securities обращающиеся ценные бумаги; могут свободно покупаться и продаваться на рынке и превращаться в наличные

market analysis рыночный анализ: 1) анализ рыночной конъюнктуры с целью прогнозирования цен; сбор и анализ информации о финансовом продукте или услуге; 2) оценка рынков сбыта компании

market capitalization рыночная капитализация компании: суммарная рыночная стоимость выпущенных акций компании (число выпущенных акций, умноженное на их рыночную цену); также стоимость всех акций на данной бирже

market depth = depth of a market

market discipline рыночная дисциплина: теория согласно которой порядок на рынке должен поддерживаться самими участниками в порядке саморегулирования; на практике в исключительных случаях всегда бывает необходимо вмешательство государства

market extension merger "слияние, расширяющее рынок": конгломератное слияние компаний в разных регионах или странах; см. conglomerate merger

market-if-touched (MIT) order приказ клиента брокеру о совершении сделки, если цена достигнет оговоренного уровня

market index рыночный индекс: индекс, отражающий движение конъюнктуры на том или ином рынке (например, на фондовом рынке)

market index deposit депозит на основе рыночного индекса: депозит, сберегательный или депозитный сертификат, доходность по которому приравнивается к фондовому или товарному индексу

marketing маркетинг: система методов и средств передвижения товаров от производителя к потребителю; включает анализ рынка, дизайн, организацию сбыта, рекламу и т. д.

market letter рыночный листок: регулярная публикация с анализом рыночных тенденций и рекомендациями, распространяемая брокером среди клиентов или независимым аналитиком среди подписчиков

market liquidity risk риск рыночной ликвидности: риск того, что финансовый инструмент нельзя будет быстро продать по полной рыночной стоимости

market maker "делатель рынка": участник финансового рынка (валюты, ценных бумаг), который постоянно котирует цены продавца и покупателя и вступает в сделки по одному или нескольким финансовым инструментам за свой счет или за счет своих клиентов

market on close order (MOC) приказ на закрытие; приказ клиента брокеру совершить сделку по цене закрытия рынка

market order рыночный приказ: приказ клиента биржевому брокеру о немедленном совершении сделки по наилучшей текущей цене (США)

market out clause условие соглашения о гарантии нового займа, которое освобождает андеррайтеров от их обязательств в случае непредвиденных неблагоприятных событий на всем фондовом рынке

market partnership рыночное товарищество: соглашение участников рынка, действующих за собственный счет и являющихся конкурентами, о создании временного дилерского товарищества для торговли конкретным видом ценных бумаг

market place рынок: физическое место (помещение) рынка

market price рыночная цена: текущая цена ценной бумаги на рынке; т. е. последняя цена, по которой была заключена сделка на рынке

Market Price Display Service (MPDS) Служба информации по рыночным ценам (Великобритания): внутренняя телевизионная система Лондонской фондовой биржи, распространяющая информацию о ценах примерно 750 ведущих акций и деятельности крупнейших компаний

market rate of interest рыночная процентная ставка: процентная ставка, определяемая на основе регулярных котировок участников рынка, участвующих в реальных сделках (в отличие от средних или расчетных ставок)

market report рыночный отчет: информация о событиях и деталях операций на бирже или другом рынке в течение дня, анализ основных тенденций и причин тех или иных сдвигов

market research исследование рынка: 1) анализ рыночного потенциала нового продукта; 2) = market analysis

market risk рыночный риск: риск того, что цена актива снизится и его владелец понесет убытки при реализации этого актива; для минимизации рыночного риска используются различные методы хеджирования; см. systematic risk

market segmentation theory теория сегментации рынка: теория процентных ставок, которая говорит о том, что краткосрочный и долгосрочный сегменты рынка капиталов функционируют независимо друг от друга; = segmented markets theory; см. expectations theory, liquidity preference theory

market share удельный вес в обороте рынка данной компании или товара

market size размер рынка: размер операции с конкретным видом ценных бумаг, которую можно совершить без каких-либо сложностей (без нарушения нормального функционирования рынка)

market timing выбор времени покупки или продажи ценных бумаг или других финансовых инструментов на основе анализа рыночной конъюнктуры, прочих факторов

market-to-book ratio (value) отношение рыночной цены акции к ее бухгалтерской стоимости (все активы минус все обязательства, привилегированные акции и "неосязаемые" активы в расчете на одну обыкновенную акцию); показатель состояния рынка акций данной компании

market tone рыночный "тон": состояние рынка ценных бумаг

market value рыночная стоимость: наивысшая цена, которую данный актив, например, ценная бумага может принести на открытом рынке при достаточной информированности участников рынка (в отличие от номинальной стоимости)

market value-weighted index фондовый индекс, компоненты которого взвешиваются в соответствии с полной рыночной стоимостью акций в обращении

marking names список финансовых учреждений, на имя которых британские инвесторы могут зарегистрировать американские и канадские облигации для облегчения получения дивидендов (публикуется Лондонской фондовой биржей); на эти же учреждения регистрируются сертификаты акций в американской форме; см. American-form share certificate; other names

marking of bargains = markings

markings ежедневная официальная регистрация и публикация цен сделок на Лондонской фондовой бирже; см. marks

marks цены сделок на Лондонской фондовой бирже, внесенные в официальный бюллетень; см. markings

mark-to-market 1) практика ежедневной переоценки срочных биржевых позиций для учета текущего изменения цен и внесения при необходимости дополнительных гарантийных депозитов; 2) переоценка долгосрочного кредитного свопа на базе текущих котировок; 3) переоценка портфеля ценных бумаг на основе текущих цен

mark-to-market accounting учет в текущих ценах (по текущим курсам, процентным ставкам и т. д.)

mark-up маржа: 1) надбавка к процентной ставке ориентиру, составляющая прибыль кредитора и зависящая от условий кредита и уровня риска; 2) надбавка к издержкам производства товара, составляющая прибыль производителя; 3) любая надбавка к цене для получения прибыли при перепродаже

married put "женатый" опцион "пут": опцион "пут" на продажу определенного числа ценных бумаг, купленный одновременно с ценными бумагами, лежащими в основе опционного контракта (для страхования ценового риска)

marrying price котировка ценной бумаги на фондовой бирже, используемая банком — членом биржи для внутрибанковского зачета покупок и продаж (т. е. банк выступает брокером)

Marshall Plan план Маршалла: программа возрождения европейской экономики (1948-1951 гг.), названная по имени государственного секретаря, министра обороны США генерала Дж. К. Маршалла; план предусматривал помощь в восстановлении западноевропейских экономик путем крупных поставок товаров в кредит и бесплатно

Marshall's theory of markets теория рынков Маршалла: предположение британского профессора А. Маршалла (1842-1924 гг.) о том, что рост масштабов рынка уменьшает колебания цен и комиссионные посредников

marzipan layer "марципановый слой": финансовая компенсация, предлагаемая старшим сотрудникам поглощаемой фирмы (но не партнерам или менеджерам); то есть более низкий уровень компенсации; см. golden handshakes; golden handcuffs

Massachusetts rule массачусетское правило или правило разумного человека; см. prudent man rule

master agreement соглашение двух сторон об основных условиях свопов, которые будут заключаться между ними в течение оговоренного срока

MasterCard International МастерКард Интернешнл: международная некоммерческая компания кредитных карточек, принадлежащая группе банков-членов из разных стран; включает карточку системы Аксесс, а также сеть автоматических кассовых аппаратов в США (Cirrus)

master mortgage стандартная ипотека: стандартная информация об ипотеке, представляемая для регистрации в органы земельной регистрации

master trust головной или главный траст: единое соглашение, по которому банк или трастовая компания управляет пенсионными фондами для группы родственных фирм; единое соглашение облегчает управление активами, включая куплю-продажу ценных бумаг, учет и информирование спонсоров фондов; custody account

Matador bond облигация Матадор: облигации в испанских песетах, выпущенные в Испании иностранным заемщиком

match две противоположные операции, совпадающие по размерам и срокам

matched and lost (M&L) "совпали и проиграл" (США): ситуация на бирже, когда два члена одновременно отвечают на предложение купить или продать ценные бумаги (в равной сумме, по одинаковой цене); бросается жребий и сделку заключает выигравший

matched book 1) уравновешенный портфель операций банка: активы и пассивы совпадают по срокам; 2) финансовое положение фондового дилера, когда стоимость заимствований равна доходу по предоставленным кредитам

matched maturities уравновешенные по срокам активы и пассивы; финансирование кредитов примерно равными по срокам депозитами для минимизации процентного риска

matched orders взаимозачитывающиеся биржевые приказы: равные приказы на покупку и продажу (в т. ч. незаконная практика стимулирования денежной активности)

matched sale (re)purchase agreement соглашение о продаже и обратной покупке: сделка, заключающаяся в продаже ценных бумаг с обязательством купить через некоторое время другие бумаги на равную сумму; техника регулирования денежного рынка центральным банком (например, ФРС); = sale (and) repurchase agreement

matching "мэтчинг": 1) метод нейтрализации ценового риска, заключающийся в сбалансировании активов и пассивов по суммам и срокам (например, подбор равных валютных позиций с противоположными знаками); 2) ежедневная сверка всех покупок и продаж на срочной бирже и получение подтверждения продавцов и покупателей по ценам и числу контрактов в каждой сделке

matchings of maturities совпадение сроков активов и пассивов

material asset value рыночная стоимость фиксированных и текущих активов (основного и оборотного капитала) компании (в отличие от капитализации дохода от инвестированного капитала)

material-value clause условие кредитного соглашения, привязывающее номинальную стоимость требования к реальной стоимости актива или изменениям цен тех или иных товаров (например, золотая оговорка, индексация облигаций)

Matilda bond облигация Матильда: облигация, выпущенная иностранным заемщиком в Австралии в австралийских долларах

matrix trading "матричная" торговля: обмен облигациями или покупка одних и продажа других облигаций для использования временных перекосов в доходности между облигациями одного класса с различными рейтингами или между облигациями различных классов

Matukhin, Georgui Георгий Гаврилович Матюхин: первый председатель Центрального банка России в 1990-1992 гг.; при нем ЦБ впервые в истории России стал относительно независимым в своей политике

maturity срок: 1) срок погашения ценной бумаги наличными деньгами; 2) срок кредита

maturity date срок платежа (погашения) векселя или другой ценной бумаги; см. days of grace

maturity factoring срочный факторинг: разновидность факторинга, при котором специализированная компания берет на себя получение всех долгов клиента за комиссию в 0.75-2 % суммы долгов и ежемесячно перечисляет ему текущие суммы в средний срок их уплаты; см. factoring

maturity mismatching несовпадение по срокам: привлечение краткосрочных депозитов для предоставления более долгосрочных кредитов

maturity stripping = loan stripping

maturity swap своп по срокам: обмен облигаций с более короткими сроками на ценные бумаги с более продолжительными сроками для изменения структуры инвестиционного портфеля по срокам; см. bond swap

maturity transformation трансформация банками краткосрочных депозитов в более долгосрочные кредиты

maundy money милостыня, раздаваемая британской королевой (или от ее имени) в Великий четверг на Страстной неделе (для этого чеканятся специальные монеты)

maximum capital gains mutual fund взаимный инвестиционный фонд, вкладывающий средства акционеров с целью максимизации прироста капитала

maximum price fluctuation максимальное изменение цены определенного контракта в срочной биржевой торговле в любую сторону, разрешенное в течение дня; при превышении предела торговля прерывается; = daily limit

maximum sum mortgage ипотека с фиксированной максимальной суммой (недвижимость, заложенная в качестве обеспечения, может покрывать обязательства на сумму не выше записанной в земельном регистре)

May Day "Майский день" (США): реформа американского фондового рынка 1 мая 1975 г. (в т. ч. отмена фиксированных комиссионных ставок)

McFadden Act Закон МакФаддена: принятый в 1927 г. закон, уравнявший банки федерального и штатного уровня в вопросе открытия отделений только в своем штате; многие банки нашли пути обхода этого закона

McKenna duties таможенные пошлины МакКенны (Великобритания): пошлины, введенные в 1915 г. с целью сокращения импорта и экономии долларов и места в трюмах; были задуманы в качестве временной меры, но сохранены для защиты национального производства автомобилей (в 1932 г. слиты с системой общего таможенного тарифа)

mean price средняя цена: среднее арифметическое цен покупателя и продавца

mean return средний ожидаемый доход по всем инвестициям, входящим в портфель данного инвестора

medallion медаль, медальон: металлическое изделие в форме монеты без номинала, посвященное какому-либо событию

medium of exchange средство расчетов: все то, что широко принимается в оплату товаров, долгов и т. д.

mediums (medium gilts) британские государственные облигации со сроками 5-15 лет (до погашения)

medium-term 1) среднесрочный (о ценных бумагах); 2) = intermediate-term

Medium-Term Financial Strategy (MTFS) среднесрочная финансовая стратегия (Великобритания): экономическая политика консервативного правительства (с 1979 г.), основанная на монетаристских воззрениях о прямой связи темпов роста денежной массы с уровнем инфляции и темпами экономического роста; заключалась в попытке добиться постепенного снижения темпов роста денежной массы путем установления целевых среднесрочных ориентиров (таргетирования) денежных агрегатов и сокращения потребности правительства в заемных средствах параллельно дерегулированию экономической жизни (отмена валютных ограничений и официальной учетной ставки, приватизация), снижению налогов; политика консерваторов способствовала росту экономической активности, но от попыток жесткого регулирования денежного обращения фактически пришлось отказаться; см. targeting

medium-term financing = financial loan

medium-term note (MTN) = Euro medium-term note

mega-deals очень крупные финансовые сделки - выпуск займа, кредит, слияние и поглощение (свыше 1 млрд. долл.); см. jumbo-credit

melon "дыня": 1) необычайно высокая прибыль, предназначенная к распределению между акционерами; 2) крупный дополнительный дивиденд (в т. ч. в форме акций)

melon-cutting распределение дополнительного дивиденда между акционерами

member член: 1) член срочной или фондовой биржи (владелец "места"); 2) в США - банк-член ФРС

member bank банк-член: 1) в США - банк-член ФРС; члены ФРС покупают акции регионального резервного банка на сумму, равную 6 % своего оплаченного капитала, держат резервы в ФРС, избирают директоров регионального резервного банка; 2) в Великобритании - банк-член клиринговой палаты

member corporation корпорация-член биржи (США): брокерская компания, организованная как корпорация, по крайней мере один из руководителей или служащих которой является членом Нью-Йоркской фондовой биржи; см. corporate member

member firm 1) фирма - член биржи; 2) член биржи, имеющий статус товарищества

member organization член Нью-Йоркской фондовой биржи (США)

member short sale ratio коэффициент "коротких" продаж членов биржи: отношение "коротких" продаж члена биржи за свой счет за неделю ко всем "коротким" продажам на бирже; на Нью-Йоркской фондовой бирже коэффициент свыше 82 % считается признаком понижательной тенденции, ниже 68 % - повышательной

members voluntary winding-up (UK) = voluntary liquidation

memorandum of association меморандум об ассоциации: в Великобритании - документ, представляемый для регистрации новой компании (содержит название и цель компании, размеры и структуру капитала, данные об ответственности членов, зарегистрированный адрес); в отличие от устава определяет главным образом внешние отношения компаний

memorandum of understanding меморандум (протокол) о взаимопонимании: договоренность о понимании того или иного вопроса определенным образом; например, банк может подписать протокол с органом регулирования о воздержании от определенных операций, но это не означает, что было зафиксировано нарушение

memory card карточка с памятью: пластиковая карточка с закодированной на ней информацией; см. plastic card

Merc = Chicago Mercantile Exchange

mercantile agency торговое агентство: организация, специализирующаяся на сборе и предоставлении информации о компаниях, их кредитных рейтингах (США)

merchandise trade balance = balance of trade

merchant купец, торговец, компания: 1) фирма или человек, имеющие соглашение с компанией, выпускающей кредитные карточки, принимать их к оплате; 2) купец, человек, специализирующийся на оптовых торговых операциях (устаревшее понятие)

merchant acquirer член системы кредитных или других карточек, который проводит переговоры с владельцами магазинов, ресторанов и аналогичных предприятий, где используются карточки (букв.: "тот, кто приобретает клиентов"); см. plastic card

merchant agreement соглашение между торговцем розничным предприятием и банком, обрабатывающим сделки по кредитным карточкам; соглашение оговаривает права и обязанности сторон, размер комиссии банка

merchant bank 1) торговый банк (Великобритания): банк, специализирующийся на финансировании внешней торговли, операциях на рынке капиталов, организации слияний и поглощений, консультациях (сходны с инвес-

M

тиционными); в Великобритании крупнейшие торговые банки называются акцептными домами; см. accepting house; 2) банк, который принимает у торговцев расписки по сделкам с кредитными карточками для обработки и депонирования средств с взиманием комиссии за услугу

merchant banking операции торговых банков: организация финансирования, управление инвестициями, торговля ценными бумагами, выкупы и поглощения; деятельность торговых банков в основном основана на комиссионном доходе, банки принимают рыночный риск, но не долгосрочный кредитный риск; см. merchant bank, banque d'affaire

merchant discount (rate) комиссия, которую платит владелец розничного предприятия эмитенту пластиковой карточки за каждую сделку, оплаченную карточкой (2-3 % от суммы сделки в Великобритании); букв.: скидка с суммы, переводимой владельцу магазина эмитентом карточки; см. plastic card

merchant fraud мошенничество на основе кредитных карточек; например, представление в банк фальшивых расписок по карточкам.

Merchants' Rule "купеческое" правило расчета процентных платежей: проценты начисляются на всю сумму долга до окончания срока несмотря на частичные платежи в погашение; см. U. S. Rule

merger слияние двух и более компаний для образования новой компании через обмен акциями или их покупку; см. horizontal integration; vertical integration; conglomerate merger; product extension merger; market extension merger

message authentication удостоверение подлинности сообщений: защита банковской информации с помощью введения в текст сообщения (незашифрованного) секретного кода, понятного только владельцу "ключа"

message authentication code (MAC) секретный код для удостоверения подлинности банковских сообщений

mer-mid

messenger посыльный: служащий банка, который предъявляет или собирает различные банковские документы клиентам и другим учреждениям

Mexican stand-off "развод" по-мексикански: прекращение соглашения между двумя владельцами собственности; первый предлагает цену, по которой он готов выкупить долю второго, а тот соглашается на предложение или выкупает первого по указанной цене

mezzanine bracket "мезанинная скобка" или промежуточный список: крупные члены синдиката андеррайтеров, суммы участий которых меньше только участий лид-менеджеров; в объявлении имя таких андеррайтеров пишется ниже лид-менеджера, но выше ко-менеджеров; см. lead-manager

mezzanine debt промежуточный или вторичный капитал: финансирование выкупа или реструктурирования компании через субординированный долг (например, привилегированные акции) или конвертируемые облигации; популярная форма финансирования слияний и поглощений, так как владельцы ценных бумаг получают больше прав на участие в управлении новой компании

mezzanine financing "промежуточное" финансирование: 1) кредит на период до начала действия основной схемы финансирования, выпуска акций в области "рискового" капитала; второй или третий уровень финансирования, но после финансирования на создание компании; см. first round financing; seed money; 2) = mezzanine debt

mezzanine level "мезанинный" уровень: стадия развития новой компании непосредственно перед выпуском акций на рынок

microeconomics микроэкономика: деятельность базовых экономических агентов (отраслей, предприятий, семей); см. macroeconomics

MidAmerica Commodity Exchange (MACE) Среднеамериканская товарная биржа: срочная биржа в Чикаго (отличается меньшими, чем на других биржах, размерами контрактов); финансовые контракты введены в 1981 г.

middleman посредник между продавцом и потребителем, берущий на себя за плату процесс сбыта

middle price средняя цена: среднее арифметическое цен покупателя и продавца

middle rate средний курс: среднеарифметическое между курсом покупателя и курсом продавца

midgets "миджетс": разговорное название ценных бумаг Правительственной национальной ипотечной ассоциации со сроком 15 лет и обеспечением пулом ипотек на минимальную сумму 1 млн. долл. (США); см. Government National Mortgage Association

mid-month середина месяца: 15-е число любого месяца

Milken, Michael Майкл Милкен, известный американский финансист, "отец" рынка "мусорных" облигаций; только в 1987 г. заработал 400 млн. ф. ст.; в 1990 г. приговорен к 10 годам заключения и штрафу в 365 млн. ф. ст. за мошенничество; см. junk bonds

mill милль: десятая часть цента; используется в США для установления налогов на недвижимость (в миллях на доллар оценки собственности)

mine "мое", "я покупаю": выражение согласия на покупку той или иной валюты по предложенному курсу (жарг.); см. yours

mini-branch мини-отделение: специализированное отделение банка, предлагающее ограниченный круг услуг по сравнению с обычным отделением; например, это может быть только автоматическая кассовая машина; = convenience branch

mini-manipulation миниманипуляция: операция с ценными бумагами, заложенными в основу опционного контракта, для воздействия на его стоимость

minimax bond (FRN) облигация с фиксированным минимумом и максимумом плавающей процентной ставки

minimum balance минимальный остаток: минимальная сумма, которая должна находиться на счете для того, чтобы начислялись проценты, предоставлялись определенные услуги или не взималась плата за открытие счета; см. average balance, target balance

minimum capital ratio минимальный уровень коэффициента достаточности капитала, установленный властями

minimum commissions минимальные ставки комиссии брокеров на фондовых биржах (меньше брать нельзя); во многих странах отменены (в США – в 1975 г., в Великобритании – в 1986 г.) в целях поощрения конкуренции между участниками рынка

Minimum Lending Rate (MLR) минимальная ссудная ставка Банка Англии: официальная учетная ставка Банка Англии в 1972-1981 гг. - публиковавшаяся ставка (до 1976 г. привязанная к ставкам по казначейским векселям), по которой Банк Англии учитывал векселя и давал краткосрочные кредиты учетным домам; отменена в августе 1981 г. в ходе пересмотра денежно-кредитной политики (теперь Банк Англии определяет ставки по своим операциям в каждом конкретном случае); была на короткое время восстановлена в январе 1985 г. для защиты фунта стерлингов

minimum maintenance минимальный уровень средств, который должен поддерживаться на маргинальном счете клиента у брокера по правилам Национальной ассоциации дилеров по ценным бумагам, биржи, ФРС США; по "правилу Т" ФРС на счете нужно иметь 2 тыс. долл. плюс 50 % от покупной стоимости бумаг (при покупке в кредит); по правилам Нью-Йоркской фондовой биржи и Национальной ассоциации дилеров дополнительно надо иметь на счете средства в размере 25 % от рыночной стоимости бумаг (некоторые брокеры требуют 30%); см. margin account; Regulation T; = initial margin

minimum payment минимальный платеж: минимальная сумма, которая должна быть уплачена в счет долга по кредитной карточке; как правило, 1/36 суммы долга

minimum price fluctuations минимально допустимое изменение цены опделенного контракта в срочной биржевой торговле; см. tick

minimum reserves (balances) минимальные резервы: средства, которые коммерческие банки обязаны депонировать в центральном банке (в соответствии с законом и обычно без уплаты процентов); также называются резервными требованиями; см. reserve requirements

minimum subscription минимальная подписка: минимальная сумма, которая, по мнению директоров компании, должна быть подписана при выпуске акций (чтобы компания могла начать функционировать); эта сумма обычно указывается в проспекте

minimum unit of trading = round lot

mining shares акции горнодобывающих компаний

mini-statement = interim statement

minority interest участие в капитале компании, не составляющее контрольного пакета (неконтрольный пакет акций)

minority shareholder 1) акционер, не имеющий контрольного пакета акций; 2) акционер, проголосовавший против большинства по какому-либо вопросу деятельности компании; 3) акционер, который не принял предложение компании, проводящей поглощение его собственной компании

minor trend второстепенная тенденция: краткосрочное движение цен, не оказывающее серьезного влияния на средне- и долгосрочную тенденцию развития конъюнктуры

mint монетный двор: фабрика по производству монет, медалей и т. д. (в США и Великобритании - под контролем министерства финансов); см. Royal Mint, Bureau of the Mint

mintage 1) чеканка монеты; 2) плата за чеканку монеты из металла заказчика; см. brassage; seignorage

mint par of exchange = gold parity 1

mint price of gold цена, по которой в период золотого стандарта монетный двор (или центральный банк) были готовы покупать золото

mint ratio монетный коэффициент: в условиях биметаллизма соотношение между весовыми количествами двух металлов в денежной единице; см. bimetallism

minus минус: знак, которым при публикации рыночных котировок отмечают снижение цены по сравнению с предыдущим днем

minus tick = down tick

mirror swap "зеркальный" своп: противоположный по знаку своп, заключенный с тем же партнером

misalignment устойчивое отклонение реального эффективного валютного курса от уровня фундаментального равновесия

misfeasance осуществление законных прав незаконным путем

mismatch несовпадение, "мисмэтч": 1) расхождение в сроках уплаты процентов по активам и пассивам; 2) расхождение в сроках выплаты процентов и фиксации процентного периода (в свопе)

mismatch bonds (FRNs) облигации с плавающей ставкой, у которых не совпадают периоды выплаты процентов и фиксации ставки купона

mismatched payment swap процентный своп, платежи по которому стороны совершают в разные сроки; см. interest rate swap

mismatched pricing = mismatch bonds (FRNs)

misprice установить неверную цену; выпустить ценные бумаги, новые товары по неверной цене (слишком дешево - убыток, слишком дорого - не продаются)

mis-sent items неправильно посланные документы: чеки, которые были по ошибке направлены на инкассацию в не тот банк

missing document indemnity возмещение страховой компанией убытка от потери важного документа

missing payment пропавший платеж: платеж, который был совершен в срок, но по какой-то причине не поступил на счет; за задержку может взиматься дополнительная плата

missing the market "пропуск рынка": пропуск возможности заключить сделку по лучшей цене

mixed "смешанный" рынок: рынок, на котором одни цены повышаются, другие снижаются

mixed account смешанный счет: счет у брокера, ценные бумаги на котором частично куплены и частично позаимствованы

mixed credit "смешанный" кредит: сочетание экспортного рыночного кредита и бесплатной помощи на развитие (эффективная ставка ниже рыночного уровня); по правилам Консенсуса доля помощи должна быть не менее 20 %

mixed deposit смешанный депозит: депозит, поступивший в банк частично в форме наличных и частично в форме чеков; см. split deposit

mixed investment trust смешанный инвестиционный трест: трест, инвестирующий как в недвижимость, так и в ценные бумаги

mixers "миксеры" (Великобритания): спекулятивные ценные бумаги, которые слишком рискованно держать в больших количествах и необходимо "смешивать" с другими в портфеле инвестора

mobile home certificate "сертификат передвижных домов" (США): ценная бумага, выпущенная ГНМА и обеспеченная пулом ипотечных кредитов; сами кредиты застрахованы Федеральной жилищной администрацией или Ветеранской администрацией; средние сроки - 5-9 лет; см. Government National Mortgage Association

Model Code (for directors' dealings) примерный кодекс правил операций директоров с акциями их компаний, выпущенный фондовой биржей (Великобритания); поощряет владение директорами акциями компаний, но запрещает спекулятивные сделки (например, нельзя торговать перед публикацией финансовых результатов или других важных сообщений)

modified cash basis модифицированная наличная основа: метод бухгалтерского учета, который признает краткосрочные поступления и платежи при получении и выплате наличных, а для долгосрочных используется принцип учета по дате реализации товаров и услуг или появления обязательства; см. cash basis; accrual basis

modified payoff измененная выплата: положение системы страхования депозитов, согласно которому требования по депозитам свыше 100 тыс. долл. или незастрахованных вкладчиков к обанкротившемуся банку удовлетворяются только частично; эта система была введена в США в 80-х годах для борьбы с банкротствами банков, значительная часть пассивов которых составляли депозиты, привлеченные через брокеров; см. brokered deposits

monetarism монетаризм: экономические теории, согласно которым достижение безинфляционного роста экономики требует контроля за денежной массой в обращении; чрезмерный рост денежной массы объясняется прежде всего неспособностью правительства контролировать дефицит государственного бюджета; современная концепция монетаризма основывается на работах М. Фридмана 50-х годов; особую популярность монетаризм приобрел в 70-80-х годах, когда он использовался в политике США, Великобритании и других стран; безусловно большую роль играют и другие факторы, включая налоги, расходы государства, кредит; см. Medium Term Financial Strategy

monetarist монетарист: приверженец теории монетаризма; см. monetarism

Monetary Accord of 1951 Монетарное соглашение 1951 года: соглашение между министерством финансов Казначейством США и Советом управляющих ФРС, позволившее ФРС проводить активную денежно-кредитную политику независимо от правительства; до этого ФРС была обязана покупать государственные ценные бумаги по фиксированной цене для финансирования дефицита; после 1951 г. ФРС покупает и продает столько государственных ценных бумаг, сколько считает нужным; = Treasury-Fed Accord

monetary aggregates денежные агрегаты: показатели объема и структуры денежной массы в обращении (M1, M2,

М3 и др.); см. М0, М1, М2, М3; monetary base

monetary assets/liabilities денежные активы и пассивы (в денежной, а не товарной форме)

Monetary Authority of Singapore Валютное управление Сингапура: орган, выполняющий функции центрального банка за исключением денежной эмиссии

monetary base денежная (монетарная) база: показатель денежной массы в обращении, включающий наличные деньги в обращении и счета (резервы) коммерческих банков в центральном банке (иногда также средства корпораций в центральном банке); денежная база является основой всех показателей денежной массы и контроль за ней представляет собой важную функцию любого центрального банка; = M0

monetary compensatory amounts суммы валютной компенсации: субсидии и налоги в странах ЕЭС, призванные компенсировать разницу между "зелеными" и рыночными валютными курсами и освободить цены на сельскохозяйственную продукцию от перепадов (это делает цены в разных странах сопоставимыми и сдерживает товарную торговлю, осуществляемую для курсового выигрыша)

Monetary Control Act Закон о монетарном (денежном) контроле: первая часть Закона о дерегулировании депозитных учреждений и денежно-кредитном контроле (США, 1980 г.); расширил доступ к "учетному окну" ФРС всех учреждений, застрахованных на федеральном уровне, распространил резервные требования на все кредитные институты в течение 8-летнего периода, разрешил ФРС вводить дополнительные резервные требования; см. Depository Institutions Deregulation and Monetary Control Act

monetary policy денежно-кредитная и, в некоторых случаях, валютная политика: воздействие центрального банка на стоимость и предложение кредита для содействия экономическому росту, занятости, стабильности цен и платежному балансу; контроль за денежным обращением и ликвидностью банковской системы (т. е. за кредитом) через операции на денежном рынке, манипулирование официальной учетной ставкой, резервные требования к банкам, эмиссию государственных ценных бумаг, управление валютными резервами и курсом национальной валюты; см. fiscal policy; credit policy

monetary reform 1) денежная реформа: введение новой денежной единицы, изменение ее масштаба (деноминация), переход на десятичную систему; 2) валютная реформа; см. international monetary reform

monetary system денежная (валютная) система: совокупность принципов и методов регулирования денежных отношений (денежная единица, курсовая система, законные платежные средства, конвертируемость, управление валютными резервами)

monetary targets целевые ориентиры темпов роста денежной массы в обращении и иногда кредита, представляющие важнейшую составную часть денежно-кредитной политики некоторых стран Запада; как правило, устанавливаются в виде пределов (верхнего и нижнего) темпов роста показателей денежной массы и кредита

monetary union валютный союз: группа стран, которые договорились о единой денежной единице или фиксированном курсе для взаимозаменяемости своих валют; см. Scandinavian Monetary Union

monetary unit (MU) национальная денежная единица

monetary working capital adjustment (MWCA) поправка оборотного капитала на инфляцию в денежном выражении

money деньги: все то, что является общепринятой мерой стоимости, средством платежа, обращения, накопления; в современных условиях деньги выступают главным образом в форме бумажных денег, монеты, остатков на счетах в банках и других кредитных и финансовых институтов (т. е. денежной массы в обращении)

money at call and short notice деньги до востребования или при краткосрочном уведомлении: статья баланса банка, включающая наиболее ликвидные активы, в т. ч. ссуды учетным домам (обычно до 7 дней) и биржевым фирмам (до 14 дней)

money broker денежный брокер: 1) учреждение, специализирующееся на посредничестве в операциях денежного рынка (обычно также и валютного рынка); 2) в Великобритании - одна из шести фирм на Лондонской фондовой бирже, специализирующихся на обеспечении участников рынка ценными бумагами, которые необходимы последним для выполнения обязательств по сделкам (берут и дают бумаги взаймы и тем самым способствуют поддержанию ликвидности рынка)

money center banks 1) банки, которые наиболее активно оперируют на денежных рынках и участвуют в международных валютно-кредитных операциях; в США обычно имеются в виду 10 ведущих банков (Бэнк оф Америка, Ситикорп, Чейз Манхэттан, Секьюрити Пасифик, Бэнкерз Траст, Морган Гэрэнти, Ирвинг Траст, Кемикл Бэнк, Континентал Иллинойс, Ферст Чикаго); 2) банки в ведущих финансовых центрах, активно работающие на денежных рынках (в отличие от периферийных банков)

money in circulation объем денег в обращении (включая средства в центральном банке)

money laundering отмывание денег: прием больших сумм наличных денег сомнительного происхождения, проведение формальных операций с ними для придания им легитимности; в США наличные депозиты или сделки с суммами 10 тыс. долл. и больше (иногда и меньше) одного лица должны сообщаться министерству финансов

money loan банковский кредит, предоставляемый в денежной форме (в отличие от выдачи гарантии)

money market денежный рынок: рынок краткосрочных ссудно-заемных операций, включая межбанковские депозиты и куплю-продажу различных ценных бумаг; участники денежного рынка - центральный и коммерческие банки; денежный рынок обычно не имеет формальной организации, центрального места торговли

money market account = money market deposit account

money market banks = money center banks

money market basis на основе денежного рынка: метод расчета процентов, при котором год принимается за 365 дней (срочные депозиты, казначейские векселя, банковские кредиты); см. basis 4, corporate bond equivalent basis

money market certificate (MMC) сертификат денежного рынка (США): необращающийся депозитный сертификат с минимальной суммой 2,5 тыс. долл. и первоначальным сроком по крайней мере 7 дней; до дерегулирования в январе 1983 г. - разновидность 6-месячных депозитных сертификатов со ставкой, привязанной к ставкам по казначейским векселям

money market deposit account (MMDA) депозитный счет денежного рынка (США): счет в банке, процент по которому привязан к рыночным ставкам (введен в 1982 г.); число изъятий средств в месяц ограничено (3 чека), минимальная сумма - 1000 долл.; такие счета позволяют розничным клиентам получить доступ к более высоким процентным ставкам оптового денежного рынка

money market (mutual) fund (MMF; MMMF) взаимный фонд денежного рынка (США): разновидность взаимных фондов, специализирующихся на инвестициях в инструменты денежного рынка и обеспечивающих вкладчикам более высокие доходы

money market instruments инструменты денежного рынка: межбанковские депозиты и краткосрочные ценные бумаги; см. money market paper

money market paper ценные бумаги денежного рынка: ценные бумаги с короткими сроками (коммерческие и казначейские векселя, депозитные сертификаты, краткосрочные муниципальные облигации и т. д.)

money market preferred stock (MMP) привилегированные акции денежного рынка (США): акции с плавающей ставкой дивиденда, устанавливаемые через короткие промежутки времени (введены в 1984 г.)

money market rates процентные ставки денежного рынка: процентные ставки по инструментам денежного рынка

money multiplier денежный мультипликатор: показатель корреляции между денежной базой и денежной массой; показывает, как увеличивается денежная масса – кредитная эмиссия – в процессе кредитования; кредитная эмиссия определяется уровнем резервных требований, а также "утечкой" части депозитов в наличные деньги, иностранную валюту, правительственные депозиты; мультипликационный эффект никогда не достигается полностью; см. monetary base, money supply

money order (MO) денежное поручение: платежный документ, выпущенный банком или почтовым отделением для клиента за определенную комиссию; обычно используются клиентами без чековых счетов для оплаты счетов или пересылки денег в другой город; суммы обычно менее 500 долл.; см. payment order

money shops "денежные магазины": мелкие финансовые учреждения, пытающиеся конкурировать с банками и рассчитанные на частных лиц; открывают отделения, похожие на магазины или киоски; специализируются на кредитовании, страховании и консультациях; в Великобритании имеется свыше 400 таких "магазинов", принадлежащих финансовым компаниям и американским банкам

money spread = vertical spread

money stock = money supply

money supply денежная масса в обращении: количество денег в обращении на определенную дату, имеющихся в наличии для сделок и инвестиций в экономике; включает наличность и текущие счета в банках (показатель M1), а также различные виды срочных и сберегательных счетов, депозитных сертификатов (показатели M2, M3 и др.); см. monetary aggregates; = money stock

money supply target ориентир роста денежной массы в обращении, официально установленный властями

money transfers денежные переводы в безналичной форме (с помощью бухгалтерских записей по счетам); = wire transfer

monitoring мониторинг (Великобритания): система тройственного надзора за фондовым рынком – со стороны Министерства торговли и промышленности, Банка Англии и самой фондовой биржи; создана в 1983 г. после соглашения между правительством и биржей об отмене минимальных комиссий и других ограничений до конца 1986 г. (для надзора за процессом дерегулирования)

monometallism монометаллизм: денежная система, основанная на использовании одного металла (обычно золота)

Monopolies and Mergers Commission Комиссия по монополиям и слияниям (Великобритания): государственный орган, занимающийся рассмотрением проблем монополий, конкуренции, ограничительной практики, слияний компаний (создан в 1949 г.); дает рекомендации правительству, в т. ч. по запрещению слияний; в настоящее время действует в рамках Закона о добросовестности конкуренции 1973 г.; см. Fair Trading Act

monopoly монополия: компания, производящая данный товар в количестве, достаточном для воздействия на цены (также группа компаний, объединившаяся для воздействия на рынок), т. е. компания, контролирующая производство или сбыт определенного товара или услуги

monopoly agreement монополистическое соглашение: соглашение между индивидуальными фирмами с целью контроля за ценами, объемом производства или деления рынков

monopoly profit монополистическая прибыль: повышенная прибыль, которую позволяет получить контроль за рынком и производством

monopsony монопсония: монополия покупателя, когда на рынке присутствует только один покупатель

month-end closing сделки с ценными бумагами, расчет по которым (поставка и оплата) производится в конце текущего или следующего месяца

monthly investment program инвестиционная программа, предусматривающая ежемесячные взносы инвестора

monthly statement ежемесячный отчет: выписка со счета, ежемесячно отправляемая банком клиенту и сообщающая о деталях всех сделок по счету

Montreal Stock Exchange (ME) Фондовая биржа Монреаля (основана в 1863 г.)

Moody's investment grade (MIG) рейтинг инвестиционного уровня (т. е. приемлемого для покупок инвесторами), присваиваемый агентством Мудиз некоторым краткосрочным муниципальным ценным бумагам в США; подразделяется на МИГ-1 (самый лучший), МИГ-2 (высокий), МИГ-3 (благоприятный), МИГ-4 (приемлемый)

Moody's Investor Service Мудиз инвесторз сервис: ведущее агентство по установлению рейтингов ценных бумаг (создано в Нью-Йорке в 1913 г.); является дочерней компанией Дан Брэдстрит

Moody's ratings рейтинги ценных бумаг агентства Мудиз (США); для облигаций корпораций, а также некоторых акций: Ааа (высшее качество), Аа, А, Ваа (приемлемый уровень риска), Ва, В (высокий уровень риска), Саа, Са (очень высокий риск, задержки платежей), С (самый низкий рейтинг)

moon-lighting вторая работа: практика вторичной занятости – вторая работа в свободное время для повышения личных доходов

moral obligation bond облигация морального обязательства: муниципальная облигация, обеспеченная моральным обязательством правительства штата и освобожденная от налогов (США); обычно основным обеспечением выступают доходы от проекта, финансируемого с помощью облигаций, но в случае их нехватки местный орган власти включает расходы по обслуживанию долга в бюджет; последнее обязательство не носит контрактного характера

moral suasion моральное уговаривание; см. = jawbone

moratorium мораторий: 1) объявление о временной приостановке выплаты задолженности (обычно страной); может быть односторонним или предоставляться кредитором; 2) определенное законом временное воздержание (запрещение) от проведения определенного вида операций

Morris Plan Bank = industrial bank

mortgage (Mort) ипотека, закладная, ипотечный кредит: передача заемщиком кредитору права на недвижимость в качестве обеспечения ссуды, а также долговой инструмент, обеспеченный правом на недвижимость (обычно свободно обращающийся)

mortgage-backed bond облигация, обеспеченная ипотеками; собственность на ипотеки остается у эмитента облигаций

mortgage-backed securities/certificates (MBSs) ценные бумаги, обеспеченные неделимым пулом ипотек (США); доход выплачивается за счет платежей по ипотечным кредитам, входящим в пул; фактически являются свидетельством собственности на часть пула ипотек; примером таких бумаг могут быть сертификаты ГНМА, ФНМА и т. д.; см. pass-through securities; GNMA/FNMA certificate

mortgage bank ипотечный банк: недепозитный институт, специализирующийся на ипотечном кредите, перепродаже ипотек, различных технических услугах; являются источником ипотек для перепродажи инвесторам; = mortgage company

mortgage banker = mortgage bank

mortgage bonds = mortgage debentures

mortgage broker ипотечный брокер: лицо, которое сводит за комиссию кредиторов и заемщиков

mortgage debentures 1) облигации компаний, обеспеченные ипотекой на земельный участок, здание; 2) облигации, используемые банками и другими институтами для финансирования ипотечных кредитов

mortgage discount ипотечный дисконт (скидка): авансовая комиссия, выплачиваемая заемщиком по ипотеке в виде процента от суммы кредита; = discount points, points, new loan fee

mortgagee кредитор в ипотечном кредите

mortgage indemnity guarantee гарантия выплаты ипотеки: страхование ипотечного кредита самим кредитором

mortgage insurance ипотечное страхование: 1) страхование ипотечного кредитора (США); государственное страхование может предоставляться Федеральной жилищной администрацией, частное – специализированными фирмами типа "Mortgage Guaranty Insurance Corp." (MGIC) в Милуоки, Висконсин, также именуемое Magic ("чудо"); 2) страхование жизни ипотечного заемщика, которое погашает ипотечный кредит в случае его смерти

mortgage interest relief at source (MIRAS) льготы по процентам по ипотечному кредиту у источника

mortgage intermediary note issue (MINI) разновидность ценных бумаг, обеспеченных ипотеками (введена "Морган Гренфелл" в 1985 г.)

mortgage investments ипотечные инвестиции: приобретение ипотечных долговых обязательств ради прибыли

mortgage market ипотечный рынок: вторичный рынок ипотек

mortgage note ипотечный вексель: письменное обязательство погасить ипотечный кредит плюс проценты; такая бумага представляет собой простой вексель, в котором указана основная сумма долга, процентная ставка, условия погашения; дает право на собственность, представленную в обеспечение кредита

mortgage payment protection insurance страхование выплаты ипотечного кредита с помощью срочного страхования жизни; сумма полиса страхования жизни постепенно уменьшается по мере выплаты кредита; см. mortgage insurance; mortgage indemnity guarantee

mortgage pool пул ипотек: портфель индивидуальных жилищных ипотек со сходными характеристиками (обычно один и тот же вид заложенной собственности, одинаковые сроки и процентные ставки); инвесторы покупают на вторичном рынке участия в таких пулах или обеспеченные ими ценные бумаги

mortgage protection insurance = mortgage payment protection insurance

mortgage REIT (real estate investment trust) инвестиционный трест (фонд), специализирующийся на кредитовании строительных фирм и землевладельцев под обеспечение недвижимостью; обычно занимают деньги у банков и институциональных инвесторов и часто участвуют в проектах как принципалы через акции; см. equity REIT

mortgage revenue bonds разновидность ипотечных облигаций, выпускаемых в США властями штатов и штатными жилищными агентствами для финансирования продажи и ремонта жилых домов и погашаемых за счет средств, поступающих в оплату ипотечных кредитов (выданных на основе выпуска облигаций); не облагаются налогами

mortgage servicing обслуживание ипотечного кредита: ведение всех расчетов, получение ежемесячных платежей, арест собственности в случае невыплаты кредита и другие операции банка, предоставившего кредит

mortgage subsidy bond = mortgage revenue bond

mortgage swap ипотечный своп: обмен ипотечных кредитов на сертификаты, обеспеченные пулом этих же ипотек

mortgagor (mortgager) заемщик в ипотечном кредите

Moscow Narodny Bank (MNB) Московский народный банк: коммерческий банк в Лондоне (создан в 1919 г.); в 1932 г. слился с Банком для русской торговли; капитал полностью принадлежал Госбанку СССР, а в настоящее время – Центральному банку России

most active list список самых активных акций: список акций, по которым объем торговли в данный день был наибольшим

most-favored-nation (MFN) clause условие торгового договора о предоставлении сторонам "режима наибольшего благоприятствования" (наиболее благоприятствуемой в торговле нации); подразумевается, что в торговле с данной страной не будет дискриминации по сравнению с любой другой
Mother Hubbard clause условие "Мамы Хаббард"; = blanket lien; см. cross-collateral
motor insurance автомобильное страхование; возможно в нескольких формах: общее (comprehensive) - случайный ущерб себе и другим, воровство; ущерба другим лицам (third part liability) - физического ущерба здоровью и ущерба собственности или только здоровью; некоторые компании дают скидки, если автомобиль стоит в гараже и установлены системы сигнализации
multibank holding company мультибанковая холдинговая компания: холдинговая компания, которая владеет контрольными пакетами акций в нескольких банках
multi-currency clause мультивалютная оговорка: оговорка в соглашении о еврокредите, позволяющая заемщику менять валюту
multi-currency credit (facility) мультивалютный кредит: кредит, который можно использовать в нескольких валютах
multi-currency note facility мультивалютный кредит на основе евронот: кратко- или среднесрочный евронотный кредит в нескольких валютах; позволяет заемщику выбирать валюту, в которой осуществляются заимствования на очередной период, а кредитор определяет валюту погашения кредита
multilateral development bank (MDB) международный банк развития: межгосударственный кредитный институт, созданный для оказания содействия развитию менее развитым странам; такие банки могут быть общемировыми и региональными; см. International Bank for Reconstruction and Development
multilateral netting многосторонний зачет ("неттинг"): 1) техника зачета взаимных требований и обязательств между компаниями одной группы в разных странах для уменьшения валютного риска и объема платежей; 2) метод зачета взаимных требований и обязательств между участниками одного рынка, например, фондовой биржи
multilateral trade многосторонняя торговля: торговля между несколькими странами, не требующая двусторонней сбалансированности расчетов (в отличие от двусторонней торговли или клиринга)
multinational bank многонациональный банк: международный банк, управляющими и владельцами которого могут быть граждане различных государств
multinational company многонациональная компания (корпорация): компания, действующая на международной основе и имеющая дочерние компании за границей; в капитале и управлении могут принимать участие резиденты разных стран; обычно многонациональными считаются компании, более 25 % продаж которых приходится на заграницу
multinational corporation = multinational company
multi-option facility (MOF) мультиопционный кредит: среднесрочная кредитная программа, дающая заемщику возможность выбора форм получения средств (в т. ч. евронотная программа) или определения цены кредита
multi-option funding facility (MOFF) = multi-option facility
multiple = price/earnings ratio
multiple births insurance страхование на случай рождения близнецов
multiple component facility = multi-option facility
multiple exchange rates множественные валютные курсы: валютная система, при которой установлено несколько курсов для различных операций и других нужд (впервые применялась в Германии в 30-х годах)
multiple lien on property залог нескольких земельных участков в обеспечение одного требования

multiple placing agency (MPA) размещение евронот группой банков-агентов, каждому из которых гарантирована его доля ценных бумаг

multiplier effect мультипликатор (эффект мультипликатора): 1) инвестиционный (кейнсианский) мультипликатор: воздействие капиталовложений на суммарный доход (небольшие инвестиции через эффект мультипликатора могут оказать воздействие на всю экономику, т. к. последовательно затрагивают разные отрасли); 2) депозитный (кредитный) мультипликатор: повышенное воздействие небольшого изменения в банковских депозитах на денежную массу и объем кредитования через многократное использование одних и тех же денег в банковской системе и на кредитных рынках; см. money multiplier

multi-tranche tap note (MTTN) разновидность среднесрочных евробумаг (введена Меррилл Линч; см. Euro medium term note

multiyear rescheduling пересмотр условий кредитов (процентных платежей, амортизации) на несколько лет вперед

multiyear rescheduling agreement (MYRA) долгосрочная программа пересмотра внешнего долга; занимает обычно более 2 лет и включает консолидацию отдельных частей долга в урегулировании внешней задолженности развивающихся стран)

municipal bond insurance страхование муниципальных облигаций на случай неплатежеспособности эмитентов (США)

municipal bonds муниципальные облигации: долгосрочные долговые обязательства, выпускаемые властями штата или графства, муниципалитетами; см. general obligation bonds; municipal revenue bonds; public purpose bonds; private purpose bonds

municipal bond insurance страхование муниципальных облигаций от риска невыполнения обязательств (США); осуществляется частными страховыми компаниями

municipal investment trust (MIT) паевой инвестиционный фонд, вкладывающий средства акционеров в муниципальные облигации (США)

municipal note муниципальный вексель: муниципальное долговое обязательство с первоначальным сроком менее 2 лет (США); выпускается как для покрытия временной нехватки средств, так и для финансирования конкретных проектов

municipal revenue bonds = revenue bonds

municipals муниципальные облигации

Municipal Securities Rulemaking Board (MSRB) Совет по определению правил для муниципальных ценных бумаг: орган саморегулирования рынка муниципальных ценных бумаг, созданный в США в 1975 г.; правила одобряются Комиссией по ценным бумагам и биржам и претворяются в жизнь органами банковского надзора и Национальной ассоциацией дилеров по ценным бумагам; разрабатывает правила торговли и разрешает споры

municipal zero облигация с нулевым купоном, выпущенная местным органом власти

mutatis mutandis с необходимыми изменениями (лат.)

mutilated испорченный (рваный, в негодном состоянии) документ, вексель, ценная бумага, банкнот; обычно подразумевается невозможность прочитать какой-либо реквизит (номер, имя)

mutual association взаимная ассоциация (США): ссудно-сберегательная ассоциация, которая организована как кооператив и принадлежит ее членам; вклады членов представляют собой акции (паи) с правом голоса, а доход распределяется в виде дивиденда; (взаимные банки, ссудно-сберегательные ассоциации, страховые компании)

mutual capital certificate = investment certificate

mutual company = mutual association

Mutual ECU Settlement Account (MESA) система взаимных клиринговых расчетов в ЭКЮ на базе семи крупных европейских банков; с 1 октября 1986 г. заменена клиринговой системой на базе БМР

mutual fund взаимный фонд: паевой инвестиционный фонд открытого типа, дающий инвесторам доступ к более высоким рыночным процентным ставкам, возможность диверсифицировать риск и экономить на брокерских комиссионных; привлекает средства путем продажи своих акций, а затем вкладывает их в акции и инструменты денежного рынка; фонд свободно покупает собственные акции; обычно управляется инвестиционной компанией; см. unit trust (fund)

mutual fund custodian хранитель взаимного фонда: коммерческий банк или трастовая компания, обеспечивающие безопасное хранение ценных бумаг взаимного фонда и иногда выступающие агентами по оформлению перехода бумаг из рук в руки, получению дивидендов и осуществлению платежей

mutual insurance company взаимная страховая компания (США): страховая компания, членами и владельцами которой являются держатели страховых полисов

mutual life assurance company взаимная компания страхования жизни; средства складываются из премиальных платежей клиентов, которые одновременно являются членами и владельцами компании (Великобритания)

mutual life offices взаимные компании страхования жизни (Великобритания); = mutual insurance company

mutual mortgage insurance fund взаимный фонд страхования ипотек (США): фонд страхования ипотечных кредитов, управляемый Федеральной жилищной администрацией; страхует ипотечные кредиты по домам на 1-4 семьи

mutual savings bank (MSB) взаимно-сберегательный банк (США): сберегательный банк штатного, принадлежащий его вкладчикам и предназначенный для сбора депозитов населения и предоставления жилищных кредитов; основные решения принимаются советом попечителей банка; в последние годы такие банки все шире занимаются обычными операциями коммерческих банков

mutual wills взаимные завещания: два завещания, например, мужа и жены, в которых они друг друга или третье лицо называют общим бенефициаром по завещанию

my word is my bond = dictum meum pactum

N

Naamloze Vennootschap (NV) тип организации акционерных компаний в Нидерландах, сходный с публичной компанией с ограниченной ответственностью в Великобритании; см. public limited company

nail-to-nail "от гвоздя до гвоздя": страхование дорогих картин, когда покрытие действует с момента снятия картины с одной стены по ее вывешивания на другой стене

naked bonds (USA) = unsecured loan stocks

naked debentures = unsecured loan stocks

naked option "голый" (непокрытый) опцион: опцион, продавец которого не имеет инструмента в основе опционного контракта и не защищен на случай использования покупателем своего права; например, продавец опциона "колл" не имеет "длинной" позиции по финансовому инструменту, лежащему в основе опциона (т. е. у него этого инструмента нет), а продавец опциона "пут" - "короткой" позиции (т. е. риск при неблагоприятном движении конъюнктуры не ограничен)

naked position "голая" позиция: рыночная позиция, которая не защищена от ценового риска (не захеджирована); см. naked option

naked reserve "голый" резерв: федеральные резервные банки США не создают резервы против депозитов и выпущенных в обращение банкнот; до 1968 г. резервные банки были обязаны держать в золотых сертификатах 25 % суммы выпущенных банкнот

naked warrants "голые" варранты: варранты, выпускаемые вне связи с конкретными облигациями, но дающие право, например, на покупку акций определенного эмитента

naked writer продавец "голых" опционов; см. naked option

name член страхового синдиката Ллойда ("имя" в списке членов данного синдиката)

name day "именной" день в системе расчетов на Лондонской фондовой бирже: второй день расчетного периода, когда брокеры-покупатели информируют продавцов об именах своих клиентов и других деталях (после этого начинаются расчеты); см. account day; settlement 2

Napoleon d'or наполеондор (франц., букв.: золотой наполеон): французская золотая монета номиналом 20 франков с изображением Наполеона I или III (объект торговли в тезаврационных целях)

narrow a spread уменьшить спред (разницу) между ценой покупателя и ценой продавца данного участника рынка

narrow market "узкий" (вялый) рынок: 1) рынок ценных бумаг компании с небольшой капитализацией или малым удельным весом бумаг в обращении (даже небольшая сделка оказывает воздействие на цены); 2) неактивный рынок: рынок называют "узким", если цена акции падает между двумя сделками более чем на 1 пункт без видимых причин

NASDAQ index индекс НАСДАК: индекс внебиржевого рынка, ежедневно публикуемый Национальной ассоциацией торговцев ценными бумагами и основанный на ее котировках (США); см. NASD, NASDAQ

NASD form FR-1 документ, который требует Национальная ассоциация дилеров по ценным бумагам в США от иностранных дилерских фирм в качестве подтверждения согласия подчиняться правилам НАСД относительно "горячих" займов (не наживаться на перепродаже, в т. ч. через третьих лиц); см. hot issue

national association (N. A.) национальная ассоциация (США): обозначение банка, зарегистрированного на федеральном уровне Офисом валютного контролера (в отличие от уровня штата)

National Association of Accountants (NAA) Национальная ассоциация бухгалтеров (США)

National Association of Bank Women Inc. Национальная ассоциация женщин, работающих в банках (США): организация, объединяющая женщин-менеджеров банков (г. Чикаго)

National Association of Federal Credit Unions (NAFCU) Национальная ассоциация федеральных кредитных союзов (США) - профессиональная организация кредитных союзов, зарегистрированных Национальной администрацией кредитных союзов; штаб-квартира - в Арлингтоне, Вирджиния

National Association of Pension Funds (NAPF) Национальная ассоциация пенсионных фондов Великобритании, основанная в 1923 г.

National Association of Securities Dealers (NASD) Национальная ассоциация дилеров по ценным бумагам (НАСД): профессиональная организация саморегулирования банков и брокерских фирм, специализирующихся на торговле ценными бумагами на внебиржевом рынке США; регулирует торговлю на внебиржевом рынке, устанавливает правила для своих членов, принимает экзамены брокеров; создана в 1939 г. на основе Закона о ценных бумагах 1934 г.; правление состоит из 27 членов, а текущая работа ведется по 13 округам; все учреждения-члены должны отвечать жестким требованиям; см. Maloney Act

National Association of Securities Dealers and Investment Managers (NASDIM) Национальная ассоциация дилеров по ценным бумагам и инвестиционных менеджеров Великобритании (до 1981 г. - Ассоциация лицензированных дилеров по ценным бумагам); представляет интересы участников внебиржевой торговли ценными бумагами

National Association of Securities Dealers Automated Quotations (NAS-

DAQ) "Автоматизированные котировки Национальной ассоциации дилеров по ценным бумагам" ("НАСДАК"): система компьютеризированной внебиржевой котировки акций в США, организованная НАСД в 1971 г.; объединяет примерно 3500 брокеров и дилеров и позволяет получать котировки по 4000 ценным бумагам (по каждой должно быть зарегистрировано не менее 2 дилеров, поддерживающих рынок); состоит из трех уровней: получение наивысших котировок; получение всех котировок; введение в систему дилерами своих котировок

National Automated Clearing House Association (NACHA) Национальная ассоциация автоматических клиринговых домов (США): профессиональная организация, занимающаяся установлением единых правил и стандартов деятельности клиринговых палат (г. Херндон, Вирджиния)

national bank национальный банк: 1) центральный банк в некоторых странах; 2) в США - коммерческий банк, зарегистрированный на федеральном (общенациональном) уровне; для таких банков обязательно членство в ФРС; около 1/3 банков имеет национальный статус и на них приходится свыше 2/3 всех депозитов банковской системы

National Bankers Association Национальная банковская ассоциация (США): организация, объединяющая банки, контролируемые национальными меньшинствами (г. Вашингтон)

National Bank of Bulgaria (Bulgarska Narodna Banka) Национальный банк Болгарии (Болгарский народный банк): центральный банк Болгарии (основан в 1879 г.)

National Bank of Hungary (Maguar Nemzeti Bank) Национальный банк Венгрии (Венгерский национальный банк): центральный банк Венгрии (создан в 1924 г.); имеет форму акционерного банка

National Bank of Poland (Narodowy Bank Polski) Польский национальный банк: центральный банк Польши (создан в 1945 г.)

National Bank of Roumania Национальный банк Румынии: центральный банк Румынии (основан в 1880 г.; национализирован в 1947 г.)

National Bank of Yugoslavia (Narodna Banka Jugoslavije) Национальный банк Югославии (Народный банк Югославии): центральный банк Югославии (основан в 1883 г.; национализирован и переименован в "народный" в 1946 г.)

National Bank Surveillance System (NBSS) Национальная система банковского надзора: компьютеризированная система мониторинга финансового состояния коммерческих баков на основании их отчетности (в сравнении с другими банками), используемая Офисом валютного контролера в США для раннего обнаружения проблемных банков

National Companies and Securities Commission Национальная комиссия по компаниям и ценным бумагам (Австралия): федеральный орган надзора за торговлей ценными бумагами (создан в 1981 г.)

National Consumer Cooperative Bank Национальный банк потребительских кооперативов (США); создан при содействии правительства для помощи развитию кооперативов кредитами и техническими услугами

National Council of Savings Institutions Национальный совет сберегательных институтов (США): профессиональная организация примерно 500 сберегательных банков и ссудно-сберегательных ассоциаций; штаб-квартира - в г. Вашингтоне

National Credit Union Administration (NCUA) Национальная администрация кредитных союзов (США): независимое федеральное агентство, которое регистрирует и регулирует кредитные союзы, страхует вклады в союзы (через специальный фонд) и является для них кредитором последней инстанции; создана в 1970 г.; управляется советом из трех человек, назначаемым Президентом на 6 лет

national currency национальная валюта: денежная единица, которая выпускается национальным центральным банком и признана официальным средством платежа и расчетов в данном государстве

national debt национальный долг: внутренний и внешний долг центрального правительства; в США Конгресс устанавливает предел роста национального долга; в Великобритании этот долг состоит из "плавающего", консолидированного и внешнего долга, долгосрочных облигаций и ценных бумаг для привлечения сбережения населения; см. unfunded debt 1; funded debt 1; floating debt 1; national savings certificates

National Debt Commissioners Комиссары национального долга (Великобритания): подразделение Банка Англии, уполномоченное правительством (с 1786 г.) управлять национальным долгом; формально комиссарами являются министр финансов, управляющий Банка Англии и его заместитель, спикер палаты общин и др.

national development bond национальная облигация развития (Великобритания): разновидность государственных облигаций, выпущенных в 1964 г. для замены оборонных облигаций

National Futures Association (NFA) Национальная фьючерская ассоциация (США): ассоциация участников биржевой торговли

National Girobank Национальный жиробанк (Великобритания): государственный банк, созданный в 1968 г. (до 1978 г. назывался "Национальное жиро") для организации эффективной системы денежных переводов через почтовые отделения; принимает депозиты, делает переводы, предоставляет кредиты, ведет различные виды счетов

National Housing Act Национальный жилищный закон (США): федеральный закон 1934 г., по которому была создана Национальная жилищная администрация, предоставляющая страхование ипотек и льготное финансирование жилья, а также Федеральная ссудно-сберегательная страховая корпорация; см. National Housing Administration; Federal Savings and Loan Insurance Corporation

National Insurance Национальное страхование: государственное социальное страхование в Великобритании, покрывающее выплаты по пенсиям, болезни, безработице, рождению детей, смерти, увечьям

nationalization национализация: перевод предприятий, организаций, целых отраслей в государственный сектор (с или без компенсации частным владельцам)

National Loans Fund Национальный кредитный фонд: счет Казначейства в Банке Англии, на который поступают доходы от займов (Великобритания)

Nationally chartered bank = National bank (2)

national market system система национального рынка (США): 1) концепция единого рынка по всем ценным бумагам в стране (все сделки по данному виду бумаг должны быть увязаны независимо от местонахождения клиента и брокера, который получил приказ); 2) система торговли ценными бумагами, в которой цены предложений сообщаются одновременно на всех биржах и участники рынка могут выбирать лучшие котировки); 3) система внебиржевой торговли акциями под эгидой НАСД и "НАСДАК"; по акциям, удовлетворяющим требованиям этой системы, сообщается более подробная информация; см. National Association of Securities Dealers; National Association of Securities Dealers Automated Quotations

National Savings Национальные сбережения (Великобритания): необращающиеся бумаги, выпускаемые правительством, как объект вложения мелких сбережений; как правило, имеют льготный налоговый режим и продаются в одни руки в ограниченном количестве; система национальных сбережений включает счета в Национальном жиробанке, национальные сберегательные сертификаты, британские сберегательные облигации и премиальные облигации; см. National Girobank; premium bond; British savings bonds; National savings certificates

National Savings Bank Национальный сберегательный банк (основан в 1961 г. как Почтово-сберегательный банк, нынешнее название получил в 1969 г.): банк для сбережений населения в Великобритании (под контролем министерства финансов); действует через почтовые отделения

national savings certificates национальные сберегательные сертификаты (Великобритания): государственные ценные бумаги, выпускаемые с 1916 г. для поощрения сбережений населения; выпускаются с небольшими номиналами через почты и банки; число сертификатов, продаваемых одному инвестору, ограничено

national savings register национальный сберегательный регистр (ранее почтовый регистр): система, позволяющая населению в Великобритании покупать государственные облигации через почтовые отделения (на сумму до 10 тыс. ф. ст. в день); для мелких инвесторов данная система дешевле, чем использование брокеров, но отсутствует оперативность заключения сделок и можно купить не все виды бумаг

National Securities Clearing Corporation (NSCC) Национальная клиринговая корпорация по ценным бумагам (США): клиринговая корпорация, созданная в 1977 г. для ускорения расчетов и уменьшения физического движения ценных бумаг; действует через Корпорацию автоматизации индустрии ценных бумаг; см. Securities Industry Automation Corporation; Depository Trust Company

natural = clean trade

natural monopoly естественная монополия: монополия, вытекающая из особых природных условий (климата, почвы, ограниченности ресурса), характеристик сферы деятельности или собственно компании

nearby futures "ближние фьючерсы": фьючерские контракты, которые имеют истекающие сроки (близки к сроку расчета или поставки); см. deferred futures

nearest month ближайший месяц: фьючерсы или опционы с ближайшим месяцем поставки (расчета); см. furthest month; = nearby month

near money "почти деньги" (квазиденьги): 1) высоколиквидные и свободно обращающиеся активы, которые могут быть использованы для погашения обязательств, но не являются законным средством платежа (например, казначейские векселя); 2) активы, легко обращающиеся в наличность; 3) облигации, у которых почти истекли сроки

near order = approximate-limit order

Nederlandsche Credietverzekering Maatschappij (NCM) частная организация, специализирующаяся на страховании экспортных кредитов (Нидерланды)

negative = negative pledge

negative amortization отрицательная амортизация: увеличение основной суммы долга в тех случаях, когда платежи по кредиту недостаточны для погашения процентов (разница прибавляется к основной сумме)

negative authorization отрицательная авторизация: проверка банковской карточки по списку погашенных или украденных карточек (называется negative file); см. positive authorization

negative carry отрицательный результат "хранения" актива: стоимость финансирования актива (кредита или ценной бумаги), превышающая доход по нему; например, облигация куплена за счет кредита по 12 %, а приносит 10; = negative cost of carry; см. positive carry

negative cash flow отрицательный "кэш флоу": превышение наличных выплат компании над поступлениями; не обязательно означает работу в убыток (например, при работе компании на контракт, который предусматривает поставку и оплату товара через несколько месяцев); см. positive cash flow

negative confirmation негативное подтверждение: документ, который аудитор компании посылает ее клиентам и контрагентам с просьбой сообщить об ошибках в платежах и поступлениях; см. positive confirmation

negative covenant негативное условие; см. covenant

negative equity trap западня отрицательной реальной стоимости недвижимости ("ипотечная западня"): ситуация, когда рыночная стоимость недвижимости меньше суммы ипотечного кредита, то есть, даже продав дом, человек остается должен банку или строительному обществу и не может поменять место жительства; см. equity 3

negative gap отрицательная разница (разрыв): ситуация, когда чувствительные к изменению процентных ставок пассивы банка превышают аналогичные активы; то есть у банка меньше активов, чем пассивов с истекающими сроками в данный конкретный период времени; см. positive gap

negative income tax (NIT) отрицательный подоходный налог: система, при которой лица с доходами ниже облагаемого налогом уровня получают дотации

negative interest отрицательный процент: процент, который вычитается из суммы банковского вклада – инструмент политики правительства по ограничению притока иностранных капиталов

negative leverage негативный "леверэдж": расходы по привлечению дополнительных заемных средств превышают доходы от этой операции (от использования заимствований); см. capital leverage

negative mortgage clause негативное ипотечное обязательство: обязательство заемщика по ипотечному кредиту не использовать заложенное имущество для каких-либо операций (например, повторного залога) без согласия кредитора; см. negative pledge

negative pledge негативное обязательство: обязательство должника кредитору не принимать материальные и финансовые обязательства перед третьими лицами без согласия последнего или если другие кредиторы будут гарантированы по крайней мере не хуже (это может ухудшить обеспечение кредита)

negative real rate of interest отрицательная реальная процентная ставка: реальная процентная ставка в случае, когда темпы инфляции превышают уровень номинальных ставок

negative tax = negative income tax

negative value "негатив": в кредитном анализе – любой негативный фактор, имеющий отношение к кредитоспособности заемщика; может привести к отказу в кредите

negative verification отрицательная проверка: письмо с различного рода информацией о клиенте, которое банк направляет этому клиенту; ответ требуется только в том случае, если информация в письме не соответствует действительности и клиент присылает возражения в течение 10 рабочих дней

negative working capital отрицательный оборотный капитал: ситуация, когда текущие обязательства компании больше ее активов

negative yield curve отрицательная кривая доходности: ситуация, когда краткосрочные процентные ставки выше долгосрочных процентных ставок; = inverted yield curve; см. positive yield curve

negligence небрежность, халатность

negotiability обращаемость: способность финансовых инструментов переходить из рук в руки в результате купли-продажи; инструмент на предъявителя просто передается, а на других необходима передаточная надпись; критерий обращаемости – возможность приобретения краденого инструмента, если об этом не было известно (например, коносамент может переходить из рук в руки, но не является обращающимся инструментом); см. not negotiable; negotiable instruments; assignment 3

negotiable certificate of deposit свободно обращающийся депозитный сертификат (на предъявителя или "приказу" вкладчика); депозитный сертификат на сумму 100 тыс. долл. и больше, выпущенный коммерческим банком; могут выпускаться в купонной и дисконтной форме; является объектом торговли на вторичном рынке (партиями по 1-5 млн. долл.) см. certificate of deposit

negotiable instruments обращающиеся инструменты: документы, которые могут свободно переходить из рук в руки при соблюдении определенных условий (облигации, чеки, простые и переводные векселя, различные варранты на предъявителя и др.)

negotiable order of withdrawal свободно обращающийся приказ об изъятии средств с банковского счета (инструмент типа чека)

negotiable order of withdrawal (NOW) account счет НАУ (счет с обращающимся приказом об изъятии средств): текущий счет с выплатой процентов и возможностью выписки инструментов типа чеков; процентный чековый счет; впервые появились в 1974 г.; с 1981 г. такие счета доступны всем физическим лицам и некоммерческим организациям в США, а с 1982 г. - также государственным органам; возможен счет НАУ без выплаты процентов (NINOW account - non-interest bearing NOW account)

negotiated bid договорная заявка (США): предложение одного или нескольких гарантов займа приобрести все новые ценные бумаги для последующего размещения среди инвесторов; равнозначно термину "купленная сделка", т. к. не проводится конкурс заявок; см. competitive bid; bought deal; best efforts; noncompetitive bid

negotiated commission договорное комиссионное вознаграждение брокеру; клиент и брокер сами договариваются о размере комиссии (минимальные фиксированные комиссии были отменены в США в 1975 г., в Канаде - в 1983 г., в Австралии - в 1984 г., в Великобритании - в 1986 г.)

negotiated sale договорная продажа: размещение ценных бумаг на условиях, определенных в ходе переговоров (в противоположность торгу)

negotiated underwriting переговорный "андеррайтинг": гарантирование нового займа, при котором разница между ценой предложения ценных бумаг инвесторам и ценой, уплачиваемой эмитенту, определяется путем переговоров менеджера синдиката и эмитента, а не на аукционе

negotiation переговоры: метод заключения сделок с ценными бумагами, которые сравнительно редко появляются на рынке и не имеют настоящей рыночной цены

nest egg "яйцо в гнезде": деньги, откладываемые на черный день, для получения дохода в пенсионный период (обычно инвестируются с минимальным риском в срочные сберегательные счета); = rainy day money

net 1) нетто, чистый: за вычетом налогов и других расходов; 2) реализовать чистую прибыль

net assets чистые активы (нетто-активы): обыкновенный и привилегированный акционерный капитал - суммарные активы за вычетом текущих пассивов (обязательств) и номинальной стоимости заемного капитала; см. loan capital; current liabilities

net assets value (NAV) per share = net assets worth

net assets worth стоимость чистых активов компании в расчете на одну акцию: средства обычных акционеров (чистые активы минус номинальная стоимость привилегированных акций) в расчете на одну обыкновенную акцию - показатель, используемый для сравнения с рыночными ценами акций; см. net assets

net book value = depreciated cost

net borrowed reserves чистые заемные резервы: статистический показатель, указывающий на нехватку резервов в банковской системе; ситуация, когда совокупные заимствования банков в ФРС больше их избыточных резервов; см. borrowed reserves; excessive reserves; non-borrowed reserves

net capital requirement (ratio) требование к уровню чистого капитала (США): правило Комиссии по ценным бумагам и биржам, по которому отношение задолженности биржевых фирм к ликвидным активам должно составлять 15:1

net cash flow нетто-"кэш-флоу": разница между наличными поступлениями и платежами компании плюс амортизационные отчисления после выплаты налогов и дивидендов, т. е. часть прибыли (нетто-прибыль), оставшаяся для инвестиций, пополнения резервов и других нужд компании (иногда после выплаты дивидендов, но до уплаты налогов); см. cash flow

net change нетто-изменение курса ценной бумаги в течение рабочего дня; в Великобритании нетто-изменение рассчитывается на основе средних котировок, а не цен фактических сделок

net charge-off чистые списания: общий объем кредитов банка, отнесенных к сомнительным долгам, минус возврат ранее списанных долгов

net current assets чистые текущие активы (оборотный капитал): разница между текущими активами и пассивами компании (в т. ч. в расчете на одну акцию)

net coupon formula securities ценные бумаги с нетто-купонами: облигации, у которых уровень купона установлен за вычетом налогов

net demand deposits чистые депозиты до востребования: общая сумма счетов до востребования в банке минус чеки в процессе инкассации, резервы, счета до востребования в других банках

net distribution basis один из методов расчета соотношения цены и доходности акции, при котором доход определяется как нетто-стоимость дивидендов плюс переведенная в резервы прибыль компании; см. net dividend; price/earnings ratio; nil distribution basis

net dividend нетто-дивиденд (после вычета налога)

net earnings = net income

net equity assets = equity 1

net estate чистая стоимость активов умершего физического лица, причитающаяся наследникам (после выплаты долгов и налогов); см. gross estate

net flat yield текущий доход (нетто-доход) по ценной бумаге после вычета налога (в процентах)

net free reserves чистые свободные резервы: статистический показатель избытка резервов в банковской системе (США); избыточные резервы означают, что ФРС проводит мягкую денежно-кредитную политику; см. net borrowed reserves

net income чистый доход: все доходы (например, продажи компании) за вычетом всех расходов; чистый доход компании может быть до и после вычета налогов; = net profit

net income per share чистый доход компании (после вычета всех издержек) в расчете на одну обыкновенную акцию

net interest чистый процентный доход: 1) процентный доход после вычета налогов или комиссий; 2) = net interest income

net interest cost (NIC) чистые процентные затраты: полные затраты для эмитента облигаций, включая купонную ставку плюс скидка (минус премия)

net interest income чистый процентный доход банка: брутто-процентный доход банка за вычетом процентов, выплаченных по заимствованиям

net interest margin (NIM) чистая процентная маржа: 1) разница средней процентной ставкой, получаемой по кредитам или инвестициям, и средней ставкой, уплачиваемой по обязательствам и капиталу; показатель прибыльности банка; 2) отношение чистого процентного дохода банка к средней сумме его активов, приносящих проценты (в %)

net interest yield = net interest margin

net lease нетто-аренда: соглашение об аренде, по которому арендатор оплачивает все текущие расходы по обслуживанию данной собственности (налоги, страхование, ремонт); см. gross lease

net operating income (NOI) чистый операционный доход: доходы банка до вычета обычные операционные затраты, но до учета операций по продаже ценных бумаг и пополнения резервов, а также до уплаты налогов (США); = net earnings, net income

net operating loss (NOL) чистые операционные убытки компании: превышение издержек над доходами в течение учетного периода

net out вычитать; определять нетто-позицию

net position нетто-позиция или чистая позиция: 1) разница между покупками и продажами; 2) чистая срочная позиция: операция на срок, которая не зачтена противоположной операцией или разница между противоположными срочными позициями

net price чистая цена акции, котируемая брокером клиенту; включает брокерскую комиссию и другие сборы (обычно брокер котирует рыночную цену, а комиссия указывается отдельно); чаще всего брокер котирует чистую цену в том случае, когда он выступает в сделке принципалом

net proceeds (NP) нетто-поступления от продажи собственности, от кредита (за вычетом всех операционных расходов)

net profit чистая прибыль; = net income

net profit margin маржа чистой прибыли: отношение нетто-прибыли компании к ее нетто-продажам

net quick assets чистые ликвидные активы: ликвидные активы компании за вычетом ее текущих обязательств

net realized capital gains чистый реализованный прирост капитала: прирост капитала, реализованный инвестиционной компанией путем продажи ценных бумаг (за вычетом убытков от снижения цен бумаг); распределяется среди акционеров

net redemption yield нетто-доход по ценной бумаге при ее погашении: доход при погашении с учетом подоходного налога на дивиденды или процентов и налоги на прирост капитала в случае превышения рыночной цены бумаги над номинальной

net sales нетто-продажи компании: суммарные продажи компании за вычетом возврата продукции, штрафов, расходов по доставке, скидок; см. gross sales

net settlement нетто-расчет: зачет взаимных межбанковских сделок на нетто основе в конце рабочего дня в рамках системы электронных расчетов

net tangible assets чистые "осязаемые" активы компании: суммарные активы компании за вычетом "неосязаемых" активов и всех обязательств, включая привилегированные акции; см. intangible assets

netting "неттинг": взаимная компенсация обязательств с одинаковыми сроками (например, поставить ценные бумаги или валюту и другие активы) между двумя и более лицами, в том числе между филиалами банка или несколькими банками для выявления чистой позиции под риском; может быть письменным контрактом или осуществлять на основе специальной электронной системы

network сеть: терминалы, компьютеры и другая электронная техника, объединенная телефонными линиями или кабелями в единую систему; например, сеть автоматических кассовых машин

net worth чистая стоимость компании (бизнеса): суммарные активы за вычетом всех обязательств; в принципе идентично средствам акционеров или капиталу плюс резервы и нераспределенная прибыль; = equity 1; net assets

net worth certificates сертификаты на сумму нетто-активов банков и сберегательных институтов (США); в 1982-1991 гг. могли быть выпущены для помощи банкам в укреплении капитальной базы и выполнения соответствующих нормативов капитала путем обмена на простые векселя федеральных институтов страхования депозитов, которые приравнивались к капиталу; векселя оплачиваются наличными только в случае банкротства банка

net writers "чистые" продавцы опционов: участники опционной торговли, в основном выступающие продавцами

net yield нетто-доход: 1) доход (убыток) от инвестиции за вычетом налога, резервов против убытков или расходов, связанных с приобретением финансового актива; 2) доходность ценной бумаги, рассчитанная на основе цены покупки, ставки купона и числа лет до погашения; = yield to maturity

neutral transactions "нейтральные" операции; = off-balance sheet activities

new account = new time

new balance новый остаток: остаток долга по кредитной карточке после прибавления к остатку прошлого месяца новых сумм покупок

New Deal "Новый курс" (США): мероприятия, предпринятые президентом Ф. Рузвельтом в 1933 г. и последующие годы для преодоления экономического кризиса (программа общественных работ для повышения занятости, девальвация доллара на 40 %, помощь фермерам, введение социального страхования, программа дешевого кредита и субсидирования жилищного строительства)

new for old "новая за старую": страховой полис, который гарантирует получение новой мебели в случае утери старой без учета износа

newgo = new time

new issue новый заем: 1) получение дополнительного капитала путем выпуска новых ценных бумаг; 2) первый выпуск ценных бумаг данной компанией

new issues market рынок новых эмиссий; = primary market 1

newly industrialized countries (NICs) новые индустриальные страны (НИСы): развивающиеся государства, чьи экономики стали преимущественно промышленными и экспортно ориентированными, например, Аргентина, Бразилия, Тайвань, Южная Корея, Мексика

new money "новые деньги": 1) сумма, на которую новые долгосрочные бумаги превышают рефинансируемый с их помощью заем; 2) денежный вклад на новый счет в банке, перевод денег из другого банка

new money bonds облигации, с помощью которых банки предоставляют развивающимся странам новые средства в рамках программ урегулирования долга

new shares новые акции: вновь выпущенные акции, которые не дают пока права на дивиденд и на рынке обращаются отдельно от других акций компании

new sovereign новый соверен: золотая монета номиналом в 1 ф. ст. с изображением королевы Елизаветы II, выпускаемая с 1974 г. (объект торговли в тезаврационных целях)

new time "новое время": сделки на Лондонской фондовой бирже, заключенные в последние два дня операционного периода с расчетом в конце следующего операционного периода; см. account 3

New York Clearing House Association Ассоциация клиринговых палат Нью-Йорка: старейшая ассоциация банковского клиринга США, основанная в 1853 г.; Клиринговая палата Нью-Йорка управляет Межбанковской платежной системой (см. Clearing House Inter-bank Payment System - CHIPS), на которую приходится 90 % международных платежей банков США, и Нью-Йоркской автоматической клиринговой палатой (см. New York Automated Clearing House) - одной из немногих региональных клиринговых палат, не использующих услуги ФРС

New York Coffee, Sugar & Cocoa Exchange (NYCSCE) = Coffee, Sugar & Cocoa Exchange

New York Commodity Exchange = Commodity Exchange

New York Cotton Exchange (NYCE) Хлопковая биржа Нью-Йорка: срочная товарная биржа в Нью-Йорке (помимо сырьевых товаров занимается финансовыми опционами)

New York dollars Нью-Йоркские доллары: деньги, уплачиваемые с долларового счета в Нью-Йоркском банке; любой чек, выписанный на банк в Нью-Йорке

New York Futures Exchange (NYFE) Нью-Йоркская срочная финансовая биржа (создана в 1980 г.): дочерняя компания Нью-Йоркской фондовой биржи, созданная специально для торговли финансовыми фьючерсами и опционами; сокращенное название читается "найф"

New York interest Нью-Йоркские проценты: проценты, рассчитываемые на основе фактического числа дней в месяце в отличие от стандартного 30-дневного месяца (бостонские проценты); см. Boston interest

New York Insurance Exchange Нью-Йоркская страховая биржа; создана в 1980 г. по образцу лондонского Ллойда

New York interbank offered rate (NYBOR) ставка предложения на межбанковском депозитном рынке в Нью-Йорке (НИБОР)

New York Mercantile Exchange (NYMEX) Нью-Йоркская товарная биржа (НИМЕКС); специализируется на энергоносителях

New York Securities Auction (NYSEC) Нью-Йоркский аукцион ценных бумаг: компания, предоставляющая рынок для малоактивных ценных бумаг на основе электронной торговой системы (создана в 1990 г.)

New York Stock and Exchange Board название Нью-Йоркской фондовой биржи в 1817-1863 гг.; см. New York Stock Exchange

New York Stock Exchange (NYSE) Нью-Йоркская фондовая биржа: крупнейшая в мире фондовая биржа, основанная в 1792 г. (современное название - с 1863 г.); имеет 1366 индивидуальных членов (места могут продаваться); на бирже котируются ценные бумаги свыше 1500 компаний; совет директоров включает председателя, президента, 10 членов биржи и 10 представителей деловых кругов; саморегулирующаяся организация; см. Big Board; Buttonwood Tree Agreement; trading post

New York Stock Exchange (NYSE) Common Stock Indices группа индексов курсов ценных бумаг, котируемых на Нью-Йоркской фондовой бирже; помимо обобщающего индекса (см. New York Stock Exchange Composite Index) рассчитываются отраслевые подиндексы (промышленность, транспорт, коммунальное хозяйство, финансы)

New York Stock Exchange (NYSE) Composite Index составной индекс Нью-Йоркской фондовой биржи; отражает движение курсов всех ценных бумаг, котируемых на бирже; базовый период - 31 декабря 1965 г. (1965 г. = 50); курсы взвешиваются в соответствии с числом акций в каждом выпуске; рассчитывается и публикуется на тикере непрерывно

Next bonds еврооблигации британской корпорации Некст (первые облигации, выпущенные для размещения среди акционеров)

next day funds деньги следующего дня: денежные средства в банке, которые могут быть куда-либо переведены или изъяты наличными на следую-

щий рабочий день после поступления (например, в виде чеков); см. same day funds

next of kin следующий по родству: лицо, которое по праву родства наследует имущество человека, не оставившего завещание

next time = new time

New Zealand Futures Exchange Новозеландская срочная биржа: срочная компьютерная биржа в Окленде, Новая Зеландия (финансовые фьючерсы)

niche "ниша": рынок товаров, услуг, финансовых инструментов, который слишком мал для сильной конкуренции или пока никем не занят; занятие "ниши" гарантирует финансовый успех предприятию

niche bank банк, занимающий нишу: банк, который обслуживает только один сегмент рынка или предоставляет ограниченный круг специфических услуг; небольшой специализированный коммерческий банк (США); см. boutique bank

nicker один фунт стерлингов

nifty fifty 50 наиболее популярных в 70-х годах среди инвесторов акций (США); обычно отличаются высоким стабильным доходом, соотношением цены к доходу выше среднего по рынку, быстрым ростом компаний-эмитентов; в настоящее время вышли из моды

night depository = night safe

night safe ночной сейф: сейф, в котором клиент может оставить наличные деньги, чеки и другие денежные документы в то время, когда банк не работает (в ночное время или в выходные); обычно расположен в стене банка на улице, в некоторых случаях автомат может выдавать расписку

Nikkei-Dow Jones Average (NDJA) индекс Никкей-Доу Джонс: индекс курсов ценных бумаг на Токийской фондовой бирже (225 акций первого подразделения биржи); определяется как невзвешенное арифметическое среднее курсов ценных бумаг; базовый период - 16 мая 1949 г. (1949 г. = 100); см. First Section

Nikkei 300 Никкей 300: новый индекс на Токийской фондовой бирже для замены NDJA; представляет 300 акций, причем часть старых неликвидных отброшена; метод расчета: взвешивание по капитализации; база - 8 октября 1993 г.

nil distribution basis один из методов расчета соотношения цены и доходности акции, при котором не учитывается выплата дивидендов и просто берутся доходы компании после вычета налогов; см. price-earnings ratio; net distribution basis

nil paid issue новый выпуск акций, по которому компания-эмитент еще ничего не получила, но торговля на бирже уже началась

nine-bond rule "правило девяти облигаций": правило Нью-Йоркской фондовой биржи (правило 369), по которому приказы на сумму девяти облигаций и меньше должны находиться в торговом зале в течение часа для поиска наилучших предложений; призвано помочь мелким инвесторам

ninety-day saving account 90-дневный сберегательный счет: счет со сберегательной книжкой и сроком 90 дней; обычно требуется 7-дневное уведомление для изъятия средств до срока (США)

no account "нет счета": чек, который возвращен по причине отсутствия у эмитента счета

no action letter письмо об отсутствии действий: письмо Комиссии по ценным бумагам и биржам, информирующее о том, что агентство отказывается высказаться о законности тех или иных операций, но и не будет предпринимать юридическиех действий против них (США)

Nobel prize in economics Нобелевская премия по экономике: премия за достижения в экономических науках в память Альфреда Нобеля, присуждаемая с 1969 г. (учреждена в честь 300-летия шведского Риксбанка - центрального банка Швеции)

Noble "нобль": 1) платиновая монета Великобритании (объект торговли в тезаврационных целях); 2) старинная золотая монета в 6 шиллингов 6 пенсов или 10 шиллингов (XIV-XVIвв.)

no-brainer рынок, тенденция движения конъюнктуры на котором очевидна и не требует особого анализа (например, курсы всех акций поднимаются или опускаются, т. е. не имеет особого значения, какие бумаги покупать)

no claims bonus бонус в виде снижения премии покупателям страхового полиса, которые за прошлый год ни разу не обращались за страховым возмещением (особенно в случае страхования автомобилей)

no funds = not sufficient funds

noise "шум": активность на фондовом рынке, вызванная торговлей на основе компьютерных программ и другими факторами, не связанными прямо с общими настроениями рынка (США)

nokyo фермерские кооперативы (Япония)

no liability "без обязательства": ситуация, когда покупатель новых акций не несет ответственности в случае неоплаты ценных бумаг (акции просто становятся недействительными)

no-load fund взаимный фонд без "нагрузки": взаимный инвестиционный фонд (США), продающий свои акции непосредственно инвесторам без первоначальной комиссии, а не через брокеров, которые берут комиссионные и консультируют инвесторов; см. sales charge; front end load; load fund

nominal 1) номинал, номинальная стоимость ценной бумаги; 2) номинальный; без учета инфляции

nominal capital 1) уставный, или номинальный, капитал; 2) номинальная стоимость акций компании; см. authorized capital

nominal exchange rate номинальный валютный курс: текущая цена одной денежной единицы, выраженная в другой; см. real exchange rate

nominal interest rates номинальные процентные ставки: 1) текущие рыночные ставки, котируемые банками; не включают комиссионные и другие дополнительные расходы заемщика, а также сложные проценты, учитываемые при расчете эффективной процентной ставки; 2) процентные ставки без поправки на инфляцию (в отличие от реальных ставок)

nominal price номинальная цена: 1) номинальная стоимость ценной бумаги, номинал; 2) котировка цены, по которой не было заключено реальной сделки (на фондовых и срочных биржах), т. е. цена для информации; см. for your information

nominal quotation = for your information

nominal share capital = authorized capital

nominal value = par value 1

nominal yield номинальный доход: фиксированный доход по ценной бумаге в процентном выражении к ее номинальной стоимости

nominee company компания, созданная банком (брокером) с целью управления ценными бумагами их настоящих владельцев; бумаги регистрируются на имя такой компании, и она осуществляет всю учетную и техническую работу, информирует владельца о событиях, затрагивающих его права; см. nominee name

nominee name номинальный инвестор: инвестор, зарегистрированный как владелец ценных бумаг, хотя они фактически ему не принадлежат; обычно банк, трастовая компания или другое учреждение, которые по просьбе клиентов-бенефициаров являются держателями ценных бумаг

nominee shareholder = nominee name

nonaccrual asset актив, который не приносит проценты; сомнительные долги; = doubtful loan

non-amortizing loan = interest-only loan

non-assented bonds несогласованные облигации: облигации, владельцы которых не согласились на изменение своих прав (условий займа)

non-assumption clause оговорка в ипотечном контракте, запрещающая передачу обязательств по ипотеке третьему лицу на тех же условиях без предварительного согласия кредитора; = due on sale clause

nonbank bank небанковский банк: 1) кредитно-финансовое подразделение (дочерняя компания) торгово-промышленной монополии; 2) в США - компания, которая или только принимает депозиты или только выдает кредиты и, следовательно, не подпадает под полное определение банка; после 1987 г. новые лицензии небанковским банкам не выдаются

nonbanking activities небанковская деятельность: различные виды деятельности, которыми, как правило, не могут заниматься банки в соответствии с законодательством (исключение делается для деятельности, которой банк занимался до принятия законодательства)

nonborrowed reserves незаимствованные резервы (США): разница между собственными резервами банков (резервы в федеральных резервных банках плюс наличность в кассе) и заимствованиями у ФРС; показатель ликвидности банковской системы; рассчитывается ФРС еженедельно

non-business day нерабочий день: день, в который не работают банки и финансовые рынки (суббота, воскресенье, официальные праздники); в случае попадания на такой день срока любой операции расчет автоматически переносится на следующий рабочий день

non-callable облигация или привилегированная акция, которая не может быть погашена досрочно или в течение некоторого времени (США); большинство облигаций не могут быть погашены в первые 5 лет

noncash item неналичный инструмент: чек или другой необращающийся инструмент, кредитуемый на счет клиента только после поступления средств из банка-плательщика

non-chargeable assets активы, продажа которых в Великобритании не облагается налогом на реализованный прирост капитала (личное жилище, облигации с фиксированной ставкой, государственные ценные бумаги); см. capital gains tax; chargeable assets

non-clearing member неклиринговый член биржи: биржевик, расчеты по сделкам которого осуществляются другим членом биржи (членом клиринговой палаты) за определенное вознаграждение

non-competitive bid (tender) неконкурентная заявка (США): заявка на приобретение новых казначейских векселей, выставляемая мелким инвестором без указания цены (он согласен на среднюю цену, которая будет установлена в результате сопоставления заявок крупных покупателей); минимальная сумма заявки – 10 тыс. долл.; схема предназначена для облегчения участия в аукционах мелких инвесторов; см. competitive bid; negotiated bid; best efforts; bought deal

non-conforming loan нестандартный кредит: ипотечный кредит, не удовлетворяющий по размерам стандартам Федеральной национальной ипотечной ассоциации и Федеральной корпорации жилищного ипотечного кредита для покупки кредитов на вторичном ипотечном рынке (то есть больше установленного законом максимального уровня); см. Federal National Mortgage Association, Federal Home Loan Mortgage Corporation

non-contributory pensions пенсионные схемы, по которым трудящиеся не должны делать регулярных взносов и все расходы берут на себя наниматели (право на такую пенсию обычно теряется при смене работы)

non-convertible = inconvertible

non-credit banking business = off-balance sheet activities

non-credit services некредитные услуги: банковские услуги, которые не подразумевают предоставление кредита, например, инкассация чеков, доверительные операции, консультирование; такие услуги обычно предоставляются за комиссионное вознаграждение

non-cumulative dividend некумулятивный дивиденд: дивиденд, который при невыплате не становится обязательством компании и не должен быть выплачен в будущем; см. cumulative preference share; accumulative dividend

non-cumulative preference share привилегированная акция, пропущенный дивиденд по которой не накапливается и не должен выплачиваться позднее (США); см. preference share

non-cumulative preferred stock (USA) = non-cumulative preference share

noncurrent asset актив, который не является текущим (не должен быть использован, продан, обменен в течение года)

non-deductible не подлежащий вычету (например, при налогообложении)

non-durables товары кратковременного пользования (например, продовольствие); см. durables

non-executive director неисполнительный директор: директор компании, не принимающий участия в повседневном руководстве ее деятельностью; включается в совет директоров для привнесения независимого опыта и мнений, оказания влияния на исполнительных директоров в качестве представителя акционеров

non-feasance невыполнение обязательства, например, своевременного погашения кредита; бездействие властей

non-government organizations (NGOs) неправительственные общественные организации (например, экологические)

non-interest bearing NOW account (NINOW account) см. negotiable order of withdrawal account

non-interest expense непроцентные расходы: зарплата, аренда оборудования и помещений, налоги, создание резервов; такие операционные расходы банка обычно погашаются за счет комиссионных и других некредитных доходов

non-interest income непроцентный доход: чистый доход банка от услуг, за которые уплачивается комиссия; любые доходы, не связанные с получением процентов

non-legal investments незаконные инвестиции: ценные бумаги, которые по своему качеству не удовлетворяют установленным законом требованиям к инвестициям трастовых компаний и сберегательных банков (США)

non-marketable collateral обеспечение кредита, которое трудно быстро реализовать (например, некотируемые ценные бумаги)

non-marketable securities нерыночные ценные бумаги: ценные бумаги, не обращающиеся на фондовой бирже и в целом на оптовом рынке (например, сберегательные облигации)

non-member bank коммерческий банк, не являющийся членом ФРС США и зарегистрированный на уровне штата; такие банки либо не удовлетворяют требованиям ФРС, либо стремятся использовать более мягкие законы штатов

non-member firm брокерская фирма, не являющаяся членом биржи

non-monetary transaction немонетарная (неденежная) сделка: любая сделка или операция, не имеющая денежной оценки или не ведущая к движению денежных средств, например, изменение адреса клиента

non-oil producing and exporting countries (NOPECs) развивающиеся страны, не являющиеся крупными производителями и экспортерами нефти (НОПЕК)

non-par item чек, который оплачивается банком со скидкой к номинальной стоимости; в США такая практика сегодня относится к очень немногим небольшим банкам в сельской местности

non-participating preferred stock "не участвующая" привилегированная акция: наиболее часто встречающийся вид привилегированной акции, не дающий права на участие в распределении остатка прибыли в дополнение к фиксированному дивиденду; см. participating preferred stock

non-performing loan недействующий кредит: кредит, по которому не выполняются условия первоначального соглашения: не уплачены проценты за срок свыше 90 дней, изменена по соглашению процентная ставка, проведено изъятие собственности, предоставленной в залог по ипотечному кредиту (США)

non-personal time deposit неличный срочный депозит: срочные депозиты, принадлежащие юридическим лицам

non-price competition неценовая конкуренция (по качеству, рекламе, услугам по доставке и т. д.)

non-productive loan непроизводительный кредит: кредит, используемый на цели, которые не ведут к увеличению производства

non-public information внутренняя информация: информация о корпорации, которая может повлиять на цены ее акций в случае широкой публикации

non-purpose loan ссуда, обеспеченная ценными бумагами, но не предназначенная для приобретения ценных бумаг; размеры кредитов банков, предназначенных для покупки ценных бумаг и обеспеченных ценными бумагами, ограничиваются "правилом Ю" ФРС США и поэтому заемщик обязан написать заявление о цели кредита; см. purpose statement; Regulation U

non-qualifying stock option право служащего на льготную покупку акций компании, не отвечающее требованиям Службы внутренних доходов в США; использование такого права влечет уплату налога; см. qualifying stock option; share incentive schemes

non-recourse без права оборота (регресса): без права обращения требования на предыдущего владельца данного финансового инструмента в случае отказа нынешнего владельца платить

non-recourse credit (finance) = a forfait

non-recourse loan кредит без права оборота: 1) = a forfait; 2) кредит, обеспеченный участием заемщика в товариществе с ограниченной ответственностью (в программе прямого участия в инвестициях) без оборота на все активы товарищества; 3) кредит, который погашается только за счет доходов от финансируемого проекта или за счет обеспечения, но без оборота на активы должника

non-recurring charge (loss) or gain разовый, неповторяющийся или чрезвычайный расход (списание), отраженный в отчетности компании; = extraordinary charge

non-refundable условие облигационного займа, запрещающее или ограничивающее права эмитента погашать его с помощью нового займа до определенной даты (или с помощью займа на худших условиях); см. call protection

nonregulated investment companies см. regulated investment companies

non-resident нерезидент: юридическое или физическое лицо, имеющее зарегистрированный деловой адрес в другой стране; при существовании валютных ограничений отношения между резидентами и нерезидентами регламентируются

non-resident accounts нерезидентские счета; например, в Великобритании – стерлинговые счета, принадлежавшие нерезидентам стерлинговой зоны в период существования валютных ограничений

non-revolver "неревольверный", невозобновляемый: 1) кредитная линия, которая может быть использована только один раз (в отличие от револьверной кредитной линии); 2) владелец кредитной карточки, который оплачивает счета в течение льготного периода и не пользуется кредитом; карточка используется просто как замена наличных или чеков; = convenience cardholder

non-specific capital неспецифический капитал: машины и оборудование, которые могут использоваться в различных производственных процессах

non-sterilized interventions "нестерилизованные" интервенции: тактика официальных валютных интервенций, увязанная с воздействием на денежное обращение и другие внутренние процессы

non-tariff barriers нетарифные барьеры в торговле: защита рынка с помощью количественных ограничений, технических и санитарных стандартов, требования добровольного ограничения экспорта

non-underwritten facility = Euro-commercial paper

non-verse неоплаченная часть номинала акции (франц.)

non-voting share безголосая (неголосующая) акция: акция, которая не дает права голоса, но в остальном ничем не отличается от обыкновенных акций; такие акции выпускаются для мобилизации капитала с сохранением контроля за компанией со стороны уже имеющихся акционеров (это главным образом привилегированные акции)

no-par stocks = no-par-value stocks

no-par-value (NPV) stocks акции, у которых нет фиксированного номинала (США): большинство акций сегодня имеют низкие номиналы, но отсутствие номинала устраняет путаницу между реальной и номинальной стоимостью ценных бумаг; см. low-par stocks

NOPECs НОПЕКи: развивающиеся страны, которые не являются крупными производителями и экспортерами нефти (non oil producing countries)

no protest (NP) без протеста: штамп на чеке или другом инструменте, свидетельствующий, что инкассирующий банк в случае неоплаты чека может отправить его обратно

Nordiske Aktieselskab Северное акционерное общество: банк с советским капиталом, существовавший в Копенгагене в 20-30-е годы

normal market "нормальный" рынок: ситуация во фьючерской торговле, когда цены на более далекие сроки выше, чем на более близкие; см. inverted market

normal trading unit (NTU) = round lot

North American Free Trade Agreement (NAFTA) Североамериканское соглашение о свободной торговле: договор между Канадой, США и Мексикой об отмене ограничений во взаимной торговле (вступил в силу в январе 1994 г.)

nostro account счет "ностро" ("наш" счет): корреспондентский счет банка-резидента в иностранном банке в иностранной валюте (например, счет Внешэкономбанка в Ллойдс бэнк в Лондоне); см. vostro account; loro account

notary public нотариус: лицо, удостоверяющее подлинность документов

notch небольшое повышение или понижение курса или цены; пункт

note 1) краткосрочная (реже среднесрочная) ценная бумага, долговое обязательство, выпущенные компанией или государственным органом; 2) банкнота, кредитный билет; 3) = promissory note; 4) опротестовать вексель

not easily marketable securities ценные бумаги, которые трудно быстро продать

note financing = a forfait

note issuance facility (NIF) программа выпуска евронот: термин для обозначения всех видов евронотных программ с банковской поддержкой; возобновляемая среднесрочная кредитная линия на основе выпуска простых векселей со сроками обычно 3-6 месяцев; см. Euronotes

note issue банкнотная эмиссия: налично-денежная эмиссия центрального банка

note-issuing bank = bank of issue

note-issuing privilege исключительное право эмиссии банкнот, предоставленное законом или правительством центральному банку

note notice уведомление об истечении срока кредита, направляемое должнику за некоторое время до срока погашения; = notice of maturity

notes = Euronotes; Euro medium-term note

not-held (NH) order биржевой приказ с ценой, которую брокер может изменить по своему усмотрению без принятия какой-либо ответственности; например, брокер может попытаться улучшить цену, немного задержав заключение сделки (США).

notice day день уведомления: день, когда продавец фьючерского контракта посылает уведомление о намерении поставить соответствующий финансовый инструмент или товар

notice of dishonor заявление о неисполнении: заявление за подписью нотариуса о том, что чек или вексель были представлены к оплате, но банк отказывается произвести платеж

notice of withdrawal = withdrawal notice

notice to creditors заявление для кредиторов: публичное (через газеты) обращение к кредиторам определенного лица представить в суд свои требования; процедура используется при банкротствах или разбирательствах о наследствах

notification 1) уведомление заемщика кредитором в случае перехода долговых обязательств из рук в руки или их использования в качестве обеспечения; 2) официальное уведомление об отказе плательщика погасить чек или вексель (направляется держателем бумаги предыдущему владельцу, индоссанту)

noting нотариальное опротестование векселя: неоплаченный вексель передается нотариусу, который вновь предъявляет его к оплате и нотариально заверяет отказ от платежа, а затем заполняет сертификат протеста; см. protest

notional principal условная основная сумма кредитного обязательства в процентном свопе (реально не участвует в обмене)

not negotiable необращающийся: 1) о документе, ценной бумаге, которые не могут свободно переходить из рук в руки (например, коносаменты, складские варранты, сертификаты акций, векселя, оплачиваемые только определенному лицу, чеки с надписью "необращающийся"); 2) надпись на кроссированном чеке, делающая его необращающимся; см. negotiability; crossed check

not rated (NR) "нет рейтинга": обозначение ценной бумаги или компании, для которой нет рейтинга, установленного специализированной компанией

not sufficient funds (NSF) check чек, не покрытый средствами на счете; возвращается банком эмитенту с соответствующей пометой; = insufficient funds

not to order "не по приказу": надпись на векселе или чеке, исключающая его переход из рук в руки путем индоссамента

not-to-press "не настаивать": условие биржевой сделки, при котором покупатель ценных бумаг, имеющих незначительный рыночный оборот, соглашается не настаивать на поставке этих бумаг в нормальный расчетный день, чтобы позволить биржевику прикупить их

novation новация: 1) форма переуступки банковского кредита или другого обязательства, когда права одной из сторон соглашения переходят третьему лицу; 2) замена старого долга или обязательства новым по взаимной договоренности сторон; 3) замена одной из сторон в кредитном договоре - кредитора или должника - на новую

Now account счет НАУ; = negotiable order of withdrawal account

nugget 1) самородок (обычно золотой); 2) австралийская золотая монета

null and void недействительный, не имеющий силы

nullification нуллификация (денег): аннулирование, признание недействительными

numbered account "номерной" счет в банке: имя владельца такого счета в операциях не упоминается и может быть известно только узкому кругу сотрудников банка; владельцу счета присваивается кодовый номер, который используется в операциях

numbered custody account "номерной" счет в банке для хранения ценных бумаг, других ценностей (документов, драгоценностей)

numismatics (numis) нумизматика: коллекционирование и изучение монет и металлических денежных знаков (наука и хобби)

nursery finance "ясельное" финансирование: финансовые ресурсы, предоставленные инвесторами частным компаниям, которые еще только создаются или намерены получить публичный статус и выпустить свои акции на рынок; см. venture capital

Oasys "Оазис": международная электронная система подтверждения сделок по ценным бумагам (1992 г.)

object clause статья о цели: статья в меморандуме об ассоциации, определяющая цели компании (Великобритания); в прошлом юридическую силу имели только контракты, соответствующие оговоренным целям компании; сегодня директива ЕЭС по законодательству о компаниях признает законным любой честно заключенный контракт

obligation 1) юридически оформленное обязательство выплатить деньги или сделать что-либо; долг; облигация, любое долговое обязательство, которое оформлено письменно; 2) облигация, ценная бумага (франц., нем.)

obligation bond ипотечная облигация с номиналом выше стоимости собственности, которой она обеспечена

obligation to provide additional cover if necessary обязательство заемщика увеличить обеспечение кредита, если стоимость обеспечения снизилась

obligator = obligor

obligee лицо, по отношению к которому имеется обязательство: кредитор, инвестор, держатель ценных бумаг

obligor лицо, принявшее на себя обязательство: должник, заемщик, эмитент облигаций; дебитор; = debtor

occupational pension scheme пенсионная схема на рабочем месте: пенсионная схема, которая организуется работодателем для своих рабочих и служащих

odd date нестандартный срок валютной или депозитной операции: обычно в промежутке между одной неделей и одним месяцем; см. fixed date

odd days interest процентные платежи за нестандартный период; например, если проценты уплачиваются за квартал, а кредит предоставлен 15 июня, то проценты за первые 15 дней будут иметь указанное название

odd lot нестандартная сделка: биржевая сделка, размер которой меньше стандартного (в фондовых сделках - менее 100 акций); цена нестандартной сделки и размер комиссионного вознаграждения брокера в расчете на одну акцию могут быть несколько выше, чем в стандартной сделке; см. round lot; differential 2

odd-lot broker брокер, специализирующийся на нестандартных операциях с ценными бумагами клиентов (набрав портфель заказов, он составляет стандартные сделки, которые проводит через биржу)

odd-lot dealer биржевой дилер, покупающий стандартные партии акций для перепродажи по частям брокерам, обслуживающим мелких инвесторов

odd-lot differential = differential 2

odd-lot selling indicator = odd-lot short sale ratio

odd-lot short sale ratio отношение нестандартных "коротких" продаж к общей сумме нестандартных продаж на Нью-Йоркской фондовой бирже: показатель настроения мелких инвесторов, который обычно достигает максимума при падении конъюнктуры и наоборот (не совпадает с таким же показателем для членов биржи); см. member short sale ratio

odd-lot theory теория мелкой партии акций: теория, согласно которой мелкие инвесторы (торгующие партиями акций менее 100 штук) обычно принимают неверные решения, и прибыль можно получать, действуя в противоположном направлении (например, рост продаж мелких инвесторов при падающей конъюнктуре рынка интерпретируется как сигнал покупать ценные бумаги)

Oesterreichische Nationalbank Австрийский национальный банк: центральный банк Австрии (создан в 1922 г., реорганизован в 1945 г.)

off-balance sheet liability забалансовое или условное обязательство: 1) обязательство, которое человек приобретает, подписывая гарантию, индоссамент или простой вексель в чью-либо пользу, ответственность по которым наступает в случае неплатежеспособности бенефициара; см. accommodation endorser; co-maker; guarantor; 2) финансовое обязательство банка, которое зависит от будущих событий или действий другого лица; такая операция учитывается в балансе банка только при определенных условиях (например, при выполнении обязательства по гарантии); это могут быть, например, финансовые фьючерсы, опционы, гарантии, резервные кредиты, форвардные контракты, обязательства купить или продать кредиты; банки обязаны поддерживать определенный размер капитала против забалансовых обязательств, которые взвешиваются в соответствии с уровнем риска

off board внебиржевой: о сделках с ценными бумагами, включая котируемые на бирже (США); = over-the-counter

off-budget внебюджетный: расходы или доходы, не включенные в годовой бюджет (США)

off-cover без покрытия: отказ в страховом покрытии риска по экспортному кредиту со стороны государственного агентства типа ДГЭК; см. on-cover

offer предложение: 1) цена предложения продать ценную бумагу, финансовый инструмент или другой актив; 2) предложение заключить сделку (предложение акций для продажи; о слиянии компаний и т. д.); = asked price

offer by prospectus предложение проспектом: предложение новых ценных бумаг широкой публике непосредственно компанией-заемщиком при помощи проспекта

offered market = buyer's market

offered price (rate) цена (курс) предложения (продавца) депозитов, ценных бумаг

offerer лицо, делающее предложение, офферент

offer for sale предложение продать: предложение ценных бумаг для продажи широкой публике с последующей котировкой на бирже (через инвестиционные банки; подразумевает выпуск проспекта с бланками заявок на покупку акций): наиболее распространенный метод эмиссии ценных бумаг в Великобритании; см. firm commitment

offer for sale by tender предложение новых ценных бумаг для продажи путем торга: один или несколько инвестиционных банков берут у заемщика все бумаги по фиксированной цене, а затем устраивают торг (аукцион); все желающие подают заявки, и размещение производится по наиболее высоким ценам; см. issue by tender

offering = public offer(ing)

offering circular = prospectus

offer(ing) price цена продавца: 1) цена публичного предложения продать новые ценные бумаги или паи в инвестиционном фонде; = offered price; asked (price); public offering price; 2) цена публичного предложения продать паи во взаимном инвестиционном фонде; эта цена в инвестиционных фондах без "нагрузки" равняется чистой стоимости активов; см. net asset value; no-load fund

offering scale предлагаемая шкала: шкала цен, по которым публике предлагаются серийные облигации с различными сроками (может быть выражена в форме дохода при погашении); см. serial bonds

offer period период предложения: срок действия предложения о покупке акций в порядке поглощения компании; в Великобритании такое предложение действует в течение 21 дня со дня объявления (с продлением на 14 дней в случае изменения условий); торговля акциями компании при этом продолжается, но с немедленным информированием властей

offer to purchase = take-over bid

offer wanted (OW) "необходимо предложение о продаже": объявление потенциального покупателя ценной бумаги о поиске потенциального продавца

off-exchange = over-the-counter

off floor не в торговом зале биржи, внебиржевой: о сделке с ценными бумагами, заключенной вне биржи по телефону или с помощью других средств связи; см. on floor; upstairs

off-floor order внебиржевой приказ клиента брокеру, т. е. не имеющий местом происхождения саму биржу; см. on-floor order

off-host обработка финансовых операций банка не в центральном компьютере банка; используется при необходимости быстро провести операции, например, по кредитным карточкам

Office of Comptroller of the Currency (OCC) Управление валютного контролера (США): бюро в Казначействе, отвечающее за выдачу лицензий, надзор и регулирование деятельности общенациональных коммерческих банков; валютный контролер назначается президентом на 5 лет, утверждается Сенатом и является одним из директоров Федеральной корпорации страхования депозитов; каждый банк национального уровня проверяется по крайней мере 2 раза каждые 3 года и обязан представлять отчетность контролеру не реже 4 раз в год

Office of Fair Trading (OFT) Управление добросовестной конкуренции (Великобритания): государственный орган, созданный в соответствии с Законом о добросовестной конкуренции 1973 г. для борьбы с деловой практикой, которая противоречит общественным интересам; в случае невозможности урегулировать вопрос дело передается в суд ограничительной деловой практики; см. Restrictive Practices Court

Office of Management and Budget (OMB) Административно-бюджетное управление (при президенте США); готовит и представляет Конгрессу президентский бюджет, сотрудничает с Министерством финансов и Советом экономических консультантов в разработке налоговой программы, анализирует деятельность правительственных агентств, консультирует президента

Office of Thrift Supervision (OTC) Офис надзора за сберегательными учреждениями (США): федеральное агентство, созданное по закону 1989 г. для проверки и надзора за ссудно-сберегательными ассоциациями, федеральными сберегательными банками; действует как бюро в рамках Казначейства, и его глава назначается президентом при утверждении Сенатом (он также является одним из директоров Федеральной корпорации страхования депозитов)

officer старшее официальное лицо банка, назначенное советом директоров для проведения его операций; обычно начальник департамента или отдела, менеджер или исполнительный сотрудник; см. chief executive officer; chief operating officer; chief financial officer

official assignee официальный правопреемник: официальное лицо, уполномоченное фондовой биржей в Великобритании провести ликвидацию фирмы-члена, объявленной банкротом; регулирует все вопросы, производит выплаты из компенсационного фонда биржи

official check = cashier's check

official discount rate официальная учетная ставка центрального банка; в большинстве развитых стран используется по операциям с первоклассными векселями и для кредитования в качестве инструмента регулирования денежного рынка; изменяется по мере необходимости через неравные промежутки времени

official ECU "официальные" ЭКЮ: ЭКЮ, эмитируемые властями ЕВС и используемые как эталон стоимости, счетная единица, резервный актив; см. European Currency Unit

Official List официальный список ценных бумаг, котируемых на Лондонской фондовой бирже; публикуется ежедневно по рабочим дням и содержит все основные данные по котируемым бумагам

official quotation официальная котировка: высшая и низшая цены при закрытии биржи, публикуемые в ежедневном бюллетене Лондонской фондовой биржи (средняя между ними цена признана в качестве официальной для любых расчетов)

official rate официальный валютный курс: валютный курс, устанавливаемый властями (центральным банком)

official settlements account счет официальных расчетов (США): часть платежного баланса страны, отражающая государственные операции

official staff commentary официальный комментарий сотрудников Совета управляющих ФРС: разъяснения в форме вопросов и ответов проблем защиты потребителей в сфере банковских услуг

official support официальная поддержка курса национальной валюты или цен государственных облигаций: операции по покупке национальной валюты и ценных бумаг центрального банка или другого государственного учреждения

off-line "офф-лайн": 1) отсутствие прямой связи с компьютером компании-эмитента банковской пластиковой карточки в момент совершения сделки с ее помощью; см. on-line; plastic card. 2) отключение терминалов от компьютерной системы банка и невозможность совершения операций, если отсутствует специальная система-дублер; 3) платежная система, в которой существует разрыв во времени между датой сделки и датой фактического перевода средств; например, автоматические клиринговые системы в США являются такими системами

off-premise banking банковские услуги клиентам, предоставляемые вне обычных банковских помещений в основном через автоматические кассовые машины (терминалы)

off-prime ниже прайм-рейт (США)

offset зачет или офф-сет: 1) проведение операции для ликвидации предшествующего обязательства или для страхования; 2) сумма (бухгалтерская запись), которая аннулирует (зачитывает) или уменьшает любое требование (противоположную бухгалтерскую запись); 3) использование банком депозитов заемщика (гаранта) для покрытия просроченного последнего; = right of offset; 4) закрытие (зачет) фьючерской позиции путем продажи равного числа противоположных контрактов; 5) номер на банковской карточке, который вместе с кодом держателя карточки составляет полный идентификационный номер данного клиента; см. PAN-PIN pair; primary account number

offset deal (transaction) зачетная или оффсетная сделка: 1) разновидность компенсационной сделки между индустриальными странами: в обмен на покупки оружия, самолетов выдвигается требование контрпокупок, инвестиций; 2) зачет покупок и продаж ценных бумаг и других финансовых инструментов в расчетной (клиринговой) системе

offsetting position компенсирующая позиция: рыночное обязательство, которое противоположно другому и поэтому ликвидирует его

off-shore офф-шорный: не подпадающий под национальное регулирование (обычно о финансовых учреждениях со специальным статусом или просто находящихся за границей)

off-shore bank (banking unit) (OBU) офф-шорный банк: банк-нерезидент, расположенный в международном офф-шорном финансовом центре или просто выведенный из-под национального регулирования; принимает депозиты от международных банков и предоставляет кредиты на евровалютном рынке, нет ограничений на заключение сделок с нерезидентами, не подпадает под регулирование местных органов надзора; иногда также любой банк, находящийся за границей; см. International Banking Facility

off-shore banking (financial) center офф-шорный банковский финансовый центр: первоначально так называли финансовые центры в бассейне Карибского моря, но сегодня к ним относят любые центры с международной ориентацией, предлагающие льготный налогово-инвестиционный режим; в более широком смысле офф-шорными являются все центры, где можно проводить операции, не подпадающие под национальное регулирование и не считающиеся составной частью экономики

off-shore banking unit = off-shore bank

off-shore funds офф-шорные фонды: инвестиционные фонды, расположенные в офф-шорных финансовых центрах, предлагающие иностранным инвесторам налоговые льготы

off the shelf "с полки": см. shelf registration

O'Higgins theory теория О'Хиггинса: теория Майкла О'Хиггинса, менеджера инвестиционных фондов из США о том, что, составив инвестиционный портфель из 10 акций, представленных в промышленном индексе Доу Джонса с самым высоким дивидендным доходом и 5 акций с самыми низкими рыночными ценами, можно получить рост стоимости инвестиций выше среднего в течение длительных периодов; одна из теорий, которая, судя по всему, "работает"

Oil Facility "нефтяной кредит" в МВФ: программа инвестирования МВФ, существовавшая в 1974–1975 гг. для помощи странам-членам, чьи платежные балансы пострадали из-за повышения цен на нефть

oil money = petrocurrency

Old Lady of Threadneedle Street Старая леди с Треднидл стрит (разг.): Банк Англии; Треднидл стрит – место расположения Банка Англии; название происходит от карикатуры XIX в. с изображением премьер-министра У. Питта, пытающегося добраться до золота в сундуке, на котором сидит пожилая леди

oligopoly олигополия: ситуация на рынке, характеризующаяся наличием незначительного числа продавцов, которые контролируют предложение данного товара или услуг

oligopsony олигопсония: ситуация на рынке, характеризующаяся наличием незначительного числа покупателей, которые контролируют спрос на данный товар или услуги

Ombudsman (Banking Ombudsman) Омбудсман (Великобритания): независимый орган для разбирательства и урегулирования споров между банками и клиентами; может присуждать денежную компенсацию потерпевшим

omitted dividend пропущенный (невыплаченный) дивиденд; см. pass a dividend

omnibus всеобъемлющий; многосторонний; охватывающий несколько предметов, статей, пунктов; общий

omnibus account счет "омнибус" (Великобритания): счет одного биржевика у другого для проведения операций за счет клиентов первого; обычно имеются в виду операции члена ЛИФФЕ по поручению другого члена, а фактически его клиентов; см. London International Financial Futures Exchange

on account (O/A) 1) частичный платеж в счет погашения обязательства; 2) на условиях кредита: поставка товара с последующей оплатой, причем обязательство не оформлено долговым документом; 3) кредит по открытому счету; = open account

on a scale = scale (order)

on balance по сравнению с ценой открытия рынка: цена в конце рабочего дня

on-balance method метод технического анализа биржевой конъюнктуры, при котором график объема сделок накладывается на график цены финансового инструмента или товара; пересечение линий графиков расценивается как сигнал покупать (начало общей скупки финансового инструмента или товара) или продавать (начало "сброса")

on board bill of lading бортовой коносамент: коносамент, подтверждающий, что принятые к перевозке грузы действительно погружены на судно

on call = call (money)

on-card transaction processing обработка операционной информации непосредственно в кредитной карточке (с помощью строенного микропроцессора); см. smart card

oncer банкнота в 1 ф. ст. (жарг.)

oncosts = overheads

on-cover согласие государственных агентств по экспортным кредитам покрывать риск по данному должнику; см. off-cover

on demand = at (on) sight

onderhandse market часть рынка капиталов в Нидерландах, где организуются долгосрочные ссуды компаниям и правительству

one bank holding company холдинговая компания для одного банка: корпорация, которой принадлежит не менее 25 % голосующих акций коммерческого банка (США); это имеет смысл, так как холдинг имеет право выпускать коммерческие бумаги, а банки - нет; с 1970 г. небанковские корпорации были обязаны продать свои участия в банках

one cancels the other order = alternative order

one day certificate однодневный сертификат: инструмент временного финансирования Казначейства США в ФРС при нехватке ресурсов; Казначейство выпускает специальные сертификаты с процентным доходом для продажи Федеральному резервному банку Нью-Йорка; с июня 1979 г. такие сертификаты не выпускались, так как федеральным законом кредиты ФРС Казначейству были ограничены 5 млрд. долл. при одобрении 5 из 7 членов Совета управляющих ФРС

one hundred year bonds столетние облигации: облигации со сроком до погашения 100 лет (например, выпуски Кока-колы и Уолт Диснея)

one-man picture картинка одного человека: котировка цен покупателя и продавца одним участником рынка

one-sided market = one-way market

one stop banking см. full-service bank

one stop shopping см. financial supermarket

one-way callable stock ценная бумага, которая может быть срочно погашена эмитентом, но инвестор до срока не имеет права предъявить ее к оплате

one-way market односторонний рынок: рынок, на котором котируется только цена покупателя или только цена продавца

on floor в торговом зале (о сделке с ценными бумагами, заключенной обычным образом в торговом зале биржи); см. upstairs; off floor

on-floor order биржевой приказ в случае торговли членом биржи за свой счет (т. е. имеющий местом происхождения биржу); см. off-floor order

on-host обработка с помощью центрального компьютера банка: система авторизации банковских карточек, при которой проверяются данные на владельца карточки, а не списки "плохих" или "остановленных" карточек позволяют ограничить кредитный риск и снизить потери; = positive authorization

on-lending "передача" кредита: кредитование за счет кредита, т. е. промежуточный заемщик выступает кредитором конечного заемщика; например, в некоторых странах государственные банки получают кредиты МБРР, а затем перераспределяют их в форме кредитов (в меньших суммах) между предприятиями и другими учреждениями

on-line "он-лайн": прямая связь с компьютером банка, когда операции клиента немедленно обрабатываются главным компьютером банка и учитываются в его балансе и по счетам клиента; имеются в виду операции клиентов с помощью электронных терминалов, в том числе при совершении сделки с помощью кредитной карточки; см. off-line; plastic card

on-line transaction processing (OLTP) обработка операций клиентов в режиме прямой связи с компьютером банка

on margin с уплатой только части стоимости ценных бумаг или товаров, т. е. маржи (о покупке в кредит); см. margin account

on others item = transit item

on-selling перепродажа (например, перепродажа векселей банком-форфэтэром на вторичном рынке)

on the day = on balance

on-us item "на нас": 1) чек, оплачиваемый со счета в том же банке, куда его представили для депонирования; = house check; 2) электронный платеж, по которому счета плательщика и получателя находятся в одном и том же банке

OPD (opening delayed) 1) символ на ленте биржевого тикера (США); = delayed opening; 2) первая сделка по ценной бумаге, цена которой значительно изменилась после вчерашнего закрытия биржи (более чем на 2 пункта по акциям с ценами свыше 20 долл.)

OPEC = Organization of Petroleum Exporting Countries

open 1) открыть (счет в банке, у брокера, аккредитив); 2) открытый; = open order

open account открытый счет: форма расчетно-кредитных отношений между продавцом и постоянным покупателем, при которой товары отправляются без подтверждения оплаты, а покупатель в оговоренные сроки погашает свою задолженность

open account credit кредит по открытому счету: кредит продавца постоянному покупателю без обеспечения и часто без уплаты процентов в форме отсрочки платежа

open book открытая книга: несбалансированная позиция банка по срокам или по ставкам; например, чувствительные к процентным ставкам пассивы превышают аналогичные активы; см. negative gap; = unmatched book; short book

open check = uncrossed check

open contract открытый контракт: срочный контракт, срок которого еще не истек (поставки финансового инструмента не было) и который не зачтен противоположной сделкой; = open interest

open credit открытый кредит: система, при которой клиент может получать наличные с помощью чеков в чужом банке (туда направляется заверенная подпись владельца чековой книжки, а также оговаривается максимальная сумма платежа)

open-end funds = open-end investment trust

open-end credit открытая кредитная линия: кредитная линия, которая может использоваться до установленного лимита и погашаться одной суммой или по частям в любое время (пример такого кредита: кредитная карточка); = charge account credit; revolving credit; см. closed-end credit

open-end investment trust (company) "открытый" инвестиционный трест (компания, фонд): инвестиционное учреждение, которое может постоянно выпускать дополнительные паи (акции), продавать их инвесторам и покупать обратно, т. е. объем ресурсов не фиксируется; в Великобритании такие тресты обычно называются паевыми фондами, в США - взаимными фондами; эти фонды, как правило, инвестируют свои ресурсы в различные финансовые инструменты, включая акции, облигации, краткосрочные инструменты денежного рынка; см. mutual fund; unit trust; closed-end investment trust

open-end lease "открытая" аренда: лизинговое соглашение, по которому при возврате арендованного оборудования (обычно автомобили) предусмотрен крупный разовый платеж или дополнительный платеж для урегулирования изменения стоимости собственности, а регулярные текущие платежи являются сравнительно небольшими

open-end management company управленческая компания открытого типа: инвестиционная компания, которая продает инвесторам акции взаимных фондов (и управляет ими), причем число акций не ограничено; см. closed-end management company

open-end mortgage "открытая" ипотека: ипотечный заем, предусматривающий возможность выпуска дополнительных облигаций под ту же собственность (в определенных пределах и с защитой интересов владельцев первоначальных облигаций) или увеличение суммы кредитования в рамках первоначального соглашения; см. closed-end mortgage

open-faced securities = bearer securities

open indent заказ торговому агенту на покупку определенного импортного товара без указания конкретного производителя

opening открытие: 1) ежедневное открытие торговли на бирже или рынке, период в начале рабочего дня (на срочных биржах официально фиксируется); 2) благоприятное окно в рыночной конъюнктуре (возможность получения прибыли); = window 1

Opening Automated Report Service (OARS) служба автоматического доклада при открытии: система, созданная Нью-Йоркской фондовой биржей в 1980 г. для обработки приказов, поступивших до официального открытия биржи (для сделок до 5099 акций); ускоряет торговлю при открытии биржи

opening price цена открытия: 1) цена, по которой заключены первые сделки после открытия биржи (на срочной бирже – в течение 2 мин. после открытия); первая котировка после открытия; 2) самая высокая и самая низкая цены покупателя и продавца в начале торговой сессии на срочной бирже

opening price convention договоренность о начальной цене: соглашение между брокерами о котировке одинакового спреда между ценами покупателя и продавца при первом обращении брокера (Великобритания); если брокер выразил намерение заключить сделку, то конкретная цена является предметом двусторонней договоренности

opening purchase "открывающая" покупка: открытие "длинной" позиции путем покупки опциона

opening range = opening price

opening sale "открывающая" продажа: открытие "короткой" позиции путем продажи опциона

open interest открытые позиции: объем открытых позиций на срочной бирже; число фьючерских контрактов на определенную дату, по которым не произведена поставка или зачет (в случае опционных контрактов также имеются в виду не истекшие без исполнения контракты); подсчитывается только одна сторона сделки для избежания двойного счета

open market открытый рынок: рынок, торговать на котором могут все желающие, а цены определяются спросом и предложением; денежный рынок, рынок краткосрочных ценных бумаг

Open Market Account счет открытого рынка: инвестиционный портфель ФРС, образованный в результате операций на открытом рынке и состоящий из правительственных ценных бумаг, бумаг правительственных агентств, банкирских акцептов; счет управляется федеральным резервным банком Нью-Йорка; = System Open Market Account

Open Market Committee комитет открытого рынка ФРС США: орган Совета управляющих ФРС, определяющий политику операций на открытом рынке

Open Market Desk отдел Федерального резервного банка Нью-Йорка, занимающийся операциями на открытом рынке

open market intervention см. intervention

open-market operations операции на открытом рынке: купля-продажа государственных ценных бумаг (в основном краткосрочных казначейских векселей) на денежном рынке для воздействия на процентные ставки, ликвидность рынка, денежную массу и объем кредитования; в США такие операции проводятся Федеральным резервным банком Нью-Йорка под руководством федерального Комитета открытого рынка

open-market rates процентные ставки открытого рынка: ставки, формирующиеся под воздействием спроса и предложения на активном вторичном рынке денежных инструментов (в отличие от административно устанавливаемых ставок); примером ставок открытого рынка могут быть ставки по федеральным фондам и ставки евровалютного рынка

open offer открытое предложение: предложение купить акции какой-либо компании без указания конкретной цены (как результат попытки поглощения или выкупа компанией собственных акций)

open on the print сделка на крупную партию акций (блок), которая заключена с институциональным инвестором и отражена на ленте тикера, но биржевик не покрыл свой риск (например, продал акции, которых у него нет); см. block trading

open order "открытый" приказ: 1) нерыночный приказ клиента биржевому брокеру (т. е. о совершении сделки по цене, не совпадающей с текущей), который действителен до его отмены; 2) приказ, который не выполнен и не аннулирован

open outcry свободный биржевой торг, метод заключения сделок голосом и жестом в торговом зале биржи (без аукционера): биржевик выкрикивает свои цены и заключает сделку с первым, кто ответит на предложение; = a la criee

open policy "открытый" страховой полис: полис, стоимость объекта которого не определена

open position открытая позиция: позиция под риском, т. е. возможны убыток или риск - превышение покупок или продаж валюты, ценных бумаг, товаров одного вида на определенную дату, незавершенные или не покрытые сделки на срок; см. long position 1; short position 1

open pricing свободное ценообразование: метод эмиссии еврооблигаций, при котором банку-организатору выдается мандат без предварительного оговаривания цены

open REPO "открытое" соглашение о продаже ценных бумаг с обратным выкупом; такое соглашение не имеет фиксированной даты обратной сделки, и стороны могут провести ее в любой момент

open reserves = disclosed reserves

open safe custody account открытый счет безопасного хранения в банке (ценности, документы не упаковываются, не запечатываются); см. safe custody account; sealed safe custody account

operating assets = current assets; working assets

operating cost ratio коэффициент операционных издержек: отношение операционных издержек к стоимости нетто-продаж (США)

operating earnings операционные доходы компании; = operating income

operating lease операционная аренда (лизинг): аренда оборудования на сроки значительно меньше сроков его полезной службы, причем на арендатора возлагаются все расходы по обслуживанию; арендованное оборудование обычно можно вернуть в любой момент; см. capital lease; finance lease; leveraged lease

operating profit (loss) операционная прибыль (убыток): стоимость нетто-продаж компании минус суммарные операционные издержки (США)

operating profit margin маржа операционной прибыли: отношение чистой операционной прибыли компании к ее нетто-продажам (США)

operating ratios операционные коэффициенты: показатели деятельности компании на основе соотношения прибыли и издержек друг к другу и другим балансовым цифрам (отношения продаж к запасам продукции, запасов готовой продукции к производственным издержкам, операционных издержек к операционным доходам и др.)

operational leverage зависимость прибыли компании от уровня фиксированных издержек (аренда, страхование, зарплата руководителей); чем они выше, тем бо́льшую часть прироста продаж составляет прибыль; показателем является отношение изменения операционной прибыли к изменению объема продаж

operational risk операционный риск: риск небрежных или некомпетентных действий

operational targets операционные цели: целевые ориентиры ФРС по денежной массе и кредиту (незаемные резервы), отражающие текущую денежно-кредитную политику; председатель Совета управляющих ФРС дважды в год докладывает Конгрессу о намерениях ФРС в области денежно-кредитной политики (такой порядок установлен Full-Employment and Balanced Growth Act of 1978); целевые ориентиры устанавливаются как пределы изменения показателей в четвертом квартале одного года к другому; цель денежно-кредитной политики – сбалансированный экономический рост, измеряемый ростом ВВП, инфляции, занятости; с 1979 г. краткосрочная цель заключается в регулировании объема кредитования банковской системы через операции на открытом рынке

operations department операционный (учетно-расчетный) отдел брокерской фирмы; = back office

operations committee (OpsCom) операционный комитет; комитет менеджеров банка, компании, обсуждающий и утверждающий операции в пределах своей компетенции, рекомендующий решения совету директоров

opportunity cost цена шанса или возможности: 1) сегодняшняя стоимость дохода, который может быть получен в результате инвестиций в наиболее привлекательную альтернативу рассматриваемым инвестициям; самый высокий доход по упущенному альтернативному виду инвестиций; = alternative cost; 2) издержки выбора инвестиций с меньшим доходом и большим риском в надежде на повышенную прибыль; например, отказ от ценных бумаг с доходом в 10 % в пользу бумаг с доходом в 6 % и большим ценовым потенциалом несет безусловный убыток в 4 %

optimum capacity оптимальный уровень производства: уровень производства на предприятии с наименьшими издержками на единицу продукции

Optiomeklarit рынок финансовых опционов в Финляндии, созданный в 1988 г.

option 1) опцион (право выбора); 2) разновидность срочной сделки, которую необязательно исполнять; контракт, который дает право, но не обязательство, купить (опцион "колл") или продать ("пут") товар или финансовый инструмент в течение некоторого срока по оговоренной цене (см. exercise/strike price) в обмен на уплату определенной суммы (премии); цена опциона определяется комбинацией срока, неустойчивости, уровня цены инструмента в основе контракта; большинство опционов используется для хеджирования и спекуляции и редко исполняется; см. at the money; in the money; out of the money; 3) в конвертируемом займе: право купить ценные бумаги эмитента на оговоренных условиях; 4) в организации эмиссии ценных бумаг: право участника синдиката на дополнительную квоту

option agreement опционное соглашение: форма, заполняемая клиентом при открытии счета у брокера для торговли опционами (США); содержит финансовую информацию о клиенте и его обязательство соблюдать правила торговли

optional необязательный, факультативный, по выбору

optional dividend дивиденд с правом выбора: владелец акций может получать дивиденд наличными или в форме дополнительных ценных бумаг

optional payment bond облигация с опционом выплаты: облигация, держатель которой может выбирать валюту выплаты основной суммы и/или процентов

option book опционный портфель (участника рынка): все купленные или проданные им опционы

O

option contract опционный контракт: право купить или продать определенное количество финансовых инструментов или товаров по фиксированной цене в течение оговоренного срока в обмен на уплату некоторой суммы (премии); см. contract

option dealer опционный дилер: биржевая фирма-покупатель или продавец опционов; сотрудник банка или брокерской компании, специализирующийся на опционах

optionee получатель (покупатель) опциона; = buyer of an option

optioner лицо, предоставляющее (продающее) опцион; = writer 1

option exchanges опционные биржи: биржи, специализирующиеся на торговле различными видами опционов; см. European Options Exchange; Chicago Board Options Exchange

option holder держатель опциона: владелец опциона, который его еще не использовал и не продал

option money = option premium

option mutual fund опционный взаимный фонд: взаимный фонд, который покупает и продает опционы для повышения стоимости своих акций

option on a futures contract опцион на фьючерсный контракт: приобретение права купить или продать определенный фьючерский контракт

option premium опционная премия: сумма, уплачиваемая за опцион (за право купить или продать что-либо)

Options Clearing Corporation (OCC) Опционная клиринговая корпорация: корпорация, которая принадлежит фондовым биржам и организует клиринговые расчеты по всем фондовым опционам на биржах США

option series опционная серия: опционы одного класса и на один и тот же финансовый инструмент с равными ценами и другими условиями; см. class of option

option spread опционный спред: одновременная купля-продажа опционов одного класса

options pricing model = Black-Scholes options pricing model

option swap = swaption

option to cancel swap опцион прекращения свопа: право на аннулирование долгосрочного свопа (взамен уплаты премии)

option writer = writer 1

or better (OB) "или лучше": обозначение биржевого приказа, который должен быть выполнен по цене, указанной в приказе, или по более выгодной цене

order приказ: 1) приказ клиента брокеру купить или продать ценные бумаги (товары) на тех или иных условиях; см. market order; limit order; stop order; time order; 2) предписание суда; распоряжение властей; 3) см. to the order of

order check ордерный чек: чек, выписанный на определенное лицо (или по его приказу)

order driven "на основе приказов" или "двигаемый приказами": о рынке ценных бумаг, функционирование которого (ценовой механизм) основывается на балансировании приказов клиентов о продажах и покупках, в отличие от системы на основе изменения котировок цен; примером может служить система "специалистов" на Нью-Йоркской фондовой бирже; см. quote driven; specialists

order imbalance несбалансированность (биржевых) приказов: преобладание приказов купить или продать ценные бумаги, мешающие фиксации цены (США)

order of priority порядок приоритетности: порядок ранжирования ценных бумаг других обязательств по очередности удовлетворения претензий в случае банкротства должника

order ticket "билет" заказа: бланк, заполняемый брокером при получении приказа клиента; содержит все основные сведения о приказе (вид приказа, цену, сумму и т. д.); после исполнения сделки на нем указываются фактическая цена и имя брокера-контрагента (хранится в течение определенного времени)

ordinary capital = equity 1

ordinary dividend обыкновенный дивиденд: дивиденд, выплачиваемый по обыкновенным акциям

ordinary guarantee = simple guarantee

ordinary income обычный доход: регулярный доход от какого-либо вида деятельности в отличие от прироста капитала при продаже активов

ordinary interest "обычный" процент: процентный платёж, рассчитанный на основе года в 360 дней или 12 месяцев по 30 дней в отличие от точного процента на основе года в 365 дней; отношение "обычного" к "точному" проценту составляет 1,0139; казначейские векселя США, корпорационные облигации, ипотеки и др. котируются или приносят доход на основе обычного процента; см. exact interest

ordinary life insurance = whole life insurance

ordinary partnership простое товарищество: контрактные отношения между двумя и более юридическими лицами для достижения общей цели (получения прибыли, размещения облигационного займа) на основе вклада их собственности, опыта, труда

ordinary safe custody account = open safe custody account

ordinary share (Ord) обыкновенная акция: право на часть капитала компании (активов за вычетом всех долгов и привилегированных акций) и её прибыли после распределения среди владельцев облигаций и привилегированных акций, а также на участие в руководстве деятельностью компании через голосование на собраниях акционеров

ordinary share capital = equity 1

ordinary shareholder обыкновенный акционер компании (владеет обыкновенными акциями)

ordinary shareholders' funds = equity 1

Organization for Economic Cooperation and Development (OECD) Организация экономического сотрудничества и развития (ОЭСР): организация, созданная в 1961 г. взамен Организации для европейского экономического сотрудничества (см. Organization for European Economic Cooperation) в целях содействия экономическому росту стран-членов, повышению уровня жизни, поддержанию финансовой стабильности, развитию торговли на многосторонней основе; объединяет США, Канаду, Японию, 18 стран Западной Европы, Турцию (штаб-квартира в Париже); в рамках ОЭСР регулярно обсуждается экономическая политика стран-участниц, организация публикует обширную статистику, обзоры по странам, прогнозы развития

Organization for European Economic Cooperation (OEEC) Организация для европейского экономического сотрудничества: организация, созданная в 1948 г. для распределения средств в рамках плана Маршалла (см. Marshall Plan) и стимулирования внутренней европейской торговли; преемником данной организации стала ОЭСР; см. Organization for Economic Cooperation and Development

Organization of Petroleum Exporting Countries (OPEC) Организация экспортёров нефти (ОПЕК): главная международная организация производителей и экспортёров нефти, созданная в сентябре 1960 г.; устанавливает цены-ориентиры и объёмы добычи в баррелях в день во избежание перепроизводства и падения цен

original cost первоначальная стоимость актива: все издержки по его приобретению

original issue discount (OID) дисконт при эмиссии: скидка с номинальной цены ценной бумаги в момент её выпуска (крайний пример - облигации с нулевым купоном)

original margin = initial margin

original maturity первоначальный срок ценной бумаги: срок ценной бумаги от момента выпуска до момента планируемого погашения в отличие от срока, оставшегося до погашения; см. current maturity

origination fee комиссия банку за организацию или содействие в получении кредита: комиссионное вознаграждение за рассмотрение кредитной заявки, проверку кредитной истории заёмщика, юридическое обеспечение кредита: в США такие комиссии по кредитам и аренде амортизируются в течение всего срока соглашения

originator 1) поставщик бизнеса, инициатор операций; 2) учреждение, предоставившее ипотечный кредит, который попал в пул ипотек на вторичном рынке; банк, который собирает такие пулы ипотек для перепродажи; 3) инвестиционный банк, работающий с потенциальным эмитентом ценных бумаг со стадии самого раннего планирования; 4) лицо (банк), отдавшее приказ о денежном переводе, платеже через клиринговую систему

Ost-West Handelsbank Ост-Вест Хандельсбанк: коммерческий банк во Франкфурте-на-Майне (основан в 1971 г.); 15,4 % капитала принадлежали Госбанку СССР, 13,24 % - Внешэкономбанку СССР; в настоящее время акционерами являются Центральный банк России, Токобанк; специализируется главным образом на обслуживании торговли Восток-Запад; имеет представительство в Москве

OTC (over-the-counter) margin stocks акции крупных компаний, котируемые на внебиржевом рынке и пригодные по "правилу Т" ФРС США для покупки в кредит; см. margin security; Regulation T

OTC (over-the-counter) market = over-the-counter (OTC) market

OTC (over-the-counter) stocks ценные бумаги, которые обращаются на внебиржевом рынке

other income (revenue) "другие" доходы: доходы компании, поступившие не от обычных операций (например, дивиденды, продажа активов, прибыль от изменения валютного курса)

other names "другие имена": финансовые учреждения, не входящие в публикуемый Лондонской фондовой биржей список институтов, на имя которых могут регистрироваться американские и канадские облигации, сертификаты акций в американской форме; см. marking names

other people's money (OPM) "деньги других людей" (США): заемные средства, используемые для увеличения доходов по инвестициям

outlay расходы, ассигнования, затраты, издержки

out-of-the-pocket expenses "расходы из своего кармана"; расходы на проживание, питание, транспорт и т. д., которые консультант или советник при исполнении своих функций оплачивает сам, а клиент затем их компенсирует против предъявления оправдательных документов

out-of-favor industry or stock непопулярная среди инвесторов отрасль или конкретная ценная бумага

out of line не соответствующий общей тенденции: о ценной бумаге, курс которой слишком сильно отличается от курсов аналогичных бумаг

out of the money "без денег": опцион, цена исполнения которого ниже ("пут") или выше ("колл") текущей рыночной цены финансового инструмента, лежащего в его основе (т. е. "внутренняя" стоимость опциона отрицательная); см. at the money; in the money; intrinsic value

out of the window issue быстрое и успешное размещение новых ценных бумаг; = blowout; hot issue

out of town check см. foreign items; transit letter

output выпуск продукции, продукция, объём производства, отдача

outright срочный валютный курс "аутрайт": срочный курс, включающий премию или скидку относительно наличного курса; см. spot rate

outright forward "аутрайт" форвард: 1) обычная (некомбинированная) срочная валютная сделка на межбанковском рынке, то есть купля или продажа валюты с поставкой в будущем; 2) = outright

outright position позиция "аутрайт": срочная валютная позиция, образовавшаяся в результате обычной форвардной сделки

outright transactions сделки "аутрайт": 1) обычные (постоянные) операции ФРС на открытом рынке: купля-продажа ценных бумаг в отличие от сделок с проведением через некоторое время обратной операции;

см. temporary transactions; 2) = outright forward

outside broker "посторонний" брокер: брокерская фирма, не являющаяся членом фондовой биржи

outside directors "внешние" директора: директора-советники корпорации (не руководят текущей деятельностью корпорации и не являются ее служащими); законом им обычно запрещено входить в советы директоров нескольких конкурирующих фирм

outside shareholder внешний акционер: акционер, связанный с компанией только фактом владения акциями

outside tender "постороннее" предложение (Великобритания): заявка на приобретение казначейских векселей (на торге), поступившая не от учетного дома

outstanding 1) неоплаченный долг; неполученные деньги; денежные поступления; 2) не предъявленный к платежу или находящийся в процессе инкассации (о чеках и векселях); 3) о всех ценных бумагах (или только данного заемщика) в обращении: например, все акции данной компании в обращении, в руках у инвесторов; 4) общая сумма долга банку со стороны держателей кредитных карточек

overall market price coverage общее покрытие рыночной цены: показатель покрытия рыночной стоимости данных ценных бумаг активами эмитента: отношение активов к рыночной стоимости данных ценных бумаг или к пассивам и бумагам, имеющим преимущественные права на активы

over and short "больше или меньше": общий бухгалтерский счет банка, куда относятся разницы по различным операционным учетным книгам, если последние не балансируются (например, превышение или нехватка в наличной кассе); = difference account

overbooked issue = oversubscription

overbought "чрезмерно купленный": о ценной бумаге или валюте, курс которой считается чрезмерно высоким в результате давления спроса покупателей, не соответствующего объективным факторам; термин используется в техническом анализе для обозначения нереальности тенденции движения

overcapitalization сверхкапитализация: ситуация, когда в результате "разводнения" капитала (сверх нетто-активов) доход по акциям компании падает ниже приемлемого уровня; см. watering of stock

overcollateralization избыточное обеспечение: обеспечение кредита ценными бумагами сверх необходимого размера для улучшения условий кредита

overdraft (O/D) овердрафт: 1) сумма, на которую чек превышает остаток на счете; нехватка средств на счете; 2) кредит по текущему счету или контокоррентный кредит: получение кредита путем выписки чека или платежного поручения на сумму, превышающую остаток средств на счете; кредит по овердрафту оговаривается при открытии счета и не может превышать заранее фиксированной суммы

overdraft cap лимит овердрафта: 1) максимальная сумма, которую финансовое учреждение готово перечислять через платежную систему в течение дня другим учреждениям; 2) = sender net debit cap

overdraft protection защита от овердрафта: заранее оговоренная кредитная линия, автоматически предоставляемая банком клиенту в случае выписки чека на сумму свыше остатка на счете

overdue bill просроченный вексель: вексель, который не был оплачен в срок

over-extension "перенапряжение": 1) чрезмерные заимствования; кредит или остаток кредита сверх способности заемщика погасить его; как правило, затраты сверх 1/3 чистого дохода заемщика считаются чрезмерными; 2) покупка фондовым дилером ценных бумаг сверх его капитала или способности занять деньги, что может вызвать проблемы при внесении гарантийных депозитов

overfunding 1) избыточное финансирование государственного долга (выпуск ценных бумаг сверх бюджетного дефицита для изъятия рыночной ликвидности); 2) увеличение продаж компании до уровня, который не обеспечен оборотным капиталом; 3) излишние фондовые операции брокера по счету клиента, допускающему определенную свободу действий

overhang "выступ", "навес": 1) достоверно известное существование крупного потенциального продавца ценных бумаг; это сдерживает повышательное давление на цены, т. к. продавец может воспользоваться ситуацией и "сбросить" бумаги; 2) обращение значительных сумм валюты вне страны ее происхождения без надежды на использование в торговле или прямых инвестициях: фактор потенциального обесценения валюты (обычно о долларе США)

overheads накладные расходы: издержки, которые прямо не связаны с производством или сбытом, - аренда помещений, расходы на исследования, зарплату директоров компании; иногда также включаются расходы на сбыт

overheating "перегрев" (экономики): чрезмерно высокие темпы экономического роста, часто вызванные "перекредитованием" и необоснованными государственными расходами и угрожающие усилением инфляционных тенденций

overissue выпуск акций сверх суммы, установленной в уставе компании

overlapping debt дублирующий долг: облигации, выпущенные муниципалитетом для финансирования проектов, осуществляемых другим государственным органом в данной местности; например, использование муниципальных облигаций для обслуживания облигаций графства или школьного округа

overlying mortgage см. junior mortgage

overnight сделка на срок до начала следующего рабочего дня (в конце недели - от пятницы до понедельника)

overnight loan "ночная" ссуда: в Великобритании - ссуда коммерческого банка учетному дому со сроком один день

overnight money "ночные" деньги: деньги, которые отдаются в заем до начала следующего рабочего дня

overnight position "длинная" или "короткая" позиция дилера в конце рабочего дня

overnight REPO соглашение о продаже ценных бумаг с совершением обратной сделки на следующий день

over-ride 1) принять решение, не принимая во внимание другие факторы; например, принятие решения по кредиту вопреки результатам кредитного анализа; 2) принятие решения о приоритете того или иного законодательного акта

overrun превысить запланированные расходы или показатели

oversaving чрезмерное сбережение (накопление): сбережения в ущерб потреблению (часто в результате нехватки товаров)

overseas banks 1) иностранные банки (головная контора находится в другой стране); 2) британские заморские банки (головная контора находится в Великобритании, но основная деятельность осуществляется за границей)

Overseas Private Investment Corporation (OPIC) Корпорация заграничных частных инвестиций (США): подразделение Агентства по международному сотрудничеству для развития (International Development Cooperation Agency), специализирующееся на реализации правительственных программ поддержки частных инвестиций в развивающихся странах (создано в 1969 г. по Закону об иностранной помощи)

overshooting длительный период завышенности валютного курса; см. overvaluation

oversold "чрезмерно проданный" (о ценной бумаге или валюте, курс которой считается чрезмерно низким в результате давления предложения продавцов, не соответствующего объективным факторам); термин используется в техническом анализе для обозначения нереальности тенденции движения конъюнктуры и возможности ее скорого подъема; см. overbought

oversubscription подписка на ценные бумаги сверх предлагаемой суммы (число заявок превышает число бумаг); в такой ситуации банк - организатор займа - пропорционально уменьшает суммы удовлетворяемых заявок или может быть увеличена сумма займа

over-the-counter (OTC) market внебиржевой рынок ценных бумаг (сделки заключаются по телефону или телексу); как правило, имеется в виду рынок акций, которые не котируются на биржах, а также рынок облигаций всех типов

overvaluation завышенная оценка: завышенность валютного курса, цены финансового актива относительно фундаментальных экономических факторов

overvalued переоцененный: 1) о валюте с завышенным курсом; 2) о ценной бумаге или любом другом финансовом активе с завышенной стоимостью, т. е. текущая цена не соответствует финансовому положению компании

overwriting спекулятивная практика чрезмерной продажи опционов в надежде на то, что они не будут исполнены; основанием служит убеждение в завышенности или заниженности цен на соответствующий финансовый инструмент

own account (for) (за) собственный счет (о купле-продаже финансовых инструментов за свой счет, т. е. в качестве принципала)

ownership собственность, владение; право собственности; см. beneficial owner; nominee name

owner's paper бумаги владельца: любые формы ипотек в руках продавца собственности в отличие от финансового учреждения; ипотека продавца; = seller's mortgage

own funds собственные средства (компании)

P

P* (P star) П ("пи-стар"): статистический показатель воздействия денежно-кредитной политики ФРС на уровень инфляции в США; P* = M2xV/Q, где M2 - показатель денежной массы, V - скорость обращения M2, Q - оценка ВНП при номинальном росте на 2,4 % в год; с ростом этого показателя по сравнению с ожидаемым уровнем цен (при превышении) ФРС ужесточает политику и наоборот

package mortgage пакетная ипотека: ипотека, которая покрывает личную собственность человека, например, бытовую технику

Pac-Man strategy стратегия "Пэк Мэн" (США): стратегия защиты от попытки нежелательного поглощения путем ответной попытки поглотить компанию-агрессора (по названию популярной видеоигры, в которой побеждает тот, кто смог проглотить всех соперников)

paid-in capital оплаченный капитал: 1) оплаченная часть капитала коммерческого банка, федерального резервного банка, международного банка развития; оплаченная часть подписного капитала или оплаченная часть квоты; см. callable capital; paid-up capital; 2) разница между номинальной и рыночной стоимостью акций корпорации; см. capital surplus

paid-up capital оплаченная часть объявленного (уставного) акционерного капитала: капитал, внесенный акционерами; см. called-up capital 2

paid-up share оплаченная акция: акция, стоимость которой полностью оплачена

painting the tape "раскрашивание ленты": 1) в США - незаконная практика проведения фиктивных операций для симулирования активной торговли и привлечения интереса участников рынка к определенному виду ценных бумаг; 2) активная торговля определенной ценной бумагой с частым появлением информации о таких сделках на ленте биржевого тикера

paired shares парные ("сиамские") акции: обыкновенные акции двух компаний под одним руководством, продаваемые вместе, причем, часто в форме одного сертификата (на одной стороне - одна акция, на другой - другая)

pair-off "спаривание": в ипотечном

кредитовании - совершение обратной сделки с ипотечной ценной бумагой для минимизации риска по уже совершенной сделке, то есть техника хеджирования

Panda "Панда": современная китайская золотая монета (объект торговли в тезаврационных целях)

Panel on Take-Overs and Mergers Комитет по поглощениям и слияниям (Великобритания): орган надзора за поглощениями и слияниями, созданный в 1968 г. девятью ассоциациями различных финансово-кредитных учреждений; контролирует соблюдение "Кодекса Сити" по поглощениям и слияниям, публикует соответствующие правила; председатель и его заместитель назначаются управляющим Банка Англии; с 1978 г. Комитет является рабочим органом Совета индустрии ценных бумаг; см. City Code; Council for Securities Industry

panic паника: внезапная потеря доверия к финансовым рынкам или конкретному финансовому учреждению, характеризуемая резким падением цен, изъятием депозитов, банкротствами; например, в США финансовая паника 1907 г. привела к созданию Федеральной резервной системы

PAN-PIN pair идентификационный номер владельца банковской кредитной карточки; состоит из номера на карточке и кода, которые должен помнить владелец карточки

paper бумага, бумаги: ценные бумаги, документы; обычно краткосрочные финансовые инструменты рынка типа векселей

paper asset бумажный актив: финансовый актив типа акций и облигаций

paper barrel бумажный баррель: срочный или опционный контракт на нефть или нефтепродукты (в отличие от физического товара)

paper bid "бумажное" предложение покупки: попытка "бумажного" поглощения компании, то есть покупка акций поглощаемой компании оплачивается акциями компании-покупателя, в т. ч. новыми

paper gain/loss = paper profit/loss

paper gold бумажное золото: разговорное обозначение СДР; см. Special Drawing Rights

paperless entry безбумажная денежная операция: безналичный перевод денег с помощью электронных средств связи (в отличие от расчетов чеками и другими бумажными инструментами)

paper money бумажные деньги: банкноты

paper profit/loss бумажная, или нереализованная, прибыль/убыток: прибыль или убыток, которые существуют только на бумаге (например, в результате переоценки активов) и могут быть реально получено только в случае продажи актива; см. realized profit (loss)

par равенство, паритет: 1) = at par; 2) паритет, номинальная стоимость ценных бумаг

parallel deal "параллельная" сделка: разновидность "контрпокупки" - товарообменная сделка на базе двух контрактов, связанных обязательством экспортера произвести "контрпокупку" в течение оговоренного срока (2-3 года); см. frame contract

parallel loan параллельный кредит: кредит, в котором участвуют две материнские компании и их дочерние предприятия в разных странах (всего четыре стороны); кредит в валюте определенной страны, обеспеченный кредитом материнской компании своей дочке в этом иностранном государстве; такой кредит сходен с "back-to-back loan" (см.), в котором участвуют две стороны

Parallel Market Параллельный рынок (Нидерланды): фондовый рынок со сниженными требованиями при Фондовой бирже Амстердама

parallel markets "параллельные" рынки: 1) евровалютный рынок (параллелен национальным); 2) более новые сегменты британского денежного рынка (образовавшиеся в дополнение к учетному рынку); 3) см. Parallel Market

par bond облигация, которая выпускается или просто продается на вторичном рынке по номинальной стоимости

par casiers "с помощью ячеек" (франц.):

один из трех основных видов котировки ценных бумаг (торговли) на французских фондовых биржах; каждой фирме брокеров выделено несколько "ячеек" – мест в торговом зале биржи, закрепленных для совершения сделок по определенным бумагам; в начале торговой сессии представитель брокера занимает свою "ячейку", принимает все приказы других участников рынка и фиксирует цену, при которой можно заключить сделки на максимальную сумму; см. auction market

parcel блок (партия) акций, которые переходят из рук в руки на фондовом рынке; см. block of shares

parent company материнская компания: компания, контролирующая одну или несколько дочерних компаний (через контрольный пакет акций); в отличие от чисто холдинговой компании сама осуществляет конкретную производственную деятельность

Pareto's Law закон Парето: теория, согласно которой распределение доходов имеет постоянный характер и не зависит от системы налогообложения и социального обеспечения (например, если 80 % доходов достаются 20 % населения, то улучшения положения бедных слоев можно достичь только общим повышением уровня благосостояния); есть и другие приложения теории: основная часть производства приходится на меньшую часть рабочей силы; основная часть продаж приходится на незначительную часть клиентов; В. Парето - итало-швейцарский инженер и экономист (1848–1923 г.); = 80-20 law

par exchange rate = par value

pari passu "пари пассу": "равный во всех отношениях", "эквивалентный" (лат.); например, о новых акциях компании, выпускаемых на равных условиях с уже имеющимися акциями того же класса

Paris "Париж": французский франк (жаргон валютных дилеров)

Paris bourse Парижская фондовая биржа (франц.)

Paris Club Парижский клуб стран-кредиторов ("большая семерка" плюс Австрия, Нидерланды, Бельгия, Испания, Норвегия, Швеция, Швейцария): неформальная организация стран-кредиторов для обсуждения вопросов пересмотра условий кредитов суверенным заемщикам (1956 г.); 2). = Group of Ten

Paris interbank offered rate (PIBOR) ставка предложения межбанковского депозитного рынка в Париже (ПИБОР)

parity паритет, равенство: 1) соотношение, по которому производится обмен двух товаров или любых предметов; 2) совпадение курсов, по которым торгуют два валютных дилера; 3) = par value 2; 4) = purchasing power parity

parity grid паритетная сетка в ЕВС: таблица кросс-паритетов валют, участвующих в курсовом механизме ЕВС

parity price паритетная цена: цена товаров или услуг, прикрепленная к другой цене, или спред за определенный период; соотношение между текущими базисными ценами определяется в виде индекса, причем паритетным является значение индекса 100 (например, в США сельскохозяйственные цены прикреплены к ценам на базе покупательной способности фермеров в 1910–1914 гг.; если индекс падает ниже 100, то правительство осуществляет компенсацию фермерам в виде денежных выплат, скупки избыточного урожая, кредитов)

Park Avenue Парк Авеню: улица, пересекающая Манхэттен с севера на юг и являющаяся средоточием финансово-кредитных институтов; наряду с Уолл Стрит считается финансовым центром Нью-Йорка и США

parking "паркинг": 1) временные инвестиции в безопасные активы до принятия основного инвестиционного решения; 2) краткосрочные операции с ценными бумагами для улучшения картины перед концом отчетного периода или для целей налогообложения

par of exchange = par value 2

par opposition путем противопоставления (франц.): один из трех методов котировки ценных бумаг (торговли) на французских фондовых биржах; используется для определения наличных ценных бумаг, которые также котируются на срочном рынке; разница между наличной и срочной ценами ограничивается максимум 2 %; см. auction market

par price (rate) курс ценной бумаги, совпадающий с ее номиналом

par-priced issue ценные бумаги, выпускаемые по номинальной цене

parquet "паркет" (площадка, паркетный пол - франц.): торговый зал биржи; первоначально - официальный рынок на Парижской фондовой бирже (брокеры имели монополию на сделки с бумагами из официального списка) в противоположность неофициальному рынку ("кулисе"); с 1962 г. различия между официальным и неофициальным рынками уничтожены, и термин относится к бирже в целом; см. coulisse

partial acceptance частичный акцепт: акцепт с условиями, которые отличаются от условий самого векселя (например, на меньшую сумму или с другим сроком)

partial compensation частичная компенсация: разновидность компенсационной сделки: (оговаривается процент компенсации товарами)

partial delivery частичная поставка: поставка только части ценных бумаг (или товара), оговоренных в биржевой сделке

partial fill частичное исполнение биржевого приказа (не на полную сумму)

participant участник: 1) участник синдиката, организующего заем на рынке капиталов; 2) участник расчетной системы, пользователь

participating bond облигация участия: облигация, дающая право не только на фиксированный процентный доход, но и на участие в части чистой прибыли компании-эмитента

participating preference share привилегированная акция участия: акция, которая помимо фиксированного дивиденда дает право на долю в остатке прибыли (встречается редко); см. non-participating preferred stock

participating preferred stock (USA) = participating preference share

participation участие: 1) участие в капитале компании; 2) участие в синдицированном кредите, проекте

participation certificate (PC) сертификат участия: 1) ценная бумага, сочетающая участие в капитале компании с отсутствием некоторых прав обычного акционера (например, права голоса на общих собраниях); 2) сертификат, удостоверяющий участие в инвестиционном или ипотечном пуле; платежи по ипотечным кредитам переходят владельцам сертификатов

participation fee комиссия за участие (взимается банком за участие в гарантировании кредита)

participation forward срочная сделка "участия": гибрид форвардной и опционной сделок; допустимый уровень неблагоприятного движения курса для клиента пропорционален его "участию" в благоприятном движении конъюнктуры (чем выше процент "участия", тем ниже гарантируемый минимальный курс)

participation loan кредит участия: кредит, в котором участвует несколько банков во главе с главным организатором займа (синдицированный кредит)

participation securities ценные бумаги участия: ценные бумаги, которые помимо процента или дивиденда дают право на долю в прибыли компании

particular average (PA) loss частично оплаченные облигации, т. е. внесена только часть цены (требование полной оплаты - право эмитента)

partly paid bonds частично оплаченные облигации, т. е. внесена только часть цены (требование полной оплаты - право эмитента)

partly paid shares частично оплаченные акции (владелец выплатил в соответствии с требованием компании только часть стоимости акций); см. fully paid shares

partnership товарищество: в Великобритании - ассоциация от 2 до 20 лиц (до 10 в случае банка), занимающихся тем или иным бизнесом с целью получения прибыли; партнеры несут неограниченную ответственность по обязательствам товарищества (солидарную или индивидуальную); в США неограниченную ответственность обычно несут "общие" партнеры, занимающиеся повседневным руководством деятельностью товарищества, а "пассивные" партнеры отвечают только своим вкладом; см. general partner; limited partnership

par value 1) номинал, номинальная стоимость ценной бумаги (100 % номинала, например, облигации) или другого финансового инструмента; ничего не имеет общего с рыночной ценой; 2) валютный паритет: официально зафиксированный курс валюты к золоту (золотой паритет, золотое содержа-ние) или к резервной валюте; с вве-дением плавающих валютных курсов такие паритеты отменены; 3) оплата чеков по номиналу, без взимания специальной комиссии; ФРС США составляет список банков, обменивающих чеки по номиналу

pass a dividend пропустить дивиденд: не выплатить по той или иной причине акционерам доход по акциям

passbook сберкнижка: книжка, в которой отражаются операции по счету в банке; свидетельство на владение счетом; с введением автоматизации банковского дела постепенно выходит из употребления

passbook account счет в банке или сберегательном учреждении, все операции по которому отражаются записями в специальной именной сберегательной книжке, предъявляемой при обращении в банк (обычно сберегательные счета населения)

passbook loan = savings account loan

passed dividend пропущенный дивиденд; = omitted dividend

passive bond "пассивная" облигация: облигация, не приносящая процентного дохода; такие облигации обычно выпускаются в случае реорганизации компаний и для мобилизации ресурсов для некоммерческих целей

passive investor пассивный инвестор: инвестор, который только предоставляет деньги, в том числе в кредит, но не принимает участия в управлении

passive trust = grantor trust

pass-through account "пропускной счет": счет в банке-члене ФРС, с помощью которого небанковское финансовое учреждение может поддерживать минимальные резервные требования (США)

pass-throughs = pass-through securities

pass-through securities "пропускающие" ценные бумаги: ценные бумаги, выпущенные на базе пула ипотек или других кредитов (США); процентные платежи и платежи в погашение по первоначальным ссудам "превращаются" в платежи по ценным бумагам (они как бы "пропускаются" через эти ценные бумаги); см., например, GNMA certificate

past due просроченный: платеж по кредиту с нарушением сроков; отражается в кредитной истории заемщика

past payment record = credit history

payable in advance выплачиваемый заранее (о процентах, выплачиваемых в начале очередного процентного периода)

payable in arrears выплачиваемый позднее (о процентах, выплачиваемых после окончания очередного процентного периода)

payable through draft вексель (чек), оплачиваемый через указанный на векселе банк со счета эмитента; = treasurer's draft

pay-as-you-earn (PAYE) система сбора подоходного налога в Великобритании (с 1944 г.): налоги автоматически вычитаются из еженедельной или ежемесячной зарплаты (букв.: "плати по мере того, как зарабатываешь")

pay-as-you-go принцип выплаты пенсий из текущих доходов, а не из специальных фондов, составленных из регулярных взносов в течение всего периода работы будущего пенсионера

payback period период окупаемости инвестиций: отношение первоначального вклада капитала к ежегодным наличным поступлениям

pay bracket уровень дохода, соответствующий определенному налоговому разряду

pay-by-phone = telephone bill payment

pay day = account day

paydown частичное погашение кредита или облигационного займа (в т. ч. путем выпуска меньшего займа на более выгодных условиях)

pay down the back платить фондовому брокеру путем проведения через него операций (Великобритания)

payee получатель платежа, бенефициар: лицо, в пользу которого делается платеж (или выписывается чек или вексель)

payer плательщик: лицо, осуществляющее платеж, оплачивающее чек или вексель, эмитент финансового инструмента; = maker; writer

payer bank = paying bank

paying agent платежный агент: банк или другой кредитно-финансовый институт, который выплачивает дивиденды по акциям или проценты по облигациям, проводит иные операции в связи с обращением и погашением ценных бумаг данного эмитента; платежным агентом может быть и финансовый департамент эмитента

paying banker банк-плательщик: банк, оплачивающий чеки клиента

paying-in-slip платежная форма, заполняемая при занесении на банковский счет наличных денег или чеков

payment cap лимит платежа: условие ипотечного кредита с плавающей ставкой, ограничивающее увеличение месячного платежа определенным процентом от предыдущего

payment card платежная карточка: карточка, с помощью которой производятся платежи; = plastic card

payment day (date) платежный день: 1) день, когда владельцам ценных бумаг переводятся суммы дивидендов или процентов; 2) день перевода на счет бенефициара пенсий и других социальных платежей

payment delay задержка платежа: 1) нарушение обязательств платежа по срокам; 2) разрыв между датой платежа процентов заемщиками по ипотечным кредитам и датой получения дохода инвесторов в ценные бумаги, выпущенные на основе пула таких ипотек; разрыв может достигать 19-44 дней (США); см. pass-through securities

payment in kind оплата товарами и услугами (в отличие от оплаты деньгами)

payment order платежное поручение: поручение плательщика своему банку перевести на счет другого лица определенную сумму, ценные бумаги и т. д; в юридическом смысле представляет собой вексель

payment shock платежный шок: резкое увеличение месячного платежа по кредиту с плавающей ставкой в результате повышения рыночных процентных ставок; для уменьшения шока в соглашение включается условие лимита платежа; см. payment cap

payment systems платежные системы: системы проведения переводов средств (платежей) между банками и другими кредитно-финансовыми институтами; две основные системы: бумажная (чеки, векселя) и электронная или безбумажная; это могут быть системы распределения наличности центральным банком, электронные системы переводов и расчетов по ценным бумагам, чековый клиринг, расчетные палаты, системы кредитных карточек; представляют собой самостоятельные компании или соглашения между членами

pay off выплачивать, погашать долг

pay-off statement справка для погашения: документ, который банк предоставляет заемщику, который хочет досрочно погасить кредит (сумма к выплате, проценты, другие условия); = letter of demand

payoff = yield

payout ratio коэффициент выплаты прибыли компании в форме дивидендов (дивиденды в процентах к прибыли)

payroll tax налог на зарплату: налог, взимаемый с корпорации в размере определенного процента ее суммарных расходов на зарплату

PaySOP (stock ownership plan) разновидность плана наделения рабочих и служащих акциями (США): наниматели могут получить дополнительную скидку с налога на зарплату в 0,75 % в целях создания специального фонда наделения рабочих и служащих акциями

(система используется многими крупными корпорациями)

pay-through bonds "проплачиваемые" облигации: облигации, обеспеченные пулом ипотек; сходны с "пропускными" облигациями; см. pass-through securities

pay to bearer платить предъявителю: чек, вексель, другой инструмент, оплачиваемые предъявителю, то есть конкретный бенефициар не указан

pay to order платить по приказу: чек, вексель, другой инструмент, оплачиваемые тому лицу, которое указано на них; обычно делается надпись "платить по приказу такого-то лица", то есть конкретный бенефициар указан

pay up 1) оплатить; 2) переплатить: заплатить более высокую цену

pawnbroker ростовщик (владелец, служащий ломбарда), выдающий кредит под залог вещей; в Великобритании традиционной вывеской ломбардов являются три золотых шара

pawnshop ломбард: финансовое учреждение, выдающее небольшие кредиты физическим лицам под залог личных ценных вещей

peer group группа "ровесников", одноклассников: группировка банков по размеру активов, специализации и другим характеристикам; см. Uniform Bank Performance Reporting system

peg 1) привязывать, индексировать; 2) база, ориентир

pegging привязка цены или курса (валюты, товара, ценной бумаги) к определенному ценовому ориентиру, индексу, валюте или корзине валют; привязка денежной единицы к чужой валюте может осуществлять на ежедневной или более редкой основе; в случае срочной биржевой торговли товарами цена текущего дня привязана к цене закрытия предыдущего дня, то есть не может измениться больше, чем на оговоренную правилами биржи величину (лимит)

pegging of exchanges фиксация государством курса национальной денежной единицы относительно иностранных валют или валютных индексов (корзины)

penal terms штрафные условия кредитования центральным банком коммерческих банков в функции кредитора последней инстанции (в кредите не отказывается, но его стоимость повышается); также штрафные процентные ставки (более высокие) при нарушении условий кредита или превышении установленных государством количественных кредитных ограничений

penalty 1) штраф, штрафная санкция; 2) = contango

penalty clause штрафная оговорка: условие контракта, кредитного соглашения, сберегательной программы, по которому наказывается задержка платежа или досрочное изъятие средств, а также другие нарушения обязательств

pennant вымпел, флажок (треугольной формы): термин, используемый в техническом анализе конъюнктуры финансовых рынков для обозначения движения цен на графике, похожего на треугольный флажок (равносторонний треугольник), - после подъема или падения цена некоторое время движется в коридоре с затухающей амплитудой колебаний; см. consolidation pattern

Penn Square Bank Пенн Скуэр Бэнк: небольшой банк в Оклахоме, обанкротившийся в 1982 г. в связи с нефтяными кредитами и нанесший серьезные убытки банку Континентл Иллинойс (США)

penny 1) пенни - 1/100 ф. ст. (до введения в Великобритании десятичной системы - 1/240); 2) монета в 1 цент

penny bank небольшой сберегательный банк (главным образом на севере Англии)

penny stock "копеечная" акция: акция с рыночной ценой обычно менее 1 долл. (США) или 10 пенсов (Великобритания)

pension funds пенсионные фонды: государственные или частные фонды, в которые вносятся регулярные пенсионные взносы или обязательные отчисления (самих трудящихся, корпораций) и из которых выплачиваются пенсии; свободные средства инвестируются в финансовые активы с целью получения дохода; во многих странах являются ведущими инвестиционными институтами и освобождены от налогов

pension transfer club договоренность между несколькими пенсионными системами о свободном переходе людей из одной системы в другую без потери пенсионных прав (в основном в государственном секторе в случае смены места работы)

People's Bank of China (PBC) Народный банк Китая: центральный банк КНР (основан в 1948 г.)

peppercorn rent номинальная арендная плата; взимается для юридического закрепления факта аренды, а не получения дохода (может быть чисто символической)

per aval гарантийная надпись банка на векселе (сопровождается именем того, в чью пользу выдается гарантия)

per capital debt долг на душу населения (обычно в отношении задолженности государства, местного органа власти)

percentage-of-completion method метод процента выполнения: метод бухгалтерского учета, по которому доходы и расходы по долгосрочному контракту учитываются ежегодно в сумме выполненных работ; см. completed contract method

percentage order приказ клиента брокеру купить или продать определенное число акций после того, как на рынке в течение дня с этим видом акций совершены сделки на фиксированную сумму (США)

per diem 1) в день, за день; 2) суточные; 3) подневная оплата труда (лат.)

perfect competition идеальная конкуренция: ситуация на рынке, когда нет дискриминации или нехватки информации, присутствует большое число покупателей и продавцов, которые не могут менять цены по своему желанию

perfected lien = perfected security

perfected security улучшенное обеспечение: актив, который в законодательном порядке сделан обеспечением долга; права на обеспечение кредита, которые юридически защищены от претензий третьих лиц, то есть имеют приоритет; это можно сделать с помощью регистрации обеспечения в специально установленном государством юридическом органе; данная процедура называется "perfecting a lien"

perfect hedge "идеальный хедж": хеджирование, которое полностью элиминирует возможность будущей прибыли или потерь от колебаний конъюнктуры

perfect title идеальный титул собственности: права на недвижимость, которые свободны от каких-либо ограничений, обязательств, дефектов; освобождение от других требований называется процессом "совершенствования" титула - "perfecting the title"

performance analysis анализ финансового состояния банка путем рассмотрения различных показателей его доходности, надежности, ликвидности; банки ранжируются по типу, размеру и надежности, а затем показатели их деятельности тщательно анализируются

performance bond контрактная гарантия: гарантия точного исполнения контракта или другого обязательства; обычно банк гарантирует выплату определенной суммы, если поставщик, попросивший гарантию, не выполнит свое обязательство; юридически оформленной гарантии может требовать одна сторона контракта у другой; такая гарантия может быть в форме наличных на счете "эскроу", страховки, купленной у страховой компании, или резервного аккредитива; = surety bond

performance fee = incentive fee

performance fund результативный фонд: инвестиционный фонд, целью которого является получение высокого прироста капитала (например, активно проводятся краткосрочные операции в надежде на повышенную прибыль)

performance guarantee = performance bond

performance indexed paper (PIP) долларовые (коммерческие) бумаги с доходом, индексированным относительно курса доллара США к одной из иностранных валют (введены в Саломон бразерс); см. commercial paper

performance letter of credit аккредитив, с помощью которого гарантируется выполнение контракта

performance measurement оценка результатов использования данного портфеля ценных бумаг: элемент "портфельной теории", предполагающий выделение общих рыночных и специфических факторов для каждой бумаги; см. portfolio theory

performance stock акция с потенциалом быстрого увеличения стоимости; по таким акциям часто выплачиваются минимальные дивиденды (или их вообще нет), т. к. прибыль идет на развитие компании; = growth stock

period bill = term bill

periodic inventory система периодического учета (инвентаризации) запасов компании; запасы учитываются в денежном или физическом выражении на определенную дату; см. perpetual inventory

periodic payment plan программа инвестиций во взаимные фонды путем периодических взносов (месячных или квартальных) в течение 10-20 лет (США)

periodic rate периодическая ставка: процентная ставка, взимаемая по потребительскому кредиту за определенный период, например, за день, неделю или месяц

periodic statement периодическая выписка со счета: отчет об операциях, проводимых по счету в отчетный период, регулярно (обычно раз в месяц) направляемый банком владельцу счета

period money срочные депозиты в банках со сроками 1-12 месяцев (Великобритания)

period of digestion период "принятия" рынком новых ценных бумаг: период, в течение которого устанавливается рыночный уровень цен новых акций и облигаций (в этот период возможна их крайняя неустойчивость)

period of grace = 1) days of grace; 2) grace period 1

peripheral currencies периферийные, или второстепенные, валюты (особенно государств и территорий, находящихся на "периферии" - Австралии, Новой Зеландии, Сингапура, Гонконга); см. exotic currencies

permanent assets = fixed capital

permanent financing постоянное финансирование: 1) долгосрочное финансирование компании с помощью выпуска акций и облигаций; 2) долгосрочный ипотечный кредит или облигационный заем (на 10-30 лет); = take-out loan

permanent holdings постоянное (долгосрочное) участие в капитале других компаний с целью оказания воздействия на их деятельность (в отличие от инвестиций только ради дохода)

permanent life insurance = whole life insurance

permissable nonbank activities разрешенные небанковские операции: небанковские операции (помимо приема депозитов и кредитования), разрешенные ФРС для банковских холдинговых компаний; разрешаются в каждом случае индивидуально в рамках правила "Y" с точки зрения общественных интересов; см. Regulation Y

perpendicular spread "перпендикулярный" спред: опционная стратегия, использующая опционы с близкими датами исполнения и разными ценами

perpetual bond "вечная", или бессрочная, облигация (срок не фиксируется, но заемщик обычно имеет право погашения); в настоящее время выпускаются, как правило, с плавающей ставкой; см. perpetual FRN; Consols

perpetual debt бессрочный долг (заимствования): субординированный долг без фиксированного срока; см. subordinated debt

perpetual FRN бессрочная облигация с плавающей процентной ставкой

perpetual inventory система непрерывного учета (инвентаризации) запасов компании; запасы учитываются в денежном и физическом выражении ежедневно, а не на определенную дату; см. periodic inventory

perpetual warrant бессрочный варрант: инвестиционный сертификат, дающий право на покупку определенного числа обыкновенных акций эмитента без каких-либо ограничений в сроках

personal allowances личные скидки с подоходного налога (на семью, детей и т. д.): установленные законом суммы (скидки), вычитаемые из облагаемого налогом дохода

personal banker личный банкир: сотрудник банка, который ведет все счета и другие операции данного клиента; по существу, выступает личным финансовым советником

personal equity plan (PEP) личный план инвестиций в акции: схема инвестиций в акции с освобождением от налогов, предлагаемая инвестиционной компанией индивидуальным клиентам; введены в 1987 г. для поощрения сбережений на сумму 6000 ф. ст. в год (Великобритания)

personal identification number (PIN) личный идентификационный номер: цифровой код, присваиваемый владельцу пластиковой банковской карточки для установления его личности в операциях (например, по телефону или через автоматическую кассовую машину); см. plastic card

Personal Investment Authority (PIA) предполагаемый новый орган регулирования сектора личных инвестиций (розничных финансовых услуг) в Великобритании, вероятно, поглотит FIMBRA (см.) и LAUTRO (см.)

personal loan личная ссуда: банковская ссуда (обычно без обеспечения), выдаваемая на личные потребности типа оплаты отпуска или образования детей; основная сумма и проценты выплачиваются равными взносами в течение оговоренного срока; выдается на основе анализа кредитоспособности клиента

personal property личная собственность: различного рода личные активы типа мебели и оборудования, которые не относятся к недвижимости и могут выступать обеспечением личного кредита

personal security личная гарантия обязательства другого лица

personal trust личный траст: денежные средства, помещенные в траст (управление) для конкретных людей или их семей, являющихся бенефициарами по трасту

petite bourse "маленькая биржа" (франц.): период торговли на Парижской фондовой бирже, совпадающий по времени с открытием рынка в Нью-Йорке

petition петиция: официальное обращение в суд о принудительной ликвидации компании или объявлении физического лица или товарищества банкротом

petrocurrency нефтевалюта: 1) валюта, курс которой тесно связан с положением на рынке нефти; 2) = petrodollars

petrodollars нефтедоллары: банковские депозиты, другие финансовые активы в долларах США, принадлежащие странам - экспортерам нефти (понятие появилось в 70-х годах, когда в результате повышения цены на нефть указанные страны стали владельцами огромных долларовых активов)

petroleum revenue tax (PRT) налог на нефтяные доходы: налог на нефтедобывающие компании (Великобритания)

petty cash (PC) небольшие наличные суммы, которые компания держит не в банке, а непосредственно в конторе для покрытия непредвиденных расходов

phantom competition "призрачная" конкуренция: ссылка покупателей на якобы низкие цены конкурентов

phantom income призрачный (условный) доход: доход от собственности на пул ипотек, выступающих основой для обеспеченных ими облигаций (то есть доход реально не получается, так как передается владельцам обеспеченных облигаций);

phantom stock plan призрачный (условный) план наделения акциями: программа премирования руководителей компании в увязке с повышением рыночной стоимости ее акций за определенный период (каждый руководитель условно наделяется некоторым числом акций пропорционально уровню зарплаты)

Philadelphia options филадельфийские опционы: опционные контракты на иностранную валюту на Фондовой бирже Филадельфии

Philadelphia Stock Exchange (PHLX) Фондовая биржа Филадельфии (США); первая начала торговлю валютными опционами в 1982 г. (основана в 1790 г.)

Phillips curve кривая Филлипса: кривая взаимодействия инфляции и безработицы, разработанная профессором А. У. Филлипсом (Лондонская школа экономики); кривая подразумевает, что снижение безработицы сопровождается ростом цен и зарплаты и наоборот

physical market наличный рынок, рынок спот

physicals = actuals

physical verification физическая проверка: осмотр аудитором физических активов компании и в т. ч. запасов (в отличие от проверки документации)

picking winners выбор победителей: выбор акций, которые, как ожидается, вырастут в цене выше среднего уровня (фондового индекса) - выбор компаний с большим потенциалом развития как объекта капиталовложений

pick up прибыль, полученная в результате облигационного свопа (также валютного или процентного)

pick up bond облигация со сравнительно высокой купонной ставкой и вблизи даты возможного досрочного погашения; в случае падения ставок облигация, вероятно, будет погашена, и инвестор получит дополнительную прибыль (цена погашения будет выше номинальной), а эмитент сможет рефинансироваться на более льготных условиях

picture "картина": курсы покупателя и продавца и информация о сумме сделки при запросе биржевого дилера о конкретной ценной бумаге (например: "какова "картина" по акциям АБС?")

piggyback registration размещение новых акций компании вместе с партиями старых акций, принадлежащих частным инвесторам: комбинация публичного или частного предложения акций (США)

piggybacking 1) банковские услуги, которые один банк делает за комиссию доступными для другого банка; например, банк может выпускать дебетовые карточки, которые обслуживаются автоматами банка-партнера; 2) вторичное распределение ценных бумаг, которое позволяет инвесторам покупать в добавок к новым еще и ранее выпущенные акции

piggy bank копилка (часто в форме свиньи); обычно раздается бесплатно в качестве банковской рекламы

pink form = preferential form

pink form issue эмиссия "розовой формы" (Великобритания): гибрид публичной эмиссии акций (см. public issue) и размещения новых ценных бумаг среди существующих акционеров (см. rights issue); акционеры получают право покупки новых бумаг на особых условиях и заполняют специальные формы заявок (обычно на розовой бумаге); см. preferential form

pink herring "розовая селедка": предварительный проспект выпуска ценных бумаг с меньшим, чем обычно, количеством деталей; см. red herring, prospectus

pink sheets "розовые листки" (США): список акций и их цен на внебиржевом рынке

pip "пип": обозначение валютным дилером минимального изменения курса; одна десятитысячная валютного курса; например, разница между 1,7814 и 1,7815 равна одному "пипу"

pipeline, in the о новых ценных бумагах, которые прошли регистрацию и могут быть в любой момент выпущены на рынок (выжидается благоприятная конъюнктура); см. thirty day visible supply

pipeline "трубопровод": проекты, которые поступили на рассмотрение в банк, но еще не рассмотрены и не утверждены; портфель новых проектов

pirate issue "пиратский" заем: эмиссия облигаций в ЭКЮ вне очередности, установленной тремя бельгийскими банками, монополизировавшими этот рынок

pit "яма": площадка круглой (или многоугольной) формы в помещении срочной биржи, на которой проводится торг ("ринг"); может представлять собой углубление в полу с несколькими ступеньками (на крупной бирже обычно не менее 2-3 "ям"); см. ring

pit broker брокер в торговом зале: член срочной биржи, исполняющий приказы других биржевиков непосредственно в торговом зале

PITI (Principal, Interest, Taxes, Insurance) основная сумма, проценты, налоги, страховка: основные четыре компонента платежа по ипотечному кредиту, которые указываются в регулярной выписке по ипотечному кредиту

place размещать денежные средства, кредитовать, продавать вновь выпущенные ценные бумаги

placement (USA) = placing

placement on commission самостоятельное размещение ценных бумаг заемщиком на свой страх и риск; банки только принимают подписку на новые ценные бумаги и получают за эту техническую функцию комиссию

placement ratio коэффициент размещения: отношение распроданных новых облигаций к общей сумме их эмиссии

placing размещение ценных бумаг через посредников: брокер размещает бумаги среди своих клиентов (в основном институциональных инвесторов), и это снижает издержки заемщика; в основном используется для небольших займов и выпусков акций; см. private placement

placing broker фондовый брокер, размещающий новые ценные бумаги среди брокеров

placing memorandum меморандум размещения: документ, в котором сообщаются данные о выпуске ценных бумаг путем частного размещения (в том числе данные о заемщике)

placing power способность финансового института разместить у своих клиентов-инвесторов вновь выпущенные ценные бумаги

plain vanilla swap "простой" процентный своп: своп, в котором происходит обмен обязательства с плавающей ставкой на обязательство с фиксированной ставкой; обычно имеется в виду долларовый своп на типичную сумму в 50-100 млн. долл. между 6-месячной ЛИБОР и фиксированной ставкой, привязанной к ставкам по казначейским облигациям США

plan company "плановая" компания: взаимный инвестиционный фонд, помещение средств в который осуществляется регулярными фиксированными взносами в течение 10-15 лет (США); см. contractual plan

plastic card пластиковая карточка: общий термин для обозначения всех видов платежных карточек - кредитных, дебетовых, банковских, магазинных (различаются по внешнему виду и материалу изготовления); см. payment/ debit/ bank/ credit/ memory/ smart/ gold/ platinum/ charge/ company/ store/ travel and entertainment card

platinum (Pt) card "платиновая" карточка компании Америкэн экспресс: кредитная карточка с практически неограниченным кредитом и многочисленными привилегиями, предназначенная для богатых людей; по всем показателям превосходит аналогичную "золотую" карточку; см. gold card; plastic card

play the yield curve "играть" на кривой доходности: получать прибыль от использования изменений в соотношении кратко- и долгосрочных процентных ставок (например, купить долгосрочный депозитный сертификат и продать его, когда он станет краткосрочным)

Plaza agreement "соглашение Плаза": соглашение пяти ведущих стран Запада в сентябре 1985 г. в Нью-Йорке о координированных валютных интервенциях

pledge залог: обеспечение (кредита); использование актива для обеспечения платежа по обязательству

pledged account mortgage (PAM) ипотека с залоговым счетом: разновидность ипотечного кредита, дополнительным обеспечением по которому является специальный сберегательный счет

pledged collateral ценности (например, ценные бумаги), внесенные в качестве обеспечения кредита

pledging передача ценных бумаг, страховых полисов, различных видов собственности в качестве обеспечения кредита (без передачи титула собственности)

pledging requirements залоговые требования: требование обеспечивать депозиты, привлеченные от государства (штатов, муниципалитетов) приемлемыми ценными бумагами в определенном проценте от их номинальной стоимости (США)

ploughing-back "обратная вспашка": реинвестирование прибыли компании в основные фонды, т. е. самофинансирование

plow-back = ploughing-back

plus плюс, значок "+": 1) значок после котировки казначейской облигации (например, 95,16+), означающий, что дробная часть учитывается в 1/64-х долях единицы (вместо обычных 1/32-х); 2) значок после котировки ценной бумаги, обозначающий рост цены по сравнению с прошлой сделкой; см. up tick; 3) значок в колонке "изменение" в газетной таблице биржевых цен, обозначающий их рост по сравнению с прошлым закрытием биржи

plus accrued interest "включая наросшие проценты" (о цене облигаций)

plus tick = up tick

plus tick rule = shortsale rule

pluvius insurance страхование от убытков от неблагоприятной погоды, например, затяжного дождя, которая сорвала то или иное мероприятие

point "пункт": 1) = pip; 2) = minimum price fluctuation; tick; 3) в торговле акциями изменение цены на 1 долл., а облигациями - на 10 долл. (или на 1 % от номинала); 4) сумма в 1 % номинала кредита: комиссия кредитора по ссуде при ее "закрытии"; = points; discount point; 5) = basis point

point-and-figure chart разновидность графика, используемого в техническом анализе: поднимающиеся цены отмечаются на клетчатой бумаге вертикальными столбцами знаков "x", снижающиеся - "o"; при каждом повороте тенденции график переходит в новый столбец, без учета времени; см. bar chart

point-of-sale (terminal) system (POS; POSS) система "место продажи": система терминалов для производства безналичных платежей в местах совершения покупок товаров и услуг; в зависимости от системы клиент может не только оплачивать покупку, но и совершать переводы, подтверждать подлинность чеков, получать краткосрочный кредит; в основном имеются в виду расчет по кредитным карточкам

point-of-sale terminal терминал на "месте продажи": терминал для осуществления безналичных платежей за товары и услуги в магазинах, ресторанах, гостиницах; терминал должен автоматически подтверждать законность сделки и передавать информацию о ней в банк для отражения на счете клиента; это может быть электронный кассовый аппарат в супермаркете или машина, которая связывается по телефону с центром авторизации для подтверждения операции; перевод денег осуществляется немедленно ("он-лайн") или с задержкой, если "место продажи" не соединено с центральным компьютером

points "пункты": дополнительные комиссионные сборы, взимаемые по ипотечным и другим кредитам в момент их "закрытия" для повышения дохода для кредитора; для заемщика являются расходами, вычитаемыми из налогов; каждый пункт равен 1 % номинальной суммы кредита; = discount point

poison pills "отравленные таблетки": в случае попытки враждебного поглощения корпорация может принять на себя обязательства, которые сделают такую операцию чрезмерно дорогостоящей (например, выпуск новых привилегированных акций, погашаемых по высокой цене при поглощении); см. hostile takeover; golden parachutes

policy = insurance policy

policy-holder держатель страхового полиса (страхователь)

policy loan кредит под страховой полис: кредит, получаемый от страховой компании под обеспечение страховым полисом

policy switch 1) стратегический "свитч": "переброска" инвестиций из одних ценных бумаг в другие с целью воспользоваться возможностями, удовлетворяющими потребностям инвестора; см. switch 2; 2) изменение инвестиционной политики (стратегии) компании

political risk политический риск по инвестициям или экспортным поставкам (связан с войнами, революциями, национализацией и т. д.)

poll tax подушный налог: налог, взимаемый в равной сумме со всех налогоплательщиков

polymetallism полиметаллизм: денежная система, основанная на использовании более чем двух металлов (с фиксированным соотношением между их весовыми количествами в денежной единице); см. bimetallism; monometallism

polyopoly полиополия: рыночная ситуация, сходная с олигополией; характеризуется небольшим числом продавцов; предложение каждого продавца оказывает воздействие на цены рынка, но он не может достоверно оценить такое воздействие (для этого продавцов достаточно много); см. oligopoly; duopoly; monopoly

pool пул: 1) временное объединение компаний инвесторов, например, для поддержки цен или для других целей; 2) объединение финансовых ресурсов; 3) сумма: портфель кредитов, ценных бумаг; 4) группа ипотечных, потребительских или коммерческих кредитов со сходными характеристиками, которые служат обеспечением для выпуска различного рода ценных бумаг; 5) см. International Gold Pool

pooled cost of funds объединенная стоимость капитала: формула определения стоимости капитала, при которой статьи баланса разбиваются на группы соответствующих активов и пассивов, чувствительных к изменению процентных ставок; см. marginal cost of capital (funds)

pooling "пулинг", собирание воедино, концентрация (Великобритания): 1) усреднение цен ценных бумаг, купленных в разные периоды, для целей обложения налогом на реализованный прирост капитала; с 1982 г. каждая покупка ценных бумаг физическими лицами рассматривается отдельно; 2) концентрация всех сделок инвесторов с ценными бумагами на счетах у джобберов

pooling of interests объединение интересов: форма слияния компаний, при которой все активы и пассивы последовательно суммируются; при этом компания, сохраняющая юридический статус, должна выпустить новые акции в объеме капитала компании, прекратившей существование, то есть происходит обмен акциями без каких-либо платежей наличными; см. purchase acquisition

porcupine provisions "условия дикобраза": = shark repellent

pork bellies свиная грудинка, свинина; популярный срочный товарный контракт на фьючерских биржах США

portable mortgage "переносная" ипотека: ипотека с возможностью переноса остатка существующего ипотечного кредита по той же процентной ставке при продаже старого и покупке нового дома

portfolio портфель ценных бумаг, кредитов и других активов: активы, принадлежащие одному юридическому или физическому лицу и классифицированные по типу инструмента или заемщика; например, кредитный портфель, инвестиционный портфель, включающий самые разнообразные активы (ценные бумаги, недвижимость, товары, депозиты), трастовый портфель, то есть активы, которые переданы данному учреждению в управление

portfolio analysis портфельный анализ; анализ гипотетических или реально имеющихся у инвесторов ценных бумаг на предмет изменения цен, рисков, перспектив компаний-эмитентов

portfolio beta score показатель "бета" для данного портфеля ценных бумаг: показатель неустойчивости портфеля ценных бумаг инвестора; см. beta coefficient

portfolio insurance портфельное страхование: схемы автоматического страхования портфеля ценных бумаг с помощью индексных фьючерсов (на основе ЭВМ)

portfolio investment портфельные инвестиции: инвестиции в ценные бумаги в отличие от инвестиций в реальные активы

portfolio investor портфельный инвестор: инвестор в ценные бумаги

portfolio lender портфельный кредитор: кредитор, который держит ссуду в своем портфеле до истечения срока и не продает ее на вторичном рынке

portfolio management управление портфелем ценных бумаг: операция банка или брокера по оптимальному размещению портфеля инвестора

portfolio manager сотрудник банка, брокерской фирмы, отвечающий за управление инвестициями клиента

portfolio optimization оптимизация портфеля с точки зрения риска и дохода: элемент "портфельной теории"; см. portfolio theory

portfolio switching арбитраж, изменение состава портфеля ценных бумаг; продажа одних бумаг и покупка других

portfolio theory "портфельная теория": инвестиционная теория, использующая статистические методы для определения правильного распределения риска портфеля ценных бумаг и оценки прибыли (обычно диверсификация риска обеспечивается количественным анализом ожидаемого дохода с учетом индивидуальных особенностей данного инвестора); теория включает четыре основных элемента: оценку активов, инвестиционные решения, оптимизацию портфеля, оценку результатов; см. security valuation; asset allocation decision; portfolio optimization; performance measurement

position позиция, положение: 1) финансовое положение компании, банка; 2) остаток средств на счете; 3) нетто-остаток средств банка в определенной иностранной валюте; 4) ценные бумаги и другие финансовые активы, которыми банк или брокер владеет ("длинная" позиция) или должен кому-то ("короткая" позиция); см. open position; long position; short position; bear position; bull position; 5) статус кредитора по отношению к другим кредиторам данного заемщика, приоритетность требований; см. cash position, priority of lien

position building "строительство" позиции: процесс покупки или продажи финансовых активов для накопления "длинной" или "короткой" позиции (процесс растягивается во времени для того, чтобы избежать нежелательного воздействия на цены)

positioning of swaps = warehousing 1.

position limits позиционные лимиты: 1) официальные лимиты спекулятивных позиций на срочных биржах; 2) внутренние банковские лимиты по валютным, депозитным и другим операциям

position trading позиционная торговля на срочных рынках: позиции не закрываются (не зачитываются) достаточно длительное время – обычно 6-12 месяцев и более (в отличие от открытия и закрытия позиций в течение дня); см. day trading

positive authorization положительная авторизация: система авторизации розничных безналичных банковских операций путем проверки файлов банка по данному клиенту; это более жесткая форма проверки, чем отрицательная авторизация, так как может быть отвергнут клиент, который превысил лимит кредитования, но не является банкротом; см. negative authorization

positive carry положительный результат "хранения" актива: процентный доход по ценным бумагам или другим финансовым инструментам превышает стоимость финансирования этой позиции или доход по альтернативным видам инвестиций; см. negative carry

positive cash flow положительный "кэш флоу": превышение наличных поступлений компании над платежами; см. negative cash flow

positive confirmation положительное подтверждение: документ, который аудитор компании посылает ее клиентам и контрагентам с просьбой подтвердить все платежи и поступления; см. negative confirmation

positive gap положительная разница (разрыв): ситуация, когда чувствительные к изменению процентных ставок пассивы банка меньше аналогичных активов; то есть у банка больше активов, чем пассивов с истекающими сроками в данный конкретный период времени; см. negative gap

positive leverage положительный "левередж": доходы от привлечения дополнительных заемных средств превышают расходы по этой операции; см. capital leverage

positive yield положительный доход: доход, который превышает ожидающийся уровень инфляции

positive yield curve положительная кривая доходности: обычная рыночная ситуация, когда процентные ставки на более дальние сроки выше, чем на близкие; теоретически это объясняется тем, что, жертвуя ликвидностью своих денег на более длительный срок, инвесторы рассчитывают на более высокий доход; = normal yield curve; см. yield curve; inverted yield curve

post "пост" (США): одно из мест в торговом зале Нью-Йоркской фондовой биржи, где "специалисты" торгуют конкретными ценными бумагами (сооружение в форме подковы, окруженное видеоэкранами); = trading post

Post 30 = inactive post

postal check почтовый чек: чек, выставленный на базе почтового счета

postal float = mail float

postal giro transfer безналичный перевод денег между двумя почтовыми счетами

postal money (payment) order почтовое платежное поручение в пользу лица, не имеющего почтового счета

postdate датировать более поздним числом (числом в будущем), чтобы сделать документ (например, чек) недействительным до этого числа

post-dated check чек с будущей датой: до наступления указанной даты получить

деньги по чеку нельзя, а чекодатель может его аннулировать; см. stale-dated

Post Execution Reporting электронная система информации о биржевых приказах после их исполнения на Американской фондовой бирже (Амекс) в Нью-Йорке (для небольших приказов); аналогична системе "ДОТС" на Нью-Йоркской фондовой бирже; см. American Stock Exchange; Designated Order Turnaround System

posting перенос бухгалтерских записей непосредственно в баланс банка, проведение операций по балансу

posting date дата проведения операции по счетам; = payment date; execution date

post office savings bank (POSB) почтово-сберегательный банк: тип государственного кредитного института, привлекающего сбережения населения через почтовую сеть; в Великобритании в настоящее время называется Национальным сберегательным банком

post(pre)market trade system электронная система торговли после (до) закрытия или открытия рынка (США): система, созданная ЧМЕ и агентством Рейтер в 1989 г. для торговли инструментами ЧМЕ на основе терминалов вне официальных часов работы биржи; см. Chicago Mercantile Exchange

post-tax profits прибыль после вычета налогов и до чрезвычайных резервов (включает прибыль, причитающуюся младшим акционерам в дочерних компаниях)

pot часть нового выпуска ценных бумаг, которая остается у лид-менеджера для удовлетворения крупных заказов институциональных инвесторов

pot is clean полная распродажа части выпуска новых институциональных инвесторов

pound cost averaging усреднение издержек в фунтах стерлингов: инвестор покупает акции в течение некоторого времени для усреднения покупной цены; обычно имеется в виду план, по которому ежемесячно или ежеквартально выделяется фиксированная сумма для покупок ценных бумаг

pound sterling фунт стерлингов: денежная единица Великобритании; состоит из 100 пенсов; до перехода в 1971 г. на десятичную систему состоял из 20 шиллингов и 240 пенсов; впервые из фунта серебра 240 серебряных пенсов были отчеканены в VIIIв.; в 1489 г. впервые отчеканены золотые соверены-монеты в 1 ф. ст.

power of attorney полномочие, доверенность: нотариально заверенный документ, дающий полномочия на совершение определенных действий

power of sale полномочия на продажу: право продать актив в случае банкротства кредитора или других событий

powers of central bank полномочия центрального банка по проведению денежно-кредитной и валютной политики: классические инструменты центрального банка – официальная учетная ставка, учет векселей и ломбардные кредиты, операции на открытом рынке, минимальные резервы

praecipium доля лид-менеджера в комиссионных за управление (в синдицированных кредитах); см. lead-manager

preapproved credit заранее одобренный кредит: кредитная линия или лимит по кредитной карточке, которые одобрены заблаговременно и могут использоваться в любое время по выбору заемщика

preauthorized payment заранее одобренный платеж: автоматический перевод средств со счета клиента в уплату кредита в соответствии с письменным соглашением заемщика и кредитора, которое содержит график таких платежей и их размеры

precedence порядок (очередность) исполнения приказов клиентов (заключения сделок) брокером на бирже; например, преимущество отдается приказу с лучшей ценой или первому по времени из приказов с равными ценами (при прочих равных условиях предпочтение отдается более крупному приказу); см. priority

precompensation = advance purchase

precomputed interest заранее подсчитанные проценты по кредиту: метод расчета по кредиту, при котором проценты рассчитываются заранее и приплюсовываются к непогашенной основной сумме долга; см. add-on interest; simple interest

predatory export financing "грабительское" экспортное финансирование: экспортные кредиты, субсидируемые государством и имеющие гораздо более низкую стоимость и более длинные сроки, чем на рынке

predatory pricing "грабительское" ценообразование: незаконная практика вытеснения крупными компаниями с рынка небольших и более эффективных компаний путем временного снижения цен на услуги или товары ниже издержек за счет прибыли по другим операциям

preemption right преимущественное право: 1) преимущественное право существующих акционеров на вновь выпускаемые акции (чтобы поддерживать свою относительную долю в капитале); преимущественное право вкладчиков на приобретение акций в случае превращения взаимного сберегательного института в акционерный; 3) право Совета управляющих ФРС США принимать решения по вопросам банковского регулирования, которые имеют преимущество перед решениями законодательных органов штатов, если это необходимо для поддержания стабильности на кредитных рынках

preemptive bid упреждающее предложение: предложение одной компании купить акции другой компании с целью предотвратить поглощение третьей стороной, "отбить" другое предложение

preemptive right = preemption right

preference предпочтение, преимущественное право на выплату долга: перевод собственности в течение 90 дней после объявления банкротства

preference capital привилегированный капитал: капитал, состоящий из привилегированных акций

preference share привилегированная акция: акция, дающая владельцу преимущественное право на прибыль и капитал компании по сравнению с обыкновенной акцией; имеет фиксированный размер дивиденда (например, 5 % к номиналу) и обычно не голосует; могут выпускаться привилегированные акции без фиксированного срока (perpetual preferred stock) или со сроком 25 лет и более (limited life preferred stock); см. adjustable rate preferred stock; money market preferred stock; non-cumulative preference share

preferential creditor преференциальный кредитор: лицо, претензии которого должны быть удовлетворены в первую очередь

preferential debts преференциальные долги: долги, погашаемые в первую очередь при ликвидации компании

preferential form преференциальная форма заявки на публично выпускаемые акции в Великобритании (розового цвета); используется при приобретении акций акционерами и служащими компании, которая выпускает эти ценные бумаги (обычно в пределах 10 % суммы предложения)

preferred creditor status статус привилегированного кредитора; статус кредитора, обязательства перед которым будут удовлетворяться в первую очередь; таким статусом обычно обладают международные валютно-финансовые учреждения типа МБРР или ЕБРР

preferred dividend coverage покрытие дивиденда по привилегированным акциям: отношение чистого дохода компании после выплаты процентов и налогов (но до дивидендов по обыкновенным акциям) к сумме дивидендов по привилегированным акциям

preferred equity redemption cumulative stock (PERCS) "перкс" (буквально, по созвучию: привилегии, дополнительные преимущества): привилегированные кумулятивные облигации, погашаемые акциями; разновидность квазиакций, продаются по цене простых акций, с обязательной конверсией через 3 года, более высоким дивидендом, но обыкновенно с ограничителем прибыли от прироста капитала (Морган Стэнли)

preferred ordinary share привилегированная обыкновенная акция: акция, имеющая преимущество перед обыкновенными акциями – по ней выплачивается фиксированный дивиденд (но после привилегированных акций)

preferred stock (PF; PFD; PR) (USA) = preference share

preferred stock ratio отношение привилегированных акций компании по номинальной стоимости к ее суммарной капитализации

pref. trick уловка из преферанса: метод снижения суммы гербового сбора при переходе акций из рук в руки в операции поглощения компании (Великобритания); стоимость акций резко занижалась и соответственно уменьшалась сумма гербового сбора (в настоящее время сбором облагаются только поглощения с оплатой наличными)

preliminary prospectus предварительный проспект нового выпуска ценных бумаг; = red herring

pre-market dealings торговля ценными бумагами до официального открытия биржевой сессии (например, в Швейцарии)

premie marketer дилер, принципал (голл.), торгующий на Европейской опционной бирже в Амстердаме

premium (PM; Prem) премия, маржа: 1) премия (надбавка) к цене, курсу: разница между более высокой текущей (рыночной) и номинальной ценами финансового актива (например, облигации); см. discount; 2) разница между более высоким срочным (форвардным) и наличным валютными курсами (т. е. валюта на срок продается с премией); 3) ажио: более высокая стоимость золотых или бумажных денег по отношению к бумажным деньгам; 4) цена опциона (сумма, уплачиваемая за получение права продать или купить финансовый инструмент); 5) = insurance premium; 6) льгота, призванная привлечь вкладчиков или заемщиков, например, повышенная процентная ставка

premium bond премиальная облигация: облигация с рыночной ценой выше номинальной

premium bonds премиальные облигации, выпускаемые британским правительством для частных инвесторов с 1956 г.: облигации (номинал - 1 ф. ст., но продаются блоками по 5 штук) не приносят дохода, но еженедельно и ежемесячно участвуют в розыгрыше денежных призов (от 25 до 250 000 ф. ст.); право на участие в розыгрыше приобретается через 3 месяца после покупки облигации

premium deal премиальная сделка: разновидность форвардной или опционной сделки, из которой можно выйти путем уплаты оговоренной суммы (премии); в некоторых странах (например, в Швейцарии) выйти из сделки может только покупатель

premium dollars = investment dollars

premium income премиальный доход: доход продавца опционов или страховой компании

premium over bond value премия сверх стоимости облигации: положительная разница между рыночной ценой конвертируемой облигации и ценой обычной облигации той же компании, т. е. премия на возможность конверсии

premium over conversion value премия сверх конверсионной стоимости (облигации или привилегированной акции): положительная разница между рыночной ценой конвертируемой облигации или конвертируемой привилегированной акции и ценой конверсии

premium raid "премиальный рейд (набег)": внезапная попытка поглотить компанию (поставить ее под контроль) путем предложения акционерам премии сверх рыночной цены их акций

premium savings bonds премиальные сберегательные облигации: облигации, процентный доход по которым разыгрывается в форме денежных выигрышей; см. premium bonds

prenuptial contract добрачный контракт: соглашение между будущими супругами о финансовых взаимоотношениях в браке и в случае развода

prepaid (PPD) expenses предварительно оплаченные расходы: "транзитные" статьи актива (например, уже оплаченные расходы, которые относятся к следующему финансовому году); см. accrued liabilities

prepayment досрочный платеж: частичное или полное погашение займа, кредита, любого другого обязательства (в т. ч. налогов) до оговоренного срока

prepayment model модель досрочного платежа: финансовая модель, предсказывающая уровень активности по досрочному погашению ипотечных кредитов в связи с различными экономическими и чисто рыночными показателями

prepayment penalty штраф (плата) за досрочное погашение ссуды, выплачиваемый заемщиком банку, если в кредитном соглашении не оговорена возможность досрочного погашения; может уменьшаться со временем

pre-priced deal сделка с заранее известной ценой: заем, условия размещения которого (цена) заранее зафиксированы

prerefunding перерефинансирование: досрочный выпуск новых ценных бумаг для рефинансирования другого займа; бумаги выпускаются заранее (до первой даты возможного погашения), чтобы воспользоваться благоприятной конъюнктурой; полученные от новых облигаций средства до настоящего рефинансирования инвестируются в безопасные активы

presale order предпродажный заказ (США): заказ на новые муниципальные облигации, принятый менеджером синдиката до объявления условий займа и его размещения; муниципальные займы освобождены от регистрационных требований Комиссии по ценным бумагам и биржам, запрещающих предварительные заказы

prescreening предварительное рассмотрение: "просеивание" банком потенциальных клиентов-заемщиков путем сравнения информации бюро по оценке кредитной истории заемщиков с критериями самого банка, то есть предложения не направляются тем, кто заведомо не получит у данного банка кредит

prescribed right to income and maximum equity (PRIME) сертификат

"ПРАЙМ", дающий владельцу право на дивиденд и прирост стоимости акции до определенного уровня (впервые введен в США в 1983 г.); параллельно выпускаемые сертификаты "СКОР" дают право только на прирост стоимости акций сверх фиксированного уровня (и те и другие котируются на бирже и являются объектом торговли специальными паевыми инвестиционными фондами); см. unit share investment trust; special claim on residual equity (SCORE)

prescription право давности: ограничение срока действия тех или иных прав, документов, требований; например, в Швейцарии общий срок действия любых требований ограничен 10 годами, по процентам, дивидендам – 5 годами, по векселям, чекам – 3 годами

presentment предъявление свободно обращающегося рыночного финансового инструмента к оплате

present value текущая стоимость: текущая стоимость будущего платежа или серии платежей, дисконтированная на основе той или иной процентной ставки (сложные проценты); например, сумма в 100 долларов, которая должна быть получена через 40 лет, сегодня при ставке 10 % стоит примерно 38,55 долл.; см. discounted cash flow analysis

present value tables таблицы текущей стоимости: статистические таблицы, показывающие текущую стоимость суммы, которая будет получена в будущем (через фиксированный отрезок времени); данная сумма указывается с дисконтом, размер которого зависит от срока

preshipment cover страховое покрытие до отгрузки товара: страхование производственного риска; см. manufacturing risk

preshipment finance предварительное финансирование: оплата издержек экспортера до отгрузки товара

president президент: высший руководитель корпорации в США после председателя правления; если он также является главным исполнительным директором, то может по рангу превосходить председателя

president election cycle theory теория циклов президентских выборов (США): теория, согласно которой фондовая конъюнктура зависит от четырех летних циклов президентских выборов; сразу после выборов власти принимают меры по борьбе с инфляцией, снижению бюджетных дефицитов, и это ведет к снижению деловой активности и, соответственно, фондовой конъюнктуры; чем ближе новые выборы, тем больше правительство стремится стимулировать деловую активность, и это ведет к биржевому подъему

presold issue "запроданный" заем: новый заем, размещение которого обеспечено до объявления окончательных условий (в США это разрешено только по муниципальным и государственным займам)

pre-tax profits чистая прибыль компании до вычета налогов (после вычета резервов на сомнительные долги)

pre-tax rate of return доход по финансовому активу до вычета налогов

Prevention of Fraud (Investments) Act (POFIA) Закон о предотвращении мошенничества в инвестиционной сфере (Великобритания, 1958 г.): закон, регулирующий торговлю ценными бумагами, их продажу инвесторам; заменен и расширен Законом о финансовых услугах 1986 г.

previous balance предыдущий баланс (остаток): остаток на счете в начале нового расчетного периода в "открытых" кредитных соглашениях типа кредитной карточки; расчет процентов и платежей осуществляется на сумму, являющуюся результатом сложения такого остатка и операций, совершенных в данном периоде

price change изменение цены: нетто-изменение курса ценной бумаги в течение рабочего дня (разница между сегодняшней и вчерашней ценами закрытия рынка)

price chart ценовой график: подробный график движения цен, используемый в техническом анализе (чартизме)

price continuity ценовая преемственность: один из показателей качества рынка, используемый Нью-Йоркской фондовой биржей; определяется как уровень вариаций цены от одной сделки к другой; см. quotation spread; depth of a market

price discovery "открытие" цен: выявление цен товаров и финансовых инструментов в ходе свободного биржевого торга

price/earning ratio (P/E ratio; PER) отношение цены к доходу: отношение рыночной цены акции компании к чистой прибыли последней в расчете на одну акцию за определенный период (квартал, год); используется для оценки потенциала доходности ценной бумаги и рыночного спроса на нее; = P/E multiple

price gap = gap 3

price level adjusted mortgage (PLAM) ипотека с поправкой на уровень цен: ипотечный кредит, процентная ставка по которому остается неизменной, но основная сумма периодически изменяется с учетом определенного индекса роста цен (инфляции)

price limit order приказ, ограниченный ценой: приказ клиента брокеру совершить сделку, ограниченную ценой (только по этой или лучшей цене)

price limits ценовые лимиты: 1) минимально и максимально возможные уровни цен в течение рабочего дня на срочной бирже; 2) цена в биржевых приказах

price-nursing "ухаживание за ценой": поддержание стабильности курса ценной бумаги с помощью рыночных операций

price pattern "фигура" движения цены на графике: в техническом анализе термин для обозначения "фигур" на графиках, напоминающих "флаг", "прямоугольник" и т. д.; повторение "фигур" используется при интерпретации движения конъюнктуры; см. reversal patterns; consolidation patterns

price range амплитуда колебаний цен в течение определенного периода (самая высокая и самая низкая)

price ring ценовой "ринг": неформальное объединение компаний для контроля за ценами на рынке определенного товара

price risk ценовой риск: риск изменения цены товара или финансового инструмента во времени

price sensitive information информация о состоянии дел компании или других явлениях и событиях, способная воздействовать на курс ценной бумаги

price spread = vertical spread

price spread agreement = opening price convention

price support ценовая поддержка: минимальная цена, гарантированная правительством фермерам или другим производителям (если цена на рынке падает ниже этого уровня, то правительство компенсирует разницу)

price-weighted index индекс, взвешенный по ценам: фондовый индекс, в котором более дорогие акции имеют более высокий удельный вес; см. market-value weighted index

pricey дорогой, "кусающийся": явно завышенная цена продавца ценной бумаги или заниженная цена покупателя (США)

pricing установление цены, процентной ставки; калькуляция цены по определенной формуле или принципу

prima facie 1) с первого взгляда, по первому впечатлению; 2) кажущийся достоверным, при отсутствии доказательств в пользу противного; поскольку не будет опровергнуто надлежащими доказательствами (лат.)

primage duty таможенная пошлина на импортируемые товары

primary account number (PAN) основной номер счета: 14- или 16-значный код, напечатанный на банковской карточке и зашифрованный на ее магнитной полосе; данный код идентифицирует отрасль эмитента карточки и владельца карточки

primary capital первичный капитал (банка): средства акционеров, общие резервы, участие в капитале других компаний, первичные бессрочные субординированные заимствования; с 1989 г. называется капиталом первого уровня (Tier 1 capital); дополнительный капитал или капитал второго уровня включает привилегированные акции, субординированный капитал и резервы против плохих долгов; первичный капитал должен составлять не менее 4 % от активов, а общее соотношение капитала и активов - 8 %; см. secondary capital; subordinated debt

primary commodities сырьевые товары

primary dealer первичный дилер: дилер по правительственным облигациям (всего 37) в США, имеющий право покупать новые бумаги прямо у казначейства, постоянно котирующий цены продавца и покупателя по государственным бумагам и действующий как принципал в отношениях с Федеральным резервным банком Нью-Йорка, который имеет дело только с такими дилерами; собственный капитал дилера должен быть не менее 10 млн. долл., и он обязан ежедневно информировать резервный банк о своих операциях; = reporting dealer

primary deposits = core deposits

primary distribution первичное размещение ценных бумаг на рынке (США): продажа вновь выпущенных ценных бумаг

primary earnings per common share доходы компании после выплаты налогов и привилегированных дивидендов в расчете на одну обыкновенную акцию (без учета всевозможных прав конверсии, вариантов); см. fully diluted earnings per share

primary market первичный рынок: 1) рынок новых ценных бумаг: рынок организации займов и получения заемщиком соответствующих сумм (в отличие от вторичной торговли ценными бумагами); 2) в срочной биржевой торговле: рынок финансового инструмента или физического товара, лежащего в основе срочного контракта; 3) рынок сырьевых товаров; 4) рынок фьючерсных и опционных контрактов; 5) продажа государственных ценных бумаг на аукционе "первичным дилерам", которые затем продают их инвесторам на вторичном рынке; см. primary dealers

primary mortgage market первичный ипотечный рынок: условное обозначение операций по предоставлению кредита под залог собственности и выпуску ипотек как обращающихся рыночных инструментов

primary offering = primary distribution

primary perpetual debt первичные бессрочные заимствования (банка): бессрочные облигации, которые в соответствии с правилами центрального банка включаются в первичный капитал (например, при условии возможности отсрочки уплаты процентов, конверсии только в акции, постоянного наличия для покрытия убытков)

primary regulator основной регулирующий орган: штатное или федеральное агентство, являющееся для данного финансового учреждения основным регулирующим органом (США) например, такими органами могут быть ФРС, Офис валютного контролера, банковские департаменты штатов и др

primary reserves первичные резервы: 1) наличность, необходимая для функционирования банка, определенные законом резервы в центральном банке или корреспондентских банках плюс неинкассированные чеки; см. secondary reserves; 2) валютные резервы, состоящие из подлинно международных активов (СДР, резервной полиции в МВФ, а также золота)

primary securities первичные ценные бумаги (только что выпущенные и впервые предлагаемые к продаже)

primary trend первичная, фундаментальная тенденция движения цен или курсов (в чартистском анализе); см. chartism

prime-based lending кредитование на основе прайм-рейт (ставка привязана к прайм-рейт)

prime bill первоклассный вексель (с минимальным уровнем кредитного риска)

prime commercial paper первоклассные "коммерческие бумаги"; таким финансовым инструментам присваиваются рейтинги, например, рейтинги Мудиз - P-1 (высочайшее качество), P-2 (более высокое), P-3 (высокое); бумаги с рейтингом ниже P-3 не считаются первоклассными (P - англ. буква); см. commercial paper

prime rate прайм-рейт (США): публикуемая банками базовая ставка по краткосрочным кредитам первоклассным заемщикам; ставка по конкретному кредиту обычно устанавливается путем двусторонней договоренности путем прибавления к прайм-рейт определенной маржи; прайм-рейт изменяется сравнительно редко и служит ориентиром стоимости кредита; в Великобритании таким ориентиром являются базовые ставки банков; см. base rate

prime underwriting facility (PUF) прайм-кредит на базе краткосрочных нот (векселей): евронотная программа типа RUF, маржа в которой определяется относительно уровня прайм-рейт в США; см. revolving underwriting facility

principal 1) номинальная или "основная" сумма кредита, займа, депозита в отличие от процентных платежей; 2) принципал: лицо, действующее за свой счет; 3) партнер фирмы (товарищества), отвечающий за ее обязательства и в полной мере участвующий в прибылях; 4) владелец частного бизнеса, обладатель контрольного пакета акций

principal amount = principal 1

principle exchange rate linked security (PERL) облигация с доходностью, привязанной к валютному курсу (ПЕРЛ), обратная ПЕРЛ имеет основную сумму в одной валюте, а процентные платежи - в другой

principal shareholder основной (крупный) акционер: акционер, имеющий крупный пакет акций компании (обычно более 10 %); такие акционеры часто включаются в совет директоров

principal-only (PO) strip "стрип" только из основной суммы: ипотечная ценная бумага, которая состоит из основных сумм "разделенных" облигаций, обеспеченных ипотеками; такие ценные бумаги обращаются с дисконтом к номинальной сумме аналогично облигациям с нулевыми купонами; см. stripped mortgage-backed securities; interest-only strip

principal sum 1) сумма, которая должна быть выплачена бенефициару по страховому полису; 2) = principal amount

prior charges предварительные (фиксированные) расходы: преимущественные права владельцев облигаций, привилегированных акций при выплате дивидендов или банкротстве компании по сравнению с владельцами обыкновенных акций (Великобритания)

prior charges market 1) рынок ценных бумаг, имеющих преимущественные права; 2) рынок облигаций компаний с фиксированной ставкой

priority приоритет: приоритет первого ответа на предложение заключить сделку в биржевом торге (даже, если последующие больше по размеру), а также клиентских сделок над дилерскими (между биржевиками); см. precedence

priority of lien приоритет требований: порядок, в котором удовлетворяются требования кредиторов в случае ликвидации активов заемщика

prior lien предыдущее требование: требование, которое удовлетворяется раньше других обеспеченных требований при ликвидации активов, которые служили обеспечением

prior lien bond облигация с преимуществом по сравнению с другой облигацией того же эмитента (даже при одинаковом обеспечении)

prior preferred stock (PPS) привилегированные акции, имеющие преимущество перед другими привилегированными и обыкновенными акциями в случае ликвидации компании (США)

private account (P/A) частный счет: банковский счет физического лица (обычно текущий)

private (Pte) bank частный (неакционерный, семейный) банк: неакционерный, семейный банк; первоначально в основном создавались в форме товарищества; в Великобритании - банк менее чем с 20 акционерами с неограниченной ответственностью

private banking частные банковские услуги: 1) персонифицированные банковские услуги, включая кредитование и управление активами, богатым индивидуальным клиентам; 2) банковские услуги, предоставляемые частными банками; см. private bank

private company = private limited company

private conduit частный "провод-ник": частное юридическое лицо, которое без помощи федеральных агентств собирает пулы ипотечных и иных кредитов для выпуска на их базе ценных бумаг для перепродажи инвесторам на вторичном рынке

private corporation = close(d) corporation

private ECU "частные" ЭКЮ: ЭКЮ, используемые банками и компаниями в эмиссии ценных бумаг, валютных и товарных операциях; выпуск частных ЭКЮ совершается путем "составления" из средств в валютах стран – членов ЕЭС по формуле корзины; см. European Currency Unit

Private Export Funding Corporation (PEFCO) Частная корпорация финансирования экспорта (США): частная корпорация, принадлежащая американским банкам и промышленным корпорациям (создана в 1970 г.); финансирует экспорт из США при гарантии Экспортно-импортного банка (обычно совместно с коммерческими банками и ЭИБ); источник ресурсов – выпуск облигаций и кредитные линии коммерческих банков

private limited company частная компания с ограниченной ответственностью (от 2 до 50 акционеров, ограниченное право передачи акций, невозможность выпуска на рынок акций и облигаций, ответственность акционеров ограничена вложенным капиталом); после названия пишется сокращение "Ltd." (Лтд.); см. limited; limited liability; unlimited company; company limited by shares; public limited company

private limited partnership частное товарищество с ограниченной ответственностью (США): инвестиционное товарищество, которое не зарегистрировано в Комиссии по ценным бумагам и биржам и имеет максимум 35 членов с ограниченной ответственностью; см. public limited partnership

private mortgage insurance (PMI) частное страхование ипотек: страхование ипотечных кредиторов от невыполнения обязательств заемщиками, предоставляемое частными страховыми фирмами

Private Offering Resales and Trading through Automated Linkages (PORTAL) ПОРТАЛ: торговая система, созданная в США НАСД для перепродажи на вторичном рынке ценных бумаг, выпущенных в порядке частного размещения

private placement частное размещение: размещение ценных бумаг полностью через банки среди их клиентов или непосредственно среди инвесторов без широкого оповещения публики о займе (такие ценные бумаги могут не котироваться на фондовой бирже); полная продажа нового займа небольшой группе инвесторов; если заем размещен среди менее 35 инвесторов, то он освобождается от регистрационных требований Комиссии по ценным бумагам и биржам; покупатели ценных бумаг подписывают инвестиционное письмо, согласно которому они обязуются не перепродавать данные бумаги в течение некоторого времени, обычно 2 года; см. direct placement

private purpose bonds муниципальные облигации для финансирования "частных целей" (США); на негосударственные проекты должно идти более 10 % всей суммы займа; обычно облагаются налогом, но бывают и исключения для проектов, связанных с жильем, образованием, строительством аэропортов; погашаются за счет доходов от частных проектов; = private activity bond, nonessential bond; см. public purpose bonds

private sale частная продажа; продажа дома, автомобиля без посредников, непосредственно покупателю

private sector adjustment factor (PSAF) поправочный фактор для частного сектора: надбавка к цене услуг (например, чековый клиринг), предоставляемых федеральными резервными банками США частным компаниям размер надбавки определяется различными факторами, включая операционные издержки банков, уплаченные налоги, маржу прибыльности; по Закону о денежно-кредитном контроле 1980 г. резервные банки обязаны взимать плату за свои услуги

private sector liquidity (PSL) ликвидность частного сектора (Великобритания): одно из широких определений денежной массы в обращении; например, ПСЛ1 включает М1, банковские депозиты частного сектора в фунтах стерлингов со сроками до 2 лет, стерлинговые депозитные сертификаты в руках частного сектора, коммерческие и казначейские векселя, другие инструменты денежного рынка; ПСЛ2 включает ПСЛ1, вклады в строительных обществах и другие сберегательные документы

private sector liquidity 1 (PSL1) показатель ликвидности частного сектора 1 (Великобритания): широкий показатель денежной массы в обращении, включающий компоненты стерлингового М3 в руках частного сектора и другие инструменты денежного рынка

private sector liquidity 2 (PSL2) показатель ликвидности частного сектора 2 (Великобритания): самый широкий показатель денежной массы в обращении, включающий ПСЛ1, акции и депозиты строительных обществ, другие формы ликвидных сберегательных инструментов (например, счета в Национальном сберегательном банке)

privatization приватизация: продажа государственных активов (акций предприятий) частным лицам и компаниям, допуск частного сектора в традиционно государственные отрасли

probate 1) официальное утверждение завещания; 2) заверенная копия завещания; 3) утверждать завещание

probate price завещательная цена: цена, используемая для оценки ценных бумаг в целях налогообложения в случае смерти владельца; разница между ценами продавца и покупателя на закрытие биржи делится на 4 и прибавляется к более низкой цене; см. quarter up

problem bank проблемный банк: банк с высоким отношением плохих кредитов к суммарному капиталу; банк с коэффициентом "CAMEL" 4-5 (эффективность деятельности), присвоенным органом надзора после инспекции при наличии 5 категорий; такие банки чаще инспектируются органами банковского надзора; см. CAMEL

pro bono бесплатно, без оплаты (лат.)

proceeds поступления: 1) доход от продажи продукции компании; 2) сумма, полученная компанией в результате выпуска ценных бумаг, продажи актива. 3) сумма, уплачиваемая кредитору после вычета процентов, комиссии и других издержек;

proceeds sale продажа ценных бумаг на внебиржевом рынке с использованием выручки для покупки других бумаг (США); по правилам Национальной ассоциации дилеров по ценным бумагам считается одной сделкой

procuration endorsement индоссамент по доверенности: передаточная надпись, которая дает индоссату право получить платеж, но не делает его владельцем ценной бумаги

procurement снабжение, поставка, приобретение, получение, заказывание, подбор (консультанта, специалиста)

produce exchange (market) = commodity exchange

producer's goods = capital goods

product enhancement дополнительные услуги владельцу пластиковой карточки: привилегии, призванные повысить заинтересованность в использовании карточек (например, бесплатное страхование путешествий); см. plastic card

product exchange agreement = framework agreement

product extension merger слияние компаний, продающих на одном рынке разные, но сходные товары

product innovation = financial engineering

production rate процентная ставка, с которой выпускаются сертификаты ГНМА в США (на полпроцента ниже превалирующей ставки Федеральной жилищной администрации - максимальной ставки по гарантированным ею ипотекам); см. GNMA certificate

professional 1) профессионал; специалист в отличие от технического персонала; 2) лицо, принадлежащее к одной из интеллектуальных профессий (юристы, доктора)

profit прибыль: 1) превышение доходов (поступлений) над расходами (издержками) компании; 2) положительная разница между продажной и покупной ценами (товара, финансового инструмента)

profitability прибыльность, рентабельность, выгодность; показатель доход-ности

profit and loss (P&L; P/L) statement счет прибылей и убытков (компании): отчет о доходах и расходах компании за определенный период, налогообложении и планах распределения прибыли

profit center "центр получения прибыли": подразделение компании, которое самостоятельно получает прибыль (является источником конкретной части суммарной прибыли) и несет расходы; противоположное понятие – "центра расходов", то есть подразделение, которое не является источником прибыли и обслуживает другие подразделения компании; см. cost center

profit margin маржа прибыли: показатель прибыли в процентах к объему реализованной продукции или капиталу

profit sharing plan (scheme) программа участия служащих в прибылях компании: обычно определенный процент годовой прибыли компании распределяется между служащими в виде премии, пропорционально основной зарплате, или наделения всех занятых акциями на льготных условиях; премия может выдаваться наличными или вкладываться в ценные бумаги

profit sharing share scheme разновидность программы участия директоров и служащих компании в ее прибылях, которая состоит в бесплатном распределении акций этой компании (на это выделяется часть прибыли); как правило, предоставляются налоговые льготы при условии отказа от продажи акций в течение нескольких лет

profit taking реализация рыночной прибыли путем купли-продажи ценных бумаг или других финансовых инструментов по цене, которая лучше первоначальной; обычно подразумевается рыночный подъем

pro forma "ради формы", "формальный" (лат.)

pro forma bill = accommodation bill

pro forma invoice предварительный счет-фактура экспортера импортеру; содержит цены, на основании которых покупатель подтверждает или не подтверждает сделку

pro forma statement гипотетический финансовый отчет: гипотетические данные в балансе или счете прибылей и убытков компании на дату в будущем; с помощью такого отчета проецируется будущее финансовое состояние компании при определенных условиях

program trading 1) программная торговля: торговля финансовыми инструментами на основе компьютерных программ; 2) покупка всех акций, входящих в определенный список ("программу") или в индекс, на котором базируются фьючерсные и опционные контракты

progressive interest bond = rising coupon bond

progressive tax прогрессивный налог (ставка налога возрастает с увеличением дохода)

progress payments 1) периодические платежи по мере выполнения контракта, осуществления проекта; 2) увеличение кредита по мере строительства объекта

prohibited basis запрещенная основа: запрещенная практика дискриминации при предоставлении кредита по национальности, возрасту или другому признаку

project finance проектное финансирование: крупные средне- или долгосрочные кредиты под конкретные промышленные проекты (то есть проект и кредит увязаны), а доходы по проектам являются основой погашения кредитов

project notes (PNs) проектные ценные бумаги (США): краткосрочные долговые обязательства местных органов власти, выпускаемые для финансирования жилищного строительства (после завершения строительства для финансирования используются долгосрочные обязательства); как правило, не облагаются налогами и гарантированы государственными органами

prolongation пролонгация: продление срока сделки, биржевого приказа, векселя; см. renewal

promissory note (PN) простой вексель: безусловное письменное обещание выплатить предъявителю векселя определенную сумму (вексель выписывает заемщик на кредитора); юридическое свидетельство долга; может свободно обращаться на рынке с помощью индоссамента

promoter агент, который помогает создавать новые компании, улаживает все формальности, помогает получить правильный имидж

Promotion of Non-Executive Directors (PRONED) ассоциация, созданная в 1982 г. при участии Банка Англии и ряда финансовых и управленческих институтов для поощрения введения в правления британских компаний неисполнительных директоров (сводит компании и желающих стать такими директорами)

prompt cash payment быстрый наличный платеж: наличный платеж за товары, при котором дается 2-3 дня отсрочки для проверки счетов-фактур и самих товаров

proof and transit проверка и транзит: инкассация, проверка и сортировка чеков и векселей, наличных денег; по наличным деньгам проверка заключается в подведении баланса операций кассы на конец дня; по чекам проверка и сортировка на свои и "чужие" чеки проводится специальными машинами; "чужие" чеки, то есть оплачиваемые другими банками, называются транзитными

proof of deposit (POD) свидетельство о депозите: проверка суммы чека или векселя, депонируемого в банке; проверка осуществляется путем сверки написанной от руки суммы на чеке и сопровождающей его депозитной расписки

proper title = just title

property собственность: как правило, термин относится к земельным участкам, недвижимости, но в принципе означает любой актив, приносящий регулярный доход (в т. ч. ценные бумаги)

property bonds облигации на базе недвижимости: облигации, выпущенные компаниями, специализирующимися на операциях с недвижимостью

property tax налог на собственность (на землю и недвижимость)

Proportion "пропорция": соотношение между резервами Банка Англии в форме банкнот и монеты в его банковском департаменте и суммарными депозитами в этом департаменте (вкладами банков и государственных учреждений)

proportional representation пропорциональное представительство: метод голосования акционеров при выборах директоров, при котором владельцы определенного класса акций имеют право выбирать фиксированное число директоров или могут умножать число своих голосов на число вакансий и отдавать их все за одного кандидата (для защиты прав мелких акционеров)

proportional tax пропорциональный налог (ставка налога не зависит от объема дохода)

proprietary company (Pty.) 1) частная компания с ограниченной ответственностью (Австралия, ЮАР); 2) компания, которая владеет правами на участок земли, пригодный для добычи полезных ископаемых, и сдает его другим компаниям на принципах участия в прибыли от разработки

proprietary debit card частная дебетовая карточка: дебетовая карточка, выпущенная небанковским учреждением, которое предоставляет различного рода услуги и надеется таким образом привлечь дополнительных клиентов (бензоколонки, супермаркеты)

proprietary network частная или единоличная сеть: сеть автоматических кассовых аппаратов, которые обслуживают только один или несколько банков и недоступны другим учреждениям; см. shared network

proprietorship собственность: неинкорпорированная компания, принадлежащая одному лицу, которое получает все прибыли и покрывает все убытки

proprietors' stake = shareholders' funds

pro rata пропорционально

prorogation = prolongation

prospectus проспект (при выпуске акций или облигационного займа): письменное предложение ценных бумаг с описанием условий займа, финансового положения и характера деятельности заемщика; должен быть зарегистрирован регулирующим органом, например, Комиссией по ценным бумагам и биржам в США; проспекты также выпускают взаимные фонды; различают предварительный и окончательный проспекты; = offering circular; см. statutory prospectus; red herring; preliminary prospectus

prospectus issue "проспектный" заем (Великобритания): необычный метод выпуска нового займа, при котором компания-заемщик предлагает ценные бумаги непосредственно инвесторам с помощью проспекта; см. offer for sale

protected bear = covered bear

protectionism протекционизм: использование таможенной тарифной политики для защиты национальной экономики и получения для нее односторонних преимуществ в международной конкуренции

protective covenant защищающее условие; см. covenant

protest протест: нотариально заверенный сертификат об отказе банка от оплаты чека или векселя, правильно представленного для оплаты; юридическое подтверждение факта предъявления чека; = protest jacket

protracted default длительная неплатежеспособность: длительная неспособность контрагента выполнить обязательство

provisional account = sundries account

provisional allotment letter предварительный документ о выделении акций, выпускаемых для размещения среди существующих акционеров; в отличие от других выпусков ценных бумаг, где подается конкурентная заявка, акционеру выделяется квота только после оплаты (он может отказаться от предложения, и поэтому документ называется предварительным); см. rights issue

provisional credit временный кредит: временный возврат средств на счет клиента в случае оспаривания правомерности электронного списания средств; при невозможности доказать ошибку или правоту в пределах 10 дней банк возвращает клиенту средства и затем проводит расследование в течение 45 дней

provisions for bad (doubtful) debts банковские резервы на покрытие "плохих" долгов, создаваемые за счет прибыли; могут быть "общими" (в размере определенного процента от всей суммы сомнительной задолженности) или "специальными" (по каждому конкретному долгу в зависимости от уровня риска); см. general provisions; specific provisions

proxy 1) лицо, которому доверено голосовать от имени акционера на общем собрании компании (юридическая фирма, адвокат, финансовое учреждение); 2) право голосовать от имени акционера

proxy card доверенность на голосование на общем собрании акционеров компании

proxy fight борьба за голоса акционеров в случае попытки поглощения: компания-агрессор пытается заполучить поддержку большинства акционеров и заменить руководство компании – объекта поглощения

proxy statement документ с информацией о предстоящем ежегодном собрании акционеров компании, направляемый владельцам акций с целью информирования и получения их голосов за или против той или иной резолюции (США)

proxy vote голосование по доверенности: право голоса на собрании акционеров, переданное другому лицу

prudential ratios "коэффициенты благоразумия": соотношения между различными частями балансов банков, поддержание которых должно обеспечить своевременное выполнение обязательств и в целом нормальное функционирование; поддержание некоторых соотношений может являться частью системы государственного регулирования и быть обязательным; см. capital ratio; liquidity ratio 1; free capital ratio

prudent man rule "правило разумного человека" (США): инвестиционный стандарт для проведения операций по доверенности; в некоторых штатах агенты могут инвестировать средства клиентов только в ценные бумаги из специального списка; если списка нет, то действует "правило разумного человека", т. е. вопросы доходности и риска должны быть сбалансированы; правило происходит от судебного иска 1830-х годов, согласно которому попечители должны действовать так, как действовал бы разумный человек; см. investment list

public company публичная компания: компания, акции которой предлагаются широкой публике и свободно обращаются на фондовом рынке (свыше 7 акционеров в Великобритании)

public corporation государственная корпорация (Великобритания): организация, управляющая национализированной отраслью и принадлежащая государству

public debts государственные долги: национальный долг плюс все долги государственного сектора экономики

public enterprise государственное предприятие

public finance государственные финансы: расходы и доходы государства, налоги, заимствования, управление государственным долгом и т. д.

public funds 1) государственное финансирование: финансовые средства, предоставленные правительством или каким-либо другим государственным учреждением; 2) государственные ценные бумаги

public issue публичный выпуск и продажа новых акций: компания фиксирует цену акций и через газеты приглашает широкую публику приобретать их по данной цене; обычно это делается при посредничестве синдиката банков, отношения с которыми оформляются соответствующим соглашением; может иметься в виду вторичное размещение ранее выпущенных ценных бумаг

public limited company (PLC) публичная компания с ограниченной ответственностью (Великобритания): компания с капиталом свыше 50 тыс. ф. ст., выпустившая свои акции на свободный рынок и публикующая требуемый объем информации о своей деятельности (статус, введенный Законом о компаниях 1980 г.); см. Companies Act 1980

public limited partnership публичное товарищество с ограниченной ответственностью: товарищество, специализирующееся на инвестициях в недвижимость, нефтегазоразработки, лизинг оборудования (США); должно быть зарегистрировано Комиссией по ценным бумагам и биржам; число партнеров не ограничено; см. private limited partnership

publicly held corporation корпорация, акции которой доступны широкой публике

public offering (USA) = public issue

public offering price цена, по которой новые ценные бумаги предлагаются для продажи инвесторам

public ownership 1) государственная собственность (право собственности); 2) часть акций компании, находящаяся в свободном обращении на вторичном рынке

public placement = **offer for sale**

public purpose bonds облигации "общественных нужд": облигации, выпускаемые учреждениями штатов или муниципалитетов для финансирования общественных проектов (США); не облагаются налогами и обычно обеспечиваются будущими налоговыми поступлениями данного уровня власти; см. private purpose bonds

public sector государственный сектор экономики: все предприятия и учреждения, принадлежащие государству (включая деятельность местных органов власти)

public sector borrowing requirement (PSBR) потребность государственного сектора в заемных средствах (Великобритания): дефицит государственного сектора плюс нетто-кредиты, предоставленные государственными учреждениями

public sector deficit дефицит государственного сектора экономики: превышение государственных расходов над доходами

Public Securities Association (PSA) Ассоциация дилеров по государственным ценным бумагам (США): профессиональная ассоциация, представляющая интересы банков, дилеров, брокеров, занимающихся правительственными и муниципальными облигациями, бумагами федеральных агентств и бумагами, обеспеченными ипотеками

Public Trustee Государственный попечитель (Великобритания): учреждение, созданное в 1908 г. для предоставления услуг по управлению имуществом, проведению операций по доверенности, выполнения завещаний

public utilities (PU) 1) государственные коммунальные предприятия (водо- и газоснабжение, электроэнергия, почта и т. д.); 2) ценные бумаги государственных коммунальных предприятий, котируемые на фондовой бирже

Public Works Loan Board (PWLB) Департамент кредитов на общественные работы (Великобритания): независимое государственное учреждение, кредитующее местные органы власти (финансируется министерством финансов)

published accounts публикуемый баланс компании: отчетность, которую компания обязана публиковать в соответствии с законодательством; см. annual accounts

puisine mortgage ипотечное соглашение, по которому кредитор не получает в свои руки документы на закладываемую собственность

pull out of the market "уйти с рынка": зачесть (закрыть) имеющиеся позиции

pump-priming (USA) = deficit financing

pundit ученый, аналитик: ироническое обозначение "теоретиков", пытающихся научно объяснить события на финансовых рынках, в экономике

punt ирландский фунт

punter мелкий биржевой спекулянт

purchase покупка, приобретение

purchase (Pur) acquisition поглощение, при котором приобретенная компания рассматривается в качестве капиталовложения и ее активы и пассивы присоединяются по полной рыночной цене; см. pooling of interests

purchase agreement (contract) = underwriting agreement

purchase and assumption покупка и принятие на себя: покупка финансовым учреждением активов обанкротившегося банка и принятие на себя его обязательств; метод оздоровления банков, используемый Федеральной корпорацией страхования депозитов в США, которая помогает также восстановить активы такого банка; используется в тех случаях, когда это дешевле ликвидации банка; см. liquidation

purchase and resale agreement соглашение о покупке ценных бумаг с последующей продажей; см. sale end repurchase agreement

purchase and sale statement выписка о покупках и продажах, представляемая фьючерским брокером клиенту; содержит данные о числе купленных или проданных контрактов, ценах, комиссиях и чистой прибыли или убытке по операциям

purchase fund выкупной фонд: условие выпуска привилегированных акций или облигаций, по которому эмитент обязуется выкупать определенное число этих бумаг по ценам не выше номинала в случае поступления предложений о продаже

purchase group группа покупки: группа инвестиционных банков, договорившихся покупать новые ценные бумаги у эмитента для перепродажи инвесторам; организует продающую группу банков для размещения бумаг (членство может совпадать); = underwriting group; см. selling group

purchase group agreement = agreement among underwriters

purchase-money mortgage ипотека на "покупные деньги": ипотека, которая выдается продавцу самим покупателем взамен полного платежа наличными при приобретении собственности для оформления обязательства покупателя; такая ипотека используется при невозможности получить коммерческий ипотечный кредит, как правило, на срок до 5 лет

purchase order заказ на товары: письменный заказ продавцу поставить товары или услуги по оговоренной цене; в случае принятия продавцом превращается в контракт покупки

purchaser покупатель: покупатель ценной бумаги, опциона, фьючерского контракта

purchaser of an option = buyer of an option

purchasing power покупательная сила (способность): 1) стоимость денег, измеряемая способностью приобретать товары и услуги; прямо связана с уровнем цен; 2) размер кредита, который брокер может предоставить клиенту для покупки ценных бумаг

purchasing power of the currency покупательная сила (способность) валюты: сумма товаров и услуг, которую можно приобрести на одну денежную единицу по сравнению с базовым периодом; например, 1 долл. 1970 г. в результате инфляции в 1985 г. имел покупательную силу в 59 центов

purchasing power parity (PPP) паритет покупательной силы валют: относительная покупательная способность валюты, определяемая путем сопоставления цен в двух странах; экономическая теория, связывающая уровень валютного курса с соотношением цен на товары и услуги в двух странах

pure competition = perfect competition

pure play "чистая игра" (жарг.): компания (или ее акции), занимающаяся почти исключительно одним видом деятельности

purgatory and hell чистилище и ад: облигационный заем, сумма погашения которого привязана к наличному валютному курсу второй валюты

purpose loan целевой кредит; в США - кредит, обеспеченный ценными бумагами и используемый для покупки других ценных бумаг в соответствии с правилами ФРС

purpose statement заявление о цели кредита (США): документ, заполняемый заемщиком в случае получения кредита под обеспечение ценными бумагами, в котором он обязуется использовать кредит в соответствии с правилами ФРС

put and call (PAC) option = straddle

put bond облигация "пут": облигация, владелец которой имеет право предъявить ее для погашения по заранее оговоренной цене в определенный срок (обычно в течение 5 лет); впервые были предложены для поощрения покупок долгосрочных облигаций; = option bond

put-call ratio отношение всех опционов "пут" ко всем опционам "колл" на данную ценную бумагу или индекс: индикатор настроений рынка

put option (P) опцион "пут": 1) контракт, дающий покупателю право (но не обязательство) продать соответствующий финансовый инструмент по оговоренной цене в течение определенного времени (обычно фиксированное число акций или контракт на базе индекса); за получение этого права уплачивается некоторая сумма (премия); такие опционы покупаются инвесторами, которые верят в снижение цен инструментов в основе опционов; см. call option; exercise price; strike price; 2) право владельца облигации предъявить ее до срока к погашению

puttable swap кредитный своп с правом досрочного завершения (стороной, которая платит фиксированную процентную ставку)

put-through "пропускание" брокером сделки через дилера при наличии у него равных приказов клиентов на покупку и продажу одной и той же ценной бумаги (например, он покупает бумаги и тут же их продает)

put to seller исполнение опциона "пут", т. е. его продавец должен купить оговоренное число акций по фиксированной цене

pyramiding строительство "пирамиды": 1) концентрация контроля за акционерными компаниями через серию контрольных пакетов в холдинговых компаниях ("пирамидальная система участий"); 2) в случае налогообложения на ранней стадии производства: составление конечной цены продукта из определенных элементов на каждой последующей стадии производственного процесса; 3) дополнительная покупка одних и тех же ценных бумаг при повышении рыночной конъюнктуры; см. averaging; 4) использование положительной вариационной маржи в случае ее выплаты наличными для увеличения соответствующей открытой позиции; 5) использование нереализованной прибыли по сделкам с ценными бумагами или товарами в качестве обеспечения кредита у брокера; 6) мошенничество, основанное на вовлечении все большего числа жертв путем обещания и выплаты первым из них высокого дохода за счет последующих; см. chain letter; 7) использование кредита у одного банка для рефинансирования кредитов других банков без погашения основной суммы; в конце концов процентные платежи становятся такими большими, что эта практика становится невозможной; 8) приобретение дополнительной недвижимости под залог уже имеющейся

Q

Q-tip (qualified terminable interest property) trust квалифицированный пожизненный имущественный траст: разновидность попечительского фонда, создаваемого для пожизненных выплат доходов одному из супругов (США)

quadruplicate, in в четырех экземплярах (о документе)

qualified acceptance квалифицированный акцепт: акцепт векселя при соблюдении определенных условий, например, только в определенном месте, только частично, только в определенное время и т. д.

qualified accounts квалифицированная финансовая отчетность компании или отчет аудитора: опубликованная отчетность, не получившая полностью удовлетворительного заключения аудиторов; см. true and fair view of the state of affairs of the company; annual accounts

qualified audit report квалифицированный отчет аудитора; = qualified accounts

qualified endorsement квалифицированный индоссамент: передаточная надпись на чеке или векселе с ограничительным условием ("без права регресса", "только на вклад" и т. д.), то есть ответственность держателя в случае неоплаты инструмента ограничена

qualified opinion квалифицированное мнение: заключение аудитора по отчетности компании с определенными ограничениями в связи, например, с судебным иском или невозможностью подтвердить точность учета; такое заключение не означает, что допущены нарушения

qualified plan (trust) квалифицированный план: программа участия в прибылях или пенсионная программа, созданная работодателем для своих служащих в соответствии с правилами Службы внутренних доходов в США (1954 г.); выплаты начинаются после выхода на пенсию или увольнения

qualified voting right квалифицированное право голоса: более полное право голоса, которое дают одни акции по сравнению с другими

qualifying investments подходящие, удовлетворяющие требованиям инвестиции: ценные бумаги, которые могут покупаться попечителями инвестиционных фондов и для личных планов инвестиций в акции см. Personal Equity Plan

qualifying policies подходящие, удовлетворяющие требованиям полисы: полисы страхования жизни, дающие право на налоговые льготы

qualifying ratio квалификационный коэффициент: соотношение между регулярными месячными расходами заемщика и его доходами; служит показателем кредитоспособности клиента при обсуждении возможности предоставления кредита

qualifying shares квалификационные акции: 1) акции, депонируемые членами правления компании на срок их пребывания в должности; 2) акции, которые нужно иметь, чтобы удовлетворять требованиям к директорам компании

qualifying stock option опцион на акции, удовлетворяющий предъявленным требованиям; право на покупку акций компании по оговоренной цене без уплаты налогов, предоставляемое служащему при соблюдении определенных условий Службы внутренних доходов США; см. non-qualifying stock option

qualitative analysis качественный анализ: оценка факторов, не поддающихся точному количественному измерению (например, надежности менеджмента)

qualitative directives качественные директивы: указания Банка Англии коммерческим банкам об ограничении круга клиентов, которые имеют право брать кредиты

quality "качество": степень устойчивости и кредитоспособности компании или ценной бумаги, определяемая с помощью рейтингов и других методов

quality of earnings "качество" доходов (компании): хорошее "качество" характеризуется увеличением продаж и снижением издержек, а не ростом цен

quality of markets качество рынков (США): эффективность рынков, проявляющаяся в характере формирования цен и заключения сделок; измеряется "глубиной рынка", котировочным спредом, непрерывностью цен; см. depth of a market; quotation spread; price continuity

quality shares "качественные" акции: акции компаний с устойчивой тенденцией роста прибыли, высоким показателем соотношения цены акции и получаемого на нее дохода

quality swap своп "качества": облигационный своп с целью повышения безопасности инвестиционного портфеля (улучшения его "качества"); обмен (купля одних и продажа других) облигаций с низким качеством (высоким риском) на облигации с высоким качеством (низким риском); см. bond swap

Quango = quasi-autonomous non-government body

quant "количественник" (разг.): человек, который пытается анализировать и прогнозировать конъюнктуру финансовых рынков с помощью математических и статистических методов

quantitative analysis количественный анализ: оценка факторов, поддающихся точному измерению (стоимости активов, цен, прибыли)

quantitative directives количественные директивы: указания Банка Англии коммерческим банкам о количественных ограничениях на объем кредитования

quantity theory of money количественная теория денег: теория, которая пытается объяснить инфляцию корреляцией между денежной массой, скоростью обращения денег и ценами и доказать возможность контроля за инфляцией с помощью инструментов денежно-кредитной политики (например, работы М. Фридмана из Университета Чикаго)

Quantos "Квантос": разновидность опциона на форвардный валютный контракт для защиты от риска портфеля ценных бумаг; сумма контракта автоматически изменяется с изменением курса, а опционная премия включена в форвардный курс (введен фирмой Голдман Сакс)

quarter четверть: четвертая часть; монета в 25 центов

quarter days квартальные дни (Великобритания): дни, отмечающие соответствующие кварталы года (в эти дни осуществляются квартальные мероприятия типа уплаты арендной платы); в Англии, Уэльсе, Северной Ирландии - 25 марта (Lady Day), 24 июня (Midsummer),

29 сентября (Michaelmas Day), 25 декабря (Christmas); в Шотландии - 2 февраля (Candelmas), 15 мая (Whitsunday), 1 августа (Lammas), 11 ноября (Martimas)

quarterly квартальный: 1) квартальный дивиденд; 2) квартальный отчет компании

Quarterly Bulletin квартальный бюллетень Банка Англии: публикация Банка Англии, являющаяся наиболее авторитетным источником статистики и анализа в вопросах денежно-кредитной политики и банковского надзора в Великобритании

quarter (QR; Qtr) stock "четвертная" акция: акция номиналом в 25 долл. вместо обычных 100 долл

quarter up прибавка четверти: метод расчета цены акций для налоговых целей: разница между ценами продавца и покупателя делится на 4 и прибавляется к более низкой цене; см. probate price

quasi кажущийся, подобный, видимый, якобы, почти, квази- и полу-

quasi-autonomous non-government bodies (Quangos) квази-автономные негосударственные органы: неправительственные практически автономные организации, в основном занимающиеся различного вида регулированием; см. non-government organizations (NGOs)

quasi loan квази-кредит: согласие одной из сторон оплатить обязательства другой при договоренности, что деньги вскоре будут возвращены

quasi money квази-деньги или почти деньги; = near money

quasi-public corporation квази-государственная корпорация: корпорация, которая действует как частное предприятие, но выполняет какую-либо общественную функцию, имеет особое разрешение на определенную деятельность и ту или иную форму государственной поддержки или гарантий (США); см. Federal National Mortgage Association; Government National Mortgage Association; Student Loan Marketing Association

quasi trust квази-траст: траст, который предлагает инвесторам выбор между акциями с нулевыми дивидендами и доходными акциями; см. income shares; capital shares

quayage плата за пользование причалом

questioned trade сделка, поставленная под сомнение; = don't know

quick assets "быстрые", ликвидные активы: текущие активы компании минус товарные запасы, которые могут быть быстро превращены в наличные; = liquid assets

quick (assets) ratio = acid-test ratio

quid фунт стерлингов или соверен (мн. ч. без изменения)

quid pro quo "что-нибудь за что-то" (лат.): предоставление товара или услуги по взаимному соглашению сторон (например, оплата инвестором рекомендаций брокерской фирмы путем проведения через нее сделок); см. soft dollars

quiet period "тихий" период: период регистрации займа в Комиссии по ценным бумагам и биржам в США (в это время запрещено заниматься рекламой)

quiet title action действия по получению "тихого" титула: юридические действия по освобождению собственности от других интересов и требований

quit 1) выплачивать (долг); 2) освобождать (от обязательства)

quitclaim 1) отказ от права; 2) отказываться от права

quitclaim deed юридический документ об отказе от права собственности, требования, титула, наследства в пользу другого лица

quittance 1) возмещение, уплата долга; 2) расписка, квитанция

quorum кворум: минимальное количество полноправных участников собрания акционеров или заседания совета директоров, делающее собрание полномочным принимать решения в соответствии с уставом

quota квота: 1) количественные ограничения на импорт или экспорт товаров (в т. ч. через систему лицензий); квота может устанавливаться на определенный период; 2) максимальный объем выпуска продукции, предельная норма выработки; 3) взнос страны-члена в МВФ (размер квоты определяется числом голосов)

quotation (Quot) котировка: 1) см. listing; 2) котировка цены, курса, ставки; цена продавца или покупателя

quotation board котировочное табло: электронное табло, на котором демонстрируются текущие котировки цен и курсов, другая финансовая информация

quotation list котировочный бюллетень (текущих цен акций и облигаций); публикуется биржей

quotations committee 1) котировальный комитет фондовой биржи (отвечает за допуск на биржу новых ценных бумаг); 2) комитет, ответственный за официальные цены на любом организованном рынке

quotation spread котировочный спред: разница между ценами покупателя и продавца; на Нью-Йоркской фондовой бирже является показателем качества рынка: чем он меньше, тем более активен и ликвиден рынок (2/3 котировок обычно имеют спред в пределах 1/4 пункта, т. е. 25 центов для акций и 2,5 долл. для облигаций)

quote 1) котировать цены продавца и покупателя; 2) котировка

quoted company = listed company

quoted margin котируемая маржа (спред): разница между двумя уровнями доходности или между индексом-ориентиром и ценой акции

quoted price прокотированная цена: цена последней сделки с данной ценной бумагой или товаром

quote driven на основе котировок (о рынке ценных бумаг, функционирование которого основывается на постоянном изменении цен ведущими участниками в поиске бизнеса, в отличие от рынка на основе балансирования приказов на продажу и покупку); см. order driven

quoted securities ценные бумаги, котируемые на фондовой бирже

quotient cours benefice (Fr.) = price earnings ratio

Quotron "Квотрон": электронная финансовая информационная система, принадлежащая банку Ситикорп

R

rack-rent самая высокая в данный момент или непомерная арендная или квартирная плата

rack up зарегистрировать (например, рост прибыли)

radar alert "радарная тревога": тщательное изучение тенденций торговли акциями компании для выявления "сигналов" начала попыток поглощения; см. shark watcher

Radcliffe Report доклад Рэдклиффа: доклад Комитета по работе денежной системы Великобритании (под руководством лорда Рэдклиффа), опубликованный в 1959 г., - важнейший документ по функционированию банковской системы и денежно-кредитной политике Великобритании

raid "набег": 1) попытка давления на конъюнктуру путем проведения массированных операций; 2) попытка поглощения компании путем внезапной скупки акций

raider налетчик, рейдер: лицо, начинающее агрессивно скупать акции компании с целью получения контрольного пакета; в случае приобретения более 5 % акций в США необходимо проинформировать Комиссию по ценным бумагам и биржам, соответствующую биржу, компанию - объект поглощения

Raiffeisen bank райффайзен-банк (касса): небольшой кредитный кооператив в немецкоязычных странах (в основном в сельской местности), кредитующий на льготных условиях своих членов; принцип таких институтов был разработан в XIX в. мэром одного немецкого города Ф. Райффайзеном (1818-1888 г.)

Rainbow "Радуга": облигации, призванные защищать от валютного риска; сумма погашения базируется на корзине валют (введены фирмой Номура в 1987 г.)

raised check "увеличенный" чек: чек с фальшиво увеличенной суммой; банк считает более правильной сумму, написанную прописью

rally 1) значительное повышение курсов ценных бумаг или товарных цен после их снижения; 2) восстановление уровня экономической активности после спада
ramp = ramping
ramping необоснованное взвинчивание цен акций: скупка на вторичном рынке ценных бумаг с целью поднять цены и получить спекулятивную прибыль
random walk "ходьба наугад": теория, согласно которой курсы акций (или фьючерские цены) изменяются бессистемно и их нельзя предсказать на базе прошлых конъюнктурных данных; теория возникла в 50-60-е годы и позднее превратилась в гипотезу эффективного рынка; см. efficient market hypothesis; higgledy-piggledy growth
range "разброс" цен: низшая и высшая цены финансового инструмента, контракта в течение определенного периода
range forward "рэндж форвард": гибрид форвардной и опционной валютных сделок, в которой клиенту гарантируются пределы колебания курса, внутри которых он может выиграть или проиграть, но в целом риск ограничен и не требуется выплачивать премию; например, покупка валюты на срок с опционом продажи, если курс изменится в неблагоприятную сторону; (введен фирмой Соломон бразерс в 1985 г.)
rap accounting = regulatory accounting principles
ratchet "храповик", "храповое колесо": 1) непреодолимое (неминуемое) движение цены вверх или вниз; 2) система поощрений; менеджеры компании получат в качестве поощрения дополнительные акции, если он успешно функционирует; = share options
rate 1) ставка (процента, комиссии); 2) валютный курс; 3) темп роста, уровень
rateable подлежащий обложению налогом, сбором
rateable allocation пропорциональное распределение (например, ценных бумаг пропорционально заявкам)

rate cap предельная процентная ставка по конкретному кредиту с плавающей ставкой, то есть ставка не может повыситься выше этого уровня (условие кредитного соглашения)
rate ceiling 1) максимальная процентная ставка, устанавливаемая законом для ограничения ростовщичества; = usury ceiling; 2) = rate cap
rate covenant см. covenant
rate cut-off date дата при расчете платежей по свопу, после которой изменение ставки не учитывается
rate for advances against collateral = lombard rate
rate for advances on securities = lombard rate
rate lock = lock-in period
rate of exchange = exchange rate
rate of interest = interest rate
rate of return ставка дохода: 1) годовой доход от вложения капитала в реальный или финансовый актив в процентном выражении к стоимости этого актива (например, дивиденд или купонный доход по ценной бумаге, поделенный на ее покупную цену); показатель эффективности капиталовложений; = return on equity (ROE); return on assets (ROA); 2) эффективная годовая доходность депозита или депозитного сертификата с учетом нарастания процентов (в отличие от номинальной процентной ставки; = effective annual yield; 3) доходность в расчете на 1 акцию: чистый доход, поделенный на количество акций в обращении; = earnings per share; 4) доход инвестора, измеряемый изменениями текущих цен акций и уровня выплачиваемого дивиденда
rate of stock turnover показатель оборота акций: сколько раз акция была продана в течение одной торговой сессии или в неделю, месяц
rates налог, взимаемый местными органами власти с владельцев недвижимости (Великобритания)
rate sensitivity см. interest rate risk
rating рейтинг: 1) показатель кредитоспособности заемщика или уровня кредитного и инвестиционного риска по его долговым обязательствам (облигаци-

ям, векселям, сертификатам) в виде комбинации букв или цифр, индекса; показатель рассчитывается на основе прошлой кредитной истории заемщика, различных финансовых показателей; см. Moody's Investors Services; Standard and Poor's; 2) расчет ставок страховых премий на основе статистических данных и математических методов

Рейтинги корпорационных и муниципальных облигаций

Moody's Investors Service	Fitch Investors Service	Standard & Poor's
Highest quality, gilt edged	Aaa	AAA AAA
High quality	Aa	AA AA
Upper medium grade	A	A A
Medium grade	Baa	BBB BBB
Predominantly speculative	Ba	BB BB
Speculative, low grade	B	B B
Poor quality	Caa	CCC CCC
Highest speculation	Ca	CC CC
Lowest quality, no interest paid	C	C C
In default, In arrears,	{DDD	DDD
Questionable value	{DD	DD
	{D	D

Fitch and Standard and Poor's may use +/- to modify some ratings. Moody's uses numerical modifiers 1 (highest), 2 and 3 in the range from Aa1 through Ca3

ratio коэффициент, соотношение двух переменных; различают деловые (отношение прибыли к обороту, запасов к продажам) и балансовые (активы к пассивам) коэффициенты; см. price/earning ratio

ratio analysis кредитный и инвестиционный анализ на основе расчета соотношений между различными финансовыми показателями; 1) анализ функционирования банков для определения их надежности; для оценки прибыльности используется показатель отношения доходности к активам капитала - капитальный коэффициент (capital ratio); ликвидности - коэффициент ликвидности (liquidity ratio); риска - asset risk ratio, risk adjusted capital ratio; см. CAMEL; 2) финансовые коэффициенты, используемые кредиторами для оценки платежеспособности заемщиков

ratio covenant = financial covenant

rational expectations рациональные ожидания: принятие решений на основе всей доступной на данный момент информации; см. expectations theory

rationalization рационализация: перестройка деятельности компании в целях повышения ее эффективности и прибыльности (слияние части подразделений, продажа второстепенных производств и дочерних компаний, концентрация на определенных видах деятельности)

rationing рационирование государством важнейших товаров (например, в военное время), карточная система: государственные мероприятия по обеспечению минимального потребления при ограничении общей суммы потребления

ratio writer пропорциональный продавец: продавец опционов, который продает больше контрактов "колл", чем имеет соответствующих акций, т. е. действует на основе определенной пропорции или соотношения

reaction реакция: 1) падение цен финансовых инструментов после длительного подъема; 2) = rally 1

readjustable treasure bond казначейская облигация с основной суммой, индексированной относительно инфляции

read the tape "читать ленту тикера": анализировать положение конкретных ценных бумаг на основе изменения их цен на ленте тикера

ready money (cash) наличность, наличные деньги

reaffirmation подтверждение: добровольное согласие должника в случае банкротства выплатить весь или часть долга, хотя по закону он не обязан этого делать

real реальный, настоящий; недвижимость в противоположность предметам личного потребления

real cost реальная стоимость: стоимость любого фактора производства, который может быть использован для других целей; = opportunity cost

R

real economic growth rate реальные темпы экономического роста: темпы изменения ВНП в годовом исчислении за вычетом инфляции

real effective exchange rate реальный эффективный валютный курс: средневзвешенный валютный курс (относительно валют основных торговых партнеров) с поправкой на темпы роста цен; см. effective exchange rate

real estate недвижимость: земля и здания, права с ними связанные, в том числе на природные ресурсы (недвижимая собственность) в противоположность предметам личного потребления

real estate investment инвестиции в недвижимость

real estate investment trust (REIT) ипотечный инвестиционный траст: учреждение, принадлежащее инвесторам, специализирующееся на инвестициях в недвижимость, ипотечном кредите, операциях по доверенности (США); не облагается федеральным налогом на корпорации, если не менее 90 % дохода распределяется между акционерами; см. mortgage REIT; equity REIT

real estate mortgage investment conduit (REMIC) "проводник" инвестиций в недвижимость (США): юридическое лицо, которое по Закону о налоговой реформе 1986 г. имеет право брать ипотеки в траст и выпускать под них ценные бумаги, представляющие неделимое участие в пуле ипотек; закон устранил двойное налогообложение дохода по ипотекам на уровне эмитента и держателя

real estate owned недвижимость в собственности: недвижимость, которая приобретена кредитором в возмещение долга заемщика

Real Estate Settlement Procedures Act (RESPA) Закон о процедуре расчетов по недвижимости (США): федеральный закон, который требует от кредиторов предварительного предоставления заемщику четкой информации о полной стоимости ипотечного кредита

real exchange rate реальный валютный курс: номинальный валютный курс с поправкой на относительные цены (издержки) двух стран; см. nominal exchange rate

realignment перегруппировка, перестройка, пересмотр: пересмотр центральных курсов в ЕВС

real income реальный доход: доход с поправкой на инфляцию

real interest rates реальные процентные ставки: текущие или номинальные процентные ставки за вычетом темпов роста цен (обычно прогнозируемых)

real investment реальные инвестиции (в отличие от портфельных): инвестиции в земельные участки, недвижимость, машины и оборудование, запасы сырья

realizable value цена, которая может быть получена при реализации (продаже) активов

realized profit/loss реализованные прибыль или убыток от продажи актива (в отличие от бумажных прибыли или убытка); см. paper profit/loss

real money "реальные" деньги: монета в отличие от бумажных денег

real property "реальная собственность": земля, здания и другие виды недвижимой собственности в отличие от личной собственности, то есть движимых предметов личного использования; иногда равнозначно недвижимой собственности

real rate of return реальная ставка дохода: ставка дохода по капиталовложению, скорректированная на темпы роста цен

real time в режиме реального времени (об информации на текущий момент; например, автоматические кассовые машины показывают состояние счета, операции на текущий момент, а не остаток на конец прошлого дня; о фондовых индексах, которые рассчитываются непрерывно)

real value реальная стоимость (ценность) актива: об активе с реальной внутренней стоимостью – недвижимости, ценных металлах, сырье и др

real yield реальная доходность: реальная доходность ценной бумаги, скорректированная на темпы роста цен

rear-end load = back-end load

rebalancing ребалансировка: сбалансирование инвестиционного портфеля по оговоренной формуле через некоторое время после его создания

rebate скидка: 1) скидка с цены товара; 2) возврат части процентных платежей при досрочном погашении кредита; 3) уменьшение процента, уплачиваемого предприятием розничной торговли или сферы услуг эмитенту банковских карточек при сделках выше определенной суммы; 4) передача эмитентом банковской карточки части процента, взимаемого с предприятий сферы услуг за расчеты по карточкам, владельцу карточки

recapitalization рекапитализация: изменение структуры оплаченного капитала компании; причиной рекапитализации часто является выпуск новых акций для увеличения капитала, банкротство, обмен облигаций на акции

recapitulation (recap) краткое повторение или перечисление; суммирование, выводы

recapture взятие обратно, захват вновь; то, что взято обратно: 1) обратный захват приза; реприз; 2) восстановление правительством ранее ликвидированных налоговых льгот (часть доходов возвращается); 2) = recapture clause

recapture clause 1) условие кредитного соглашения, обязывающее заемщика вернуть (погасить) кредит досрочно при наступлении определенных обстоятельств; 2) условие лизингового соглашения, по которому арендодатель помимо фиксированной ренты получает процент от прибыли

receipt (Rcpt) расписка, письменное подтверждение уплаты долга или другой операции - так депозитная расписка подтверждает, что был сделан депозит

receipts денежные поступления, платежи

receivables причитающиеся суммы, денежные поступления

receivables financing кредитование под денежные поступления: разновидность кредитования под обеспечение активами в форме краткосрочных сезонных кредитов, обеспеченных текущими денежными поступлениями компании; см. borrowing base

receive against payment = receive versus payment

received letter of lading "полученный коносамент": надпись (штамп) на коносаменте, подтверждающая, что судовладелец получил товары для отгрузки

receiver получатель, судебный исполнитель: официальное лицо (обычно адвокат или бухгалтер), назначенное судом представителем должника и исполнителем процесса банкротства; получает полномочия для проведения реорганизации или ликвидации неплатежеспособной компании для удовлетворения требований кредиторов (урегулирует все финансовые вопросы)

receiver for debenture holders официальное лицо, уполномоченное владельцами облигаций неплатежеспособной компании реализовать активы, которыми обеспечены данные облигации

receivership управление имуществом несостоятельного должника или спорным имуществом

receive versus payment получение ценных бумаг против платежа: условие сделки, по которому при поставке ценных бумаг будут приниматься только наличные; см. cash on delivery 2

receiving (bank) banker банкир (банк)-получатель: 1) банк, уполномоченный принимать заявки на приобретение новых ценных бумаг (также рассылает письма с уведомлением о получении ценных бумаг или отказе); 2) в автоматической клиринговой системе (США): банк, который уполномочен получать электронные приказы о финансовых операциях для проведения по счетам клиентов (в отличие от отправителя приказа - см. originator; = receiving depository financial institution (RFDI)

receiving order исполнительный лист: приказ суда о назначении правоприемника неплатежеспособного физического лица или товарищества и проведении процедуры банкротства; с момента издания приказа все дела банкрота находятся в руках судебного исполнителя-ликвидатора (Великобритания)

recession рецессия: снижение уровня деловой активности (снижение темпов роста или падение производства, занятости и доходов); часто имеется в виду снижение ВНП в течение двух кварталов подряд или роста уровня безработицы более, чем на 2 %

reciprocal business взаимный бизнес: операции, которые одна компания поручает провести другой в обмен на аналогичное поручение (обычно имеются в виду взаимовыгодные отношения между компаниями с разной специализацией)

reciprocal statutes взаимные законы: взаимовыгодное законодательство, принятое двумя и более штатами для поощрения торговли между ними или по другим причинам; например, это касается законов о разрешении межштатных банковских операций, равном режиме для корпораций и налогах на наследство (США)

reciprocity взаимность: принцип взаимности в валютно-кредитном регулировании - иностранные учреждения пользуются в принимающей стране такими же правами, что и нерезиденты в их государстве

reclamation "рекламация": 1) восстановление или исправление ошибок в обработке чека или другого свободно обращающегося финансового инструмента (его суммы) в случае неверной проводки в клиринговой палате; 2) восстановление непроизводительного актива (например, превращение болот или пустынь в сельхозугодья); 3) право участника сделки с ценными бумагами истребовать возмещения любых убытков (деньгами или ценными бумагами) в связи с неверными расчетами по этим бумагам (например, в случае кражи сертификатов)

recognized bank признанный банк: категория банков по банковскому закону 1979 г., отмененная законом 1987 г.; главным критерием было предоставление банком широкого круга услуг; см. licensed deposit-taking institution

recognized clearing house (RCH) признанный клиринговый дом: официальный статус клиринговых палат в Великобритании по Закону о финансовых услугах 1987 г.; см. Financial Services Act

recognized dealer = primary dealer

recognized investment exchange (RIE) признанная инвестиционная биржа: официальный статус лондонских финансовых рынков и бирж после реформы в октябре 1986 г.

recognized marking names = marking names

reconciliation урегулирование: приведение клиентом учета своих операций в соответствие с учетом банка

reconciliation statement справка об урегулировании: подтверждение правильности ведения банковского счета, подписанное и направленное клиентом банку (в ответ на получение выписки из счета); в некоторых случаях подтверждением является непредъявление в течение определенного времени претензий

reconstruction реконструкция: перестройка организации компании и структуры ее капитала для повышения эффективности деятельности и улучшения финансовых результатов

record date 1) последняя дата регистрации акционера для получения объявленного дивиденда, голосования по вопросам деятельности компании и т. д. (США); 2) дата выплаты дивиденда или процентов; 3) дата объявления владельцев акций, имеющих право получать дивиденды

recording of lien регистрация требования: публичное и официально зарегистрированное признание требования на конкретную собственность, под которую выдается ипотечный кредит

recoup возвращать, возмещать, отыгрывать или возвращать потерянное

recoupment 1) компенсация, возмещение; 2) вычет

recoupment levy "возвратный" налог: специальный налог в США на экспорт военной технологии, разработанной с участием государственных средств, то есть для возврата затрат (отменен в 1992 г.)

recourse право оборота (регресса): право владельца векселя или любого другого свободно обращающегося инструмента предъявить требования к лицу, индоссировавшему этот вексель или другой инструмент, если плательщик оказывается неплатежеспособным; например, банк, купивший у торгового предприятия потребительский кредит (покупка товара в рассрочку), имеет право обратить взыскание на это предприятие, если покупатель отказывается платить; с другой стороны, в случае операций факторинга такого права нет; см. factoring

recourse loan 1) ссуда с правом регресса: с кредитора, гаранта или индоссанта берут обязательство погашения кредита в случае банкротства заемщика; 2) кредит инвестиционному товариществу, обеспеченный определенными активами и одновременно с правом регресса на все активы товарищества

recover возмещать, возвращать, взыскивать

recoveries "возвраты": статья в балансе банка, отражающая списанные кредиты и другие активы, которые удалось возвратить

recovery 1) подъем экономической активности, рыночной конъюнктуры, следующий после рецессии; = rally; 2) амортизация издержек; 3) получение ранее списанного долга в результате платежа заемщика или продажи обеспечения; добавляются к резервам или нераспределенной прибыли банка; 4) возмещение, взыскание; 5) остаточная стоимость фиксированного актива после амортизации; 6) повышение курса валюты или курсов ценных бумаг после временного падения

rectangle "прямоугольник": термин, используемый в техническом анализе конъюнктуры финансовых рынков для обозначения движения цен, укладывающегося на графике в прямоугольник (несколько подъемов и падений с одинаковой амплитудой); см. consolidation pattern

recurring payment повторяющийся платеж: платеж, который осуществляется регулярно по четкому расписанию равными суммами (например, платежи по ипотечному кредиту)

recycling рециклирование: перераспределение средств; обычно имеется в виду перераспределение через международный рынок ссудных капиталов избыточных ресурсов нефтедобывающих стран, образовавшихся в результате подъема цен на нефть в 1973-1974 гг. и в 1979 г.; на практике значительная часть таких средств ссужалась странам, у которых из-за повышения цен образовались дефициты платежных балансов (получился полный цикл)

red, to be in the быть убыточным, в долгу, иметь задолженность, работать с убытком

red chips "красные фишки": китайские акции на фондовом рынке Гонконга

red clause "красное" условие аккредитива: бенефициар документарного аккредитива может получить авансом средства для покупки товара, указанного в аккредитиве; напечатанное красным условие аккредитива позволяет экспортеру получать платеж заранее, до представления товарных документов и даже до отправки груза; суммы аванса вычитаются из номинальной суммы аккредитива при предъявлении его к платежу; используется в основном в австралийской шерстяной торговле фирмами, скупающими товар для последующего экспорта

redeemable возвращаемый, погашаемый, выкупаемый

redeemable bond погашаемая облигация: 1) облигация, которая может быть погашена досрочно; 2) облигация, подлежащая погашению (в отличие от бессрочной)

redeemable debenture = redeemable bond

redeemable preference share погашаемая привилегированная акция: привилегированная акция, которая может быть погашена за счет резервов компании

redeemable security погашаемая ценная бумага: ценная бумага, подлежащая погашению через определенное время или досрочно по номиналу, или с премией

redemption (Red) погашение, выкуп: 1) погашение кредита или ценных бумаг по истечении их срока (или досрочно) путем уплаты основной суммы и процентов; 2) в банкротстве: право должника вернуть личные вещи путем уплаты их рыночной стоимости

redemption date дата погашения кредита или облигационного займа

redemption period период погашения, выкупа: в Великобритании по Закону о потребительском кредите 1974 г. заложенную в ломбарде вещь можно выкупить в любое время в течение 6 месяцев (либо позднее по соглашению)

redemption premium выкупная премия: премия к номиналу ценной бумаги, выплачиваемая при погашении займа (также премия к номинальной сумме кредита)

redemption price цена погашения: цена, по которой погашаются облигации после истечения их срока или досрочно

redemption yield доход при погашении: доход по ценной бумаге при ее погашении (в процентах), рассчитываемый как текущий доход с учетом прироста или сокращения вложенного капитала (разницы между номинальной и рыночной стоимостью в расчете на год); показатель реальной доходности актива при его погашении или перепродаже (брутто и нетто); = yield to maturity; см. gross redemption yield; net redemption yield; flat yield

red futures contract month фьючерский контракт "красного месяца": контракт со сроком исполнения свыше 1 года (например, купленный в сентябре "красный" декабрьский контракт имеет срок 15 месяцев)

red herring предварительный проспект: предварительный вариант проспекта выпуска акций или займа (на обложке имеется надпись красным цветом "только для информации"); не является законным предложением облигаций или акций, и его условия могут быть изменены; (буквально: красная или копченая селедка, т. е. нечто, служащее для отвлечения внимания или пробным шаром); = preliminary prospectus; см. prospectus

rediscount переучет: учет векселей, которые уже были учтены; обычно имеются в виду операции центрального банка, который переучитывает векселя солидных коммерческих банков в рамках реализации своей денежно-кредитной политики

Red Line Agreement соглашение "красной черты": соглашение между нефтяными компаниями США, Великобритании и Франции в октябре 1927 г. не конкурировать за концессии в Саудовской Аравии, Турции, Ираке - регионе, который был обведен на карте красной чертой

redlining "подчеркивание красным": дискриминационная практика ограничения кредита по расовым или этническим причинам; (США) первоначально "плохие" районы обводились на карте красным карандашом, чтобы знать, кому и где не надо давать кредиты; такая практика запрещена законом о равных кредитных возможностях; см. Regulation B; Regulation BB; Community Reinvestment Act

reduction of share capital сокращение акционерного капитала: списание части капитала до уровня реальной стоимости компании (Великобритания)

redundancy увольнение работника в связи с сокращением рабочих мест; такие работники имеют право на пособие в зависимости от прошлой зарплаты и трудового стажа, выплачиваемое совместно работодателем и государством

reexport реэкспорт: экспорт импортированных товаров (с или без доработки)

reference рекомендация; оценка банком кредитоспособности клиента, направляемая другому банку

reference banks банки-ориентиры: банки, чьи процентные ставки используются при расчете ЛИБОР и других ставок-ориентиров

reference rate ставка-ориентир: процентная ставка, которая служит ориентиром (базой) для определения стоимости различных финансовых инструментов, например, ЛИБОР

refer to drawer (R/D) "обращайтесь к эмитенту": надпись, которую делает банк при неоплате чека для соблюдения конфиденциальности отношений с клиентом; это означает, что истинную причину следует выяснять у эмитента, хотя обычно это отсутствие денег на счете

refer to drawer, please represent (RDPR) "обращайтесь к эмитенту, пожалуйста предъявите снова": надпись, которую делает банк при неоплате чека для соблюдения конфиденциальности отношений с клиентом; это означает, что истинную причину следует выяснять у эмитента, но банк предлагает снова предъявить чек, так как возможно на счете будут деньги и чек будет оплачен

refinance bill вексель рефинансирования; = third country acceptance

refinance credit кредит рефинансирования: кредит в международной торговле, когда банковский акцепт (вексель рефинансирования) выписывается импортером на банк в третьей стране (не экспортера или импортера) и оплачивается в национальной валюте акцептующего банка, который, в свою очередь, оплатил деньги экспортеру по предъявлении документов; кредиты в долларах широко используются японскими и корейскими экспортерами для получения более конкурентоспособного финансирования

refinance risk риск рефинансирования: риск того, что банк не сможет рефинансировать депозитные пассивы с истекающими сроками на приемлемых условиях

refinancing рефинансирование: 1) выпуск новых ценных бумаг для погашения бумаг с истекающими сроками или изменение условий займа (обычно по более низкой ставке и с более длинным сроком); 2) пролонгирование срока долга, займа и/или увеличение его суммы; 3) изменение условий личной ссуды (графика погашения, ставки процента); 4) обеспечение ссудных операций банка заимствованиями на более льготных условиях; см. refunding 1; 5) перенос существующего ипотечного кредита на другую недвижимость

reflation рефляция: экономическая политика, направленная на расширение совокупного спроса в экономике и, следовательно, объема производства и занятости, например, путем снижения процентных ставок и налогов, увеличения государственных расходов, поощрения сбережений, кредита, инвестиций

refugee capital "капитал-беглец": 1) капитал, вывозимый из страны вследствие политической и экономической неустойчивости; 2) = hot money

refundable interest возмещаемые процентные платежи: проценты, возмещаемые заемщику в случае досрочного погашения кредита; см. Rule of the 78's

refunding возмещение, возврат: 1) выпуск новых ценных бумаг для замены выпущенных ранее, для продления срока заимствований или сокращения издержек при снижении процентных ставок; иногда ценные бумаги погашаются новыми досрочно, если это разрешено условиями займа; = refinancing 1; см. prerefunding; 2) возврат денег покупателю товара в случае каких-либо претензий

regional bank региональный банк: 1) банк, оперирующий только в конкретном регионе страны в отличие от местных, общенациональных и международных банков (США); 2) международный региональный банк развития

regional check processing center (RCPC) региональный центр обработки чеков (США): один из чековых центров, организованных в рамках ФРС для ускорения расчетов по чекам (всего 46); чеки доставляются в центр курьерами из банков, в которые они поступили, сортируются и в тот же день доставляются в банки-плательщики; региональные центры также обрабатывают чеки на Казначейство, почтовые переводы, но не наличность или ценные бумаги

regional interstate banking региональные межштатные операции банков: расширение деятельности банков за пределами своего штата с помощью банковских холдингов, разрешенных взаимным законодательством нескольких штатов (США); например, 6 штатов Новой Англии в середине 80-х годов разрешили взаимное приобретение банков в своем регионе за исключением банков из Нью-Йорка

regional stock exchanges региональные фондовые биржи (США): фондовые биржи за пределами Нью-Йорка: биржи Бостона, Цинциннати, Спокана, Филадельфии (Филадельфии и Майами), а также "Пэсифик" (Лос-Анжелеса и Сан-Франциско), "Мидвест" (Чикаго), "Интермаунтин" (Солт-Лейк-Сити)

regional trade региональная торговля: торговля между двумя странами с общей границей или между группой стран в одном регионе, заключивших соглашение о проведении единой внешнеторговой политики

register регистр (реестр): официальный список компаний, физических или юридических лиц; например, реестр акционеров компании

registered (Regd) зарегистрированный: в отношении учреждения означает получение лицензии на проведение определенных операций, в отношении ценных бумаг - именную форму

registered bond именная (зарегистрированная) облигация: облигация, внесенная в облигационный реестр компании на имя владельца; переход в другие руки возможен только с согласия зарегистрированного владельца (путем передаточной надписи); см. bearer bond

registered capital = authorized capital 1

registered check зарегистрированный чек: чек, который выпускается банком для клиента, поместившего средства на специальный счет и не имеющего обычного чекового счета; клиент покупает такие чеки, чтобы не иметь дела с наличными деньгами

registered company зарегистрированная компания: 1) компания, получившая лицензию на проведение тех или иных операций; 2) в США - компания, которая направила в Комиссию по ценным бумагам и биржам заявление о регистрации публичного предложения ценных бумаг; см. registration statement

registered competitive market maker (RCMM) зарегистрированный дилер по ценным бумагам, поддерживающий рынок на конкурентоспособной основе (США): 1) член Национальной ассоциации дилеров по ценным бумагам, поддерживающий внебиржевой рынок по конкретным бумагам (минимум два дилера по бумаге); 2) = registered competitive trader; см. market maker

registered competitive trader зарегистрированный член Нью-Йоркской фондовой биржи, торгующий за свой счет и поддерживающий рынок по определенным ценным бумагам на конкурентоспособной основе; как и "специалисты", обязан делать 75 % своих сделок стабилизирующими (продавать только после подъема цены, покупать - после падения); = floor trader; competitive trader

registered coupon bond зарегистрированная купонная облигация (США): облигация, внесенная в реестр компании-эмитента на имя владельца только в отношении основной суммы (процентные выплаты может получать предъявитель бумаги)

registered equity market maker зарегистрированный дилер, поддерживающий рынок конкретных акций (США): член Американской фондовой биржи (Амекс), торгующий за свой счет и обязанный заключать сделки для сбалансирования спроса и предложения по ценным бумагам своей специализации

registered investment company зарегистрированная инвестиционная компания (США): инвестиционная компания, зарегистрированная Комиссией по ценным бумагам и биржам

registered lien (charge) зарегистрированное право на движимую собственность без получения титула собственности (в случае залога)

registered market maker = registered competitive market maker 1

registered office зарегистрированный офис (Великобритания): официальный адрес компании, где хранятся все основные документы и отчетность (например, реестры директоров, акционеров, владельцев облигаций и т. д.)

registered options trader зарегистрированный дилер по опционам (США): член Американской фондовой биржи

(Амекс), поддерживающий рынок по определенным опционам

registered representative зарегистрированный представитель: 1) сотрудник брокерской фирмы, уполномоченный на работу с клиентами; Нью-Йоркская фондовая биржа предъявляет к нему квалификационные требования (США); 2) сотрудник инвестиционной фирмы, уполномоченный давать клиентам инвестиционные консультации

Registered Representative Rapid Response System (R4) Система быстрого ответа зарегистрированных представителей, созданная на Нью-Йоркской фондовой бирже в 1982 г.; позволяет членам биржи предлагать своим клиентам почти мгновенное исполнение приказов

registered secondary offering зарегистрированное вторичное предложение крупной партии ценных бумаг через банк или брокера (США)

registered securities 1) именные ценные бумаги: бумаги, владельцы которых регистрируются компанией-эмитентом (при продаже нужна их передаточная надпись); 2) ценные бумаги, зарегистрированные Комиссией по ценным бумагам и биржам (США)

registered share именная ("зарегистрированная") акция: акция, имя владельца которой внесено в специальный реестр компании; при продаже требуется его передаточная надпись; см. bearer share

registered share with restricted transferability зарегистрированная акция с ограниченным обращением: акция, которая может быть передана новому владельцу только с согласия компании-эмитента (для защиты от появления нежелательных акционеров)

registered stock = inscribed stock

registered trader = competitive trader

Register of Agents Реестр агентов (Великобритания): список юридических или физических лиц, которые выступают агентами в сделках с ценными бумагами и имеют право делить комиссионные с биржевыми брокерами; составляется фондовой биржей

Register of Companies Реестр компаний (Великобритания): список всех компаний, зарегистрированный в установленном порядке

Register of Debenture Holders Реестр владельцев облигаций (Великобритания): список, в который компания-заемщик вносит всех владельцев ее облигаций

Register of Defunct and Other Companies Реестр прекративших существование и других компаний (Великобритания); публикуется Лондонской фондовой биржей: содержит данные о котировавшихся в прошлом компаниях (с 1981 г. включается в официальный ежегодник биржи)

Register of Directors and Secretaries Реестр директоров и секретарей компаний (Великобритания): список директоров и секретарей, который должна иметь каждая компания

register of members = share register

registrar регистратор: физическое или юридическое лицо, банк или трастовый отдел банка, уполномоченные компанией вести реестры акций и облигаций, осуществлять контакты с их владельцами, регистрировать смену владельцев, удостоверять подлинность ценных бумаг и т. д.

Registrar of companies регистратор компании (Великобритания): официальное лицо, уполномоченное вести Реестр компаний и наблюдать за выполнением ими формальностей регистрации, публикации информации и т. д.

registration = registration of securities

registration application form регистрационная заявка (Великобритания): документ, прилагаемый к уведомлению о выделении ценных бумаг нового выпуска в случае, если акции будут регистрироваться не на имя первоначального подписчика

registration fee регистрационный сбор: 1) в США - сбор за регистрацию нового выпуска ценных бумаг, взимаемый Комиссией по ценным бумагам и биржам; 2) плата, которую взимает клиринговая палата срочной биржи за регистрацию и расчеты по сделкам ее членов (в процентном выражении к стоимости контракта)

registration of business names act закон о регистрации названий деловых предприятий: закон о регистрации названий компаний, действовавший в Великобритании в 1916-1982 гг.

registration of securities регистрация ценных бумаг; в США по законам 1933-1934 гг. существует специальная система регистрации новых ценных бумаг до предложения широкой публике или начала торговли на фондовой бирже (в Комиссию по ценным бумагам и биржам подается специальный регистрационный документ); закон 1933 г. регулирует регистрацию для выпуска акций, закон 1934 г. - для допуска на биржу; см. registration statement

registration statement регистрационная справка (США): документ, представляемый по закону в Комиссию по ценным бумагам и биржам при выпуске ценных бумаг на сумму более 0,5 млн. долл.; содержит информацию о целях и условиях займа, о деятельности компании и т. д

registre des actions (Fr.) = share register

Reglement general de la Compagnie des agents de change Общие правила Ассоциации фондовых брокеров (Франция): включают правила допуска ценных бумаг к котировке на всех видах рынков, операционной практики, публикации цен, вознаграждения брокеров и др

regressive tax регрессивный налог: схема налогообложения, при которой ставка налога уменьшается с увеличением дохода

regular way delivery (and settlement) стандартная процедура поставки ценных бумаг (и расчетов) в США: на Нью-Йоркской фондовой бирже брокер-продавец обязан поставить бумаги, а брокер-покупатель - уплатить необходимую сумму на 5-й рабочий день после заключения сделки по акциям и на следующий день - по облигациям

regulated commodities регулируемые товары (США): биржевые товары, на которые распространяется юрисдикция Комиссии по срочной товарной торговле (до ее создания в 1974 г. - закон о товарных биржах 1936 г.)

regulated investment company регулируемые инвестиционные компании (США): компании, которые не платят подоходный налог на реализованный прирост капитала и инвестиционный доход, распределенный между акционерами, если они: 1) распределяют ежегодно не менее 90 % чистого инвестиционного дохода; 2) получают по крайней мере 90 % брутто-дохода от дивидендов, процентов, продажи ценных бумаг; 3) соблюдать другие ограничения на краткосрочные доходы по ценным бумагам, которые были в портфеле менее 3 месяцев; нерегулируемые инвестиционные компании платят налоги на чистые доходы и реализованный прирост капитала; см. subchapter M

Regulation 9 "правило 9" (США): распоряжение валютного контролера, разрешающее коммерческим банкам национального уровня иметь трастовые отделы и выступать фидуциарами, что включает функции попечителя, администратора, регистратора ценных бумаг, управление инвестиционными фондами; см. fiduciary; Comptroller of the Currency

Regulation A правило "А" (США): 1) упрощенные правила регистрации Комиссии по ценным бумагам и биржам для небольших выпусков ценных бумаг (более короткий проспект и меньшая ответственность директоров компании); 2) распоряжение Совета управляющих ФРС о кредитовании резервными банками коммерческих банков и сберегательных учреждений (через "учетное окно"); существует несколько разновидностей таких кредитов - регулирующие, продленные, сезонные, чрезвычайные; см. discount window; adjustment credit; extended credit; seasonal credit; emergency credit

Regulation B правило "Би" (США): распоряжение Совета управляющих ФРС о запрещении дискриминации людей, обращающихся за кредитом по мотивам расы, национальности, местожительства, возраста, пола и устанавливающие правила сбора и использования информации о кредитоспособности людей;

кредитор обязан предоставить отказ и его причины в письменной форме; см. credit reporting agency; credit scoring; effects test

Regulation C правило "Си" (США): распоряжение Совета управляющих ФРС во исполнение Закона 1975 г. о раскрытии информации о жилищных ипотеках; по закону депозитные учреждения с активами более 10 млн. долл. обязаны ежегодно предоставлять отчет о числе и сумме ипотечных кредитов и местоположении домов, под которые даются кредиты (чтобы определить степень удовлетворения спроса)

Regulation D правило "Ди" (США): распоряжение Совета управляющих ФРС об установлении резервных требований ко всем депозитным учреждениям; резервные требования для чековых и сходных с ними счетов составляют 3 % до 29,8 млн. долл. и 12 % свыше этой суммы; по срочным неличным счетам - 3 %, а по счетам свыше 1,5 лет - 0 %; резервы поддерживаются в форме наличности или беспроцентных депозитов в ФРС; см. reserve requirements

Regulation E правило "И" (США): распоряжение Совета управляющих ФРС, устанавливающее правила и процедуры электронных платежей, выпуска дебетовых карточек, ответственность и принципы защиты потребителей в сфере электронных платежей; см. electronic funds transfer; error resolution.; provisional credit

Regulation F правило "Ф" (США): распоряжение Совета управляющих ФРС, требующее, чтобы штатные банки (зарегистрированные на уровне штата) с 500 и более акционеров и активами более 1 млн. долл. предоставляли Совету регулярную финансовую отчетность

Regulation G правило "Джи" (США): распоряжение Совета управляющих ФРС, регулирующее предоставление кредитов физическим лицам для покупки ценных бумаг (кроме кредитов коммерческих банков и биржевиков); кредиторы обязаны регистрировать кредиты по ценные бумаги на суммы от 200 тыс. долл. или суммарно на 500 тыс. долл. в течение 30 дней по окончании квартала

Regulation H правило "Эйч" (США): распоряжение Совета управляющих ФРС о процедуре и требованиях к банкам, зарегистрированным на уровне штатов, для вступления в члены ФРС; кроме того, правило требует, чтобы штатные банки-агенты по регистрации сделок с ценными бумагами, регистрировались в Совете управляющих ФРС

Regulation I правило "Ай" (США): распоряжение Совета управляющих ФРС, требующее, чтобы каждый коммерческий банк, вступающий в ФРС, приобрел акции федерального резервного банка в своем регионе на сумму в 6 % своего капитала (без резервов); по акциям резервных банков раз в полгода выплачиваются дивиденды, они не могут продаваться или использоваться в качестве обеспечения; если коммерческий банк увеличивает свой капитал, то он должен купить дополнительные акции резервного банка, и наоборот при уменьшении капитала)

Regulation J правило "Джей" (США): распоряжение Совета управляющих ФРС, устанавливающее правила и условия инкассации чеков и других наличных инструментов резервными банками, а также нетто-расчетов через ФРС

Regulation K правило "Кей" (США): распоряжение Совета управляющих ФРС о правилах международных операций банков США и операций иностранных банков в США; разрешает корпорациям, подпадающим под Закон Эджа (см. Edge Act) заниматься различными международными операциями, а банкам США владеть 100 % капитала компаний за пределами США; устанавливает резервные требования для Эдж-корпораций и ограничивает межштатную деятельность иностранных банков

Regulation L правило "Л" (США) : распоряжение Совета управляющих ФРС, запрещающее переплетающиеся советы директоров банков-членов ФРС и банковских холдинговых компаний; директор банка не может быть директором другого депозитного учреждения, кроме случаев аффилиированных или очень крупных банков, одинакового местоположения в каком-то регионе; в некоторых случаях дается десятилетний период для исправления нарушений, могут делаться исключения

Regulation M правило "М" (США): распоряжение Совета управляющих ФРС об исполнении условий закона о достоверности информации в кредитовании (см. Truth in Lending Act) в потребительском лизинге; распространяется на аренду свыше 4 месяцев предметов личного или семейного потребления; требует от лизинговых компаний в письменной форме раскрывать истинную стоимость аренды, включая гарантийный депозит, ежемесячные платежи, налоги, условия аренды (страхование, ответственность, гарантии), а также возможность одного разового платежа или покупки собственности после истечения аренды

Regulation N правило "Н" (США): распоряжение Совета управляющих ФРС, регулирующее операции между федеральными резервными банками, а также между ними и иностранными банками и правительствами; Совет управляющих имеет право одобрять соглашения резервных банков с иностранными юридическими лицами, а Комитет по операциям на открытом рынке направляет конкретные операции; резервные банки должны ежеквартально предоставлять Совету управляющих информацию о счетах, которые они имеют в иностранных банках

Regulation O правило "О" (США): распоряжение Совета управляющих ФРС, ограничивающее размер кредитов, которые банки могут давать своим менеджерам; каждый банк, застрахованный на федеральном уровне, должен ежеквартально сообщать об общей сумме кредитов менеджерам и основным акционерам банка, а также о физических людях, которые получили кредиты свыше 5 % капитала банка и более 500 тыс. долл.; данное распоряжение также исполняет положения двух законов о предоставлении информации - Financial Institutions Regulatory and Interest Rate Control Act of 1978; Garn-St. Germain Depository Institutions Act of 1982 (см.)

Regulation P правило "Пи" (США): распоряжение Совета управляющих ФРС, устанавливающее минимальные стандарты банковской безопасности (хранилища денег, оборудование для обработки наличности, автоматические кассовые машины); каждый банк-член ФРС обязан назначить менеджера, отвечающего за программу защиты от воров и грабителей и ежегодно направлять отчет о выполнении требований правила "Пи" по особой форме в свой федеральный резервный банк

Regulation Q правило "Кью" (США): распоряжение Совета управляющих ФРС, запрещающее платить проценты по чековым или онкольным счетам, устанавливающее "потолок" процентных ставок по депозитам в банках - членах ФРС и штрафы за досрочное изъятие средств со сберегательных счетов, требующее раскрытия достоверной информации об условиях депозитов (целый набор ограничений ставок по сберегательным и срочным депозитам); "потолки" процентных ставок были отменены 31 марта 1986 г.; ограничения по выплате процентов не распространяются на такие счета как "НАУ" счета; см. negotiable order of withdrawal (NOW) accounts

Regulation R правило "Р" (США): распоряжение Совета управляющих ФРС, запрещающее физическим лицам, занимающимся торговлей, размещением или андеррайтингом ценных бумаг, становиться директорами, менеджерами или служащими банков-членов ФРС; специальное исключение делается для тех, кто торгует правительственными, штатными или муниципальными облигациями, бумагами МБРР и некоторыми другими инструментами

Regulation S правило "С" (США): распоряжение Совета управляющих ФРС во исполнение раздела Закона о праве на невмешательство в личные финансовые дела 1978 г. (Right to Financial Privacy Act of 1978); требует от правительства оплачивать банкам предоставление ими информации о физических лицах, необходимой для целей налогообложения или государственных кредитных программ

Regulation T правило "Ти" (США): распоряжение Совета управляющих ФРС, регулирующее пределы кредитов биржевиков клиентам на покупку ценных бумаг; устанавливает размер первоначальной или минимальной маржи (в настоящее время – 2000 долл.) и поддерживающей маржи (50 % рыночной стоимости бумаг или 50 % суммы "короткой" продажи); и определяет круг приемлемых "маргинальных" бумаг; см. margin securities; minimum maintenance; maintenance margin; initial margin 2

Regulation U правило "Ю" (США): распоряжение Совета управляющих ФРС, регулирующее пределы кредитов банков клиентам на покупку ценных бумаг; банк обязан взять у заемщика заявление о цели кредита каждый раз, когда он предоставляет кредит под "маргинальные" ценные бумаги независимо от фактического использования кредита; см. purpose statement; margin securities

Regulation V правило "Ви": распоряжение Совета управляющих ФРС, регулирующее вопросы финансирования контракторов и субконтракторов в сфере национальной обороны; разъясняет права федеральных резервных банков по Закону об оборонном производстве 1950 г. (Defense Production Act) по содействию федеральным органам в предоставлении и администрировании кредитных гарантий оборонным контракторам, а также устанавливает максимальные процентные ставки и размер комиссионных за гарантии и обязательство в этой сфере

Regulation W правило "Дабл-ю": распоряжение Совета управляющих ФРС, устанавливающее минимальный размер задатка, максимальные сроки и другие условия потребительского кредита отменено в 1952 г.

Regulation X правило "Экс": распоряжение Совета управляющих ФРС, распространяющее правила "Джи", "Ти" и "Ю" на иностранные физические и юридические лица, которые получают кредит за пределами США для покупки казначейских ценных бумаг США

Regulation Y правило "Уай": распоряжение Совета управляющих ФРС, регулирующее банковские и небанковские операции банковских холдинговых компаний, а также процедуры прекращения запрещенных небанковских операций; разъясняет порядок создание банковских холдингов покупок ими голосующих акций банков и небанковских компаний; дает список небанковских операций, тесно связанных с банковскими, которые разрешены холдингам

Regulation Z правило "Зед" (США): распоряжение Совета управляющих ФРС, требующее, в соответствии с "Truth in Lending Act" (см.), чтобы любой клиент, обращающийся за потребительским кредитом, получал полную и достоверную информацию о его стоимости; в частности, требуется: разъяснять полную стоимость кредита в виде годовой процентной ставки и абсолютной суммы, давать разбивку операций на выписке, отвечать на жалобы клиентов в установленные сроки, информировать клиента обо всех правах; также устанавливаются некоторые правила для рекламы

Regulation AA правило "дубль А" (США): распоряжение Совета управляющих ФРС, устанавливающее порядок рассмотрения жалоб потребителей на дискриминационную практику банков-членов ФРС

Regulation BB правило "дубль Би" (США): распоряжение Совета управляющих ФРС, исполняющее Закон о коммунальных реинвестициях (Community Reinvestment Act – см.); банки обязаны по этому закону представлять общественности отчет о местностях, которые они обслуживают, о типах кредитов, которые они готовы предоставлять, а также независимые отзывы о своем вкладе в развитие той или иной местности

Regulation CC правило "дубль Си" (США): распоряжение Совета управляющих ФРС, исполняющее Закон об ускоренной доступности средств 1987 г.;

устанавливает стандарты индоссирования чеков, инкассируемых депозитными учреждениями, для облегчения идентификации индоссирующих банков и быстрого возврата плохих чеков, а также процедуры возврата чеков и стандарты времени доступа клиентам к средствам после депонирования чеков в банке; первые 100 долл. от суммы чека, наличные взносы, правительственные и сертифицированные чеки должны быть доступны на следующий рабочий день, остальные – в течение 6 дней; см. Expedited Funds Availability Act

regulator регулирующий орган, орган надзора (например, банковского)

regulatory accounting principles (RAP) регулируемые учетные принципы: принципы и процедуры учета, введенные в 80-х годах Советом федеральных банков жилищного кредита для помощи ссудно-сберегательным ассоциациям со слабой капитальной базой выполнять требования к капиталу; они отличаются от общепринятых принципов (см. Generally Accepted Accounting Principles – GAAP) по ряду направлений: списание "goodwill" (см.) в течение более длительного времени, амортизация прибыли или убытка от актива в течение всего периода до истечения его срока, включение в капитал нереализованной прибыли от роста цены недвижимости, увеличение капитала путем продажи специальных сертификатов Совету (см. net worth certificates), включение в капитал субординированного долга и др. часть этих привилегий носит временный характер; см. Federal Home Loan Banks Board

rehabilitation реабилитация, восстановление: 1) = wage earner plan; 2) восстановление, реконструкция здания

rehabilitation loan восстановительный заем; разновидность займов МБРР с облегченными условиями для финансирования неотложного импорта (часто имеет "свободный" компонент, предназначенный доля продажи на валютном рынке)

rehypothecation перезакладывание: использование брокерами ценных бумаг клиентов в качестве обеспечения получаемого от банка кредита; также "брокерские кредиты" покрывают кредиты брокеров клиентам, обеспеченные также ценными бумагами клиентов; = broker's loan 2

reimbursement компенсация, возвращение, покрытие, "рамбурс"

reimbursement credit "рамбурсный" или возмещающий кредит: разновидность кредита при торговых расчетах в третьей стране; банк плательщика по его просьбе открывает аккредитив в пользу бенефициара в третьей стране в другом банке, а после предъявления последнему товарных документов и их оплате, "возмещает" этому банку соответствующие суммы

reimport реимпорт: импорт ранее экспортированных товаров (без переработки)

reinstatement восстановление: восстановление кредитного рейтинга заемщика до приемлемого уровня; восстановление рейтинга происходит в тех случаях, когда заемщик выполнил все обязательства и вычеркнут из списков неплательщиков

reinsurance перестрахование: размещение всего или части застрахованного риска среди других страховых компаний (первоначальный страховщик таким образом снижает уровень своего риска)

reintermediation реинтермедиация: приток денежных средств в банки и другие депозитные учреждения от конкурирующих небанковских финансовых институтов; это может быть связано с меньшим риском в связи со страхованием депозитов или с изменением уровня доходности см. disintermediation

reinvestment реинвестиции: инвестирование доходов от произведенных ранее инвестиций

reinvestment discount реинвестиционная скидка: скидка с цены, которую инвестиционный фонд предоставляет клиенту, использующему свою прибыль для покупки новых ценных бумаг того же типа

reinvestment privilege реинвестиционная привилегия: право акционера использовать дивиденды для покупки дополнительных акций на льготных условиях

reinvestment rate ставка реинвестирования: процентная ставка, по которой поступления от продажи ценной бумаги могут быть реинвестированы

reinvestment risk реинвестиционный риск: неуверенность в будущем уровне доходности и процентных ставок после истечения срока текущих инвестиций; 1) риск того, что банк не сможет реинвестировать процентные активы по тем же или просто текущим ценам; например, в случае погашения облигаций, в том числе досрочного, всегда есть риск, что деньги нельзя будет инвестировать по той же ставке (т. е. придется по более низкой); нужно учитывать, что при снижении уровня рыночных процентных ставок заемщики стремятся погасить кредит досрочно или рефинансировать по более низким ставкам; 2) риск того, что суммы полученных процентных платежей будут инвестированы на худших условиях, чем условия облигации

reinvestment warrant реинвестиционный варрант: облигационный варрант, дающий право на реинвестирование купонного дохода в облигации того же типа

re-issue выпустить вновь: ситуация, когда, например, переводный вексель в ходе деловых операций до срока вернулся к эмитенту или акцептанту и вновь запускается в обращение как свободно обращающийся инструмент

rejection отказ предоставить кредит, застраховать риск, принять поставку ценных бумаг, оплатить чек в силу их неправильного оформления; = credit denial

reject items отвергнутые инструменты: чеки, тратты, электронные платежи, которые в случае предъявления не оплачиваются по причине ошибок при оформлении, нехватке средств на счете, отсутствии указанного счете и других причин

Reka check чек Река: разновидность дорожного чека, выпускаемого Швейцарским туристическим фондом для поощрения внутреннего семейного туризма; продается со скидкой и используется для оплаты транспорта, отелей

related company родственная компания: компания, которая имеет участие или иной долгосрочный интерес в другой компании

relationship banking банковские услуги на основе тесных взаимоотношений с клиентом: концепция банковских услуг, когда менеджер счета пытается установить с клиентом тесный контакт, лучше понять и удовлетворить все его нужды; попытка перейти от пассивного ожидания запросов клиента к более активной форме прямой продажи услуг; особенно отчетливо это проявляется в программах частных банковских услуг; см. private banking; personal banker

relative value относительная стоимость: ценовая "привлекательность" финансового инструмента по сравнению с другим на основе анализа риска, доходности, ликвидности

release освободить, освобождение: 1) разблокировать (счет); 2) вернуть имущество; 3) письменное уведомление кредитора об отказе от требования, например, на собственность, которой был обеспечен кредит в результате возврата кредита или замены обеспечения; такое уведомление должно быть официально зарегистрировано

release clause условие возврата: условие ипотечного соглашения, предусматривающее возврат заложенной собственности по мере осуществления платежей

remainder последующее имущественное право

remainderman лицо, которое имеет будущий интерес к имуществу, которое находится в трасте; это может быть условный интерес (см. contingent interest), который реализуется после наступления определенного события, например, когда пожизненный пользователь или создатель траста умрет, или изначально заложенный интерес (см. vested interest), который начинает действовать после наступления определенной даты (например, пенсионный план); см. future interest

remargining пополнение маргинального счета: внесение дополнительной наличности или ценных бумаг для пополнения маргинального счета клиента у брокера (до требуемого уровня); см. margin account

Rembrandt bonds облигации Рембрандт: заем иностранного заемщика в Нидерландах в гульденах

remedy средство судебной защиты, средство защиты права: обычно поиск компенсации за урон через суд

remittance (Rem) денежный перевод, платеж: 1) оплата долга, погашение кредита наличными, чеками или другими свободно обращающимися инструментами; 2) денежные поступления от чека, направленного в другой банк на инкассацию

remittance letter = transfer letter

remittee получатель денежного перевода

remitter отправитель денежного перевода

remitting bank пересылающий банк: банк, который пересылает банку-корреспонденту или отделению чеки и другие платежные документы

remonetization ремонетизация: возврат к металлическому денежному стандарту (после демонетизации); возврат к товарно-денежным отношениям

remote disbursement = delayed disbursement

remote service unit (RSU) удаленный пункт обслуживания: электронный терминал (автоматическая кассовая машина), устанавливаемый банками США в торговых предприятиях и других местах для оперативного совершения их клиентами операций депонирования или изъятия денег со счета; см. point-of-sale (terminal) system

remuneration вознаграждение, оплата труда или услуг, зарплата; порядок вознаграждения директоров компании должен быть определен в уставе, а размеры утверждаются общим собранием акционеров и указываются в балансе компании (Великобритания)

rendement (Fr.) = income yield

renegotiated loan кредит, условия которого изменены в результате повторных переговоров из-за ухудшения финансового положения заемщика; обычно имеется в виду продление срока и снижение процентной ставки, чтобы избежать банкротства заемщика и необходимости списывать кредит или арестовывать и реализовывать обеспечение; = restructured loan; см. nonaccrual asset; troubled debt restructuring

renewal возобновление, замена, продолжение после перерыва: трансформация или продление кредитного соглашения (в том числе замена векселя с истекающим сроком новым), в результате которого старое обязательство ликвидируется путем создания нового

renewal bill вексель, выпущенный в замену другого векселя; замена переводного векселя новым с другим сроком

renewal coupon = talon

renounceable certificate 1) временное свидетельство о собственности; временный сертификат акции; 2) сертификат акции, который можно передать другому лицу

rent рента, арендная плата: 1) плата за пользование землей, зданиями, оборудованием 2) квартирная плата

rental сумма арендной платы, рентный доход

renter 1) наниматель, арендатор; 2) наймодатель, арендодатель (США)

rentes бессрочные французские правительственные процентные ценные бумаги (франц.)

rentes sur L'Etat = rentes

rentier рантье: лицо, получающее доход в результате владения теми или иными активами (в отличие от зарплаты)

renting back = lease-back

renunciation отказ от прав или от принятия ответственности; например, отказ от права на выделенные новые ценные бумаги путем оформления соответствующего документа; см. letter of renunciation

reopen issue "вновь открыть заем" (США): выпустить дополнительные казначейские облигации в рамках уже существующего займа вместо эмиссии нового

reorganization реорганизация: 1) реструктуризация компании в соответствии с главой 11 Кодекса о банкротствах США; любая компания, кроме банка и страховой фирмы, может подать заявление о таком банкротстве, представить план реорганизации бизнеса и вывода его из неплатежеспособного состояния; кредиторы не имеют права захватывать собственность таких банкротов; 2) комбинация более 2 компаний, которая создает новую корпоративную структуру, но оставляет без изменения составные части бизнеса; см. reconstruction

reorganization bond реорганизационная облигация: разновидность долговых обязательств, выпускаемых компанией на стадии реорганизации; обычно выдаются кредиторам, и процент платится только при наличии прибыли

repackaged securities "переупакованные" ценные бумаги: ценные бумаги, выпущенные на основе других бумаг, но с новыми характеристиками

repackaging переупаковка: разделение ценной бумаги на элементы (проценты, основная сумма, варранты) для продажи в качестве самостоятельных финансовых инструментов

repair and maintenance (R&M) ремонт и эксплуатация, расходы на ремонт и эксплуатацию

repatriation репатриация (капитала): возвращение активов, капитала, дивидендов в страну пребывания инвестора (из-за границы)

repayment выплата, возврат, погашение

repayment mortgage выплачиваемая ипотека: ипотека, проценты и основная сумма которой выплачиваются постепенно в течение определенного числа лет

repayment risk риск невозврата; = credit risk

repeat option business бизнес с опционом повтора: срочная операция с ценными бумагами, в которой одна из сторон (продавец или покупатель) имеет право повторно продать или купить такие же ценные бумаги по той же цене

replacement замещение, замена, восстановление, субститут

replacement capital капитал замещения: в "рисковом" финансировании выкуп инвестиционным учреждением участия директоров или основателей новой компании

replacement cost цена замещения: цена, по которой может быть куплен точно такой же актив

report (Fr.) = contango 1

reporting days отчетные дни: дни, по которым банки отчитываются перед ФРС о своих депозитах для целей подсчета резервных требований; в зависимости от типа депозита это делается раз в неделю, месяц и квартал

report of condition отчет о состоянии (США): баланс банка и некоторая другая информация о важнейших балансовых и забалансовых статьях; заверенные отчеты должны представляться в последний день квартала по требованию штатных или федеральных властей; см. = Reports of Condition and Income; call report

repossession восстановление владения: арест имущества, помещенного в залог кредита в случае невыполнения его условий в качестве последней меры воздействия на заемщика; например, выселение людей из дома, купленного с помощью ипотечного кредита, для последующей продажи его банком в погашение кредита; часто стоимость дома недостаточна для погашения кредита и человек остается должником (часто безработный, который не смог выплачивать кредит из-за потери работы)

represent 1) представлять чьи-либо интересы; 2) повторно или в третий раз предъявить к оплате чек или вексель после первоначального отказа

representative money представительные деньги: бумажные деньги, полностью обеспеченные драгоценными металлами

representative office представительство: банковское учреждение в иностранном государстве, представляющее интересы своей материнской компании и клиентов, но не проводящее конкретных операций (переговоры, сбор информации, завязывание контактов, техническое содействие); представительство обычно имеет всего несколько сотрудников; открытие представительства может быть вызвано запретом открытия отделений в данной стране или желанием изучить новый рынок

repricing установление новой цены: 1) фиксация процентной ставки на новый период в случае обязательств с плавающей ставкой; 2) продление срока срочного депозита или депозитного сертификата на новых условиях; см. interest-rate sensitive

reproductive debt воспроизводительный (репродуктивный) долг: часть национального долга Великобритании, обеспеченная реальными активами; например, государственные облигации, выданные в качестве компенсации бывшим владельцам национализированных предприятий

repudiation намеренный отказ от выполнения одного или всех условий контракта или от погашения долга; например, новое правительство отказывается от долгов предыдущего режима; отличается от моратория или невозможности выполнять обязательства

repurchase agreement (REPO) = sale and repurchase agreement

repurchase (redemption) price цена выкупа: цена, по которой инвестиционный фонд выкупает свои акции у инвесторов-клиентов; равна нетто-цене актива минус возможные комиссионные сборы и издержки

required balance см. compensating balance

required rate of return требуемый уровень дохода: уровень дохода, который требует инвестор при данном уровне риска; если ожидаемый доход ниже требуемого, то вложение капитала неприемлемо; см. hurdle rate of return; mean return

required reserves = reserve requirements

re-registration перерегистрация: перерегистрация компании; например, частная компания может стать публичной и наоборот, компания с ограниченной ответственностью - с неограниченной и наоборот

reschedule пересматривать условия долга: продлевать срок долга, конвертировать краткосрочный долг в долгосрочный

rescheduling пересмотр сроков погашения кредита (долга), в том числе сроков конкретных процентных или амортизационных платежей; см. multi-year rescheduling

rescind аннулировать, отменять: аннулировать или отозвать контракт, соглашение, решение, закон; см. right of rescission

rescission аннулирование, отмена, расторжение: акт аннулирования или отмены

rescriptions рескрипции (Швейцария): казначейские облигации (выпускаются правительством) и векселя (кантонами и общинами) со сроками до 4 лет; выпускаются для аккумулирования средств и регулирования ликвидности денежного рынка

research and development (R&D) исследования и разработки: статья расходов компании; могут быть чистые исследования, прикладные исследования с целью практического использования, разработки - производственное применение результатов исследований

research and development (R&D) limited partnership товарищество с ограниченной ответственностью, вкладывающее средства в исследования и разработки в обмен на участие в прибылях (США)

research department исследовательский отдел: отдел банка, брокерской фирмы или страховой компании, занимающийся анализом рынков, инвестиционных активов, рисков

reservable deposits резервируемые депозиты: депозиты (счета), на которые распространяются резервные требования центрального банка

reserve см. reserves

reserve account резервный счет: счет, который коммерческий банк держит в центральном банке для соблюдения резервных требований, а также для проведения расчетов с другими банками; в США банки торгуют избыточными резервами на таких счетах (такие депозиты называются федеральными фондами), а расчеты проводятся через специальную систему "Федуаэр"; см. federal funds; Fedwire; reserve requirements; borrowed reserves; total reserves; excess reserves; contemporaneous reserves

reserve assets резервные активы (Великобритания): активы британских банков, учитывавшиеся в 1971-1981 гг. для расчета коэффициента резервных активов (средства в Банке Англии, казначейские векселя, налоговые резервные сертификаты, ссуды до востребования, первоклассные коммерческие векселя, государственные облигации со сроками до 1 года); см. reserve assets ratio

reserve assets ratio коэффициент резервных активов (Великобритания): отношение резервных активов к "приемлемым" обязательствам, которое британские банки в 1971-1981 гг. должны были поддерживать на уровне 12,5 %; см. reserve assets; eligible liabilities

reserve authorities = central bank

reserve bank = central bank

Reserve Bank of Australia Резервный банк Австралии: центральный банк Австралии (создан в 1911 г.); эмиссионную монополию получил в 1920 г.; окончательно оформился как центральный банк и получил нынешнее название в 1960 г.

reserve capital резервный капитал; см. uncalled capital

reserve city "резервный" город (США): один из 12 городов, в которых расположены федеральные резервные банки

reserve city bank банк из резервного города (США): коммерческий банк, расположенный в городе, где есть федеральный резервный банк или его отделение кроме того, таким банком считается любой банк со срочными депозитами свыше 400 млн. долл.; существует Ассоциация банкиров из резервных городов; все остальные банки могут называться "деревенскими" банками; см. country banks

reserve currency резервная валюта: валюта, используемая правительствами и международными организациями в качестве валюты резервов; такая валюта широко применяется в международных торговых и финансовых операциях

reserve liability резервное обязательство: часть уставного акционерного капитала, которая может быть задействована только при ликвидации компании

reserve for loan losses = loan loss reserve

reserve liability резервное обязательство: обязательство акционера полностью оплатить его частично оплаченные акции

reserve ratio резервный коэффициент: отношение остатков на резервном счете к суммарным депозитам, на которые распространяются резервные требования; все банки (кроме мелких с депозитами менее 2,4 млн. долл.) должны поддерживать резервы на уровне 3 % неличных срочных и евровалютных депозитов и 12 % любых других депозитов; срочные депозиты со сроками более 1,5 лет освобождены от резервирования; см. reserve account; reserve requirement

reserve recognition accounting (RRA) система учета резервов, запасов природных ресурсов (нефти, газа)

reserve requirements резервные требования: требование центрального банка от коммерческих банков держать часть своих пассивов в форме наличности или вкладов в центральном банке; в США можно держать такие резервы также на транзитном счете в банке-члене ФРС; резервные требования используются в качестве инструмента денежно-кредитной политики для ограничения роста денежной массы и регулирования ликвидности банков и денежного рынка; см. borrowed reserves; excess reserves; fractional reserves; nonborrowed reserves; total reserves; multiplier

reserves резервы, средства, которые временно не используются в ожидании будущих платежей: 1) в бухгалтерском учете: часть нераспределенной прибыли, принадлежащая акционерам; 2) банковские резервы: первичные резервы - наличность, необходимая для работы банка, а также наличность и резервы в центральном банке (резервные требования); вторичные резервы - краткосрочные ликвидные активы; 3) резервы против сомнительных долгов; = loan loss reserves; 4) официальные золото-валютные резервы государства; 5) фонд для обслуживания долгового обязательства; = debt service fund

reserves for bad debts = provisions for bad debts

reserve tranche резервная транша (квота) в МВФ: разница между величиной квоты страны и суммой ее валюты в распоряжении МВФ; в пределах резервной квоты страна может автоматически получать иностранную валюту в обмен на национальную; резервная квота и кредиты МВФ расцениваются как резервная позиция страны и входят в ее официальные резервы

reset date дата изменения (фиксации) плавающей процентной ставки в долгосрочном свопе

reset swap вновь "настроенный" своп: разновидность свопа на базе формулы "мисмэтч", то есть имеется несовпадение сроков выплаты процентов и фиксации процентного периода; см. mismatch

residence место жительства, резиденция; см. official residence

resident резидент: 1) юридическое или физическое лицо, которое, с точки зрения налогообложения, валютного контроля, постоянно пребывает в данной стране и не считается иностранцем независимо от национальности; например, в Великобритании резидентом является человек, проживший в стране 183 и более дней в календарном году; если компания официально зарегистрирована, то для налогообложения не имеет значения, кто ее владельцы; 2) жилец; человек, проживающий в данном доме или регионе

resident account резидентский счет: счет, принадлежащий резиденту данной страны; в период существования валютных ограничений в Великобритании счет в фунтах стерлингов резидента страны стерлинговой зоны (были ограничения при переводе средств на нерезидентские счета)

residential energy credit жилищный энергетический кредит: федеральный налоговый кредит на оборудование индивидуальных жилищ энергосберегающими устройствами в США до 1986 г. (вычет из суммы налога)

residential mortgage жилищная ипотека: ипотечный кредит, обеспеченный домом, в котором живет от 1 до 4 семей

residential sterling резидентские фунты стерлингов: авуары в фунтах стерлингов, принадлежавшие резидентам стран стерлинговой зоны

residual остаток: разница между доходом, получаемым от пула ипотек в основе обеспеченных или ипотечных облигаций, и доходом, выплачиваемым по этим облигациям; может называться equity; эмитент получает положительную разницу

residual maturity остаточный срок: время, оставшееся до погашения кредита или долгового обязательства

residual securities "остаточные" ценные бумаги: конвертируемые облигации, варранты, права, которые могут превратиться в обыкновенные акции, что уменьшит прибыль в расчете на одну акцию

residual value остаточная стоимость: 1) стоимость актива в конце его полезной жизни; = scrap value; 2) стоимость реализации актива за вычетом издержек по продаже; 3) стоимость актива за вычетом амортизации; 4) ожидаемая или рыночная стоимость актива на момент окончания контракта аренды; рыночная цена определяется по соглашению или процедурой оценки; в аренде открытого типа (например, по автомобилям) арендатор в конце срока аренды имеет право купить актив по текущей рыночной цене; банковские холдинговые компании по правилу ФРС "Y" не могут принимать активы в обеспечение по остаточной стоимости свыше 25 % от цены первоначальной покупки актива; см. Regulation Y; open-end lease

resistance level уровень (точка) сопротивления: в техническом анализе уровень цены, при котором можно ожидать увеличения предложения и приостановки подъема конъюнктуры (обычно на уровне предыдущего "пика"); см. support level

Resolution Funding Corporation (RFC; Refcorp.) Финансовая корпорация для урегулирования: корпорация, созданная в США по закону 1989 г. при участии правительства для привлечения финансовых ресурсов для ликвидации обанкротившихся ссудно-сберегательных ассоциаций; корпорации разрешено выпустить 30-летние облигации с нулевыми купонами на общую сумму 30 млрд. долл. (еще 20 млрд. долл. заняло непосредственно Казначейство); облигации будут погашаться индустрией сберегательных учреждений, правительством и Трастовой корпорацией для урегулирования (см. ниже); см. Financial Institutions Reform, Recovery and Enforcement Act of 1989

resolution to borrow резолюция заседания совета директоров или общего собрания акционеров компании с ограниченной ответственностью, санкционирующая заимствования компании

Resolution Trust Corporation (RTC) Трастовая компания для урегулирования: корпорация, созданная в США по закону 1989 г. при участии правительства для передачи активов обанкротившихся ссудно-сберегательных ассоциаций здоровым финансовым учреждениям, а также для ликвидации плохих активов; Трастовая корпорация находится под контролем Федеральной корпорации страхования депозитов и управляет активами ассоциаций, ставших неплатежеспособными между 1989 г. и августом 1992 г.; источником финансовых ресурсов является Финансовая корпорация для урегулирования, кредитная линия на 5 млрд. долл. от Казначейства и федеральные банки жилищного кредита; после 1996 г. активы Трастовой корпорации должны быть переданы в Страховой фонд сберегательных ассоциаций; см. Financial Institutions Reform, Recovery and Enforcement Act of 1989; Savings Association Insurance Fund

respondent bank банк-респондент: обычно небольшой местный банк, который регулярно покупает услуги у банка-корреспондента (например, по обработке чеков, расчетам по ценным бумагам, валютным операциям), держит у него резервный счет, продает ему участия в кредитах, которые превышают легальный кредитный лимит для данного банка, и т. д.; = downstream bank; см. correspon-dent bank

response time время ответа: период времени в секундах между запросом об авторизации операции и ответом (например, при платеже кредитной карточкой)

resting order нерыночный ("выжидающий") приказ: приказ клиента брокеру о совершении сделки по цене, которая отличается от текущей

restitution реституция, возвращение, возмещение (убытков); например, возвращение владельцам ранее незаконно конфискованной собственности в ряде стран Восточной Европы

restore the balance sheet восстановить баланс: улучшить соотношение между капиталом и кратко- и долгосрочными заимствованиями

restricted account ограниченный счет (США): маргинальный фондовый счет, остаток на котором меньше минимальных требований "правилу Т" ФРС); по такому счету нельзя совершать покупки ценных бумаг, и требуется его пополнение; см. Regulation T; margin account

restricted asset ограниченный актив: счет или денежный инструмент с ограниченным доступом или возможностью изъятия; например, заблокированный счет; см. blocked account

restricted card list список "плохих" кредитных карточек; см. warning bulletin

restricted market ограниченный валютный рынок: валютный рынок, который в большой степени зависит от действий властей или в случае привязки курса валюты к валюте другой страны; тем не менее такой рынок остается рынком и валюта не называется заблокированной; см. blocked currency

restricted retained earnings = restricted surplus

restricted securities ограниченно обращающиеся ценные бумаги (США): ценные бумаги, не зарегистрированные Комиссией по ценным бумагам и биржам

restricted surplus часть нераспределенной чистой прибыли компании, которая по закону не может использоваться для выплаты дивидендов по обыкновенным акциям (например, невыплаченные дивиденды по кумулятивным привилегированным акциям)

restricted transferability (of shares) ограниченная обращаемость (акций): ограничение права передачи регистрируемых акций (или других ценных бумаг) из рук в руки – только с согласия компании-эмитента (для контроля за составом акционеров, защиты от попытки поглощения)

restricted-use credit agreement соглашение о кредите с ограничением использования: кредит, который должен использоваться только на оговоренные цели

restrictive business practices (RBPs) ограничительная деловая практика: действия, представляющие собой недобросовестную конкуренцию, попытку добиться монопольного положения

restrictive covenant ограничительное или негативное условие в кредитном соглашении; см. covenant; = negativ covenant

restrictive endorsement ограничительная передаточная надпись: индоссамент с условием "не приказу" или "платить только Х", не позволяющий ценной бумаге переходить из рук в руки; индоссант несёт обязательство только перед прямым индоссатом

restrictive trade practices ограничительная деловая (торговая) практика: действия по ограничению торговли, недобросовестная конкуренция, которые незаконны по Закону об ограничительной деловой практике 1956-1977 гг.

Restrictive Trade Practices Court Суд по рассмотрению ограничительной деловой практики (Великобритания); дела на рассмотрение этого суда выносит Управление добросовестной конкуренции; см. Office of Fair Trading

restructured loan реструктурированный кредит: кредит, условия которого были пересмотрены в ходе переговоров в связи с ухудшением финансового положения заёмщика; = renegotiated loan

restructuring реструктурирование кредита, долга: 1) = debt rescheduling; 2) = reconstruction

resyndication ресиндикация: повторная синдикация, т. е. повторная организация синдиката для выпуска новых ценных бумаг, осуществления какого-либо проекта

retail bank розничный банк: коммерческий банк, который обслуживает любую клиентуру, но прежде всего население, проводит множество мелких сделок и нуждается в широкой сети отделений

retail banking розничные банковские операции: предоставление банковских услуг населению, включая приём депозитов, предоставление потребительских кредитов, расчёты, ипотеки, пенсионные счета, расчёты, кредитные карточки; данные типы услуг зависят от большого суммарного объёма операций, так как индивидуальные операции обычно очень маленькие; многие нефинансовые учреждения пытаются пробиться на данный рынок и конкурируют с банками (например, по кредитным карточкам); в Великобритании называется "high-street banking"; см. high street banks; wholesale banking; investment banking

retail broker = commission house; wire house

retail business розничный бизнес; см. volume business

retail house = commission house; wire house

retail investor розничный инвестор: индивидуальный инвестор, который может вкладывать в финансовые инструменты только мелкие суммы; = small investor

retail price розничная цена: цена, по которой товар продаётся в розничном магазине (в отличие от оптовой цены)

retail price index (RPI) индекс розничных цен: стандартный показатель изменения потребительских цен в Великобритании подсчитывается ежемесячно на основе 100000 цен 600 товаров и услуг с взвешиванием в соответствии с долей в расходах населения

retail repurchase agreement розничное соглашение об обратной покупке: разновидность соглашений об обратной покупке финансовых инструментов, предлагаемая розничным клиентам; см. repurchase agreement

retained correspondence задержанная корреспонденция: корреспонденция банка клиенту, сохраняемая по приказу клиента в банке до особого распоряжения

retained earnings = retained profits

retained earnings statement документ, отражающий изменение суммы нераспределенной прибыли компании за отчетный период (в разбивке по различным статьям)

retained profits оставленная или нераспределенная прибыль: чистая прибыль компании, не распределенная среди акционеров и направленная в резервы или на другие цели; является частью капитальной базы компании

retention право удержания, удерживание, задержание, сохранение: 1) число новых ценных бумаг, выделенных участнику гарантийного синдиката, минус бумаги, переданные членам продающей группы или менеджеру эмиссии для удовлетворения запросов крупных институциональных инвесторов (т. е. бумаги, оставшиеся у члена синдиката); 2) = retained profits; 3) часть валюты, которую предприятия-экспортеры могут оставить себе (т. е. не продавать): валютные отчисления

retention rate процент удержания (сохранения): процент прибыли компании после вычета налогов, не распределяемой среди акционеров; см. dividend payout ratio

retire 1) погашать долговые обязательства; 2) изымать из обращения (старые банкноты); 3) уходить на пенсию или в отставку; retirement - 1) погашение ценных бумаг, долговых обязательств; 2) выход на пенсию

retirement savings account пенсионный сберегательный счет: сберегательный счет для лиц старше 60-65 лет с повышенной ставкой процента

retiring a bill изъятие векселя из обращения при его оплате

retract брать назад, отменять

retractable могущий быть отмененным: возможность досрочного погашения облигации по фиксированной цене; = bond with put; put bond

retractable bond облигация с возможностью отмены: облигация с купоном, который может быть изменен в конкретный срок, а держатель может принять новую ставку или погасить облигацию; = bond with put; put bond

retrocession обратная уступка, ретроцессия: передача (уступка) части комиссии, полученной банком, другому банку (агенту), который в той или иной форме участвовал в операции

return 1) возврат; 2) реализованный доход (прибыль) или убыток на вложенный капитал по ценным бумагам (обычно в процентной форме); 3) налоговая декларация

return items = returns

return on assets (ROA) доходность активов: чистая прибыль банка в процентном отношении к его суммарным активам; ключевой показатель прибыльности банка, характеризующий эффективность использования его активов

return on capital (ROC) доходность капитала: 1) чистая прибыль банка в процентном выражении к средствам акционеров (обыкновенным акциям); показатель прибыльности банка, характеризующий эффективность вложения его капитала; 2) денежные выплаты акционерам в результате продажи капитального актива, других операций, не связанных с нераспределенной прибылью

return on equity = return on capital 1

return on invested capital доходность инвестированного капитала: отношение суммарной прибыли компании до вычета налогов к ее собственному и заемному капиталу

return on investment (ROI) = return on invested capital

return on sales (ROS) доходность продаж: отношение чистой прибыли компании до вычета налогов к нетто-продажам (показатель операционной эффективности)

return on total assets доходность суммарных активов: отношение прибыли до вычета налогов к средней сумме активов

returns чеки или векселя, возвращенные в отделение банка, где они первоначально были предъявлены к оплате (например, в связи с неправильным оформлением)

restore the balance sheet восстановить баланс: улучшить соотношение между капиталом и кратко- и долгосрочными заимствованиями

Reuters Рейтер: информационное агентство, созданное в 1851 г. и ставшее публичной компанией в 1984 г.; крупнейший в мире поставщик деловой и финансовой информации деловому и информационному сообществу; 1300 журналистов в 150 странах, 200000 клиентов

Reuters Monitor System система Рейтер Монитор: международная электронная информационная система, дающая немедленный доступ на экране монитора к любым новостям, экономической информации, ценам 8000 акций; создана в 1973 г. и имеет 100000 подписчиков в 120 странах

Reuters Dealing система Рейтер Дилинг: международная электронная дилинговая система, дающая возможность торговли различными финансовыми инструментами; создана в 1981 г.; см. Dealing 2000

revaluation 1) ревальвация валюты: повышение курса валюты органами власти в условиях той или иной формы фиксированных валютных курсов для достижения определенных экономических целей; обычно это делается страной с большим активом текущего платежного баланса, 2) повышение курса валюты на рынке; 3) переоценка стоимости активов в соответствии с изменением курсов валют или цен; см. devaluation

revenue доходы, денежные поступления (главным образом о государственных доходах)

revenue anticipation note (RAN) обязательство под будущие доходы: краткосрочное долговое обязательство местного органа власти, которое будет погашено за счет будущих налоговых поступлений (США); доход по таким обязательствам обычно не облагается налогом

revenue bonds облигации под доходы: муниципальные или штатные облигации, основная сумма и проценты по которым выплачиваются из доходов от финансируемых с их помощью проектов (США); такие облигации не обеспечены всем имуществом или налоговыми поступлениями органов власти; см. general obligation bonds; = municipal revenue bonds

revenue neutral не оказывающий влияния на доходы государства: принцип проведения налоговой реформы, при котором увеличение одних налогов компенсируется уменьшением других

revenue reserves резервы из прибыли: резервы, которые созданы компанией или банком из прибыли, но по решению руководства могут быть распределены между акционерами; см. capital reserves

revenue sharing разделение доходов: распределение доходов между партнерами товарищества, между выше- и нижестоящими органами власти

reversal изменение, поворот на 180 градусов, отмена, аннулирование: 1) поворот тенденции движения цены (курса); 2) резкое падение цены (курса) после плохой новости; 3) ликвидация операции своп по взаимной договоренности сторон; 4) = writing a reverse

reversal patterns "обратные фигуры": фигуры движения цен (в техническом анализе), сигнализирующие о смене тенденции; см. saucer top/bottom; head-and-shoulders (top/bottom); V-bottom/top; ascending/descending triangle; double bottom/top

reverse повернуть обратно, изменить, отменить

reverse annuity mortgage (RAM) обратная рентная ипотека: ипотечный инструмент, позволяющий пожилому человеку получать пожизненную ренту в обмен на постепенную утрату прав на собственный дом (после смерти владельца дом переходит банку в уплату кредита)

reverse arbitrage обратный арбитраж: заимствования на рынке для оплаты банковского кредита в случае благоприятных процентных ставок; см. roundtripping

reverse auction обратный аукцион; = Dutch auction

reverse a swap ликвидировать своп: ликвидировать кредитный или облигационный своп путем проведения обратной операции

reverse conversion обратная конверсия: техника, используемая брокерами для получения дохода от ценных бумаг их клиентов; например, брокер может осуществить "короткую" продажу акций, вложить выручку в инструменты денежного рынка и захеджироваться покупкой опциона "колл" и продажей опциона "пут"

reverse floater = inverse floater
reverse FRN = inverse floater

reverse mortgage обратная ипотека: ипотечный кредит, по которому заемщик периодически получает от кредитора оговоренные суммы в зависимости от стоимости недвижимости, являющейся обеспечением кредита; такие схемы позволяют пополнять доходы пенсионерам, которые владеют собственностью; есть несколько видов таких ипотек: 1) пожизненная рента; см. reverse annuity mortgage; 2) единовременная продажа дома за наличные, но продавец получает право пожизненного проживания в нем; = life estate transaction; 3) продажа дома с одновременной его арендой; см. = sale and leaseback; alternate mortgage instrument; home equity credit

reverse pricing обратное ценообразование; = upside-down reverse pricing

reverse repurchase agreement (reverse REPO; RRP) покупка ценных бумаг с договоренностью о совершении через некоторое время обратной операции по фиксированной цене; фактически происходит предоставление краткосрочного кредита под обеспечение ценными бумагами; используются центральными банками для регулирования ликвидности денежного рынка; часто используются ФРС в качестве операций на открытом рынке, а фондовыми - дилерами для финансирования покупок ценных бумаг; см. dollar roll

reverse split обратный "сплит": увеличение номиналов акций путем трансформации определенного числа бумаг в одну (общая сумма капитала не изменяется, а число акций уменьшается); см. split

reverse swap обратный своп, который проводится для нейтрализации процентных или валютных рисков по другому свопу; обычно операция на вторичном рынке свопов для реализации прироста капитала (capital gains); может проводиться с иным партнером, чем в первом свопе; см. mirror swap

reverse switch обратный свитч: проведение обратных операций; см. switch

reverse takeover "обратное" поглощение; например, небольшая компания поглощает более крупную, частная - публичную и т. д.

reverse yield gap обратная разница в доходности; например, в Великобритании: ситуация, когда средняя доходность по правительственным облигациям с 1959 г. стала выше доходности по обыкновенным облигациям корпораций (традиционно было наоборот); разница обычно измеряется между доходностью 2,25 % Консолей (см. Consols) и доходностью по индексу Файненшл Таймс 30; см. yield gap

revival оживление: период, когда экономика выходит из депрессии

revocable letter of credit отзывный аккредитив, то есть банк-эмитент имеет право отозвать его; см. letter of credit

revocable stock exchange orders отзывные фондовые приказы: приказы клиента биржевому брокеру с ограничением цены, которые считаются действительными до отзыва (в любом случае до конца будущего месяца)

revocable trust отзывный траст: завещание приносящей доход собственности наследникам с возможностью в течение жизни изменить или отменить решение; завещатель остается владельцем и продолжает получать доходы, а после его смерти собственность автоматически переходит наследникам без процедуры подтверждения завещания; бенефициары траста могут пользоваться собственностью в период его действия; см. irrevocable trust

revoke отменять, отзывать, аннулировать

revolver "револьверный", возобновляемый: 1) кредитная линия, которая может быть многократно использована; 2) владелец кредитной карточки, который не оплачивает счета в течение льготного периода и пользуется кредитом; карточка используется для получения кредита; см. non-revolver; = revolving credit

revolving acceptance facility by tender (RAFT) среднесрочная кредитная программа, финансируемая выпуском банковских акцептов и размещаемая с помощью тендера (аукциона)

revolving charge account = revolving credit

revolving credit возобновляемый (револьверный) кредит: кредитное соглашение, позволяющее заемщику регулярно в течение определенного периода многократно получать кредит до некоторой максимальной суммы и в любое время погашать его; формы такого кредита могут включать: 1) кредитную линию компании, в том числе на основе выпуска векселей; 2) получение кредита физическим лицом с помощью кредитной карточки; банк обычно взимает комиссию за обязательство (commitment fee) и требует определенного остатка средств на счете; см. evergreen loan

revolving credit agreement постоянно действующее или возобновляемое кредитное соглашение: обязательство банка предоставить кредит клиенту на оговоренных условиях в течение некоторого периода

revolving credit facility (RCF) = revolving credit; revolver

revolving letter of credit револьверный аккредитив: аккредитив на определенную сумму, который автоматически возобновляется в течение оговоренного периода (не должна превышаться общая сумма)

revolving line of credit = revolving credit

revolving underwriting facility (RUF) револьверная (возобновляемая) среднесрочная кредитная программа на базе евронот с банковской поддержкой (обязательством купить бумаги в случае невозможности сбыть их на рынке); 3-7-летний кредит, финансируемый краткосрочными простыми векселями (евронотами); организатор займа собирает группу банков, которые гарантируют продажу евронот; см. note issuance facility; eurocommercial paper; back-up; Euronotes

Rialto Риальто: торговый зал Лондонской фондовой биржи (разг.); термин происходит от названия моста в коммерческом районе средневековой Венеции (Понти ди Риво Альто)

riba процент (арабское слово): запрещенное Кораном взимание процентов по кредиту; см. Islamic banking

rich богатый: 1) завышенный (о курсе ценной бумаги); 2) слишком высокий (о процентной ставке, не соответствующей риску)

ride the yield curve = play the yield curve

rigged market манипулируемый рынок: рынок, ценами которого незаконно манипулируют для привлечения покупателей или продавцов и извлечения прибыли

rigging a market манипулирование рынком с помощью определенной стратегии для получения спекулятивной прибыли

right право: право владельца акций компании на участие в новых выпусках ценных бумаг этой компании на льготных условиях; см. rights issue

right of foreclosure право получения титула собственности на имущество: право кредитора овладеть имуществом и лишить заемщика права выкупить заложенную для обеспечения кредита собственность в случае невыполнения последним своих обязательств

right of lien = lien 1

right of offset право зачета: право банка арестовывать депозиты (вклады) заемщика для погашения просроченного кредита

right of preemption = preemption right

right of redemption право выкупа: право заемщика вернуть заложенную или арестованную собственность путем оплаты долга, процентов, затрат на арест имущества; также право банкрота вернуть арестованные личные вещи путем уплаты за них рыночной цены

right of rescission право аннулирования: право отказаться от потребительского кредита или кредита, обеспеченного недвижимостью в течение трех дней после заключения соглашения без каких-либо штрафов (США); предусмотренная законом защита потребителя от принятия поспешных решений; см. Regulation Z

right of survivorship право выжившего: право одного из совладельцев собственности (супруга) стать единственным владельцем после смерти партнера

rights issue выпуск ценных бумаг для имеющих право выпуска обыкновенных акций (иногда других ценных бумаг) для размещения среди уже существующих акционеров по льготной цене; обычно право купить такие акции ограничено во времени; акционеры могут продать или просто не использовать свое право на эти акции

rights letter (of allotment) документ, дающий право акционеру компании участвовать в новом выпуске акций; в случае отказа от участия документ может быть продан

rights offering = rights issue

ring "круг", "ринг": 1) незаконное соглашение между участниками рынка с целью манипулирования ценами, вытеснения конкурентов и получения повышенной прибыли; 2) круг в центре торгового зала биржи (огороженный перилами), вокруг которого собираются биржевики (например, на Парижской фондовой бирже, Лондонской бирже металлов); см. pit; corbeille

ring trading = open outcry

rising bottoms поднимающиеся нижние котировки: повышательная тенденция движения конъюнктуры, при которой нижние значения ежедневных колебаний цен постоянно растут (в техническом анализе)

rising coupon bond облигация с повышающимся в соответствии с оговоренным графиком уровнем процентной ставки (купона)

rising star восходящая звезда: компания, чей кредитный рейтинг непрерывно повышается

risk риск: вероятность понести убытки или упустить выгоду; неуверенность в получении соответствующего дохода или убытка; существует множество классификаций рисков, например, капитальный риск - риск того, что невозврат кредитов ухудшит состояние капитала банка и ему придется выпускать новые акции; кредитный риск - риск невозврата кредита; риск поставки - риск непоставки финансового инструмента (иностранной валюты); валютный риск - риск потерь из-за изменения валютного курса; процентный риск - риск уменьшения дохода по активу и роста расходов по обязательству из-за изменения процентных ставок; риск ликвидности - риск нехватки наличности и краткосрочных активов для выполнения обязательств; операционный риск - риск того, что будет нарушена работа операционных систем банка и он не сможет вовремя выполнять обязательства; политический риск - риск того, что политическая нестабильность в стране приведет к невыполнению обязательств по кредитам (если государственных - "суверенный" риск); риск платежной системы (системный риск) - риск того, что банкротство или неспособность функционировать крупного банка вызовет цепную реакцию в банковской системе; см. actuarial /basis /capital /country /credit /delivery /exchange /inflation /interest rate /inventory /liquidity /manufacturing /operations /payments system /political /refinance /reinvestment /settlement /sovereign /systemic/ underwriting /investment risk and risk of principal

risk arbitrage рисковый арбитраж: арбитражные сделки, в которых присутствует риск; например, игра на акциях участников слияния или поглощения в отличие от игры на разнице в ценах; акции поглощающей компании могут продаваться, а поглощаемой - покупаться; см. take-over arbitrage

risk assets рисковые активы: 1) банковские активы, стоимость которых подвержена изменениям в соответствии с изменениями рыночной конъюнктуры или качества кредита; 2) акционерный капитал, который может быть субординирован (подчинен) требованиям держателей облигаций данной компании

risk assets ratio коэффициент "рисковых" активов: отношение откорректированной капитальной базы (собственных средств) банка к активам, взвешенным в соответствии с уровнем риска; см. adjusted capital base; = risk-based capital ratio

risk averse не расположенный к риску (не приемлющий риск); здравомыслящий инвестор всегда выбирает меньший риск при равном доходе, а повышение риска всегда требует увеличения вознаграждения

risk-based capital капитал на основе риска: определение структуры капитальной базы на основе уровня риска ее различных частей; это делается для укрепления капиталов банков, стимулирования поддержания большей ликвидности и учета объема забалансовых обязательств при расчете достаточности капитала; в США с 1993 г. собственный капитал должен составлять 8 % активов (ранее 5,5 %), в том числе 4 % - капитал первого уровня (обыкновенные и неаккумулируемые привилегированные акции) и 4 % - капитал второго уровня (другие разновидности капитала, включая резервы против плохих кредитов, бессрочные привилегированные акции); см. Tier 1 capital, Tier 2 capital, risk assets ratio, Basle Committee

risk-based capital ratio коэффициент "рисковых" активов или рисковый капитальный коэффициент: отношение откорректированной капитальной базы (собственных средств) банка к активам, взвешенным в соответствии с уровнем риска (в США равен 8 %); различным активам присвоены следующие веса по уровню риска: 0 % - наличность, золото, государственные обязательства; 20 % - срочные депозиты, чеки на инкассации, другие обязательства со сроками менее 1 года; 50 % - ипотеки, муниципальные облигации; 100 % - кредиты нерезидентам, потребительские кредиты, валютные контракты, совместные предприятия, облигации, обеспеченные ипотеками; банковские холдинги с активами менее 150 млн. долл. в США не обязаны придерживаться установленного законом коэффициента рисковых активов; = risk assets ratio

risk-based deposit insurance страхование депозитов с учетом риска: механизм увязки размеров платежей депозитных институтов (банков) в фонд страхования депозитов с степенью рискованности их активов; учреждения с более рискованными активами должны платить больше, так как вероятность банкротства и задействования системы страхования депозитов выше; с другой стороны, часто сложно требовать с ослабленного банка более высоких страховых премий

risk capital "рисковый" капитал: 1) = venture capital; 2) капитал, вложенный в акции, другие ценные бумаги или финансовые активы; 3) акционерный капитал, который может быть потерян, если компания прогорит

riskless transaction операция, которая не несет риска и гарантирует прибыль (например, арбитраж на разнице в ценах)

risk management управление риском: совокупность методов и инструментов минимизации риска: 1) процедуры уменьшения различного рода рисков, с которыми банк сталкивается в своей деятельности; это достигается использованием различных методов анализа и мониторинга рисков, их хеджирования и страхования; 2) услуга, предлагаемая банками их корпоративным клиентам для контроля за различными видами рыночных и кредитных рисков на основе широкого набора методов и инструментов

risk of principal риск принципала: риск снижения стоимости вложенного капитала, риск потерять вложенные средства

risk participation рисковое участие: участие банка в условных или забалансовых обязательствах типа банковских акцептов или резервных аккредитивов; такое участие может быть продано, но банк-зачинатель сохраняет обязательства перед бенефициаром; в случае неплатежа такие пассивы не рассматриваются в качестве капитала банка

risk premium рисковая премия: разница между ожидаемым доходом по активу и доходом по лишенным риска инвестициям

risk prior to delivery = manufacturing risk

risk spread распределение риска, например, путем диверсификации инвестиций или кредитов и сбалансирования рисков

risk-reward награда за риск: анализ корреляции между риском и доходностью в попытке получить наибольший доход при наименьшем риске

roadshow дорожное шоу: презентация компании, нового фонда или эмиссии ценных бумаг, которая делается самой компанией и ее инвестиционными советниками в основных финансовых центрах, где есть надежда привлечь инвесторов

Robert Morris Associates "Роберт Моррис ассошиитс": организация кредитных менеджеров коммерческих банков и сберегательных учреждений (г. Филадельфия)

rock bottom "каменное дно": уровень, ниже которого цены не будут падать

rocket scientist "ракетный ученый": сотрудник банка или брокерской фирмы, занятый операциями на финансовых рынках на основе компьютерных программ и других технических методов, разработкой новых финансовых инструментов и операций

roll-down "ролл-даун": замена одной опционной позиции другой — с более низкой ценой исполнения (первая позиция закрывается)

roll-down and forward "ролл-даун энд форвард": замена одной опционной позиции другой — с более низкой ценой и далеким сроком исполнения (первая позиция закрывается)

roller coaster "американские горки": большие подъемы и спады цен акций в течение дня или недели

roll-forward = rolling over

rolling coupon formula = mismatch bonds

rolling hedge возобновляемый хедж: хеджирование с помощью возобновляемой срочной операции (среди последовательных контрактов, когда закрытие одной позиции означает открытие другой)

rolling over замена (закрытие) ранее открытой опционной позиции новой с более далеким сроком или более высокой ценой исполнения; см. roll-down and forward; roll-up and forward

rolling-rate note облигация с плавающей ставкой, фиксируемой через нестандартные промежутки времени

rolling stock подвижной состав: транспортные машины (локомотивы, вагоны, грузовики)

roll-over ролл-овер, возобновление: 1) продление срока кредита путем его возобновления: производится техническое погашение кредита с одновременным предоставлением нового (в т. ч. на новых условиях); 2) перевод средств из одной формы инвестиций в другую; 3) срочный депозит или депозитный сертификат, который после истечения его срока возобновляется по превалирующей в данный момент процентной ставке; 4) продажа и покупка иностранной валюты на один рабочий день; например, это может быть однодневный ролл-овер; = spot next; tomorrow next; см. swap, short date forward

roll-over credit ролл-оверный или возобновляемый кредит: средне- и долгосрочные международные финансовые кредиты с плавающей процентной ставкой (фиксация ставки происходит каждые 3-6 месяцев)

roll-over date дата ролл-овера: период очередной фиксации плавающей ставки по кредиту

roll-over mortgage ролл-оверная (возобновляемая) ипотека: ипотечный кредит с плавающей ставкой или периодическим рефинансированием; широко распространен в Канаде (Canadian Rollover mortgage); = renegotiable rate mortgage

roll-up "ролл-ап": замена одной опционной позиции другой – с более высокой ценой исполнения (первая позиция закрывается)

roll-up and forward "ролл-ап энд форвард": замена одной опционной позиции другой – с более высокой ценой и далеким сроком исполнения (первая позиция закрывается)

roll-up funds офф-шорные инвестиционные фонды, которые реинвестируют доходы пайщиков, т. е. прибыль реализуется только при ликвидации вложения в форме прироста капитала

roly poly certificate of deposit депозитный сертификат "роли-поли" (пудинг с вареньем): долгосрочный депозитный сертификат, который состоит из серии шестимесячных сертификатов, которые регулярно возобновляются по определенным датам (название происходит от обычая делать пудинг на день рождения); покупатель такого инструмента держит его до истечения полного срока, а продаются они обычно минимальными суммами по 5 млн. долл.

Romalpa "Ромалпа": условие контракта о том, что собственность на товары не переходит к покупателю до окончательного совершения платежа; название происходит от судебного дела, в котором фигурировала фирма "Ромалпа" и решение по которому дало прецедент таким оговоркам

rounding округление: 1) в банковском бизнесе обычно допускается округление годовой процентной ставки до 1/8 % от точной процентной ставки; 2) в практике финансовых рынков: округление или сокращение рыночных котировок до ближайшего целого числа

rounding top/bottom = saucer top/bottom

round lot стандартная (минимальная) сделка: единица торговли на финансовом или товарном рынке; на Нью-Йоркской фондовой бирже стандартная единица торговли составляет 100 акций, 1000 или 5000 долл. по облигациям (по неактивным акциям может быть и 10 акций); в институциональной торговле стандартной считается сделка в 500 акций; на внебиржевом рынке депозитных сертификатов стандартная сделка составляет 1 млн. долл.; цены по стандартным сделкам обычно немного ниже; см. odd lot; differential 2

round tripping 1) вид процентного арбитража (Великобритания): получение кредита и его помещение в депозит для получения выигрыша в процентных ставках; 2) купля ценной бумаги, товара, опционного или фьючерского контракта с последующей продажей в течение короткого времени

round trip trade = round tripping 2

round turn 1) разовая комиссия брокеру при ликвидации срочной позиции; 2) завершенная фьючерсная операция (осуществлена поставка или зачет)

royal charter королевский устав: создание юридического лица по решению монарха, то есть устав компании утверждается королем или королевой (устаревшее понятие)

Royal Exchange Королевская биржа (Великобритания): основана в Лондоне в 1565 г. Т. Грэшамом; до 1920 г. представляла собой валютную биржу; с 1982 г. в ее помещении функционировала срочная биржа ЛИФФЕ (теперь переехала); см. London International Financial Futures Exchange

Royal Mint Королевский монетный двор (Великобритания): единственный производитель монет с середины XVI в.; находится под контролем министра финансов; изготавливает монеты и медали по заказу иностранных правительств

royalty 1) компенсация за использование патента, авторского права, собственности другого лица в виде определенного процента отчислений от объема продаж; 2) плата за право разработки природных ресурсов, за концессию (разновидность налога)

rubber check "резиновый" чек (разг.): чек, не обеспеченный средствами на счете, "плохой" чек; хорошему клиенту банк может оплатить такой чек, но клиент будет обязан заплатить соответствующий процент и штрафные санкции; = bad check; bounced check

Rule 394 правило 394 (США): правило Нью-Йоркской фондовой биржи, согласно которому все сделки должны были заключаться через "специалистов" (в настоящее время отменено); см. specialists

Rule 396 = nine-bond rule

Rule 405 правило 405 Нью-Йоркской фондовой биржи об этике взаимоотношений биржевиков с клиентами: брокер должен знать финансовое положение и особенности деятельности своего клиента, чтобы предложить ему оптимальный совет; см. know your customer rules

Rule 415 = shelf registration

rule of 72 правило цифры 72: упрощенный способ вычислить срок удвоения суммы при начислении сложных процентов по фиксированной ставке - 72 делится на ставку процента, и получается срок удвоения капиталовложения; например, при 3 % годовых он будет равен 72: 3= 24 (года)

rule of the 78's правило 78-х: правило расчета ежемесячного платежа процентов по покупке (ссуде) в рассрочку; поскольку сумма цифр от 1 до 12 (число месяцев в году) составляет 78, то в первый месяц выплачивается 12/78 суммы годовых процентов, во второй - 11/78 и т. д. до 1/78 (т. е. процентные платежи постепенно уменьшаются и равномерных взносах по погашению основной суммы долга); = Sum of the Digits; см. add-on interest; discounted interest

Rules of Fair Practice Правила добросовестной конкуренции Национальной ассоциации дилеров по ценным бумагам (США); регулируют деятельность членов ассоциации, их взаимоотношения с клиентами, а также ведет борьбу с мошенничеством и злоупотреблениями

run 1) список ценных бумаг (с текущими ценами), которыми торгует биржевик, поддерживающий ("делающий") рынок; лист цен покупателя и продавца, предлагаемых дилером; 2) = run on a bank

Run девять крупнейших американских банков, чьи депозитные сертификаты считаются равного качества и взаимозаменяемы

runaway gap "убегающий" разрыв в ценах на графике технического анализа (примерно в середине быстрого подъема или падения цены)

rundown информация, список, перечень ценных бумаг

runner = smurf

running последовательный, непрерывный (о цифрах)

running ahead "бежать впереди": незаконная практика заключения фондовым брокером сделок за свой счет до исполнения приказов клиентов (США)

running broker "бегущий брокер": вексельный брокер, который служит посредником между учетными домами и коммерческими банками (Великобритания); см. discount house

running costs текущие издержки: операционные издержки, включая сырье, энергию, рабочую силу (исключаются капиталовложения, исследования, сбыт)

running days последовательные дни, включая субботы и воскресенья (в отличие от рабочих дней)

running margin играть на марже (спреде): одновременно занимать и давать взаймы для выигрыша на разнице в процентных ставках

running yield = flat yield

runoff 1) уменьшение кредитного портфеля в связи с погашением кредитов; этот процесс ускоряется при снижении процентных ставок, так как заемщики стремятся рефинансироваться; 2) досрочное изъятие денег со срочного счета, например, для прямых инвестиций в ценные бумаги; 3) печатание на ленте тикера цен на закрытие рынка (США)

run on a bank "набег" на банк: массовое изъятие вкладчиками депозитов из банка в связи с сомнениями в его финансовом положении или другими событиями (слухами о повышении цен или денежной реформе, политической нестабильности); "тихий набег" (silent run) связан с переходом клиентов в другой банк для получения более высокого дохода; без помощи регулирующих органов или других банков результатом "набега" может быть банкротство банка

Russian equity trust (RET) русские трастовые акции; форма вторичной торговли российскими акциями за рубежом

Russian depositary receipts (RDR) русские депозитные расписки; форма вторичной торговли российскими акциями за рубежом; см. American depositary receipts

Russo-Iran Bank Русско-Иранский банк (первоначально Русско-Персидский банк): банк с советским капиталом, действовавший в Тегеране с 1923 г.; в 1980 г. национализирован иранскими властями

Russo-Mongolian Commercial Bank Русско-монгольский коммерческий банк: банк с советским капиталом, действовавший в Урге (Улан-Баторе) в 20-е г.

S

S облигации с полугодовым циклом выплаты процентов

safe custody безопасное хранение: 1) безопасное хранение банком или другим кредитно-финансовым институтом ценностей, принадлежащих клиентам; 2) = safe deposit box; 3) = safe custody account; 4) check safekeeping

safe custody account счет безопасного хранения ценных бумаг, сертификатов акций, других ценностей клиента в банке; отличается от хранения ценных бумаг для целей торговли; см. custody; safe custody; open safe account; sealed safe custody account

safe deposit box небольшой запирающийся сейф в хранилище ценностей банка, который за плату сдается в аренду клиенту (для хранения документов, ценных бумаг, драгоценностей); доступ к сейфу возможен с помощью двух ключей (один у клиента и другой у банка) и карточки с подписями; банк обычно не знает о содержимом сейфа, см. dual control; signature card

safeguarding interests "охраняя интересы": фраза, используемая в крупных фондовых сделках, которые исполняются брокером на лучших условиях; означает, что брокер может временно воздержаться от сделки, если выполнение приказа может изменить уровень цен во вред клиенту

safe harbor "безопасная гавань": 1) положение закона, позволяющее избежать ответственности, если тот или иной поступок совершен честно, без умысла (например, составление прогноза движения конъюнктуры); 2) правило Комиссии по ценным бумагам и биржам США (10b-18), позволяющее компаниям покупать собственные акции без обвинения в манипуляциях; = safe harbor rule; 3) разновидность защиты от попытки поглощения путем приобретения жестко регулируемого властями предприятия (это делает поглощение материнской компании непривлекательным и создает "безопасную гавань"); 4) финансовые и бухгалтерские мероприятия, позволяющие избежать юридических и налоговых последствий; например, использование льготной программы ускоренной амортизации оборудования - оборудование приобретается для снижения налогового бремени и тут же сдается в аренду по приемлемой цене компании, которая сама не могла участвовать в такой программе

safe harbor rule = safe harbor

safekeeping = safe custody

safekeeping certificate сертификат хранения: документ о собственности на ценные бумаги или депозитные сертификаты, переданные номинальному владельцу; см. nominee

safety and soundness безопасность и надежность: главные цели государственного регулирования финансовых рынков и банковской системы

safety net "сеть безопасности": государственная или частная система обеспечения стабильного функционирования финансового рынка, банковской системы; термин также применяется относительно социальной защиты населения

saitori сайтори (разновидность членов фондовой биржи - яп.): члены бирж Токио, Осаки и Нагои, посредничающие в операциях между другими биржевиками (не имеют дела с клиентурой и не торгуют за свой счет)

salary account разновидность текущего счета в банке, на который регулярно поступает зарплата или пенсия

salary reduction plan план сокращения зарплаты: добровольный сберегательный план, в рамках которого из зарплаты работника автоматически вычитается определенная сумма для инвестирования в банковские сберегательные счета, взаимные фонды, счета денежного рынка, ценные бумаги с отсрочкой уплаты налогов; = 401(k) savings plan

sale 1) продажа; 2) распродажа: сезонное снижение цен в розничной торговле в целях стимулирования сбыта и сокращения запасов неходовых товаров

sale and lease-back (S&L) = lease-back

sale (and) repurchase agreement (REPO; RP) соглашение о продаже и обратной покупке (РЕПО): соглашение о продаже ценных бумаг с совершением через определенное время обратной сделки по оговоренной цене (фактически краткосрочный кредит); широко используется центральными банками для регулирования денежного рынка (ФРС - на сроки до 15 дней), а коммерческими фирмами - для максимизации прибыли от инвестиций в ценные бумаги; = buy-back agreement; matched sale and repurchase agreement

sale docket продажная квитанция: документ, который расчетная система Лондонской фондовой биржи выдает брокеру-продавцу, - при поставке ценной бумаги к ней прикрепляют данную квитанцию, чтобы расчетный центр мог определить, о какой сделке идет речь

sales charge продажный сбор: комиссионный сбор, уплачиваемый инвестором брокеру при покупке или продаже участия во взаимном инвестиционном фонде, если брокер дает рекомендации, когда продавать или покупать дополнительные акции (ставка обычно начинается с 8,5 - 10 % и уменьшается с ростом капиталовложения); см. load fund; noload fund; front-end load; backend load

sales finance company компания финансирования продаж или акцептная компания (США): финансовая компания покупает краткосрочные обязательства фирм, торгующих потребительскими и другими товарами (например, автомобилями); см. finance company (2)

sales literature рекламная литература для продажи банковских услуг: брошюры, буклеты, проспекты, рекламирующие услуги банка или информирующие о различных финансовых инструментах

sales load = sales charge

sales tax налог на продажи: налог, уплачиваемый потребителем при совершении покупок (устанавливается по единой ставке для всех товаров, кроме освобожденных от налогообложения)

Sallie Mae = Student Loan Marketing Association

salvage вознаграждение за спасение судна или товара

salvage value = residual value

salve errore et omissione (SE&O) "за исключением ошибок и пропусков" (лат.): просьба банка к клиенту проверить счет с сохранением за банком права позднее исправить обнаруженные ошибки

same day funds однодневные средства: операции с расчетом в тот же день; деньги, которые можно изымать или переводить в день инкассации; например, деньги при расчетах через Fedwire (см.) или CHIPS (см.) могут использовать в тот же день, а через автоматические клиринговые палаты - на следующий день; см. next-day funds

same day settlement расчет в тот же день: расчет в день заключения операции

same day substitution замена в тот же день: взаимозачитывающиеся изменения счета клиента у фондового брокера в течение одного дня (равные купля и продажа, взаимозачитывающиеся повышение и снижение стоимости разных ценных бумаг, предложенных в качестве обеспечения)

sample образец (товара): небольшая часть товара, демонстрирующая его качество

sample grade минимально приемлемое качество товара при поставке по срочному контракту

Samurai bonds облигации "Самурай" (Япония): иностранные облигации в японских иенах, публично эмитированные нерезидентами на внутреннем финансовом рынке Японии; могут приобретаться нерезидентами

Samurai CP "коммерческие бумаги Самурай" (Япония): среднесрочные программы выпуска иеновых векселей ("коммерческих бумаг") нерезидентами на внутреннем рынке Японии

sandwich coin = clad coin

sans recours = without recourse

Sarakins саракины: нерегулируемое кредитное учреждение в Японии; специализируется на кредитовании потребительских покупок

satellite banking "спутниковая" организация банковского дела; мелкие отделения-спутники группируются вокруг крупного отделения, которое предоставляет более широкий круг услуг

satisfaction of mortgage удовлетворение ипотеки: документ, свидетельствующий о том, что заемщик полностью погасил кредит; = discharge of mortgage; mortgage release

satisfactory удовлетворительный: о кредите, платежи по которому делаются своевременно, все условия выполняются, обеспечение оценено правильно и все идет в соответствии с кредитным соглашением

Saturday night special "сюрприз для субботнего вечера": внезапная попытка поглощения компании в США путем публичного предложения купить акции по фиксированной цене (часто производилась в конце недели); закон Вильямса 1968 г. ограничил данную практику и обязал сообщать о приобретении пакета акций свыше 5 % капитала

saucer top/bottom фигура движения цен (в техническом анализе), напоминающая перевернутое или обычное блюдце (плавные подъем и снижение или снижение и подъем цен)

Saudi Arabia Monetary Agency (SAMA) Валютное агентство Саудовской Аравии: учреждение, выполняющее в Саудовской Аравии основные функции центрального банка

save-as-you-earn (SAYE) "сберегай, зарабатывая" (Великобритания): различные системы сбережений населения (ежемесячные отчисления из зарплаты на льготных условиях)

saving сбережение: отвлечение финансовых ресурсов от потребления, отложенное потребление; в отличие от тезаврации (см. hoarding) сбережение подразумевает активное использование денежных средств, в т. ч. через финансово-кредитную систему

savings account сберегательный счет: счет в банке, приносящий проценты и предназначенный, как правило, для сбережений населения; число и характер операций по такому счету обычно ограничены (особенно перевод средств на счета других лиц – например, не более 3 раз в месяц), а средства поступают регулярно и небольшими суммами; может быть срочным и до востребования; см. statement savings account; passbook account; money market deposit account; savings deposit

savings account loan кредит по сберегательному счету: кредит, обеспеченный сберегательным счетом; = passbook loan

savings and loan association (S&L) ссудно-сберегательная ассоциация (США): разновидность сберегательных учреждений кооперативного типа, принадлежащих пайщикам или вкладчикам ("взаимная" разновидность); такие ассоциации традиционно аккумулируют сбережения населения и финансируют жилищное строительство (по закону такие кредиты должны составлять 70 % всех кредитов), а в настоящее время по своим функциям сближаются с банками, получают акционерную форму; впервые возникли в XIX в.; могут быть зарегистрированы на штатном или федеральном уровне (в последнем случае регулируются Федеральным советом банков жилищного кредита); = thrift institution; building society (UK)

Savings Association Insurance Fund (SAIF) страховой фонд Сберегательной ассоциации (США): фонд страхования депозитов до 100000 долл. для сберегательных учреждений, управляемый Федеральной корпорацией страхования депозитов; преемник Федеральной ссудно-сберегательной страховой корпорации по закону 1989 г.; см. Financial Institutions Reform, Recovery and Enforcement Act

savings bank (SB) сберегательный банк: кредитно-финансовое учреждение, принимающее мелкие вклады населения, инвестирующее в жилищные ипотеки и надежные ценные бумаги, а также обычно предлагающее расчетные услуги, кредиты и т. д.; см. building society

savings bank life insurance (SBLI) страхование жизни сберегательными банками (США): различные виды страхования жизни, предлагаемые сберегательными банками в штатах Нью-Йорк, Массачусеттс и Коннектикут

savings bond (SB) сберегательная облигация для продажи населению; в США такие облигации выпускаются в форме правительственных бумаг с номиналами от 50 долл. до 10000 долл. со сроками 10 лет; доход освобожден от местных налогов, а федеральный налог взимается только при погашении (бумаги с истекающими сроками можно обменивать на новые); процентная ставка базируется на рыночных ставках; продаются через федеральные резервные банки, другие финансовые институты, такие облигации существуют в форме серий "ЕЕ" и "НН"; серия "ЕЕ" выпускается на дисконтной основе, ставка определяется как 85 % среднерыночной ставки по казначейским бумагам с погашением через 5 лет или по цене на момент покупки, если она выше; освобождены от всех налогов, если используются для образовательных целей; серия "НН" выпускается с процентным доходом, сроком 10 лет, номиналами 500 и 10000 долл. и продается только резервными банками в обмен на облигации "ЕЕ", сберегательные ноты (так называемые "акции свободы")

savings book account = passbook account

savings certificate сберегательный сертификат: 1) сертификат-свидетельство на срочный депозит с фиксированной процентной ставкой; розничный депозитный сертификат обычно на суммы 500 долл. и больше; не является свободно обращающимся инструментом; владельцу выдается расписка; 2) заемный инструмент со ставками, привязанными к казначейским векселям (США); = all savers certificate; money market certificate; small saver certificate

savings club см. club account

savings deposit сберегательный депозит: деньги, положенные на срок на сберегательный счет; см. savings account

savings passbook сберегательная книжка: книжка, выписываемая банком на имя владельца сберегательного счета для регистрации поступлений и изъятий

savings passbook for young people сберегательная книжка для молодежи (например, в Швейцарии для лиц моложе 20 лет); выдается владельцам сберегательного счета с повышенной ставкой процента или налоговыми льготами

savings ratio норма сбережения: доля личных доходов, которая идет на сбережение, а не на потребление

scale 1) ставка зарплаты; 2) подробные данные о выпуске серийных облигаций: срок, цена, ставка, число облигаций (США); 3) шкала ставок или комиссий банка по различным операциям

scale order приказ со шкалой цен (США): приказ клиента брокеру о совершении сделки с указанием общей суммы и сумм при конкретном уровне цен; например, купить 1000 акций при цене 500 долл., 900 - при 510, 800 - при 520 долл. и т. д.

scale trading инвестиционная стратегия, предполагающая покупку определенного числа акций при снижении цены на оговоренную величину (например, полпункта) и последующую продажу такого числа акций при повышении цены на большую величину (например, полный пункт)

scalper "скальпер" (США): 1) спекулянт на срочной бирже, обычно открывающий и закрывающий позицию в течение дня; 2) участник фондового рынка, который завышает или занижает цены при сделках с клиентом либо использует свои советы клиентам как средство увеличения прибыли по собственным сделкам

Scandinavian Monetary Union Скандинавский валютный союз (1873-1914 гг.): валютный союз Швеции, Норвегии и Дании, основывавшийся на едином золотом стандарте и единой валюте (кроне)

scenario analysis сценарный анализ: просчет прибыльности проекта при различных условиях, например, при изменении процентных ставок или других экономических факторов

schedule опись, список, перечень, расписание, таблица, график: 1) перечень процентных ставок, уплачиваемых по различным видам депозитов; 2) условия счета: минимальный остаток, ставка размера комиссий за различные услуги; 3) = scheduled items

schedule 13D форма 13Д: форма, которую по Закону о торговле ценными бумагами 1934 г. (США) необходимо заполнить в течение 10 дней после приобретения 5 % и более акций компании (содержит информацию о покупке и намерениях покупателя); представляется в Комиссию по ценным бумагам и биржам, соответствующей бирже или самой компании

scheduled items активы в специальном списке: кредиты и другие активы, по которым существуют проблемы - неплатежи, неверное оформление в регулярном отчете банка проходит под заголовком "adversely classified assets" (см.); см. call report

scheduled territories = sterling area

school fees insurance страхование платы за школьное обучение: страховой полис, который должен дать деньги на оплату обучения после истечения его срока или после смерти застрахованного лица

Schweizerische Effekten-Giro AG (SEGA) швейцарская клиринговая (расчетная) система для ценных бумаг (создана в Базеле в 1970 г.); выступает центральным депозитарием для ценных бумаг

scorched earth "выжженная земля" (США): техника защиты от попытки поглощения, которая может включать продажу наиболее прибыльных дочерних компаний, реструктуризацию долга таким образом, чтобы срок погашения наступил сразу после поглощения; все это призвано сделать поглощение непривлекательным; см. crown jewels; poison pills

S-corporation см. subchapter S

Scottish coinage шотландская денежная (монетная) система (до Англо-шотландской унии 1707 г.); 1 английское пенни приравнивалось 1 шотландскому шиллингу

screen-based market = over-the-counter market

screening stocks поиск ценных бумаг с необходимыми характеристиками на экране компьютера

scrap value = residual value 1

scrip 1) сокращение слова "подписка" (subscription); 2) документ, податель которого должен что-либо получить; например, расписка (чек), дающая право на получение товаров (услуг) в розничном заведении, заменяет наличные, является свидетельством о списании денег со счета клиента и приобретении товаров или услуг; 3) ценные бумаги, акции, облигации; 4) = scrip certificate

scrip certificate 1) подписной сертификат: сертификат акции или облигации, выдаваемый на время до выплаты их полной стоимости; свидетельство о том, что инвестор подписался на определенное количество акций (они были выделены при подписке); 2) письменное обязательство банка выдать сертификат ценной бумаги после его выпуска; 3) сертификаты, купоны и другие документы, которые не имеют самостоятельной денежной стоимости, но имеют номинальную стоимость; 4) разновидность товаросопроводительного документа; 5) временный документ, выдаваемый вместо неполной акции, образовавшейся в результате разбивки акций (одна акция делится на несколько) или обмена акциями с другой компанией

scrip dividend выплата дивиденда ценными бумагами корпорации (акциями или облигациями) или в некоторых случаях краткосрочными простыми векселями в отличие от наличного дивиденда (для экономии наличных); см. cash dividend

scrip issue "бонусная" эмиссия акций: выпуск новых акций для бесплатного распределения между акционерами пропорционально уже имеющимся акциям; капитализация прибыли или резервов; компания и акционеры ничего реально не получают, а рыночная цена акций обычно падает

scripophily скрипофилия: коллекционирование старых облигаций и сертификатов акций (термин возник в 70-х годах)

scrutiny проверка (например, проверка ценных бумаг, депонированных для расчета на Лондонской фондовой бирже)

seal печать (в т. ч. для производства оттисков на воске): инструмент удостоверения подлинности документа

sealed-bid auction аукцион, заявки на который подаются в запечатанном виде (нет публичного торга)

sealed safe custody account закрытый счет безопасного хранения в банке (ценности, документы хранятся упакованными и запечатанными; см. safe custody account; open safe custody account

seance complementaire (Fr.) = petite bourse

seasonal adjustment поправка на сезонные колебания: корректировка статистических данных (месячных, квартальных) с учетом сезонных колебаний (годовые данные не корректируются, т. к. сезонность при этом не имеет значения); поправка на сезонные колебания позволяет лучше выявлять реальную тенденцию изменения показателей

seasonal borrowing сезонные заимствования: в США мелкие банки имеют возможность выравнивать сезонную потребность в ресурсах за счет заимствований у ФРС

seasonality сезонность: регулярные изменения спроса и предложения, различных экономических показателей в связи с временем года, праздниками, климатом и т. д.; в экономическом анализе, как правило, делается поправка на сезонность

seasonal credit сезонный кредит: кредит на покрытие временной сезонной потребности в финансовых средствах (корпорациям, фермерам, домам моделей); в том числе разновидность кредита ФРС США; 1) резервная кредитная линия, которая может быть использована корпорацией в любое время для пополнения оборотных средств в течение производственного или продажного цикла; 2) кредит, предоставляемый ФРС через учетное окно на сроки до 90 дней небольшим финансовым учреждениям, продемонстрировавшим сезонную потребность в ресурсах или невозможность аккумулировать средства на денежном рынке

seasoned loan "выдержанный" кредит: кредит, который был на балансе банка по крайней мере 1 год и имеет удовлетворительную историю платежей; ипотечные кредиты сроком более года идут на вторичном рынке с премией

seasoned bonds (issue) "выдержанные" облигации: облигации с историей, то есть облигации, со времени эмиссии которых прошло некоторое время (более 3–12 месяцев) и которые пользуются популярностью среди инвесторов и имеют активный вторичный рынок (США)

seasoned securities = seasoned bonds

seasoning "выдержка", старение: процесс выдержки или приобретения ценными бумагами и кредитами "послужного списка"; инструменты, которые существуют без проблем более года, более привлекательны для инвесторов

seat "место" (на бирже): членство на фондовой или срочной бирже в случае ограничения числа членов; например, на Нью-Йоркской фондовой бирже число мест ограничено с 1953 г. 1366; места могут свободно продаваться и покупаться

secondary banking crisis вторичный банковский кризис: резкое ухудшение финансового положения группы мелких британских банков в 1974 г., потребовавшее от Банка Англии проведения спасательной операции; см. lifeboat

secondary banking sector вторичный банковский сектор: учреждения, предоставляющие значительно более узкий круг кредитных и иных услуг, чем коммерческие банки

secondary banks второстепенные банки: мелкие банки, занимающиеся ограниченным кругом операций

secondary capital вторичный капитал банка: срочные субординированные заимствования и бессрочный долг, не включенный в первичный капитал; см. primary capital, term subordinated debt, perpetual debt

secondary credit (USA) = back-to-back credit

secondary currencies 1) вторичные валюты: валюты, обращающиеся параллельно национальной денежной единице в связи со слабостью последней; 2) второстепенные, мало используемые в международной практике валюты

secondary distribution вторичное размещение (предложение) ценных бумаг (США): распродажа большой партии ценных бумаг (обычно по фиксированной цене через биржу) через некоторое время после их первичного размещения (т. е. уже один раз купленных бумаг) с помощью агента или синдиката; см. primary distribution

secondary liability вторичное обязательство, наступающее только при определенных условиях; = off-balance sheet liability

secondary market вторичный рынок: рынок, на котором существующие кредиты, ценные бумаги и другие активы перепродаются инвесторам напрямую или через посредников; 1) купля-продажа ценных бумаг после завершения организации займа и получения заемщиком соответствующей суммы на биржевом или внебиржевом рынке – важнейшее условие гибкости рынок капиталов, приобретения инвесторами долгосрочных ценных бумаг; 2) рынок, на котором свободно обращающиеся инструменты денежного рынка продаются дилерами новым инвесторам

secondary mortgage market вторичный ипотечный рынок: рынок, на котором покупаются и продаются уже выпущенные ипотеки, в том числе в виде пулов ипотек (в отличие от рынка, на котором они выпускаются); в США более половины жилищных ипотек перепродается инвесторам на вторичном рынке; ипотечные кредиты скупаются специализированными государственными (GNMA; FNMA) или частными (Maggie Mae; HOMAC) "проводниками" ипотек, выпускающими на их базе ценные бумаги для инвесторов; см. computerized loan origination; conduit; private conduit

secondary offering = secondary distribution

secondary reserves вторичные резервы: резервы, которые размещены в краткосрочных ликвидных государственных ценных бумагах и приносят процентный доход в отличие от законных резервов (резервных требований); см. legal reserves

secondary trend вторичная тенденция движения цен или курсов (в чартистском анализе): приостановка, нарушение, но не поворот фундаментальной тенденции; см. chartism

Seconde marche "второй рынок" (франц.): рынок с ослабленными требованиями при фондовых биржах Парижа (функционирует с 1982 г.), Брюсселя или рынок "некотируемых" ценных бумаг; во Франции для выпуска акций на такой рынок достаточно предоставить

10 % акций, нет предела минимальной капитализации

second generation of financial instruments второе поколение финансовых инструментов: опционы, фьючерсы, свопы

second market второй рынок: региональные фондовые биржи в США; см. first market, third market 2

second mortgage вторая ипотека: кредит под уже заложенную собственность; субординирована по отношению к первой ипотеке и из-за более высокого риска обычно имеет более высокую процентную ставку и более короткий срок; иногда используются для того, чтобы сделать больший платеж наличными по первой ипотеке; см. first mortgage; = second trust

second-preferred stocks привилегированные акции, которые уступают другим привилегированным акциям в правах на дивиденды и активы при ликвидации

second round financing финансирование второго этапа: добавочное "рисковое" финансирование уже созданной новой компании - стадия финансирования между "первым раундом" и "меззанином"; см. first round financing; mezzanine financing

second run-through второе чтение (выкрикивание) списка котируемых ценных бумаг на континентальных фондовых биржах (например, в Цюрихе), вторая торговая сессия: биржевики приглашаются заключать сделки (котировать цены) по называемым бумагам; см. a la criee

Second Section вторая секция (подразделение) фондовых бирж Токио, Осаки, Нагои: подразделение, созданное в 1961 г. для облегчения торговли ценными бумагами, которые ранее обращались только на внебиржевом рынке, - требования к котировке ослаблены по сравнению с первой секцией; см. First Section

second trust = second mortgage

Section 65 = Article 65

sector сектор: 1) сектор экономики, рынка (обособленная часть); 2) группа ценных бумаг (акций) компаний (обычно одной отрасли)

sector fund секторный фонд: инвестиционный фонд, специализирующийся на ценных бумагах одной отрасли

secular вековой; долгосрочный (свыше 10-50 лет) в отличие от периодического, циклического

secured обеспеченный, гарантированный, безопасный

secured bond обеспеченная облигация: облигация (заем), обеспеченная какими-либо активами компании-эмитента, как правило, конкретными (например, ипотекой)

secured call loan обеспеченная онкольная ссуда: онкольный кредит, обеспеченный векселями или депозитными сертификатами

secured credit = secured loan; lombard credit

secured credit card обеспеченная кредитная карточка: кредитная карточка, платежи по которой гарантированы сберегательным счетом клиента; кредитор имеет право использовать деньги на счете в случае невыполнения заемщиком обязательств; используется в отношении заемщиков с сомнительными возможностями выполнять обязательства

secured creditor обеспеченный кредитор: кредитор, который имеет в своих руках ту или иную форму залога или права на активы, которые обеспечивают возвратность предоставленной им ссуды

secured debenture обеспеченная облигация: облигация (заем), обеспеченная активами компании-эмитента (необязательно конкретными)

secured debt обеспеченный долг: долг, гарантированный залогом активов или другого обеспечения

secured lending = asset-based financing

secured liability обеспеченное обязательство: обязательство, выполнение которого гарантируется каким-либо активом или имуществом

secured loan обеспеченный кредит: кредит, возврат которого гарантируется передачей заемщиком кредитору прав на или самого имущества или доходы (ценные бумаги, личное имущество, недвижимость, наличность, запасы сырья и материалов, будущие денежные поступления); в случае невыполнения обязательств кредитор реализует обеспечение см. unsecured loan; = secured credit; lombard loan; broker's loan 1; advance against goods as security. Securities (Secs)-ценные бумаги: 1) любые денежные документы, титулы собственности, которые можно использовать как залог, обеспечение (например, кредита); 2) ценные бумаги (в том числе в безналичной форме), приносящие доход и обращающиеся на вторичном рынке; синоним акций и облигаций; 3) сертификаты, являющиеся свидетельством собственности на акции или облигации или - в случае варрант и опционов - свидетельством права на что-либо

Securities Act 1933 Закон о ценных бумагах: федеральный закон, принятый в США в 1933 г. в целях защиты инвесторов после фондового краха 1929 г.; требует регистрации эмиссии ценных бумаг, которые предназначены для продажи инвесторам через почту или в межштатной торговле, и предоставления соответствующей информации об эмитенте и самих ценных бумагах; для этого Комиссии по ценным бумагам и биржам подается специальное регистрационное заявление; закон также содержит положения против мошенничества, делая преступлением вводящие в заблуждение заявления для получения денег у инвесторов; Комиссия использует положения против мошенничества для распространения своей власти на финансовые учреждения, штаты и муниципалитеты, которые в целом не подпадают под данный закон; см. registration statement; registration of securities

securities affiliate аффилированная компания по ценным бумагам: филиал банковской холдинговой компании (но не банка), который в ограниченных масштабах может заниматься операциями с ценными бумагами, в том числе андеррайтингом коммерческих бумаг, муниципальных доходных облигаций, бумаг, обеспеченных ипотеками и другими кредитами, а также с 1987 г. и корпорационными бумагами в пределах 10 % от общего объема андеррайтинга такой фирмы; иногда также называются "Section 20 affiliates" по разделу Закона Гласса-Стиголла, разрешающего такую практику; см. bank holding company; underwriting; commercial paper; Glass-Steagall Act

securities analyst аналитик по ценным бумагам: служащий банка, брокерской компании или другого учреждения, специализирующийся на анализе финансового положения компании или группы компаний (различных показателей, коэффициентов) с точки зрения фондового рынка; дает рекомендации по купле-продаже ценных бумаг

Securities and Exchange Act 1934 Закон о торговле ценными бумагами (США): закон, принятый в 1934 г. для улучшения информированности инвесторов и борьбы со злоупотреблениями; создал Комиссию по ценным бумагам и биржам, предоставив ей широкие полномочия вплоть до изъятия документов и запрета конкретным лицам заниматься операциями или быть сотрудниками фирм по ценным бумагам; требует регистрации всех бирж, дилеров, ценных бумаг; распространил требования Закона о ценных бумагах 1933 г. о регистрации и предоставлении на регулярной основе информации на все компании, чьи бумаги котируются на биржах или имеющие более 500 акционеров или более 1 млн. дол. активов; требует представле-ния информации о сделках директоров компаний и владельцев более 10 % капитала, а также регулирует торговлю акциями в кредит, предоставив соответствующие полномочия ФРС

Securities and Exchange Commission (SEC) Комиссия по ценным бумагам и биржам (США): независимое регулирующее агентство, созданное в 1934 г. для надзора за выполнением федеральных законов о торговле ценными бумагами; возглавляется 5 комиссионерами, назначаемыми Президентом

Securities and Exchange Commission rules правила Комиссии по ценным бумагам и биржам (США); регулируют все возможные аспекты биржевой и внебиржевой торговли ценными бумагами

Securities and Exchange Law Закон о ценных бумагах и биржах (Япония): закон, регулирующий рынки ценных бумаг в стране; принят в 1948 г. по образцу законодательства США

Securities and Futures Authority Орган регулирования рынков ценных бумаг и фьючерсов (Великобритания): создан 1 апреля 1991 г. в результате слияния AFDB и TSA; имеет свыше 1400 членов в сфере рынков ценных бумаг, опционов, фьючерсов, производных инструментов, товарных рынков и финансового консультирования; имеет права лицензирования, мониторинга, расследования и преследования за нарушения; см. Association of Futures Dealers and Brokers; The Securities Association

Securities and Investments Board (SIB) Управление по ценным бумагам и инвестициям (Великобритания): центральный орган, регулирующий финансовые рынки страны (создан в 1985 г.); полномочия переданы ему Министерством торговли и промышленности; лицензирует саморегулирующиеся организации финансовых рынков

Securities Association, the (TSA) Ассоциация рынка ценных бумаг в Великобритании; главный орган саморегулирования рынка ценных бумаг, созданный в 1986 г.; в 1991 г. слилась с ассоциацией фьючерских брокеров и дилеров и образовала Орган регулирования рынков ценных бумаг и фьючерсов; см. Securities and Futures Authority

securities clearing клиринг ценных бумаг: централизованная система расчетов по операциям с ценными бумагами (в т. ч. путем взаимозачета сделок)

Securities Dealers Association Ассоциация дилеров по ценным бумагам (Япония): организация, которая регулирует торговлю на фондовых биржах и внебиржевом рынке, устанавливает квалификационные стандарты для дилеров, взаимодействует с органами саморегулирования бирж (создана в 1973 г.)

Securities Industry Association (SIA) Ассоциация индустрии ценных бумаг (США и Канада): профессиональная ассоциация свыше 500 брокеров и дилеров, которые специализируются на ценных бумагах, облагаемых налогами; представляет интересы членов, собирает статистику и организует обучение членов; создана в 1972 г. в результате объединения двух и более старых организаций; см. также Public Securities Association

Securities Industry Automation Corporation (SIAC) Корпорация автоматизации индустрии ценных бумаг (США); создана в 1972 г. для предоставления услуг связи и компьютерных систем Нью-Йоркской фондовой бирже (владеет 2/3 капитала) и Американской фондовой бирже (1/3)

Securities Institute Институт ценных бумаг: профессиональная организация, созданная в марте 1992 г. для замещения ранее существовавшего членства в Лондонской фондовой бирже (Великобритания)

securities investment trust инвестиционный фонд, вкладывающий свои средства в ценные бумаги

Securities Investor Protection Act 1970 (SIPA) Закон о защите инвесторов в ценные бумаги (США, 1970 г.); помимо других мер предусматривал создание Корпорации защиты инвесторов в ценные бумаги; см. Securities Investor Protection Corporation

Securities Investor Protection Corporation (SIPC) Корпорация защиты инвесторов в ценные бумаги (США): некоммерческая организация, созданная в 1970 г. при участии правительства для страхования средств клиентов в руках брокерских фирм - членов корпорации на случай банкротства последних; членами корпорации должны быть все зарегистрированные фондовые брокеры и дилеры; компенсация не может превышать 500 тыс. долл. (в т. ч. до 100 тыс. наличными); средства получаются от членских взносов и дохода от инвестиций, а также от кредитной линии от Казначейства; не имеет надзорных функций и не помогает брокерам, испытывающим трудности; 5 из 7 управляющих назначаются Президентом, другие - Казначейством и ФРС

securities loan ссуда ценных бумаг: 1) ссуда одним брокером другому ценных бумаг (обычно для покрытия "короткой" продажи клиента); 2) ссуда, обеспеченная свободно обращающимися ценными бумагами; это может быть ссуда банка брокеру, брокера клиенту, банка клиенту и др; см. broker call loan; Regulation T; Regulation U; Regulation G

Securities Management Trust Секьюритиз менеджмент траст (Великобритания): агентство, созданное Банком Англии и коммерческими банками в период "великой депрессии" (1929-1933 гг.) в целях финансовой помощи промышленности

securities market line (SML) "линия рынка ценных бумаг": графическое изображение взаимоотношения ожидаемого дохода по ценной бумаге и рыночного риска

securities number (SN) номер ценной бумаги: номер, используемый для учета, идентификации ценных бумаг (в Швейцарии, например, представляет собой шестизначное число)

securities portfolio портфель ценных бумаг: все ценные бумаги, принадлежащие одному инвестору; портфель может составляться по различным принципам: отрасли, доходность, рост курсов и др

securities trading statement выписка об операциях с ценными бумагами: отчет о фондовых операциях клиента, приготовленный его брокером (даты, суммы, комиссии, налоги, номера ценных бумаг и т. д.)

securities transferred and repackaged (STARs) разновидность "синтетических" облигаций; см. synthetic security

securities transferred and repackaged into pound equivalent securities (STRIPES) разновидность "синтетических" облигаций в фунтах стерлингов ("СТРАЙПС")

securitization "секьюритизация": 1) процесс повышения роли различных видов ценных бумаг как формы заимствований по сравнению с банковскими кредитами; 2) трансформация банковских кредитов и других активов в рыночные ценные бумаги для продажи инвесторам; это может быть "переупаковка" мелких ипотек, автомобильных кредитов, поступлений по кредитным карточкам в рыночные ценные бумаги; см. asset sales; asset-backed securities; consumer related receivables securities; 3) стирание различий между рынком банковских кредитов и рынком ценных бумаг

security безопасность, сохранность, ценная бумага, обеспечение: 1) см. securities; 2) активы и другая собственность, которые могут быть использованы как обеспечение кредита или облигаций; в случае отказа заемщика от погашения кредита обеспечение может быть реализовано; 3) процедуры, обеспечивающие безопасность банка, его активов и документации, включая физическую защиту, процедуры внутреннего аудита

security agreement соглашение об обеспечении: документ, который дает кредитору права на активы, предложенные в обеспечение кредита; соглашение подписывается заемщиком и детально описывает обеспечение, дает кредитору право реализовать обеспечение в случае невозврата кредита; в некоторых случаях соглашение об обеспечении также является финансовым заявлением об обеспечении, которое регистрируется в местных органах власти (США); см. financing statement

security analysis анализ ценных бумаг: система методов анализа движения курсов ценных бумаг как основа инвестиционной или спекулятивной стратегии (анализируются как положение компании, так и специфические рыночные факторы)

security capital безопасный капитал: капитал, подверженный минимальному риску (в отличие от "рискового" капитала); см. venture capital

security department департамент ценных бумаг: отдел банка, специализирующийся на управлении портфелем ценных бумаг (операциях с ценными бумагами)

security dollars = investment dollars

security interest право на обеспечение: право кредитора вступить во владение активом, который был предложен заемщиком в качестве обеспечения кредита; такое право состоит из двух элементов: права ареста имущества и права приоритета в случае правильной регистрации; = lien; см. perfected security; security agreement

security issue at par выпуск ценных бумаг по номиналу (т. е. без скидки или премии)

security numbering system система нумерации и регистрации ценных бумаг, реестр ценных бумаг

security ratings рейтинги ценных бумаг (оценка уровня кредитного и инвестиционного рисков); см. rating 1

security valuation оценка ценных бумаг, инвестиционных активов с точки зрения ожидаемых рисков и доходов (элемент портфельной теории); см. portfolio theory

seed capital (money) "семенной" капитал: 1) "рисковое" финансирование на самой ранней стадии осуществления проекта; первый вклад "рискового" капиталиста в создание новой компании (в форме кредита, приобретения акций или конвертируемых облигаций); см. first round financing; mezzanine financing; startup financing; 2) в сфере недвижимости: первоначальный капитал, который вносит организатор проекта; = front end money; см. developer

seek a market искать покупателя или продавца ценных бумаг или других финансовых инструментов

segmentation сегментация: 1) тенденция к сегментации финансовых рынков - появление все большего числа специализированных рынков, удовлетворяющих потребности конкретного круга экономических агентов; 2) разделение пула ипотек на группы, имеющие одинаковые ценовые и другие характеристики; 3) в анализе рынков: разделение населения на группы семей по доходам и другим характеристикам при подготовке списков рассылки прямой почтовой рекламы; см. geodemographic marketing

segregation сегрегация: разделение средств и операций клиента и самого брокера (в учете), разных клиентов; 1) правило Комиссии по ценным бумагам и биржам о том, чтобы брокеры вели раздельные счета клиентов для целей получения у банка маргинального кредита; см. commingled funds; margin account; margin credit; 2) требование Валютного контролера, Совета управляющих ФРС и Федеральной корпорации страхования депозитов о том, чтобы банки вели раздельный учет инвестиций в ценные бумаги за свой счет и за счет клиентов; 3) разделение счетов клиентов, управляемых трастовым департаментом банка

seignorage (seigniorage) "сениораж": 1) плата, взимавшаяся монетным двором за чеканку золотой и серебряной монеты из металла заказчика; 2) разница между номиналом монеты и стоимостью металла, который пошел на ее изготовление

selected dealer agreement = selling group agreement

selective credit controls селективный кредитный контроль: инструменты денежно-кредитной политики государства, призванные стимулировать и ограничивать использование кредита в конкретной отрасли, сфере деятельности экономических агентов (например, государственное регулирование условий кредита, выдача разрешений на выпуск ценных бумаг и т. д.)

selective hedging селективное хеджирование: выборочное страхование валютного риска в соответствии с анализом рыночной конъюнктуры (не страхуются операции, риск по которым минимален)

self-dealing операции в собственных интересах: 1) ситуация, когда банк без должной проверки дает кредиты своим руководителям или сотрудникам, в том числе по искусственно заниженным ставкам или незаконно берет взятки за предоставление кредитов; см. due diligence; insider lending; 2) ситуация, когда управляющий трастом проводит операцию в своих интересах, а не в интересах бенефициара траста, то есть не выполняет обязанности фидуциара; см. fiduciary

self-directed IRA (individual retirement account) самоуправляющийся индивидуальный пенсионный счет (США): индивидуальный пенсионный счет, по которому владелец может сам принимать инвестиционные решения, например, переходить из одного вида финансовых инструментов в другие; см. individual retirement account

self-financing самофинансирование: финансирование закупок машин и оборудования, расширения производства или операций за счет чистой прибыли (не распределяемой среди акционеров) или выпуска акций в противоположность использованию банковского кредита или эмиссии облигаций

self-financing ratio коэффициент самофинансирования: отношение собственных инвестиционных ресурсов (нераспределенной прибыли, амортизации и т. д.) к общим инвестиционным потребностям

self-insurance самострахование: создание собственных резервных фондов для покрытия страховых случаев в противоположность покупке страхового полиса; это имеет смысл, если компания имеет возможность создавать такие фонды или самострахование получается дешевле обычного страхования

self invested personal pension plan (SIPP) личный пенсионный план, в котором бенефициар сам занимается инвестированием средств (Великобритания)

self-liquidating advances самоликвидирующиеся кредиты: краткосрочные банковские кредиты клиентам для восполнения временной (сезонной) нехватки средств, т. е. по истечении некоторого периода кредиты погашаются за счет результата применения кредита; например, кредит фермеру, выданный в период посевной на семена и удобрения, погашается после реализации урожая; см. evergreen loan

self-liquidating bills самоликвидирующиеся векселя: векселя, финансирующие конкретную торговую сделку, результаты которой позволяют их погашать; см. trade bills

self-liquidating loans = self-liquidating advances

self-regulation саморегулирование: регулирование финансовых рынков, их участников и котируемых компаний негосударственными органами (биржами, ассоциациями и т. д.); как правило, государственное регулирование сочетается с саморегулированием

self-regulatory organizations (SROs) саморегулирующие организации: 1) в Великобритании - профессиональные организации, регулирующие торговлю ценными бумагами и другие виды финансовых услуг, отношения между специализированными финансовыми и кредитными учреждениями и их клиентами, а также контролирующие соблюдение правил рыночной торговли (созданы после реформы в октябре 1986 г.); 2) в США - все негосударственные организации, регулирующие торговлю ценными бумагами (биржи, Национальная ассоциация дилеров по ценным бумагам, Совет по определению правил для муниципальных ценных бумаг и т. д.); см. Municipal Securities Rulemaking Board; National Association of Securities Dealers

self-service banking банковские услуги на основе самообслуживания: разновидность розничных банковских услуг, когда клиенту нет необходимости приходить в банк для выполнения определенного круга операций - обычно имеется в виду совершение операций с помощью автоматических кассовых машин или по телефону; см. automated teller machine; customer activated terminal; home banking; point-of-sale; telephone bill paying; 24-hour banking

self-supporting debt самопогашающийся долг: облигации, выпущенные для финансирования проекта, который дает достаточно доходов для их погашения (например, муниципальные бумаги для строительства платного моста)

sell a spread продать спред: продать фьючерский контракт на близкий срок и купить на далекий; см. buy a spread

sell down продажа: часть синдицированного кредита или облигационного займа, предлагаемая менеджерами синдиката или продажной группой заинтересованным инвесторам, не входящим в подписной синдикат или не являющимся андеррайтерами; чем больше продажа участий в кредите или ценных бумаг, тем выше прибыль лид-менеджера синдиката или главного андеррайтера; см. loan participation; selling group; underwriting

seller of an option = writer 1

seller financing финансирование продавцом: ситуация, когда продавец дома сам дает кредит покупателю; = purchase money mortgage (см.)

seller-servicer обслуживающий продавец: уполномоченный ипотечный кредитор (одобрен Федеральной национальной ипотечной ассоциацией или Федеральной корпорацией жилищного ипотечного кредита), который продает ипотеки на вторичном рынке и одновременно собирает для новых владельцев процентные и другие платежи с заемщиков, ведет всю документацию по кредитам за комиссионное вознаграждение в 3/8 % (США)

sellers' market рынок продавцов: рынок, на котором условия диктуют продавцы (в силу ограниченного предложения товара, небольшого числа продавцов)

seller's mortgage = owner's paper

seller's option (SO) опцион продавца: 1) разновидность операции на Нью-Йоркской фондовой бирже: продавец получает право поставить ценные бумаги в любое время в течение оговоренного периода (от 6 до 60 рабочих дней); 2) право продавца определять время и место (а также качество товаров) поставки

selling = writing

selling climax кульминация продаж: резкое падение цен на фондовом рынке (в т. ч. после постепенного снижения в течение некоторого времени); в техническом анализе обычно оценивается как признак скорого поворота конъюнктуры, т. к. на рынке практически не остается продавцов

selling commission продажная комиссия: комиссионное вознаграждение за размещение новых ценных бумаг; см. selling concession

selling concession продажная скидка: комиссионное вознаграждение группы банков, размещающих заем по поручению синдиката андеррайтеров (гарантов); продавцы получают вознаграждение в форме части разницы между ценой публичного предложения ценных бумаг и ценой, уплаченной андеррайтерами заемщику (обычно 50 % и более); вознаграждение выражается в форме скидки к цене предложения; см. selling group; public offering price

selling dividends продажа дивидендов: сомнительная практика рекомендовать покупку акций во взаимном инвестиционном фонде в расчете на получение близкого дивиденда (на самом деле дивиденд учитывается в цене и инвестор не получает дополнительной выгоды)

selling, general and administrative (SG&A) expenses продажные, общие и административные расходы: группировка расходов в счете прибылей и убытков компании, включающая оплату коммивояжеров, рекламы, командировок, приемов и другие накладные расходы (США)

selling group продающая группа: группа дилеров (инвестиционных банков), занимающихся размещением (евро)облигаций среди инвесторов; назначается менеджером гарантийного синдиката в качестве агента-продавца; обычно включает членов гарантийного синдиката и может достигать сотен участников; действует на основе специального соглашения и получает вознаграждение за размещенные бумаги; в некоторых случаях может быть обязана купить нераспроданные ценные бумаги; см. selling group agreement; underwriting syndicate

selling group agreement соглашение, на основе которого группа банков размещает новый заем; содержит условия операции, определяет размер комиссии и срок завершения размещения (обычно 30 дней); см. selling group; selling concession

selling hedge продажный хедж; = short hedge 1

selling off сброс, активная распродажа финансовых инструментов или товаров в связи с угрозой дальнейшего снижения цен

selling on the good news продажа ценных бумаг сразу после "хороших новостей" (компания выпустила новый продукт, увеличила прибыль); большинство инвесторов в этой ситуации рассчитывают на повышение цен и делают покупки, но часто именно в этот момент цена достигает "потолка" и выгоднее продавать; см. buying on the bad news

selling-out распродажа особым отделом биржи ценных бумаг, которые были приобретены, но не могут быть оплачены (Великобритания); см. buying-in 1

selling short = short selling

selling short against the box "короткая" продажа против "коробки": "короткая" продажа ценных бумаг, которыми продавец владеет, но не имеет в наличии, т. к. они находятся на хранении в банке; следовательно, для покрытия сделки бумаги все равно приходится брать в кредит (нежелание трогать свои бумаги может объясняться налоговыми мотивами); см. box 2; short selling 1

selling syndicate = selling group

sell-off активные продажи на финансовом рынке

sell on closing (close) продажа на закрытие: продажа в конце рабочего дня по ценам на момент закрытия биржи

sell on opening продажа на открытие: продажа в начале рабочего дня по ценам на момент открытия биржи

sell out продажа, распродажа: 1) покрытие, зачет или закрытие срочной "длинной" позиции; 2) продажа брокером бумаг, не оплаченных клиентом-покупателем; 3) распродажа всех бумаг нового займа; 4) ликвидация счета клиента у фондового брокера, открытого для совершения операций в кредит при поддержании фиксированного уровня обеспечения

sell plus приказ клиента биржевому брокеру продавать по цене, которая выше предшествующего уровня

sell short = short sell

sell-stop order = stop order

sell the book "продать книгу": приказ владельца большой партии акций своему брокеру продать максимально возможное количество по текущей цене ("книга" - запись брокером приказов клиентов)

semi-annual полугодовой: два раза в год или один раз в 6 месяцев; за 6 месяцев; в течение 6 месяцев

semi-annual interest полугодовой процент: процент, который выплачивается два раза в год

sender net debit cap максимальный размер чистой дебетовой позиции отправителя: максимальный размер совокупной чистой дебетовой позиции (овердрафта), которую финансовое учреждение может иметь в течение рабочего дня по переводам другим финансовым учреждениям; может касаться одной или всех платежных систем сразу; см. daylight overdraft; = overdraft cap

senior associate см. associate (banker)

senior (Sr) debt "старший" долг: кредиты или облигации, которые имеют преимущественное право на активы компании в случае ликвидации по сравнению с иными долговыми обязательствами и акциями; как правило, включает заимствования у банков и других кредитно-финансовых институтов, ценные бумаги, которые не обозначены как "младшие" или субординированные

senior issue = senior security

senior refunding "старшее" рефинансирование: замещение (рефинансирование) ценных бумаг со сроками погашения 5-12 лет ценными бумагами со сроками 15 и более лет (для снижения издержек, увеличения сроков)

senior security "старшая" ценная бумага: ценная бумага, которая дает преимущественное право на активы компании в случае ее ликвидации по сравнению с другими облигациями и акциями (обычно с фиксированной ставкой процента)

sensitive market "чуткий" рынок: рынок, цены которого чутко реагируют на поступление информации

sensitivity analysis анализ чувствительности конъюнктуры, объема продаж или операций на рынке к уровню риска, прибыльности капиталовложений

sentiment indicators индикаторы настроения инвесторов: мнения о вероятности движения конъюнктуры

separate custody of securities хранение определенных ценных бумаг клиента в банке отдельно от иных бумаг этого и другого клиентов; см. collective custody of securities

separate trading of registered interest and principal of securities (STRIPS) разновидность раздельной торговли основной суммой и купонами казначейских облигаций (США); фактически казначейские облигации США с нулевыми купонами ("СТРИПС"), которыми торгуют с 1985 г.; казначейская облигация превращается в дисконтную бумагу с доходом, выплачиваемым одной суммой при погашении

Sequal "Сиквал" (Великобритания): электронная система заключения и подтверждения вторичных сделок с ценными бумагами; создана в 1989 г. и принадлежит Лондонской фондовой бирже

sequestered account секвестрированный счет: счет, который арестован по решению суда и средства с которого не могут использоваться без специального решения

sequestration секвестр: 1) конфискация (арест) имущества в случае банкротства, отказа от платежей, предъявление прав на него другим лицом (до урегулирования спора); 2) сокращение бюджетных статей в ходе исполнения бюджета

serial bonds серийные облигации: облигации, выпускаемые сериями с различными сроками; в США: регулярно (например, раз в 6 месяцев) выпускаемые облигации штатного или муниципального займа; каждая серия имеет свою дату погашения

serial loans = serial bonds

serial rescheduling "серийный" пересмотр условий просроченной задолженности: периодическая консолидация части долга

series серии: 1) группа облигаций, выпущенных по одному соглашению об эмиссии облигаций; см. indenture; 2) опционы пут и колл на одну и ту же ценную бумагу с одинаковой ценой исполнения и сроком

series E/EE/HH bonds сберегательные облигации серий E (1941-1979 гг.), EE и HH (с 1980 г.) в США; см. savings bond

series of options = option series

service услуга, обслуживание: 1) банковская услуга; 2) обслуживание долга: своевременная выплата процентов

service bureau бюро обслуживания: корреспондентский банк или специализированная фирма, которые берут на себя технические функции обработки информации и документов, хранения ценных бумаг и другие операции, которые невыгодно осуществлять самостоятельно мелким банкам; в США более половины коммерческих банков и большинство сберегательных учреждений полагаются на посторонние обслуживающие компании для ведения своего учета

service charge плата за услугу: плата, которую банк взимает с клиента (дебетует его счет) за общее обслуживание, за возвращенные чеки при нехватке средств, при падении остатка на счете ниже оговоренного уровня, за пользование автоматической кассовой машиной, за аренду сейфа и др

service corporation обслуживающая корпорация: дочерняя компания одного или нескольких банков или сберегательных институтов в США, предоставляющая владельцам и их клиентам определенный набор услуг (в т. ч. небанковского характера)

service lease = operating lease

service subsidiary = service corporation

servicing обслуживание: 1) сбор процентных платежей, получение основной суммы, управление обеспечением по кредитам (например, ипотечным), проданным на вторичном рынке; за это финансовое учреждение (обычно первоначальный продавец ипотек или специализированная обслуживающая фирма) получает комиссию 0,25-0,3 %; см. seller-servicer; 2) контроль за обеспечением в кредитах на основе активов кредитором или специальной фирмой для того, чтобы гарантировать достаточность этого обеспечения, см. asset-based lending

servicing agreement соглашение об обслуживании: соглашение между финансовым учреждением как продавцом-агентом и институциональным покупателем как принципалом в случае продажи кредита на вторичном рынке; соглашение охватывает вопросы налогов, комиссий, аудита, гарантий, страхования, обязанностей продавца по получению платежей с заемщика и т. д.; см. errors and omissions insurance

set of bills набор векселей или коносаментов (несколько копий или частей)

set-off зачет: 1) взаимный зачет покупок и продаж, долговых обязательств, требований, счетов, расчетов; компенсация; например, зачет взаимных претензий между банкротом-заемщиком и кредитором, что выгодно последнему, так как он может получить больше, чем при удовлетворении всех претензий; 2) контрпретензия

set-off clause оговорка о зачете обязательств: право кредитора на арест депозитов должника в случае неплатежа и их зачет; в США зачет запрещен законом в потребительском кредитовании (см. Truth in lending Act)

settle урегулировать, оплатить обязательство, рассчитаться по рыночной операции

settle an account = balance an account

settlement 1) расчет (в т. ч. окончательный), оплата или поставка ценных бумаг, платеж, урегулирование взаимных финансовых претензий; 2) расчетный период на Лондонской фондовой бирже (4 дня), начинающийся через 3 дня после окончания операционного периода; см. account 3; account day; contango day; name day

settlement day (date) расчетный день: 1) дата фактического перевода денежных средств через платежную систему, когда они становятся доступными для использования (обычно в тот же или на следующий день); 2) любой рабочий день в конце месяца поставки по фьючерсному контракту, когда производятся окончательные расчеты (осуществляются оплата и поставка); 3) день расчета по сделке с ценными бумагами; в США обычно 5-й день после заключения сделки по акциям и облигациям, следующий день — по опционам и правительственным облигациям; в Великобритании по государственным ценным бумагам — следующий день, по акциям — 7-й день после завершения операционного периода на бирже; см. account 3; 3) = declaration day 2; 4) = account day

settlement option опцион расчета: 1) форвардный валютный контракт, в котором продавец имеет опцион рассчитаться в любое время в течение оговоренного периода; 2) опцион продавца поставить ценные бумаги в любое время в течение 5-60 дней после даты сделки, то есть позднее чем стандартные 5 дней; = regular way corporate settlement

settlement price расчетная цена: 1) цена официальных расчетов, определяемая на основе усреднения цен закрытия биржи (за день до поставки по фьючерсному контракту) или усредненных котировок нескольких банков; принцип определения цены указывается в спецификации контракта; по этой цене производится расчет по поставке финансовых инструментов или товаров на срочной бирже; = exchange delivery settlement price; 2) цена финансового инструмента в основе опционного контракта в случае исполнения контракта

settlement risk расчетный риск: риск операционных затруднений при поступлении денежных средств даже при выполнении партнером своих обязательств

settlements (international) межгосударственные расчеты, осуществляемые центральными банками

settlement-to-market выплата вариационной маржи; см. variation margin

settlor доверитель, лицо, распорядившееся своим имуществом в чью-то пользу: 1) лицо, доверяющее управление (создающее опеку над) имуществом не по завещанию, а будучи в добром здравии; 2) лицо, назначившее кому-либо пенсию или ренту; = donor; grantor; trustor; см. inter-vivos trust

Seven Sisters "семь сестер": семь крупнейших нефтяных компаний – Бритиш Петролеум, Шелл, Эксон, Галф, Мобил, Сокал, Тексако

severally and jointly индивидуальная и солидарная ответственность участников продажной группы гарантийного синдиката при выпуске новых ценных бумаг; каждый участник группы обязуется продать свою квоту и другие нераспроданные ценные бумаги пропорционально своей квоте; например, участник с 5 % участия будет отвечать за 5 % нераспроданной части займа даже после реализации своей части ценных бумаг; = jointly and severally 2

severally but not jointly индивидуальная, но не солидарная ответственность участников продажной группы гарантийного синдиката при выпуске ценных бумаг; каждый участник продажной группы обязуется продать бумаги на определенную сумму, но не отвечает за другие нераспроданные ценные бумаги; = divided account; Western account

Sezione specifica per l'assicurazione del credito all'asportazione (SACE) Специальный департамент для страхования экспортных кредитов (Италия): государственная организация, специализирующаяся на страховании и предоставлении экспортных кредитов (создана в 1977 г.)

shadow calendar "теневой календарь" (США): выпуски ценных бумаг, зарегистрированные в Комиссии по ценным бумагам и биржам, но дата предложения которых еще не объявлена

shakeout "встряска": существенное изменение в рыночных условиях (например, возникновение избытка предложения), в результате которого более слабые участники (спекулянты или торгующие в кредит) разоряются или несут потери

shape размер сделки на Лондонской фондовой бирже, выраженный числом проданных или купленных акций (букв.: "форма")

share доля, часть: 1) акция, участие в капитале компании: ценная бумага, дающая право на долю в акционерном капитале компании и на пропорциональную часть прибыли и остатка активов при ликвидации (а также право голоса на общих собраниях акционеров при выборах директоров и утверждении результатов деятельности компании); право собственности представлено сертификатом акции; 2) пай (акция) во взаимном фонде, кооперативе, кредитном союзе, строительном обществе; 3) участие в товариществе

share account паевой счет: один из различного типа счетов в кредитных союзах (США) и некоторых других кооперативных сберегательных институтах, которые одновременно являются вкладами и паями (титулами собственности); собственно паевой счет обычно аналогичен сберегательному счету до востребования; счета могут быть на срок и до востребования, с выпиской чеков, с доступом к ставкам оптового денежного рынка; см. share draft account; share certificate account

share broker 1) дисконтный брокер, уровень комиссий которого зависим от числа акций в сделке (чем больше сделка, тем меньше уровень комиссии); обычно имеет смысл заключать сделки минимум на 500 акций; см. discount broker; value broker; 2) = stockbroker

share buy-back выкуп акций: скупка корпорацией собственных акций для поддержания их рыночной цены или искусственного повышения уровня дивидендов в расчете на одну акцию

share capital акционерный капитал компании: капитал компании в форме акций – сумма номинальных стоимостей акций

share certificate сертификат акции: обращающаяся ценная бумага, удостоверяющая владение одной или некоторым количеством акций (долей капитала компании)

share certificate account паевой счет в кредитном союзе (США), аналогичный срочному сберегательному счету; см. share account

shared appreciation mortgage (SAM) ипотека с "дележом" прироста стоимости: дешевая ипотека с фиксированной ставкой или ставкой ниже рынка, по условиям которой заемщик должен поделиться прибылью от последующей продажи дома с кредитором

shared currency option under tender (SCOUT) общий валютный опцион участия в торгах (СКАУТ): система страхования валютного риска участников торгов для получения крупного контракта - стоимость опциона делится между всеми участниками торга, а сам контракт получает победитель торгов (введена Мидлэнд бэнк)

shared network общая сеть: сеть автоматических кассовых машин, которой могут пользоваться клиенты всех банков региона или банков, заключивших соответствующее соглашение (США)

share draft account чековый паевой счет: разновидность паевого фонда, предлагаемого пайщикам кредитным союзом (США); вкладчики кредитного союза имеют возможность использовать свои паевые счета путем выписки инструментов типа чеков; см. share account

shareholder акционер: совладелец акционерного общества пропорционально числу имеющихся акций; владелец сертификата, удостоверяющего юридическое право на часть капитала и прибыли компании, участие в выборах директоров и решении других вопросов (также владелец пая во взаимном фонде, товариществе)

shareholders' equity (SE) нетто-стоимость компании: все активы минус все пассивы компании; = equity 1; net worth

shareholders' funds средства акционеров: оплаченный капитал и резервы компании

share incentive scheme схема поощрения акциями: программа наделения менеджеров и других служащих акциями их корпорации в определенной пропорции и по льготной цене (для повыше-

ния их заинтересованности и привязанности к компании)

share index фондовый индекс: индекс на основе арифметического или геометрического среднего курсов определенного набора ценных бумаг (в т. ч. взвешенных в соответствии с их рыночной капитализацией или оборотом) - синтетический показатель движения фондовой конъюнктуры

share market рынок акций: фондовая биржа и внебиржевой рынок акций и других ценных бумаг

share of profits доля в прибыли, тантьема: фиксированная часть чистой прибыли компании, выплачиваемая ее директорам и менеджерам

share option опцион на акции: биржевая опционная сделка (или контракт) с определенным видом акций

share option scheme = share incentive scheme

share premium премия акции: премия (надбавка), полученная к номинальной цене акций при их выпуске на рынок (разница между номинальной и фактической ценой)

share premium account счет премий акций: счет в отчетности компании, на котором учитывается сумма премий к номинальной стоимости акций, полученных при их выпуске на рынок

share price цена акции (курс): рыночная или номинальная цена одной акции

share pusher "толкач акций": физическое или юридическое лицо, навязывающее инвесторам акции через назойливую рекламу, телефонные звонки, но часто без предоставления полной и достоверной информации об их качестве

share register акционерный реестр: список владельцев зарегистрированных акций, который ведет компания или по ее поручению юридическая фирма (только зарегистрированный владелец считается законным)

share repurchase plan = share buy-back

shares authorized число акций компании, установленное в ее уставе

share of no par value акция без номинала (США)

shares outstanding = issued and outstanding shares

share splitting = split

share transfer form форма передачи права собственности на акции (Великобритания): документ о передаче права на акцию, подписанный продавцом

share warrant сертификат акции на предъявителя; может свободно переходить из рук в руки без регистрации

shark repellent "акулий репеллент": меры по защите компании от враждебного поглощения, то есть требование уплаты всем акционерам одинаковой цены акции, слияние, уставное требование о необходимости квалифицированного большинства при голосовании, "золотые парашюты", ежегодные перевыборы только части директоров; см. poison pills; golden parachutes; scorched earth; staggered board of directors

shark watcher наблюдатель за "акулами": фирма, специализирующаяся на предупреждении попыток поглощения, а также на анализе торговли акциями компании-клиента, сборе голосов акционеров в поддержку нужных решений

shelf registration (Rule 315) "регистрация на полке" (правило 415): правило Комиссии по ценным бумагам и биржам (США), позволяющее корпорациям выпускать акции без предварительного предупреждения и продавать их прямо инвесторам, если корпорации заранее зарегистрировали предполагаемую к выпуску эмиссию (максимум за 2 года); действует с 1983 г; помогает выбрать наиболее благоприятный момент для продажи ценных бумаг

shell branch отделение-почтовый ящик: 1) заграничное отделение (букв.: "скорлупа"), которое банк использует для регистрации сделок в целях обхода национального регулирования; на практике весь учет ведется в головной конторе; банки США часто имеют такие отделения на Багамских и Каймановых островах для дешевого доступа к еврорынку; 2) = international banking facility; см. off-shore banking unit

shell corporation "почтовый ящик":
официально зарегистрированная корпорация, не имеющая существенных активов и не ведущая операций (обычно такие корпорации создаются для облегчения налогового бремени, в том числе в налоговых оазисах)

shell operation = shell corporation

sheriff's sale продажа шерифом: открытый аукцион активов заемщика, который проводится по решению суда после ареста имущества должника шерифом или другим официальным лицом; на аукционе могут быть проданы активы, которые были использованы в качестве обеспечения кредита

Sherman Anti-Trust Act of 1890 Антитрастовский закон Шермана (США, 1890 г.); см. anti-trust laws

sherpa шерпа ("проводник"): личный представитель руководителя государства "семерки", участвующий в подготовке встреч в верхах и прочих межгосударственных контактах (обычно помощник президента или премьера); на практике обычно существуют также два заместителя шерпы по финансам (заместитель министра финансов) и по политике (заместитель министра иностранных дел); СССР и затем Россия принимают участие в работе встреч "семерки" с 1991 г. (Лондон), но институт шерп пока не существует

shex (Saturday, holidays excepted; S. &h. e.) исключая субботы и праздники (мор.)

Shibosai bonds облигации Шибосай: облигации в иенах, размещенные нерезидентами в "частном" порядке в Японии

shifting tax = tax shifting

shilling (S; Sh) шиллинг: 1) 1/20 ф. ст. (12 пенсов) до введения десятичной системы в Великобритании; серебряная или никелевая монета (теперь приравнена к 5 пенсам); 2) денежная единица Австрии, Кении, Сомали, Танзании, Уганды

shinc (Saturdays, Sundays, holidays included) включая субботы, воскресенья и праздники (мор.)

shinkin banks кредитные кооперативы (банки) в Японии

ship mortgage ипотека на судно: кредит или другое требование, обеспеченное правом собственности на судно

shipping отправка: подготовка и отправка ипотечных документов инвестору, который покупает ипотеки на вторичном рынке

shipping advice авизо (извещение) об отгрузке товара

shipping documents = transport documents

shogun bonds облигации "сегун": облигации, выпущенные нерезидентами на национальном рынке Японии в иностранной валюте

Shoko Chukin центральный банк торговых и промышленных кооперативов в Японии

shop 1) офис фондового брокера или дилера; 2) магазин; 3) производственное помещение; 4) профсоюзная организация

short = 1) short dated; 2) shorts; 3) short position; 4) short bond

short anchor "краткосрочный якорь" (США): финансовые инструменты министерства финансов с короткими сроками (для рефинансирования государственного флота)

short bill (SB) "короткий" вексель: вексель, оплачиваемый при предъявлении или в течение короткого срока (не более 10 дней)

short bit = dime

short bond краткосрочная облигация (США): 1) облигация с коротким сроком (менее 2 лет); 2) облигация, которая должна быть погашена менее чем через год и расценивается как текущий пассив; 3) = short coupon

short book см. unmatched book 1

short coupon "короткий" купон: 1) купон за период менее традиционных 6 месяцев (обычно первый купон в связи с выпуском облигаций менее чем за полгода до первого платежа); 2) облигация с коротким сроком до погашения (обычно менее 2 лет)

short cover 1) зачет "короткой" позиции фьючерского контракта; 2) покупка "коротким" продавцом ценных бумаг взамен занятых в момент продажи; см. cover 2; short selling

short dated (stock) краткосрочная (ценная бумага): сроком менее 5 лет в Великобритании и 2 лет в США

short date forward краткосрочный форвардный валютный контракт (до 1 месяца)

short dates короткие стандартные сроки на евродепозитном рынке (от 1 дня до 3 недель)

short end of the market краткосрочный конец (сегмент) рынка; например, на денежном рынке - сроки до нескольких дней, на рынках ценных бумаг - до 2-5 лет

shortfall нехватка, недостаток, недостача, недобор, дефицит

short form B/L (bill of lading) сокращенная форма коносамента

short gifts = shorts

short hedge "короткий" хедж: стратегия для минимизации риска уменьшения стоимости инвестиций; 1) продажа срочного контракта для нейтрализации наличного риска (снижения цены); см. long hedge; 2) "короткая" продажа ценных бумаг, находящихся на хранении в банке; см. selling short against the box

short interest 1) общая сумма "коротких" продаж на фондовой бирже в США (незакрытые "короткие" позиции): показатель ожиданий падения конъюнктуры; для аналитиков большой объем "коротких" продаж свидетельствует также о возможности близкого подъема, т. к. для покрытия "коротких" позиций потребуются покупки акций; 2) в морском страховании - превышение страховой суммы над стоимостью застрахованных грузов

short interest theory теория, согласно которой большой объем "коротких" продаж предвещает подъем конъюнктуры (т. к. нужно будет покупать ценные бумаги для покрытия "коротких" позиций)

short loan (money) краткосрочная ссуда

short option position "короткая" опционная позиция: позиция, образовавшаяся в результате продажи опциона "пут" или "колл"

short position "короткая" позиция: 1) позиция, образовавшаяся в результате продажи фьючерских или других срочных контрактов; 2) = short selling 1; 3) в валютных сделках отсутствие той или иной валюты

shorts (short gilts) государственные облигации со сроками менее 5 лет до погашения независимо от первоначальных сроков (Великобритания)

short sale = short selling

short sale rule правило Комиссии по ценным бумагам и биржам (США), по которому "короткие" продажи могут совершаться только при подъеме конъюнктуры (при условиях "плюс тик" или "ноль плюс тик"); введено для предотвращения злоупотреблений в форме чрезмерной игры на понижение; см. up tick; zero plus tick

short selling "короткая" продажа: 1) продажа "медведями" ценных бумаг, которые они не имеют в наличии, в надежде на снижение цен и проведение обратной операции или на прикуп недостающих бумаг; 2) открытие аналогичных позиций по финансовым фьючерсам, товарам, валюте и т. д.; фьючерские "короткие" продажи обычно зачитываются, а на фондовом рынке, как правило, обеспечиваются ценными бумагами, взятыми в кредит; целью "короткой" продажи может быть зачет "длинной" позиции; см. selling short against the box

short squeeze "короткое сжатие": ситуация, когда цены ценных бумаг или контрактов начинают резко повышаться и владельцы "коротких" позиций вынуждены срочно покупать бумаги и контракты для их покрытия и ограничения убытков; это ведет к еще большему повышению цен и потерям по непокрытым позициям

short straddle "короткий стрэдл": одновременная продажа опционов "пут" и "колл" с одинаковыми ценами и сроками исполнения в расчете на прибыль от премий при уменьшении неустойчивости конъюнктуры; см. straddle

short strangle "короткий стрэнгл": одновременная продажа опционов "пут" и "колл" с разными ценами исполнения и одинаковыми сроками (внутренняя стоимость опционов обычно отрицательна); см. strangle, intrinsic value

short tail insurance "короткохвостое" страхование: страхование, при котором все выплаты должны быть получены в течение или сразу после окончания срока страхования

short tap краткосрочные (до 5 лет) британские правительственные облигации, выпускаемые на рынок непрерывно в соответствии со спросом или потребностями в заемных средствах; см. tap basis

short tender "короткое" предложение: использование взятых взаймы ценных бумаг для ответа на предложение о покупке новых бумаг (в США запрещено)

short-term краткосрочный: 1) в бухгалтерском учете – об активах, которые превратятся в наличные в течение обычного операционного цикла (1 год), или пассивах со сроками до 1 года; 2) об инвестициях со сроками до 1 года; 3) о ценных бумагах (обычно до 1 года, но облигации в США – до 2 лет, в Великобритании до 5 лет); 4) в налогообложении; см. short-term gain or loss

short-term capital account баланс движения краткосрочных капиталов: часть платежного баланса страны

short-term compensation краткосрочные компенсационные операции; см. counterpurchase; advance purchase

short-term debt краткосрочный долг: в США – все долговые обязательства со сроками до 1 года

short-term financing краткосрочное финансирование: кредит и кредитная линия со сроком менее 1 года

short-term gain or loss краткосрочная прибыль или убыток: прибыль или убыток от продажи ценных бумаг или других активов, которыми продавец владел менее 12 месяцев; до 1988 г. в США краткосрочная прибыль от прироста капитала облагалась обычным подоходным налогом, долгосрочная – по специальным льготным ставкам

short-term insurance краткосрочное страхование: страхование на сроки менее 1 года

short-term investment funds краткосрочные инвестиционные фонды: инвестиционные фонды, которые вкладывают средства в краткосрочные инструменты денежного рынка или правительственные ценные бумаги; это могут быть фонды денежного рынка, коллективные инвестиционные фонды, фонды, вкладывающие средства в муниципальные бумаги такие фонды обычно имеют минимальный размер вклада и высоколиквидны; см. money market funds; collective funds

short-term liabilities = short-term debt

short-term NIF (SNIF) краткосрочный НИФ: евронотная программа, отличающаяся от РУФ использованием метода аукциона; см. tender panel; revolving underwriting facility; Euronotes

short-term paper краткосрочные ценные бумаги: векселя и различные другие ценные бумаги со сроками до 1 года

shut for dividend "закрытый для дивидендов" (Великобритания): о периоде, когда компаниями прекращается регистрация смены владельцев акций для выплаты дивидендов

Siamese shares = paired share

sickness insurance страхование от болезни: страхование от нетрудоспособности в результате болезни

side-by-side trading торговля ценной бумагой ъ опционами на нее на одной бирже

side collateral частичное обеспечение: ситуация, когда легко реализуемое обеспечение покрывает только часть кредита

side deals незаконные сделки директоров компании с ее ценными бумагами на основе имеющейся у них информации в ущерб компании; расцениваются как опасное злоупотребление

sideways market ситуация на фондовом рынке, когда цены двигаются в узких пределах (лишь небольшие сдвиги вверх или вниз): горизонтальное движение цен; = horizontal price movement

sideways price movement = horizontal price movement

sight bill вексель до востребования: вексель, оплачиваемый при предъявлении, в том числе вместе с товарораспорядительными документами

sight draft (SD) = sight bill

sight draft, bill of landing attached (SDBL) тратта до востребования с приложенным коносаментом

signatories лица, подписавшие уставные документы компании, соглашение

signature card карточка с образцами подписей: 1) образцы подписей клиента банка или его уполномоченных агентов; хранится в банке для удостоверения подлинности документов; 2) образцы подписей сотрудников банка, направляемые банкам-корреспондентам

signature loan кредит по подписи: необеспеченный кредит, единственной гарантией погашения которого является подпись заемщика на простом векселе; обычно кредит хорошо известному человеку с безупречной кредитной репутацией; = good faith loan; character loan

signature on file подпись в файле: метод расчетов по кредитным карточкам, когда владелец не ставит своей подписи на чеке и оспаривает операцию в случае ее несостоятельности; обычно используется при заказе товаров по телефону и гостиницами при взимании дополнительных платежей после отъезда клиента

signature verification проверка подписи: проверка подписи на чеках и других денежных документах на предмет подлинности

silent partner = sleeping partner

silent run см. run on a bank

Silver Bubble "серебряный пузырь" (афера Хантов): попытка американских миллиардеров братьев Хантов в 1979-1980 гг. поставить под контроль рынок серебра с целью нажиться на повышении цены; в результате принятых властями ограничений торговли на срочных биржах и резкого падения цены Ханты понесли огромные убытки; см. Silver Thursday

silver certificate серебряный сертификат: бумажные деньги с правом обмена на серебро, выпускавшиеся Казначейством США в качестве законного платежного средства до 1967 г.

Silver Thursday "серебряный четверг": 27 марта 1980 г., когда братья Ханты не смогли внести дополнительный гарантийный депозит по серебряным фьючерсам на 100 млн. долл.; ознаменовал провал попытки контролировать рынки серебра и начало паники на товарных и финансовых рынках; см. Silver Bubble

simple debenture простое обязательство (скрепленное печатью должника): ссуда или облигация, не обеспеченная активами компании

simple (ordinary) guarantee простая (обыкновенная) гарантия: гарант обязан выполнить взятое обязательство только в случае банкротства заемщика или других условий

simple interest простые проценты (на процентный доход не начисляются проценты); 1) выплаты процентов по депозиту производятся по истечении фиксированного периода и не накапливаются; окончательная сумма A = P (1 + XY / 100), где P - первоначальная сумма, X - ставка процента, Y - число процентных периодов; 2) в случае кредита проценты платятся только по фактически использованной части кредита и по мере его погашения сокращаются; см. add-on interest; bank discount rate; compound interest

simplified employee pension (SEP) plan упрощенная пенсионная программа для малых или индивидуальных предприятий с менее 25 занятых (США): пенсионный план, по которому и работодатель, и работник делают взносы на индивидуальный пенсионный счет или на ренту с отсрочкой налогов; предприятие может помещать в такой фонд до 15 % фонда зарплаты; см. individual retirement account

simulation моделирование, имитация, воспроизведение: компьютерный просчет различных вариантов поведения активов и пассивов при различных экономических параметрах (процентные ставки, курсы и др.)

Singapore interbank offered rate (SIBOR) ставка предложения на межбанковском депозитном рынке в Сингапуре (СИБОР)

Singapore International Monetary Exchange (SIMEX) Международная денежная биржа Сингапура: срочная финансовая биржа в Сингапуре (СИМЕКС); создана в 1984 г. на базе биржи золота

single capacity возможность выступать в единственном качестве (принципала или посредника): официальное разделение функций брокера и принципала (на Лондонской фондовой бирже в 1908-1986 гг. существовали брокеры и джобберы); см. dual capacity

single entry bookkeeping простая бухгалтерия: ведение бухгалтерского учета путем регистрации операций одной записью

single interest insurance страхование "единого интереса": страхование права кредитора на автомобиль, покупка которого финансируется с помощью кредита в рассрочку; заемщик помечен в полисе как плательщик в случае потери собственности; = vendor single interest insurance

single option одиночный опцион: опцион "пут" или "колл" в отличие от двойного опциона или опциона "спред", в которых используются два или больше опционов; см. double option; spread option

single premium разовая премия: выплата всего одной страховой премии в течение всего срока страхования

single-premium deferred annuity (SPDA) инвестиционный план (рента) с отсроченным налогообложением и разовой премией (США); инвестор вносит разовую сумму страховой компании, продающей ренту, которая инвестирует полученные средства в финансовые активы; налог взимается при изъятии средств

single-premium life insurance страхование жизни с разовой премией: полис страхования жизни, по которому уплачивается разовая премия в начале действия договора

single purpose corporation одноцелевая корпорация (США): корпорация, созданная для эмиссии краткосрочных бумаг в целях покупки определенных активов или кредитования только одной компании

single-state municipal bond fund муниципальный облигационный фонд для одного штата: взаимный инвестиционный фонд (США), вкладывающий средства только в не облагаемые налогами облигации местных органов власти в пределах одного штата

sinker = sinking fund bond

sinking fund (SF) фонд погашения: фонд, в который регулярно зачисляются суммы для будущего стабильного погашения долга, займа, кредита; создание такого фонда обычно является условием выпуска займа или получения кредита и рассматривается в качестве гарантии погашения

sinking fund bonds облигации, выпускаемые при условии регулярного внесения эмитентом определенных сумм в фонд погашения займа (США)

sixpence шестипенсовик: британская монета в 6 пенсов (чеканилась до 1971 г.)

sixpenny bit (piece) = sixpence

size размер: 1) число (конкретное или просто большое) ценных бумаг, имеющихся для продажи (размер сделки); 2) размер рынка (капитализация); см. market size

skip 1) пропуск; пропускать; 2) сбежавший должник

skip account счет пропавшего заемщика: ситуация, когда заемщик меняет место жительства без предупреждения кредитора и не оставляя нового адреса; для поиска нанимаются профессиональные фирмы, занимающиеся розыском сбежавших должников и взысканием долгов

skip-day settlement расчет на один день позже положенного срока, то есть с пропуском одного дня (США)

skip-payment privilege привилегия пропуска платежа: 1) условие ипотечного контракта или потребительского кредита в рассрочку о возможности пропуска одного и более платежей в случае опережения графика или по предварительной договоренности с кредитором; 2) в США - право владельцев кредитных карточек пропустить декабрьский платеж до следующего месяца, когда закончится время праздничных покупок

skip tracer профессиональная фирма, занимающаяся розыском сбежавших должников и взысканием долгов

slack market вялый рынок: неактивный рынок с большим разрывом между ценами продавца и покупателя

slack money = easy money

sld (sold) last sale надпись на ленте тикера, появляющаяся в случае большого изменения в ценах между двумя сделками по ценной бумаге; для акций с низкими ценами (менее 20 долл.) такое изменение равно 1 пункту и более (1 пункт = 1 долл.), для дорогих акций - 2 и более пунктам (США); см. point

sleeper "соня": "спящая" ценная бумага, не привлекающая особого интереса инвесторов, но имеющая большой потенциал роста цены

sleeping beauty "спящая красавица" (США): потенциальный объект поглощения, которому не делалось предложений; обычно имеется в виду компания с такими привлекательными характеристиками, как большие наличные резервы или недооцененные активы

sleeping company = dormant company

sleeping partner "спящий" партнер: член товарищества, внесший пай, но не принимающий активного участия в управлении компанией; см. active partner

sliding peg crawling peg

sliding subscription price скользящая цена подписки: цена подписки на ценные бумаги, которая не фиксируется, а изменяется в зависимости от спроса инвесторов

slip квитанция: 1) письменное подтверждение сделки; 2) документ с дополнительной информацией, прикрепляемый к проданной ценной бумаге

slow assets = illiquid assets

slow bonds "медленные" облигации: обеспеченные ипотечные облигации со сроками 20-25 лет

slow loan "медленный" кредит: 1) классификация кредита, в отношении которого есть сомнения в погашении; 2) кредит на пополнение оборотных средств предприятию с длительным циклом производства (обращения активов в наличные); например, сельскохозяйственный кредит

sluice gate price "шлюзовая" цена: теоретическая импортная цена СИФ на некоторые сельскохозяйственные продукты в ЕЭС (для определения размера дополнительных импортных пошлин)

slump = depression

smacker 1 ф. ст. (жарг.)

Small Business Administration (SBA) Управление мелкого бизнеса (США): федеральное агентство (создано в 1953 г.), предоставляющее небольшим компаниям прямые кредиты до 750 тыс. долл., гарантии по кредитам до 1 млн. долл. (на 85 % суммы), финансовые консультации, управленческую помощь; лицензирует, регулирует и финансирует инвестиционные компании для мелкого бизнеса; источник ресурсов - дотации Конгресса; см. small business investment companies

small business corporation см. subchapter S

small business investment companies (SBICs) инвестиционные компании для мелкого бизнеса (США): инвестиционные компании, лицензируемые Управлением мелкого бизнеса для финансирования создания новых компаний в виде кредитов и участия в капитале; помощь могут получать компании с менее 5 млн. долл. активов, средствами акционеров менее 2,5 млн. долл. и чистой прибылью менее 250 тыс. долл.; см. Small Business Administration; venture capital

small self-administered pension schemes (SSAS) малые самоуправляемые пенсионные схемы с числом участников менее 12 (Великобритания)

small investor мелкий (розничный) инвестор: индивидуальный инвестор, покупающий небольшое количество ценных бумаг

small loan company = consumer finance company

small number = tail 1

small saver certificate (SSC) сертификат мелкого вкладчика (США): разновидность срочных депозитов, предлагавшихся с 1980 г. банками для конкуренции с фондами денежного рынка; процентные ставки были привязаны к средней доходности казначейских ценных бумаг, не было минимальной суммы, срок 18 месяцев; дерегулирование процентных ставок в 1983 г. ликвидировало смысл таких инструментов

smart card "умная" карточка: кредитная или платежная карточка со встроенным микропроцессором; может обмениваться информацией с центральным компьютером, используется для хранения информации о предыдущих сделках, получения информации из банка данных, производства платежей на определенную сумму без связи с эмитентом (карточка "заряжается" на эту сумму), авторизации платежей и т. д.; см. plastic card; super smart card; = chip card; memory card

Smithsonian Agreement Смитсоновское соглашение, заключенное десятью ведущими странами Запада 18 декабря 1971 г. (в Смитсоновском институте в Вашингтоне); предусматривало изменение взаимных паритетов валют, расширение пределов колебаний курсов с +/-1 до +/-2,25 % от паритета, девальвацию доллара к золоту; соглашение действовало до 1973 г.; см. Group of Ten; snake in the tunnel; Smithsonian rates

Smithsonian rates смитсоновские курсы: курсы валют, зафиксированные Смитсоновским соглашением; см. Smithsonian Agreement; snake in the tunnel

smooth выравнивать рыночную конъюнктуру; регулярные и небольшие по масштабам интервенции для стабилизации конъюнктуры

smuggling контрабанда: незаконный ввоз в страну и вывоз из страны товаров с целью обойти запрет и не платить таможенные пошлины и налоги

smurf "бегун": лицо, которое проводит операции с наличными деньгами в рамках отмывания незаконных доходов (разг.); обычно такой человек пытается депонировать в банках суммы менее 10000 долл. для сокрытия их происхождения, истинных владельцев и будущее использование; = runner

snake "змея" ("валютная змея"): соглашение западноевропейских стран об ограничении взаимных курсовых колебаний (+/-1, 125 %) при свободном (с 1973 г.) плавании относительно доллара США; действовало с 24 апреля 1972 г. до создания в 1979 г. ЕВС; см. snake in the tunnel; European Monetary System

snake in the tunnel "змея в туннеле": соглашение западноевропейских стран об ограничении взаимных курсовых колебаний в период, когда по Смитсоновскому соглашению 1971-1973 гг. были установлены более широкие пределы колебаний курсов для более широкого круга государств ("большая десятка"), то есть внутри широких пределов действовали более узкие; см. snake

snapshot statement промежуточный отчет ("моментальная фотография"); = interim statement

snowballing "снежный ком": процесс нарастания исполнения приказов клиентов брокерам продавать или покупать ценные бумаги по фиксированной цене (приказов "стоп") при падении или подъеме конъюнктуры; выполнение все большего числа приказов усиливает тенденцию, активизирует новые приказы и ситуация напоминает "снежный ком"; см. stop order

social accounting (social report) отчетность компании о затратах на выполнение требований закона о борьбе с загрязнением окружающей среды, защите здоровья, безопасности труда и др. социальных мероприятиях

social consciousness mutual fund взаимный инвестиционный фонд, придерживающийся определенной социальной политики (США); как правило, такие фонды, возникшие в 60-70-х годах, не вкладывают средства в ценные бумаги корпораций, которые загрязняют среду, производят вооружения или действуют в странах с реакционными режимами

Sociedad Anonima (SA) анонимное общество (исп.): акционерная компания с ограниченной ответственностью

societa anonima (SA) = societa per azioni

societa per azioni (SpA) акционерная компания (итал.): компания с ограниченной ответственностью

societe anonyme (SA) анонимное общество (франц.): акционерная компания во Франции

Societe a responsabilite limitee (Sarl) общество с ограниченной ответственностью (Франция)

societe de personnes a responsabilite limitee (SPRL) общество с ограниченной ответственностью (франц.): акционерная компания в Бельгии

Societe interprofessionelle pour la compensation des valeurs mobilieres (SICOVAM) клиринговая система для расчетов по ценным бумагам во Франции (создана в 1949 г.); принадлежит банкам и брокерам; служит центральным депозитарием для ценных бумаг

Society for World-Wide Interbank Financial Telecommunications (SWIFT) СВИФТ: межбанковская электронная система передачи информации и совершения платежей; основана в 1973 г. в Брюсселе (начала операции в 1977 г.) для создания альтернативы почтовому и телеграфному методу пересылки платежных инструкций банкам-корреспондентам; некоммерческая кооперативная организация, которая принадлежит свыше 2000 банкам из более чем 50 стран; представляет собой систему электронной передачи сообщений-инструкций (авизо) о платежах; собственно перевод средств производится через национальные платежные системы; с 1988 г. к системе присоединились фирмы по торговле ценными бумагами для ускорения расчетов по сделкам

soft currency слабая ("мягкая") валюта: 1) валюта с понижательной тенденцией движения курса; 2) неконвертируемая валюта; = weak currency

soft dollars "мягкие" доллары: 1) плата за услуги банка в форме хранения в нем денег, то есть специальные комиссионные за услуги не платятся; 2) плата за конкретные услуги брокеров, которая покрывается из общей суммы комиссионных (не выделяется отдельно); данные услуги не приносят брокеру прямой прибыли (США); 3) проценты и комиссионные расходы по проекту, связанному с недвижимостью, которые по закону можно вычитать из налогов; см. hard dollars

soft landing "мягкое приземление": плавное снижение курса валюты до экономически обоснованного уровня (после подъема); см. hard landing

soft loan "мягкий" кредит: льготный кредит по ставке ниже рыночного уровня на длительный срок; обычно это кредиты международных финансовых организаций типа МБРР развивающимся странам с очень низким уровнем доходов на душу населения

soft-loan window "окно льготных кредитов": специальная программа или филиал международного банка реконструкции и развития (МБРР) для предоставления кредитов на льготных условиях (со сроками до 50 лет, льготными периодами до 30 лет, низкими ставками или только комиссионными сборами) наименее развитым странам

soft market "слабый" (вялый) рынок: рынок, характеризующийся превышением предложения над спросом, низкой активностью, большой разницей между ценами продавца и покупателя; = buyer's market

soft spot "слабое место": ценные бумаги с понижательной тенденцией цен в условиях улучшения конъюнктуры

sogo bank банк "сого" (Япония): коммерческий банк, специализирующийся на кредитовании мелких предприятий и населения

sog sosha японские торговые корпорации (например, Сумитомо)

sola соло-вексель: переводный вексель в единственном экземпляре (в отличие от векселя в трех экземплярах)

sold contract note извещение о проданном контракте: уведомление, посылаемое брокером клиенту в подтверждение продажи в пользу последнего (Великобритания); указываются детали сделки, комиссия, гербовый сбор, срок платежа; см. TALISMAN sold transfer

sold-out market проданный рынок: ситуация на бирже, когда невозможно купить определенные фьючерсные контракты из-за ликвидации позиций и ограниченного предложения

sold stock account счет проданных ценных бумаг: внутренний счет в системе "ТАЛИСМАН" на Лондонской фондовой бирже для всех сделок продажи; см. TALISMAN

sole placing agency (SPA) единоличное размещающее агентство: размещение евронот одним банком-агентом

sole proprietor единоличный владелец: 1) неинкорпорированный бизнес, принадлежащий и контролируемый одним человеком; обычно имеет наименование отличное от фамилии владельца; может открывать индивидуальные процентные чековые счета в отличие от корпораций; 2) человек, занятый индивидуальным бизнесом; одно лицо отвечает за финансирование, организацию, управление

sole proprietorship индивидуальное, единоличное предприятие или собственность

solvency платежеспособность: 1) способность оплачивать обязательства, погашать долги без ликвидации фиксированных активов (основного капитала); см. ability to pay; 2) положительная разница между активами и пассивами банка; = net worth

solvency ratio коэффициент платежеспособности: отношение акционерного капитала к суммарным активам

solvent платежеспособный: способный выполнить обязательства, в срок обслуживать или погасить долг

source and applications of funds statement документ об источниках и использовании финансовых ресурсов: анализ финансового положения компании в течение учетного периода (часть годового отчета); содержит информацию об оборотном капитале, прибыли, амортизации, выпуске облигаций, налогах, покупке фиксированных (капитальных) активов, платежах дивидендов, погашении долга

source documents первичные документы

South Sea Bubble "пузырь Южного моря": скандал с Компанией Южного моря (основанной в 1711 г.), которая пользовалась поддержкой британского правительства и получила монополию на торговлю в Южной Америке и регионе Тихого океана; в 1720 г. директора компании добились права приобрести весь национальный долг, и это способствовало росту цен акций в 10 раз; в декабре 1720 г. цены акций компании упали, и тысячи инвесторов понесли убытки или обанкротились; скандал задержал развитие торговли ценными бумагами в Великобритании

sovereign (Sov) соверен: английская золотая монета в 1 ф. ст. (объект торговли в тезаврационных целях); золотое содержание - 7,998 г (1/4 тр. унции); впервые отчеканена в 1489 г.; с 1974 г. выпускается с надписью "новый соверен" (в связи с переходом на десятичную систему)

sovereign borrower суверенный заемщик: государство (правительство)-заемщик

sovereign debt swap "суверенный" долговой своп: обмен долговыми обязательствами стран, испытывающих финансовые трудности, в т. ч. со значительной скидкой с номинала и частичным расчетом наличными

sovereign immunity суверенный иммунитет: доктрина, согласно которой суверенное государство не может быть преследуемо в судебном порядке, а на его средства не может быть наложен арест

sovereign risk "суверенный" ("страновой") риск: риск того, что иностранное правительство откажется обслуживать или погашать долг, выполнять другие обязательства в результате изменения национальной политики; риск, связанный с финансовым положением целого государства, с возможностью прекращения всеми или большинством экономических агентов (включая правительство) внешних платежей; для контроля за "суверенным" риском банки устанавливают лимиты кредитования; = political risk

Spalding Report доклад Сполдинга: доклад об изменении законодательства о строительных обществах, подготовленный в 1983 г. комитетом под руководством главы общества "Галифакс" Дж. Сполдингом

special accounts специальные счета суверенного заемщика в центральном банке одной из стран-кредиторов для платежей по многостороннему соглашению о пересмотре условий просроченной задолженности

special arbitrage account (SAA) специальный арбитражный счет: специальный счет клиента у фондового брокера для операций, риск по которым захеджирован (вносимая маржа меньше обычной); см. margin account

special assessment bond облигация на основе специальных налогов: разновидность муниципальных облигаций (США), погашаемых с помощью специальных налогов на население, которое пользуется результатами общественных работ, профинансированных с помощью этих облигаций

special bid специальная покупка (США): разновидность покупки большой партии акций на Нью-Йоркской фондовой бирже, при которой приказ клиента о покупке выполняется с помощью противоположных приказов других клиентов; фиксированная цена покупки объявляется заранее (не может быть ниже цены последней сделки); комиссию платит только покупатель

special bracket firm фирма из особой группы: 1) один из пяти крупнейших инвестиционных банков США; 2) инвестиционные банки, которые в объявлении о выпуске ценных бумаг помещаются в особую группу из-за специальных отношений с эмитентом

special claim on residual equity (SCORE) особое право на остаточную стоимость акций: сертификат "СКОР", дающий владельцу право на прирост стоимости акции сверх фиксированного уровня (США); такие сертификаты выпускаются частной компанией "Americus shareowner service Corp." наряду с сертификатами "ПРАЙМ" и котируются на бирже; являются объектом торговли специальными паевыми фондами (пай представляет собой либо "СКОР", либо "ПРАЙМ"); см. unit share investment trust; prescribed right to income and maximum equity (PRIME)

special crossed check специальный кроссированный чек (с двумя параллельными полосами); банк, на который он выписан, оплачивает его клиенту или банку, имя которого указывается на чеке; см. crossed check

special deposits специальные депозиты (Великобритания): депозиты, которые Банк Англии может потребовать от коммерческих банков (в размере определенного процента от депозитной базы) для ограничения роста кредитования - инструмент денежно-кредитной политики (с 1960 г.)

special dividend = extra dividend

Special Drawing Rights (SDR) специальные права заимствования (СДР): денежная единица на основе (с 1981 г.) корзины 5 ведущих западных валют (доллар - 42 %, марка - 19 %, французский франк, иена и фунт стерлингов - по 13 %), созданная МВФ в 1969 г.; эмиссия ("распределение") СДР проводилась в 1970-1972 гг. и 1979-1981 гг.; СДР являются международным резервным активом, используются в качестве счетной и учетной единицы странами-членами МВФ и некоторыми международными организациями, а также для расчетов между странами членами МВФ и с МВФ

special ex div "специальный экс див" (без дивиденда): система торговли акциями (облигациями) без права на дивиденд или проценты (Великобритания); обычно акциями торгуют с учетом в цене дивиденда до определенной даты, а после нее - без учета; для большинства государственных ценных бумаг действует особая система: в течение 21 дня до объявления бумаги "без дивиденда" ею можно торговать как "с дивидендом", так и "без дивиденда"

specialists "специалисты" (США): члены фондовой биржи (примерно 400 на Нью-Йоркской фондовой бирже), зарегистрированные как специалисты по одному или нескольким видам ценных бумаг, поддерживают рынок по этим бумагам (оперируя за свой счет) и выступают в роли посредников между брокерскими фирмами

specialist's book портфель ценных бумаг и приказов совершить сделки фондового "специалиста" (США); см. specialists

specialist's short-sale ratio соотношение между "короткими" продажами "специалистов" и общей суммой "коротких" продаж на Нью-Йоркской фондовой бирже: показатель "настроения" "специалистов" (свыше 60 % - ожидается ухудшение конъюнктуры, менее 45 % - улучшение); см. specialists

specialized mutual trust специализированный взаимный фонд (США): фонд, специализирующийся на инвестициях в ценные бумаги компаний определенной отрасли

specialized tender panel (STP) специализированная панель предложения; равнозначно "непрошенным" заявкам, но число участников аукциона ограничено крупными банками, уже участвовавших в эмиссиях данного заемщика и поддерживающих вторичный рынок его обязательств; см. unsolicited bidding

special mention специальное упоминание: потенциально слабые кредиты и активы, создающие кредитный риск, но меньший, чем в случае субстандартных (см. substandard) активов; кредиты классифицируются как "специальное упоминание" в тех случаях, когда плохо ведется документация и надзор за кредитом или другие административные отклонения, а не виден риск невозврата

special offering специальное предложение (США): метод продажи крупной партии ценных бумаг, сходный с вторичным размещением, но доступный только членам Нью-Йоркской фондовой биржи (осуществляется в часы биржевой торговой сессии); член биржи-продавец объявляет свою фиксированную цену (на тикере); требуется согласие Комиссии по ценным бумагам и биржам; см. secondary distribution

special provision специальные резервы: дополнительные резервы против плохих и сомнительных долгов

special tax bond (STB) специальная налоговая облигация: 1) в США - разновидность муниципальных облигаций, погашаемых за счет акцизов местных органов власти; 2) = special assessment bond

specie золотые и серебряные монеты или слитки в отличие от бумажных денег; в прошлом, в эпоху металлического денежного обращения, также назывались "твердой" валютой; см. hard currency

specie points = gold points of exchange

specific capital специфический капитал: машины и оборудование, которые могут использоваться только в целях, для которых они были предназначены

specific duty специфическая пошлина: таможенная пошлина, устанавливаемая в зависимости от физических характеристик товара (веса, количества), а не от стоимости

specific provisions специфические резервы: "специальные" резервы на покрытие сомнительных долгов; устанавливаются в необходимой сумме по каждому конкретному долгу в зависимости от уровня риска

specified currency определенная валюта: валюта, одобренная законодательством для платежей за экспорт из Великобритании в страны, не входившие в стерлинговую зону (в период валютных ограничений)

specified pool определенный пул: товарищество с ограниченной ответственностью, объявляющее объект своих инвестиций, например, конкретную недвижимость (США); см. blind pool

specimen образец сертификата акции, банкноты

spectail биржевик, который выступает как розничный брокер, но преимущественно спекулирует за свой счет

speculation спекуляция: купля-продажа финансовых активов, недвижимости, принятие ценового риска с целью получения прибыли от изменения цен; в отличие от арбитража всегда велик риск, т. к. предсказать будущее движение цен трудно; чаще всего используются формы операций, при которых не нужно вносить полную сумму; чем более краткосрочные операции или финансовые инструменты, тем больше спекуляции; согласно некоторым теориям спекулянты оказывают стабилизирующее воздействие на рынки, так как принимают риски и способствуют уменьшению колебаний цен

speculative margin спекулятивная маржа: маржа по фьючерсному контракту, вносимая спекулянтами (обычно выше, чем для хеджеров)

speculative securities спекулятивные ценные бумаги: 1) ценные бумаги с рейтингом ниже инвестиционного (ниже "ВВ" или "Ва"), то есть не рекомендуемые для инвестиций банков или трастовых отделов; 2) инвестиционная ценная бумага с высоким риском; имеются в виду прежде всего различные нововведения на рынке ценных бумаг, например, синтетические ценные бумаги; органы регулирования рекомендуют хеджировать процентный риск по таким бумагам

speculator спекулянт: физическое или юридическое лицо, занимающееся спекуляцией; см. speculation

speed "скорость": досрочное погашение ипотек, которые лежат в основе обеспеченных ими ценных бумаг; существуют математические модели предсказывающие изменение денежных потоков и параметров при досрочном погашении

spin-off = **spin-out**

spin-out (sponsored) "отпочкование" новой компании от существующей при участии специалистов "рискового" финансирования и самой материнской компании (ее акционеры могут получить акции новой компании): создание самостоятельной компании

split (S) "сплит": разбивка акций на несколько бумаг с меньшими номиналами путем выпуска нескольких акций вместо одной (общая сумма капитала не изменяется, а число акций увеличивается); см. reverse split; stock split

split commission комиссия, поделенная между двумя брокерами или брокером и лицом, которое свело брокера с клиентом

split deposit "разделенный" депозит: ситуация, когда клиент депонирует в банке чек, но часть его суммы получает наличными; источник потенциальных ошибок в учете банка; см. mixed deposit

split down = reverse split

split level balance разделенный или двухуровневый остаток: 1) в некоторых случаях по кредитной карточке или в кредитной линии сверх определенной суммы может взиматься более низкая процентная ставка; это делается, например, для стимулирования больших покупок по кредитной карточке; 2) по сберегательному счету часто выплачиваются разные процентные ставки в зависимости от остатка на счете: чем больше остаток, тем выше процентная ставка

split-level trust двухуровневый фонд: инвестиционный фонд с двумя типами паев, или акций (Великобритания): инвесторы в первый вид паев получают весь доход (проценты, дивиденды) по всем инвестициям фонда, а инвесторы во второй вид - весь прирост капитала

split margin = split spread

split offering разделенное предложение: выпуск муниципальных облигаций, состоящий из двух частей: из серийных облигаций и облигаций с фиксированным сроком погашения (США); см. serial bonds

split order разделенный приказ: крупный приказ-поручение о совершении покупки или продажи ценных бумаг, разбитый на несколько сделок (чтобы не вызвать нежелательного изменения конъюнктуры)

split rating двойной рейтинг: ситуация, когда два ведущих рейтинговых агентства (Стандард энд Пурз, Мудиз) присваивают одной и той же ценной бумаге разные показатели

split spread разделенный спред: кредитная маржа сверх рыночной ставки, изменяющаяся со временем, то есть в течение срока кредита действует не одна маржа

splitting = split

split up = split

sponsor спонсор: 1) инвестиционный банк или брокер, организующий выпуск акций компании; 2) влиятельный инвестор, помогающий повысить спрос на определенные ценные бумаги; 3) инвестиционная компания, предлагающая акции в созданных ею взаимных фондах

spot "спот": 1) наличный; 2) условия расчетов, при которых оплата осуществляется немедленно; в валютных сделках условия "спот" означают расчет на второй рабочий день после заключения (или в пределах двух рабочих дней); на североамериканском рынке торговля канадским долларом и мексиканским песо осуществляется на условиях поставки в течение 1 рабочего дня

spot-a-month валютный своп, состоящий в купле-продаже валюты на условиях "спот" с совершением обратной сделки через месяц (т. е. заключается противоположная срочная сделка с расчетом через месяц)

spot-a-week валютный своп, состоящий в купле-продаже валюты на условиях "спот" с совершением обратной сделки через неделю (т. е. заключается противоположная сделка с расчетом через неделю)

spot commodities = actuals

spot delivery month ближайший месяц поставки: ближайший месяц, когда

S

может быть поставлен товар, которым торгуют на срочной бирже

spot market наличный рынок, рынок "спот": рынок немедленной поставки и платежа в противоположность срочному рынку - обычно в течение двух рабочих дней после заключения сделки; на фьючерском рынке может означать поставку в текущем месяце; = cash market

spot month = spot delivery month

spot next "спот-некст", следующий за "спот": 1) поставка иностранной валюты на условиях "спот" плюс 1 рабочий день, то есть на третий рабочий день; 2) валютный своп "спот-некст": купля-продажа валюты на условиях "спот" с совершением обратной сделки на следующий рабочий день (т. е. на третий рабочий день); заключается сделка "спот" и противоположная сделка "форвард" с расчетом на третий рабочий день; см. tomorrow-next

spot one week валютный контракт с поставкой валюты через неделю после заключения сделки

spot fortnight валютный контракт с поставкой через две недели после заключения сделки

spot price наличная цена товара или ценной бумаги (предполагает немедленный расчет)

spot rate курс "спот", наличный курс валюты: курс, по которому расчеты по сделке проводятся на второй рабочий день после ее заключения

spot transaction наличная сделка: сделка с немедленным расчетом (по валюте - на второй рабочий день после заключения сделки)

spread спред: разница между ценами, курсами, ставками; 1) разница между ставками по депозитам банка (стоимость источника ресурсов) и по его кредитам (доход по размещенным ресурсам); отражает доходность банка; = margin 1; 2) уровень диверсификации инвестиционного портфеля; = straddle; 3) разница между ценой бумаги, уплачиваемой андеррайтером и ценой, уплачиваемой инвестором; = gross spread; 4) разница между ценой покупки и продажи ценной бумаги на вторичном рынке; 5) одновременная покупка и продажа фьючерских контрактов на одинаковый финансовый инструмент с поставкой в разные сроки или на разных, но связанных рынках

spreading = straddle

spread option опцион "спред": одновременная купля и продажа двух опционов на один финансовой инструмент с разными ценами и/или сроками исполнения

spread order приказ "спред": биржевой приказ о заключении одновременно двух противоположных сделок на равную сумму, но с разными сроками (например, приказ о покупке и продаже опционов с указанием желаемого спреда между их ценами)

spreadsheet лист бумаги с обобщающей информацией о финансовом положении компании (содержит баланс, счет прибылей и убытков, данные о продажах); информация вводится в компьютер, с помощью которого обновляется и анализируется

square закрытая, или сбалансированная, валютная позиция: дилер не имеет "длинной" или "короткой" позиции по валютам своей специализации (позиции покупки и продажи выравнены)

square position = square

Square Mile "квадратная миля": лондонский Сити; = City

squeeze "сжатие", трудное положение: 1) ситуация, когда владельцы "коротких" позиций могут закрыть их только по завышенной цене, но вынуждены это делать для ограничения убытков в условиях повышающейся конъюнктуры; 2) ситуация, когда трудно получить кредит и процентные ставки находятся на высоком уровне (в т. ч. в результате действий властей); см. credit squeeze; tight money

squirt биржевой стажер или ученик (Великобритания)

Squirts' Guide справочник джобберов для учеников биржевиков; = Jobbers' Index

stabilization стабилизация: 1) стабилизация валютных курсов, процентных ставок, экономической активности с помощью рыночных операций либо средств денежно-кредитной или финансовой политики; см. Exchange Stabilization Fund; 2) действие дилера или эмитента ценных бумаг по недопущению падения курса ценных бумаг ниже цены первоначального предложения в период между регистраций ценных бумаг и их продажей инвестором; такие ценные бумаги называются "when issued" (см.) и некоторые дилеры активно проводят операции по ним

stable стабильный (о ценах, курсах, ставках, которые остаются около определенного уровня)

Stafford student loan студенческий кредит Стаффорда: студенческие ссуды на образование, названные так по имени сенатора от Вермонта Р. Т. Стаффорда (США); такие кредиты страхуются гарантийными агентствами штатов и перестраховываются Ассоциацией маркетинга студенческих кредитов; выплата основной суммы и процентов откладывается до завершения образования; см. education loan

stag спекулянт, покупающий новые ценные бумаги при объявлении подписки в надежде продать их с прибылью после начала торговли на вторичном рынке: спекулянт, покупающий и продающий бумаги ради получения разницы в ценах; см. stagging of an issue

stagflation стагфляция: фаза цикла, характеризующаяся сочетанием стагнации и инфляции (термин возник в 70-х годах, когда многократное повышение цены на нефть способствовало росту инфляции при замедлении экономического развития)

staggered board of directors совет директоров, состав которого ежегодно частично обновляется (а не весь сразу): метод защиты от поглощения – для получения контроля над советом недостаточно одного ежегодного собрания акционеров

staggering maturities диверсификация облигационного портфеля инвестора по срокам: инвестор покупает облигации с разными сроками для снижения неблагоприятного воздействия движения конъюнктуры

stagging of an issue 1) приобретение новых акций и облигаций для спекулятивной перепродажи, в т. ч. подача нескольких заявок на приобретение новых бумаг с последующей продажей (Великобритания); 2) любая покупка ценных бумаг для быстрой перепродажи

stagnation стагнация, застой: 1) период нулевого, крайне низкого (менее 3 %) или отрицательного экономического роста (с учетом инфляции); 2) период низкой активности на рынке ценных бумаг

stake 1) участие в капитале акционерной компании (часто в процентах); 2) ставка, заклад

stale просроченный, потерявший законную силу

stale bull биржевой спекулянт, играющий на повышение ("бык"), который не может ликвидировать свою позицию из-за отсутствия покупателей

stale check просроченный чек: чек, не предъявленный к оплате в разумные сроки – обычно после 6 месяцев со дня выписки; банки не обязаны не оплачивать такие чеки и отправляют их обратно в банки-эмитенты; владелец чека может написать на обратной стороне "не действителен после стольких-то дней"

stale-dated = stale check

stamp duty гербовый сбор: налог, взимаемый при оформлении определенных документов, заключении контрактов, купле-продаже или эмиссии ценных бумаг (в Великобритании существует с 1694 г.)

stamp tax = stamp duty

Standard and Poor's Corporation (S&P) Стандард энд Пурз (США): ведущая фирма по финансовому консультированию, дочерняя компания Мак-Гроу Хилл; установлению кредитных рейтингов ценных бумаг; оказывает разнообразные инвестиционные услуги; рассчитывает и публикует фондовые индексы; издает многочисленные справочные и аналитические материалы по ценным бумагам, компаниям, банкам; устанавливает рейтинги (от высшего до низшего качества) для корпорационных и муниципальных облигаций (от AAA до D), коммерческих бумаг (A1, A2, A3, B), депозитных сертификатов - AAA-CCC для долгосрочных сертификатов и A1-D для сертификатов со сроками менее 1 года; рейтинг NCR (no contract rating) означает, что компания не обращалась за рейтингом; рейтинг P (provisional) для доходных муниципальных облигаций означает, что погашение зависит от завершения проекта; рейтинг Q означает, что рейтинг основан на общедоступной информации; см. Standard and Poor's ratings

Standard and Poor's (Composite) 500 Index (S&P 500) один из важнейших фондовых индексов в США, рассчитываемый и публикуемый агентством Стандард энд Пурз (80 % стоимости ценных бумаг на Нью-Йоркской фондовой бирже); включает акции 400 промышленных, 20 транспортных, 40 финансовых, 40 коммунальных компаний; цены взвешиваются в соответствии с количеством акций каждой компании; индекс рассчитывается непрерывно; базовый период - 1941-1943 гг., базовое значение - 10

Standard and Poor's 500 indexed subordinated notes (SPINS) облигации с индексированной выкупной стоимостью относительно фондового индекса Стандард энд Пурз ("СПИНЗ")

Standard and Poor's Indices фондовые индексы ведущих компаний разных отраслей: 400 крупнейших промышленных компаний (с 1941-1943 гг.), 100 компаний, опционами на акции которых торгуют на опционной бирже в Чикаго

Standard and Poor's ratings рейтинги ценных бумаг агентства Стандард энд Пурз (США); основываются на анализе финансового положения компании, способности выполнять обязательства; для облигаций и привилегированных акций система рейтингов включает присвоение символов: AAA (высшее качество), AA (высокое качество), A (высшее среднее), BBB (среднее; приемлемый уровень риска), BB (в основном спекулятивное), B (спекулятивное), CCC (низкое качество), CC (самое спекулятивное; задержки с выплатой процентов), C (самое низкое; платежи прекращены), DDD, DD, D (полная неплатежеспособность, задолженность, сомнительная стоимость), NR (нет рейтинга); для обыкновенных акций: A+ (высший уровень), A, A-, B+ (средний), B, B- (низкий), C (самый низкий), D (компания реорганизуется); см. Standard and Poor's

standard coin стандартная монета: монета, стоимость металла которой соответствует номиналу

standard deduction (SD) стандартный вычет: стандартные суммы дохода, не облагаемые индивидуальным подоходным налогом (облагается доход сверх этих сумм); в США в соответствии с налоговой реформой 1986 г. стандартные суммы для различных категорий плательщиков индексированы относительно инфляции

standard fixed-rate mortgage стандартная ипотека с фиксированной процентной ставкой: в США - кредит по фиксированной ставке с обеспечением, который амортизируется путем ежемесячных выплат в течение 15-30 лет

Standard International Trade Classification (SITC) стандартная международная торговая классификация: товарная классификация ООН (сходна с брюссельской классификацией); см. Brussels Tariff Nomenclature

standard of value стандарт или мера стоимости: одна из основных функций денег

standard prepayment стандартный досрочный платеж: широко распространенная математическая модель досрочного погашения ипотек в случае кредитов, обеспеченных пулами ипотек; например, модель может предусматривать в первый месяц уровень досрочного погашения в 0,2 %, а далее 2 % до 30-го месяца, а после этого - 6 %; = constant prepayment rate

standard risk стандартный риск: 1) кредит, который удовлетворяет нормальным кредитным стандартам и представляет собой удовлетворительный риск; это означает, что актив имеет хорошее качество, а заемщик ликвиден и способен погасить кредит; 2) кредитный рейтинг, присвоенный активам банка и требующий 100 %-го покрытия капиталом при подсчете достаточности капитала; например, это могут быть торговые кредиты, потребительские кредиты, большинство забалансовых активов

Stand-by Arrangement соглашение о резервных кредитах в МВФ (выдаются с 1952 г.): соглашение между МВФ и страной-членом, по которому последняя может в течение оговоренного периода получать иностранную валюту в обмен на национальную в пределах согласованной суммы (срок - 12 мес. с продлением до 3 лет); соглашение о резервных кредитах обычно включает финансирование в рамках кредитных долей и политики расширенного доступа одновременно с реализацией стабилизационной программы; см. credit tranches; Enlarged Access Policy

stand-by commitment резервное обязательство (США): 1) обязательство предоставить кредит в течение некоторого срока на оговоренную сумму, если другая схема кредитования не сработает ("промежуточный" кредит); 2) обязательство одного и более банков купить акции, размещаемые среди инвесторов, если они не выкуплены в течение 2-4 недель (также в отношении "коммерческих бумаг"); риск гаранта заключается в неблагоприятном изменении цены в течение указанного периода; 3) не связывающее (non-binding) обязательство Федеральной национальной ипотечной ассоциации купить на вторичном рынке определенное количество ипотек

stand-by credit резервный (гарантийный) кредит: кредит, который может при необходимости быть получен в течение оговоренного срока; используется для поддержки других кредитных операций, а также для покрытия несбалансированности внешних расчетов; см. stand-by arrangement; stand-by commitment 1; stand-by letter of credit

stand-by letter of credit резервный (гарантийный) аккредитив: забалансовое обязательство банка, гарантирующее чужие обязательства или используемое для повышения кредитоспособности клиента под такие аккредитивы требуется 100 %-е резервирование средств; 1) форма поддержки заимствований, при которой корпорация просит свой банк открыть аккредитив в пользу другого банка, предоставляющего ей резервный кредит, в качестве обеспечения; 2) аккредитив, с помощью которого банк гарантирует выполнение обязательств своего клиента; = performance bond

stand-by note issuance facility (SNIF) резервная среднесрочная кредитная линия на базе выпуска краткосрочных простых векселей; используется для поддержки основной схемы финансирования; см. note issuance facility

stand-by underwriter группа банков, дающая резервное обязательство (США); см. stand-by commitment 2

stand-by underwriting резервный андеррайтинг: разновидность андеррайтинга, при которой группа продажи соглашается купить акции, оставшиеся после того как существующие акционеры использовали свое право купить новые ценные бумаги или обменять на них старые

standing финансовое положение, кредитоспособность, репутация

standing mortgage постоянная ипотека: ипотечный кредит, по которому в течение всего срока платятся только проценты, а основная сумма выплачивается единой суммой по истечению срока кредита

standing order "постоянное поручение": письменный приказ клиента банку о проведении серии платежей с его счета для оплаты подписки, взносов по кредиту в рассрочку или страховому полису, т. е. для регулярных платежей

stand-in processing альтернативная процедура одобрения сделок в электронных финансовых системах в тех случаях, когда центральный компьютер недоступен в режиме реального времени; например, в случае сетей автоматических кассовых машин используется сверка с файлами украденных или утерянных карточек, другими "физическими" файлами

standstill agreement соглашение о невмешательстве (США): 1) соглашение между корпорацией и рейдером, пытающимся получить контрольный пакет, по которому последний обязуется не покупать акции корпорации в течение оговоренного срока; см. raider; 2) соглашение, по которому кредитор обязуется некоторое время не предпринимать попытки взыскать долг по суду, чтобы не уменьшить возможность возвращения кредита реструктуризация долга чаще лучше, чем полное банкротство заемщика

stanpoor's = Standard and Poor's 500

staple главный продукт, производимый в данном районе; основной товар, предмет торговли

stapled stock = paired shares

start of interest entitlement дата начала периода, когда появляется право на получение процентов по ценным бумагам

startrek "стартрек" ("звездная дорога"): облигация, выпущенная по цене, которая ранее не встречалась на рынке

start-up 1) создание новой компании; 2) вновь созданная компания

start-up capital начальный капитал; = seed capital

start-up financing финансирование создания компании или покупки активов: как правило первоначальный акционерный капитал предоставляют рисковые капиталисты, а банки дают кредиты второго уровня под оборотные средства

state and local bonds облигации штатов и муниципалитетов (США): муниципальные облигации, которые обычно свободны от федеральных налогов; с 1986 г. установлен ежегодный лимит на выпуск таких облигаций; см. revenue bonds; general obligation bonds; industrial revenue bonds; mortgage revenue bonds

State Earnings Related Pensions Scheme (SERPS) государственная пенсионная схема, привязанная к доходам граждан (Великобритания); введена в 1978 г., а с 1988 г. разрешено переходить из нее в частные схемы

state-bank 1) государственный банк: центральный банк или банк, принадлежащий государству; 2) банк штата (США): коммерческий банк, который зарегистрирован и в значительной мере регулируется властями штата; в некоторых штатах имеют больше прав заниматься небанковскими операциями, чем банки-члены ФРС: см. national bank

state banking department банковский департамент штата (США): орган, который осуществляет надзор за банками, зарегистрированными на уровне штата; руководитель обычно называется суперинтендантом банков и они объединены в ассоциацию под названием "Конференция органов банковского надзора штатов"; см. Conference of State Bank Supervisors

State Bank of Albania Государственный банк Албании: центральный банк страны (учрежден в 1945 г.)

State Bank of Mongolia Государственный банк Монголии: центральный банк страны (основан в 1924 г.)

State Bank of Vietnam Государственный банк Вьетнама: центральный банк Вьетнама (основан в 1951 г.)

State Bank of the USSR Государственный банк СССР: центральный банк СССР (основан в 1921 г.); с 1992 г. - Центральный банк России; см. Central Bank of Russia

state-chartered bank = state bank

stated maturity заявленный срок погашения: последняя дата, когда обеспеченная ипотечная облигация будет полностью оплачена, если не будет досрочных погашений ипотек в основе облигации; дата погашения, напечатанная на сертификате облигации

stated value объявленная стоимость: условно принятая стоимость акций компаний для целей бухгалтерского учета (вместо номинальной); не имеет отношения к рыночной стоимости ценных бумаг (США)

state lottery государственная лотерея: метод аккумулирования ресурсов путем продажи населению лотерейных билетов по фиксированной цене (государственный доход равен собранной сумме за вычетом стоимости выигрышей и издержек)

statement = bank statement

statement analysis анализ баланса: детальный анализ баланса и денежных потоков заемщика для того, чтобы выяснить его возможность выплатить банковский кредит; изучаются финансовые коэффициенты (balance sheet ratios)

statement balance заявленный баланс или остаток: 1) остаток на счете клиента на дату выписки по счету; 2) остаток задолженности по кредитной карточке, указанный в выписке; 3) заключительный баланс по депозитному счету, включая проценты и минус комиссии за услуги

statement of account = bank statement

statement of condition документ о финансовом состоянии банка (компании) на определенную дату (в т. ч. представляемый по требованию регулирующего органа); = report of condition

statement of income (USA) = profit and loss account

statement of operations = profit and loss account

statement savings account сберегательный счет с выпиской: сберегательный счет, депозиты, изъятия, начисление процентов по которому учитываются компьютером и клиенту регулярно выписка, отражающая все операции по счету; сберегательная книжка по такому счету не выдается

Statements of Standard Accounting Practice (SSAP) правила стандартной бухгалтерской практики: правила, выпущенные Комитетом стандартов бухгалтерского учета (Великобритания); см. Accounting Standards Committee

statement stuffer приложение к выписке по счету ("наполнитель"): маркетинговая брошюра, приложенная к регулярной выписке по счету клиенту дешевый способ рекламы новых банковских услуг

static gap статичный разрыв между активами и пассивами с одинаковыми сроками: простейший метод измерения краткосрочного процентного риска; не принимает в расчет промежуточные денежные потоки, досрочное погашение кредитов и другие факторы; см. dynamic gap

statistical abstract = abstract of statistics

statute of frauds закон о мошенничестве: законодательство, принятое в большинстве штатов о том, что определенные контракты для предотвращения мошенничества должны быть в письменной форме или они не признаются законными (США)

statute of limitations закон об ограничении: законы штатов, определяющие предельный срок давности в течение которого стороны могут предъявлять друг другу требования через судебные иски; эти сроки зависят от вида требования, был ли оформлен письменный контракт и других факторов (США)

statutory books документы, которые по закону должны иметь все британские компании: регистры директоров, секретарей компании, акционеров, журнал заседаний совета директоров

statutory company "законная" компания: компания в Великобритании, созданная актом парламента (не по Закону о компаниях); такие компании обычно являются национализированными

statutory consolidation слияние двух компаний, в результате которого обе перестают существовать в качестве юридических лиц и создается новая компания (США)

statutory investment законные капиталовложения: список инвестиций, разрешенных законом для операций по доверенности

statutory meeting общее собрание акционеров компании, которое по закону необходимо провести в течение 3 месяцев после регистрации компании (Великобритания)

statutory merger слияние двух компаний, в результате которого только одна остается юридическим лицом (США)

statutory prospectus окончательный (законный) проспект выпуска ценных бумаг (в отличие от предварительного); см. prospectus, red herring, preliminary prospectus

statutory report информация о распределении акций и деталях создания новой компании, которая раздается акционерам не позднее чем за 7 дней до обязательного первого общего собрания (Великобритания); см. statutory meeting

statutory reserves уставные резервы: резервы, создание которых заложено в устав компании или банка

statutory voting система голосования "одна акция - один голос", принятая большинством корпораций (США); см. cumulative voting

staying power "выносливость" инвестора: способность не продавать актив при снижении его стоимости

stellage (Fr.) = put option 1

step-down FRNs облигация с постепенно уменьшающимся купоном, но более высокой маржой сверх ЛИБОР

stepped preference share привилегированная акция, доход по которой каждый год возрастает на некоторую величину

stepped up floater swap "ступенчатый" своп с плавающей ставкой: процентный своп, в котором одна сторона платит маржу сверх ЛИБОР, а другая в течение некоторого периода одну ставку, а затем другую, более высокую; такой своп может быть связан с выпуском ФРН с увеличивающимся купоном

step-up swap "ступенчатый" своп: долгосрочный кредитный своп с постепенно возрастающей номинальной суммой; см. currency swap; interest-rate swap

sterilization of gold стерилизация золота: предотвращение в условиях золотого стандарта негативного воздействия притока золота на экономику (через увеличение денежной массы в обращении и рост цен)

sterilization rescriptions стерилизационные рескрипции (Швейцария): кратко- и среднесрочные ценные бумаги денежного рынка, выпускаемые центральным банком или правительством для изъятия избыточной ликвидности

sterilized intervention "стерилизованная" интервенция: тактика официальных валютных интервенций, не оказывающая воздействия на денежное обращение

sterling (Stg) 1) полновесный, установленной пробы (об английских монетах); 2) см. pound sterling

sterling area (bloc) стерлинговая зона (блок): группа стран, чьи валюты были привязаны к фунту стерлингов, служившему валютой резерва; на страны зоны (в основном члены Британского содружества) распространялся особый режим валютного контроля; прекратила существование в связи с отменой в 1979 г. в Великобритании валютных ограничений (фактически распалась в 1972 г., когда была сведена к Соединенному Королевству и Ирландии)

sterling bond = Bulldog bond

sterling securities стерлинговые ценные бумаги (Великобритания): акции и облигации с номиналом и выплатами дивиденда или процентов в фунтах стерлингов

sterling transferable accruing government securities (STAGS) разновидность стерлинговых облигаций с нулевыми купонами на базе государственных ценных бумаг (Великобритания); процентные платежи отделены от основной суммы ("СТЭГС" - "олени")

sticky deal "сложная сделка" (США): новые ценные бумаги, которые, по мнению гаранта, будет трудно реализовать при зафиксированном уровне цены; цену обычно снижают или отказываются от выпуска

stock 1) ценные бумаги, реально переходящие из рук в руки, - сертификаты акций и облигаций (Великобритания); 2) акционерный капитал корпорации (США): обыкновенные и привилегированные акции

stock account счет акций: контрольный счет в рамках системы расчетов

"ТАЛИСМАН" на Лондонской фондовой бирже; содержит данные о числе акций, принадлежащих каждому участнику системы; см. TALISMAN

stock ahead "ценные бумаги впереди" (США): фраза, используемая для объяснения инвестору причины задержки исполнения приказа; означает, что очередь данного приказа не подошла (однотипные приказы исполняются в очередности поступления или начиная с большего по размерам)

Stock and Exchange Board фондовый и валютный департамент: наименование фондовых бирж в США в XIX в.; см. stock exchange

stock/bond power право поверенного передать право собственности на акцию (облигацию) от владельца другому лицу

stockbroker фондовый брокер: член фондовой биржи, занимающийся операциями по поручению клиентов и за комиссионное вознаграждение

stock certificate сертификат акции: 1) документ, подтверждающий депонирование акций для облегчения торговли на фондовой бирже; 2) = share certificate

stock dividend (S) = scrip dividend

stock exchange (SE; St. Ex.) фондовая биржа: организованный вторичный рынок ценных бумаг, способствующий повышению мобильности капитала, выявлению реальных цен активов и в меньшей мере мобилизации новых капиталов; элемент системы эффективного перераспределения финансовых ресурсов

Stock Exchange (Completion of Bargains) Act 1976 Закон о фондовой бирже (завершении сделок) 1976 г.: закон, принятый британским парламентом в 1976 г. для признания машинных носителей информации доказательством заключения сделки; позволил внедрить расчетную систему "ТАЛИСМАН"; см. TALISMAN

Stock Exchange Automated Quotation (SEAQ) электронная система информации о ценах на Лондонской фондовой бирже; члены биржи, поддерживающие рынок по определенным ценным бумагам, вводят в систему цены продавца и покупателя и суммы возможных сделок по этим ценам; брокеры получают информацию на дисплеях и могут заключать сделки по телефону

Stock Exchange Code of Dealing операционный кодекс Лондонской фондовой биржи: свод правил, которых должны придерживаться биржевики при заключении сделок в Великобритании

Stock Exchange Compensation Fund Компенсационный фонд Лондонской фондовой биржи: фонд, созданный в 1950 г. для компенсации убытков инвесторов в результате банкротства членов биржи

Stock Exchange Daily Official List (SEDOL) Ежедневный официальный лист фондовой биржи: официальный бюллетень с информацией о ценных бумагах, котируемых на Лондонской фондовой бирже (публикуется ежедневно)

Stock Exchange Fact Service информационно-статистическая служба Лондонской фондовой биржи; публикует ежемесячный бюллетень и ежеквартальный журнал, а два раза в год - справочник по всем компаниям и ценным бумагам, котируемым на бирже

stock exchange index = share index

Stock Exchange Inspector инспектор Лондонской фондовой биржи: официальное лицо совета биржи, осуществляющее надзор за членами биржи и проводящее специальные расследования (нарушения правил, подозрения на мошенничество)

Stock Exchange Official Year Book (SEOYB) официальный ежегодник Лондонской фондовой биржи; содержит информацию о всех компаниях и котируемых ценных бумагах, об истории фондовой биржи, обанкротившихся компаниях, налогообложении ценных бумаг

Stock Exchange of Singapore (Industrial and Commercial) Index (SESI) индекс фондовой биржи Сингапура: включает 32 промышленные и торговые компании и рассчитывается дважды в день; базовый период - 31 декабря 1973 г., базовое значение - 100; имеется еще пять разновидностей индексов Фондовой биржи Сингапура (финансы, отели, недвижимость, добывающая промышленность, плантации)

Stock Exchange Pool Nominees (SEPON) специальная компания при Лондонской фондовой бирже (СЕПОН), в которую переводятся все акции в процессе расчетов через систему "ТАЛИСМАН" и из которой берутся ценные бумаги для исполнения приказов на покупку; см. TALISMAN

stockholder = shareholder

stockholders' equity средства акционеров компании (капитал и резервы)

Stockholm interbank offered rate (STIBOR) межбанковская ставка предложения на денежном рынке Стокгольма (СТИБОР)

stock-indexed CD депозитный сертификат с доходом, индексированным относительно движения фондовой конъюнктуры; см. certificate of deposit

stock-indexed unit trust (fund) индексированный паевой фонд (трест): инвестиционный институт, вкладывающий средства в ценные бумаги по структуре того или иного фондового индекса (во все акции индекса в соответствии с их весами)

stock index futures фьючерские контракты на основе фондовых индексов; см. index futures

stock index option опционный контракт на основе фондового индекса; см. index option

stockist торговая фирма, которой производитель товаров дает льготные условия покупки в обмен на обязательство поддерживать определенный уровень запасов данного товара

stockjobber = jobber 1

stock market фондовый рынок: организованная торговля ценными бумагами на биржах и внебиржевом рынке

stock master "сток-мастер": электронная система для сбора и распространения информации о ценных бумагах (цены, дивиденды, нетто-доходность)

stock note расписка за акции: документ, выдаваемый расчетной системой биржи в качестве доказательства, что акция относится к той или иной сделке (Великобритания); может предъявляться брокером клиенту, который согласен оплачивать такие документы наличными; см. cash-against-documents client

stock number (SN) = securities number

stock of record ценная бумага, зарегистрированная на имя владельца до даты, дающей право на получение дивиденда

stock-keeping unit (SKU) единица учета запасов

stock option фондовый опцион: 1) опционная сделка (приобретение права купить или продать акции в течение конкретного срока) с акциями определенной компании; = share option; 2) поощрение служащих компании путем предоставления им права купить акции данной компании; = share incentive scheme

stock option plan = stock purchase plan

stockpiling покупка и накопление запасов стратегического сырья

stock purchase option право покупки акций: поощрительная программа покупки работниками компании ее акций по льготной цене; = employee stock ownership plan

stock purchase plan программа покупки служащими корпорации ее акций (в некоторых случаях - акционерами компании)

stock purchase warrant варрант на покупку ценных бумаг: сертификат, дающий держателю право купить по фиксированной цене определенное количество ценных бумаг (в течение какого-то периода)

stock queue очередь исполнения сделок в расчетной системе "ТАЛИСМАН" на Лондонской фондовой бирже (кроме взаимозачитывающихся сделок)

stock right право на покупку некоторого числа акций компании по фиксированной цене

stocks 1) акции и облигации: широкий термин, который может использоваться для обозначения британских правительственных облигаций, акций компаний в США и т. д.; 2) запасы материалов и готовой продукции

stock-sales ratio отношение запасов товаров к продажам конкретной компании или в целом в экономике (показатель спроса и деловой активности)

stock split (USA) расщепление акций: увеличение или уменьшение числа акций компании к продаже, произведенное путем изменения ее устава; изменение устава предусматривает увеличение (split up) или уменьшение (split down; reverse split) числа простых акций; собственно акционерный капитал не изменяется, так как изменяется только количество акций; = split; см. reverse split; rights issue

stock (ticker) symbols стандартные символы, присваиваемые в США ценным бумагам (в виде комбинаций букв); например, GM - General Motors, XON - Exxon, KO - Coca Cola

stock transfer form (STF) документ о продаже акций на Лондонской фондовой бирже до создания системы "ТАЛИСМАН"; см. TALISMAN sold transfer

stock turn оборачиваемость запасов: среднее число оборотов запасов в течение года (частное от деления продаж компании на запасы)

stock-watcher наблюдатель за акциями: компьютеризированная система, контролирующая торговлю на Нью-Йоркской фондовой бирже (следит за попытками манипуляций и мошенничества)

stock watering = watering of stock

Stocky "Стоуки" (Стокгольм): шведская крона (жарг. вал. дилеров)

stop-go "стоп-вперед": экономическая политика, характеризующаяся чередованием ограничения и стимулирования деловой активности

stop-limit order (SLO) приказ "стоп-лимит": приказ (поручение) клиента биржевой фирме, который должен быть исполнен по указанной или лучшей цене, но только после достижения ею определенного уровня

stop-loss order (SLO) 1) приказ (поручение) клиента биржевой фирме продавать по лучшей цене после ее снижения до определенного уровня (для ограничения убытков), т. е. по цене, которая ниже нынешнего рыночного уровня; 2) обещание перестраховщика покрыть убытки страхуемой компании сверх оговоренной суммы

stop order приказ "стоп": приказ (поручение) клиента биржевой фирме покупать или продавать на лучших условиях по достижении ценой определенного уровня

stop out bid заявка "остановки" аукциона или "улучшения": один или несколько участников евронотного аукциона имеют право подать заявку на всю сумму, а другие должны ее улучшить

stop out order = stop order

stop out price "цена остановки": самая низкая долларовая цена, которую принимает Казначейство США на аукционе новых казначейских векселей (США); данная цена и начальная цена аукциона усредняются для удовлетворения небольших заявок при неконкурентной системе продажи; Казначейство обычно сообщает о проценте принятых по такой цене заявок; см. non-competitive bid

stop payment "остановить платеж": остановка оплаты чека лицом, которое его выписало, в письменном виде или по телефону; например, в США, если чек не оплачен, то отозвать его можно в течение 6 месяцев

stopped account = account hold 2

stopped out приказ клиента биржевому брокеру, исполненный по оговоренной клиентом "стоп-цене" или гарантированной цене "специалиста"; см. stop price; stopped stock

stopped stock "остановленная" акция (США): гарантия "специалиста" на бирже, что приказ брокера будет выполнен по лучшей цене на основе имеющегося у "специалиста" портфеля в течение оговоренного срока; см. specialists

stopping list список утерянных или похищенных ценных бумаг

stop price "стоп-цена": специально оговоренная в приказе клиента брокеру цена, по достижении которой следует покупать или продавать

store and forward "сохранить и направить дальше": в электронных системах перевода средств так обозначают временное сохранение операции в одном из файлов перед отправкой в центральный компьютер

store card магазинная карточка: кредитная (платежная) карточка, выпущенная торговой группой, сетью магазинов, крупным универмагом; см. plastic card

story paper (stocks) ценные бумаги с историей: 1) акции компаний, характеризующихся уникальной продукцией или событиями (смена руководства, перспектива поглощения), которые внушают доверие; 2) ценные бумаги компаний, о которых ничего не известно, которые не имеют рейтинга и продажа которых зависит скорее от способностей продавца убеждать, от "истории", которую он расскажет, чем от безопасности и доходности самой ценной бумаги; с другой стороны, недостоверная информация может привести в последствии к иску со стороны инвесторов (США)

straddle "стрэддл" (спред): срочная арбитражная сделка, состоящая в одновременной покупке и продаже одного и того же или разных финансовых инструментов на различные или одинаковые сроки (для опционов: одновременная покупка опционов "пут" и "колл", в т. ч. с одинаковыми сроками и ценами исполнения) для получения прибыли от изменения соотношения между двумя ценами; см. long/short straddle

straddle write "стрэддл" продавца опционов: опционная стратегия, состоящая в продаже опционов "колл" и "пут" с одинаковыми сроками и ценами

straight bond "прямая" облигация: облигация с фиксированной процентной ставкой, без права досрочного погашения и не конвертируемая в акции, например, казначейская или сберегательная облигация

straight credit прямой кредит: 1) аккредитив, который нужно представить в банк плательщика точно в срок, указанный в нем, и который оплачивается только поименованному бенефициару; 2) кредит, который обеспечен только репутацией заемщика; = good faith loan

straight debt = straight bond(s)

straight life insurance = whole life insurance

straight-line depreciation обычная (не ускоренная) амортизация: из стоимости актива вычитается реализуемая стоимость материалов (например, металлолома) и остаток делится на срок службы актива; так, если оборудование стоит 120000 долл., остаточная стоимость – 20000 долл., срок службы – 10 лет, то ежегодная амортизация равна 10000 долл. (120000–20000)/10

Straits Times Industrial Index (STII) промышленный индекс Стрейтс таймс: один из индексов акций, котируемых на Фондовой бирже Сингапура; рассчитывается ежегодно при закрытии биржи как невзвешенное среднее геометрическое курсов 30 ведущих промышленных компаний; базовый период – 30 декабря 1966 г., базовое значение – 100; наряду с промышленным с 1948 г. рассчитываются еще пять индексов Стрейтс таймс по различным отраслям

strangle "стрэнгл" ("удушение"): покупка опционов "пут" и "колл" на один и тот же финансовый инструмент с разными ценами и одинаковыми сроками исполнения; см. long/short strangle

strap "стрэп": опционная стратегия типа "стрэдлл", в которой покупается больше опционов "колл", чем опционов "пут" (например, покупаются один опцион "пут" и два "колл" с одинаковыми характеристиками)

Street (the) = Wall Street

street market = 1) curb market; 2) after-hours dealings

street name = street-name stocks

street-name stocks бумаги на имя брокеров (на имя "с улицы", то есть с Уолл-стрита): свободно обращающиеся ценные бумаги, купленные по поручению клиентов, но зарегистрированные на имя брокеров или других номинальных владельцев (США); при продаже нет необходимости менять сертификаты бумаг; см. nominee name

strike lawsuit судебные иски, которые акционеры предъявляют компаниям, которые, по их мнению, дали заведомо более благоприятную информацию о перспективах своих ценных бумаг, чем было на самом деле

strike price = exercise price

strike price increments интервалы между ценами исполнения опционов

striking price 1) = exercise price; 2) цена, по которой удовлетворяются заявки участников аукциона новых ценных бумаг (заявки ниже этой цены не удовлетворяются)

striking price method метод единой цены: цена эмиссии евронот устанавливается на уровне заявки, которая обеспечила размещение всей суммы (т. е. не по конкурентоспособности)

strip "стрип" (полоса): 1) = stripped bonds; 2) опционный "стрэддл", заключающийся в покупке большего числа опционов "пут", чем опционов "колл" (обычно одного "колл" и двух "пут"); 3) элемент кредита; см. loan stripping; 4) покупка акций с целью получения дивиденда; 5) = dividend stripping 1

stripped bonds "ободранные" или разделенные облигации (облигации "стрип"): облигации, купоны и основная сумма которых покупаются и продаются раздельно; платежи основной суммы группируются в ценные бумаги с большим номиналом, а процентные платежи – в другие бумаги с меньшими номиналами; отделение процентных платежей делает из облигации бумагу с нулевым купоном; по казначейским ценным бумагам США различают так называемые естественные "стрипы", являющиеся прямыми обязательствами Казначейства (см. Separate Trading of Registered Interest and Principal), и синтетические "стрипы", которые предлагаются брокерами и инвестиционными банками (см. CATS, TIGR)

stripped mortgage-backed securities разделенные ценные бумаги, обеспеченные ипотеками: ипотечные бумаги, состоящие из "стрипов" двух классов – "только проценты" (см. interest-only securities) и "только основная сумма" (см. principal-only securities); риск по этим бумагам разный, так как при росте процентных ставок одна выигрывает, а другая проигрывает

stripped municipals "ободранные" муниципальные облигации: муниципальные облигации, купоны и основная сумма которых покупаются и продаются раздельно

strong currency сильная валюта: конвертируемая валюта с устойчивым или повышающимся курсом, которая широко используется в международных экономических отношениях; = reserve currency

strong room = vault

structural adjustment credit кредит на структурное урегулирование: среднесрочные кредиты, которые МБРР с 1979 г. предоставляет развивающимся странам для достижения экономической самодостаточности; предназначается прежде всего для сокращения дефицита текущего платежного баланса страны-заемщика, которая также обязуется поощрять частный сектор, стимулировать экспорт и т. д.

structuring структурирование: схема "отмывания" денег, по которой несколько сумм депонируются подставными лицами; по Закону о контроле за отмыванием денег 1986 г. (США) операции с наличными суммами свыше 10000 долл. должны докладываться налоговым органам и секретной службе; большие суммы разбиваются на несколько меньше 10000 долл. для депонирования в банках, покупки кассовых чеков для последующего депонирования и т. д.; см. smurf

stub = counterfoil

student loan = education loan

Student Loan Marketing Association (SLMA; Sallie Mae) Ассоциация маркетинга студенческих кредитов – независимая корпорация, гарантирующая на 90 % "студенческие" кредиты, обращающиеся на вторичном рынке и покупающая участия в таких кредитах (США); создана в 1972 г. федеральным декретом, чтобы облегчить доступ студентов к кредитам для оплаты образования; финансирует свою деятельность выпуском ценных бумаг; обязательства корпорации не облагаются федеральными и штатными налогами

sub-account субсчет: счет, входящий в состав другого счета

subchapter M раздел "М" в налоговом кодексе США, посвященный льготному налоговому режиму для регулируемых инвестиционных компаний; см. regulated investment companies

subchapter S раздел "S" в налоговом кодексе США, посвященный малым корпорациям (S-corporation; small business corporation), которые облагаются налогами как товарищества такие корпорации имеют 35 и менее акционеров и прибыль облагается налогами через акционеров как физических лиц может вести учет на наличной основе; см. cash basis

subject offer предложение "при условии": предложение, которое не является твердым обязательством и предназначено для информации или для того, чтобы вызвать контрпредложение со стороны покупателя

subject quote = subject to negotiation

subject to collection "при условии инкассации": условие, по которому банк резервирует право аннулировать кредитовую запись в случае, если векселя или чеки не будут инкассированы (оплачены)

subject to mortgage "при условии ипотеки": передача недвижимости из рук в руки с обязательством покупателя взять на себя ответственность за погашение ипотечного кредита, но без личной имущественной ответственности; если покупатель не выполнит обязательство, то кредитор будет пытаться взыскать долг с первоначального заемщика путем ареста собственности и других методов; титул собственности при такой продаже не переходит покупателю; см. assumption

subject to negotiation "при условии переговоров": котировка ценной бумаги, которая не является твердой и подлежит уточнению через переговоры между сторонами

subject to verification "при условии проверки": чек, принятый банком с немедленным доступом к депонированным средствам, но с условием, что позднее будут сделаны поправки в случае обнаружения ошибок

subordinate подчинять, ставить в зависимость, субординировать

subordinated bonds = subordinated debt

subordinated debt субординированный долг: облигации с более низким статусом по сравнению с другими долговыми обязательствами эмитента, которые при банкротстве оплачиваются во вторую очередь; все обязательства компании выстраиваются в четко определенную очередь

subordination agreement соглашение о субординировании: 1) соглашение, которым устанавливается вторичность требования данного кредитора по сравнению с требованиями других кредиторов; 2) документ, который подписывает совладелец собственности, которую второй владелец хочет использовать в качестве обеспечения кредита

subparticipation субучастие: 1) участие в облигационном займе банка, который не входит в синдикат организаторов; 2) часть доли участника синдицированного кредита (в т. ч. продаваемая третьим банкам)

subrogation суброгация: замена одного кредитора или собственника на другого: 1) = loan sale; 2) передача права (например, в страховании)

subrogation clause оговорка о суброгации: оговорка о переходе прав страхователя к страховщику

subscribed capital 1) подписной капитал международной валютно-финансовой организации (для каждой страны-члена устанавливается квота, на которую она "подписывается"); 2) = issued (share) capital

subscription подписка: 1) предложение купить вновь выпущенные ценные бумаги на основе подачи заявок в течение определенного периода; 2) сумма, выплаченная компании-эмитенту за выделенные акции нового выпуска

subscription certificate = scrip certificate 1

subscription form документ (форма) подписки: обязательство подписчика купить выделенные ценные бумаги на условиях, указанных в проспекте

subscription list подписной лист: список юридических и физических лиц, которым в результате подписки выделены ценные бумаги (т. е. получивших подписные сертификаты); см. scrip certificate 1

subscription period подписной период: период, в течение которого можно подавать заявки на приобретение вновь выпущенных ценных бумаг

subscription price = coming out price

subscription privilege привилегия подписки (США): право акционера компании купить вновь выпускаемые обыкновенные акции этой компании до их предложения на рынке

subscription ratio подписной коэффициент (США): число акций, которое надо иметь, чтобы получить право на одну новую акцию того же эмитента

subscription right = subscription privilege; right

subscription shares подписные акции: акции, которые могут оплачиваться регулярными взносами (например, строительных обществ в Великобритании)

subscription warrant подписной варрант: ценная бумага, которая выпускается вместе с облигацией или привилегированной акцией и дает владельцу право купить определенное число обыкновенных акций того же эмитента

subsidiary = subsidiary company

subsidiary coins = divisional coins

subsidiary company дочерняя компания: 1) компания, в которой другая компания (материнская) владеет контрольным пакетом акций (по крайней мере более 50 % капитала); баланс такой компании обычно включается в баланс материнской компании на консолидированной основе; важной дочерней компанией банка считается компания с участием в капитале и доле в общей прибыли более 5 %; 2) компания, которую банковский холдинг (не сам банк) приобретает для проведения небанковских операций (США); такие компании называются аффилированными и холдинг должен в них поддерживать участие не менее 80 %; для приобретения более 5 % в небанковских компаниях надо получить разрешение ФРС

subsidiary mortgage = junior mortgage

subsidy субсидия, дотация: денежная сумма, выплачиваемая государством для поддержки компании или целой отрасли и для регулирования цен и объема производства (например, сельскохозяйственных товаров)

subsistence существование, средства к жизни, пропитание, содержание

subsistence allowance аванс, командировочные деньги

substandard субстандарт, ниже стандарта: 1) банковский кредит или другой приносящий проценты актив, который недостаточно защищен платежеспособностью заемщика, включая его капитал; кредиты, которые получили такую классификацию, характеризуются возможностью потерь процентов, но не основной суммы; 2) классификация кредитов государству-заемщику, которое не выполняет обязательства по платежам по внешнему долгу, не приняло программу, рекомендованную МВФ, и не провело переговоров с кредиторами о реструктуризации задолженности

substitution замена, субституция: 1) замена одного кредитора на другого; = subrogation; 2) замена одного вида обеспечения кредита другим с равной стоимостью; 3) замена одного участника контракта другим; 4) замена одной ценной бумаги в портфеле инвестора на другую, в т. ч. на равную сумму; 5) приобретение собственности заемщика через арест и продажу обеспечения кредита из-за неплатежа; 6) замена существующего контракта новым; см. novation; 7) право инвестора на вторичном рынке ипотек потребовать от финансового учреждения замены кредита, по которому не выполняются условия

subunderwriter субандеррайтер: вторичный гарант нового займа (основной гарант распределяет риск среди других кредитно-финансовых институтов)

sugging навязывание страхования жизни: страховые агенты приходят к гражданам под видом "исследования" рынка, а на самом деле пытаются продать страховки

suicide swap своп "самоубийство"; = Hara Kiri swap

suitability rules правила приемлемости (США): правила для брокеров, специализирующихся на рискованных финансовых инструментах; обычно требуется, чтобы инвестор имел определенный уровень ликвидных ресурсов

summary bill enforcement procedure быстрая процедура истребования оплаты векселя (чека): упрощенная форма объявления банкротами должников

sundries (SDS) account временный счет (обычно для разовых операций лица, не являющегося постоянным клиентам данного банка)

sundry accounts "прочие статьи" (в бухгалтерском учете)

sundry creditors (Sy. Crs) "прочие кредиторы" (статьи в бухгалтерском учете)

sundry debtors (Sy. Drs) "прочие дебиторы" (статьи в бухгалтерском учете)

sunk capital = fixed capital (assets)

sunrise industries "восходящие" отрасли: новые и прогрессивные отрасли экономики

sunset clause оговорка "заката": положение закона штата США, согласно которому закон прекращает действие в конкретный день (срок), если он не будет возобновлен специальным актом законодательного органа штата

sunset industries отрасли "заката": традиционные, зрелые отрасли, роль которых в экономике постепенно снижается

sunset provision условие закона или другого регулирующего акта, предусматривающее конкретный срок прекращения действия того или иного положения; = sunset clause

sunshine laws "законы солнечного света"(США): федеральные и штатные законы, требующие открытого проведения заседаний регулирующих органов и публикации соответствующей информации (например, Закон о свободе информации)

Suomen Pankki Finlands Bank – Банк Финляндии: центральный банк Финляндии (основан в 1811 г.)

superannuation funds = pension funds

supermajority amendment поправка о сверхбольшинстве: поправка к уставу компании, требующая значительного большинства голосов (обычно 67-90 %) акционеров для решения важнейших вопросов

superNow account счет супер-НАУ (введен в США в 1982 г.): операционный счет, представляющий гибрид депозитного счета денежного рынка и счета НАУ: чековый процентный счет, который используется для осуществления операций, а свыше оговоренного остатка приносит процент по ставкам денежного рынка; по счетам нет лимита процентных ставок и количества депозитов и изъятий; в отличие от счетов денежного рынка круг вкладчиков ограничен физическими лицами, некоммерческими и государственными организациями; см. money market deposit account; negotiable order of withdrawal account; sweep account

super regional bank супер-региональный банк: банковская холдинговая компания с дочерними банками в двух и более штатах, входящий в первые 100 коммерческих банков, но не расположенный в одном из национальных финансовых центров (США)

super sinker bond облигация с быстрым погашением (США): облигация с уровнем купона, равным ставкам по долгосрочным облигациям, но погашаемая через гораздо меньший период (например, с 20-летним купоном, а погашение через 5 лет); используется для жилищного финансирования в ипотечных облигациях и облигациях с ипотечным доходом; см. mortgage revenue bonds

super smart card кредитная карточка, в которую помимо микропроцессора и элемента питания встроены клавиатура и экран на жидких кристаллах

supertax сверхналог на высокие доходы, введенный в Великобритании в 1909 г. (увеличивал прогрессивность налога на высокие доходы); в 1927 г. был заменен добавочным подоходным налогом; см. surtax

supervisory merger слияние под надзором: слияние двух и более финансовых учреждений под надзором органа банковского регулирования, в котором более слабое приобретается более сильным; орган регулирования может оказать финансовую помощь поглощающему учреждению

supplementary capital дополнительный капитал: капитал банка (по методологии Базельского комитета), включающий скрытые резервы и общие резервы на покрытие убытков по кредитам, положительную переоценку основного капитала, субординированные облигации и гибриды облигаций и акций; см. core capital; subordinated debt

Supplementary Financing Facility (SFF) система дополнительного финансирования в МВФ в 1978-1981 гг., предназначенная для предоставления средств странам, испытывающим платежные трудности; ее продолжением явилась политика расширенного доступа; см. Enlarged Access Policy

supplementary levy дополнительный сбор: дополнительный налог на некоторые сельскохозяйственные товары, импортируемые в страны ЕЭС (в рамках общей сельскохозяйственной политики)

supplementary special deposits scheme схема дополнительных специальных депозитов: система ограничения прироста обязательств банков в Великобритании в 1973-1981 гг.

supplier's credit кредит поставщика (экспортера): кредит, предоставленный иностранному покупателю (обычно через коммерческие банки) чаще всего на основе аккредитива или под векселя без права оборота

supply services ежегодно утверждаемые парламентом расходные статьи государственного бюджета Великобритании: на оборону, здравоохранение, помощь местным органам власти; см. Consolidated Fund standing services

supply-side economics экономика предложения: теория, согласно которой для борьбы с инфляцией необходимо адекватное предложение товаров, а для стимулирования их производства - более высокие темпы увеличения капиталовложений через снижение налогов и налоговые кредиты; теория приобрела популярность в 70-х годах в противоположность теориям стимулирования спроса на товары и услуги со стороны населения и компаний; согласно теории, производители будут больше работать, чтобы произвести больше и заработать больше, а рост производства и налогооблагаемых доходов будет компенсировать первоначальную потерю налоговых поступлений; данная теория не согласна с кейнсианским тезисом о том, что снижение налогов увязано с ростом совокупного спроса

supporting documents вспомогательные, разъяснительные документы

support level (point) уровень поддержки: 1) в техническом анализе: уровень цены, при котором можно ожидать увеличения спроса и приостановки падения конъюнктуры (обычно предыдущий минимальный уровень цены); см. resistance level; 2) уровень курса национальной валюты, при котором центральный банк начинает осуществлять валютные интервенции

support price = intervention price

surcharge дополнительный (сверх) налог, сбор, плата: 1) дополнительная плата за расчеты кредитной карточкой; в США взимание такой платы запрещено в 1975 г., который одновременно разрешил делать скидки при расчетах наличными; 2) плата, которую взимает федеральный резервный банк за пользование автоматической клиринговой палатой в ночное время

surety 1) поручительство, гарантия, порука, залог; гарантия возврата долга или выполнения контрактного обязательства (в форме залога, поручительства и т. д.); в случае невыполнения обязательства кредитор обращается к гаранту, а гарант может потом пытаться взыскать платеж с первоначального заемщика; 2) гарант; поручитель

surety bond гарантийное обязательство: письменное согласие банка или страховой компании гарантировать обязательства контрактора в строительном проекте, экспортера или импортера: такие гарантии в США часто требуются в муниципальных строительных проектах, финансируемых с помощью облигаций под общие налоговые доходы или доходы от проекта; = indemnity bond; performance bond

surety credit гарантийный кредит, аваль-кредит: 1) кредит, по которому банк принимает до оговоренной суммы ответственность по обязательствам клиента; 2) кредитная линия с помощью которой банк гарантирует оплату векселей клиента

surplus избыток, излишек; 1) превышение активов над пассивами или сумма превышения оплаченного капитала (резервы сверх требуемых законом, средства акционеров); Валютный контролер США требует от национальных банков превышения оплаченного капитала на 20 % и переводить по крайней мере 10 % доходов за предыдущие 6 месяцев в резервы; 2) активное сальдо (бюджета, платежного баланса): превышение доходов над расходами; профицит

surplus reserves избыточные резервы: 1) резервы сверх уровня, установленного законом (резервных требований); = excess reserves; 2) часть свободной наличности, которая не отнесена к какому-либо счету

surrender уступка, отказ от права: 1) обязательная сдача валютной выручки по экспорту государству; 2) одностороннее прекращение клиентом действия страхового контракта до истечения его срока

surrender value сумма, которую страховая компания выплатит владельцу полиса в случае досрочного расторжения договора; размер этой суммы определяет величину кредита, выдаваемого под обеспечение полисом

surtax добавочный подоходный налог (Великобритания): налог на наиболее высокие доходы в 1927-1973 гг. (отменен с переходом на единую систему подоходного налога); см. supertax

surveillance наблюдение, надзор: 1) система мониторинга состояния банковской системы, которая должна своевременно предупреждать об опасности Валютный контролер США пользуется Национальной системой банковского надзора; см. National Bank Surveillance System; 2) видеокамеры и другие системы безопасности, используемые для мониторинга кассовых залов банка; пленки с записями используются в случае расследований грабежей, оспариваемых сделок

surveillance department департамент надзора: департамент фондовой биржи, осуществляющий надзор за текущей торговлей (США)

sushi bonds облигации "суши" (Япония): еврооблигации в иностранной валюте (не в иенах), эмитированные японской компанией при помощи японских банков и предназначенные в основном для покупки японскими инвесторами

suspended market order = buy stop order

suspended trading приостановка торговли (на бирже): 1) приостановка торговли конкретным видом ценных бумаг перед объявлением какой-либо важной новости или для корректировки дисбаланса спроса и предложений; 2) приостановка торговли на товарной бирже при превышении пределов движения цен

suspense account промежуточный счет (для сомнительных операций или ошибочных поступлений)

suspension приостановка: 1) временная приостановка действия банковской лицензии или работы банка органом банковского регулирования; 2) временная приостановка торговли определенной ценной бумагой или финансовым инструментом или всей деятельности на фондовой бирже в ожидании важной новости, корректировки баланса спроса и предложения или прекращения паники; 3) временная приостановка государством процентных и иных платежей по долгу страной-должником

sustained длительный, поддерживаемый, непрерывный

sustainable growth 1) неинфляционный стабильный экономический рост с полной занятостью; такой рост является целью денежно-кредитной политики центрального банка; 2) рост операций и прибыли компании, достаточный для обслуживания и погашения кредита без привлечения внешнего финансирования и других специальных действий

Svenska Economie Aktiebolaget Шведское экономическое акционерное общество: банк с советским капиталом в Стокгольме в 20-30-е годы

Sveriges Riksbank Шведский государственный банк: центральный банк Швеции (основан в 1668 г.; единый эмиссионный банк с 1904 г.)

swap своп, обмен: 1) операция по обмену обязательствами или активами для улучшения их структуры, снижения рисков и издержек, получения прибыли (с кредитами, облигациями); см. asset swap; basis swap; currency swap; interest rate swap; 2) = swap arrangement; 3) своп на валютном рынке: покупка или продажа валюты на условиях "спот" с одновременным заключением обратной форвардной сделки (например, для покрытия валютного риска); 4) = bond swap; 5) = mortgage swap

swap arrangement соглашение о свопах: соглашение между центральными банками о получении иностранной валюты на короткий срок в обмен на национальную для целей валютных интервенций (позднее совершается обратная операция); подобные возобновляемые соглашения на фиксированную сумму существуют между ФРС США и центральными банками ряда западных стран, между центральными банками скандинавских стран

swap into band = ceiling/floor agreement

swap inventory = warehousing 1
swap line = swap arrangement
swap network = swap arrangement
swap order = contingent order 2
swap price цена свопа: разница в валютных курсах между двумя сторонами валютного свопа; см. swap 3
swap rate курс "своп": премия или скидка с наличного курса при сделках на срок; форвардная премия или скидка; см. forward discount/premium

swaps tender panel панель предложения свопов: эмитент евронот организует аукцион для немедленного обмена полученных средств (может быть аукцион и процентных, и валютных свопов)

swaption "свопцион": комбинация процентного свопа и опциона в форме опциона на совершение операции своп на определенных условиях в будущем для фиксации стоимости заимствований (взамен уплаты премии)

Swap Transferring Risk with Participating Element (STRIPE) своп с переводом риска и элементом участия: техника хеджирования, объединяющая процентный своп и процентный "кэп"; например, 50 % финансирования привлекается по фиксированной ставке, а остальное по плавающей ставке с процентным "кэпом"; см. cap; floor; ceiling; interest rate cap; = participating swap

Sweden Options and Futures Exchange (SOFE) Шведская биржа опционов и фьючерсов (основана в 1987 г.)

sweep account чековый процентный счет, по которому остаток выше оговоренного уровня автоматически инвестируется банком на денежном рынке и клиент получает повышенный процент (например, счет супер-НАУ); разновидность услуг банка по управлению наличностью клиента; см. superNOW account; cash management

sweeps and saints "негодяи и святые": фондовые брокеры и их клиенты (разговорный термин, Великобритания)

sweetener "подсластитель": 1) характеристика ценной бумаги, призванная сделать ее более привлекательной для инвесторов; например, опцион конверсии в акции; 2) дополнительная плата за кредит в периоды нехватки ликвидности на кредитном рынке или в случае низкой кредитоспособности заемщика; 3) дополнительное количество ценных бумаг, предоставляемое брокером в залог кредита

swing credit кредитная линия "свинг": кредит, который может использоваться попеременно двумя компаниями одной группы или в двух формах (например, овердрафт и акцептный кредит)

swingline краткосрочная кредитная линия поддержки: кредитная линия со сроком до 10 дней, призванная обеспечить кратковременную потребность в заемных средствах в случае непредвиденных обстоятельств или до наступления действия основного источника финансирования (используется в евронотных программах); см. bridge financing

swing loan = bridge financing

swings and roundabouts непредсказуемые колебания рыночной конъюнктуры

Swiss Banker's Association (Schweizerische Bankiervereinigung, Association suisse des banquiers) Ассоциация швейцарских банкиров (создана в Базеле в 1912 г.): профессиональная организация, представляющая интересы швейцарских банков

Swiss Clearing Office Швейцарская клиринговая контора: государственное агентство, созданное правительством Швейцарии для регулирования торговли с иностранными государствами на клиринговой основе; потеряла значение и была ликвидирована в 1978 г.

Swiss Franc bond issues of foreign borrowers займы нерезидентов в швейцарских фунтах на национальном рынке капиталов Швейцарии (номиналы облигаций обычно 5000 швейцарских франков)

Swiss National Bank (SNB; Schweizerische Nationalbank, Banque nationale suisse) Швейцарский национальный банк: центральный банк Швейцарии (основан в 1907 г.)

Swiss Options and Financial Futures Exchange (SOFFEX) Швейцарская биржа финансовых фьючерсов и опционов (создана в 1988 г.)

Swissy (Swissie) "Свисси": швейцарский франк (жарг.)

switch "свитч", изменение, перенос: 1) использование несбалансированного сальдо по клирингу или просто в торговле с третьими странами для операций с другим партнером; 2) "переброска" инвестиций: продажа одних активов и покупка других, заимствования для предоставления кредита для получения прибыли или снижения налогового бремени (особенно в отношении ценных бумаг); см. anomaly switch; coupon switch; policy switch; 3) ликвидация фьючерской позиции с немедленным открытием аналогичной позиции по тому же финансовому инструменту; = switching; 4) перемена тенденции прилива или отлива национальной валюты в результате официальных валютных интервенций для воздействия на платежный баланс страны

Switch card карточка Свитч; дебетовая карточка в Великобритании, с помощью которой можно расплачиваться во многих магазинах, на бензоколонках, получать наличные деньги в автомате; карточка Свитч обычно также является карточкой для гарантирования чеков; в систему Свитч входят многие коммерческие банки

switch dealer дилер по "свитчам": компания, специализирующаяся на использовании товаров, предназначенных для погашения сальдо в двусторонней торговле (по клирингу), в торговле с третьими странами; см. switch 1

switch dollars = investment dollars

switching = switch

switch order = contingent order

switch selling продажа с подтасовкой (подменой): реклама одной модели товара и попытки продать другую, более дорогую (реклама "разжигает" интерес)

SWOT (strengths, weaknesses, opportunities, threats) сила, слабости, возможности, угрозы: мнемоническое правило при анализе проекта, указывает на параметры и проблемы, на которые нужно обратить особое внимание

Sydney Futures Exchange Срочная биржа Сиднея (финансовые фьючерсы и опционы); основана в 1960 г.

symmetallism симметаллизм: 1) денежная система, при которой бумажные деньги обеспечиваются золотом и серебром и размениваются на них в определенной пропорции; 2) производство денег из сплава драгоценных металлов

symmetrical triangle "симметричный треугольник": термин, используемый в техническом анализе для обозначения цен на графике, аналогичного "вымпелу" (см. pennant) - после подъема или падения цена некоторое время движется в коридоре с затухающей амплитудой колебаний и образует равнобедренный треугольник (лежит на боку)

syndicate синдикат; = consortium 1

syndicate agreement = agreement among underwriters

syndicate contract = agreement among underwriters

syndicated bid синдицированная заявка, предложение о покупке: коллективная заявка членов Ассоциации лондонского учетного рынка на еженедельном предложении казначейских векселей

syndicated investment синдицированные инвестиции: "рисковое" финансирование, осуществляемое синдикатом специализированных институтов; см. venture capital

syndicated loan синдицированный (консорциальный) кредит: кредит, предоставленный двумя или более банками, один из которых является менеджером; распространился с конца 60-х годов

syndicated operation синдицированная операция: финансовая или иная операция, осуществляемая группой банков или других институтов (синдикатом, консорциумом)

syndication синдикация (синдицирование): 1) период организации банком-менеджером синдиката (консорциума) для предоставления кредита; широко распространенная практика кредитования на еврорынке; 2) группа инвестиционных банков, которые покупают новое предложение ценных бумаг у эмитента для перепродажи инвесторам по фиксированной цене; = purchase group; underwriting group; 3) покупка акций в компаниях, где есть возможность избежать налогообложения или реинвестиций доходов без уплаты подоходного налога; обычно это делается через товарищества с ограниченной ответственностью в сфере недвижимости, изыскания нефти и газа через инвестиционные синдикаты или брокеров-дилеров

syndicator синдикатор, лид-менеджер, организующий синдицированный заем; = lead manager

synergy синергия (синергизм): больший эффект целого, чем суммы частей; большая эффективность образовавшейся в результате слияния компании по сравнению с ее отдельными частями до объединения - цель любого слияния и поглощения

synthetic position "синтетическая" позиция: комбинация опционов и соответствующих финансовых инструментов для получения позиций с необходимыми характеристиками

synthetic security "синтетическая" ценная бумага: 1) любая комбинация финансовых инструментов, которая создает новый инструмент с лучшими характеристиками, например, более высокий доход или лучшая защита от риска; 2) комбинация ценной бумаги с фиксированной процентной ставкой с процентным свопом, представляющая собой новый свободно обращающийся инструмент - синтетическую облигацию с плавающей процентной ставкой

systematic risk систематический, или рыночный, риск: риск, который характерен для всех ценных бумаг данного класса и не может быть элиминирован диверсификацией

systemic risk системный (систематический) риск: риск того, что невыполнение обязательств одним банком начнет цепную реакцию и приведет к кризису всей банковской системы; риск, относящийся ко всей банковской системе; платежные системы обычно имеют правила, призванные предотвратить такие события

Systeme de compensation electronique de la Banque de France (SAGITTAIRE) электронная система клиринговых расчетов в Париже под эгидой Банка Франции ("САГИТТЭР")

System Open Market Account = Open Market Account

T

T-account Т-образный бухгалтерский счет: двусторонний счет

tacit acceptance "молчаливый" акцепт: платежный документ считается акцептованным, если плательщик не отказался от его оплаты в течение определенного времени

Taft-Hartley Act закон Тафта-Хартли (США, 1947 г.): закон, наделяющий правительство полномочиями для предотвращения и урегулирования трудовых споров (включая запрет забастовок и установление процедур заключения трудовых договоров)

taiga bonds облигации "тайга": облигации Минфина России в долларах США, выпущенные в 1993 г. для урегулирования валютного долга Внешэкономбанка СССР перед российскими физическими и юридическими лицами; активно обращаются на вторичном рынке

tail 1) "хвост", или "маленькое число": обозначение в котировке цены ценной бумаги цифр после десятичного знака (например, 625 в 98,625); см. big number; small number; 2) "хвост": разница между средним курсом нового выпуска казначейских векселей и нижним приемлемым курсом на аукционе Казначейства США; см. stop out price; 3) разница в сроках между двумя сторонами соглашения о покупке и последующей обратной сделке с ценными бумагами; 4) собственность, унаследованная прямыми потомками умершего; = estate in tail

tailgating брокерская практика заключения сделок с ценной бумагой, относительно которой только что получен приказ клиента (такая практика осуждается)

tailor-made financial package схема финансирования, страхования, подогнанная к потребностям конкретного клиента

take 1) реализованная прибыль; 2) брутто-доходы (например, от лотереи); 3) арестовать (имущество); 4) принять (предложение о сделке)

take a bath "принять ванну": понести большие убытки по инвестициям или спекулятивной сделке

take a flier спекулировать (букв.: покупать "летуна", т. е. рискованную ценную бумагу)

take a position открыть позицию: 1) купить акции или другие ценные бумаги компании или инструменты с целью инвестиций и получения прибыли; = taking a view; 2) открыть срочную позицию по тому или иному финансовому инструменту, то есть купить или продать инструмент с поставкой в будущем

take down 1) приобретение партии новых ценных бумаг на первичном рынке; 2) доля участника синдиката андеррайтеров или цена, уплачиваемая ими за новые ценные бумаги; 3) "выборка" или использование части кредитной линии

take-in получение ставки контанго; см. contango 1; taker 2

take-or-pay obligation обязательство купить товар или выплатить определенную неустойку

take out 1) наличная прибыль от продажи партии акций и покупки другой партии по более низкой цене (США); 2) изъятие клиентом наличных средств со счета у брокера; 3) долгосрочный ипотечный кредит для рефинансирования краткосрочного; "убрать" другого кредитора заемщика путем предоставления более долгосрочного кредита для рефинансирования более краткосрочного; 4) предложение продавцу ценной бумаги купить его позицию

take-out commitment обязательство долгосрочного инвестора купить в будущем по оговоренной цене ипотеку у ипотечного банкира; инвестором обычно является страховая компания или другое финансовое учреждение

take-out lender финансовое учреждение, которое предоставляет долгосрочный ипотечный кредит под недвижимость, который заменяет промежуточное финансирование или строительный кредит; обычно это страховая компания или другой институциональный инвестор

take-out loan постоянное финансирование строительного проекта в форме ипотечного кредита с фиксированной ставкой

take-over поглощение: покупка одной компанией контрольного пакета акций другой; осуществляется путем предложения акционерам приобрести их акции, в т. ч. вопреки желанию директоров компании; см. take-over bid

take-over arbitrage арбитраж на поглощении: одновременная покупка акций компании-объекта поглощения и продажа акций компании-агрессора в расчете на рост цен первых и падение вторых; такой арбитраж несет высокий риск, так как поглощение может сорваться; см. risk arbitrage

take-over bid предложение о поглощении: попытка поглощения одной компанией другой путем предложения акционерам купить контрольный пакет акций; оплата наличными или акциями компании-покупателя; предложение может быть условным (предлагаемая цена платится только при получении контрольного пакета) и безусловным (покупается любое число акций)

Take-over Code = City Code

Take-over Panel комитет по слияниям и поглощениям лондонского Сити, созданный в 60-х годах и наблюдающий за выполнением соответствующих правил

taker 1) продавец опциона; 2) продавец ценных бумаг, который за вознаграждение предоставляет покупателю отсрочку платежа; см. contango 1; take-in; 3) плательщик фиксированной ставки в процентном свопе

take the offer принять предложение: выражение согласия покупателя принять цену, предложенную продавцом; см. hit the bid

taking a view иметь точку зрения: 1) = take a position; 2) формирование мнения участников рынка о направлении движения конъюнктуры и о том, как его учитывать

taking delivery прием поставки физического товара или ценной бумаги: 1) закрытие фьючерсной позиции и прием (оплата) товаров или ценных бумаг в основе срочного контракта; 2) оплата покупателем приобретенных ценных бумаг в течение 5 дней после заключения сделки (в расчетах по ценным бумагам); см. regular way settlement

taking off a leg = lifting a leg

TALISMAN (Transfer Accounting, Lodgment for Investors, Stock Management for Jobbers) "ТАЛИСМАН": централизованная электронная система расчетов, введенная на Лондонской фондовой бирже в 1979 г.; все акции одного типа попадают в пул, из которого удовлетворяются все покупки; система имеет прямые связи с регистрами компаний для ускорения передачи права собственности и выпуска новых сертификатов; охватывает все британские и многие иностранные акции

TALISMAN bought transfer (TBT) юридический документ, используемый для передачи фиксированного числа акций покупателю от специальной компании СЕПОН Лондонской фондовой биржи в рамках расчетной системы "ТАЛИСМАН"; см. Stock Exchange Pool Nominees (SEPON)

TALISMAN sold transfer (TST) юридический документ, используемый для получения фиксированного числа акций от продавца специальной компании СЕПОН Лондонской фондовой биржи в рамках расчетной системы "ТАЛИСМАН"; см. Stock Exchange Pool Nominees (SEPON)

talking the market down = jawbone

tallyman 1) торгующий в кредит: торговец, продающий товары с рассрочкой платежа; 2) лицо, проверяющее правильность погрузки товаров на судно и их соответствие документам; учетчик

tally trade торговля с рассрочкой платежа (в кредит)

talon талон: часть купонного листа облигации, предъявляемая для получения нового листа

tandem loan "тандемный" кредит: кредитная программа Правительственной национальной ипотечной ассоциации (GNMA) совместно с Федеральной корпорацией жилищного кредита (FHLMC) или Федеральной национальной ипотечной ассоциацией (FNMA) для предоставления субсидированного финансирования для некоммерческих программ жилищного строительства (США)

tangible assets реальные или "осязаемые" активы: активы, которые имеют материальную ценность и могут быть более или менее легко реализованы; к таким активам относят собственность с внутренней стоимостью (здания, оборудование) или активы, имеющие физическое воплощение. реальные активы не включают природные ресурсы - "истощающиеся" активы (нефтяные запасы, лес и т. д.) и "неосязаемые" активы типа патентов, торговых марок, лицензий; реальные активы амортизируются в течение срока их полезного существования, "неосязаемые" активы амортизируются по условно принятому графику; см. intangible assets; wasting assets

tangible net worth - "осязаемая" чистая стоимость банка: суммарные "осязаемые" активы за вычетом всех обязательств; в принципе идентично средствам акционеров или капиталу плюс резервы и нераспределенная прибыль; показатель кредитоспособности банка; по закону 1989 г. ссудно-сберегательные ассоциации должны поддерживать свой "осязаемый" капитал на уровне 1,5 активов; = total net worth; см. net worth; tangible assets

tangible property = tangible assets

tantieme тантьема (фр.): вознаграждение директорам и высшим служащим компании в виде процента от прибыли

tap basis 1) метод эмиссии, при котором инвестор или банк обращается к эмитенту при наличии спроса инвесторов, а не эмитент стремится получить заявки от банков; 2) мобилизация средств путем выпуска ценных бумаг на рынок

tap bills (Treasure bills) казначейские векселя, продаваемые непосредственно Банку Англии и государственным учреждениям, минуя рынок (Великобритания); это позволяет учреждениям инвестировать свободные средства; см. tender bills

tap stocks ценные бумаги, выпускаемые по мере предъявления спроса по фиксированной цене

tape = ticker

taplets выпуск небольшими траншами уже существующих государственных облигаций Банком Англии (Великобритания)

target balance целевой баланс: минимальный обязательный остаток на счете, который необходим для поддержания прибыльности банка, для покрытия операционных издержек; например, при остатке выше минимального уровня банк может предоставлять клиенту некоторые услуги по счету бесплатно

target company компания-цель: компания, которая является объектом попытки поглощения; см. take-over

targeting таргетирование: установление ориентиров роста денежных агрегатов и других показателей (обычно на среднесрочную перспективу); правительство устанавливает пределы роста показателей на каждый год (в процентах или абсолютных цифрах) и стремится приблизиться к ним с помощью денежно-кредитной, налоговой и экономической политики в целом

target marketing = geodemographic marketing

target price целевая (базовая) цена: 1) базовая оптовая цена зерновых в рамках общей сельскохозяйственной политики ЕЭС (на основе цены в г. Дуйсбурге); 2) цена предполагаемого поглощения (цена акций); 3) цена, при которой опцион становится годен покупателю; 4) курс ценной бумаги, ожидаемый инвестором

target range целевые пределы: максимум и минимум роста денежной массы в обращении, установленные властями

target rate целевая процентная ставка: 1) ставка, принятая комитетом банка по активам и пассивам как цель при пересмотре условий депозитов и кредитов с истекающими сроками 2) внутренняя ставка дохода: минимальная доходность по капиталовложению, покрывающая издержек; = internal rate of return; hurdle rate

target zones "целевые зоны" валютных курсов: одно из предложений по достижению валютной стабильности, заключающееся в установлении согласованных ориентиров валютных курсов

tarif de combat "боевой тариф" (франц.): таможенный тариф, используемый для достижения определенных привилегий в торговле

tariff тариф: 1) налог, которым облагаются ввозимые в страну товары на основе их стоимости или количества, – инструмент государственной экономической политики (например, для защиты внутреннего рынка); 2) плата за коммунальные услуги (газ, электричество и т. д.); 3) прейскурант

tax налог: уплата физическим или юридическим лицом определенного процента доходов или прироста капитала, наследства, а также фиксированной суммы с недвижимости или другой собственности в национальный или местный бюджет для финансирования деятельности государства

tax abatement налоговая скидка; уменьшение суммы взимаемого налога (обычно на недвижимость) при выпол-

нении определенных условий или в результате природных катаклизмов и других причин

taxable equivalent yield доход по необлагаемым налогами облигациям, приведенный к налогооблагаемому эквиваленту (то есть какой будет доход, если бы налоги взимались)

taxable estate облагаемое налогами состояние: часть наследуемого имущества, которая подпадает под налоги на наследство после вычета издержек типа задолженности по налогам, расходам на похороны, семейных и благотворительных вычетов

taxable income доход, облагаемый налогом: доход после вычета необлагаемого минимума

taxable municipal bond облагаемая налогами муниципальная облигация (США): муниципальная облигация, выпущенная для финансирования неосновной деятельности муниципалитета типа строительства спортивных сооружений, конференц-центров; = nonessential function bond; private purpose bond

taxable surplus доход, облагаемый налогом; прибыль компании до налогов

tax and loan account см. Treasury tax and loan account

tax and price index британский ценовой индекс, учитывающий налогообложение

tax anticipation bills (TABs) векселя под будущие налоги: казначейские векселя, выпускаемые Казначейством США на нерегулярной основе для покрытия кассовых разрывов бюджета и привлечения средств корпораций, отложенных для уплаты налога (приносят доход и принимаются в уплату налога); обычно должны погашаться в периоды больших налоговых поступлений, но с 1974 г. они не выпускались и в основном заменены векселями управления наличностью (cash management bills – см.); аналог британских налоговых резервных сертификатов; см. tax reserve certificates

tax anticipation notes (TANs) облигации под будущие налоги: краткосрочные налоговые облигации, выпускаемые властями штатов и муниципалитетами для финансирования текущей деятельности под будущие налоговые поступления (США); имеют сроки до 1 года, продаются с дисконтом, имеют приоритетное право на налоговые поступления; = tax anticipation warrant

taxation налогообложение: денежные платежи юридических и физических лиц в пользу государства и местных органов власти – главный источник бюджетных средств; налогами облагаются доходы и прибыль, прирост капитала, наследства, недвижимая собственность и т. д

tax at source взимание налога у источника путем вычетов из общей суммы поступлений налогоплательщика; может относиться к подоходному налогу и налогу на проценты и дивиденды; см. withholding tax

tax avoidance "избежание" налогов: снижение суммы выплачиваемых налогов законными средствами

tax base (basis) налоговая база: сумма дохода, стоимость актива, на основе которых рассчитывается размер налога

tax benefit налоговая льгота; = tax break

tax break налоговая льгота: официальное уменьшение налогообложения

tax burden налоговое бремя: сумма уплачиваемого налога

tax credit налоговый кредит: 1) в Великобритании – сумма налога, которая считается уплаченной с дивидендов; дивиденды уплачиваются за вычетом налога, но сумма налога указывается на дивидендном чеке и учитывается при расчете общих налоговых платежей; налоговый кредит рассчитывается по базовой ставке подоходного налога (при ставке 30/70 нетто-дивиденда); разница к реальной ставке налога выплачивается или доплачивается; вся сумма налоговых кредитов переводится компанией в бюджет в качестве авансового корпорационного налога; 2) в США – разрешенный законом прямой (доллар за доллар) вычет определенных расходов из общей суммы налогов (обычно социально мотивированных и общественных расходов)

tax declaration налоговая декларация: информация о годовых доходах, представляемая в налоговые органы; форма такой информации (в США для физических лиц – IRS 1040 tax return)

tax-deductible interest процентные платежи, вычитаемые из налогов: 1) процентные платежи по первым ипотекам, кредитам по разнице между стоимостью дома и суммой первой ипотеки, по вторым ипотекам, ограниченным первоначальной ценой дома плюс затраты на ремонт (США); 2) процентные платежи по потребительским кредитам до 1990 г. (США)

tax deferred с отложенным платежом налогов: о капиталовложении, доходы от которого облагаются налогом только после того, как инвестор их изъял из финансового учреждения

tax-deferred annuity рента с отложенным платежом налогов: инвестиционный инструмент, обычно используемый для пенсионных накоплений и продаваемый через страховые компании; вложения в такие ренты не облагаются налогами до ухода на пенсию

tax-deferred savings сбережения с отложенным платежом налогов: сберегательные счета и другие финансовые инструменты, инвестиции в которые и процентный доход по которым временно не облагается подоходным налогом; например, в США гражданин с доходом до 25 тыс. долл. в год может ежегодно без уплаты налога откладывать на индивидуальный пенсионный счет до 2000 долл. с началом изъятия после 59,5 лет; см. individual retirement account

tax-exempt special savings scheme (TESSA) специальная сберегательная схема с налоговыми льготами; счета ТЕССА: необлагаемые налогами сберегательные счета в банках и строительных обществах, введенные в январе 1991 г. в Великобритании; любой гражданин старше 18 лет может инвестировать до 9000 ф. ст. в течение 5 лет (3000 в первый год, по 1800 в течение 3 лет и 600 в пятый год)

tax evasion уклонение от налогов: сознательное сокрытие или занижение суммы дохода, облагаемого налогами, обман налоговых властей

tax exempt необлагаемый налогом

tax-exempt bond облигация, не облагаемая налогами: муниципальная облигация, не облагаемая федеральными и штатными налогами при покупке резидентами штата (США)

tax-exempt security ценная бумага, доход по которой не облагается налогом (в США главным образом муниципальные и штатные облигации)

tax-free rollover безналоговый ролловер: реинвестиции сбережений и инвестиций с отложенной уплатой налогов в течение 60 дней, разрешенных Службой внутренних доходов без уплаты 10 %-го штрафа

tax haven налоговое убежище (фискальный оазис): страна или территория, которые привлекают иностранных юридических и физических лиц низким уровнем налогов

tax incidence сфера действия и реальное воздействие налогов с учетом любых форм перераспределения налогового бремени; определяется путем сравнения покупательной способности различных групп налогоплательщиков до и после налогообложения

taxable income доход, облагаемый налогом: сумма, с которой взимается подоходный налог (налоговая база)

tax lien право ареста имущества налогового должника (за неуплату подоходного или имущественного налогов); такие права имеют приоритет перед правами кредиторов

tax loss налоговый убыток: убыток, который учитывается при налогообложении путем вычета из аналогичных, других или будущих доходов (т. е. сумма налогов уменьшается)

tax loss carry back/forward перенос текущего операционного убытка на прибыль прошлых или будущих периодов: возможность для компаний в США покрывать убытки за счет прибыли за предыдущие 3 года или за счет будущей прибыли в течение 5-15 лет (в зависимости от характера убытков) для соответствующего снижения налогового бремени; физические лица могут переносить убытки только вперед без ограничения срока

tax multiplier налоговый мультипликатор: показатель воздействия изменения налогов на экономику (сравнивается потребление и накопление)

tax opinion заключение (точка зрения) юриста по налогам: заключение юриста относительно налогового режима для держателей данного вида облигаций

tax-oriented lease аренда, ориентированная на налоги; см. true lease

taxpayer identification number (TIN) идентификационный номер налогоплательщика: номер, который должно иметь физическое или юридическое лицо для открытия большинства видов банковских счетов; для физических лиц и индивидуальных бизнесменов таким номером является индивидуальный номер социального страхования, для компании, некоммерческой организации или ассоциации - идентификационный номер работодателя; если номер не представлен, банк несет ответственность и обязан депонировать 20 % процентного дохода на специальном счету (США)

tax planning налоговое планирование: минимизация налогового бремени через финансовое планирование, включая инвестиции с отсрочкой уплаты налогов, покупку не облагаемых налогами ценных бумаг и использование различных налоговых убежищ

tax preference items доходы с привилегированным налоговым режимом: доходы, подпадающие под альтернативный минимальный налог; для физических лиц это доход от прироста капитала при использовании опциона на покупку акций компании, в которой работаешь, а для компаний - вычеты на ускоренную амортизацию, инвестиционные налоговые кредиты, увеличение банками резервов на потери от кредитов; если такой доход больше, чем налог, подсчитанный по методике альтернативного минимального налога, то платится последний; см. alternative minimum tax

Tax Reform Act of 1986 Закон о налоговой реформе 1986 г.: федеральный закон, который упростил налоговый кодекс, отменил ряд льгот и внес в него другие поправки, которые представляют собой самые существенные изменения в системе налогообложения США за 50 лет; закон снизил самую высокую ставку налога на прибыль корпораций с 46 до 34 % (число разрядов с 5 до 3), а подоходного налога – с 50 до 28 % (число разрядов с 15 до 2-х); одновременно были ликвидированы многочисленные льготы и исключения для компенсации потери доходов из-за снижения налогов

tax reserve certificates налоговые резервные сертификаты (Великобритания): необращающиеся ценные бумаги, в которые британские компании могут помещать средства, отложенные для уплаты налогов; компании получают проценты и могут вносить сертификаты в уплату налога; с 1971 г. новые сертификаты не выпускаются

tax return = tax declaration

tax selling продажа ценных бумаг (обычно в конце года) для реализации убытков и уменьшения налогового бремени

tax shelter налоговая защита или укрытие (США): законное средство уменьшения или элиминирования налогового бремени; например, приобретение не облагаемых налогом ценных бумаг, использование налоговых льгот

tax shifting перенос налога: перенос плательщиком своего налогового бремени на других лиц (например, путем закладывания налогов в цены товаров)

tax straddle налоговый "стрэддл": использование комбинаций опционов и фьючерсов для уменьшения налогового бремени

tax swap налоговый своп: облигационный своп для уменьшения суммы уплачиваемых налогов; продажа облигаций до истечения их срока и покупка новых для создания убытков, зачитываемых при налогообложении прироста капитала; см. bond swap

tax umbrella налоговый "зонтик": перенос вперед убытков прошлых лет для защиты текущих и будущих доходов от налогов

tax value стоимость актива для целей налогообложения

tax year = financial year 2

T-bills = Treasure bills

teaser rate ставка-"завлекалочка": 1) низкая первоначальная ставка по ипотечному кредиту для привлечения потенциальных заемщиков; как правило после нескольких месяцев (до 1 года) ставка повышается до рыночного уровня; 2) высокая первоначальная ставка по сберегательным вкладам, привязанным к ставкам денежного рынка (временно, для привлечения вкладчиков)

technical analysis (research) технический анализ рыночной конъюнктуры: система методов анализа и прогнозирования тенденций движения цен, их разброса и устойчивости, объема операций и других характеристик; важной частью технического анализа является анализ графиков изменения цен и объемов торговли на предмет повторяемости (чартизм); см. chartism 1

technical conditions of a market техническое состояние финансового рынка: специфические рыночные факторы спроса и предложения, оказывающие воздействие на конъюнктуру

technical decline технический спад на финансовом рынке: ухудшение конъюнктуры под влиянием внутренних факторов (превышения предложения над спросом, особенностей организации торговли), а не таких внешних факторов, как ожидания, изменения в состоянии экономики и политики

technically strong market технически сильный рынок: фьючерский рынок, на котором тенденция роста или сокращения объема открытых позиций совпадает с движением цен (есть рациональное объяснение событиям, например, объем позиций и цены растут в связи с новыми покупками, падают – в связи с закрытием "длинных" позиций); см. technically weak market

technically weak market технически слабый рынок: фьючерский рынок, на котором тенденция роста или сокращения объема открытых позиций не совпадает с движением цен; см. technically strong market

technical rally технический подъем на финансовом рынке: подъем под влиянием превышения спроса над предложением (внутренних факторов), а не ожиданий рынка и других внешних факторов; подъем в рамках общей понижательной тенденции

technical reaction техническая реакция: изменение конъюнктуры, которое не связано с экономическими или политическими причинами и объясняемое особенностями функционирования рыночного механизма

Telefonverkehr внебиржевой, или телефонный, рынок ценных бумаг (ФРГ): на рынке могут продаваться или покупаться как котируемые, так и не котируемые бумаги; дилерами и брокерами являются "свободные" маклеры, инвесторами – банки или другие институты; связан с международным рынком ценных бумаг; см. Freie Makier

telegraphic address телеграфный адрес (компании): слово, используемое в телеграммах вместо полного наименования или адреса (регистрируется почтовыми властями)

telegraphic transfer (TT) телеграфный денежный перевод: перевод денег, осуществляемый по телеграмме, которую один банк посылает другому по поручению клиента; см. wire transfer

Telekurs A. G. Телекурс А. Г. (Швейцария): корпорация в Цюрихе, специализирующаяся на распространении финансовой информации (прежде всего о ценных бумагах) с помощью телекоммуникаций

telephone banking банковские услуги по телефону: клиент имеет возможность по телефону связаться с ЭВМ банка, идентифицировать себя с помощью номера и кодового слова, потребовать ряд услуг (узнать остаток на счете и детали последних операций, заказать чековую книжку или выписку со счета, оплатить счет, сделать денежный перевод)

telephone bill payment оплата счетов по телефону: разновидность банковских услуг, позволяющая клиенту осуществлять операции и управлять своим счетом по телефону; использование такой техники обслуживания клиентов пока не привело к заметному сокращению использования чеков; = bank-by-phone; pay-by-phone

telephone order телефонный приказ: 1) устное распоряжение по телефону клиента банку произвести перевод денежных средств; = telephone transfer; 2) покупка товара по почте с оплатой кредитной или другой банковской карточкой

telephone transfer телефонный перевод: перевод денежной суммы со счета на счет путем отдачи распоряжения по телефону, а не в традиционной письменной форме; см. telephone banking

telephone switching телефонная переброска инвестиций: переброска средств из одного взаимного фонда или банка в другой по телефону

Telerate "Телерейт": электронная информационная система по ценным бумагам (на экранах терминалов), принадлежащая "Ассошиэйтед Пресс" и "Доу Джонс"

teletext телетекст: односторонняя информационная видеосистема, позволяющая подписчику считывать с экрана новости, рыночные котировки и другую информацию; не имеет диалогового режима; см. videotex

telex телекс: 1) система коммуникаций, позволяющая передавать сообщения в любое время; 2) сообщение (телеграмма), переданное с помощью телексной связи

teller кассир: сотрудник банка, принимающий и выплачивающий клиентам наличные деньги (например, принимает депозиты и оплачивает чеки)

teller's check = cashier's check

temporary loan временный кредит: краткосрочный кредит для пополнения оборотных средств предприятия (обычно на сроки до 1 года, с или без обеспечения)

temporary monopoly временная монополия, "корнер"; см. corner

temporary transactions "временные" сделки при проведении ФРС операций на открытом рынке; обычно имеются в виду продажа или купля ценных бумаг с проведением через некоторое время обратной операции; см. outright transactions

tenancy by the entirety совместное владение собственностью мужем и женой (в некоторых штатах США); собственность рассматривается как единое целое, каждый из супругов имеет равные права и наследует после смерти, но не может распоряжаться имуществом, продавать активы без согласия другого; кредиторы не могут настаивать на продаже имущества для покрытия имущества одного из супругов

tenancy in common совместное владение собственностью двумя и более лицами (например, в товариществах); после смерти одного из совладельцев неделимая доля имущества наследуется по завещанию или родственниками, а не совладельцами; = tenants in common

tendency = trend

tender предложение, конкурс, торг, аукцион: 1) предложение поставить товары, услуги, заключить контракт, заявка на проектное финансирование или на получение инвестиционного проекта (с конкретной ценой и прочими условиями), представляемые после объявления торгов в конкуренции с другими фирмами; 2) выпуск ценных бумаг с помощью аукциона или торга; см. issue by tender; 3) официальное предложение купить ценную бумагу, например, на вексельном аукционе или у акционеров; = tender offer; 4) платежное средство; см. legal tender; 5) акт продажи ценных бумаг в ответ на предложение купить их по фиксированной цене; 6) предложение оплатить обязательство, например, выписать и передать чек (to tender a check); 7) уведомление, которое делается продавцом фьючерсного контракта о намерении поставить физический товар или финансовый инструмент

tender acceptance facility = revolving acceptance facility by tender

tender bills векселя предложения (Великобритания): казначейские векселя, продаваемые через еженедельные аукционы (торги) Банка Англии (в отличие от векселей, продаваемых непосредственно государственным учреждениям); участниками аукционов в основном являются учетные дома (до 1971 г. подавали коллективную заявку), принявшие обязательство скупать все предлагаемые векселя; см. tap bills

tender guarantee = big bond

tender offer тендерное предложение: публичное предложение акционерам купить у них акции корпорации по фиксированной цене, действующее в течение оговоренного срока; обычно это делается без одобрения эмитента акций, в т. ч. с целью поглощения компании, причем платеж может быть наличными деньгами или другими ценными бумагами (часто с премией к рыночной цене)

tender panel панель предложения: метод размещения евронот, при котором группа банков (до 15-20) выступает агентом по продаже евронот пропорционально конкурентоспособности заявок; см. Euronotes

tender to contract (TTC) option валютный аукцион для участия в торгах за контракт: разновидность валютного опциона, приспособленного к нуждам клиента, - для страхования валютного риска участник торга за какой-либо контракт уплачивает 10 % премии за опцион, а остальные 90 % - только в случае победы в торге

Tenfore "Тенфор": датско-швейцарская информационная система по финансовым и товарным рынкам в Европе (в режиме реального времени, на основе спутника)

Tengoku/Jigoku bond = Heaven and Hell bond

tenner сумма или банкнота в 10 долл. или ф. ст. (жарг.)

tenor срок векселя или другого финансового инструмента (например, при предъявлении или фиксированная дата)

ten-spot (ten) сумма или банкнота в 10 долл. (жарг.)

term срок, условие: 1) срок контракта или ценной бумаги, процентный период; 2) условие соглашения или контракта; например, условия погашения кредита

term assurance = term life insurance

term bill = usance bill

term bond срочная облигация: облигация с фиксированным сроком погашения в отличие от серийных облигаций

term certificate срочный сертификат: депозитный сертификат со сроком от 1 до 10 лет (чаще всего 1-2 года); как правило, имеет фиксированную ставку

term fed funds срочные "федеральные фонды" (со сроком более 1 дня и обычно менее 90 дней); см. federal funds

terminal 1) терминал: точка введения информации в коммуникационную систему; конечная точка ("выход") информационной системы; = electronic window; 2) устройство авторизации сделок при использовании кредитных и других банковских карточек обычно простое устройство, которое автоматически набирает телефонный номер центрального компьютера для авторизации операций; = dial-up terminal

terminal bonus бонус при истечении срока страхового полиса (страхование жизни)

terminal markets срочные биржевые (фьючерские) рынки в Лондоне

termination statement завершающее заявление: документ, который после выплаты долга формально прекращает все права кредитора на активы, предложенные в обеспечение кредита, а также заявление о финансировании (США); регистрируется в местных органах власти; стандартный документ по Единому коммерческому кодексу; часто называется "UCC-3 statement"; см. continuation statement; financing statement; priority of lien; Uniform Commercial Code

term life insurance срочное страхование жизни: разновидность страхования с фиксированным сроком полиса, владелец которого вносит только стоимость страхования от смерти (нет накопления сбережений)

term loans срочные кредиты (т. е. с фиксированным сроком, обычно на 1-15 лет): средне- и долгосрочные банковские кредиты для инвестиций или пополнения оборотных средств под обеспечение или без обеспечения и по ставке, привязанной к ставкам денежного рынка

term mortgage срочная ипотека: ипотека без амортизации со сроком обычно менее 5 лет, выплата основной суммы которой производится одним разовым платежом в конце срока; = standing mortgage

term repurchase agreement срочное соглашение о повторной покупке: соглашение об обратной покупке ранее проданных ценных бумаг со сроком более одного дня; = term repo

term share срочная акция (пай): акция, которая не может быть продана в течение определённого срока (например, пай в британском строительном обществе)

term sheet документ с условиями кредита: документ, содержащий срок кредита, процентную ставку, маржу, льготный период, порядок выплаты процентов, размеры комиссионных, который является предметом переговоров между заёмщиком и кредитором

terms of trade условия торговли: индекс соотношения экспортных и импортных цен (к базовому году) - один из показателей состояния расчётов страны (при прочих равных условиях выгоднее более быстрый рост стоимости экспорта)

term structure of interest rates временная структура процентных ставок: система взаимосвязей между процентными ставками по определённому финансовому инструменту на разные сроки (например, ставками по межбанковским депозитам на 3, 6 и 12 месяцев)

term subordinated debt срочный субординированный долг; при удовлетворении правилам центрального банка включается во вторичный капитал банка; см. secondary capital

tertiary trend третичная тенденция движения цен или курсов (в чартистском анализе): направление ежедневных колебаний конъюнктуры; см. chartism

terzo mercato "третий" рынок (итал.): рынок некотируемых ценных бумаг в Италии (не регистрируется и не контролируется)

test тест, проверка: 1) критерий соответствия требованиям; 2) приближение цены к точке сопротивления или поддержки; см. resistance/support level

testamentary trust завещательный траст: траст, доверенность, опека, созданная по завещанию доверителя; после смерти завещателя становится безотзывным трастом; см. inter vivos trust

testator завещатель: лицо, умершее лицо, оставившее действительное завещание, по которому можно распределять активы между наследниками; = settlor

test number тестовое число (номер): цифры (код), используемые при переводе средств для идентификации банка отправителя данный код изменяется с каждым новым сообщением или переводом для придания обмену информации конфиденциального характера; = key; test key

theta изменение размера опционной премии в единицу времени

thin market вялый, или "узкий" рынок: рынок, характеризующийся незначительным числом участников и низким уровнем их активности, небольшим объемом операций; = weak market

third country acceptance акцепт на третью страну: кредит в международной торговле, когда банковский акцепт (вексель рефинансирования) выписывается импортером на банк в третьей стране (не экспортера или импортера) и оплачивается в национальной валюте акцептующего банка; = refinance bill; см. refinance credit

third generation of financial instruments третье поколение финансовых инструментов: ФРА, ФСА, "свопционы", "кэпционы", "брейк-форварды", ФОКС, СКАУТ и др

Third Market "третий" рынок: 1) "третий" рынок при Лондонской фондовой бирже: рынок ценных бумаг новых и небольших компаний, не удовлетворяющих требованиям фондовой биржи и рынка некотируемых ценных бумаг (создан в 1987 г.); 2) внебиржевой рынок ценных бумаг (котируемых на бирже), на котором действуют брокеры, не являющиеся членами биржи (в США с 50-х годов): = over-the-counter market

third party check чек третьей стороны (на третью сторону): 1) чек получателя денег (первая сторона - банк, на который выписан чек, вторая - плательщик, выставивший чек); 2) чек с одним и более индоссаментами

third party credit кредит третьего лица: кредит для облегчения продажи товаров, организованный лицом, которое не является продавцом

third party insurance страхование в пользу третьей стороны: страховой полис, покрывающий риск третьей стороны (не страхователя или страховщика) например, когда владелец автомобиля наносит ущерб другому лицу - собственности или здоровью

third party liability = third party insurance

third party motor liability см. motor insurance

third party payment = third party transfer

third party transfer перевод в пользу третьего лица: платеж в пользу лица, которое не является инициатором платежа или его первоначальным получателем

thirty day visible supply 30-дневное "видимое" предложение (США): общий объем муниципальных облигаций со сроками более 13 месяцев, которые должны попасть на рынок в ближайшие 30 дней

thirty day wash rule правило 30-дневной "отмывки": правило службы внутренних доходов (США), по которому потери от продажи акций не считаются убытками при налогообложении, если равная сумма ценных бумаг была куплена в течение 30 дней после продажи

30 share index = Financial Times Industrial Ordinary Shares Index

"3(a)(2)" схема эмиссии ценных бумаг в США без регистрации в Комиссии по ценным бумагам и биржам, предлагаемая компанией Мерилл Линч (по номеру параграфа в законе об эмиссии ценных бумаг)

• **three halfpence (ha'pence)** полтора пенни

threepence 1) три пенса; 2) трехпенсовая монета в Великобритании до введения десятичной системы

threepenny bit (piece) = threepence 2

thrift institutions сберегательные учреждения (ссудно-сберегательные ассоциации, кредитные союзы и взаимные сберегательные банки в США, строительные общества в Великобритании и др.): учреждения, призванные поощрять личные сбережения и финансировать покупку жилищ; впервые возникли вначале XIX в. как некоммерческие институты для финансирования долгосрочных кредитов с помощью краткосрочных депозитов; в настоящее время по функциям сближаются с коммерческими банками

Thrift Institutions Advisory Council Консультационный совет сберегательных учреждений: совещательный орган, созданный по Закону о денежном контроле 1980 г. для консультирования Совета управляющих ФРС по вопросам сберегательных учреждений; совет состоит из представителей сберегательных банков, ссудно-сберегательных ассоциаций и кредитных союзов

thrifts = thrift institutions

Throgmorton Street "Трогмортон стрит": Лондонская фондовая биржа (по названию улицы, где она находится); лондонский рынок капиталов

through bill of lading (TBL, Thro B/L) "сквозной" коносамент: коносамент, покрывающий отгрузку товара на несколько судов различными видами транспорта

throwback rule правило "отброса назад": правило Службы внутренних доходов США, согласно которому распределение трастовых активов в текущем году сверх разрешенного уровня относится на доходы предыдущего налогового года

Thundering Herd "громыхающее стадо" (США): фирма по торговле ценными бумагами "Мерилл Линч" (прозвище отражает масштабы операций и число сотрудников)

tick "тик": разовое изменение биржевой цены (в т. ч. минимально допустимое); см. minimum price fluctuation

ticker тикер: телеграфный (электронный) аппарат (или система), оперативно выдающий текущую финансовую информацию на бумажную ленту (например, тикеры агентства Рейтер); информация об операциях на фондовой бирже печатается непрерывно; впервые был использован на биржах в США в 1867 г.

ticker symbol кодовое сокращение названия компании (ценной бумаги) для целей идентификации и передачи информации; = stock (ticker) symbol

ticker tape = ticker

ticket day = name day

tied loan "связанный" кредит: кредит, который должен быть истрачен в стране-кредиторе или привязан к конкретной торговой сделке

tiered rate account сберегательный счет с сеткой процентных ставок в зависимости от срока счета и размера депонированных средств; обычно чем больше сумма и срок, тем выше процентная ставка

Tier 1 capital капитал первого порядка, или "сердцевинный" капитал: стандартное определение капитала на основе уровня риска его различных частей по методологии, предложенной Комитетом Кука; включает акционерный капитал (обыкновенные и неаккумулируемые привилегированные акции) и публикуемые резервы; в США с 1993 г. такой капитал должен составлять 4 % активов; = core capital; primary capital; см. Basle Committee on Banking Regulations and Supervisory practices; risk-based capital; tier 2 capital

tier 2 capital капитал второго порядка, или дополнительный капитал: стандартное определение капитала на основе уровня риска его различных частей по методологии, предложенной Комитетом Кука; включает резервы против плохих кредитов, бессрочные привилегированные акции; в США с 1993 г. такой капитал должен составлять 4 % активов; см. Basle Committee on Banking Regulations and Supervisory practices; risk-based capital; tier 1 capital

tiger bonds = Treasury Investment Growth Receipts (TIGRs)

tiger markets "тигриные" рынки: фондовые рынки на Дальнем Востоке (Гонконг, Малайзия, Сингапур, Индонезия, Южная Корея, Тайвань, Таиланд)

tight market "тесный" рынок: активный рынок с незначительным разрывом между ценами продавца и покупателя

tight money дорогие деньги: ситуация, когда центральный банк проводит рестриктивную политику, пытаясь ограничить количество денег, поступающих в экономику через банковскую систему; = dear money

till cash = vault cash

time bargain срочная сделка на Лондонской фондовой бирже: сделка, расчет по которой откладывается до следующего расчетного дня

time deposit (TD) срочный депозит: 1) депозит (вклад), который может быть изъят только по истечении определенного срока или после предварительного уведомления (или с ограничением числа изъятий), и поэтому ставка по нему выше, чем по депозиту до востребования; досрочное изъятие денег может приводить к потере процентов; = investment account; time certificate of deposit; 2) на фьючерском рынке: контракт на базе срочного депозита (обычно трехмесячные евродоллары)

time draft срочная тратта: переводный вексель, имеющий фиксированный срок

time limit временное ограничение действия приказа клиента биржевому брокеру (приказ действует определенное время); см. good this week; good this month; good'til canceled; buy or cancel

time loan срочный кредит: краткосрочный кредит, который полностью погашается в жестко определенный срок, причем проценты по кредиту обычно заранее вычитаются из суммы кредита

time of day tariff тариф платы за электричество, имеющий разные ставки в разное время дня (например, выше днем и ниже ночью)

time order срочный приказ: приказ клиента брокеру, действительный в течение определенного времени

time-out отключение терминала, например, автоматической кассовой машины от центрального компьютера банка, если клиент не отвечает на запрос компьютера в течение оговоренного срока после начала операции

time policy срочный полис: страховой полис с ограниченным сроком действия

time premium временная (срочная) премия опциона; см. time value 1

time-sale financing разновидность косвенного кредитования, когда банк покупает у дилера (торговой фирмы) контракт продажи товара в рассрочку и покупатель-заемщик начинает выплачивать кредит банку: = dealer financing

times covered отношение чистой прибыли к дивиденду

time-sharing "тайм-шеринг" (деление времени, доля времени): покупка права на использование дома или квартиры на курорте ежегодно в течение фиксированного периода времени, например, с 1 по 15 сентября; такие схемы привлекают людей, которые не могут позволить себе купить дом целиком, но очень часто оказываются связанными со злоупотреблениями и не выгодны клиентам

times interest earned отношение доходов компании до налогов и выплаты процентов к суммарным процентным платежам

time spread временной спред: опционная стратегия, при которой инвестор покупает и продает опционы "пут" и "колл" с одинаковой ценой исполнения, но разными сроками (для выигрыша от разницы в премиях); = calendar spread

Times Share Indices фондовые индексы, ежедневно публикуемые газетой "Таймс": 13 индексов курсов акций на Лондонской фондовой бирже (база – 1964 г.), из которых наиболее важным является индекс промышленных акций (охватывает весь промышленный сектор)

time value (of money) 1) временная (срочная) стоимость опциона: сумма, на которую размер премии превышает "внутреннюю" стоимость опциона; см. intrinsic value; 2) разница между ценой акции компании при поглощении и рыночной ценой до объявления о поглощении; 3) = present value

timing выбор правильного момента для покупки или продажи финансового инструмента

tip 1) информация, "подсказка" относительно целесообразности покупки тех или иных ценных бумаг; 2) плата сверх официально требуемого уровня

tippee тот, кто "подсказывает", дает информацию о целесообразности покупки тех или иных ценных бумаг (США)

tithes церковная десятина: десятая часть продукции земледелия, выплачивавшаяся церкви; в Великобритании в 1836 г. трансформирована в денежную ренту, а в 1936 г. отменена с уплатой в течение 60 лет определенных сумм

title титул, право собственности: документ, дающий право на землю, недвижимость, другое имущество; юридически обоснованное право на собственность, удостоверенное документами; см. abstract of title

title abstractor = title company

title company титульная компания: фирма, специализирующаяся на проверке права собственности на землю и недвижимость и выдающая соответствующий сертификат; = title abstractor

title deed документ, удостоверяющий право собственности на участок земли (Великобритания); = abstract of title

title defect дефект титула: требование, обстоятельство, условие, которое делает затруднительным идентификацию настоящего владельца актива или передачу титула; эта ситуация возникает при неправильной регистрации титула или не устранении вторичных требований; = cloud on title; clouded title

title insurance страхование титула: страхование от риска потерь в результате дефекта титула собственности, обнаруженного, например, после продажи актива

title search исследование титула: процесс выяснения подлинного владельца недвижимости или другой собственности, а также связанных с ней обязательств, путем тщательной проверки регистрационных земельных записей результатом является выпуск титульной компанией документа-свидетельства; см. abstract of title; title company

tobashi "тобаши": манипулирование счетами клиентов, жульничество (Япония)

toehold purchase приобретение менее 5 % акций компании (США); свыше 5 % требуется разъяснение намерений Комиссии по ценным бумагам и биржам, соответствующей бирже, компании

token coins неполноценные монеты, номинал которых превышает стоимость металла; в настоящее время - любые монеты в обращении

tokkin пенсионный фонд (яп.)

Tokyo Round Токио раунд: серия многосторонних торговых переговоров в рамках ГАТТ в 1973-1979 гг.

Tokyo Stock Exchange (TSE) Токийская фондовая биржа (вторая в мире по объему операций)

Tokyo Stock Exchange (TSE) Index индекс Токийской фондовой биржи; создан в 1969 г.; базовый период – 100 на 4 января 1968 г.; включает все акции "первой секции" биржи; рассчитывается непрерывно, цены акций взвешиваются; базовый уровень постоянно корректируется с учетом изменений в капитале компаний; субиндексы публикуются по крупным, средним и мелким компаниям, по 28 отраслям промышленности

toll плата, пошлина (например, плата за проезд по частной дороге или междугородний телефонный разговор)

tombstone "надгробный памятник": объявление в финансовой прессе о займе, выпуске новых акций, поглощении, содержащее имя заемщика, сумму и имена менеджеров и участников, например, займа после завершения организационного периода и часто только для информации; такое название вызвано крайней лаконичностью объявления, в котором нет ничего кроме фактов, так как законодательство запрещает прямую рекламу ценных бумаг

tomorrow-next = tom-next

tom-next (tomorrow next; T/N) "том-некст", завтра и следующий день: комбинированная валютная сделка, которая фактически начинается завтра и заканчивается послезавтра (своп или депозитная операция); например, покупка валюты с поставкой на следующий рабочий день и ее одновременная продажа с поставкой на 2-ой рабочий день (т. е. валютой можно пользоваться один день), см. spot-next; = rollover

ton "тонна": 100 млн. долл. (жарг. рынка облигаций в США)

tone настроение финансового рынка

tontine тонтин: 1) разновидность займа, изобретенная неаполитанским банкиром Л. Тонти в 1953 г.; заем предоставляется под фиксированный процент ограниченной группой людей, а смерть участников увеличивает доход оставшихся (последний оставшийся в живых получает за всех); 2) пенсионный фонд, в который делают вклады несколько людей, а выплаты достаются тем, кто пережил других

top-down approach to investing подход к инвестициям, при котором инвестор последовательно анализирует общие тенденции в экономике, а затем выбирает перспективную отрасль или компанию; см. bottom-up approach to investing

top hat scheme пенсионная схема "цилиндр": пенсионная схема для людей с большими доходами; обычно с выплатой суммы в конце срока

TOPIC (Teletext Output of Price Information by Computer) "ТОПИК": видеоинформационная система на Лондонской фондовой бирже; дает участникам информацию о ценах ценных бумаг, финансовом положении компаний

topping out достижение ценой "пика": конец повышения конкретной цены или улучшения конъюнктуры в целом (можно ожидать снижения)

topping up clause условие в компенсационном или двухвалютном кредите, защищающее кредитора от девальвации валюты; в случае обесценения валюты от заемщика могут потребоваться дополнительные платежи, покрывающие потерю от обесценения; см. back-to-back loan

top step rule правило "верхней ступеньки" (США): правило, согласно которому сделки за свой счет не должны проводиться на верхней ступеньке биржевого "круга" (на Чикагской торговой бирже); см. ring

Toronto Futures Exchange (TFE) фондовая биржа Торонто

Toronto Stock Exchange (TSE) Фондовая биржа Торонто (основана в 1852 г.)

Torrens certificate сертификат Торренса: сертификат права собственности, выдаваемый властями в некоторых штатах США (по имени сэра Роберта Торренса, проведшего земельную реформу в Австралии); притязания на собственность после выпуска такого сертификата не рассматриваются – это облегчает оформление сделок

tort гражданское правонарушение, гражданско-правовой деликт: нанесение ущерба, неправильные действия, приводящие к потере собственности или ущербу здоровья человека; может быть предметом рассмотрения в суде для получения материального возмещения

total assets turnover оборот суммарных активов: отношение нетто-продаж компании к ее суммарным активам

total capital суммарный капитал: сумма первичного и вторичного капиталов, капиталов первого и второго уровней; см. primary/secondary capital; Tier 1 capital; Tier 2 capital

total capitalization общая капитализация (компании): все формы акционерного капитала и долгосрочный долг

total cost общая стоимость: контрактная цена ценной бумаги плюс комиссия брокера и наросшие проценты, причитающиеся продавцу

total lease obligation суммарное обязательство по аренде: суммарные прямые расходы по аренде, включая арендные платежи, процентные платежи, разовые платежи в конце срока аренды

total reserves суммарные резервы: все депозиты и другие средства, засчитываемые при расчете обязательных резервных требований; включает депозиты в центральном банке, наличные банкноты и монету в хранилище банка

total return суммарный годовой доход на вложенный капитал (в процентном выражении), учитывая прирост капитала, амортизацию, дивиденды или процентный доход; для облигаций равен доходу при погашении; см. yield to maturity

total value суммарный объем: общее число ценных бумаг или срочных контрактов, проданных в течение рабочего дня

Totten trust траст Тоттена: неформальный траст, создатель которого контролирует активы в трасте, хотя бенефициаром является другое лицо (США); после смерти данное имущество переходит бенефициару, но облагается налогами как часть наследства

to the order of "приказу такого-то лица": надпись на документе (векселе) после имени бенефициара, которая делает возможным его передачу из рук в руки с помощью индоссамента

touch разница между лучшей ценой продавца и лучшей ценой покупателя по конкретному виду ценных бумаг (букв.: "прикосновение")

touting агрессивная реклама ценных бумаг среди инвесторов лицом (брокером, аналитиком), имеющим личную заинтересованность в данной компании

town bill (USA) = local bill

Town Clearing "Городской клиринг" (Великобритания): отдел Лондонской клиринговой палаты, занимающийся расчетами по чекам свыше 10 тыс. ф. ст. банков Сити (с декабря 1985 г. - в составе самостоятельной компании ЧЭПС энд Таун Клиринг); см. Clearing House Automated Payment System and Town Clearing

trace (tracing) "след", "выслеживание": идентификация определенной ценной бумаги через одного или нескольких посредников с целью выявления имени настоящего владельца

trade 1) сделка, операция (с ценными бумагами); 2) торговля; 3) группа производителей, конкурирующих между собой на одном рынке; 4) = barter

tradable amount минимальное количество товара, необходимое для заключения сделки на рынке

trade acceptance (TA) торговый акцепт: переводной вексель, выставленный на экспортера или импортера; = banker's acceptance

trade association профессиональная ассоциация: некоммерческая организация для предоставления услуг своим членам, содействия образованию, поддержания профессиональных стандартов, воздействия на органы власти; такие ассоциации объединяют обычно компании, занятые одним или сходным бизнесом, или физических лиц одной профессии

trade-backed paper = trade bills; self-liquidating bills

trade balance = balance of trade

trade barrier торговый барьер: протекционизм, ограничение свободного обмена товарами и услугами с помощью пошлин, квот, валютного контроля

trade bills торговые векселя, используемые в отношениях между компаниями (акцептуются компаниями) для финансирования товарных операций (в незначительной мере попадают на денежный рынок); см. fine trade bill

trade confirmation см. confirmation

trade credit торговый, фирменный, коммерческий кредит: кредит, предоставляемый одним предприятием (поставщиком) другому (обычно под векселя); см. trade bills

trade date дата заключения или исполнения сделки купли-продажи ценных бумаг, финансовых инструментов, товарных контрактов; предшествует дате перевода средств для расчета по сделке

trade deficit/surplus торговый дефицит/активное сальдо: превышение импорта над экспортом или наоборот

trade discount торговая скидка: скидка с цены товара, предоставляемая оптовым торговцем розничному или постоянному клиенту (зависит от размеров заказа и других условий)

traded options свободно обращающиеся (негоциируемые) опционы (в отличие от обычных опционов могут быть перепроданы; все условия стандартизованы; см. conventional options

trade finance финансирование торговли: термин, обозначающий всю совокупность форм и методов финансирования внешней торговли

trade house торговая фирма, осуществляющая операции за свой счет и по поручению клиентов

trade investments инвестиции, которые тем или иным образом связаны с основной деятельностью компании

trade mark (TM) торговая марка: название или эмблема, которые призваны указать на производителя товара и используются в рекламе; торговая марка должна быть официально зарегистрирована

trade paper торговые векселя; см. acceptance

trader "трейдер": лицо, которое торгует финансовыми инструментами или товарами за счет клиентов или за свой счет; может быть брокером, дилером, спекулянтом; = floor trader

trade reference справка о кредитоспособности: история взаимоотношений заемщика с кредиторами, предоставляемая кредитным агентством; = credit report 1; trade report

trade-related environmental measures (TREMs) меры по защите окружающей среды, связанные с торговым режимом (термин международных переговоров по торговле); например, некоторые страны запрещают ввоз древесины из тропических лесов, так как это разрушает озоновый слой

trade-related investment measures (TRIMs) инвестиционные меры, связанные с торговым режимом (термин международных переговоров по торговле)

trade report см. credit report 1; trade reference

trade sale продажа предприятия конкретной заинтересованной корпорации, работающей в той же отрасли (в отличие от аукциона, публичной продажи)

trade weighted index торгово-взвешенный индекс: индекс, отражающий стоимость денежной единицы относительно корзины валют основных торговых партнеров, взвешенных в соответствии с их удельным весом в торговле

trading 1) торговля ценными бумагами и другими финансовыми инструментами ради прибыли; 2) принятие ценового риска прибыли в торговле финансовыми фьючерсами

trading account 1) торговый счет: счет банка, используемый для купли-продажи ценных бумаг; 2) торговый счет: форма счета прибылей и убытков, учитывающая только торговую деятельность компании (продажи, покупки, увеличение запасов торговой продукции); 3) в Великобритании – счет, который ведется расчетной системой "ТАЛИСМАН" для каждого участника рынка по определенной ценной бумаге; см. TALISMAN

trading account assets активы на торговом счете: ценные бумаги, приобретенные банком-андеррайтером для перепродажи с прибылью другим банкам, а не для пополнения собственного инвестиционного портфеля; учитываются отдельно от инвестиционных активов

trading bank коммерческий банк (Австралия)

trading company коммерческая компания, созданная для проведения определенных операций для получения прибыли

trading crowd дилеры, интересующиеся конкретными ценными бумагами (финансовыми инструментами) и группирующиеся в определенном месте биржи

trading dividends торговля дивидендами: купля-продажа корпорацией акций других фирм с целью максимизации получаемых дивидендов; в США это выгодно в силу правила, по которому 80 % дивидендного дохода не облагаются налогом

trading flat см. flat

trading floor торговый зал биржи

trading halt временная приостановка торговли на бирже

trading hours = trading session

trading limit лимиты торговли: 1) разрешенные пределы колебаний цен на бирже в течение дня; 2) максимальный размер фьючерской позиции одного лица; 3) максимальное количество товара, которое может быть куплено на бирже одним лицом в течение дня

trading market = secondary market

trading pattern долгосрочная тенденция движения цен; определяется на графике двумя прямыми, соединяющими текущие "пики" и "провалы" цены; направление коридора между прямыми дает тенденцию

trading post торговый "пост" (США): физическое место в торговом зале биржи, где торгуют ценными бумагами со сходными характеристиками; на Нью-Йоркской фондовой бирже имеется 22 поста и на каждом торгуют примерно 400 акциями

trading post system система торговли определенными ценными бумагами в конкретном месте торгового зала биржи

trading price цена сделки с ценными бумагами

trading profit (loss) операционная прибыль (убытки) компании

trading range 1) разброс цен: разница между самой высокой и самой низкой ценами на фондовой бирже в течение рабочего дня, месяца, года; 2) пределы допустимого колебания цен на фьючерской бирже в течение рабочего дня

trading session торговая сессия: фиксированное время официальной торговли на бирже (Нью-Йорк - 10^{00}-16^{00}, Лондон - 9^{30}-15^{30}, Франкфурт-на-Майне - 11^{30}-13^{30}, Париж - 11^{30}-12^{30} (облигации) и 12^{30}-14^{30} (акции), Милан - 10^{00}-13^{45}, Токио - 9^{00}-11^{00} и 13^{00}-15^{00} (по субботам только утром) и т. д.); в некоторых странах (Великобритания, ФРГ) разрешается торговля после официального закрытия

trading the basis см. basis

trading variation размеры округления курсов ценных бумаг (в США цены акций округляются до ближайшей 1/8, опционов свыше 3 долл. - до 1/16, корпорационных и муниципальных облигаций - до 1/8, средне- и долгосрочных государственных бумаг - до 1/32, краткосрочных государственных облигаций - до 1/64)

trading volume = volume of trade

traditional options = conventional options

trail commissions = back-end loading

trailer caravan insurance страхование автомобильных трайлеров

trailing P/E (price/earnings) отношение рыночной цены акции к ее прибыли за последний завершившийся год в расчете на 1 акцию; см. price/earnings ratio

tranche транша, часть, доля: 1) часть эмиссии ценных бумаг; транши займа могут выпускаться в разное время для использования колебаний конъюнктуры или на рынках разных стран для расширения инвестиционной базы; 2) четвертая часть квоты страны-члена в МВФ; может быть получена на 3-5 лет для финансирования дефицита платежного баланса (всего 4 транши); может иметься в виду "золотая" транша квоты (25 %), которая в прошлом вносилась золотом, а теперь называется резервной траншей; см. credit tranche; reserve tranche; 3) использование кредита по частям, в том числе в разных валютах

tranchette траншетта (Великобритания): маленькие дополнительные выпуски правительственных облигаций в рамках уже имитированных займов

transaction (Trans) сделка, операция: 1) купля-продажа финансовых инструментов; 2) событие или условие, зафиксированное бухгалтерской записью; любая деловая активность, изменяющая финансовая положение компании; 3) депонирование или изъятие денег со счета; 4) платеж

transaction account операционный счет: 1) счет в банке, предназначенный для проведения платежей, переводов и других операций с помощью чеков и других платежных инструментов; 2) депозит до востребования, счета НАУ и другие счета, к которым имеется доступ через свободно обращающиеся инструменты и которые подпадают под резервные требования (США)

transaction balance операционный остаток средств на чековом или сходном счете

transaction charges операционные сборы: плата, взимаемая биржей со своих членов по каждой сделке

transaction costs операционные издержки: издержки по купле-продаже ценных бумаг или других финансовых инструментов (брокерская комиссия, налоги и сборы)

transaction risk операционный валютный риск: риск реальных потерь или упущенной выгоды в конкретной операции

transfer (Trf) трансфер(т), перевод: 1) передача продавцом покупателю сертификата ценной бумаги и регистрация перехода права собственности; 2) перевод денег с одного счета на другой; 3) электронный платеж из одного банка в другой через клиринговую палату; 4) см. transferable letter of credit; 5) см. transfer of mortgage

transferable account "переводный" счет (Великобритания): обозначение около 30 стран в системе британского валютного контроля до введения в 1958 г. обратимости фунта стерлингов (в эту группу не входили страны стерлинговой зоны и "американского счета"); расчеты не требовали предварительного разрешения, фунт был обратим; см. sterling area; American account

transferable letter of credit переводный аккредитив: аккредитив, который дает право бенефициару перевести кредит на третью сторону (на вторичного бенефициара); кредит может переводиться только с согласия банка-эмитента

transferable loan facility (TLF) обращающийся кредит: международные банковские кредиты с правом переуступки на основе выпуска специальных ценных бумаг

transferable ruble переводный рубль: коллективная денежная единица, введенная 1 января 1964 г. для проведения взаимных расчетов и платежей стран-членов СЭВ; фактически представляла собой чисто счетную единицу

transferable RUF (TRUF) переводный RUF: форма евронотных программ, в которых обязательство банка-андеррайтера покупать нераспроданные бумаги может свободно переводиться или уступаться другому учреждению; см. revolving underwriting facility

transfer agent (TA) трансфертный агент: 1) брокер или банк, выступающий в роли агента инвестора в процессе передачи права собственности на акции; 2) в США - банк, агент или официальное лицо, ведущее регистр облигаций или акций компании, выпускающий и погашающий ценные бумаги; = registrar

Transfer and Automated Registration of Uncertificated Stock (TAURUS) система продажи и регистрации собственности на акции без обращения сертификатов акций, которая была создана в начале 90-х г. на Лондонской фондовой бирже, но через два года работы была закрыта из-за технических проблем

transfer deed документ, с помощью которого передается право собственности на ценные бумаги от продавца покупателю

transfer form трансфертная форма (Великобритания): документ, используемый с 1963 г. для передачи собственности на акции; продавец подписывает форму, уполномочивающую изъятие его имени из списков акционеров, а брокер заполняет эту форму и посылает ее вместе с сертификатом акции регистратору компании

transfer of mortgage передача ипотеки: передача кредитором или заемщиком прав или обязанностей по ипотеке другому лицу

transfer payments переводные платежи: правительственные платежи, например, по социальному обеспечению

transfer price трансфертная цена: цена, используемая внутри корпорации при расчетах между ее самостоятельными подразделениями для отнесения затрат на определенные центры прибыли; широко используется в банковских холдинговых компаниях и банках с большим количеством отделений для определения эффективности деятельности отдельных подразделений; например, трансфертные цены используются при определении стоимости услуг холдинга дочерним компаниям или стоимости ресурсов, собранных отделениями; как правило, используются рыночные цены, цены на основе издержек или цены, полученные в результате переговоров

transfer pricing трансфертное ценообразование; см. transfer price

transfer receipt трансфертная расписка (Великобритания): расписка регистратора компании в получении документов для перерегистрации ценных бумаг на имя нового владельца

transfer risk риск ограничения перевода средств из страны в страну

transfer stamp duty гербовый сбор при переходе титула собственности из рук в руки (Великобритания); взимается по сделкам с недвижимостью, земельными участками, ценными бумагами

transfer tax налог на передачу собственности (США): 1) комбинированный федеральный налог на дарения и наследства; налоги на имущество умершего (estate tax) являются федеральными, а на наследство - взимаются с наследников штатами; 2) федеральный налог на продажу акций и облигаций корпораций, уплачиваемый продавцами; 3) штатный или местный налог на передачу документов, регистрацию сделки продажи недвижимости (равнозначно гербовому сбору в Великобритании); см. stamp duty

transform maturities трансформировать краткосрочные заимствования в долгосрочные кредиты

transshipment перегрузка товара с одного вида транспорта на другой в ходе доставки по месту назначения

transit credit транзитный аккредитив: аккредитив, эмитированный в одной стране, авизованный и подтвержденный в другой, а оплачиваемый в третьей

transit department транзитный департамент: департамент банка, в котором обрабатывают чеки, выпущенные банками других регионов

transit item 1) транзитная (промежуточная) статья баланса; 2) чек или вексель, выпущенный иным финансовым учреждением, чем то, в котором он депонирован; "чек на другой банк"; = on-others item

transit letter транзитное (наличное) письмо: документ, который сопровождает чеки и векселя на инкассации с перечислением числа чеков и их общей суммы, инструкциями по обработке; = cash letter; remittance letter

transit number транзитный номер; см. ABA transit number

translation трансляция: пересчет денежных сумм, отчетности из одной валюты в другую

translation risk трансляционный валютный риск: риск потерь при пересчете статей баланса в национальную валюту

transmittal letter сопроводительное письмо: письмо, посылаемое с документом или ценными бумагами для описания целей и существа сделки

transnational firm транснациональная фирма (корпорация - ТНК): фирма, принадлежащая акционерам различных стран и действующая на международной основе

transportation average транспортный

индекс Доу Джонса: индекс акций транспортных компаний

transport documents транспортные (отгрузочные) документы: коносамент, сертификат качества и происхождения товара

transposition error ошибка перестановки: бухгалтерская ошибка, вызванная случайной перестановкой двух и более цифр, если перепутаны две рядом стоящие цифры, то ошибка обычно делится на 9, например, при ошибке в 63 долл. ошибка могла быть вызвана перестановкой цифр 70 и 7,81 и 18,92 и 29

travel and entertainment (T&E) card карточка для оплаты путешествий, гостиниц и приема гостей: пластиковая карточка, обычно выдаваемая ответственным лицам какой-либо компании для произведения расходов за ее счет (то есть корпоративная карточка с большим лимитом кредита); как правило представляет собой карточку с 30-дневным циклом, полной оплатой долга перед началом нового цикла и направлением владельцу копий всех счетов, оплаченных с помощью карточки; первая такая карточка была выпущена Дайнерз Клаб в 1950 г., а затем в 1958 г. последовали карточки Америкэн Экспресс; = company card; см. plastic cards

travelers' check (TC) дорожный чек: платежное средство (вексель, оплачиваемый при предъявлении), используемое главным образом в международном туризме; в отличие от обычных чеков покупается клиентом у банка и может обмениваться на наличные деньги в любом учреждении, являющимся агентом банка-эмитента; чек подписывается его владельцем первый раз при покупке и второй раз при получении наличных денег; выпускаются с разными номиналами и в разных валютах, иногда принимаются в уплату по счетам (например, в гостинице); впервые были выпущены "Америкэн Экспресс Ко"

travelers' letter of credit дорожный аккредитив: клиенту предоставляется право получать местную валюту в оговоренных размерах в указанных в аккредитиве банках (являющихся корреспондентами банка-эмитента) путем предъявления чеков на свой банк (они инкассируются и направляются в банк-эмитент для перевода средств банку-корреспонденту)

TRAX "ТРЭКС": электронная система заключения и подтверждения сделок, распространения информации на вторичном еврооблигационном рынке (создана в 1989 г.); принадлежит Ассоциации дилеров по международным облигациям; см. Association of International Bond Dealers

treasurer (TREAS) казначей: сотрудник крупной компании, занимающийся управлением ее свободными средствами, заимствованиями, поддержкой рынка ценных бумаг, контролем за учетом

treasurer's check = cashier's check
treasurer's draft = payable through draft
Treasuries казначейские ценные бумаги в США (векселя и облигации)

Treasury (T) казначейство, министерство финансов: в Великобритании департамент, ответственный за реализацию бюджетной, налоговой, денежно-кредитной и в целом экономической политики; номинально главой является премьер-министр (первый лорд казначейства), фактически - канцлер казначейства (министр финансов); см. First Lord of the Treasury; Chancellor of the Exchequer; Exchequer

Treasury bills (TBs) казначейские векселя: финансовые векселя правительства, используемые для краткосрочных (до 1 года) заимствований и регулирования ликвидности денежного рынка; впервые выпущены в 1877 г. в Великобритании по предложению экономиста У. Бэджхота; в США выпускаются с 1929 г. с минимальными номиналами в 10000 долл. и сроками 13, 26, 52 недели; продаются обычно с помощью аукциона

Treasury bonds казначейские облигации: в США - долгосрочные облигации со сроками более 10 лет и минимальными номиналами в 1 тыс. долл.; проценты выплачиваются 2 раза в год, а основная сумма - при погашении; ставки по 30-летним казначейским облигациям являются общепринятым ориентиром для долгосрочных процентных ставок

Treasury certificate казначейский сертификат: долговые сертификаты с процентными купонами и сроком менее 1 года; используются для краткосрочных заимствований Казначейства США у ФРС (через федеральный резервный банк Нью-Йорка); с 1979 г. такие заимствования возможны только в исключительных случаях с одобрения Советом управляющих ФРС

Treasury deposit receipts казначейские депозитные расписки (Великобритания): форма принудительного кредитования банками правительства, введенная в 1941 г., - необращающиеся ценные бумаги министерства финансов с низким уровнем процента; к 1952 г. заменены казначейскими векселями

Treasury general account (TGA) общий счет Казначейства США: основной чековый счет Казначейства в федеральном резервном банке Нью-Йорка: все официальные правительственные расходы США производятся с этого счета; см. Treasury tax and loan account

Treasury investment (investors) growth receipts (TIGRs; TIGERs) "тигры" (США): разновидность ценных бумаг с нулевыми купонами на основе казначейских бумаг (раздельная торговля основной суммой и купонами); впервые введены компанией "Мерилл Линч" в 1984 г.

Treasury notes среднесрочные свободно обращающиеся казначейские облигации (США): обязательства Казначейства США со сроками 1-10 лет и номиналами от 1 тыс. до 1 млн. долл. и выше; проценты выплачиваются 2 раза в год, а основная сумма - при погашении

Treasury securities казначейские ценные бумаги: общее обозначение ценных бумаг, выпускаемых Казначейством США для финансирования государственных расходов (векселя, облигации, ноты и др.) в настоящее время выпускаются исключительно в форме бухгалтерских записей и покупатели не получают сертификаты

Treasury stocks 1) казначейские ценные бумаги (Великобритания): облигации, выпускаемые Казначейством через фондовую биржу, банки, почтовые отделения; 2) собственные акции компании, которые выкуплены ею и хранятся в финансовом отделе этой компании-эмитента (США)

Treasury tax and loan (TT&L) account налоговый и ссудный счет Казначейства США: счета Казначейства в коммерческих банках и других депозитных институтах, на которые поступают налоги

treasury workstation рабочий терминал казначея: компьютерная система, позволяющая казначею корпорации получать полную информацию о состоянии баланса, инвестировать временно свободные средства и производить другие операции

Treaty of Accession Договор о вступлении в ЕЭС в 1972 г. Великобритании, Ирландии, Дании

Treaty of Maastricht = Maastricht Treaty

Treaty of Paris Парижский договор: договор о создании Европейского общества угля и стали

Treaty of Rome Римский договор: соглашение о создании ЕЭС, подписанное в 1957 г. Францией, ФРГ, Италией и странами Бенилюкса

trend тренд: тенденция развития рынка или движения цены (курса)

trend analysis анализ тенденции: анализ финансового состояния компании для выявления тенденций, например, улучшается или ухудшается ее кредитоспособность

trendline прямая линия на графике движения цены, отражающая основную тенденцию (в техническом анализе): линия, соединяющая высшие и низшие точки движения цены, в течение некоторого периода

trial balance пробный баланс: проверка правильности учета путем ежемесячного балансирования активов и пассивов

triangle "треугольник": термин, используемый в техническом анализе конъюнктуры финансовых рынков для обозначения движения цен на графике, напоминающем треугольник (две точки основания на одной прямой и вершина) – затухающие или возрастающие колебания цены при сохранении низших точек на одном уровне; "выход" из треугольника обычно означает начало новой тенденции; см. consolidation pattern

triangular compensation тройная компенсация: разновидность компенсационной сделки (компенсирующая поставка осуществляется в третью страну)

Triffin Plan план Триффина: предложение профессора Р. Триффина (США) преобразовать МВФ в Мировой центральный банк

trigger "триггер" ("курок"): условие соглашения (например, кредитного), невыполнение которого автоматически влечет определенные действия, в том числе требование досрочного погашения кредита

triggering term термин-триггер: кредитный термин, который при использовании в рекламе должен сопровождаться раскрытием определенной информации по Закону о достоверности информации в кредитовании (США); например, это касается доходности, процентных ставок, комиссий и др.

trigger price триггер-цена: минимальная цена по международному товарному соглашению; достижение такой цены знаменует начало интервенций; 2) ценовой механизм для защиты сталелитейной промышленности США от импорта

trigger ratio = minimum capital ratio

Tripartite Currency Agreement Трехстороннее валютное соглашение: соглашение Великобритании, Франции и США в 1936 г. (позднее присоединились Бельгия, Нидерланды и Швейцария) о сотрудничестве в стабилизации курсов валют (перестало действовать с началом войны)

Triple A securities ценные облигации первоклассных заемщиков (ААА – высший кредитный рейтинг по системе Стандард энд Пурз)

triple nine 999: высшая проба золота (содержание золота в слитке или изделии составляет 99,9 %)

triple option = strap

triple tax exempt тройное освобождение муниципальных облигаций в США от налогов (федеральных, штатных, местных) для резидентов соответствующих районов

Triple witching hour третьи пятницы марта, июня, сентября и декабря, когда истекают сроки большинства фьючерских и опционных контрактов (буквально: "тройной колдовской час"); обычно имеется в виду последний час торговли перед закрытием биржи

triplicate, in в трех экземплярах (о документе)

troc бартер (фр.); см. barter, countertrade

troubled bank банк, испытывающий трудности: банк, у которого число плохих кредитов превышает приемлемый уровень, или обязательства превышают активы; органы банковского регулирования уделяют таким банкам особое внимание

troubled debt restructuring реструктуризация плохих долгов: предоставление кредитором заемщику отсрочки, снижения ставки или других льгот для укрепления финансового положения заемщика и спасения кредита

troubled loan плохой кредит: кредит, по которому нарушен график уплаты процентов и основной суммы; = bad loan; sour loan

troy ounce тройская унция: основная мера веса драгоценных металлов (31, 103477 г.)

troy weight тройская система весов: используется в основном для определения веса драгоценных металлов и камней; 1 тр. фунт = 12 тр. унций = 240 пеннивейтов = 5760 грейнов (0,373)

truck = barter

truck system система оплаты труда рабочих товарами или суррогатными денежными знаками для покупок в специальных магазинах (вместо денег)

true and fair view of the state of affairs of the company заключение аудиторов о том, что отчетность компании точно отражает состояние дел в соответствии с предписаниями Закона о компаниях (Великобритания)

true interest cost (TIC) реальный размер процентных платежей: 1) реальная годовая процентная ставка по кредиту с учетом комиссий, страхования и прочих платежей; 2) реальная стоимость эмиссии облигаций с учетом текущей стоимости денег; процентная ставка, при дисконтировании по которой платежей процентов и основной суммы можно получить цену первоначальной покупки

true lease настоящая аренда: контракт аренды, который удовлетворяет критериям Службы внутренних доходов США для получения налоговых льгот; = tax-oriented lease

true rate of interest подлинная ставка процента: ставка процента, учитывающая регулярные выплаты основной суммы кредита и другие расходы по кредитам; см. true interest cost

truncate сокращать, отсекать

truncation 1) сокращение процедуры обработки документов для уменьшения бумагооборота и операционных издержек; 2) отбрасывание одной или нескольких цифр после запятой при расчете процентных платежей (без округления); например, 1,77 вместо 1,7745; 3) система, при которой аннулированные чеки остаются в банке и не возвращаются их эмитенту вместе с выпиской со счета (сокращает бумажный оборот)

trust траст, трест: 1) денежная сумма или собственность, которыми управляют попечители; 2) фидуциарные отношения, при которых одно лицо получает право управлять имуществом другого; 3) трест: термин, используемый в США для обозначения картеля, пытающегося установить монопольный контроль за производством или торговлей определенным видом товаров; см. cartel; 4) трастовая компания (фонд): компания, которой управляет группа доверенных лиц; см. trust company

trust account трастовый счет: счет, которым попечитель управляет по поручению и для доверителя; = escrow account

trust bank трастовый банк (Япония): один из семи коммерческих по статусу японских банков, имеющих право на доверительные операции; специализируются на кредитовании под недвижимость

trust company трастовая компания: компания, специализирующаяся на операциях по доверенности – исполнении наследств, управлении имуществом и денежными фондами, выполнении функций агента по выплате дивидендов; в США трастовые компании часто близки по функциям к банкам (это разрешено законом) и могут входить в ФРС; трастовые компании регулируются штатными законами

trust deed доверенность: 1) документ о передаче собственности попечителю (трастовой компании) в управление или на хранение; 2) документ, заменяющий ипотеку в ряде штатов США; собственность передается попечителю, а не кредитору; = deed of trust

trust department трастовый департамент: отдел банка, занимающийся управлением трастовыми счетами

trustee (Tree) попечитель, опекун, доверительный собственник: 1) лицо, которому доверено управление или хранение денежных сумм или собственности в интересах бенефициара; по закону попечитель выступает владельцем актива (например, ценные бумаги записываются на его имя), но полномочия его ограничены (любая прибыль, которую приносят активы, управляемые по доверенности, принадлежит настоящим владельцам); 2) финансовое учреждение, которое управляет обеспечением кредита, взимает или производит процентные платежи и платежи основной суммы; 3) лицо, назначенное судьей по банкротствам управлять активами банкрота

Trust Indenture Act of 1939 Закон о трасте 1939 г. (США): федеральный закон, который обязывает всех эмитентов облигаций и других долговых инструментов раскрывать информацию об условиях каждой эмиссии; эта информация должна содержаться в письменном соглашении об эмиссии облигаций, заключаемом между эмитентом и держателем бумаги (содержит такие условия как срок, сумма, ставка процента, обеспечение, порядок погашения, обязательства эмитента); по данному закону эмитент назначает незаинтересованного попечителя, который наблюдает за выполнением соглашения и делает для держателей ценных бумаг доклады; см. indenture

trustee investments инвестиции, осуществляемые попечителями (трастовыми компаниями)

Trustee Investments Act 1961 Закон об инвестициях по доверенности, принятый в Великобритании в 1961 г.; определяет требования к ценным бумагам, в которые делаются инвестиции по доверенности (половина из них может быть в облигациях с фиксированным процентом, остальные - в акциях, паях строительных обществ и паевых фондов)

trustee savings banks доверительно-сберегательные банки (Великобритания): сберегательные учреждения (с 1810 г.); составляющие общенациональную систему кредитных учреждений, которая по широте функций и масштабам операций конкурирует с коммерческими банками; в 1987 г. получили статус публичных компаний

trustee securities ценные бумаги, которые по законодательству могут использоваться для инвестиций по доверенности (Великобритания)

Trust Fund (of the IMF) Трастовый фонд МВФ: специальный фонд при МВФ, существующий с 1976 г. за счет прибыли от реализации золота МВФ на аукционах (в 1976-1980 гг.); до 1981 г. фонд предоставлял развивающимся странам финансовую помощь на льготных условиях для решения платежных проблем

trustor доверитель: тот, кто доверяет; лицо, создающее траст в пользу бенефициара и передает собственность под контроль попечителя; = donor; settlor

trust powers доверенность, полномочия действовать по чьему-либо поручению

trust receipt трастовая расписка: расписка покупателя товара финансирующему банку; позволяет покупателю вступить в распоряжение товарами для перепродажи до расчета с банком, который остается формальным владельцем

Truth in Lending Law Закон о достоверности информации в кредитовании (США): федеральный закон 1969 г., обязывающий кредиторов называть действительную процентную ставку в годовом исчислении и делать условия ссуды простыми для понимания, включая вопросы гарантий, страхования, ответственности, налогов, комиссий, обеспечения; например, по этому закону заемщик может отказаться от ипотечного кредита в течение 3 дней после подписания кредита; является частью Закона о защите потребителей в сфере кредитования

truth in savings достоверность информации в сфере сбережений: концепция, согласно которой необходимо обязать все банки и другие учреждения предоставлять вкладчикам всю необходимую информацию и принять единые стандарты расчета процентных платежей (аналогично закону о достоверности информации в кредитовании); такие предложения обсуждаются в США

turkey разочаровавшее капиталовложение или операция (США)

turn = jobber's turn

turnaround 1) благоприятный поворот (конъюнктуры, дел компании); 2) купля и продажа ценных бумаг, финансовых инструментов и товаров в течение одного рабочего дня, например, спекулянтом для получения прибыли

turnkey contract контракт "под ключ": контракт на возведение и ввод в эксплуатацию (включая оснащение оборудованием) объекта; заказчик имеет дело с одним контрагентом и принимает готовый объект, строитель принимает все риски до завершения строительства

turnkey project = turnkey contract

turnover оборот: 1) суммарная стоимость продаж компании за отчетный период; 2) отношение продаж компании к ее собственным средствам; 3) объем сделок на бирже за какой-то период, в т. ч. в процентах к капитализации рынка

turnover commission комиссия с оборота (рассчитывается в форме процента с суммы оборота)

turnover rate отношение объема сделок с конкретным видом акций в течение года к общей сумме акций в обращении

turnover ratio оборотный коэффициент: отношение стоимости продаж компании к стоимости ее основных фондов; = efficiency ratio

turnover tax налог с оборота: налог, взимаемый при каждой продаже товара (смене владельца), включая движение полуфабрикатов и компонентов на разных стадиях производства готовой продукции

turnable business = enterpot business

12b1 mutual fund взаимный фонд 12b1: взаимный фонд, который использует часть своих активов для покрытия расходов на продажи и маркетинг, то есть не взимается специальная комиссия, а расходы вычитаются из активов (по номеру инструкции Комиссии по ценным бумагам и биржам США)

twenty day period = waiting period

twenty-five percent rule правило 25 %: правило, согласно которому эмиссия облигаций свыше 25 % бюджета местного органа власти считается чрезмерным

24-hour banking банковские услуги в течение 24 часов: получение наличных, произведение переводов и других операций с помощью автоматических кассовых аппаратов в любое время дня

twenty-percent rule правило "двадцати процентов": практика коммерческих банков требовать от корпоративных заемщиков поддержания среднего остатка на счете в размере не менее 10-25 % кредита; = compensating balance

twenty-percent cushion rule правило "20 %-й подушки" (США): доходы от профинансированного с помощью облигаций местных властей проекта должны превышать все расходы по эксплуатации объекта и обслуживанию долга на 20 %

twin shares акции-близнецы: акции двух юридически независимых компаний с одинаковым составом акционеров

twist "твист": попытка государства (центрального банка) изменить временную структуру процентных ставок (например, повысить краткосрочные и понизить долгосрочные ставки)

twisting нечестная и незаконная практика убеждения клиента совершать ненужные сделки для увеличения комиссионных брокера; = churning

two bits монета в 25 центов (жарг.)

two-dollar broker "двухдолларовый брокер" (США): брокер, выполняющий поручения других брокеров в периоды наибольшей активности на бирже (в прошлом они брали комиссию в 2 долл. за 100 ценных бумаг); = independent broker

two-name paper бумаги с двумя именами: акцептованные векселя с двумя подписями – эмитента и индоссанта; = double name paper

two-part tariff тариф за газ или электроэнергию из двух частей: фиксированные суммы за год (или другой период) и платы за единицу потребляемого газа или электроэнергии (переменная часть)

two-party loan см. back-to-back loan; parallel loan

twopence два пенса: монета в 2 пенса в Великобритании

two-sided market двусторонний рынок: рынок, на котором дилеры котируют одновременно цены продавца и покупателя; = two-way market

two-tier bid двухъярусное предложение: предложение о поглощении, предусматривающее большую цену за контрольный пакет акций, чем за остальные

two-tier market двухъярусный (двухуровневый) валютный рынок: рынок с двойной системой регулирования и двойным курсом валюты (например, бельгийского франка по текущим и финансовым операциям)

two-way market 1) рынок ценных бумаг, на котором заключается большое число сделок без резких колебаний цен; 2) рынок, на котором постоянно котируются цены покупателя и продавца

two-way prices цены продавца и покупателя, по которым биржевик готов заключить сделку (не только для информации)

U

uberrimae fides на полном доверии (лат.): лозунг лондонского Ллойда

UCC-1 statement = financing statement

UCC-3 statement = termination statement

UK-US Banking Accord англо-американское соглашение между регулирующими органами о гармонизации методов оценки достаточности капиталов банков (1987 г.)

ultimo (ult.) "прошлого месяца" (например, "5 ult. - пятого числа прошлого месяца); термин деловой переписки

ultra-cheap money policy политика "сверхдешевых денег": мероприятия правительства по снижению процентных ставок до крайне низкого уровня в целях стимулирования экономической активности (например, в Великобритании в 1945-1951 гг.)

ultra vires activities операции корпорации, которые не соответствуют ее уставу (могут привести к судебным искам)

umbrella "зонтик"; = safety net

umbrella contract контракт "зонтик"; = frame contract

umbrella funds "зонтичные" фонды: инвестиционные фонды различного типа, сгруппированные под единым административным руководством

unauthorized clerk = Blue Button

unauthorized investment несанкционированные инвестиции: инвестиции, которые не соответствуют рамкам, установленным учредительными документами данной инвестиционной компании, хотя могут быть вполне законными

unauthorized transfer несанкционированный перевод денег: перевод денег или изъятие наличных с помощью дебитовой карточки любым лицом, кроме ее законного владельца; в случае кражи карточки ее владелец обязан проинформировать банк-эмитент и тогда его потери будут ограничены оговоренной минимальной суммой

unauthorized use несанкционированное использование: использование кредитной карточки любым лицом, кроме ее владельца; в случае кражи карточки ее владелец обязан проинформировать банк-эмитент и тогда его потери будут ограничены оговоренной минимальной сумой

unbundle "разбивать" суммы в ЭКЮ на составляющие валюты; см. private ESU

unbundling разделение типов банковских услуг по категориям и раздельное взимание платы по ним; такая практика необходима для более справедливого распределения стоимости услуг между клиентами банка и выявления "центров прибыльности"

unbundling of risks "разделение" различных типов рисков в новых финансовых инструментах, облегчающее защиту от них (например, фьючерсы и опционы позволяют хеджировать валютные и процентные риски практически без создания кредитного риска)

uncalled capital неоплаченная часть цены выпущенных акций компании; вносится по решению компании акционеров (может рассматриваться как резервный капитал); см. called-up capital 2; issued (share) capital

unclaimed balances невостребованные средства: деньги на счетах, которые в течение нескольких лет остаются без движения и невостребованными; после определенного срока могут переходить в собственность государства

uncollected funds неинкассированные средства: 1) часть ресурсов клиента банка в форме чеков, платеж по которым не получен; неоплаченные чеки; = uncollected items; 2) чеки, которые не оплачены из-за нехватки средства на счете; = not sufficient funds

uncovered непокрытая позиция на финансовом рынке (риск не компенсируется); например, в случае непокрытой продажи ценных бумаг продавцу необходимо их поставить (поскольку в наличии их обычно нет, то могут возникнуть проблемы)

uncovered option = naked option
uncovered writer = naked writer
uncrossed check обычный некроссированный чек (оплачивается предъявителю)

undated securities (undateds) = irredeemable securities

undated securities = irredeemable stock; Consols

underbanked (loan) новый заем, по которому организатор испытывает сложности с поиском потенциальных членов гарантийного синдиката

underbooked (loan) новый заем, организатор которого (брокер) испытывает в период регистрации сложности с поиском потенциальных покупателей; см. fully circled (loan); circle

undercapitalization недостаточная капитализация: недостаток собственных средств (акционерного капитала и резервов) по сравнению с масштабами деятельности

underlying contracts = underlyings
underlying inflation структурная инфляция: изменение цен за вычетом сезонных колебаний цен на продовольствие

underlying lien требование "в основе": требование, которое имеет приоритет перед требованиями других кредиторов, например, первая ипотека по сравнению со второй

underlyings "в основе": финансовые инструменты, лежащие в основе фьючерских и опционных контрактов, то есть то, что будет поставлено в случае исполнения таких контрактов

undershooting длительный период заниженности валютного курса; см. undervaluation

undersubscription недостаточная подписка на акции: ситуация, когда число заявок меньше числа предлагаемых акций

undervaluation заниженность валютного курса, цены финансового актива относительно фундаментальных экономических факторов

undervalued недооцененный, заниженный (о стоимости актива, курсе валюты)

underwater loan "подводный" кредит: кредит, рыночная стоимость которого меньше номинальной, то есть при продаже на вторичном рынке будет убыток

underwriter (UW) андеррайтер: 1) гарант размещения ценных бумаг (на определенную часть займа); 2) тот, кто принимает на себя страховой риск

underwriting 1) покупка корпорационных облигаций и других ценных бумаг для перепродажи или собственных инвестиций; гарантирование размещения займа; 2) страхование: оценка риска, заключение и выполнение страхового контракта

underwriting agreement гарантийное соглашение: соглашение между корпорацией-эмитентом и представителем гарантийного синдиката, по которому стороны берут взаимные обязательства о продаже ценных бумаг, начальной цене и покупке синдикатом всех или части непроданных бумаг; эмитент оплачивает стоимость регистрации займа

underwriting commission гарантийная комиссия: вознаграждение, которое гарант получает за покрытие риска по новому займу (в Лондоне обычно 1,5 %)

underwriting group (syndicate) гарантийный синдикат: 1) группа банков, гарантирующая размещение еврокредитов, еврооблигаций, евронот; группа обычно покупает новые ценные бумаги для немедленного размещения среди инвесторов; 2) страховой синдикат; 3) = purchase group

underwriting liability 1) гарантийное обязательство: банк гарантирует заемщику получение кредита или размещение ценных бумаг на сумму, на которую он "подписался"; 2) страховое обязательство

underwriting risk гарантийный риск: риск того, что купленные банком-членом синдиката новые ценные бумаги не найдут покупателя или их цена в период размещения снизится

underwriting spread гарантийный спред: разница между суммой, выплаченной заемщику андеррайтерами, и ценой предложения на рынке (может колебаться от менее 1 до 25 % для мелкой компании); делится между менеджером, андеррайтерами, продающей группой

underwritten credit гарантированный синдицированный кредит

undigested securities нераспроданные ценные бумаги нового выпуска (из-за низкого спроса)

undisclosed assignment уступка кредита или другого долгового обязательства без уведомления заемщика

undisclosed principal "нераскрытый" принципал: лицо, проводящее операции через брокера или агента без объявления своего имени

undisclosed reserves = hidden reserves
undistributed profits = retained profits/earnings

undivided interest неделимый интерес: неограниченное право собственности на актив; например, в случае совместного счета каждый совладелец имеет права на всю сумму; или инвестор может иметь приоритетное право на ипотеку до удовлетворения любых других требований

undivided profits неразделенная прибыль: нераспределенная в виде дивидендов прибыль компании; = retained earnings

unearned discount = unearned interest
unearned income незаработанный доход: 1) доход, полученный от инвестиций в ценные бумаги или недвижимость, сбережений (в отличие от зарплаты, операционного дохода); 2) доход, полученный раньше срока (например, арендная плата вперед)

unearned interest (discount) незаработанные проценты или комиссии по кредиту: уже полученные проценты или комиссии, которые не могут считаться частью доходов, т. к. прошел недостаточный период с момента выдачи кредита

unencumbered (property) собственность (в т. ч. ценные бумаги), свободная от притязаний других лиц или кредиторов; "чистый" титул собственности

unfair competition нечестная конкуренция: конкуренция, нарушающая деловые стандарты, правила и традиции (при отсутствии нарушения законов); за соблюдением правил конкуренции могут следить деловые ассоциации и специальные государственные органы

unfranked income дивиденды, полученные компанией от юридического лица, еще не уплатившего корпорационный налог, и подлежащие налогообложению

unfunded debt 1) срочный (неконсолидированный, нефундированный) долг британского правительства (должен быть выплачен в конкретные сроки; включает "плавающий" долг (см. gilt-edged securities) и различные сберегательные ценные бумаги; 2) обязательства, которые не покрыты фондом погашения займа (США)

Unicbank Юникбанк: коммерческий банк в Будапеште (создан в 1986 г.); 15 % капитала принадлежат Международной финансовой корпорации, по 15 % - двум кооперативным банкам из Австрии и ФРГ, 55 % - двум венгерским банкам и четырем ассоциациям кооперативов

Unico Banking Group банковская группа Юнико: группировка западноевропейских кооперативных банков, созданная в 1977 г. в составе: ДГбанк, Централе рабобанк, Данебанк, Кэсс насьональ де креди агриколь, Окобанк, Геноссеншафтлихе централбанк

uniform bank performance report единый отчет о деятельности банков (США): аналитический отчет Федерального совета по анализу финансовых учреждений, концентрирующий внимание на вопросах прибыльности, качества активов, ликвидности, резервов и др.

Uniform Commercial Code (UCC) Единый коммерческий (торговый) кодекс (США): кодекс стандартных законов штатов по вопросам финансовых контрактов; принят в 50-х гг. всеми штатами кроме Луизианы (частично); определяет стандартные правила по чекам и другим обращающимся инструментам, электронным платежам, аккредитивам, депозитам и инкассации, обеспечению кредитов и др.

Uniform Consumer Credit Code Единый кодекс потребительского кредита (США): стандартный кодекс законов ряда штатов, определяющий правила, права и обязанности сторон в сфере потребительского кредита на суммы до 25 тыс. долл.

Uniform Customs and Practices for Documentary Credits (UCPDC) унифицированные правила документарных аккредитивов, выпущенные Международной торговой палатой (Париж); этих правил придерживаются практически все страны мира

Uniform Gifts to Minors Act Единый закон о подарках малолетним (США): закон в большинстве штатов о правилах дарения активов малолетним детям; подарок должен быть безотзывным, доходы по подаркам в виде дивидендов или процентов облагаются налогами

Uniform Partnership Act Единый закон о товариществах (США): закон в большинстве штатов, определяющий порядок распределения активов в товариществе

Uniform Practice Code (UPS) Кодекс унифицированной практики (США): правила Национальной ассоциации дилеров по ценным бумагам для проведения операций на внебиржевом рынке

uninsured depositor незастрахованный вкладчик (США): вкладчик, имеющий в застрахованном кредитном учреждении вклад свыше 100 тыс. долл.; суммы свыше 100 тыс. могут быть потеряны в случае банкротства банка

unissued capital (stock) невыпущенный капитал: часть уставного капитала, которая не была выпущена в форме акций; см. issued (share) capital

unit часть, доля, единица; см. unit banking; unit of trading; monetary unit

unit banking банковская деятельность на основе самостоятельных банков: тип банковской системы, в которой имеется большое число самостоятельных банков (с немногими отделениями) или банкам запрещено открывать отделения (например, во многих штатах США); см. branch banking; chain banking

United Nations Conference on Trade and Development (UNSTAD) Конференция ООН по торговле и развитию (ЮНКТАД): постоянный орган ООН, созданный в 1964 г. для содействия развитию международной торговли и помощи развивающимся странам

United Nations Monetary Financial Conference = Bretton Woods Conference

United States government securities ценные бумаги правительства США: казначейские векселя и облигации, сберегательные облигации (в отличие от долговых облигаций агентств)

United States rule "правило США": правило расчета процентных платежей, по которым проценты начисляются только на невыплаченную часть долга; см. merchants' rule

unit fund = unit trust

unit investment trust (UIT) (USA) = unit trust, investment company

unitisation разбивка собственности на здание на единицы, удобные для раздельной продаже на рынке

unit-life linked insurance страхование с выплатами, индексированными относительно цен паевого фонда

unit-linked policy страховой полис, связанный с паевым фондом; страховые взносы вкладываются в паевой фонд, и полученные доходы идут на повышение стоимости полиса

unit of account счетная единица: денежная единица, используемая в рас-

четах, бухгалтерском учете (не обязательно имеет физическое воплощение)
unit of contract = unit of trading
unit of currency = monetary unit
unit of trading единица торговли (контракта): число акций или других финансовых инструментов, сумма (валюты, депозита) в основе одного срочного биржевого или опционного контракта - стандартный размер сделки

unit share investment trust (USIT) разновидность паевого инвестиционного фонда с двумя видами паев - "ПРАЙМ" и "СКОР" - на основе одного вида акций (США); например, покупатель пая "ПРАЙМ" получает дивиденд и прирост стоимости акции до определенного уровня, пая "СКОР" - прирост стоимости сверх фиксированного уровня; позволяет одним инвесторам максимизировать доходность инвестиций, другим - прирост капитала; см. special claim on residual equity (SCORE); prescribed right to income and maximum equity (PRIME)

United States League of Savings Institutions Лига сберегательных институтов США: организация, объединяющая ссудно-сберегательные ассоциации (г. Вашингтон)

unit trust (fund) паевой трест (фонд): учреждение, вкладывающее средства преимущественно в ценные бумаги; ресурсы паевых фондов (равные инвестициям) складываются из стандартных паев, которые продаются небольшим инвесторам (свободно выкупаются обратно по более низкой цене); дивиденды и проценты, полученные по инвестициям, делятся в расчете на количество паев; первый фонд был основан в Великобритании в 1929 г. (в настоящее время насчитывается свыше 400 таких фондов)

Unit Trust Association (UTA) Ассоциация паевых фондов (Великобритания)

unit value стоимость единицы: результат деления ценового индекса на индекс объема (суммарной стоимости роста цен на суммарное увеличение объема)

universal bank универсальный банк: банк, который занимается любыми видами операций; особенно характерно для ФРГ, Нидерландов и Швейцарии

universal banking банковская деятельность на основе универсальных банков: тип банковской системы, в которой нет разделения на коммерческие и инвестиционные банки, то есть банки могут заниматься любыми операциями, включая ценные бумаги, прием депозитов и краткосрочное кредитование

universal commercial paper "универсальные коммерческие бумаги": "коммерческие бумаги", выпускаемые в США в иностранных валютах (фирмой Гоулдман Сакс)

universal life insurance универсальное страхование жизни (применяется с 80-х годов): гибкая форма страхования, сочетающая характеристики срочного страхования жизни со сберегательной программой; владелец полиса имеет право изменять размер премии и другие условия; см. term life insurance

universal note "универсальная" евронота: аналог "глобальной" евроноты, но инвесторам выдаются свидетельства на предъявителя; ценная бумага на предъявителя, но не печатается в физической форме; см. global note

universal variable life insurance универсальное страхование жизни, в котором часть ежегодной премии инвестируется в финансовые активы; см. universal life insurance; variable life insurance

unlawful loans незаконные кредиты: кредиты, предоставленные с нарушением закона; например, кредиты сверх лимита на одного заемщика, кредиты по ростовщической процентной ставке или кредиты директорам банка с нарушением правил

unleveraged program программа покупки собственности товариществом с ограниченной ответственностью, финансируемая менее чем на 50 % за счет заемных средств (США); см. leveraged program

unlimited (order) = market order
unlimited company частная компания с неограниченной ответственнос-

U

unl-uns

тью акционеров (владельцев) по ее обязательствам; см. limited; limited liability; private limited company

unlimited corporate member (UCM) корпорационный член биржи с неограниченной ответственностью (Великобритания): членом биржи является корпорация, но для защиты интересов инвесторов ее руководители несут неограниченную ответственность; см. limited corporate member

unlimited liability неограниченная ответственность: ответственность общих партнеров в товариществе или единоличных владельцев фирмы, распространяющаяся на их личную собственность

unlimited mortgage см. open-end mortgage

unlimited risk неограниченный риск: например, по фьючерскому контракту риск покупателя заранее неограничен (могут понадобиться дополнительные взносы); см. limited risk

unlimited tax bonds муниципальные облигации, обеспеченные обязательством взимания неограниченных налогов для их погашения (США)

unlisted securities = unquoted securities

Unlisted Securities Market (USM) рынок некотируемых ценных бумаг при Лондонской фондовой бирже (с менее строгими требованиями к размеру активов компании, объему эмиссии, сроку существования); создан в 1980 г.; условия: на рынок выбрасывается не менее 25 % акций, компания существует не менее 3 лет, рыночная капитализация не менее 700 тыс. ф. ст., постепенно публикуется вся необходимая информация; был закрыт в 1993 г.

unlisted stock (USA) = unquoted securities

unlisted trading торговля на бирже некотируемыми ценными бумагами; в США бирже для этого необходимо подать заявление в Комиссию по ценным бумагам и биржам

unloading "сброс" на рынок финансовых инструментов, валюты (в т. ч. по низкой цене) в связи с необходимостью получения средств для покрытия обязательств, манипулирования конъюнктурой или ограничения убытков

unmatched book 1) несовпадение активов и пассивов банка по срокам (обычно по евродепозитным операциям); ситуация, когда пассивы (депозиты) короче по срокам, чем активы (кредиты) созданные на их основе; = mismatched maturity; short book; 2) несовпадение активов и пассивов в одной валюте по размерам (валютные операции); 3) неисполненная валютная операция

unpaid balance неоплаченный остаток: остаток кредита, который не погашен

unpaid dividend объявленный, но не выплаченный дивиденд

unpublished reserves = hidden reserves

unqualified audit = complete audit

unquoted securities ценные бумаги (акции и облигации), которые не котируются на основной бирже; такими бумагами торгуют на биржевом рынке со сниженными требованиями или на внебиржевом рынке

unrealized profit/loss нереализованная прибыль/убыток; появляются только после реализации (продажи) актива = paper profit/loss

unregistered stock = letter bond

unrequited неоплаченный, некомпенсированный

unrequited exports непродуктивный экспорт: часть экспортной выручки государства, расходуемая не на импорт, а на оплату процентов по кредитам и прибыли нерезидентов по капиталовложениям в данной стране

unsecured credit бланковый, необеспеченный кредит

unsecured creditor необеспеченный (общий) кредитор: кредитор, чьи требования оплачиваются после обеспеченных кредиторов (кредит имеет обеспечение), уплаты налогов, зарплаты в случае ликвидации компании)

unsecured debentures = unsecured loan stock

unsecured debt необеспеченный долг: предложение ценных бумаг инвесторам

без какого-либо обеспечения, то есть только под репутацию заемщика
unsecured loan необеспеченный кредит: кредит, который выдается без обеспечения под хорошую репутацию заемщика; = character loan, good faith loan; signature loan
unsecured loan stocks (ULSs) необеспеченные облигации компании
unsolicited bidding "непрошенные" заявки: подача заявок членами евронотного аукциона без приглашения на определенные суммы (сроки)
untransferable не передающийся, без права передачи
unwarranted 1) негарантированный; 2) необоснованный, неоправданный
unwinding завершение операции: закрытие позиции (в т. ч. обратной операцией)
up front payment плата вперед: взимание комиссионных при заключении сделки
upfront fee комиссия вперед; = origination fee
upkeep содержание, расходы на содержание
upset price минимальная цена на аукционе
upside-down reverse pricing обратная система ценообразования облигаций: купон увеличивается с падением рыночных ставок (текущая ставка вычитается из оговоренного ориентира)
upside (potential) потенциал получения прибыли, повышения цены или курса (например: to share upside - участвовать вместе с партнерами в потенциальной прибыли); см. downside (risk)
upstairs "наверху" (о сделке с ценными бумагами, заключенной не в торговом зале биржи или в конкуренции с другими участниками рынка, а в офисе брокера, который нашел и продавца, и покупателя); см. on floor; off floor
up-stream 1) в нефтяном и газовом бизнесе: переработка сырья, производство конечных продуктов в отличие от добычи; см. down-stream; 2) перевод финансовых ресурсов, например, капитала или доходов от дочерней компании к материнской компании

upstream bank банк-корреспондент, в частности, банк, покупающий кредиты у небольшого местного банка, превышающие легальные лимиты кредитования последнего, называемого "downstream" или "respondent bank" (см.); см. correspondent bank
upstream guarantee гарантия "против течения": гарантия дочерней компании по обязательствам материнской
upstreaming чрезмерное изъятие у дочерней компании наличных средств в пользу материнской (в виде дивидендов, комиссий, кредитов)
upsurge = upswing
upswing подъем (цен, конъюнктуры, деловой активности)
up tick (plus tick) "плюс тик" (США): обозначение последней по времени биржевой сделки с конкретными ценными бумагами по цене выше цены предыдущей сделки; цена такой сделки высвечивается на экране дисплея с плюсом; см. down tick; zero plus tick; tick; uptrend; zero minus tick
uptrend повышательная тенденция движения цены: в техническом анализе после начала подъема наблюдается некоторое снижение цены (не достигает прежнего уровня), а затем подъем продолжается; см. downtrend
Uruguay Round Уругвайский раунд многосторонних торговых переговоров под эгидой Генерального соглашения о тарифах и торговле (ГАТТ); начался в 1987 г. в Уругвае и завершился в декабре 1993 г.
usable funds = available balance
usance 1) срок переводного векселя (без учета льготных дней); = tenor; 2) процентная ставка по кредиту
usance bill вексель с фиксированным сроком
use 1) использование банковского кредита; 2) использование собственности, которая юридически принадлежит другому лицу
useful life полезный срок: период, в течение которого экономически целесообразно использовать какой-либо актив

U. S. depository депозитарий США: федеральный резервный банк или коммерческий банк, используемый для хранения денежных ресурсов Министерства финансов США или иных федеральных агентств; министерство финансов держит налоговые счета в 14000 коммерческих банках; резервные банки также занимаются операциями с казначейскими ценными бумагами по поручению министерства финансов

U. S. League of Savings Institutions Лига сберегательных институтов США: профессиональная организация ссудо-сберегательных институтов (Вашингтон)

U. S. Rule Merchants' Rule "американское" правило расчета процентных платежей: процент рассчитывается относительно непогашенной части долга, а любые платежи в погашение расцениваются прежде всего как выплата процентов и только затем уменьшается основная сумма; см. Merchants' Rule

US-style option = American option

US Treasury securities ценные бумаги казначейства США: обязательства правительства, продаваемые для финансирования государственных расходов; выпускаются в обращающейся и необращающейся форме; обращающиеся бумаги включают казначейские векселя (13, 26, 52 недели, номинал 10 тыс. долл. и выше) и казначейские облигации (номинал свыше 1 тыс. долл.), которые могут быть среднесрочными (1-10 лет) или долгосрочными (свыше 10 лет)

usurer ростовщик; см. usury

usury ростовщичество, взимание по кредитам необоснованно высоких процентных ставок, в том числе выше максимального уровня, установленного законом; в прошлом также любые проценты, взимаемые за кредит

usury laws законы против ростовщичества: законы, определяющие максимальный уровень процентных ставки, которые могут взимать кредитные институты; в Великобритании существовали с XVI в. и были отменены в 1854 г.; в США продолжают существовать в некоторых штатах, но уровни ставок существенно повышены

usury rate ростовщическая процентная ставка

utility average индекс акций 15 коммунальных предприятий Доу Джонса

utility revenue bond муниципальная облигация, выпущенная для финансирования строительства систем коммунального обеспечения и погашаемая за счет доходов от них

utilization fee комиссия за использование: ежегодная комиссия, взимаемая кредитором в размере процента от реально использованной части кредита

utilization rate коэффициент использования: часть кредитной линии, которая реально использована заемщиком

V

vacant possession владение без заселения: приобретение недвижимости без права заселения

VA (Veterans' Administration)-guaranteed mortgage ипотека, гарантированная Администрацией по делам ветеранов США (в настоящее время - Департамент по делам ветеранов); льготная ипотека без авансового взноса и государственной гарантией на 80 % суммы кредита на 30 лет на условиях лучше рынка для помощи ветеранам ВС США; см. veterans loan

valid 1) действительный, действующий, имеющий юридическую силу, законный; 2) достаточный

valid for one day (for today) "действительно в течение дня": приказ клиента брокеру о совершении сделки, действительный в течение одного (сегодняшнего) дня; = day order

validate делать имеющим силу, ратифицировать

validity юридическая сила, законность (бумаги, решения, действия)

valid until canceled "действительно до отмены": приказ клиента брокеру о совершении сделки, действительный до отмены или исполнения

valuation оценка: оценка, определение цены или стоимости ценной бумаги, инвестиционного портфеля, другого актива квалифицированным специалистом (для целей страхования, кредитования, инвестиций); = appraisal

valuation reserve (account) переоценочный резерв (счет): средства, выделенные на покрытие изменений в оценке активов и пассивов компании; например, резерв может создаваться для учета изменения цены, амортизации, а также для покрытия риска убытков по плохим долгам

value ценность, стоимость, рыночная цена, сумма, денежный эквивалент актива, обязательства, сделки,

value added добавленная стоимость: разница между продажами компании, отрасли за определенный период и издержками на материалы, компоненты, услуги (кроме рабочей силы, платы за землю) за тот же период; другой способ подсчета - суммирование всех доходов, созданных отраслью за определенный период (зарплата, проценты, дивиденды, прибыль, остающаяся в распоряжении компании); суммарная добавленная стоимость всей экономики равна валовому внутреннему продукту

value-added tax (VAT) налог на добавленную стоимость (НДС): форма налогообложения добавленной в ходе производства стоимости продукта (услуги); налог на добавленную стоимость добавляется к цене продукции (услуги) и перекладывается на потребителей; вырученную сумму производитель вносит в государственный бюджет за вычетом налога, включенного в цены купленных им материалов и компонентов; впервые введен во Франции в 1954 г.; широко применяется в ЕЭС и многих других странах (в Великобритании - с 1973 г.); все компании свыше определенного минимального размера должны быть зарегистрированы для целей сбора НДС; помимо стандартной ставки (17,5 % в Великобритании) могут быть более низкие ставки для некоторых видов продукции или они могут быть полностью освобождены от налога

value adjustment переоценка: переоценка актива в балансе банка или компании в соответствии с его текущей стоимостью

value broker дисконтный брокер, который взимает комиссию в виде процента от общей стоимости сделки; такого брокера выгодно использовать в небольших сделках; см. share broker

value change изменение стоимости: изменение цены акции, взвешенное относительно количества акций данного типа (используется при построении фондовых индексов и анализе конъюнктуры)

value date дата валютирования: 1) дата поставки валюты (в конверсионной сделке), депозита, ценной бумаги; на условиях спот валюта поставляется на 2-й рабочий день, а на рынке еврооблигаций - на 7-й календарный день (не считая праздников); 2) дата, с которой депозит или другой инструмент начинает приносить проценты, поступает в распоряжение владельца (при депонировании чека: дата реального поступления денег на счет и начала прироста процентов); переводы через электронные платежные системы могут валютироваться тем же или следующим днем

value dating валютирование: 1) определение даты валютирования; 2) санкционирование электронного перевода средств непосредственно перед датой, когда счет клиента должен быть действительно кредитован (обычно в отношении регулярных автоматических переводов типа пенсии, зарплаты)

value(d) policy оцененный полис: полис морского страхования, в котором проставлена страховая сумма груза или судна; полис на фиксированную сумму, то есть реальная стоимость страхуемого объекта не имеет значения

value for money (VFM) "стоит ли денег": соответствие ценности, качества, полезности услуги или товара, уплаченным за них деньгам (цене); например, "good value for money"

value for money (VFM) audit аудит "стоит ли денег": проверка использова-

V
val–var

ния ресурсов организациями, не приносящими прибыли (некоммерческие, благотворительные, общественные институты)

value impaired "с уменьшенной ценностью": кредит иностранному заемщику, по которому выплата процентов прекратилась 6 и более месяцев назад, который не попал под программу МВФ по реструктуризации долга или не выполняются ее условия, мало шансов быстрого исправления положения

value judgment "ценное мнение": экспертная точка зрения (например, банка о кредитном статусе клиента)

valueless securities ценные бумаги без стоимости: бумаги, потерявшие часть или всю собственность и по которым нет рынка; иногда ими торгуют в качестве объектов коллекционирования

Value Line Investment Survey инвестиционный обзор "Вэлью Лайн": публикация консультационного агентства "Вэлью Лайн" (США) с рейтингом сотен ценных бумаг по признакам риска и потенциала; с помощью компьютерной модели и данных о доходах компании дается рейтинг бумаг по потенциалу движения цен на последующие 12 месяцев, а также рейтинг по степени риска на базе анализа неустойчивости цен относительно среднерыночного уровня; данная система использует 5 видов рейтинга: 1 - высший, 2 - выше среднего, 3 - средний, 4 - ниже среднего, 5 - самый низкий

value received "стоимость получена": надпись на векселе, указывающая, что товары, услуги или деньги были получены трассантом

value spot сделка спот: сделка с расчетом (поставкой средств) на 2-й рабочий день после ее заключения

VA mortgage = VA-guaranteed mortgage

Vancouver Stock Exchange (VSE) Фондовая биржа Ванкувера (ценные бумаги, золотые и валютные опционы)

vanilla issue "простой" заем: ценные бумаги со стандартными условиями без каких-либо особенностей

variable annuity плавающая рента: полис страхования жизни, регулярные взносы по которому инвестируются в ценные бумаги; стоимость полиса в момент использования зависит от стоимости ценных бумаг, то есть она "плавает" вместе с рынком (США)

variable cost переменные издержки: издержки, которые изменяются в зависимости от объема производства (например, материальные и трудовые затраты)

variable coupon renewable (VCR) note возобновляемая ценная бумага с плавающим купоном: долгосрочная ценная бумага, которая приносит более высокий процент, чем казначейские векселя, но приравнивается к краткосрочным финансовым инструментам, так как может быть продана или возобновлена один раз в 3 месяца

variable interest rate плавающая процентная ставка

variable life insurance страхование жизни с плавающей суммой: разновидность страхования жизни, в котором часть фиксированной ежегодной премии инвестируется в финансовые активы, что позволяет держателям полисов участвовать в приросте капитала; страховая компания гарантирует минимальные выплаты в случае смерти, под полис можно брать кредит или его можно обратить в наличные

variable margin call = variation margin

variable rate = variable interest rate

variable rate certificate сертификат с плавающей ставкой: депозитный сертификат со ставкой, привязанной к определенному базовому ориентиру рынка плюс фиксированная маржа; уровень базовой ставки фиксируется ежеквартально в зависимости от рыночной конъюнктуры; введены в США впервые в 1975 г.; = floating rate certificate of deposit

variable-rate demand note долговое обязательство на предъявителя с плавающей ставкой (США)

variable rate loan кредит с плавающей ставкой: потребительская или коммерческая ссуда со ставкой, привязанной к базовому ориентиру рынка (ЛИБОР, прайм-рейт, казначейские векселя); фактическая ставка определяется как фиксируемая раз в квартал (или другой период) базовая ставка плюс определенная маржа, зависящая от статуса заемщика, риска, срока; = floating rate loan

variable rate mortgage (VRM) ипотека с плавающей процентной ставкой; = adjustable rate mortgage

variable rate stocks 1) британские государственные облигации с плавающей ставкой (впервые выпущены в 1977 г.); 2) любые облигации с плавающей ставкой

variable rate preferred stock = adjustable rate preferred stock

variable redemption bond облигация с изменяющейся основной суммой; = Heaven and Hell bond

variable Kurs изменяющийся курс (нем.): система постоянной котировки на фондовых биржах ФРГ - цены по сделкам с наиболее важными ценными бумагами могут фиксироваться маклерами в течение всей торговой сессии (с 11^{30} до 13^{30}); см. Einheitskurs

variance разница, отклонение

variation изменение, отклонение, колебание

variation margin вариационная маржа: дополнительный гарантийный депозит в срочной биржевой торговле (по результатам движения цен в течение дня); в случае благоприятного движения цен может выплачиваться обратно

Vatman "ватмэн": чиновник, занимающийся сбором налога на добавленную стоимость; см. value-added tax (VAT)

vault хранилище: большой сейф или сейфовая комната банка или другого финансового учреждения (для хранения наличных денег и ценностей); обычно находится в подвале и защищена от взлома, пожара, наводнения

vault cash наличность в сейфах: наличные деньги в банках для обеспечения повседневных операций с клиентами (США)

V-bottom фигура движения цен в форме латинской буквы "V": термин, используемый в техническом анализе для обозначения резкого падения цены с последующим резким подъемом; см. V-top

vehicle currency ведущая валюта: валюта, в которой совершаются сделки и рассчитывают курсы между другими валютами ("кросс-курсы"); до конца 50-х годов такой валютой был фунт стерлингов, а в настоящее время – доллар США

velocity of money circulation скорость обращения денег: среднее число оборотов, совершаемое денежной единицей в течение года; обычно рассчитывается как отношение ВНП к одному из денежных агрегатов; представляет собой попытку измерить соотношение между денежной массой и расходами на потребление товаров и услуг: увеличение скорости обращения указывает на экономический рост

vend продавать

vendee лицо, которому что-либо продают

vending machine insurance разновидность страхования розничных автоматов для продажи прохладительных напитков и других товаров

vendor 1) продавец, поставщик; 2) уличный продавец

vendor consideration акции компании-покупателя предприятия, которые получают продавцы (владельцы) этого предприятия (поглощение оплачивается акциями)

Vendor Express "Вендор Экспресс": обозначение электронных платежей организациям, осуществляющим операции с федеральным правительством, применяемое Службой финансового менеджмента Казначейства США (система заменяет чеки); см. Financial Management Service

vendor placing выпуск новых акций для финансирования поглощения; новые акции (до 50 % капитала) выпускаются для передачи акционерам поглощаемой компании; эмиссия организуется банком или брокером

vendor single interest insurance = single insurance

vendor's lien право продавца на арест имущества: право продавца потребовать проданную собственность обратно (арестовать ее), если покупатель не выполняет обязательства по оплате

venture 1) коммерческое предприятие; 2) рискованное начинание, спекуляция

venture capital "рисковый" ("венчурный") капитал: капитал, вкладываемый в проекты с повышенным уровнем риска (в основном в новые компании или просто в акции); поставщиками "рискового" капитала являются инвестиционные фонды, банки, индивидуальные инвесторы, специальные государственные институты; прибыль от "рискового" финансирования получается прежде всего от быстрого роста стоимости акций

venture capitalist "рисковый" капиталист: специализированная фирма (или физическое лицо), занимающаяся капиталовложениями с повышенным уровнем риска

venture capital limited partnership товарищество "рискового" капитала с ограниченной ответственностью (США): инвестиционный фонд, вкладывающий средства в создание новых компаний

venture nurturing "выкармливание" нового предприятия: "рисковые" инвестиции с предоставлением управленческой помощи; см. venture capital, hands-on

venturespeak жаргон, принятый среди специалистов "рискового" финансирования

Vereeniging vool de Effectenhandel Ассоциация для торговли ценными бумагами (создана в 1876 г.): частная корпорация, руководящая деятельностью Фондовой биржи Амстердама

verification 1) проверка, контроль; например, сверка бухгалтерской отчетности с первичными документами, проверка правильности банковских записей путем контактов с клиентами; 2) подтверждение подлинности или правильности; например, подтверждение нанимателем размера зарплаты заемщика по просьбе банка

vertical bear put spread вертикальный "пут-спред медведей": стратегия опционной торговли с ограниченным риском и потенциалом прибыли, состоящая в покупке опциона "пут" и одновременной продаже такого же опциона по более высокой цене

vertical bull call spread вертикальный "колл-спред быков": стратегия опционной торговли с ограниченным риском и потенциалом прибыли, состоящая в покупке опциона "колл" и одновременной продаже такого же опциона по более высокой цене

vertical cap вертикальный "кэп": фиксированный максимум процентной ставки для защиты от повышения ставок по займу до определенного уровня (то есть устанавливается предел, до которого действует защита); см. cap 1

vertical disintegration вертикальная дезинтеграция: осуществление определенных фаз производства продукции специализированными фирмами, выступающими поставщиками крупных компаний

vertical integration (merger) вертикальная интеграция: слияние компаний, специализирующихся на разных фазах производства и реализации одного продукта (для сокращения издержек, повышения прибыльности)

vertical line charting построение графика движения конъюнктуры с помощью вертикальных линий (в техническом анализе): высшая и низшая цены в течение дня соединяются вертикальной линией, а цена закрытия помечается короткой горизонтальной линией

vertical segmentation of equity market вертикальная сегментация фондового рынка: появление параллельно бирже рынка ценных бумаг разных классов, а также внебиржевого рынка

vertical spread вертикальный спред: опционная стратегия, заключающаяся в одновременной купле и продаже одинакового числа опционов одного типа с разными ценами и одинаковой датой исполнения; см. bull spread

vested interests 1) закрепленные законом или соглашением имущественные права; реализация прав может быть отложена во времени, например, права на доход из пенсионного фонда; см. remainderman; 2) капиталовложения; 3) крупные предприниматели, корпорации

vesting 1) наделение правами, полномочиями; 2) передача настоящему владельцу ценных бумаг, другого имущества, находившегося до этого у номинального владельца; 3) приобретение сотрудником компании определенных прав по мере увеличения срока его службы (акции, пенсионные права, участие в прибылях); в США все права предоставляются в течение 5-7 лет

vesting deed = trust interest

vesting period период наделения правами; см. vesting

veterans loans ветеранские ссуды: льготные ссуды на условиях лучше рынка на образование или покупку жилья для помощи ветеранам армии США, частично гарантированные Департаментом по делам ветеранов; см. VA-guaranteed mortgage

V-formation = V-bottom

viable жизнеспособный: например, о предприятии или проекте, способном нормально функционировать и приносить прибыль или о государстве, способном выполнять свои международные обязательства

video banking банковские видеоуслуги: информационные системы на базе компьютеров, телевизоров или специальное оборудование (видеотекст), позволяющие диалог между банком и клиентом для получения информации, оплаты счетов, переводов; см. home banking, telephone banking; videotex(t)

videotex(t) видеотекст: диалоговая коммуникационная система, соединяющая клиента с банком через специальный терминал, телевизор, компьютер; используется для получения информации, проведения определенных операций, заказа товаров по каталогам, авиабилетов с помощью клавиатуры; примерами таких систем являются Минитель во Франции и Продиджи в США; см. home banking; teletext

vindictive damages = exemplary damages

virement 1) платеж в безналичной форме (путем бухгалтерской проводки); 2) право (полномочие) перераспределения бюджетных средств между статьями расходов

virgin bond "девственная" облигация; = back bond

Visa "Виза": 1) международная компания (полное название: Visa International Services Association), созданная банками-членами в 1977 г. для совершенствования расчетов дорожными чеками и кредитными карточками (штаб-квартира в Сан Матео, Калифорния); платежные средства банков-членов системы принимаются практически в любой стране; "Виза" управляет международной электронной системой "Визанет", объединяющий тысячи учреждений, магазинов, гостиниц, ресторанов; 2) кредитная или дебетовая карточка группы Виза; 3) виза (разрешение) в паспорте на въезд в страну

visible balance of trade = balance of trade

visibles "видимые" статьи платежного баланса: торговля товарами в отличие от торговли услугами; см. balance of trade

visible supply "видимое" предложение: 1) наличный запас товаров; 2) вновь выпущенные муниципальные облигации, поступающие на рынок в течение 30 дней со дня эмиссии; график их эмиссии; показатель наличия инструментов инвестирования при оценке емкости рынка

Vnesheconombank of the USSR = Bank for Foreign Economic Affairs of the USSR

Vneshtorgbank of Russia = Bank for Foreign Trade of Russia

Vneshtorgbank of the USSR = Bank for Foreign Trade of the USSR

void недействительный, не имеющий силы

void ab initio недействительный с самого начала (например, с момента возникновения контракта)

voidable contract контракт, который может быть аннулирован (оспорен) любой стороной в силу определенных причин (например, мошенничества, некомпетентности)

voidable preference предпочтение, которое можно оспорить: передача должником, подавшим заявление о добровольном банкротстве, активов одному из кредиторов в ущерб другим кредиторам; если такая передача имела место в течение 90 дней до подачи заявления или в предвидении банкротства, то она может быть признана недействительной

volatile market неустойчивый (изменчивый) рынок: рынок с быстро изменяющимися ценами

volatility неустойчивость (изменчивость) цен: показатель неустойчивости конъюнктуры; для измерения неустойчивости курса акции относительно всего рынка, то есть рыночной неустойчивости или систематического риска используется коэффициент "бета"; для измерения неустойчивости, определяемой специфическими факторами эмитента данных акций, используется коэффициент "альфа" (например, акция с "альфой" 1,25 может вырасти в цене на 25 %; см. systematic risk; Beta coefficient

volume (vol) объем, оборот, количество, величина: количество сделок, проданных финансовых инструментов, объем выданных кредитов за определенный период

volume business массовый бизнес: банковские услуги, предлагаемые широкому кругу клиентов и в значительной степени стандартизированные

volume of trade объем торговли (оборот): число фьючерских или опционных контрактов, проданных за определенный промежуток времени

voluntary accumulation plan программа, по которой акционер взаимного фонда приобретает его акции в течение определенного времени путем регулярных взносов; см. constant dollar plan

voluntary bankruptcy добровольное банкротство (США): юридическая процедура, следующая за подачей неплатежеспособным должником заявления в специальный суд; имущество банкрота переходит в руки назначенного судом попечителя для удовлетворения требований кредиторов; банки, страховые компании, строительные и ссудные ассоциации, железные дороги и некоторые другие организации не имеют права на такое банкротство

voluntary conveyance добровольная передача прав, имущества; см. foreclosure

voluntary export restraints (VERs) добровольные ограничения экспорта одного или ряда товаров (обычно в связи с двусторонним соглашением между государствами)

voluntary liquidation добровольная ликвидация: юридическая процедура прекращения деятельности компании по ее просьбе в связи со слиянием, неплатежеспособностью и другими причинами; в Великобритании в течение двух недель после принятия советом директоров соответствующего решения компания должна информировать орган регистрации, собрать собрание кредиторов, которые могут выдвинуть своего ликвидатора-распорядителя; см. dissolution

voluntary reserves добровольные резервы: резервы, создание которых не требуется по уставу компании или законодательству

voluntary termination добровольное завершение (закрытие): ликвидация свопа, опционного или иного контракта по взаимному соглашению сторон (с той или иной формой компенсации)

voluntary trust добровольный траст: разновидность попечительского фонда, создаваемого при жизни дарителя, при котором даритель сохраняет юридический титул на собственность, хотя бенефициар фактически ею владеет и пользуется

voluntary winding up = voluntary liquidation

vostro account счет "востро" ("ваш" счет): счет до востребования инобанка в банке-резиденте в местной валюте или валюте третьей страны с точки зрения местного банка (например, счет Ллойдс банка в Токобанке в Москве в долларах или рублях); такой счет является счетом "ностро" для инобанка; см. nostro account

voting right право голоса: право голоса в решении вопросов управления компанией, которое дает обладание голосующей простой акцией

voting right share голосующая акция: 1) акция, дающая право голоса на общем собрании акционеров; 2) акция, дающая больше голосов, чем доля в капитале компании

voting share = voting right share

voting stock (USA) = voting right share

voting trust "голосующий" траст: 1) траст, которому несколько фирм передают свои акции в обмен на трастовые сертификаты; попечители получают контроль за этими компаниями; эта форма объединения была распространена в США в XIX в., после 1892 г. в основном заменена на холдинговые компании; 2) траст (группа попечителей), которому акционеры реорганизуемой компании передают свои акции в обмен на сертификаты на время его существования (обычно 5 лет); см. holding company, reorganization

voting trust certificate (VTC) сертификат участия в "голосующем" трасте, выдаваемый в обмен на голосующие акции; см. voting trust

voucher расписка, ваучер: 1) оправдательный документ, расписка в получении; приемлемое свидетельство погашения долга; 2) документ, уполномочивающий произвести выплату наличных; 3) гарантия платежа

voucher check ваучерный чек: чек с отрывной формой, указывающий на причину платежа; лицо, депонирующее чек, сохраняет отрывную часть как свидетельство платежа

voyage policy рейсовый полис: страховой полис, покрывающий перевозку конкретной партии груза

Vreneli Вренели: швейцарская золотая монета в 10 или 20 франков (объект торговли в тезаврационных целях)

V-top фигура движения цен в форме перевернутой латинской буквы "V": термин, используемый в техническом анализе для обозначения резкого подъема цены с последующим падением; см. V-bottom

vulture fund "фонд-хищник": инвестиционное учреждение (обычно товарищество с ограниченной ответственностью), вкладывающее деньги в акции неплатежеспособных или слабых компаний в расчете на изменение их положения и повышенную прибыль, а также в недвижимость в период спада в расчете заработать на подъеме (США)

W

wage assignment уступка зарплаты: условие кредитного соглашения, по которому в случае просрочки платежей кредитор имеет право на получение платежей из зарплаты заемщика без предупреждения последнего (США)

wage earner plan план должника, получающего стабильную зарплату: соглашение (в соответствии с главой 13 Закона о банкротстве в США), по которому банкрот обязуется погасить весь или часть долга в течение 3-5 лет в обмен на прекращение усилий кредиторов по взысканию долга; таким образом должники со стабильными доходами могут восстановить свой кредитный рейтинг без ликвидации личных или финансовых активов; = rehabilitation

wage garnishment = garnishment

wager пари, ставка пари

wagering contract контракт-пари: контракт на определенную сумму между двумя сторонами относительно события, в наступлении которого стороны не имеют личного интереса; в Великобритании с 1845 г. не имеют юридической силы

waiters "официанты": обслуживающий персонал в униформах на Лондонской фондовой бирже (сохранилось со времени, когда сделки заключались в кофейнях)

waiting period период ожидания: 20 дней, которые должны пройти между обращением в Комиссию по ценным бумагам и биржам за регистрацией займа и предложением бумаг на рынке, - период изучения представленных документов (США)

waiver добровольный отказ от законного права

waiver clause оговорка об отказе: условие контракта, позволяющее при определенных условиях отказаться от одного из его пунктов

waiver of demand = waiver of notice

waiver of exemption отказ от исключения: условие кредитного соглашения, по которому заемщик отказывается от права исключить личную собственность или недвижимость от ареста в случае неплатежеспособности; такая практика запрещена в 1985 г. (США)

waiver of notice отказ от уведомления: согласие индоссанта чека или векселя принять ответственность по нему без формального уведомления в случае неплатежеспособности плательщика

walk "прогулка": чек, подлежащий оплате банком, не являющимся членом Лондонской клиринговой палаты

wall (go to the) банкротство (обанкротиться)

wallflower "дама без кавалера" или ценная бумага-аутсайдер: ценная бумага, которая непопулярна среди инвесторов

Wall Street "Уолл Стрит": 1) деловой центр Нью-Йорка и США по названию улицы, где находится множество банков, инвестиционных и брокерских фирм; 2) Нью-Йоркская фондовая биржа (разг.); 3) инвестиционное сообщество, фондовый рынок США

Wall Street Crash крах "Уолл Стрита": катастрофическое падение курсов ценных бумаг на Нью-Йоркской фондовой бирже в октябре 1929 г., ознаменовавшее мировой кризис и начало Великой депрессии (1929-1933 гг.)

Wall Street Journal (WSJ) "Уолл Стрит Джорнал": ведущая ежедневная деловая газета США

wanted for cash "куплю за наличные": объявление на ленте биржевого тикера о том, что брокер готов купить определенные ценные бумаги за наличные в тот же день

war babies (brides) "дети" ("невесты") войны: ценные бумаги компаний, производящих оружие

warehouse склад: 1) помещение для хранения товаров; 2) портфель свопов: список свопов, который финансовое учреждение заключило или собирается заключить за свой счет или счет клиентов

warehouse financing финансирование под залог товаров и материалов на складе; см. asset-based lending

warehouse receipt складская расписка: документ, удостоверяющий право собственности на товары, хранящиеся на складе

warehouse risk складской риск: страхование товаров на складе

warehousing "складирование": 1) банк набирает портфель свопов: заключает соглашения за свой счет для прибыли и стремится взаимно компенсировать сделки для снижения риска; 2) практика согласованной скупки несколькими инвесторами акций компании для получения контроля над ней; 3) предложение ипотеки в качестве обеспечения краткосрочного кредита; 4) ситуация, когда ипотечный банк финансирует портфель ипотек краткосрочным кредитом под их залог до момента продажи этих ипотек конечному инвестору

war loan военный заем: в Великобритании - государственные облигации, выпущенные в период первой мировой войны (1917 г.) с намерением погасить после 1952 г.; в настоящее время рассматриваются в качестве бессрочных финансовых инструментов, приносящих очень низкий доход

warm card "теплая" карточка: банковская карточка с ограниченным использованием, то есть могут быть разрешены либо только депозиты, либо только изъятия средств со счета

warning bulletin бюллетень предупреждения: список кредитных карточек Виза и Мастеркард с превышением лимита, а также украденных и просроченных, который используется для проверки карточек при их приеме для платежа; также список "горячих" карточек, карточек с ограниченным использованием или отмененных карточек; = hot card list, restricted card list, cancellation list

warrant (WT) варрант: 1) право купить/продать фиксированную сумму финансовых инструментов (товаров) в течение некоторого периода по оговоренной цене; = subscription warrant; 2) условие облигационного займа в форме ценных бумаг, дающих право на покупку дополнительных облигаций или акций заемщика по фиксированной цене; могут самостоятельно обращаться на рынке; 3) документ, разрешающий денежную выплату; 4) полномочие предпринять определенное действие; ордер на арест, обыск; 5) форма чека, выписанного государственным учреждением (Великобритания); 6) краткосрочный процентный инструмент, выпущенный властями штата или муниципалитета с погашением из оговоренного источника (США); см. tax anticipation note, revenue anticipation note

warrantee лицо, которому дается гарантия (поручительство)

warrante(o)r гарант, поручитель; лицо, дающее гарантию или поручительство

warrant exercise использование варранта: использование права, которое дает варрант облигации

warrant issue облигационный заем с варрантами; см. warrant

warrant of attorney = letter of attorney

warrants into negotiable government securities (WINGS) еврооблигации с варрантами на приобретение государственных облигаций США (сокращение дает акроним "крылья")

warranty 1) гарантия (например, качества); 2) гарантия, поручительство, ручательство; 3) условие, оговорка (в контракте, соглашении)

warranty deed гарантийное письмо: документ, которым продавец недвижимости свидетельствует, что она принадлежит ему и не несет никаких обязательств; если третье лицо предъявит претензии, покупатель может подать на продавца в суд

war risks insurance страхование военных рисков: условие полиса морского страхования, покрывающее риски, связанные с военными действиями

Washington Agreement Вашингтонское соглашение: соглашение 1945 г., по которому США предоставили Великобритании кредит в 3750 млн. долл. из 2 % годовых с погашением в течение 50 лет после 1952 г.; по этому соглашению также погашались британские долги времен первой мировой войны и прекращалось действие ленд-лиза, предусматривалось введение конвертируемости фунта к июлю 1947 г.

Washington Currency Agreement = Smithsonian agreement

wash sale 1) купля ценной бумаги и ее продажа (или наоборот) через короткое время (или одновременно) для получения прибыли, воздействия на цены, создания видимости активной торговли (США); в настоящее время преследуется регулирующими органами; 2) запрещенная практика продажи ценной бумаги с убытком и покупкой такой же бумаги для уменьшения суммы уплачиваемых налогов; правила Службы внутренних доходов США запрещают учет таких убытков для целей налогообложения в течение 61 дня после продажи бумаги

wasting assets "истощимые" активы: активы типа месторождений минеральных ископаемых, рудников, лесов, которые со временем истощаются и ликвидируются; актив с известным сроком жизни

wasting trust "истощимый" траст: 1) трастовый счет, по которому попечитель уполномочен использовать основную сумму счета, если процентов не хватает для платежей; 2) инвестиционный фонд, вкладывающий деньги в "истощимые" активы; см. wasting assets

watch list лист наблюдения: 1) список ценных бумаг, за которыми ведется наблюдение в связи с ожиданием выпусков новых ценных бумаг или поглощением компаний; 2) список банков, которые с точки зрения регулирующих органов имеют финансовые проблемы и требуют особого присмотра (в США: банки с рейтингом КЭМЕЛ выше 3); см. CAMEL rating; 3) список банков, выпускающих депозитные сертификаты, с потенциально слабыми балансами (составляется рейтинговыми агентствами); 4) список стран, способность которых выполнять внешние обязательства находится под наблюдением; список кредитных рейтингов стран; 5) список любых кредитов, за которыми банк осуществляет внутренний мониторинг

water damage insurance страхование от ущерба, нанесенного штормами, наводнениями, разрывами труб и др

watered stock "разводненный" капитал: 1) пакет акций, который при сохранении номинальной стоимости имеет меньший удельный вес в акционерном капитале ввиду дополнительных выпусков акций; 2) акции, представляющие собой право собственности на активы с завышенной стоимостью; см. watering of stock

watering of stock "разводнение" акционерного капитала: выпуск акций в сумме, не соответствующей активам и потенциалу компании; см. overcapitalization

watermark stripe полоса с водяными знаками: магнитная полоса банковской карточки с характеристиками, делающими подделку чрезвычайно сложной

way "путь": "направление" биржевой сделки, то есть покупка или продажа

waybill (WB) путевой лист: документ с описанием груза при перевозке автомобильным или железнодорожным транспортом; не является контрактом и не может обращаться; = consignment note

ways and means advances краткосрочные ссуды Банка Англии Казначейству (в консолидированный фонд); представляют собой часть "плавающего" долга; см. floating debt, Consolidated Fund

weak currency "слабая" валюта; см. soft currency

weak market "слабый" рынок: рынок, характеризующийся преобладанием продавцов и понижением цен

wear and tear износ: амортизация актива в связи с использованием

wedding warrants "брачные" варранты; = harmless warrants

wedge "клин": термин технического анализа, обозначающий движение цен, образующее на графике фигуру треугольника с острым углом - серия подъемов и падений цены с постепенным уменьшением амплитуды; в отличие от обычного треугольника низшие точки падения цены не находятся на горизонтальной линии, а имеют тенденцию повышаться или снижаться; см. triangle

Wednesday scramble "давка" в среду: купля-продажа "федеральных фондов" в последний момент (по средам) перед представлением ФРС данных о депозитных счетах для целей соблюдения резервных требований; при нехватке резервов средства занимаются и наоборот, а на следующий день проводится обратная операция; см. federal funds

weekly reporting banks банки, отчитывающиеся еженедельно: 1) большие коммерческие банки, информирующие ФРС о своих активах и пассивах еженедельно (примерно 300); Совет управляющих ФРС по средам публикует еженедельный консолидированный баланс таких банков; 2) девять банков - крупнейших участников денежного рынка в Нью-Йорке еженедельно информирующих Резервный банк Нью-Йорка о своем финансовом состоянии

weekly return еженедельный отчет: статистические данные, публикуемые каждую неделю (например, баланс Банка Англии)

weighted average coupon (WAC) средневзвешенный купон: средневзвешенная процентная ставка по ипотечным и иным ссудам, которыми обеспечены соответствующие ценные бумаги (веса - суммы ссуд); см. asset-backed securities, mortgage-backed securities

weighted average life средневзвешенный срок: взвешенный средний срок облигаций, обеспеченных ипотеками (весами являются суммы этих ссуд); равнозначно "average life" для других облигаций; см. asset-backed securities, mortgage-backed securities

weighted average maturity (WAM) = weighted average life

weighted average remaining term (WART) = weighted average life

weighting взвешивание: 1) взвешивание компонентов индекса по степени значимости; в фондовом индексе веса акций обычно определяются размером капитализации, валют в валютном индексе - удельным весом страны в товарообороте; 2) определение цены банковской услуги в зависимости от качества и других факторов

Werner Plan план Вернера: план комитета под руководством М. Вернера, предусматривавший экономическую и валютную интеграцию ЕЭС к 1978-1980 гг. (включая общую валюту и фиксацию паритетов национальных валют)

Western Account = severally but not jointly

W-formation "форма дубль-в"; = double bottom

what-if calculation подсчеты "что, если": моделирование финансовых результатов при различных вариантах развития событий

when issued/when, as and if issued (WI) "когда и если будет выпущен": обозначение сделки с ценными бумагами, выпуск которых разрешен, но не осуществлен; сделка будет считаться действительной после фактической эмиссии (США; в Великобритании сделки могут заключаться только после допуска бумаг к котировке)

whip-sawed "жертва продольной пилы": лицо, понесшее двойной убыток - при покупке по наивысшей цене и продаже по наинизшей

white goods "белые товары": бытовая электротехника, прежде всего кухонная

white knight "белый рыцарь": инвестор, который делает предложение о поглощении компании, уже являющейся объектом попытки несогласованного поглощения; это предложение согласовано с поглощаемой фирмой (по аналогии с белым рыцарем, спасающим даму)

White Paper "белая книга": официальный документ правительства Великобритании по вопросам текущей политики

White Plan план Уайта: план, выдвинутый США на Бреттон-Вудской конференции в 1944 г. (по имени представителя Министерства финансов США)

white plastic "белый пластик": разновидность мошенничества с кредитными карточками, когда коммерсант соглашается на заведомо недействительные операции; мошенник покупает товар с помощью карточки без имени, но с существующим номером, продает его за наличные и делится с продавцом-сообщником

White's rating рейтинг Уайта (США): рейтинг фирмы Уайт для муниципальных облигаций; основывается больше на рыночных факторах, чем на анализе платежеспособности муниципалитетов

white sheets "белые листки" (США): список региональных акций и облигаций и их ежедневные котировки на внебиржевом рынке

white squire "белый сквайер": "белый рыцарь", покупающий не контрольный, а меньший пакет акций; см. white knight

white-washing "отбеливать"; = laundering

Whiz kids "кудесники": лучшие выпускники университетов, нанятые банками и брокерами для проведения операций с помощью ЭВМ и технических методов (США)

whole life insurance (policy) страхование жизни вплоть до смерти владельца полиса; владелец полиса платит ежегодную премию, размер которой не повышается с возрастом, а сумма страховки переходит наследникам; часто предлагается со сберегательным элементом

whole loan "целая" ссуда: 1) полная продажа ипотечного кредита, то есть без сохранения за продавцом какой-либо его части; 2) на вторичном рынке ипотек: инвестиции в конкретное ипотечное обязательство, а не в сертификат участия в пуле ипотек

whole pool "целый" пул: сертификат неделимого участия в пуле ипотечных кредитов в отличие от пропорционального участия

wholesale bank оптовый банк: банк, специализирующийся на крупных операциях на финансовых рынках

wholesale banking оптовый банковский бизнес: крупные операции между банками и другими финансовыми институтами, обслуживание корпораций, институциональных инвесторов (в отличие от розничного бизнеса – обслуживания населения); см. retail banking

wholesale business оптовый бизнес: 1) операции на оптовых финансовых и товарных рынках; 2) = volume business

wholesale market оптовый рынок: 1) рынок, на котором операции совершаются в крупных масштабах между производителями и посредниками; 2) = inside market

wholesaler оптовик, оптовый торговец: банк, брокер, дилер, который имеет дело с другими институтами, а не розничными инвесторами

WHOOPS (Washington Public Power Supply System) "ХУПС": разг. название системы энергоснабжения штата Вашингтон, которая в середине 80-х годов оказалась неплатежеспособной по муниципальным облигациям на миллиарды долларов (абсолютный рекорд в США)

wide monetary base = monetary base; M_0

wide opening "широкое открытие": необычайно большой разрыв между ценами продавца и покупателя при открытии биржи

widow-and-orphan stocks акции "вдов и сирот": акции, которые приносят высокий доход и несут незначительный риск

width of the band ширина пределов взаимного колебания валют в курсовом механизме ЕВС

wildcat banking "дикие" банковские операции: в США: период в первой половине XIX в., когда банки, зарегистрированные на уровне штатов, выпускали свои банкноты и часто банкротились; злоупотребления привели к принятию в 1864 г. закона (National Bank Act), по которому только банки федерального уровня уполномочивались выпускать банкноты, а в 1966 г. был введен 10 % налог на банкноты штатных банков, после чего они переориентировались на прием депозитов, чековые услуги, завершив "дикий" период банковского дела

wildcat scheme рискованное предприятие

will завещание: официальный документ, распределяющий наследство после смерти завещателя; должно быть подписано в присутствии свидетелей

Williams Act Закон Вильямса (США, 1968 г.): федеральный закон о предложениях скупить ценные бумаги (о поглощении); требует представить информацию об условиях и целях предполагаемого поглощения

Wilson Report доклад Вильсона: доклад комитета по пересмотру функционирования финансовых учреждений в Великобритании под руководством бывшего премьер-министра Г. Вильсона, подготовленный в 1980 г.; доклад привлек внимание к росту роли институтов долгосрочного кредита и финансированию промышленных инвестиций, особенно мелких фирм

windbill = accommodation bill

windfall profit непредвиденная прибыль (например, приз по призовой облигации, неожиданный возврат налога)

windfall profits tax налог на непредвиденные и незаработанные доходы; в США в 1980 г. такой налог был введен на прибыль нефтяных компаний в связи с быстрым ростом цены на нефть

winding up ликвидация компании по приказу суда; = dissolution

windmill "ветряная мельница": "дружеский вексель; = accommodation bill

window "окно": 1) кратковременное улучшение рыночной конъюнктуры; 2) окно кассы, кассовый отдел; 3) учетное окно; = discount window; 4) шанс, возможность

window dressing "украшение витрины": 1) операции или бухгалтерские приемы для приведения баланса в соответствие с установленными требованиями на дату представления отчетности регулирующим органам; 2) операции в конце квартала или финансового года, призванные улучшить характеристики инвестиционного портфеля перед передачей информации клиентам или акционерам

window settlement "расчет у окна": расчет по сделке с ценными бумагами путем их доставки продавцом кассиру покупателя и получения наличных денег

window warrant "оконный" варрант: варрант, используемый только в определенные дни или периоды времени

winner "победитель": акция с повышающейся ценой

Winnipeg Commodity Exchange (WCE) Товарная биржа Виннипега: золотые и зерновые фьючерсы, основана в 1867 г.

wiping "вытереть": провести банковской карточкой через считывающее устройство, чтобы получить ее детали для оформления сделки

wire house биржевая брокерская фирма, имеющая частные линии связи со своими отделениями и другими фирмами (США); = commission house

wire room операционный отдел брокерской фирмы, принимающий заказы клиентов по линиям связи и передающий их брокерам фирмы на бирже или отдела, непосредственно проводящему операции

wire fate item чек, вексель, который был послан в другой банк с инструкциями телеграфировать (сообщить через Fedwire) об его оплате; такое уведомление сообщает банку-отправителю дату фактической оплаты чека

wire fate сообщить о судьбе чека

wire transfer электронный перевод: перевод крупной суммы через электронную платежную и расчетную систему, отдавая распоряжения по телефону или с помощью терминала (например, СВИФТ); см. electronic funds transfer

withdrawal изъятие: 1) изъятие денег со счета с помощью чека или в случае срочного вклада расписки; 2) изъятие заемщиком первоначального обеспечения кредита с заменой его другим

withdrawal notice уведомление об изъятии: письменное уведомление об изъятии средств со срочного процентного счета за оговоренное число дней до этого изъятия

withdrawal penalty штраф за досрочное изъятие: плата за изъятие денег со срочного счета ранее оговоренного срока (также в отношении инвестиций); обычно сводится к потере процентов

with exchange "с расходами": надпись на чеке или векселе, указывающая, что любые расходы по инкассации несет плательщик

with full recourse "с полным регрессом (оборотом)": условие соглашения о перепродаже кредитов или финансовых инструментов, по которому продавец обязуется возместить возможные убытки от таких кредитов, в том числе путем их обратной покупки

withholding 1) удержание, изъятие, вычет (налога, платежей); 2) = freeriding

withholding tax (W/Tax) налог путем вычетов: 1) налог на процентный доход и дивиденды, выплачиваемые нерезидентам; многие страны заключили соглашения о ликвидации двойного налогообложения и уплата такого налога учитывается при определении общей суммы налогов; 2) любой налог, взимаемый у источника путем вычета налоговых сумм из поступлений налогоплательщика; = tax at source

with interest "с процентами": учет при продаже ценной бумаги процентов, наросших к дате продажи

without "без другой стороны": цена предлагаемой сделки (вторая сторона не найдена) в отличие от реализованной операции, односторонний рынок

without commitment = without recourse

without engagement "без обязательства": котировка цены без какого-либо обязательства

without our liability = without recourse

without prejudice без отказа от существующего права или обязательства; сохраняя за собой право; без ущерба для кого-либо

without protest "без протеста": надпись на векселе (оговорка), которую заемщик или гарант делают для защиты держателя бумаги от ее опротестования

without recourse "без оборота (регресса)": прием покупателем финансового инструмента на себя всего кредитного риска; 1) переход векселей из рук в руки без принятия обязательства об их погашении при наступлении срока; при этом индоссамент содержит слова "без регресса"; 2) перепродажа кредитов, депозитных сертификатов и других активов без обязательств продавца перед покупателем

without reserve без ограничений: аукцион, на котором нет ограничений цены и товар будет продан в любом случае

with particular average (wpa) с частной аварией: разновидность полиса в морском страховании, покрывающего частичный ущерб грузу при перевозке; см. free of particular average, particular average

with profits policy полис "с прибылью": полис страхования жизни, который дает застрахованному право на часть прибыли страховой компании (премии по таким полисам обычно более высокие)

with put = bond with put, put bond

with right of survivorship "с правом наследования": общий счет совместно проживающих людей, средства с которого в случае смерти одного из владельцев автоматически переходят партнеру, а не родственникам и другим наследникам

won вон: национальная денежная единица Южной Кореи

working assets оборотные (текущие) активы: все активы компании за вычетом фиксированных активов; например, наличность, долги, запасы сырья и готовой продукции

working balances "рабочие" остатки на счетах: средства для обеспечения текущей деятельности компании

working capital оборотный, рабочий капитал: текущие активы компании, прежде всего наличность, запасы, поступления; капитал, который имеет компания после покрытия текущих обязательств – разница между текущими активами и пассивами (чистые текущие активы); активы, которые могут быть легко превращены в наличность; = circulating capital, liquid capital

working capital credit кредит для подкрепления оборотного капитала заемщика (также сезонный или "промежуточный" кредит); см. seasonal loan, bridge financing

working capital ratio коэффициент оборотного капитала: отношение текущих активов к текущим пассивам; показатель ликвидности; = acid-test ratio, current ratio, quick ratio

working control фактический или рабочий контроль: пакет акций, достаточный для контроля за деятельностью компании (в современных условиях часто значительно меньше 51 %)

work in process (WIP) незавершенное производство, полуфабрикаты

working interest "рабочее участие": прямое участие в товариществе с неограниченной ответственностью (работа в товариществе, а не только взнос средств); см. general partner

working reserves = free reserves

workout урегулирование проблемы: принятие мер в отношении плохих долгов или компании, испытывающей трудности, с целью найти решение и минимизировать убытки

workout agreement регулирующее соглашение: "полюбовное" соглашение между кредитором и должником о продлении срока кредита, изменения других условий в случае неспособности заемщика выполнять обязательства; обычно применяется в случаях, когда долг покрыт резервами и кредитор думает получить от пересмотра условий кредита больше, чем от продажи обеспечения и судебного преследования

World Bank Мировой (Всемирный) банк: Международный банк реконструкции и развития (МБРР); = International Bank for Reconstruction and Development

World Bank group группа Мирового банка: МБРР, МФК и МАР; см. International Bank for Reconstruction and Development, International Finance Corporation, International Development Association

World Trade Organization (WTO) Всемирная торговая организация: международная правительственная организация, призванная регулировать вопросы международной торговли; создана в 1994 г. как приемник ГАТТ

worn currency изношенные деньги: бумажные деньги, изъятые из обращения в связи с износом; в США срок жизни банкноты в 1 доллар составляет в среднем 15-18 месяцев; порванные или поврежденные банкноты обмениваются по номиналу на новые в случае, если сохранилось более половины поверхности

worthless securities = valueless securities

Wozkhod Handelsbank Восход Хандельсбанк: коммерческий банк с советским капиталом, существовавший в Цюрихе в 1966-85 гг.; переоформлен в отделение Внешэкономбанка вследствие крупных потерь

wraparound annuity "рента-обертка": рентный контракт, позволяющий бенефициару (аннуитанту) выбирать инвестиционные инструменты и дающий защиту через статус, откладывающий уплату налогов; см. annuity, tax-deferred

wraparound mortgage "ипотека-обертка": вторая ипотека, которая больше первой и "включает" ее; заемщик имеет дело только со вторым кредитором, который передает часть платежей первоначальному кредитору; средство получить дополнительный кредит, не погашая предыдущий, считающийся "старшим" по отношению к новому; см. second mortgage, first mortgage, senior mortgage, junior mortgage

wrinkle "морщинка": необычное явление на финансовом рынке, событие, нововведение, привлекающее внимание инвесторов и других учреждений

writ письменное предписание суда что-либо сделать

write-down частичное списание, переоценка: 1) списание стоимости актива на определенную сумму в результате амортизации; 2) переоценка актива в соответствии с изменением рыночной конъюнктуры

writ of attachment судебный приказ об аресте имущества должника: документ, санкционирующий передачу активов заемщика под контроль суда; применяется обычно в отношении компаний, против которых банк подал иск в связи с неуплатой долга

write-off списание: полное списание актива путем покрытия остатка долга резервами, закрытия счета и уменьшения баланса на соответствующую величину

write-offs списанные кредиты и другие активы (по причине невозможности возвращения денег)

writer 1) продавец опциона; 2) = underwriter 2; 3) = drawer

writing продажа опциона

writing a reverse заключение противоположной сделки своп на кредитном рынке; = mirror swap

writing cash-secured puts продажа опционов "пут" с депонированием наличными цены их исполнения на счете у брокера

writing naked продажа опциона без владения соответствующим финансовым инструментом, лежащим в основе опционного контракта

written down value (WDV) чистая балансовая стоимость: стоимость актива за вычетом амортизации

written notice письменное уведомление: 1) письменное уведомление банком клиента о любых изменениях условий кредитования; 2) уведомление клиентом банка о намерении изъять деньги со счета; = withdrawal notice

wrongful dishonor необоснованное опротестование: необоснованный отказ банка оплатить правильно заполненный и индоссированный чек или вексель; в случае убытков из-за такого опротестования потерпевшая сторона может требовать возмещения убытков

wrongly delivered неправильно доставленный: чек или другой инструмент, доставленный не в тот банк

wrong post неправильная бухгалтерская запись

X

X 1) банкнота в десять долларов (жарг.); 2) = ex interest

X-mark signature подпись "крестиком": подпись неграмотного человека, требующая свидетелей, чтобы быть законной

X. 9 комитет X. 9: комитет Американского национального института стандартов, устанавливающий стандарты для банков и других финансовых учреждений; Ассоциация американских банкиров служит секретариатом для этого комитета (США); см. American National Standards Institute

X. 12 комитет X. 12: комитет Американского национального института стандартов (США), устанавливающий стандарты электронного обмена операциями, связанными с торговлей (передача заказов, выставление счетов, платежи); см. American National Standards Institute

XX банкнота в двадцать долларов (жарг.)

Y

Yankee bonds облигации "янки": долларовые облигации, выпущенные иностранцами на внутреннем рынке США (в периоды, когда это выгоднее, чем на еврорынке)

Yankee CDs депозитные сертификаты "Янки": долларовые сертификаты, выпущенные иностранцами на внутреннем рынке США

Yankee non dollar bonds недолларовые облигации "Янки": облигации в иностранной валюте, выпущенные нерезидентами на внутреннем рынке США

yard "ярд": 1) сумма или банкнота в 1000 долл. (разг.); 2) сумма в 1 млрд. долл. (жаргон валютных дилеров)

year "год": банкнота в 1 доллар (разг.)

yearling bonds годовые облигации: облигации со сроком 1 год, выпускаемые местными властями и государственными организациями в Великобритании (еженедельно, через банки); термин может также обозначать аналогичные облигации со сроками до 5 лет

yearly tenancy годовая аренда: аренда дома или квартиры на срок 1 год; уведомление о намерении прекратить аренду должно даваться за оговоренный срок до ее окончания

years purchase покупка стольких-то лет: цена покупки собственности в виде суммы арендных платежей за определенное число лет

year-on-year = year-over-year

year-over-year в годовом исчислении, в течение года (о темпах роста)

year's high наиболее высокий в течение года (о цене финансового инструмента)

year's low наиболее низкий в течение года (о цене финансового инструмента)

Yellow Book = Admission of Securities to listing (trading)

yellow sheets "желтые листки": ежедневная публикация с информацией о ценах облигаций корпораций на внебиржевом рынке и о брокерах, поддерживающих рынок по конкретным бумагам; см. market maker

yen иена: национальная денежная единица Японии

yen bond иеновая облигация (Япония): 1) облигация, деноминированная в иенах; 2) облигация в иенах, выпущенная или находящаяся вне Японии

yield (YLD) доходность: доход по ценным бумагам (инвестициям), выраженный в виде процентной ставки; в общем виде определяется как годовой доход по бумаге в процентном отношении к рыночной цене актива (годовой доход равен дивиденду или сумме процентов); позволяет сравнивать реальную доходность ценных бумаг, цены которых колеблются, с уровнем рыночных ставок и принимать верные инвестиционные решения; см. current yield, dividend yield, flat yield, gross yield, net yield, redemption yield

yield advantage преимущество в доходности: положительная разница в доходности между конвертируемой облигацией и простой акцией того же эмитента

yield basis база доходности: метод калькуляции доходности ценных бумаг в виде процента, а не денежной суммы

yield curve кривая доходности: графическое изображение изменения во времени доходности финансовых инструментов с фиксированной ставкой; в нормальных условиях наблюдается резкий рост доходности в период от 3 месяцев до 2 лет, а затем кривая становится более плавной

yield curve adjustable note (YCAN) облигация "быка": облигация с "обратной" процентной ставкой, величина которой равна разнице между оговоренным ориентиром и рыночными ставками (при снижении рыночных ставок купон растет, при повышении - уменьшается); = bull floater

yield curve trading = play(ing) the yield curve

yield differential разница в доходности между инструментами с разными сроками

yield equivalence равенство в доходности: процентная ставка, при которой доходность не облагаемой налогом ценной бумаги равна доходности облагаемой налогом бумаги (используется для сопоставлений, налоговых целей, отчетности)

yield gap разница (разрыв) в доходности: например, в Великобритании разрыв в средней доходности простых акций и правительственных облигаций (доходность первых обычно выше); см. reverse yield gap

yield paper = junk bonds

yield spread спред доходности: разница в доходности различных типов ценных бумаг (США)

yield swap своп доходности: облигационный своп для повышения доходности инвестиций; продажа одних и покупка других облигаций для максимизации доходности; например, покупка облигаций с глубоким дисконтом при снижении процентных ставок см. bond swap; deep discount bonds

yield to average life доходность облигации, рассчитанная относительно среднего срока погашения (в случае погашения облигаций равными партиями в течение всего срока займа)

yield to call (YTC) доходность облигации, рассчитанная относительно первой возможной даты погашения (до истечения всего срока)

yield to first call = yield to call

yield to maturity (YTM) = redemption yield

York-Antwerp rules (Y/A) Йорк-Антверпенские правила: международный кодекс, унифицирующий правила морского страхования; впервые приняты на конференции в Антверпене в 1887 г. (дополнялись в 1924 и 1974 гг.)

yours "ваше", "я продаю": выражение согласия на продажу валюты по предложенному курсу (жаргон валютных дилеров); см. mine

yo-yo stock акция-флюгер: ценная бумага с крайне неустойчивым курсом (по названию детской игрушки йо-йо)

yuan юань: национальная денежная единица КНР

Yucho сберегательный фонд Почты Японии; одно из крупнейших в мире инвестиционных учреждений

Z

Z account счет "Зед" (Великобритания): счет, открываемый Банком Англии крупным участникам рынка государственных облигаций для ускорения регистрации сделок и поддержания ликвидности рынка

zaibatsu "дзайбатсу" (яп.): конгломераты, большие холдинговые компании, контролирующие многочисленные фирмы в различных отраслях экономики в Японии и включающие крупный банк; после второй мировой войны (в 1947 г.) были расформированы, но фактически продолжают существовать в менее формальном виде

zaire заир: национальная денежная единица Заира

zaiteku (zaitech) "зайтеку" ("зайтек"): валютно-кредитные и финансовые операции торгово-промышленных корпораций, не связанные с их основной деятельностью и совершаемые в основном ради прибыли; финансовый инжиниринг (Япония)

Z-bond 1) = accrual bond; 2) = zero coupon bond

Z certificates сертификаты "Зед": сертификаты, выпускаемые банком Англии для ускорения сделок и расчетов учетных домов по краткосрочным облигациям; принимаются в обеспечение кредитов

zengin "дзенгин": электронная система перевода средств, созданная Федерацией Ассоциаций Банкиров Японии; система подключена к автоматическим кассовым аппаратам и отделениям более 700 банков

zero-balance accounts счета с нулевым остатком: чековые счета, используемые корпорациями для концентрации наличных поступлений и контроля за выплачиваемыми суммами; используются как промежуточные счета для централизованного контроля за поступлениями и платежами; в конце рабочего дня на них не остается средств

zero-base budgeting (ZBB) бюджеты с нулевой базой: бюджетный метод, при котором требуется обосновывать все расходы, а не только превышение уровня прошлого года (от нуля, а не от достигнутого)

zero-bracket amount (ZBA) нулевой разряд шкалы налога: минимальная сумма, не облагаемая налогом; зависит от статуса налогоплательщика (глава семьи, семья, одиночка)

zero (coupon) convertible bond конвертируемая облигация с нулевым купоном; см. zero coupon convertible security

zero coupon bonds (ZR) облигации с нулевыми купонами: ценные бумаги без выплаты процентов; выпускаются и обращаются по типу векселей с дисконтом к номиналу; впервые выпущены в США в 1981 г.; могут выпускаться конкретными заемщиками (в том числе муниципалитетами) или базироваться на государственных облигациях

zero coupon certificates of deposit (CDs) депозитные сертификаты с нулевыми купонами (с выплатой процентов при погашении)

zero coupon convertible security конвертируемая ценная бумага с нулевым купоном: 1) облигация с нулевым купоном и опционом конверсии в простые акции эмитента; 2) облигация с нулевым купоном (обычно муниципальная) и с опционом конверсии в процентную облигацию того же эмитента через оговоренное число лет; см. Liquid Yield Option Notes

zero coupon debentures = zero coupon bonds

zero coupon eurosterling bearer or registered accruing securities (ZEBRAS) "Зебры": евростерлинговые облигации с нулевыми купонами (на предъявителя или именные)

zero coupon swap нулевокупонный своп: процентный своп, предусматривающий периодические платежи одной стороны и одноразовый платеж другой по фиксированной ставке при завершении срока соглашения

zero dividend shares акции с нулевым дивидендом; = capital shares

zero downtick = zero minus tick

zero-floor limit нулевой лимит: система, когда все сделки с кредитной карточкой санкционируются после проверки остатка средств на счете или списка счетов, по которым есть задолженность или превышен лимит (то есть нет лимита, с которого начинается проверка); см. floor limit

zero gap нулевой разрыв: равновесие между активами и пассивами банка, чувствительными к изменению процентных ставок (то есть их совпадение по срокам)

zero interest loan = zero (coupon) mortgage

zero proof нулевая проверка: проверка итога путем вычета всех составляющих (результат должен быть равен нулю); метод поиска ошибок в некомпьютеризированной бухгалтерии

zero minus tick "ноль минус тик": обозначение последней по времени биржевой сделки по цене, равной цене предыдущей сделки, которая была ниже своей предшественницы; например, при последовательном совершении операций по ценам 22, 21, 21 долл. последняя сделка будет называться "ноль минус тик" см. tick; up tick; down tick; zero plus tick

zero (coupon) mortgage "нулевая" ипотека: долгосрочная коммерческая (не на жилой дом) ипотека с нулевым купоном, то есть с выплатой процентов и основной суммы при погашении

zero plus tick "ноль плюс тик": обозначение последней по времени биржевой сделки по цене, равной цене предыдущей сделки, которая была выше своей предшественницы; например, при последовательном совершении сделок по ценам 21, 22, 22 долл. последняя будет называться "ноль плюс тик"; см. up tick; down tick; tick; zero minus tick

zero-premium option опцион с нулевой премией: комбинация купли и продажи опционных контрактов, в которых премии равны и взаимозачитываются

zero rating нулевой рейтинг: включение определенных товаров и услуг в нулевой разряд для целей обложения налогом на добавленную стоимость

zeros = zero coupon bonds

zero up tick = zero plus tick

zloty злотый: национальная денежная единица Польши (= 100 грошам)

zoning зонирование: деление на зоны и районы для целей регулирования, налогообложения, ценообразования и т. д

Z-score model модель "Зед": разработанная при участии Банка Англии математическая модель, позволяющая на основе отчетности выявлять компании, которым грозят финансовые трудности

Сокращения и акронимы

A

A = includes extra/extras (stock listings)
AAA = American Accounting Association; American Automobile Association
AAII = American Association of Individual Investors
AASE = Australian Associated Stock Exchange
A/B (AB) = Aktiebolag(et)
ABA = American Bankers' Association; American Bar Association
ABECOR = Associated Banks' of Europe Corporation
ABEDA = Arab Bank for Economic Development of Africa
ABF = Association of British Factors
ABI = Association of British Insurers
ABLA = American Business Law Association
ABS = automated bond system; asset-based security
ABT = Association of Banking Teachers
ABWA = American Business Women's Association
A/c = account; current account 2
ACC = Agricultural Credit Corporation; account; acceptance
ACCA = Association of Certified and Corporate Accountants (USA); Chartered Association of Certified Accountants (UK)
Accr. int. = accrued interest
Acct = account; accountant
ACE = AIBD, CEDEL, Euroclear; American Commodities Exchange; Active Corps of Executives
ACH = Automated Clearing House
ACI = Advertising Council Inc.
Acpt = acceptance
ACRS = accelerated cost recovery schedule (system)
ACS = Automated Clearing System
A/cs. Pay. = accounts payable
A/cs. Rec. = accounts receivable
ACT = Association of Corporate Treasurers; advance corporation tax

ACU = Asian Currency Unit
A/d = after date
A-D = advance-decline line
ADB = adjusted debit balance; Asian Development Bank
ADEA = Age Discrimination in Employment Act of 1967
ADF = Asian Development Fund
Adj = adjustment
Adm = administration; administrator; admission
ADP = automatic(ted) data processing; alternative delivery procedure
ADR = American Depository Receipt; automatic dividend reinvestment; asset depreciation range
ADRS = asset depreciation range system
Adv = advance
Ad val = ad valorem
AE = account executive
AFB = air freight bill
AFC = average fixed costs
AFBD = Association of Futures Brokers and Dealers
AFDB = African Development Bank
AFDF = African Development Fund
Afft = affidavit
AFIC = Association francaise des investisseurs en capital risque
AFL-CIO = American Federation of Labor - Congress of Industrial Organizations
AFRA = average freight rate assessment
Ag = agent
AG = Aktiengesellschaft
Agcy = agency
AGEFI = Agence economique et financiere
AGM = annual general meeting
Agt = agent
AHC = Accepting Houses Committee
AI = artificial intelligence
AIB = American Institute of Banking
AIBD = Association of International Bond Dealers
AIBOR = Amsterdam interbank offered rate
AID = Agency for International Development
AICPA = American Institute of Certified Public Accountants
AIM = American Institute of Management
AIMS = Amsterdam Interprofessional Market System

AIRS = Australian Interest Rate Swaps
AITC = Association of Investment Trust Companies
AKA = Ausfuhrkredit-Gesellschaft
AKV = Deutsche Auslands Kassenverein Aktiengesellschaft
ALCO = asset-liability committee
ALGOL = algorithmic language
AMA = American Management Association; asset management account
AMBAC = American Municipal Bond Assurance Corporation
AMC = Agricultural Mortgage Corporation
AMEX = American Stock Exchange
AMF = Arab Monetary Fund
AMI = alternative mortgage instrument
AML = adjustable mortgage loan
AMOS = Amex Options Switching System
AMPS = Auction Market Preferred Stock
AMS = Automatic Order Matching and Execution System
AMT = alternative minimum tax
AMU = Asian Monetary Unit
AMVI = Amex Market Value Index
Annuit = annuitant
Anny = annuity
ANOVA = analysis of variance
ANSI = American National Standards Institute
AON = all or none
APACS = Association for Payment Clearing Services
APB = Accounting Principles Board; Auditing Practices Board
APEC = Asian Pacific Economic Cooperation
APIC = Arab Petroleum Investments Company
APL = a programming language
APR = annual percentage rate
APS = Auditing Practices Committee
APUT = Authorized Property Unit Trust
AR = annual return
Arb = arbitrageur
Arcru = Arab Currency-Related Unit
ARF = American Retail Federation
ARIEL = Automated Real-Time Investments Exchange
ARM = adjustable rate mortgage
ARPS = adjustable rate preferred stock
ARRO = adjustable rate refunding operation
A/s = after sight
Asap = as soon as possible
ASAS = American Shares Amsterdam System; Amsterdam Security Account System
ASB = Accounting Standards Board
ASC = Accounting Standards Committee; all savers certificate
ASCII = American standard code for information interchange
ASE = American Stock Exchange
ASEAN = Association of South East Asian Nations
ASEC = Asian Pacific Economic Group
ASL = admission of securities to listing
ASLO = Associated Scottish Life Offices
ASO = administrative services only
ASSET = Amsterdam Stock Exchange Trading System
ATM = automatic teller machine; Amsterdam Treasury Bond Market
ATPC = Association of Tin Producing Countries
ATRR = allocated transfer risk reserve
ATS = automatic transfer service
Av = average
AVC = average variable costs
AVCO = average cost
Aud = audit; auditor
AUTIF = Association of Unit Trusts and Investment Trusts
AWB = airwaybill

B

B = annual rate plus stock dividend (stock listings)
BAC = Business Advisory Council
Back = backwardation
BACS Ltd. = Bankers' Automated Clearing Services Ltd.
BAFT = Bankers Association for Foreign Trade
Bal = balance
BAN = bond anticipation note
Barg = bargain
BASIC = Beginner's All-Purpose Symbolic Instruction
BBA = British Bankers' Association
BBAIRS = BBA Interest Rate Swaps

BBB = Better Business Bureau
Bbls = barrels of oil
BC = bank clearing; blind copy
BCCI = Bank of Credit and Commerce International
Bcf = billion cubic feet of gas
BCV = barge carrying vessel
BD = bank draft; bills discounted; bond; brought up to date; bought down
B/D = broker-dealer
BE = bill of exchange; Bank of England
BECS = bearer eurodollar collateralized securities
BEHA = British Export Houses Association
Belfox = Belgian futures and options market
BENELUX = Belgium, Netherlands, Luxembourg
BERI index = Business Environment Risk Information index
BES = Business Expansion Scheme
BET = book entry transfer
BEU = BENELUX Economic Union
BF = brought forward; Banque de France; British Funds
BFCE = Banque Francaise du Commerce Exterieur
BFD = British Factors and Discounters
BFOQ = bona fide occupational qualification
BFP = bona fide purchaser
BIA = British Insurance Association
BIBOR = Bahrain interbank offered rate; Brussels interbank offered rate
BIC = bank investment contract
BIF = Bank Insurance Fund
BIFFEX = Baltic International Freight Futures Exchange
BIFU = Banking, Insurance and Finance Union
BIIBA = British Insurance and Investment Brokers' Association
BIMBO = Buy In/Management Buy-Out
BIN = bank identification number
BIS = Bank for International Settlements
BK = backwardation; bank
Bkg = banking; bookkeeping
Bkrp = bankrupt
BL = bill of lading
BLS = Bureau of Labor Statistics
BN = banknote

Bnkg = banking
BO = branch office; buyer's option; brought over
BoC = Bank of China
BoE = Bank of England; barrels of oil equivalent
BOLO = **Borrower's Option** - Lender's Option
BOM = beginning of the month
BONUS = borrowers' option for notes and underwritten stand-by
BOP = balance of payments; businessowners policy
BOT = balance of trade; bought; Board of Trustees
Bp = basis point
B/p = bills payable
BPW = Business and Professional Women's Foundation
BR = bills receivable; British Rail
B/r = bills receivable
BRMA = Brokers and Reinsurers Market Association (US)
BS = balance sheet; bill of sale; British Steel; Bureau of Standards
BSC = Building Societies Commission
BTN = Brussels Tariff Nomenclature
B/V = book value
BVCA = British Venture Capital Association
BW = bid wanted

C

C = cent; currency; contra; liquidating dividend (stock listings)
C/a = current account; capital account; credit account; chartered accountant; commercial agent
CAB = controlled amortization bond
CAC = Compagnie des agents de change
CACA = Chartered Association of Certified Accountants
CACM = Central American Common Market
CAD = cash-against-documents; capital adequacy directive
CAE = computer-assisted education
CAE = computer-assisted engineering
CAES = Computer Assisted Execution System

CAF = cost, assurance and freight
CAFR = Comprehensive Annual Financial Report
CAI = computer-assisted instruction
CAM = certified administrative manager
CAMEL = capital adequacy, asset quality, management quality, earnings, liquidity.
C&D = collected and delivered
C&F = cost and freight
C&I = cost and insurance; commercial and industrial
CAP = Common Agricultural Policy
CAPEX = capital expenditure
CAPM = capital asset pricing model
CAPs = calls and puts
CAPS = convertible adjustable preferred stocks
CARDs = certificates for amortizing revolving debt
CAR = computer-assisted retrieval
CARs = certificates for automobile receivables
CAT = customer activated terminal
CAT = computer-assisted transcription
CATS = certificates of accrual on Treasury securities; Computer Assisted Trading System
CATV = Community Antenna Television
CBA = cost benefit analysis
CBD = cash before delivery
CBD = central business district
CBI = Confederation of British Industries
CBK = checkbook
CBOE = Chicago Board Options Exchange
CBOT = Chicago Board of Trade
CBT = Chicago Board of Trade
CC = chamber of commerce; credit card; compte courant
CCAB = Consulting Committee of Accountancy Bodies
CCC = Commodity Credit Corporation
CCD = cash concentration & disbursement
CCH = Commerce Clearing House
CCUs = capital currency units
CD = certificate of deposit; carried down; commercial dock; cum dividend
C. div = cum dividend
C$ = constant dollars
CDR = continental depository receipt
CEA = Council of Economic Advisers
CEBS = certified employee benefit specialists

CED = Committee for Economic Development
CEDEL S. A. = Centrale de livraison de valeurs mobilières
CEIB = Central-European International Bank
Centrobank = Centro-Internationale Handelsbank
CEO = Chief Executive Officer
Cert = certificate
Certif = certificate
CETA = Comprehensive Employment and Training Act of 1975
CF = certificate; carried forward
CFA-France = Franc de la Communaute financiere Africaine; Franc de la cooperation en Afrique Centrale
CFC = chartered financial counselor
CFF = cooperative financing facility
CFI = cost, freight and insurance
CFO = Chief Financial Officer
CFP = certified financial planner
CFP-Franc = Franc des comptoirs Francais du Pacifique
CFTC = Commodity Futures Trading Commission
CGBR = central government borrowing requirement
CGL = comprehensive general liability (insurance)
CGO = Central Gilts Office
Cgo = contango
CGT = capital gains tax
CH = clearing house; custom house
CHAPS = Clearing House Automated Payments System
CHIPS = Clearing House Interbank Payments System
Chq = cheque
CI = consular invoice
C&I = commercial and industrial
Cia = compagnia
CIBOR = Copenhagen Interbank Offer Rate
Cie = compagnie
CIE = customer initiated entry
CIF = corporate income fund; cost, insurance, freight; customer information file
CIF&C = cost, insurance, freight and commission
CII = Chartered Insurance Institute
CIP = freight, carriage and insurance paid

CISCO = City Group for Smaller Companies
CITIC = China International Trust and Investment Corporation
Ck = check
CLAMS = Claims Management System
CLCB = Committee of London Clearing Bankers
Cld = called (bonds)
CLF = Central Liquidity Facility
CLO = computerized loan origination
CLOU = Currency Linked Outperformance Units
CLU = chartered life underwriter
CMA = cash management account
CME = Chicago Mercantile Exchange
CMEA = Council for Mutual Economic Assistance
CMO = collateralized mortgage obligation; Central Moneymarkets Office
CMSA = consolidated metropolitan statistical area
CMV = current market value
CN = credit note; consignment note
CNS = continuous net settlement
CO = cash order; certificate of origin
Co. = company
COB = Commission des operations de Bourse; close of business
COBOL = common business oriented language
COC = certificate of origin and consignment
COCOM = Coordinating Committee for Multilateral Export Controls (East - West Trade Policy)
COD = cash on delivery; collect on delivery
CODA = cash or deferred arrangement
COFACE = Compagnie francaise d'assurance pour le commerce exterieur
COFI = cost of funds index
COLA = cost of living adjustment
Collat = collateral
COLTS = continuously-offered-long-term securities
COMECON = Council for Mutual Economic Assistance
COMEX = Commodity Exchange
Com/I = commercial invoice
COMSAT = Communications Satellite Corporation

Con = consolidated
Consob = Commissione Nazionale per la societa e la Borsa
COO = Chief Operating Officer
Co-op = co-operative
Corp = corporation
Coy = company
CP = commercial paper
CPA = certified public accountant
CPD = Commissioner of Public Debt
CPFF = cost plus fixed fee
CPI = consumer price index
CPM = cost per thousand
CP/M = control program for microcomputer
CPA = certified public accountant
CPCU = chartered property and casualty underwriter
Cpn = coupon
CPI = consumer price index
CPPC = cost plus a percentage of cost
CPR = conditional prepayment rate
CPS - characters per second; certified professional secretary
CPSC = Consumer Products Safety Commission
CPU = central processing unit
Cr = current rate; carrier's risk; class rate; company's risk
CRA = Community Reinvestment Act
CRCE = Chicago Rice and Cotton Exchange
CRS = Corporate Readable Services
CRUF = collateralized RUF
CSBS = Conference of State Bank Supervisors
CSCE = Coffee, Sugar & Cocoa Exchange
CSE = Cincinnati Stock Exchange
CSI = Council of the Securities Industry; Commissioners Standard Ordinary Mortality Table
CSO = Central Selling Organization; Central Statistical Office
CSR = customer service representative
CSRC = China Securities Regulatory Commission
CST = Central Standard Time
CSVLI = cash surrender value of life insurance
CT = carat; credit; cent
CTA = Commodity Trading Advisor
CTP = corporate trade payment

CTR = continuous tender panel; currency transaction report
CTT = capital transfer tax
CTX = corporate trade exchange
Cum = cumulative
cum div = cum dividend
Cum pref = cumulative preference
CUNA = Credit Union National Association
CUSIP = Committee on Uniform Securities Identification Procedures
CV = convertible security
CVA = Company Voluntary Arrangement
CVR = contingent value right
Cvs = convertible securities
C/V = certificate of value
C/VO = certificate of value and origin
C'vr = cover
CWO = cash with order
cy = currency

D

d = denarius; penny; dime; dollar
DA = deposit account; days after acceptance
D/A = documents against acceptance
DAC = delivery against cost
DAF = delivered at frontier
D&B = Dun and Bradstreet
DBA = doing business as
DATES = daily adjustable tax-exempt securities
DC = deep discount issue
DCE = domestic credit expansion
DCFM = discounted cash flow method
DD = deep discount
DDB = double-declining-balance depreciation method
D-D Day = Drop Dead Day
DDP = delivered duty paid
DE = double entry
DEFRA = Deficit Reduction Act
Dely = delivery
DERV = diesel engine road vehicle
DES = data encryption standard
DF = damage free
DIDC = Depository Institutions Deregulation Committee
DIE = Designated International Exchange
DIF = data interchange format

DIPS = dollar interest payment securities
Dis = discount; at a discount
DISC = domestic international sales corporation
Disct = discount
Div = dividend
DJIA = Dow Jones Industrial Average
DJIN = Dow Jones Investor Network
DJTA = Dow Jones Transportation Average
DJUA = Dow Jones Utility Average
DK = don't know
DN = debit note
DNR = do not reduce
D/o = delivery order
D&O = directors and officers
DOC = drive other car insurance
DOS = disk-operating system
DOT = Designated Order Turnaroud
DOTS = Disignated Order Turnaround System
DOW = Dow Jones Industrial Average
D/P = documents against payment
DPI = disposable personal income
DR = deposit receipt; debtor; drawer
DS = debenture stock; days after sight
DSS = decision support system
DST = Daylight Saving Time
DTB = Deutsche Terminborse
DTC = Depository Trust Company; depository transfer check
DTI = Department of Trade and Industry
DUNS = Data Universal Numbering System (Dun's number)
DUS = dollar unit sampling
DVP = delivery versus payment
Dy = delivery

E

E = declared or paid in preceding 12 months (stock listings)
EAGLE = Enhanced Artificial Gold-linked Eurobond
E&OE = errors and omissions excepted
EB = early bargains
EBA = ECU Banking Association
EBIC = European Banks' International Company S. A.
EBIT = earnings before interest and taxes
EBRD = European Bank for Reconstruction and Development

EC = Eurocheque; European Commission; European Community
ECA = export credit agency
ECB = European Central Bank
ECGD = Export Credit Guarantee Department
ECI = Equity Capital for Industry
ECM = European Common Market
ECO = Expanded Co-Financing Operations
ECOA = Equal Credit Opportunity Act
ECOM = electronic computer originated mail
ECP = Euro-commercial paper
ECSC = European Coal and Steel Community
ECT = estimated completion time; electronic trade confirmation
ECU = European Currency Unit
EDC = Export Development Corporation
EDD = estimated delivery date
EDI = electronic data interchange
EDP = electronic data processing
EDR = European Depository Receipts
EDSP = exchange delivery settlement price
EEA = European Economic Area
EEC = European Economic Community
EEOC = Equal Employment Opportunity Commission
EES = European Economic Space
EFA = Electricity Forward Agreement
EFFA = European Federation of Financial Analyst Societies
EFL = external financing limit
EFMC = European Fund for Monetary Cooperation
EFP = exchange for physicals
EFT = electronic funds transfer
EFTA = European Free Trade Association
EFTPOS = electronic funds transfer at point of sale
EFTS = electronic fund transfer system
e. g. = exempli gratia (for example)
EGM = extraordinary general meeting
EIB = European Investment Bank
EID = Export Insurance Division
EIM = European Interprofessional Market
EIS = environmental impact statement
EKN = Export Kreditnamden
ELASS = Electronic Loss Advice and Settlement System
EMA = European Monetary Agreement
EMCF = European Monetary Co-operation Fund

EMGF = Emerging Markets Growth Fund
EMF = European Monetary Fund
EMH = efficient market hypothesis
EMI = European Monetary Institute
EMP = end-of-month payment
EMS = European Monetary System
EMU = European Monetary Union
EOA = effective on or about
EOD = every other day
EOE = European Options Exchange
EOM = end of month
EOQ = economic order quantity
EPA = Environmental Protection Agency
EPD = excess profits duty
EPIC = Electronic Price Information Computer
EPR = earnings price ratio
EPS = earnings per share
EPT = excess profits tax
EPU = European Payments Union
ERA = exchange rate agreement; Equal Rights Amendment
ERG = Export Risikogarantie
ERISA = Employee Retirement Income Security Act of 1974
ERM = exchange rate mechanism
ERTA = Economic Recovery Tax Act of 1981
ESCB = European System of Central Banks
ESF = Exchange Stabilization Fund
ESOPS = Employee Share Option Schemes
ESOP = Employee Stock Ownership Plan
ESQ = Esquire
Est = estimated
EST = Eastern Standard Time
ETA = estimated time of arrival
Et al = et alii (and others)
ETC = export trading company; electronic trade confirmation
Etc = etcetera
ETD = estimated time of departure
ETLT = equal to or less than
ETR = estimated total return
EU = European Union
EUA = European Unit of Account
EURCO = European Composite Currency Unit
Eurobank = Banque Commerciale pour l'Europe du Nord
EuroMTN = Euro medium-term note
EVCA = European Venture Capital Association

Ex cap = ex capitalization
Exch. = exchange
Ex cp = ex coupon
Ex div = ex dividend
EximBank = Export-Import Bank
Exp = export
Exps = expenses
Exs = expenses
Extra = exporter tender risk avoidance

F

F = flat; without interest; dealt in flat (bond listings)
FA = free alongside
Faa = free of all average
FAA = Federal Aviation Administration
Fac = facsimile
FACT = factor analysis chart technique
FAIR = fair access to insurance requirements
Fannie Mae = Federal National Mortgage Association; FNMA certificate
FAS = free alongside ship
FASB = Financial Accounting Standards Board
FASCONS = fixed term agreements of short term call options on Netherlands securities
FAT = fixed asset transfer
Fax = facsimile transmission
FB = freight bill
FCA = fellow of institute of chartered accountants
FCC = Federal Communications Commission
FCI = Finance Corporation for Industry; Factors Chain International
FCIA = Foreign Credit Insurance Association
FCII = Fellow of the Chartered Insurance Institute
FCM = futures commission merchant
Fco = franco
FCR = forwarders certificate of receipt
FCS = Farm Credit System
FCU = Federal Credit Union
FCUA = Federal Credit Union Administration
Fd = forward
FDA = Food and Drug Administration

FDIC = Federal Deposit Insurance Corporation
FECOM = Fond Europeen pour Cooperation Monetaire
Fed = Federal Reserve System
FEI = Far Eastern Index
FERARI = Floating Rate Eurodollar Repackaged Assets of the Republic of Italy
FESE = Far Eastern Stock Exchange
FET = Federal Excise Tax
FEX = First European Exchange
F&F = furniture and fixtures
FFA = Fellow of the Faculties of Actuaries in Scotland
FFB = Federal Financing Bank
FFCS = Federal Farm Credit System
FFI = Finance for Industry
FFIEC = Federal Financial Institutions Examination Council
FGA = free of general average
FGIC = Financial Guarantee Insurance Corporation
FHA = Federal Housing Administration; Finance House Association; Farmers Home Administration
FHFB = Federal Housing Finance Board
FHLBB = Federal Home Loan Bank Board
FHLMC = Federal Home Loan Mortgage Corporation
FI = fire insurance
FIA = Futures Industry Association; Fellow of the Institute of Actuaries in England
FIBOR = Frankfurt Interbank Offered Rate
FIBV = Federation internationale des Bourses de valeurs
FICA = Federal Insurance Contributions Act
FICB = Federal Intermediate Credit Bank
Fid = fiduciary
FIFO = first in, first out
FIGs = futures income and growth security
FII = franked investment income
FIMBRA = Financial Intermediaries, Managers and Brokers Regulatory Association
Fin = financial
Fin. div = final dividend
FINEX = Financial Instruments Exchange
FIO = first in and out
FIPS = foreign interest payment securities
FIRREA = Financial Institutions Reform, Recovery and Enforcement Act

FIRSTS = floating interest rate short tranche securities
FIT = federal income tax; free of income tax
FITW = federal income tax withholding
FLB = Federal Land Bank
FLSA = Fair Labor Standards Act
FMC = Federal Maritime Commission
FmHA = Farmers Home Administration
FMS = Financial Management Service
FMHA = Farmer's Home Administration
FMOC = Federal Open Market Committee
FMRR = financial management rate of return
FNMA = Federal National Mortgage Association (Fannie Mae)
FOB = free on board
FOC = free of charge
FOCUS = Financial and Operational Combined Uniform Single Report
FOFs = Futures and Options Funds
FOI = Freedom of Information Act
FOK = fill-or-kill order
FOMC = Federal Open Market Committee
FOQ = free on quay
FOR = free on rail/road
Forex = foreign exchange; foreign exchange transactions
Forex-Club = Association cambiste internationale
FOS = free on steamer
FOT = free of tax; free on truck
Fotra = free of all taxes to residents abroad
FOX = forward with optional exit; Futures and Options Exchange
FP = floating policy; fully paid
FPA = free of particular average
FPC = Federal Power Commission
FPM = flexible-payment mortgage
FPMI = Fellow of the Pensions Management Institute
FRA = Federal Reserve Act; forward rate agreement
FRABBA = Forward Rate Agreement British Bankers' Association
FRB = Federal Reserve Bank; Federal Reserve Board
FRC = free container
FRCD = floating rate certificate of deposit
FRCMO = floating rate CMO
FRD = Federal Reserve District

Freddie Mac = Federal Home Loan Mortgage Corporation; FHLMC certificate
FREIT = finite life real estate investment trust
FRN = floating rate note
FRO = forward reversing option
FROLIC = floating rate optional level installment credit
FRS = Federal Reserve System
Frt/pd = freight prepaid
FS = final settlement
FSA = forward spread agreement; Financial Services Act
FSB = Federal Savings Bank
FSC = foreign sales corporation
FSLIC = Federal Savings and Loan Insurance Corporation
FSO = Fund for Special Operations
FST = Financial Services Tribunal
FT = Financial Times
FTA = Financiele Termijnmarkt Amsterdam; Financial Times Actuaries All Share Index
FTC = Federal Trade Commission
FTI = federal tax included
FTO = Financial Times Industrial Ordinary Shares Index; foreign trade organization
FTS = Federal Telecommunication System
FT-SE = **Financial Times** - Stock Exchange
FVO = for valuation only
Fwd = forward
Fx = foreign exchange; foreign exchange transactions
FUTA = Federal Unemployment Tax Act
FY = fiscal year; financial year
FYA = for your attention
FYI = for your information

G

G = guinea; dividends and earnings in Canadian dollars (stock listings)
G-5 = Group of Five
G-7 = Group of Seven
G-10 = Group of Ten
G-20 = Group of Twenty
G-30 = Group of Thirty
G/a = general average
GAAP = generally accepted accounting principles

GAAS = generally accepted auditing standards
GAB = General Agreement to Borrow
GAI = guaranteed annual income
GAINS = growth and income securities
GAO = General Accounting Office
GAP = General Accounting Principles
Garkrebo = Garantie und Kredit Bank fur den Osten GAS = Government Accounting Service
GASB = Governmental Accounting Standards Board
Gats = general agreement on trade in services
GATT = General Agreement on Tariffs and Trade
GAW = guaranteed annual wage
Gd = grand
GDP = gross domestic product
GDR = global depository receipts; German Democratic Republic
Gds = goods
GE = gilt-edged; Germany
GEM = growing equity mortgage
GEMM = Gilt-Edged Market-Makers
GEMMA = Gilt-Edged Market-Makers Association
Ges = Gesellschaft
GFOFs = Geared Futures and Options Funds
Ginnie Mae = Government National Mortgage Association
GIC = guaranteed income contract
GIGO = garbage in, garbage out
GIM = gross income multiplier
GM = general manager
GMAC = General Motors Acceptance Company
GmbH = Gesellschaft mit beschraenkter Haftung
GMC = guaranteed mortgage certificate
GNF = Global Note Facility
GNMA = Government National Mortgage Association
GNP = gross national product
GO = general obligation
G-O bonds = general obligation bonds
GOB = going-out-of-business sale
GP = general purpose
GPM = graduated payment mortgage
GPO - Government Printing Office
GPR = guaranteed premium reduction insurance
GRIP = guaranteed recovery of investment principle
GRM = gross rent multiplier
GSCI = Goldman Sachs Commodity Index
GSCTRI = Goldman Sachs Commodity Total Return Index
GTC = good-till-canceled order
Gtd = guaranteed
GTM = good this month
GTW = good this week
GUN = Grantor Underwritten Note

H

H = hundred; declared or paid after stock dividend or split-up (stock listings)
HELIBOR = Helsinki interbank offered rate
H/F = held for
HFR = hold for release
HIBOR = Hong Kong interbank offered rate
HICA = high interest checking account
HKSE = Hong Kong Stock Exchange
HMO = health maintenance organization
HOBS = Home and Banking System
HOMES = Home Owner Mortgage Eurosecurities
HOW = Homeowner Warranty Plan
HQ = headquarters
HR = House of Representatives (bill)
HSI = Hang Seng Index
HUD = Housing and Urban Development Department

I

I - paid this year, dividend omitted, deferred or no action taken at last dividend meeting (stock listings)
IADB = Inter-American Development Bank
IAIC = Inter-American Investment Corporation
IAOECH = International Association of Options Exchanges and Clearing Houses
IASC = International Accounting Standards Committee
IBAA = Independent Bankers Association of America
IBEC = International Bank for Economic Cooperation

IBES = Institutional Broker's Estimate System
IBFs = International Banking Facilities
IBMPC = IBM personal computer
IBNR = incurred but not reported/received
IBOS = Inter Bank Online System
IBRD = International Bank for Reconstruction and Development
ICB = International Correspondent Banker
ICC = Income capital certificate; Interstate Commerce Commission
ICCH = International Commodities Clearing House
ICFC = Industrial and Commercial Finance Corporation
ICFTU = International Confederation of Free Trade Unions
ICMA = Institute of Cost and Management Accountants
ICON = index currency option note
ICS = Investors Compensation Scheme
IDA = International Development Agency
IDB = inter dealer broker; Inter-American Development Bank; industrial development bond
IDCA = International Development Cooperation Agency
IDs = international dealers
IDR = international depository receipt
IEPA = Intra-European Payments Union
IET = Interest Equalization Tax
IFA = Independent Financial Adviser
IFC = International Finance Corporation
IFIs = international financial institutions
IFMA = Institutional Fund Managers Association
IFPC = integrated financial planning system
IHA = Issuing Houses Association
IIB = International Investment Bank
IIF = Institute of International Finance
III (3I) = Investors in Industry
I/L = import license
ILA = International Longshoremen's Association
ILGWU = International Ladies' Garment Workers' Union
ILO = International Labor Organization
ILU = Institute of London Underwriters
IMF = International Monetary Fund
IMM = International Monetary Market of the Chicago Mercantile Exchange
IMRO = Investment Managers Regulation Organization
Inc. = incorporated
Ind = index
Inst. = instant
INSTINET = Institutional Networks Corporation
Int = interest
Int Cr = interest credited
Inter = intermediate
INTEX = International Futures Exchange
Invt = inventory
IO = interest only
I-O = input-output
IOC = immediate-or-cancel order
IoD = Institute of Directors
IOSCO = International Organization of Securities Commissions
IOU = I owe you
IPC = Investment Protection Committee
IPD = interest, profits, dividends
IPE = International Petroleum Exchange
IPMA = International Primary Market Association
IPO = initial public offering
IR = investor relations
IRA = individual retirement account
IRB = industrial revenue bond
IRC = interest rate cap
IRG = interest rate guarantee
IRR = internal rate of return
IRS = Internal Revenue Service
ISAR = International Standards of Accounting and Reporting
ISBN = international standard book number
ISC = Institutional Shareholders Committee
ISD = Investment Services Directive
ISDA = International Swap Dealers Association
ISE = International Stock exchange
ISMA = International Securities Market Association
ISO = International Standardization Organization; Insurance Service Office
ISSN = international standard serial number
IT = income tax
ITC = international trading certificate; investment tax credit
ITM = in the money
ITS = Inter-Market Trading System

Iv = increased value; invoice value
IVA = individual voluntary arrangement

J

JA = joint account
JBRI = Japan Bond Research Institute
JCRA = Japan Credit Rating Agency
Jeep = graduated payments mortgage
JEC = Joint Economic Committee of Congress
Jexim = Japan export-import bank
JGB = Japanese government bond
JMI = joint market initiative
jnt. stk. = joint-stock
JOM = Japanese off-shore market
JR = junior
JSDA = Japanese Securities Dealers Association
JTPA = Job Training Partnership Act
JV = joint venture

K

K = declared or paid this year on a cumulative issue with dividends in arrears (stock listings); kilo- (prefix meaning multiplied by one thousand)
KCBT = Kansas City Board of Trade
KD = knocked-down
KfW = Kreditanstalt fuer Wiederaufbau
KISS = keep it simple stupid
KK = Kabushiki-Kaisha (Japanese stock company)
KNI = Kam Ngan Index
KW = kilowatt
KWH = kilowatt-hour
KYC = know your customer rule

L

L = listed
L/A = letter of authority; letter of advice
LAB = local authority bond
LAN = local area network
LAUTRO = Life Assurance and Unit Trust Regulatory Organization
LAW = lean against the wind
LBO = leveraged buy-out
L/C = letter of credit
LCD = liquid crystal display
LCE = London Commodity Exchange
LCH = London Clearing House
LCL = less-than-carload lot
LCM = lower-of-cost-or-market; least common multiple
LDC = less developed country
LDE = London Derivatives Exchange
LDMA = London Discount Market Association
LETS = Local Exchange Trading Systems
LEXIS = Legal Exchange Information Service
L/I = letter of intent
LIA = Life Insurance Association
LIBC = Lloyd's Insurance Brokers Committee
LIBID = London interbank bid rate
LIBOR = London interbank offered rate
LIC = Life Insurers Conference
LICOM = London interbank currency options market
LIFFE = London International Financial Futures Exchange
LIFO = last in, first out
LILO = last in, last out
LIMEAN = London interbank mean (median average) rate
LIMRA = Life Insurance Marketing and Research Association
LIP = life insurance policy
LIRC = low interest rate countries (scheme)
LIRMA = London Insurance and Re-insurance Market Association
LMD = London Market Datafeed
LME = London Metal Exchange
LMRA = Labor-Management Relations Act
LOA = Life Offices Association
LOBO = **Lender's Option** - Borrower's Option
LOMA = Life Office Management Association
LP = limited partnership
LPG = liquefied petroleum gas
LPOs = loan production offices
LR = large range
LSE = London Stock Exchange
Ltd. = limited
LTL = less than truckload
LTOM = London Traded Options Market

LTV = loan-to-value ratio
LUPAC = Life Underwriter Political Action Committee
LUTC = Life Underwriter Training Council
LUXIBOR = Luxembourg interbank offered rate
LYON = liquid yield option note

M

M = matured bonds (bond listings); mill- (divided by 1 thousand); mega- (multiplied by 1 million); one thousand (Roman numeral)
MACE = MidAmerica Commodity Exchange
M&A = mergers and acquisitions
MAC = message authentication code
MAI = member, Appraisal Institute
M&L = matched and lost
MAPAS = Members' Agents Pooling Arrangements (Lloyds)
Mart = market
MATIF = Marche a terme d'instruments financiers
Max = maximum
MBA = master of business administration
MBIA = Municipal Bond Insurance Association
MBO = management by objective
MBSs = mortgage-backed securities
MBWA = management by walking around
MC = marginal credit
M-CatS = municipal certificates of accrual on tax-exempt securities
MCT = mainstream corporation tax
MD = months after date
MDB = multilateral development bank
ME = Montreal Stock Exchange
MECS = marketable eurodollar collateralized securities
MEFF = Mercado de Futuros Financieros
Merc = (Chicago) Mercantile Exchange
MESA = Mutual ECU Settlement Account
MFN = most-favored-nation
MGE = Minneapolis Grain Exchange
MGIC = Mortgage Guaranty Insurance Corp.
MGM = milligram
MHR = member of the House of Representatives

MIB = Indice Borsa Valori di Milano
MICR = magnetic ink character recognition
MIF = Mercato Italiano Futures
MIG = Moody's investment grade
MIMC = member of the Institute of Management Consultants
Min = minimum
MINI = mortgage intermediary note issue
MIPS = maximum investment plans
MIRAS = mortgage interest relief at source
MIS = management information system
Misc = miscellaneous
MISE = Moscow International Stock Exchange
MIT = market-if-touched; municipal investment trust
MITI = Ministry of international trade and industry (Japan)
Mkt = market
MLR = Minimum Lending Rate
MLS = multiple listing service
MM = millimeter
MMC = money market certificate; Monopolies and Mergers Commission
MMDA = money market deposit account
MMF = money market fund
MMI = Major Market Index
MMMF = money market mutual fund
MMP = money market preferred stock
MNB = Moscow Narodny Bank
MNC = multinational corporation
MO = money order; modus operandi
MOC = market on close order
MOF = multi-option facility; Ministry of Finance
MOFF = multi-option funding facility
Mort = mortgage
MPA = multiple placing agency
MPC = marginal propensity to consume
MPDS = Market Price Display Service
MPS = marginal propensity to save
MPT = modern portfolio theory
MQS = minimum quote size
MR = medium range
MSA = metropolitan statistical area
MSB = mutual savings bank
MS-DOS = microsoft disk operating system
MSE = MidWest Stock Exchange
MSI = Member of the Securities Institute
MSRB = Municipal Securities Rulemaking Board

MST = Mountain Standard Time
MT = mail transfer
MTFS = Medium-Term Financial Strategy
MTM = medium term notes
MTNs = medium-term notes
MTM = methods-time measurement
MTTN = multi tranche tap note
MTU = metric units
MU = monetary unit
MYRA = multiyear rescheduling agreement
MVI = Market Volatility Index
MWCA = monetary working capital adjustment

N

N = new issue (stock listings)
NA = national association (national bank)
NAA = National Association of Accountants
NAARS = national automated accounting research system
NACHA = National Automated Clearing House Association
Nadbank = North American Development Bank
NAFTA = North American Free Trade Agreement
NAHB = National Association of Homebuilders
NAIC = National Association of Investment Clubs; National Association of Insurance Commissioners
NAM = National Association of Manufacturers
NAPA = National Association of Purchasing Agents
NAPF = National Association of Pension Funds
NAR = National Association of Realtors
NASA = National Aeronautics and Space Administration
NASAA = North American Securities Administrators Association
NASD = National Association of Securities Dealers
NASDAQ = National Association of Securities Dealers Automated Quotations
NASDIM = National Association of Securities Dealers and Investment Managers
NATO = North Atlantic Treaty Organization
NAV = net asset value
NBS = National Bureau of Standards
NBSS = National Bank Surveillance System
NC = no charge
NCM = Nederlandsche Credietverzekering Maatschappij
NCUA = National Credit Union Administration
NCV = no commercial value
ND = no date; not dated; next day delivery
NDJA = Nikkei-Dow Jones Average
NEDC = National Economic Development Council
NEMS = National Exchange Market System
NF = no funds
NFA = National Futures Association
NH = not-held
NIC = net interest cost
NICs = newly industrialized countries
NIESR = National Institute of Economic and Social Research
NIF = note issuance facility
NILO = National Investment and Loans Office
NINOW account = non-interest bearing NOW account
NIM = net interest margin
NIP = normal investment practice
NISP = Nippon Investors Service Incorporated
NIT = negative income tax
NL = no load
NLRA = National Labor Relations Act
NLRB = National Labor Relations Board
NMAB = National Market Advisory Board
NMB = National Mediation Board
NMS = National Market System
NNP = Net National Product
N/O = no orders
NOI = net operating income
NOL = net operating loss
NOPEC = non-oil producing and exporting countries
NOW = negotiable order of withdrawal; National Organization for Women
NP = no profit; notes payable; net proceeds; no protest; notary public
NPV = no-par-value; net present value
NQB = National Quotations Bureau; no qualified bidders

NR = not rated; no risk
NSBA = National Small Business Association
NSCC = National Securities Clearing Corporation
NSF = not sufficient funds
NSTS = National Securities Trading System
NTT = Nippon Telegraph and Telephone Company
NTU = normal trading unit
Numis = numismatics
NV = Naamloze Vennootschap
NYBOR = New York interbank offered rate
NYCE = New York Cotton Exchange
NYCSCE = New York Coffee, Sugar and Cocoa Exchange
NYCTN, CA = New York Cotton Exchange, Citrus Associates
NYFE = New York Futures Exchange
NYM = New York Mercantile Exchange
NYME(X) = New York Mercantile Exchange
NYSAC = New York Securities Auction
NYSE = New York Stock Exchange

O

O = old (option listings)
O/A = on account
OAG = official airline guide
OAPEC = Organization of Arab Petroleum Exporting Countries
OAR = overall rate of return
OARS = Opening Automated Report Service
OASI = old-age and survivors insurance
OB = or better
OBU = off-shore banking unit
OBV = on-balance volume
OC = operations committee
OCC = Office of Comptroller of the Currency; Options Clearing Corporation
OD = overdraft; overdrawn; on demand
ODA = overseas development assistance
OECD = Organization for Economic Co-operation and Development
OEEC = Organization for European Economic Cooperation
OEIC = Open-Ended Investment Company
OFT = Office of Fair Trading
OGL = open general license

O/H = overheads
OID = original issue discount
OILSR = Office of Interstate Land Sales Registration
OLTP = on-line transactions processing
OJT = on-the-job training
OMB = Office of Management and Budget
O/O = order of
OPALS = Optimized Portfolio As Listed Securities
OPD = opening delayed
OPEC = Organization of Petroleum Exporting Countries
OPIC = Overseas Private Investment Corporation
OPM = options pricing model; other people's money
OpsCom = operations committee
OR = operations research
Ord = ordinary share
OREO = other real estate owned
O/S = on sale; out of stock
OSHA = Occupational Safety and Health Act
O/T = overtime
OTC = over-the-counter
OTB = open-to-buy
OTC = over the counter
OTS = Office of Thrift Supervision
OW = offer wanted
OZ = ounce
OZT = ounce troy

P

P = put option; paid this year (stock listings)
PA = power of attorney; public accountant; particular average; purchasing agent
P/A = private account
P. A. = per annum
PAC = put and call
P&L = profit and loss
PAM = pledged account mortgage
PAN = primary account number
P&L account = profit and loss account
P&P = postage and packing
PAYE = pay-as-you-earn
PBC = People's Bank of China
PBGC = Pension Benefit Guaranty Corporation

PBX = private branch exchange
PC = participation certificate; petty cash
PC-DOS = personal computer disk operating system
PD = paid; port dues
P/D = post-dated
P/E = price/earnings
PEFCO = Private Export Funding Corporation
PEP = personal equity plan
PER = price/earnings ratio
PERCS = preferred equity redemption cumulative stock
PERL = principal exchange rate linked security
PERT = program evaluation and review technique
PETS = Potentially Exempt Transfers
PF = preferred stock; programmable function key
PFD = preferred stock
PHC = personal holding company
PHLX = Philadelphia Stock Exchange
P&I = principal and interest payment
PIA = Personal Investment Authority
PIBOR = Paris interbank offered rate
PIBS = Permanent Interest Bearing Shares
PIK = payment in kind
PIN = personal identification number
PINCS = Property Income Certificates
PIP = performance indexed paper
PIRG = public interest research group
PITI = Principal, Interest, Taxes, Insurance
PL = price list
PLAM = price level adjustment mortgage
P/L = profit and loss
PLC = public limited company
PM = premium
PMI = private mortgage insurance
PMSA = primary metropolitan statistical area
PN = promissory note; project note
PO = principal only
POA = power of attorney
POD = pay on delivery; proof of deposit
POE = port of embarkation; port of entry
POFIA = Prevention of Fraud Investment Act 1958
POR = pay on return
PORTAL = Private Offering Resales and Trading through Automated Linkages
POS = point-of-sale

POSB = post office savings bank
POSS = point-of-sale system
PPD = prepaid
PPI = producer price index
PPP = purchasing power parity
PPS = prior preferred stock
PR = public relations; preferred stock
PRAG = Pensions Research Accountants Group
Prem = premium
PRIME = prescribed right to income and maximum equity
PRONED = Promotion of Non-Executive Directors
Prop = proprietor
PRT = petroleum revenue tax
PS = purchase and sell; postscript
PSA = Public Securities Association; public-service announcement; Public Sector Association
PSAF = private sector adjustment factor
PSBR = public sector borrowing requirement
PSE = Pacific Stock Exchange; Prague Stock Exchange
PSL = private sector liquidity
PST = Pacific Standard Time
Pt = platinum
Pte = private
Pty = proprietary company
PU = public utilities
PUC = Public Utilities Commission
PUF = prime underwriting facility
PUHCA = Public Utility Holding Company Act of 1935
Pur = purchase
PV = present value
PVD = planned unit development
PVR = profit/volume ratio
PWLB = Public Works Loan Board
PX = please exchange

Q

QB = qualified buyers
QC = quality control
QI = quarterly index
QR = quarter
QT = questioned trade
Q-tip (QTIP) = qualified terminable interest property trust

Qtr = quarter
Quot = quotation
QWL = quality of work life

R

R = register; declared or paid in the preceding 12 months plus stock dividend (stock listings); option not traded (option listings)
R4 = Registered Representative Rapid Response System
RAFT = revolving acceptance facility by tender
RAM = reverse annuity mortgage; random-access memory
RAN = revenue anticipation note
R&D = research and development
RAP = regulatory accounting principles
RBPs = restrictive business practices
RCF = revolving credit facility
RCH = recognized clearing house
RCIA = Retail Credit Institute of America
RCMM = registered competitive market maker
RCPC = regional check processing center
Rcpt = receipt
RD = refer to drawer
RDPR = refer to drawer, please represent
RDR = Russian depository receipt
RE = with reference to
Red = redemption
Refcorp. = Resolution Funding Corporation
REIT = real estate investment trust
Regd = registered
Rem = remittance/remitted
REMIC = real estate mortgage investment conduit
REO = real estate owned
REPO = repurchase agreement (sale and repurchase agreement)
RESPA = Real Estate Settlement Procedures Act
RETS = Russian equity trusts
RFC = Resolution Funding Corporation; regulated futures contract
RFDI = receiving depository financial institution
RFP = request for proposals
RIE = recognized investment exchange

R&M = repair and maintenance
ROA = return on assets
ROC = return on capital
ROCE = return on capital employed
ROE = return on equity
ROG = receipt of goods
ROI = return on investment
Ro/Ro = roll on/roll on
ROM = read-only memory
ROP = registered options principal
ROR = release on recognizance
ROS = return on sales
RP = repurchase agreement (sale and repurchase agreement)
RPB = recognized professional bodies
RPI = retail price index
RR = registered representative
RRA = reserve recognition accounting
RRM = renegotiated-rate mortgage
RRP = reverse repurchase agreement
RSUs = remote service units
RT = royalty trust
RTC = Resolution Trust Corporation
RTW = right to work
RUF = revolving underwriting facility

S

S = stock dividend; split; shilling; semi-annual interest payments; no option offered (option listings); signed; split or stock dividend (stock listings)
SA = societe anonyme; Sociedad Anonima; societa anonima
SAA = special arbitrage account
SAB = special assessment bond
SACE = Sezione specifiche per l'assicurazione del credito all'esportazione
SAEC = State Administration of Exchange Control
SAEF = Seaq Automated Execution Facility
SAGITTAIRE = Systeme de compensation electronique de la Banque de France
SAIF = Savings Association Insurance Fund
Sallie Mae = Student Loan Marketing Association
S&FA = shipping and forwarding agents
SG&A = selling, general, and administrative expenses
S. &h. e. = Saturdays, holidays excepted

S&L = savings and loan association; sale and lease-back
S&P = Standard and Poor's Corporation
S&P 500 = Standard and Poor's (Composite) 500 Index
SAM = shared appreciation mortgage
SAMA = Saudi Arabia Monetary Agency
SAPCO = single asset property companies
Sarl = Societe a responsabilite limitee
SAX = Stockholm Automated Exchange
SAYE = save-as-you-earn
SB = savings bond; short bill; savings bank; US Senate Bill
SBA = Small Business Administration
SBF = Societe des Bourses Francaises
SBIC = small business investment company
SBLI = savings bank life insurance
SCORE = special claim on residual equity; Service Corps of Retired Executives
SCOUT = shared currency option under tender
SD = sight draft; standard deduction; shillings, pence
SDB = special district bond
SDBL = sight draft, bill of lading attached
SDR = Special Drawing Rights
SDS = sundries
SE = Stock Exchange; shareholders' equity
SE&O = salve errore et omissione
SEAQ = Stock Exchange Automated Quotation system
SEAT = Stock Exchange Automated Trading system
SEBI = Securities and Exchange Board of India
SEC = Securities and Exchange Commission
Secs = securities
SEDOL = Stock Exchange Daily Official List
SEGA = Schweizerische Effekten-Giro AG
SEM = shared-equity mortgage
SEMB = Stock Exchange Money Brokers
Sen = Senator
SEOYB = Stock Exchange Official Year Book
SEP = simplified employee pension
SEPON = Stock Exchange Pool Nominees
SERPS = state earnings related pensions scheme
SESC = Securities and Exchange Surveillance Commission (Japan)
SESI = Stock Exchange of Singapore Index
SET = Stock Exchange of Thailand
SF = sinking fund
SFA = Securities and Futures Authority
SFC = Securities and Futures Commission (Hong Kong)
SFF = Supplementary Financing Facility
SFO = Serious Fraud Office
SG&A = selling, general and administrative expenses
Sh = shilling
Shex = Saturdays, holidays excepted
Shinc = Saturdays, Sundays, holidays included
SI = Securities Institute
SIA = Securities Industry Association
SIAC = Securities Industry Automation Corporation
SIB = Securities and Investment Board
SIBOR = Singapore interbank offered rate
SIC = standard industrial classification
SICOVAM = Societe interprofessionelle pour la compensation des valeurs mobilières
SIMEX = Singapore International Monetary Exchange
SINEX = Singapore Futures Exchange
SIPA = Securities Investor Protection Act 1970
SIPC = Securities Investor Protection Corporation
SIPP = self-invested pension plan
SITC = Standard International Trade Classification
Sl = sold
SKU = stock-keeping unit
Sld = sold
SLMA = Student Loan Marketing Association
SLO = stop-limit order; stop-loss order
SMA = Society of Management Accountants; special miscellaneous account
SML = securities market line
SMP = special multiperil policy
SMSA = standard metropolitan statistical area
SN = stock number; securities number; shipping note
Snafu = situation normal, all fouled up
SNB = Swiss National Bank
SNIF = short-term NIF; stand-by NIF
SO = seller's option

SOFE = Sweden Options and Futures Exchange
SOFFEX = Swiss Options and Financial Futures Exchange
SOP = stock ownership plan; standard operating procedure
Sov = sovereign
SOYD = sum of the years' digits method
SP = stop payment; supra protest
SPA = sole placing agency
SpA = societa per azioni
SPDA = singe premium deferred annuity
SPI = Swiss Performance Index
SPIDRS = Standard & Poor's Depository Receipts
SPINS = Standard and Poor's 500 indexed subordinated notes
SPOTS = single property ownership trusts
SPQR = small profits, quick return
SPRL = Societe de Personnes a Responsabilite Limitee
Sr = senior
SRL = Societa a Responsabilita Limitata
SROs = self regulatory organizations
SRP = salary reduction plan
SRT = spousal remainder trust
SS = social security
SSA = Social Security Administration
SSAP = Statements of Standard Accounting Practice
SSAS = small self-administered pension schemes
SSC = small saver certificate
STAGS = sterling transferable accruing government securities
STARs = securities transferred and repackaged
STB = special tax bond
St. Ex. = Stock Exchange
STF = stock transfer form; Systemic Transformation Facility
Stg = sterling
STIBOR = Stockholm interbank offered rate
STII = Straits Times Industrial Index
STP = specialized tender panel
STRIPE = Swap Transferring Risk with Participating Element
STRIPES = securities transferred and repackaged into pound equivalent securities
STRIPS = separate trading of registered interest and principal of securities

SU = set up
SWIFT = Society for World-Wide Interbank Financial Telecommunications
SWOT = strengths, weaknesses, opportunities, threats
Sy. Crs = sundry creditors
Sy. Drs = sundry debtors

T

T- = Treasury (e. g. T-bill)
TA = trade acceptance; transfer agent
TAB = tax anticipation bill
TALISMAN = Transfer Accounting, Lodgment for Investor, Stock Management for Jobbers
T. &E. = travel and entertainment
TAN = tax anticipation note
TAURUS = Transfer and Automated Registration of Uncertificated Stock
TB = Treasury bill
TBA = to be announced
TBL = through bill of lading
TBT = TALISMAN bought transfer
TC = traveler's check; till canceled; Tax Court of the USA
TD = time deposit
TDR = transfer development rights
TEFRA = Tax Equity and Fiscal Responsibility Act of 1982
Temp = temporary
TEPCO = Tokyo Electric Power Company
TESSA = tax-exempt special savings schemes
TFE = Toronto Futures Exchange
TGA = Treasury general account
Thro B/L = through bill of lading
TIC = true interest cost
TIGR (TIGER) = Treasury investment (investors) growth receipt
TIN = taxpayer identification number
TIP = to insure promptness
TL = trade-last; truckload
TLF = transferable loan facility
TLO = total loss only
TM = trade mark
TMC = The Mortgage Corporation
TMO = telegraphic money order
T/N = tomorrow-next
TO = telegraphic (money) order
TOPIC = Teletext Output of Price Information by Computer

TOPIX = Tokyo Stock Exchange Price Index
TQ = tel quel
TR = Treasury Receipts
Trans = transaction
Treas = treasurer
Tree = trustee
TREMs = trade-related environmental measures
Trf = transfer
TRIMs = trade-related investment measures
TRIPS = Toll Revenues Indexed Participation Securities
TrRb = transferable ruble
TRUF = transferable RUF
TSA = The Securities Association
TSE = Tokyo Stock Exchange; Toronto Stock Exchange
TST = TALISMAN sold transfer
TT = telegraphic transfer; testamentary trust
TT&L = Treasury tax and loan
TTC = tender to contact
TVA = Tennessee Valley Authority

U

U/A = underwriting account
UAW = United Automobile Workers
UCC = Uniform Commercial Code
UCM = unlimited corporate member
UCPDC = Uniform Customs and Practices for Documentary Credits
UGMA = Uniform Gifts to Minors Act
UIT = unit investment trust
UL = Underwriters' Laboratories
ULC = Underwriters' Laboratories of Canada
ULCC = ultra large crude carrier
ULI = Underwriters' Laboratories Inc.
ULS = unsecured loan stock
Ult. = ultimo
UMLER = Universal Machine Language Equipment Register
UMW = United Mine Workers
UN = United Nations
UNSTAD = United Nations Conference on Trade and Development
UPC = Uniform Practice Code
UPS = United Percel Service
US = United States
USA = United States of America
USBS = United States Bureau of Standards
USC = United States Code
USCC = United States Chamber of Commerce
USIT = unit share investment trust
USITC = U. S. International Trade Commission
USJCC = United States Junior Chamber of Commerce (Jaycees)
USM = Unlisted Securities Market
USS = United States Senate
UTA = Unit Trust Association
UW = underwriter

V

VA = Veterans' Administration
VAT = value added tax
VCR = variable coupon renewable
VD = volume deleted
Veep = vice president
VERs = voluntary export restraints
VFM = value for money
VI = in bankruptcy or receivership; being reorganized; securities assumed by such companies
VIP = very important person
VL = Value Line Investment Survey
VLCC = very large crude carriers
Vol = volume
VP = vice president
VRM = variable rate mortgage
VSE = Vancouver Stock Exchange
VTC = voting trust certificate

W

WAC = weighted average coupon
WAM = weighted average maturity
WART = weighted average remaining term
WATS = wide area telephone service
WB = waybill
WCA = Workmen's Compensation Act
WCE = Winnipeg Commodity Exchange
WD = when distributed
WDV = written down value
WHOOPS = Washington Public Power Supply System
WI = when issued

WINGS = warrants into negotiable government securities
WIP = work in process
Wp = with permission
Wpa = with particular average
WPI = wholesale price index
WR = warehouse receipt
WSJ = Wall Street Journal
WT = warrant
W/Tax = withholding tax
WTO = World Trade Organization
WW = with warrants

X

X = ex interest
XA = ex all
XC = ex capitalization; ex coupon
X. cp. = ex coupon
XD = ex dividend
X-Dis = ex distribution
X. div = ex dividend
XI = ex interest
X. int = ex interest
XN = ex new
X. pr. = ex privileges

XR = ex rights
XW = ex warrants

Y

Y = yard; year; ex dividend and sales in full
Y/A = York-Antwerp rules
YCAN = yield curve adjustable note
YLD = yield
YTAL = yield to average life
YTB = yield to broker
YTC = yield to call
YTD = year-to-date
YTM = yield to maturity
YTP = yield to put

Z

Z = zero
ZBA = zero-bracket amount
ZBB = zero-based budgeting
ZEBRAS = zero coupon eurosterling bearer or registered accruing securities
ZPG = zero population growth
ZR = zero coupon bonds (issue)

Библиография

Aussenwirtschafts-Alphabet. - Frankfurt a. M.: Deutsche Bank, 1986.
Coninx R. Foreign Exchange Dealer's Handbook. - Hamburg, 1982.
Dictionary of Economics and Business/ Ed. by S. E. Stiegler. - L., 1986.
Downes J., Goodman J. E. Dictionary of finance and Investment terms. - N. Y. - L. - Toronto - Sydney: Barrons, 1987.
Fitch Thomas P. Dictionary of Banking Terms. - N. Y. - L. - Toronto - Sydney: Barrons, 1990.
Fawcett F. D. Cyclopedia of Initials and Abbreviations. - L., 1963.
Foreign Exchange Quotations Edition 1988/89.-Zurich, Union Bank of Switzerland, 1981.
Friedman J. P. Dictionary of Business Terms. - N. Y. - L. - Toronto - Sydney: Barrons, 1987.
A Glossary of Financial and Investment Terms. - L. - Corben's Financial Publications Limited. - М., ИМЭМО, 1988.
Gilpin A. Dictionary of Economic Terms. - L., 1987.
Hindle T. The Economist Pocket Banker. - Oxford - N. Y., 1990.
Klein G. Dictionary of Banking. - L.: Pitman, 1992.
Link A. N., Woelfel C. J. The Complete Executive's Encyclopedia of Accounting, Finance, Investing, Banking and Economics. - Chicago: Probus Publishing Company, 1989.
Munn G. G. Encyclopedia of Banking and Finance. - Boston, 1962.
Nisberg J. N. The Random House Handbook of Business Terms. - N. Y., 1988.
Perry F. E. A Dictionary of Banking. - Plymouth, 1983.
Phithian B. A. A concise Dictionary of English Slang. - L., 1984.
A Reference Guide to Banking and Finance. - Washington, 1985.
Slater J. A. Pitman's Business Man's Guide. - L., 1921.
Taylor P. A New Dictionary of Economics. - L., 1966.
Thomson's Dictionary of Banking. - L., 1978.
UBS Dictionary of Banking and Finance. - Zurich, Union Bank of Switzerland, 1981.
Valentine S. International Dictionary of the Securities Industry. - L., 1978.
Англо-русский толковый словарь по бизнесу. - М.: Арт-Бизнес-Центр, 1992.
Англо-русский экономический словарь/ Под ред. Цаголовой. - М.: Изд-во Московского университета, 1976.
Большой англо-русский словарь. В 2-х томах. - М.: Русский язык, 1979.
Валюты стран мира: Справочник. - М.: Финансы, 1976.
Валюты стран мира: Справочник. - М.: Финансы и статистика, 1987.
Великобритания. Лингвострановедческий словарь. - М.: Русский язык, 1980.
Краткий англо-русский толковый словарь экономических и финансовых терминов. - М.: Финансы и статистика, 1987.
Мартынов В. В. Англо-русский толковый словарь внешнеэкономических терминов. - М.: Финансы и статистика, 1992.
Мюллер В. К. Англо-русский словарь. - М.: Русский язык, 1970.
Плюхина З. А., Шеина Т.Н., Киселев М.С. Русско-английский и англо-русский словарь-справочник для бухгалтеров совместных предприятий. - М.: ЭХО, 1992.

Русско-английский толковый словарь международных финансовых, валютных, биржевых терминов и понятий. - М.: Партнер, 1991.
Товарная биржа: Англо-русский словарь. Справочник. - М: Финансы и статистика, 1991.
Федоров Б. Г. Англо-русский глоссарий новых валютно-кредитных терминов. - М.: ИМЭМО, 1988.
Федоров Б. Г. Англо-русский толковый словарь валютно-кредитных терминов. - М.: Финансы и статистика, 1992.
Финансово-кредитный словарь. В 3-х томах. - М.: Финансы и статистика, 1984-88.

DialogBank
Диалог Банк

103012, Москва, Старопанский переулок, дом 14
тел. 921-9104, 244-8960

В октябре 1994 года создано и приступило к деятельности
ОБЪЕДИНЕНИЕ КРУПНЕЙШИХ ПРОМЫШЛЕННЫХ, ФИНАНСОВЫХ И ВНЕШНЕЭКОНОМИЧЕСКИХ КОМПАНИЙ

Финансово-промышленная группа "ИНТЕРРОС"

СОСТАВ:
- Головное предприятие – АО "Интеррос";
- ОНЭКСИМ Банк, АКБ "Международная Финансовая Компания";
- предприятия химии, нефтехимии, металлургии, ядерной энергетики;
- десять крупнейших внешнеэкономических компаний России.

ФПГ "ИНТЕРРОС" это:
- интеграция банковского капитала с промышленным;
- оптимизация финансового и коммерческого менеджмента;
- привлечение ресурсов для инвестиционных программ;
- модернизация и реконструкция предприятий;
- конверсия оборонных предприятий;
- укрепление экспортного потенциала;
- качество подготовки менеджеров;

А ЗНАЧИТ:
- рациональные технологические и кооперационные связи;
- эффективность промышленного производства;
- внедрение современных технологий и ноу-хау;
- конкурентноспособность продукции;
- новые рынки сбыта.

ФИНАНСОВО-ПРОМЫШЛЕННАЯ ГРУППА "ИНТЕРРОС"
107078, Россия, Москва, ул. Маши Порываевой, 11
Тел.: (095) **204-9919**. Факс: (095) **974-2370**

МЕЖБАНКОВСКИЙ ФИНАНСОВЫЙ ДОМ

НАБОР ПРИКЛАДНЫХ ПРОГРАММ ПОД WINDOWS

Достоверно, удобно, а главное — вовремя!

а также привычно для многих — оперативная и справочная финансовая информация через BBS

и очень современно — набор прикладных программ под **Windows**:

WinMoney — комплексный анализ финансового рынка
WinStock — углубленный анализ фондового рынка
ГКО-Инвест — оперативная информация о торгах по ГКО
Inforate — внебиржевой валютный и кредитный рынок в режиме реального времени

а кроме этого — всевозможные архивы и базы данных по финансовому рынку

ВНИМАНИЕ! Это есть не у всех! — *информация REUTERS с обновлением раз в 10 минут, Реестры Минфина РФ (ценных бумаг и инвестиционных институтов), нормативные документы и информация о рынке ценных бумаг ЦБ РФ и др.*

**Информационно-аналитический центр МФД
тел.252-1550, факс 252-6340
E-mail: root@mfd&msk&su**

АКЦИОНЕРНЫЙ КОММЕРЧЕСКИЙ БАНК

МЕЖДУНАРОДНАЯ ФИНАНСОВАЯ КОМПАНИЯ

Образован в 1992 году. Генеральная лицензия ЦБ РФ № 2864. Входит в число членов: Ассоциации Российских банков; Московской Межбанковской Валютной Биржи; Российской Международной Валютной Фондовой Биржи; Клирингового центра СЕДЕЛ (Люксембург); Ассоциации участников рынка международных ценных бумаг (ISMA); Международной платежной системы Europay International.

Официальный дилер ЦБ РФ на рынке Государственных Краткосрочных облигаций (ГКО) и облигаций Федерального займа.

ВЕСЬ КОМПЛЕКС БАНКОВСКИХ УСЛУГ

с использованием: телекоммуникационных систем СВИФТ, РЕЙТЕР, СПРИНТ, БИНЕТ, БЛУМБЕРГ; разветвленной корреспондентской сети в России и за рубежом.

107078, Москва, ул. Маши Порываевой, 11, а/я 208
Тел.: (095) **975-1564**. Факс: (095) **208-7975**
Телекс: 911653 icfi ru, 911656 icfm ru
СВИФТ: ICFI RU MM; SPRINT: ICFI. MOSCOW\CUSTOMERS

Инвестиционный банк

"МФК — МОСКОВСКИЕ ПАРТНЕРЫ"

ВАШ НАДЕЖНЫЙ ПАРТНЕР НА РОССИЙСКОМ ФОНДОВОМ РЫНКЕ

Операции с облигациями, векселями, акциями и другими инструментами.
Организация облигационных займов и новых эмиссий акций.
Управление ценными бумагами и их хранение.
Квалифицированные консультации на фондовом рынке.

Россия, 119270, г. Москва, ул. 3-я Фрунзенская, 6
Тел.: **(7-503) 956-2012, 956-2013**
Факс: **(7-095) 242-0428**

ИНВЕСТИЦИОННЫЙ БАНК
"МЕНАТЕП"

Осуществляет международные расчеты с любым регионом мира:

– услуги по операциям, связанным с обслуживанием внешней торговли;
– принимает к оплате коммерческие и дорожные чеки **VISA, MASTER CARD, AMERICAN EXPRESS, CITICORP**, а также чеки других эмитентов.

Операции с корпоративными (негосударственными) ценными бумагами:

– покупка и продажа крупных (включая контрольные) пакетов акций предприятий за свой счет и на средства клиентов;
– форвардные сделки и любые виды опционов;
– депозитарное обслуживание.

Операции с облигациями внутреннего Государственного валютного займа (ВВЗ):

– покупка-продажа (любая форма оплаты);
– форвардные и опционные операции.

Покупка и продажа акций российских предприятий:

– покупка контрольных пакетов акций российских предприятий для иностранных инвесторов;
– создание совместных фондов для инвестирования средств в российские предприятия.

Зал депозитного хранения Банка "Менатеп":

– клиентам Зала предоставляются индивидуальные сейфы;
– современное оборудование фирм: **"SARGENT"** (США); **"SARGENT Greenfeeld"** (США).

Трастовые услуги:

– консультации по работе на российском рынке ценных бумаг и инвестиций.

101980, Колпачный пер., д.4, телефон иформа-ционной службы:
(095) **235-90-03**. Факс: (095) **923-59-31, 956-36-37, 956-19-15**.

КОММЕРЧЕСКИЙ БАНК
МОСТ-БАНК

Основан в Москве в октябре 1991 года.
Официальный аудитор — Prise Waterhouse

Мост-Банк имеет генеральную лицензию Центрального Банка на проведение операций с иностранной валютой.

Мост-Банк — член Московской Межбанковской Валютной Биржи.

Мост-Банк — уполномоченный депозитарий Министерства финансов России по казначейским обязательствам.

Мост-Банк — уполномоченный дилер Центрального Банка России по ГКО.

Мост-Банк имеет разрешение на совершение операций с драгметаллами.

Мост-Банк — банк-агент Министерства финансов России по погашению облигаций государственного внутреннего валютного займа 1993 года.

Мост-Банк имеет широкую сеть корреспондентских отношений с банками Великобритании, Германии, Испании, США, Турции, Франции, Швейцарии, Японии и других стран.

Мост-Банк — действительный член международных платежных систем MasterCard International, Europay International и Visa International.

Мост-Банк реализует собственную программу межбанковского сотрудничества ALLIANCE в области пластиковых карточек.

МОСТ-БАНК ОСУЩЕСТВЛЯЕТ:

— комплексное расчетно-кассовое обслуживание в рублях и иностранной валюте;
— открытие и ведение рублевых и валютных счетов для юридических и физических лиц;
— привлечение денежных средств во вклады в различных формах;
— привлечение и размещение средств на межбанковском рынке, в том числе в формах кредитов и депозитов;
— кредитование в рублях и иностранной валюте;
— выдачу поручительств, гарантий и иных обязательств;
— ведение международных расчетов;
— ведение документарных операций;
— открытие корреспондентских счетов в рублях и иностранной валюте;
— выпуск и обслуживание всех видов международных пластиковых карточек Eurocard/MasterCard (Standard, Business, Gold), Visa (Classic, Business, Gold), MostCard/Cirrus/Maestro, Visa/Electron/Plus;
— покупка/продажа чеков Thomas Cook, Visa и покупка чеков American Express, City Corp;
— проведение операций на рынке российских ценных бумаг, в том числе государственных;
— выпуск простых рублевых векселей КБ "Мост-Банк";
— финансирование и кредитование строительства и реконструкции жилых и промышленных объектов;
— финансирование внешней торговли;
— услуги по хранению ценностей в индивидуальных сейфах;
— консультационную помощь клиентам по вопросам банковского законодательства и ведения бизнеса в России.

Россия, 121205, Москва, ул. Новый Арбат, 36
Тел.: (095) 290-8206. Факс: (095) 290-9184, (502) 290-9620. Телекс: 414076

Объединенный Экспортно-Импортный

ОНЭКСИМ БАНК

Учредители – ведущие российские
внешнеэкономические объединения
Генеральная лицензия ЦБ РФ № 2301

Лицензия на операции с драгоценными металлами

Уполномоченный банк Правительства РФ по обслуживанию централизованных внешнеэкономических связей и осуществлению валютного контроля

Уполномоченный банк правительств Москвы и Чувашской республики, администраций Приморского края, Амурской, Владимирской, Кировской, Новосибирской, Читинской областей и Межрегиональной Ассоциации "Сибирское соглашение"

Агент Федерального Управления по делам о несостоятельности (банкротстве)

Официальный дилер по государственным краткосрочным обязательствам (ГКО)

Уполномоченный депозитарий и платежный агент по казначейским обязательствам Министерства финансов РФ

Платежный агент по облигациям внутреннего государственного валютного займа

**Современные технические средства связи
Разветвленная корреспондентская сеть в России и за рубежом**

Весь комплекс банковских услуг
Международный уровень обслуживания

Россия, 107078, Москва, ул. Маши Порываевой, 11, а/я 207
Тел.: (095) **208-9008**. Факс: (095) **975-2205**
Телекс: 411277 UNEI SU, СВИФТ: UNEI RU MM

ТЕХНОБАНК
Московский Банк Развития Науки и Технологий

Создан в апреле 1990 года.
Генеральная лицензия ЦБ РФ №274
Лицензия на операции с драгоценными металлами
Официальный дилер Банка России на рынке ГКО

Корреспондентские отношения с крупнейшими банками в России и за рубежом

Технобанк — универсальный банк, выполняющий все виды банковских услуг в рублях и в валюте

Технобанк предлагает международные пластиковые карточки VISA, Eurocard/MasterCard и российскую Union Card, а также обслуживание более чем 12 видов дорожных чеков.

123557, Москва, Электрический пер., 3
Телефон/факс: 253-01-35, 255-95-95
E–mail:
RELKOM: ROOT@TECHNOBANK.MSK.SU
SPRINT: TECHNOBANK/RRC
SWIFT: TECH RU MM

АКЦИОНЕРНЫЙ КОММЕРЧЕСКИЙ БАНК

НАДЕЖНЫЙ БАНК ДЛЯ СОЛИДНЫХ КЛИЕНТОВ

117418, Россия, Москва, ул. Новочеремушкинская, 63

Словарное издание

БОРИС ГРИГОРЬЕВИЧ ФЕДОРОВ
Англо-русский банковский энциклопедический словарь

Редактор О. Давтян
Художественный редактор А. Веселов
Технический редактор М. Гутенберг
Корректоры Н. Капитонова,
Р. Сафарова, А. Тихомиров
Компьютерная верстка Е. Падалка
Компьютерное обеспечение А. Буреев

Подписано в печать 27.11.95. Формат 60×88/16.
Усл. печ. л. 31. Бумага офсетная. Печать офсетная.
Тираж 30 000 экз. (I завод - 1 - 10 000 экз.). Заказ № 757

"Лимбус Пресс", Санкт-Петербург, Измайловский пр., 14.
АООТ "Типография "Правда", Санкт-Петербург, Социалистическая ул., 14.